文库

丛书主编 郑毅

海西女真史料

李澍田　张云樵　王崇时　李正夫　刁书仁　选录

吉林文史出版社

图书在版编目（CIP）数据

海西女真史料 / 李澍田等选录. -- 长春 : 吉林文史出版社, 2022.9
（长白文库）
ISBN 978-7-5472-8954-9

Ⅰ. ①海… Ⅱ. ①李… Ⅲ. ①海西女真—史料 Ⅳ. ①K289

中国版本图书馆CIP数据核字(2022)第178787号

海西女真史料

HAIXI NÜZHEN SHILIAO

出 品 人：张　强

选　　录：李澍田　张云樵　王崇时　李正夫　刁书仁

整　　理：厉风舞　张晓光　穆鸿利　南昌龙

丛书主编：郑　毅

副 主 编：李少鹏

责任编辑：姜沐雨　高丹丹

装帧设计：尤　蕾

封面设计：王　哲

出版发行：吉林文史出版社有限责任公司

电　　话：0431-81629369

地　　址：长春市福祉大路出版集团A座

邮　　编：130117

网　　址：www.jlws.com.cn

印　　刷：吉林省优视印务有限公司

开　　本：170mm×240mm　1/16

印　　张：28.5

字　　数：500千字

版　　次：2022年9月第1版　2022年9月第1次印刷

书　　号：ISBN 978-7-5472-8954-9

定　　价：288.00元

"长白文库"编委会

（排名不分先后）

"长白文库"总序

中华优秀传统文化是中华民族的"根"和"魂"，习近平总书记高度重视中华优秀传统文化，并将其作为治国理政的重要思想文化资源。"不忘本来才能开辟未来，善于继承才能更好创新。""优秀传统文化是一个国家、一个民族传承和发展的根本，如果丢掉了，就割断了精神命脉。"中华优秀传统文化具有多样性和地域性等特征，东北地域文化是多元一体的中华文化中的重要组成部分。吉林省地处东北地区中部，是中华民族世代生存融合的重要地区，素有"白山松水"之美誉，肃慎、扶余、东胡、高句丽、契丹、女真、汉族、满族、蒙古族等诸多族群自古繁衍生息于此，创造出多种极具地域特征的绚烂多姿的地方文化。为了"弘扬地方文化，开发乡邦文献"，自20世纪80年代起，原吉林师范学院李澍田先生积极响应陈云同志倡导古籍整理的号召，应东北地区方志编修之急，服务于东北地方史研究的热潮，遍访国内百余家图书馆寻书求籍，审慎筛选具有代表性的著述文典300余种，编撰校订出版以"长白丛书"（以下简称"丛书"）为名的大型东北地方文献丛书，迄今已近40载。历经李澍田先生、刁书仁和郑毅两位教授三任丛书主编，数十位古籍所前辈和同人青灯黄卷、兀兀穷年，诸多省内外专家学者的鼎力支持，"丛书"迄今已共计整理出版了110部5000余万字。"丛书"以"长白"为名，"在清代中叶以来，吉林省疆域迭有变迁，而长白山钟灵毓秀，巍然耸立，为吉林名山，从历史上看，不咸山于《山海经·大荒北经》中也有明确记录，把长白山当作吉林的象征，这是合情合理的。"（"长白丛书"初版陈连庆先生序）

1983年吉林师范学院古籍研究所（室）成立，作为吉林省古籍整理与研究协作组常设机构和丛书的编务机构，李澍田先生出任所长。全国高校古籍整理工作委员会、吉林省教委和省财政厅都给予了该项目一定的支持。李澍田先生是"丛书"的创始人，他的学术生涯就是"丛书"的创业史。"丛书"能够在国内外学界有如此大的影响力，与李澍田先生的敬业精神和艰辛努力是分不开的。"丛书"创办之始，李澍田先生"邀集吉、长各地的中青年同志，乃至吉林的一些老同志，群策群力，分工合作"（初版陈序），寻访底本，凤兴夜寐逐字校勘，联络印刷单位、寻找合作方，因经常有生僻古字，先生不得不亲自到车间与排版工人拼字铸模；吉林文史出版社于永玉先生作为"丛书"的第一任责编，殚精竭虑地付出了很多努力，为"丛书"的完成出版作出了突出贡献；原古籍所衣兴国等诸位前辈同人在辅助李澍田先生编印"丛书"的过程中，一道解决了遇到的诸多问题、排除了诸多困难，是"丛书"草创时期的重要参与者。"丛书"自20世纪80年代出版发行以来，经历了铅字排版印刷、激光照排印刷、数字化出版等多个时期，"丛书"本身也称得上是改革开放以来中国印刷史的见证。由于"丛书"不同卷册在出版发行的不同历史时期，投入的人力、财力受当时的条件所限，每一种图书的质量都不同程度留有遗憾，且印数多则千册、少则数百册，历经数十年的流布与交换，有些图书可谓一册难求。

1994年，李澍田先生年逾花甲，功成身退，由刁书仁教授继任"丛书"主编。刁书仁教授"萧规曹随"，延续了"丛书"的出版生命，在经费拮据、古籍整理热潮消退、社会关注度降低的情况下，多方呼吁，破解困局，使得"丛书"得以继续出版，文化品牌得以保存，其功不可没。1999年原吉林师范学院、吉林医学院、吉林林学院和吉林电气化高等专科学校合并组建为北华大学，首任校长于庚蒲教授力主保留古籍所作为北华大学处级建制科研单位，使得"丛书"的学术研究成果得以延续保存。依托北华大学古籍所发展形成的专门史学科被学校确定为四个重点建设学科之一，在东北边疆史地研究、东北民族史研究方面形成了北华大学的特色与优势。

2002年，刁书仁教授调至扬州大学工作，笔者当时正担任北华大学图书馆馆长，在北华大学的委托和古籍所同人的希冀下，本人兼任古籍所所长、"丛书"主编。在北华大学的鼎力支持下，为了适应新时期形势的发展，出于拓展古籍研究所研究领域、繁荣学术文化、有利于学术交流以及人才培养工作的实际需要，原古籍研究所改建为东亚历史与文献研究中心，在保持原古籍整理与研究的学术专长的同时，中心将学术研究的视野和交流渠道拓展至东亚地域范围。同时，为努力保持"丛书"的出版规模，我们以出文献精品、重学术研究成果为工作方针，确保"丛书"学术研究成果的传承与延续。

在全方位、深层次挖掘和研究的基础上，整套"丛书"整理与研究成果斐然。"丛书"分为文献整理与东亚文化研究两大系列，内容包括史料、方志、档案、人物、诗词、满学、农学、边疆、民俗、金石、地理、专题论集12个子系列。"丛书"问世后得到学术界和出版界的好评，"丛书"初集中的《吉林通志》于1987年荣获全国古籍出版奖，三集中的《东三省政略》于1992

年获国家新闻出版总署全国古籍整理图书奖，是当年全国地方文献中唯一获奖的图书。同年，在吉林省第二届社会科学成果评奖中，全套丛书获优秀成果二等奖，并被国家新闻出版总署列为"八五"计划重点图书。1995年《中国东北通史》获吉林省第三届社会科学优秀成果二等奖。2005年，《同文汇考中朝史料》获北方十五省（市、区）哲学社会科学优秀图书奖。

"丛书"的出版在社会各界引起很大反响，与当时广东出现的以岭南文献为主的《岭南丛书》并称国内两大地方文献丛书，有"北有长白，南有岭南"之誉。吉林大学金景芳教授认为"编辑'长白丛书'的贡献很大，从'辽海丛书'到'长白丛书'都证明东北并非没有文化"。著名明史学者、东北师范大学李洵教授认为："《长白丛书》把现在已经很难得的东西整理出来，说明东北文化有很高的水准，所以丛书的意义不只在于出了几本书，更在于开发了东北的文化，这是很有意义的，现在不能再说东北没有文化了。"美国学者杜赞奇认为"以往有关东北方面的材料，利用日文资料很多。而现在中文的'长白丛书'则很有利于提高中国东北史的研究"（在"长白丛书"出版十周年纪念会上的发言）。中国社会科学院边疆史地研究中心主任厉声研究员认为："'长白丛书'已经成为一个品牌，与西北研究同列全国之首。"（1999年12月在"长白丛书"工作规划会议上的发言）目前，"长白丛书"已被收藏于日本、俄罗斯、美国、德国、英国、加拿大、澳大利亚、韩国及东南亚各国多所学府和研究机构，并深受海内外史学研究者的关注。

为了更好地传承和弘扬优秀地域文化，再现"丛书"在"面向吉林，服务桑梓"方面的传统与特色，2010年前后，我与时任吉林文史出版社社长的徐潜先生就曾多次动议启动出版《长白丛书精品集》，并做了相应的前期准备工作，后因出版资助经费落实有困难而一再拖延。2020年，以十年前的动议与前期工作为基础，在吉林省省级文化发展专项资金的资助下，北华大学东亚历史与文献研究中心与吉林文史出版社共同议定以《长白丛书》为文献基础，从"丛书"已出版的图书中优选数十种具有代表性的文献图书和研究著述合编为"长白文库"加以出版。

"长白文库"是在新的历史发展时期对"长白丛书"的一种文化传承和创新，"长白丛书"仍将以推出地方文化精华和学术研究精品为目标，延续东北地域文化的文脉。

"长白文库"以"长白丛书"刊印40年来广受社会各界关注的地方文化图书为入选标准，第一期选择约30部反映吉林地域传统文化精华的图书，充分展现白山松水孕育的地域传统文化之风貌，为当代传统文化传承提供丰厚的文化滋养，是一件功在当代、利在千秋的文化盛举。

　　盛世兴文，文以载道。保存和延续优秀传统文化的文脉，是人文社会科学研究者的社会责任和学术使命，"长白丛书"在创立之时，就得到省内外多所高校诸多学界前辈的关注和提携，"开发乡邦文献，弘扬地方文化"成为20世纪80年代一批志同道合的老一辈学者的共同奋斗目标，没有他们当初的默默耕耘和艰辛努力，就没有今天"长白丛书"这样一个存续40年的地方文化品牌的荣耀。"独行快，众行远"，这次在组建"长白文库"编委会的过程中，受邀的各位学者都表达了对这项工作的肯定和支持，慨然应允出任编委会委员，并对"长白文库"的编辑工作提出了诸多真知灼见，这是学界同道对"丛书"多年情感的流露，也是对即将问世的"长白文库"的期许。

　　感谢原吉林师范学院、现北华大学40年来对"丛书"的投入与支持，感谢吉林文史出版社历届领导的精诚合作，感谢学界同人对"丛书"的关心与帮助！

郑　毅

谨序于北华大学东亚历史与文献研究中心

2020年7月1日

“长白丛书”序

吉林师范学院李澍田同志，悉心钻研历史，关心乡邦文献，于教学之余，搜罗有关吉林的书刊，上自古代，下迄辛亥，编为“长白丛书”，征序于予，辞不获命。爰缀予所知者书于简端曰：

昔孔子有言：“夏礼吾能言之，杞不足征也。殷礼，吾能言之，宋不足征也。文献不足故也，足，则吾能征之矣。”说者以为：“文，典籍也。献，贤也。”这是因为文献对于历史研究相辅相成，缺乏必要的文献，历史研究便无从措手。古代文献，如十三经、二十四史之属，久已风行海内外，家传户诵，不虞其失坠，而近代文献往往不易保存。清代学者章学诚对此曾大声疾呼，唤起人们的注意，于其名著《文史通义》中曾详言之。然而，保存文献并不如想象那么容易。贵远贱近，习俗移人，不以为意，随手散弃者有之。保管不善，毁于水火，遭老鼠批判者有之。而最大损失仍与政治原因有关。自清朝末叶以来，吉林困厄极矣，强邻环伺，国土日蹙，先有日、俄帝国主义战争，继有军阀割据，九一八事变后，又有敌伪十四年统治，国土沦陷，生民憔悴。在政权更迭之际，人民或不免于屠刀，图书文物更随时有遭毁弃和掠夺的命运。时至今日，清代文书档案几如凤毛麟角，九一八事变以前书刊也极为罕见。大抵有关抨击时政者最先毁弃，有关时事者则几无孑遗。欲求民国以来一份完整无缺的地方报纸已不可能，遑论其他。

中华人民共和国成立以来，百废俱兴，文教事业空前发展。而中经十年内乱，公私图书蒙受极大损失，断简残篇难以拾缀。吉林市旧家藏书，“文革”期间遭到洗劫，损失尤重。粉碎“四人帮”后，祖国复兴，文运欣欣向荣，在拨乱反正的号召下，由陈云同志倡导，大张旗鼓，整理古籍，一反民族虚无主义积习，尊重祖国悠久文化传统，为振兴中华，提供历史借鉴。值此大好时机，李澍田同志以一片爱国爱乡的赤子之心，广泛搜求有关吉林文史图书，不辞劳苦，历访东北各图书馆，并远走京沪各地，仆仆风尘，调查访问，即书而求人，因人而求书，在短短几年内，得书逾千，经过仔细筛选，择其有代表性者三百种，编为“长白丛书”。盖清代中叶以来，吉林省疆域迭

1

有变迁，而长白山钟灵毓秀，巍然耸立，为吉林名山，从历史上看，不咸山于《山海经·大荒北经》中也有明确记录，把长白山当作吉林的象征，这是合情合理的。

"丛书"中所收著作，以清人作品为最多，范围极其广泛，自史书、方志、游记、档案、家谱以下，又有各家别集、总集之属。为网罗散佚，在宋、辽、金以迄明代的著作之外，又以文献征存、史志辑佚、金石碑传补其不足，取精用宏，包罗万象，可以说是吉林文献的总汇，对于保存文献，具有重大贡献。

回忆酝酿编余之际，李澍田同志奔走呼号，独力支撑，在无人、无钱的条件下，邀集吉长各地的中青年同志，乃至吉林的一些老同志，群策群力，分工合作，众志成城，大业克举。在整理文献的过程中，摸索出一套先进经验，培养出一支坚强队伍。这也是有志者事竟成的一个范例。

我与李澍田同志相处有年，编订此书之际，澍田同志虚怀若谷，对于书刊的搜求，目录的选定等方面多次征求意见。今当是书即将问世之际，深喜乡邦文献可以不再失坠，故敢借此机会聊述所怀。殷切希望读此书者，要从祖国的悲惨往事中，体会爱国家、爱乡土的心情，激发斗志，为"四化"多作贡献。也殷切希望读此书者，能够体会到保存文献之不易，使焚琴煮鹤的蠢事不要重演。

当然，有关吉林的文献并不以汉文书刊为限，在清代一朝就有大量的满文、蒙文的档案和图书，此外又有俄、日、英、美各国的档案和专著，如能组织人力，有计划、有步骤地进行整理，提要钩玄勒成专著，先整理一部分，然后逐渐扩大，这也是不朽的盛业，李君其有意乎？

吉林　陈连庆　谨序
一九八六年五月一日

前　言

　　东北边疆民族史研究向称薄弱，明代海西女真史料湮没无闻，鲜人问津。为恢复海西女真的历史本来面貌，发掘海西女真的重大史绩及重要人物，借以揭示其历史发展规律，汲取兴亡迭变的经验教训，吉林师范学院古籍研究所特选定此研究课题。并邀集了吉林师范学院、四平师范学院以及东北师范大学、吉林省民委民族研究所、吉林省社会科学院、吉林文史出版社诸多同志参与工作。

　　为考察扈伦四部调研之需，特钩沉辑录了这本《海西女真史料》，并纳入"长白丛书"二集。倘能为同道提供些资料，节余些时间，将深感荣幸。

　　本书《明史》选录、《清实录》选录等十七篇，为四平师范学院张云樵点校、选编；《明实录》选录、朝鲜《李朝实录》选录等二十篇，为吉林师范学院李澍田、王崇时、刁书仁、王利英等同志点校选录；《东夷考略》《山中闻见录》选录二篇，为吉林林学院厉风舞同志整理；《女真馆来文》选录系东北师范大学穆鸿利同志点校摘编；《乌拉哈萨虎贝勒后辈档册》一文由张晓光同志整理；日文资料《海西卫疆域考》《海西女真之发展》由吉林师院李正夫同志翻译，东北师范大学南昌龙等同志审校。

　　全书由李澍田同志统稿审定，郭殿忱同志编辑，参加编校工作的有吉林师范学院翟立伟、傅伯昕、刘贵君、侯雁飞、高淑清，还有四平师范学院林德春等同志。

　　所选诸书的史料价值及所据版本，篇前按语均作评述。各种标注符号，一仍"长白丛书"点校通例：应删之衍、误字，用（）括除；应添之夺、正文，用〔〕增补；明显的形误字、避讳字等，径改。

　　本书出版和选题研究，承蒙吉林省教委、吉林省民委、吉林文史出版社鼎力支持及各界师友的真诚相助，谨此鸣谢。

学力见闻所限，书中定有舛误，敬希读者方家教正。

所涉史料未尽部分待来日续编。

编者

丁卯年仲夏　于吉林

目　录

《明史》(选录)

按：《明史》三百三十六卷，清张廷玉撰。此书先后历时九十五年，始克完成。清修《明史》，主要取材于明朝实录、档案以及文集、奏议、图经、志书、传记、邸报等有关著述和材料，有较高史料价值。由于清朝文网密布，凡对建州先世及其与明朝的臣属关系等，均隐没史实或删削窜改，故颇多缺陷。兹从《明史》卷二百三十八中选录《李成梁列传》等篇，为研究海西女真史所不可缺少之史料。

选自中华书局二十四史一九七四年点校本。

李成梁 子如松 如柏 如桢 如樟 如梅 麻贵 兄锦

李成梁，字汝契。高祖英自朝鲜内附，授世铁岭卫指挥佥事，遂家焉。成梁英毅骁健，有大将才。家贫，不能袭职，年四十犹为诸生。巡按御史器之，资入京，乃得袭。积功为辽东险山参将。

隆庆元年，土蛮大入永平。成梁赴援有功，进副总兵，仍守险山。寻协守辽阳。三年四月，张摆失等屯塞下，成梁迎击斩之，歼其卒百六十有奇。余众远徙，遂空其地。录功，进秩一等。

四年九月，辛爱大入辽东。总兵官王治道战死，擢成梁署都督佥事代之。当是时，俺答虽款塞，而插汉部长土蛮与从父黑石炭、弟委正、大委正，从弟暖兔、拱兔，子卜言台周，从子黄台吉势方强。泰宁部长速把亥、炒花，朵颜部长董狐狸、长昂佐之。东则王杲、王兀堂、清佳砮、杨吉砮之属，亦时窥塞下。十年之间，殷尚质、杨照、王治道三大将皆战死。成梁乃大修戎备，甄拔将校，收召四方健儿，给以厚饩，用为选锋，军声始振。

明年五月，敌犯盘山驿，指挥苏成勋击走之。无何，土蛮大入。成梁遇于卓山，麾副将赵完等夹击，断其首尾。乘胜抵巢，馘部长二人，斩首五百八十余级。进署都督同知，世荫千户。又明年十月，土蛮六百骑营旧辽阳北河，去边二百余里，俟众集大举。成梁击走之。万历元年，又击走之前屯。已，又破走之铁岭镇西诸堡。增秩二等。朵颜兀鲁思罕以四千骑毁墙入，成梁御却之。

建州都指挥王杲故与抚顺通马市。及是，诱杀备御裴承祖，成梁谋讨之。明年十月，杲复大举入。成梁檄副将杨腾、游击王惟屏分屯要害，而令参将曹簠挑战。诸军四面起，敌大奔，尽聚杲寨。寨地高，杲深沟坚垒以自固。成梁用火器攻之，破数栅，矢石雨下。把总于志文、秦得倚先登，诸将继之。杲走高台，射杀志文。会大风起，纵火焚之，先后斩馘千一百余级，毁其营垒而还。进左都督，世荫都指挥同知。杲大创，不能军，走匿阿哈纳寨。曹簠勒精骑往，杲走南关。都督王台执以献，斩之。

三年春，土蛮犯长勇堡，击败之。其冬，炒花大会黑石炭、黄台吉、卜言台周、以儿邓、暖兔、拱兔、堵剌儿等二万余骑，从平虏堡南掠。副将曹簠驰击，遂转掠沈阳。见城外列营，乃据西北高墩。成梁邀战，发火器。敌大溃，弃辎重走。追至河沟，乘胜渡河，击斩以千计。加太子太保，世荫锦衣千户。

明年，黑石炭、大委正营大清堡边外，谋锦、义。成梁率选锋驰二百里，逼其营，攻破之。杀部长四人，获级六十有奇。

五年五月，土蛮复入〔一〕联营河东，而遣零骑西掠。成梁掩其巢，得利而还。明年正月，速把亥纠土蛮大入，营劈山。成梁驰至丁字泊，敌方分骑绕墙入。成梁夜出塞二百里，捣破劈山营，获级四百三十，馘其长五人。加太保，世荫本卫指挥使。

三月，游击陶承喾击敌长定堡，献馘四百七十有奇。帝已告谢郊庙，大行赏赉，荫成梁世指挥佥事。有言所杀乃土蛮部曲，因盗牛羊事觉，惧罪来归，承喾掩杀之。给事中光懋因请治承喾杀降罪，御史勘如懋言。兵部尚书方逢时，督抚梁梦龙、周泳先与承喾同叙功，力为解。卒如御史奏，尽夺诸臣恩命。

六月，敌犯镇静堡，复击退之。十二月，速把亥、炒花、暖兔、拱兔会土蛮黄台吉，大、小委正，卜儿亥，恍惚太等三万余骑壁辽河攻东昌堡，深入至耀州。成梁遣诸将分屯要害以遏之，而亲提锐卒，出塞二百余里，直捣圜山。斩首八百四十，及其长九人，获马千二百匹。敌闻之，皆仓皇走出塞。论功，封宁远伯，岁禄八百石。

是时，土蛮数求贡市，关吏不许，大恨。七年十月复以四万骑自前屯锦川营深入。成梁命诸将坚壁，自督参将杨粟等遏其冲。会戚继光亦来援，敌遂退。俄又与速把亥合壁红土城，声言入海州，而分兵入锦、义。成梁逾塞二百余里，直抵红土城，击败之，获首功四百七十有奇。

迤东都督王兀堂故通市宽奠，后参将徐国辅弟国臣强抑市价，兀堂乃与赵锁罗骨数遣零骑侵边。明年三月，以六百骑犯爰阳及黄冈岭，指挥王宗义战死。复以千余骑从永奠入，成梁击走之，追出塞二百里。敌以骑卒拒，而步卒登山鼓噪。成梁大败之，斩首七百五十，尽毁其营垒。捷闻，并录红土城功，予成梁世袭。其秋，兀堂复犯宽奠，副将姚大节击破之。兀堂由是不振。

土蛮数侵边不得志，忿甚，益征诸部兵分犯锦、义及右屯、大凌河。以城堡坚，不可克，而成梁及蓟镇兵亦集，乃引去。无何，复以二万余骑从大镇堡入攻锦州〔二〕。参将熊朝臣固守，而遣部将周之望、王应荣出战，颇有斩获。矢尽，皆战死。敌乃分掠小凌河、松山、杏山。成梁驰援，始出境。

九年正月，土蛮复与黑石炭，大、小委正，卜言台周，脑毛大，黄台吉，以儿邓，暖兔，拱兔，炒户儿聚兵塞下，谋入广宁。成梁帅轻骑从大宁堡出。去塞四百余里，至袄郎兔大战。自辰迄未，敌不支败走。官军将还，敌来追。成梁逆击，且战且行。先后斩首三百四十，及其长八人。录功，增岁禄百石，世荫一等。

四月，黑石炭、以儿邓、小歹青、卜言兔入辽阳。副将曹簠追至长安堡，遇伏，失千总陈鹏以下三百十七人，马死者四百六十匹。遂大掠人畜而去。簠等下吏，成梁不问。十月，土蛮复连速把亥等十余万骑攻围广宁，不克，转掠团山堡、盘山驿及十三山驿，攻义州。成梁御却之。

十年三月，速把亥率弟炒花、子卜言兔入犯义州。成梁御之镇夷堡，设伏待之。速把亥入，参将李平胡射中其胁，坠马，苍头李有名前斩之。寇大奔，追馘百余级。炒花等恸哭去。速把亥为辽左患二十年，至是死。帝大喜，诏赐甲第京师，世荫锦衣指挥使。

初，王杲死，其子阿台走依王台长子虎儿罕。以王台献其父，尝欲报之。王台死，虎儿罕势衰，阿台遂附北关合攻虎儿罕。又数犯孤山、汛河。成梁出塞，遇于曹子谷，斩首一千有奇，获马五百。阿台复纠阿海连兵入，抵沈阳城南浑河，大掠去。成梁从抚顺出塞百余里，火攻古勒塞，射死阿台。连破阿海寨，击杀之，献馘二千三百。杲部遂灭。录功，增岁禄百石，世荫指挥佥事。

北关清佳砮、杨吉砮素仇南关。王台没，屡侵台季子猛骨孛罗，且藉土蛮、暖兔、恍惚太兵侵边境。其年十二月，巡抚李松使备御霍九皋许之贡市。清佳砮、杨吉砮率二千余骑诣镇北关谒。松、九皋见其兵盛，谯让之，则以三百骑入。松先伏甲于旁，约二人不受抚则炮举甲起。顷之，二人抵关，据鞍不逊，松叱之，九皋麾使下，其徒遽拔刀击九皋，并杀侍卒十余人。于是军中炮鸣，伏尽起，击斩二人并其从骑，与清佳砮子兀孙孛罗、杨吉砮子哈儿哈麻尽歼焉。成梁闻炮，急出塞，击其留骑，斩首千五百有奇。余众刑白马，攒刀，誓永受约束，乃旋师。录功，增岁禄二百石，改前荫指挥佥事为锦衣卫指挥使。方成梁之出塞也，炒花等以数万骑入蒲河及大宁堡，将士防御六日，始出塞。

十三年二月，把兔儿欲报父速把亥之怨，偕从父炒花、姑婿花大纠西部以儿邓等以数万骑入掠沈阳。既退，驻牧辽河，声犯开原、铁岭。成梁与巡抚李松潜为浮桥济师，逾塞百五十里，疾掩其帐。寇已先觉，整众逆战。成梁为叠阵，亲督前阵击，而松以后阵继之，斩首八百有奇。捷闻，增岁禄百石，改荫锦衣指挥使为都指挥使。

其年五月，敌犯沈阳，伏精骑塞下，诱官军。游击韩元功追袭之，败死。闰九月，诸部长复犯蒲河，杀裨将数人，大剽掠，而西部银灯亦窥辽、沈。成梁令部将李平胡出塞三百五十里，捣破银灯营，斩首一百八级。诸部长闻之，始引去。

十四年二月，土蛮部长一克灰正纠把兔儿、炒花、花大等三万骑，约土蛮诸子共驰辽阳挟赏。成梁侦得之，率副将杨燮，参将李宁、李兴、孙守廉以轻骑出镇边堡。昼伏夜行二百余里，至可可母林。大风雷，敌不觉。既至，风日晴朗，敌大惊，发矢如雨。将士冒死陷阵，获首功九百，斩其长二十四人。其年十月，敌七八万骑犯镇夷诸堡，阅五日始去。

十五年春，东西部连营入犯。其秋八月，复以七八万骑犯镇夷堡。十月，把汉大成纠土蛮十万骑由镇夷、大清二堡入，数日始出。

北关既被创，后清佳砮子卜寨与杨吉砮子那林孛罗渐强盛，数与南关虎儿罕子歹商构兵。成梁以南关势弱，谋讨北关以辅翼之。明年五月，率师直捣其巢。卜寨走，与那林孛罗合，凭城守。城四重，攻之不下。用巨炮击之，碎其外郭，遂拔二城，斩馘五百余级。卜寨等请降，设誓不复叛，乃班师。

十七年三月，敌犯义州，复入太平堡，把总朱永寿等一军尽没。九月，脑毛大合白洪大、长昂三万骑复犯平房堡，备御李有年、把总冯文升皆战死，成梁选锋没者数百人。敌大掠沈阳、蒲河、榆林，八日始去。明年二月，卜言台周，黄台吉，大、小委正结西部叉汉塔塔儿五万余骑复深入辽、沈、海、盖。成梁潜遣兵出塞袭之，遇伏，死者千人。成梁乃报首功二百八十，得增禄荫。土蛮族弟土墨台猪借西部青把都、恰不慎及长昂、滚兔十万骑深入海州。成梁不敢击，纵掠数日而去。十九年闰三月[三]，成梁乘给事侯先春阅视，谋邀捣巢功，使副将李宁等出镇夷堡潜袭板升，杀二百八十人[四]。师还遇敌，死者数千人。成梁及总督塞达不以闻。巡按御史胡克俭尽发其先后欺罔状，语多侵政府。疏虽不行，成梁由是不安于位。及先春还朝，诋尤力，

海西女真史料

帝意颇动。成梁再疏辞疾，言者亦踵至。其年十一月，帝竟从御史张鹤鸣言，解成梁任，以宁远伯奉朝请。明年，哱拜反宁夏，御史梅国桢请用成梁，给事中王德完持不可，乃寝。

成梁镇辽二十二年，先后奏大捷者十，帝辄祭告郊庙，受廷臣贺，蟒衣金缯岁赐稠叠。边帅武功之盛，二百年来未有也。其始锐意封拜，师出必捷，威振绝域。已而位望益隆，子弟尽列崇阶，仆隶无不荣显。贵极而骄，奢侈无度。军资、马价、盐课、市赏，岁乾没不赀，全辽商民之利尽笼入己。以是灌输权门，结纳朝士，中外要人无不饱其重赇，为之左右。每一奏捷，内自阁部，外自督抚而下，大者进官荫子，小亦增俸赉金。恩施优渥，震耀当世。而其战功率在塞外，易为缘饰。若敌入内地，则以坚壁清野为词，拥兵观望；甚或掩败为功，杀良民冒级。阁部共为蒙蔽，督抚、监司稍忤意，辄排去之，不得举其法。先后巡按陈登云、许守恩廉得其杀降冒功状，拟论奏之，为巡抚李松、顾养谦所沮止。既而物议沸腾，御史朱应毂、给事中任应征、佥事李琯交章抨击。事颇有迹，卒赖奥援，反诘责言者。及申时行、许国、王锡爵相继谢政，成梁失内主，遂以去位。

成梁诸战功率藉健儿。其后健儿李平胡、李宁、李兴、秦得倚、孙守廉辈皆富贵，拥专城。暮气难振，又转相掊克，士马萧耗。迨成梁去辽，十年之间更易八帅，边备益弛。

二十九年八月，马林获罪。大学士沈一贯言成梁虽老，尚堪将兵，乃命再镇辽东，年已七十有六矣。是时，土蛮、长昂及把兔儿已死，寇钞渐稀。而开原、广宁之前复开马、木二市，诸部耽市赏利，争就款。以故成梁复镇八年，辽左少事。以阅视叙劳，加至太傅。

当万历初元时，兵部侍郎汪道昆阅边，成梁献议移建孤山堡于张其哈剌佃[五]，险山堡于宽佃，沿江新安四堡于长佃、长岭诸处，仍以孤山、险山二参将戍之，可拓地七八百里，益收耕牧之利。道昆上于朝，报可。自是生聚日繁，至六万四千余户。及三十四年，成梁以地孤悬难守，与督、抚蹇达、赵楫建议弃之，尽徙居民于内地。居民恋家室，则以大军驱迫之，死者狼藉。成梁等反以招复逃人功，增秩受赏。兵科给事中宋一韩力言弃地非策。巡按御史熊廷弼勘奏如一韩言，一韩复连章极论。帝素眷成梁，悉留中不下。久之卒，年九十。

弟成材，参将。子如松、如柏、如桢、如樟、如梅皆总兵官；如梓、如梧、如桂、如楠亦皆至参将。

如松，字子茂，成梁长子。以父荫为都指挥同知，充宁远伯勋卫。骁果敢战，少从父谙兵机。再迁署都督佥事，为神机营右副将。

二十五年冬，辽东总兵董一元罢，廷推者三，中旨特用如松。言路复交章力争，帝置不报。如松感帝知，气益奋。明年四月，土蛮寇犯辽东。如松率轻骑远出捣巢，中伏力战死。帝痛悼，令具衣冠归葬，赠少保、宁远伯，立祠，谥忠烈。以其弟如梅代为总兵官，授长子世忠锦衣卫指挥使，掌南镇抚司，仍充宁远伯勋卫，复荫一子本卫指挥使，世袭。恤典优渥，皆出特恩云。

世忠未久卒，无子。弟显忠由荫历辽东副总兵，当嗣爵，朝臣方恶李氏，无为言者。至崇祯中，如松妻武氏诉于朝。章下部议，竟寝。后庄烈帝念成梁功，显忠子尊祖得嗣宁远伯。闯贼陷京师，遇难。

如柏，字子贞，成梁第二子。由父荫为锦衣千户。尝与客会饮，炮声彻大内，下吏免官。再以荫为指挥佥事。

始成梁、如松为将，厚畜健儿，故所向克捷。至是，父兄故部曲已无复存，而如柏暨诸弟放情酒色，亦无复少年英锐。

如桢，成梁第三子。由父荫为指挥使。屡加至右都督，并在锦衣。尝掌南、北镇抚司，提督西司房，列环卫者四十年。最后，军政拾遗，部议罢职，章久留不下。如桢虽将家子，然未历行阵，不知兵。及兄如柏革任，辽人谓李氏世镇辽东，边人惮服，非再用李氏不可，巡抚周永春以为言。而是时如柏兄弟独如桢在，兵部尚书黄嘉善遂徇其请，以如桢名上，帝即可之。时万历四十七年四月也。

如桢藉父兄势，又自以锦衣近臣，不肯居人下。未出关，即遣使与总督汪可受讲钧礼，朝议哗然，嘉善亦特疏言之。如桢始怏怏去，既抵辽，经略杨镐使守铁岭。铁岭故李氏宗族坟墓所在。当如柏还京，其族党部曲高资者悉随之而西，城中为空。后镐以孤城难守，令如桢还屯沈阳，仅以参将丁碧等防守，力益弱。大清兵临城，如桢拥兵不救，城遂失。言官交章论列，经略熊廷弼亦论如桢十不堪，乃罢任。天启初，言者复力攻，下狱论死。崇祯四年，帝念成梁勋，特免死充军。

如樟，亦由父荫，历都指挥佥事。

如梅，字子清。亦由父荫，历都指挥佥事。屡迁辽东副总兵。二十四年，炒花、卜言兔将入犯，如梅谋先袭。督部将方时新等出塞三百里，直捣其庐帐，斩首百余级而还。明年，如梅与参政杨镐谋复从镇西堡出塞，潜袭敌营，失利，损部将十人，士卒百六十人。如梅以血战重创，免罪。

成梁诸子，如松最果敢，有父风。其次称如梅，然躁动，非大将才，独杨镐深信。后复倚任其兄如柏，卒以致败。

麻贵，大同右卫人。

三十八年，命贵镇辽东。泰宁炒花素桀骜，九子各将兵，他部宰赛、暖兔又助之。边将畏战，但以增岁赏为事，寇益无所忌。明年，临边要赏，将士出不意击之，拔营逼，徙额力素居焉。其地忽天鸣地震，炒花惊惧，再徙渡老河，去边几四百里，其第三子色特哂之，南移可可母林，伺隙入犯。贵伏兵败之，追北至白云山，斩馘三百四十有奇。色特愤，谋复仇。纠宰赛、以儿邓，皆不应。乃东纠卜言顾、伯要儿，西纠哈剌汉、乃蛮，合犯清河，皆溃。以儿邓等惧，代炒花求款，边境乃宁。明年，插汉虎墩兔以三万骑入掠穆家堡。御之，败去。其夏，贵引病乞罢，诏乘传归。

贵果毅骁捷，善用兵，东西并著功伐。先后承特赐者七，锡世荫者六。及殁，予祭葬。称一时良将焉。

兄锦，少从父行阵，有战功。

锦子承勋，辽东副总兵，都督佥事，南京后府佥书。从子承恩，都督同知，宣府、延绥、大同总兵官。更历诸镇，以勇力闻。后起援辽东，屡退避，下狱当死。诏纳马八百匹免罪，其家遂破。承诏，宁夏参将，从平哱拜有功，后为苍头所弑。承训，蓟镇副总兵。承宣，洮、岷副总兵。承宗，辽东副总兵，天启初，战死沙岭。

麻氏多将才。人以方铁岭李氏，曰"东李西麻"。

赞曰：自俺答款宣大，蓟门设守固，而辽独被兵。成梁遂擅战功，至剖符受封，震耀一时，倘亦有天幸欤？麻贵宣力东西，勋阀可称。两家子弟多历要镇，是以时论以李、麻并列。然列戟拥麾，世传将种，而恇怯退避，隳其家声。语曰"将门有将"，诸人得无愧乎？

校勘记

（一）五年五月土蛮复入　原脱"五年"。《明史稿》传一一五《李成梁传》作"五年"。按《神宗实录》卷六三，万历五年六月丁卯条称："先是五月丙申，土蛮入犯锦州。"事在万历五年五月甚明，据补。

（二）复以二万余骑从大镇堡入攻锦州　传文记此事于九年正月之前，本书卷二〇《神宗纪》《神宗实录》卷一〇八均系于万历九年正月癸酉。

（三）十九年闰三月　闰三月，原作"闰二月"。按是年闰三月，不闰二月，今改。

（四）杀二百八十人　本书卷二二一及《明史稿》传一〇二《郝杰传》作"获老弱二百八十余级"。

（五）成梁献议移建孤山堡于张其哈剌佃　张其哈剌佃，本书卷二二二《张学颜传》作"张其哈佃"。

〔张云樵、刁书仁　选录〕

《明实录》（选录）

按：《明实录》，即大明历朝实录。从《大明太祖高皇帝实录》到《崇祯实录》，共十四部，三千零四十五卷。除《崇祯实录》外，都是明朝人所修的当代正史。《明实录》中保存大量女真史资料，其中含有相当数量的关于海西女真方面的资料，它是我们研究明代海西女真的基本史料之一。特选录有关部分，供研究参考。

资料选自"台湾中央研究院"历史语言研究所校印"国立北平图书馆"藏《明实录》红格钞本及美国国会图书馆微卷。为方便读者，此次选录，依黄彰健校勘记进行了整理：衍文加（）删除；夺文加〔〕增补。并将所据诸本于（）、〔〕之右上角用1—16数码标注。依次为：

1."国立北平图书馆"藏红格钞本；2.广方言馆本；3.抱经楼本；4.嘉业堂旧藏明红丝栏写本；5."国立中央图书馆"藏旧钞本；"国立中央图书馆"藏明黄丝栏本；6.晨风阁丛书本明仁宗圣政记；7.内阁大库旧藏散钞页；8."国立北平图书馆"藏礼王府本；9.洪武宝训；10.北平人文科学研究所旧藏旧钞本；11."国立北平图书馆"藏安乐堂本；12.北京大学本；13.内阁大库旧藏红本；14.天一阁本；15.北平国立历史博物馆藏钞本；16.武汉大学本。

太宗实录

永乐三年六月庚寅，兀者卫指挥使锁失哈遣子沙弄哥等进马，谢升职恩。赐之钞币。

永乐三年八月丙子，兀者卫别里哥秃等来朝，命设兀者撰野木千户所，以别里哥秃等九人为千百户，赐诰印、冠带、袭衣、钞币有差。

永乐四年二月己巳，女直野人头目塔剌赤、亦里伴哥等四十五人来朝，置塔山卫，以塔剌赤等为指挥同知、卫所镇抚、千百户。赐诰印、冠带、袭衣及钞币有差。

永乐四年二月庚寅，女直野人头目打叶等七十人来朝，命置塔（等）〔鲁〕[2·3]

9

木、苏温河、阿速江、速平江四卫，以打（絮）〔叶〕²·³等为指挥、卫镇抚、千百户等官。赐诰印、冠带、袭衣及钞币有差。

永乐四年夏四月乙丑，兀者卫指挥锁失哈遣男阿速哈，率女直头目来朝，命阿速哈等二十人为千百户、卫所镇抚。赐钞币有差。

永乐四年七月甲戌，忽剌温三角等处女直野人头目吉里结纳、者哥难等来朝，置双城、撒剌儿、亦马剌、脱伦、卜颜五卫，以吉里吉纳等为指挥、千百户等官。赐诰印、冠带、袭衣及钞币有差。

永乐四年九月辛巳，秃河石鲁山门等处女直野人头目哈合察等六十三人来朝，置肥河卫，命哈（合）〔哈〕²〔密〕³察等为指挥、千百户。仍赐诰印、冠带、袭衣及彩币有差。

永乐五年三月己巳，黑龙江等处女直野人头目早哈、虎失忽等百七十人来朝贡马，置考（郎）〔即〕²兀、亦速里河二卫，命早哈为指挥使，虎失忽为指挥佥事，余各授官。赐印诰、冠带、袭衣及钞币有差。

永乐五年十二月癸卯，木兴河、忽剌（旧校改剌为剌）温、松花江、忽吉里、秃儿河、阮〔里河〕²·³、兀都山、黑龙江等处女直野人头目沈江纳儿等来朝。赐之袭衣。

永乐六年春正月甲戌，女直野人头目必缠等百六十人来朝，置秃都河、实山、忽里吉山、列门河、莫温河、阮里河、察剌秃山、（忽里吉山、列门河、莫温河、阮里河、察剌秃山）呕罕河八卫，命必缠等为指挥、千百户。赐诰印、冠带、袭衣及钞币有差。

永乐六年夏四月乙酉，上谓兵部臣曰："朕即位以来，东北诸胡来朝（者）²·³，多愿留居京师，以南方炎热，特命于开原置快活、自在二城居之，俾部落自相统属，各安生聚。近闻多有思乡土及欲省亲戚者，尔即以朕意榜〔示〕²·³之，有欲去者，令明言于镇守官，镇守官〔勿〕²〔员勿〕³阻之。"

永乐六年四月乙巳，札里河等处女直野人头目顺住来朝，命为考郎兀等卫千百户。赐钞币有差。

永乐六年四月丁未，考郎兀等卫镇抚牙失等奏，愿入居辽东开原，从之，赐予如例。

永乐六年五月甲寅，命于辽东自在、快活二城，设自在、安乐二州。每州置知州一员，吏目一员。

永乐六年六月乙酉，添设辽东自在、安乐二州，同知判官各一员。

永乐七年三月丁卯，葛林河等处女直野人头目秃木里等（官）³·⁷百一十八人来朝，设葛林、把城、扎〔肥〕⁸·⁷河、忽石门、（孔）〔札〕³·⁷岭、木吉坐〔里〕[3·7]、哥吉河、纳剌吉河、忽儿海、木束河、好屯河十一卫，命秃木里等为各卫指挥、千百户等官。赐诰印、冠带、袭衣及钞币有差。

永乐七年夏四月乙亥，札肥河等卫千户秃鲁忽等自陈，愿于三万卫及快活城居住。从之，赐予有差。

永乐七年五月乙酉，瓦剌（金）〔舍〕[2]河等处野人头目塔失等二十三人来朝，改忽（儿）〔现〕[2]海卫为弗提卫，以塔失等为指挥、千百户、镇抚。赐诰印、袭衣及钞币有差。

永乐七年六月丁未，敷答河千户所镇抚弗（理）〔里〕[3·7]出，忽儿海卫所镇抚火罗孙，皆自陈愿居东宁卫。从之，命礼部给赐如例。

永乐七年九月己卯，兀者卫所举头目卜也哈等来朝，命为指挥等官。赐诰印、冠带、袭衣及钞币有差。

永乐七年冬十月癸丑，呕罕河等卫举送女直野人头目阿不哈等三十九人来朝，请授之职，命为指挥、千百户等官。赐钞币、冠带、袭衣。

永乐七年冬十月戊午，（札）〔扎〕[3]肥河卫举送女直野人头目（孛）〔索〕[2]剌罕等来朝，请命以官，遂授指挥等职。赐钞币、冠带、袭衣。

永乐八年秋七月丁丑，兀者卫千户别里哥、兀当哈等，诣阙自陈，愿居辽东自在州，皇太子从之，令如例给赐。

永乐九年九月庚申，兀者左卫故指挥同知脱脱妻亦里哥来朝，谢赐葬祭其夫。

永乐九年冬十月庚寅，赐兀者（右）[2]卫野人头目起蒙哥、毛怜卫指挥猛哥不花、乞忽儿卫野人女直头目朵罗秃等宴。

永乐九年十一月己未，呕罕河等卫女直野人头目歹都等来朝贡马。赐钞有差。

永乐十年十一月丙戌，肥河卫指挥佥事木答哈奏，原居辽东东宁卫阿剌山卫指挥伯塔木〔等〕[2·3]，愿居安乐、自在州，并从之，赐予如例。

永乐十一年九月丁丑朔，兀者卫指挥使锁失哈率部属来朝，上嘉之，升为都指挥同知，仍掌兀者卫事，赐赍甚厚。

永乐十二年八月壬戌，弗提卫女直指挥佥事阿剌秃等来朝，自陈愿居北京，从之。命礼部赐予如例。

永乐十二年九月戊子，上闻弗（提）〔堤〕[2]斤六城之地肥饶，命指挥塔失往治弗（提）〔堤〕[2]卫城池，令军民咸居城中，畋猎孳牧从其便，各处商贾欲来居者，亦听。仍命行在兵部榜谕之。

永乐十三年冬十月庚寅,（弗）〔复〕[3]提卫奏举女直野人头目沙板等至京，授指挥、千百户。赐诰命、冠带、袭衣及钞币有差。

永乐十三年冬十月辛卯，考郎兀卫指挥同知恼纳等来朝，置忽鲁爱、渚（冬）〔东〕[3]河、札真、兀思哈里四卫，升恼纳为忽鲁（爱）[2]卫指挥使，脱赤为指挥同知，苦出脱干等四十人为指挥佥事，长家为渚（冬）〔东〕[3]河卫指挥同知，吉当哈为札真卫指挥同知，忽答思为兀思哈里卫指挥同知，忽秃等七十一人为千百户、卫所镇抚。赐诰印、袭衣及钞币有差。

永乐十四年六月戊寅，亦（为）〔马〕[2·3]忽山地面（安）〔女〕[2·3]直野人锁奴兀等，弗提卫〔指挥〕[2·3]卜不花、剌郎等处来朝贡马驼。赐钞币有差。

永乐十四年八月辛酉，弗提卫奏，举女直野人头目牙速等堪任以职，从之。设（告）〔吉〕[2·3]滩卫，命牙速为指挥同知，亦里当哈等为千百户。赐诰印、冠带、袭衣及钞币有差。

永乐十四年八月癸亥，设亦马忽山卫，命女直野人头目锁奴兀为指挥使，哈散哈为指挥同知，木答兀等七人为指挥佥事，余为千户百户、〔所〕[3]镇抚。赐诰印、冠带、袭衣及钞币有差。

永乐十五年十一月乙丑，（提弗）〔弗提〕[3]卫指挥使塔失举送哈剌把秃儿等至京师，命哈〔剌〕[3]把秃儿为指挥佥事，兀失哈安出哥为副千户。赐诰敕、冠带、袭衣、钞币。

永乐十五年十二月壬寅，兀者左卫都指挥锁升哈及东宁等卫千百户陈敬等来朝贡马。赐（赍）〔赉〕[3]差。

永乐十六年五月甲戌，兀者卫都指挥锁失哈奏举野人头目纳哈台失剌堪任指挥佥事，从之。

永乐二十一年夏四月丁巳，忽剌温女直板察苦进马。赐钞币、织金纻丝袭衣等物。

宣宗实录

洪熙元年十一月辛酉，赐弗提等卫指挥同知察罕帖木儿等九人钞币。

洪熙元年十二月甲午，弗提等卫指挥同知察罕帖木儿等率妻子五百七十二人来归，奏愿居京自效。赐以纻丝、绸绢袭衣有差，仍命有司给房屋器物如例。

宣德元年春正月己酉，弗提卫故指挥佥事秃僧哈母佟氏等来朝贡马。

宣德元年春正月癸亥，赐弗提卫故指挥佥事秃僧哈母佟氏〔并〕[2·3]侄奴奇等钞、彩币、表里及罗绢袭衣、靴袜有差。

宣德元年二月甲戌，赐亦马忽山等卫指挥佥事完者秃等钞、金织、文绮表里有差。

宣德元年五月戊戌，兀者前等卫指挥同知阿鲁秃等来朝贡纳。

宣德元年五月丁巳，赐兀者前等卫指挥同知阿鲁秃等钞、金织、彩币、表里、罗绮（绢布）²袭衣有差。

宣德元年九月己亥，嘉河等卫女直指挥佥事猛哥来朝贡马。

宣德元年九月壬寅，考郎兀等卫指挥阿儿帖木等来朝贡马及方物。

宣德元年九月辛亥，亦马剌等处女直野人木刀兀等二百二十九人来朝贡马，命木（刀）⁹兀为指挥佥事、脱脱出等为千百户、所镇抚。赐冠带、文绮表里、钞有差。

宣德元年冬十月壬戌，赐考郎兀等卫指挥阿儿帖木等银钞、彩币、表里、纱罗、绫绢、文绮袭衣有差。

宣德元年冬十月丁卯，兀者左等卫指挥佥事古郎加等来朝贡马及金银器。

宣德元年冬十月甲申，弗提等卫指挥同知张秃、福余卫千户脱脱木儿等来朝贡马及方物。

宣德元年冬十月戊戌，赐弗提等卫指挥同知张秃等六十四人钞币、袭衣、靴袜各有差。

宣德元年冬十月乙卯，兀者左卫指挥佥事古郎加来朝，奏愿居京自效。赐冠带、金织袭衣、彩币、钞、布，仍命有司给房屋、器皿等物如例。

宣德二年八月庚申，考郎兀等卫指挥佥事克彻、屯河等卫指挥佥事不颜秃、辽东东宁卫指挥金声等来朝，进马及方物。

宣德二年八月丙子，命奴儿干等处来朝野人女直头目者得兀为可令河卫指挥佥事，赞卜为弗提卫指挥佥事，俱袭父职。

宣德二年八月丁丑，弗提卫指挥佥事三哈、秃都河卫指挥佥事莽加及其母来朝。莽加奏愿居京师，三哈奏愿居辽东自在州。赐纻丝袭衣、彩币、钞、布、绵花，仍命顺天府及辽东都司给房屋、器皿等物如例。

宣德二年八月戊寅，赐考郎兀等卫指挥佥事克彻、屯河等卫指挥佥事不颜秃、东宁等卫指挥〔佥事〕²金声（为东宁卫指挥）²等钞、彩币、表里有差。

宣德三年春正月壬辰，遣内官亦失哈、都指挥金声、白伦等赍敕及文绮表里，往奴儿干都司及海西弗提等卫，赐劳头目达达奴丑秃及野人哥只苦阿等，嘉其遣人朝贡也。

宣德三年二月甲戌，赐兀者等卫指挥佥事木答兀等，罕东卫密落簇僧却儿失加等钞、彩币、表里有差。

宣德三年八月丙申，亦马忽山卫指挥佥事卜得等来朝贡马及方物。

宣德三年九月甲戌，赐亦马剌卫指挥佥事伯羊加、兀者卫指挥佥事兀里著、波罗河卫指挥佥事阿同哥、亦马忽山卫指挥佥事卜得等钞、彩币、表里有差。

宣德三年九月甲申，辽东玄城等卫指挥佥事乃塔哈、兀者前等卫女直指挥佥事安同等及西番僧纳立巴等来朝贡方物。

宣德三年九月乙酉，赐兀者卫女直指挥佥事把思塔及建州卫女直僧绰失班等钞、彩币、表里、靴袜有差。

宣德四年二月甲午，毛怜、弗提等卫都督同知莽哥不花子撒满答失里等贡驼马及方物。

宣德四年二月丁酉，赐兀者右等卫女直指挥佥事恍果等九人钞、彩币、表里及纻丝、表里（袭衣有差）[2·8]。

宣德四年三月甲寅，赐毛怜、弗提等卫都督佥事撒满答失里等钞、彩币、表里及金织袭衣有差。

宣德四年三月戊辰，弗提等卫指挥佥事偿卜等六人来朝，奏愿居辽东自在州。赐金织袭衣、钞、布，仍（命）〔令〕[2]辽东都司给房屋、器皿等物如例。

宣德四年秋七月壬子，兀者左等卫女直指挥佥事柳温哥等来朝贡方物。

宣德四年八月庚寅，兀剌忽等卫指挥佥事者龙加等来朝贡马。

宣德四年九月丙午，辽东总兵官都督巫凯奏："海西野人女直数有寇边者，请发兵讨之。"上曰："夷狄寇边，固当诛，然谕之不从，而后诛之，彼将无悔。"遂遣敕谕之曰："尔等野人女直，受我皇祖太宗皇帝大恩，积有年矣。朕即位以来，上体皇祖之心，加意抚绥，屡敕边将毋肆侵扰，俾尔等安生乐业，有来朝者皆量授官职，赐赍遣还，朝廷之恩厚矣。今闻尚有不知感激思报屡寇边境者，此愚之甚也。盖其所得甚少，不知召祸甚大，非全身保家之计。今边将屡请发兵剿捕，朕虑大军一出，玉石难分，良善之人必有受害者。兹特遣人赍敕谕尔宜互相劝戒，约束部属，各安尔土，朝贡往来相通买卖，优游足给，岂不乐哉！若仍蹈前过，恣意为非，大军之来悔将无及。"

宣德四年九月甲寅，把忽儿河卫指挥佥事阿隆加、撒只剌河卫指挥佥事者令加、弗提卫指挥佥事速（木）〔门〕[2]哈、忽石门卫指挥佥事锁那等来朝，贡马及方物。

宣德四年九月己未，札肥河卫指挥佥事牙失塔、弗朵秃河卫指挥佥事卜也哈、益实卫指挥佥事奴克秃等来朝贡马。

宣德四年九月壬戌，赐把忽儿河卫指挥佥事阿隆加、撒只剌河卫指挥佥事者令加、弗提卫指挥佥事速木（哈）〔剌〕[2]、忽石门卫指挥佥事锁那等六十二人钞、彩币、绢有差。

宣德四年十一月戊辰，呕罕河等卫指挥同知阿里哥、兀者卫指挥同知保同等来朝贡马。

宣德四年十二月甲申，赐弗提卫女直指挥佥事佛家奴等九十一人钞币、帛、靴袜有差。

宣德四年十二月壬午，赐呕罕河卫指挥同知阿里哥、兀者卫指挥同知保同钞、彩币、表里、金织、纻丝等衣及靴袜有差。

宣德五年正月甲辰，辽东兀者等卫女直指挥弗（羊）〔罕〕[2]（按卷六十二第一页前十行各本作样）加来朝贡马。

宣德五年正月戊午，弗提卫百户剌里、辽东撒义河等卫指挥佥事喃都等来朝，贡马及金银、器皿、方物。

宣德五年正月癸亥，赐嘉河等卫女直指挥佥事莽哥、兀者等卫指挥阿剌孙等钞、彩币、表里、纻丝等衣、靴袜有差。

宣德五年正月乙丑，赐兀者等卫女直指挥弗羊加等钞、彩币、表里、绢布、胡椒等物有差。

宣德五年二月乙亥，赐弗提卫百户剌里、辽东撒义河等卫女直指挥佥事喃都等钞、彩币、表里及绢、胖袄有差。

宣德五年八月癸巳，兀者前等卫女直指挥佥事阿剌秃等来朝贡方物。

宣德五年九月庚子，海西失里木等卫女直指挥同知木（哈）〔答〕[2]连、阮里河等卫女直指挥同知孙保等，辽东自在等州女直指挥佥事马儿孙等来朝贡马及方物。

宣德五年九月乙巳，赐兀者前等卫女直指挥佥事阿剌秃等钞、〔彩〕[2·3]币、表里有差。

宣德五年九月己未，赐海西失里木等卫女直指挥同知木哈连、阮里河等卫女直指挥同知孙保等，辽东自在等州女直指挥佥事马儿孙等钞、彩币、表里及布有差。

宣德五年十一月丙辰，兀者左卫女直指挥佥事柳温哥等来朝贡方物。

宣德五年十一月丙寅，赐兀者左卫女直指挥佥事柳温哥等彩币、表里等物有差。

宣德五年十二月壬午，考郎兀卫指挥同知速苦等来朝贡方物。

宣德六年二月壬寅，赐弗提等卫佥事、女直指挥同知速木哈、建州等卫指挥佥事张加等钞、彩币、表里、绢布及金织袭衣有差。

宣德六年六月戊戌，海西老哈河卫头目桑果奴、木兰河卫头目咬纳等来朝贡马。

宣德六年六月庚戌，赐海西老哈河卫头目桑果奴、木兰河卫头目咬纳等十八人彩币、表里有差。

宣德六年秋七月癸亥，兀者前卫女直指挥同知阿剌（秃）〔兀〕[2·3]（阿剌秃事迹见馆本）等来朝贡方物。

宣德六年七月乙亥，赐兀者前卫女直指挥同知阿剌秃等七十四人钞、彩币、表里、袭衣有差。

宣德六年秋七月丁亥，亦马忽山等卫指挥佥事木刀兀等来朝进方物。

宣德六年秋七月戊子，赐海西阮里河等卫头目答安出等彩币、表里有差。

宣德六年八月己亥，塔山卫指挥佥事打隆加等来朝贡方物。赐辽东亦马忽山等卫女直指挥佥事木刀兀等四十八人彩币、绢布有差。

宣德六年八月庚子，海西兀里奚等卫指挥佥事孛罗哥等来朝贡马。

宣德六年八月丁巳，赐塔山卫指挥佥事打隆加、亦马剌卫指挥佥事稳察、撒剌儿卫指挥佥事歹羊加〔儿〕（歹羊加事迹又见馆本宣宗实录1896面）、也速儿卫指挥佥事伯思罕、察剌秃河卫头目者英哥等彩币、绢布有差。

宣德六年九月丁卯，兀者前卫女直头目巴领、葛坤城使臣者马里丁等来朝，奏愿居京自效。赐纻丝袭衣、钞、布，仍命有司给房屋、器物如例。

宣德六年九月辛未，赐右城等卫女直指挥佥事阿里吉纳等六十六人白金、彩币、纱罗、绫绸、绢布、袭衣有差。

宣德六年九月庚辰，弗提卫女直指挥同知孛罗托等来朝贡方物。

宣德六年冬十月乙未，赐弗提卫女直指挥同知孛罗托等彩币、绢布、袭衣等物有差。

宣德六年冬十月己未，弗提卫女直指挥佥事哈剌帖木来朝，皆愿居京自效。赐冠带、金织袭衣、彩币、银钞、绵布、鞍马有差，仍命有司如例给房屋、器物。

宣德六年十一月丙子，兀者等卫女直指挥佥事苦赤等来朝贡马。

宣德六年十二月甲午，赐兀者等卫女直指挥佥事苦赤等、歪思王母所遣使臣满剌哈只等彩币、表里、绢布、袭衣等物有差。

宣德六年十二月丁未，赐兀者等卫来朝女直指挥佥事撒里乞纳等钞、彩币、表里、袭衣等物有差。

宣德七年春正月壬戌，兀者右卫头目首勒等来朝贡马。

宣德七年春正月癸未，赐兀者右卫头目首勒等彩币、表里、绢（帛）〔布〕[2]有差。

宣德七年五月丙寅，以松花江造船军士多未还，敕海西地面都指挥塔失纳答、野人指挥头目葛郎哥纳等曰："比遣中官亦失哈等往使奴儿干等处，令都指挥刘清领军松花江造船运粮。今各官还朝，而军士未还者五百余人。朕以尔等归心朝廷，野人女直亦遵法度，未必诱引藏匿。敕至即为寻究，遣人送辽东总兵官处，庶见尔等归向之诚。"

辽东总兵都督巫凯奏：有军卒二人逃往海西二十余年，诱引女直野人入寇，今皆就获，请斩以徇。上从之。因敕凯等曰："人情岂乐从异类，此必有不得已者，如为将能抚恤之，动息以时，温饱得所，虽驱之不去，尔等勉之。"

宣德七年七月壬申，札肥河卫女直指挥同知卜剌罕等来朝贡驼马。

宣德七年八月辛卯，赐札肥河等卫指挥同知卜剌罕等、曲先等卫百户阿答等白金、纱罗、绫绸、绢布及金织、纻丝（《圣政记》无纻丝二字）袭衣有差。

宣德七年九月己未，札肥河卫指挥佥事牙失答等来朝贡马。辽东总兵官都督巫凯等〔奏：〕[2·3] 亦马忽山等卫指挥木答兀等来报，福余等三卫鞑军往掠阿鲁台，为阿鲁台所败，尽收其家口、辎重、牛马、田稼，三卫之人奔往海西，或在辽东境外招之不来，间有来者，语言诪张，已整饬军马备之，且送木答兀等六人诣京师。上曰："虏（贼）〔寇〕[2]谲诈，亦惟谨备之耳。"遂敕凯等严哨防，命行在礼部宴赉木答兀等。

宣德七年九月戊辰，赐亦马忽山等卫女直指挥佥事木答兀等并肥河卫指挥佥事牙失答等钞、彩币、表里有差。

宣德七年九月己巳，札肥河卫女直指挥佥事牙失答等奏，愿居辽东自在州，赐金织袭衣、钞币有差，仍命辽东都司给房屋、器物如例。

宣德七年九月甲申，辽东总兵官都督巫凯奏：前有敕令海西地面都指挥塔失纳答等，追取造船逃军五百余人，凡野人女直所匿者，皆已追还。余山寨头目剌令哈等多隐匿不还，请领兵追索。上曰："以兵临之，恐害及无辜，且谕以祸福，彼当悔悟，如又不悔，发兵未晚。"

宣德七年十二月辛亥，海西益实卫指挥木当加等来朝贡马。

宣德八年二月乙巳，兀者卫女直指挥佥事猛古等六人，俱奏事至京。赐钞、彩币、表里、金织、纻丝、绢、袭衣等物有差。

宣德八年三月丁卯，肥河等卫女直指挥佥事咬失等五人奏事至京。赐钞及彩币、表里、绢布、金织袭衣等物。

宣德八年三月壬午，兀者左卫指挥佥事亦里不花、嘉河卫女直指挥佥事卜颜秃等来朝贡驼马〔及〕[2]方物。

宣德八年四月甲午，赐兀者左卫指挥佥事亦里不花等、辽东东宁卫鞑官指挥同知牙令哈等、嘉河卫女直指挥金事卜颜秃等彩币、绢布及金织袭衣有差。

宣德八年五月辛酉，兀者右卫指挥金事兀列等四人来朝。赐钞及彩币、表里。

宣德八年六月乙亥，命肥河卫故指挥使哈哈缠子剌令哈、呕罕河卫故指挥使必缠子乃胯，各袭父职。

宣德八年八月甲午，弗提卫女直指挥同知佛家奴等十七人从中官亦失哈往奴儿干还，贡方物。赐之彩币、表里、绢布有差。

宣德八年九月戊辰，泰宁卫都指挥使大脱赤、兀者左卫指挥金事（阿）〔木〕（卷一〇七第一页后一行各本作阿）哥等来朝贡马。

宣德九年春正月丁亥，肥河卫指挥使剌令哈遣指挥金事牙当、呕罕河卫指挥使乃胯遣指挥金事晏答等来朝贡马。

宣德九年春正月癸丑，赐益实卫指挥金事鲁省哥、失真哥及肥河卫指挥使剌令哈所遣指挥金事牙当、呕罕河卫指挥金事晏答等彩币、绢布及金织袭衣有差，仍命牙当等赍敕及彩币归赐剌令哈。

宣德九年二月壬戌，兀者卫指挥金事纳哈出，亦马忽山卫指挥金事伯乞纳，泰宁卫头目可可帖木儿等来朝贡驼马。

宣德九年二月乙丑，升肥河卫指挥使剌令哈为都指挥金事，仍掌肥河卫事。

宣德九年二月壬申，兀者卫指挥金事猛（可）〔哥〕[2·3·5]秃等三人随内官亦失哈归自奴儿干。赐之彩币、表里、金织、纻丝袭衣（等物）〔有差〕[2]。

宣德九年三月戊子，赐嘉河等卫头目卜颜秃、福余卫指挥金事把秃不花、兀者卫指挥金事纳哈出、亦马忽山卫指挥金事伯乞纳、泰宁卫头目可可帖木儿等，彩币及纻丝袭衣有差。

宣德九年夏四月壬戌，泰宁卫指挥金事赛因帖木儿、（札）〔扎〕[3]肥河卫指挥金事歹羊加等来朝贡马。

宣德九年五月庚子，赐（札）〔扎〕[2]肥河卫指挥金事歹羊加等钞币、绢布及纻丝袭衣有差。

宣德九年六月丁卯，答山卫指挥同知札令加、福余卫指挥金事脱脱不花、东宁卫指挥金事乞（冬）〔东〕[2]哥等来朝贡马。

宣德九年六月甲申，赐木速河卫指挥同知捏哈、答山等卫指挥同知札令加、福余卫指挥金事脱脱不花、东宁卫指挥金事乞冬哥等钞、金织、纻丝、罗绢有差。

宣德九年秋七月丙申，肥河等卫指挥金事凡察、兀鲁罕河等卫指挥金事脱木哈、福余等卫千户勒克等来朝贡马。

宣德九年秋七月戊戌，兀者左卫指挥金事柳温哥、呕河等卫指挥金事托因脱木儿等来朝贡马及方物。

宣德九年秋七月庚子，赐辽东自在等州女直指挥佥事鬼迷等钞币、绢布及纻丝袭衣有差。

宣德九年八月己酉，赐肥河等卫指挥佥事凡察、兀鲁罕河等卫指挥佥事脱木哈、福余卫千户勒克、兀者左卫指挥佥事柳温哥、呕河等卫指挥佥事托因脱木儿等彩币、绢布及纻丝袭衣有差。

宣德九年九月丁丑，赐弗提卫指挥佥事柳失哈、嘉河等卫头目安冲家等彩币、绢布及金织袭衣等物有差。

宣德九年九月壬午，兀者等卫指挥同知失郎加等来朝贡驼马。

宣德九年冬十月丁巳，赐兀者等卫指挥同知失郎加、实山卫指挥佥事阿里哥等钞、彩币、绢及金织袭衣等物有差。

宣德九年十二月庚戌，肥河等卫指挥使女隆加等来朝贡马。

宣德九年十二月丁巳，赐肥河等卫指挥使女隆加钞币〔绢布〕²及纻丝袭衣等物有差。

宣德九年十二月庚申，兀者卫指挥同知阿里吉纳等来朝贡马。

宣德十年九月乙丑，木兰卫女直指挥同知咬纳、弗提卫指挥火乞等奏事至京。赐彩币等物。

宣德十年九月癸酉，复遣敕谕海西各卫野人女直都指挥头目人等，令钤束诸夷，毋容造祸。以辽东守臣累奏其来扰边故也。

升弗提卫都指挥佥事塔失为都指挥使，仍理卫事，兀者卫指挥使莽刺的各八哈答为都指挥佥事，指挥同知阿里哥的各别里该为指挥使。

宣德十年十一月壬辰，朝鲜国王李祹奏：建州卫都指挥李满住等稔恶不悛，屡诱忽刺温野人，扰害本国边境，愿行天讨以慰徯来之望。上以敕复之曰："此小寇耳，不足烦师远征⁹，王宜自饬兵备以慑之。"

英宗实录

正统元年春正月癸酉，兀者左等卫指挥阿都赤等，阿者迷河等卫指挥佥事必桑如等，海西呕罕河等卫女直牙失等，俱来朝贡马，赐宴并赐彩币等物有差。

正统元年春正月己卯，海西纳刺〔吉〕⁵河等卫指挥塔失等，遣人来朝贡马。赐彩币等物有差。

正统元年春正月甲申，海西札岭等卫女直兀昌哈等，竹墩等卫女直指挥金事阿成加等来朝贡马及方物。赐宴并赐彩币等物有差。

正统元年二月丁酉，海西呕罕河等卫野人女直指挥使卜不剌等，福余卫指挥得都等，泰宁卫指挥月儿欢等，来朝贡马及方物。赐宴并赐彩币等物有差。

正统元年二月丁未，命故肥河卫都指挥金事剌令哈子别里格袭为指挥使，嘉河卫指挥使阿必察子那剌秃，兀者右卫指挥使（喜）³列尼子桑吉塔，玄城卫指挥同知秃路苦子朵儿哈，兀者卫指挥同知撒哈连子托因帖木儿，俱袭职。

正统元年二月壬子，命故弗提卫指挥使陈帖木子木当哈，兀者卫指挥金事不彦不花子忽剌答，俱袭职。

正统元年二月癸丑，以呕罕河卫头目卜儿格、沙笼哈、阿里哈、沙儿忽、忽失剌，兀者右卫头目弗剌答，俱为指挥金事，从本卫都指挥乃胯等奏请也。

正统元年二月乙卯，命兀者卫指挥金事伯颜不花子忽剌答袭职。

海西札〔今〕³童卫女直头目亦克来贡方物并献所收铜印一颗，赠彩币等物。

正统元年二月丁巳，海西女直那木、塔山等卫赛罕等俱来朝贡马及方物。赐宴并赐彩币等物有差。

正统元年二月庚申，海西女直指挥木花连来朝贡马，奏愿留京自效，泰宁卫达子帖木儿男妇四人来归，俱给赐衣服、房屋等物，安插居住。

正统元年二月壬戌，命故阿者迷河卫指挥金事吉察兀子看赤兀、木忽剌河卫指挥金事可鲁冬子着不你俱袭职。塔山卫指挥同知塔剌赤年老，命其子永的代之。

正统元年二月乙丑，升呕罕河卫都指挥金事乃胯为都指挥同知，右城卫指挥使木答兀、益实卫指挥木当哈为都指挥金事，也孙伦卫指挥同知卜不剌、考郎兀卫指挥同知薛列河为指挥使，朵林山卫指挥金事扯养加、忽鲁爱卫指挥金事苦出纳、秃都河卫指挥金事（也儿哥）〔也哥儿〕⁵、老哈河卫指挥金事八思（塔）〔嗒〕³为指挥同知，渚冬河卫百户演不花为副千户，可令河等卫头目歹羊加等十一人俱授副千户，以乃胯等来朝，援例奏请也。

正统元年三月丁卯，海西弗朵秃河卫女直指挥亭罗多等来朝贡马。赐宴并赐彩币等物有差。

正统元年三月丁丑，海西纳剌吉等卫女直指挥速鲁加等俱来朝贡马。赐宴并赐彩币等物有差。

正统元年三月己卯，兀者左等卫指挥同知满哥秃等来朝贡方物。赐彩币等物有差。

正统元年三月己丑，兀者等卫女直指挥速哈等，海西乞忽等卫女直指挥阿剌秃等，禾屯吉卫野人粉甫，俱来朝贡马及方物。赐宴并赐彩币等物有差。

正统元年三月乙未，命兀者卫野人阿路古，禾屯吉卫野人粉甫，女直人速合赤阿儿兀，俱为本卫指挥佥事。

正统元年三月丙申，呕罕河等卫女直指挥阿黑木等，斡朵伦等卫女直指挥弗郎吉等，俱遣人贡马及方物。赐彩币等物有差。

正统元年夏四月癸卯，兀者前卫加纳等，女直野人色冷哥、沙剌绞哈、减哈你等来朝贡马及方物。赐宴并赐彩币等物有差。

正统元年五月丙戌，呕罕河卫女直指挥古己柰，俱遣人来朝贡马及方物。赐宴并彩币等物有差。

正统元年六月辛亥，兀者右等卫舍人（苦）〔若〕[8]女等，朵颜哈赤（者）[2·3]等卫指挥等官哈剌不花等俱来朝贡马及方物。赐宴并赐彩币等物有差。

正统元年闰六月壬午，敕辽东总兵官都督同知巫凯等曰："今得建州卫都指〔挥〕（使）[2·3]佥事李满住奏：原奉恩命在婆猪江住坐，近被忽剌温野人侵害，欲移居辽阳草河，朕未知有无妨碍，尔等宜计议安置处所，毋弛边备，毋失夷情。"

正统元年秋七月己酉，考郎兀等卫女直兀儿帖木等，忽鲁罕等卫女直指挥忽申捌等，俱遣人来朝贡马及方物。赐宴并赐彩币等物有差。

正统元年八月丁卯，呕罕河等卫使臣指挥弗剌答等陛辞，命赍敕并金织、彩币归，赐其都指挥乃胯等。

正统元年八月甲申，兀者等卫都指挥佥事莽剌、泰宁等卫都督佥事拙赤弟灰王纳哈出等，嘉河等卫女直指挥弗剌答等，俱来朝贡马及方物。赐宴并彩币等物。

正统元年九月癸卯，升兀者卫指挥使八哈答为都指挥佥事，指挥同知别里该为指挥使。

正统元年九月乙巳，兀者前卫女直伯厮令等俱来朝贡马及方物。赐宴并赐彩币等物有差。

正统元年九月辛亥，命塔山卫头目弗扎出为指挥同知。

正统元年十一月丁未，海西呕罕河卫野人女直路失等，兀者卫野人都指挥剌塔古、脱伦卫野人忽里并加古贲、葛林、阿剌山、奇（吉）〔古〕[3]河、婆罗河、亦罕河六卫女直兀的纳等俱来朝贡马及方物。赐宴并赐彩币等物有差。

正统元年十二月戊辰，塔山等卫女直指挥赛罕〔等〕[3]，兀的河等卫野人指挥得里彻等，各来朝贡马驼及方物，贺明年正旦。赐宴并赐彩币等物有差。

正统元年十二月戊寅，呕罕河卫女直指挥脱因托，兀者前等卫女直指挥阿剌秃等各来朝贡鹰、马及方物。赐宴并赐彩币等物有差。

正统元年十二月辛巳，福余等卫指挥阿儿歹等，益实等卫女直指挥色克等，撞石卫女直土剌纳，兀的河等卫女直指挥牙失答等，兀剌忽卫女直头目欢出火等各来朝贡马及方物。赐宴并赐彩币等物有差。

正统元年十二月癸未，敕谕塔山卫野人头目阿答剌，并赐织金、纻丝、彩绢，俱命来使指挥同知赛罕赍与之。

正统二年春正月癸卯，札真等卫女直指挥阿成哥等，建州卫女直指挥奴答失里等，肥河卫女直指挥亦里哈来朝贡马及方物。赐宴并彩币等物有差。

正统二年二月辛酉，命兀者卫指挥同知都连帖木子咬纳、嘉河卫指挥佥事卜颜子剌哈、者令加子兀长加、忽石门卫指挥佥事赤（丁）〔子〕³哈子古羊加、撒秃河卫指挥佥事帖木儿子弗答希、卜鲁兀卫指挥佥事卜剌哈子卜散、撒剌儿卫指挥佥事兀不里侄土剌，俱袭职。

正统二年二月甲子，命呕罕河卫指挥吉当加赍敕及金织袭衣、彩币归赐其头目指挥乃胯。

正统二年二月丁丑，右城卫女直指挥木答哈、肥河卫指挥歹羊、兀的等卫女直指挥歹都等，建州等卫女直指挥（李）〔李〕³希等，贡珍珠及马。赐宴并彩币等物有差。

建州卫女直指挥失里不孙奏，愿居辽东安乐州自效，赐钞、布、纻丝、袭衣，仍命有司给俸米、牛、马、柴薪、房屋、器皿。

正统二年二月辛巳，兀者左卫女直指挥阿多赤、肥河卫指挥阿都赤、友帖卫舍人苦女、兀也吾等卫野人女直舍人哈你等，各贡珍珠。赐宴并彩币、表里等物有差。

正统二年三月乙未，塔山等卫指挥色冷哥等，可令等卫野人女直指挥兀黑等，遣人贡马及方物。赐宴并彩币等物。

正统二年八月癸酉，兀者等卫野人女直指挥弗鲁忽等来朝贡马、驼，赐彩缎、钞、绢等物有差。

正统二年八月丁丑，海西札真等五卫野人女直指挥吉当加等，答失山等二卫女直指挥奴滕哥等，各来朝贡马。赐彩币、衣（帽）等有差。

正统二年九月乙卯，秃都河卫女直舍人答里等，纳怜河卫头目苦列（得）〔传〕³等，考郎兀卫女直忽申八等，俱来朝贡马驼及方物。赐宴并赐彩币等物有差。

正统二年冬十月戊午，兀者卫故都指挥锁升哈孙男（斡）〔斡〕³朵苦，福余卫指挥同知脱（火）〔大〕³欢，兀的河等卫女直头目哈丁加等各来朝贡马及方物。赐宴并彩币等物有差。命故考郎兀卫指挥佥事阿塞子忽申八袭职。

正统二年冬十月辛酉，兀者等卫女直头目锁令加等各来朝贡驼、马及方物。赐彩币等物有差。

正统二年冬十月丁卯，呕罕河等卫女直指挥同知阿陇加等，俱来朝贡马及方物，赐宴并彩币等物有差。

命故兀者卫指挥佥事歹都子阿松哥、亦罕河卫指挥佥事纪笼哈子撒并加、阿资河卫指挥佥事察班子阿种哥、纳剌吉河卫指挥佥事秃能哥子弗羊古、弗朵秃河卫指挥佥事海汉子打申加、土鲁罕子阿路、阿纳忽子（阿）〔门〕[3]陇哥，俱袭职。

正统二年冬十月癸酉，命故忽儿〔海〕[2·3]卫指挥佥事忽失塔子咬纳、也失塔子末朵那、兀列河卫指挥佥事脱令哈子打必纳、阿令哥子忽失（木）[3]，俱袭职。

正统二年十一月甲午，命兀者右卫指挥佥事广古子阿剌孙、阿者迷河卫指挥佥事咬哈子必思哈、撒力卫指挥佥事桑果奴子阿束、弗提卫指挥佥事蒙古答子短夫古，俱袭职。

正统二年十一月丙午，肥河卫指挥使别里格，言其父剌令哈曾效劳，乞袭其旧职为都指挥佥事，从之。

正统二年十二月乙丑，兀者卫野人女直锁住克等，札童卫指挥秃省哥、伍屯卫舍人得松哥、弗提卫指挥佥事札剌等，俱来朝贡马驼及方物。赐宴并彩币等物有差。

正统二年十二月戊辰，命兀者卫故指挥佥事亦成哈子锁住克袭职。

正统三年春正月癸卯，命故考郎兀卫指挥使薛列河子哥哈、建州左卫指挥佥事兀鲁速子兀乞童、答（兰）〔蔺〕[3]子阿哈里，俱袭职。

正统四年春正月丁亥，呕罕河卫女直舍人丹八等俱来朝，贡马驼及方物。赐宴并彩币等物有差。

正统四年春正月戊戌，命呕罕河卫故指挥同知也儿哥子当八撞哈、子奴塔袭职。

正统四年八月辛巳，兀者等卫女直柳温哥、童宽山卫女直出羊加、阿者迷河卫女直伏剌出、朵颜卫指挥把爱、哈儿分卫女直隆加、兀列河卫指挥尚秃哈、卜鲁兀卫指挥速忽奴，俱来朝贡马及方物。赐宴并赐彩币等物有差。

正统四年九月己酉，升兀者卫野人女直舍人阿的纳、督罕河卫女直指挥满古、亦文山卫女直指挥斡栾哥、纳剌吉河卫头目赛因加、兀赖忽卫头目色路合、（兀）〔元〕[3]（会典卷一百二十五作兀）鲁罕河卫舍人土申加、阿真河卫舍人省失、呕罕河卫指挥阿都赤等俱来朝贡马及方物，赐宴并赐彩币等物有差。

升兀者卫都指挥同知剌塔为都指挥使，命故忽石门卫指挥佥事亦丁（哈）〔吟〕[3]男革冷哥袭职。

正统四年冬十月丙子朔，海西（哈）〔海〕[3]儿分等卫指挥伯思罕等俱来朝，贡马及方物。赐宴并彩（樊）〔币〕[2·3]等物有差。

正统五年九月戊辰，安乐等州指挥三保奴、塔山卫指挥弗剌出、毛怜卫指挥每哈、女直头目打必纳等，俱来朝贡马及方物。赐宴并赐彩币等物有差。

正统五年冬十月癸酉，升塔山卫女直指挥同知弗剌出为本卫指挥使。

正统六年春正月辛酉，兀者卫女直舍人冬奴、考（郎）〔即〕[3]（会典作郎）兀卫指挥古郎加、辽东自在州千户别里哥、安乐州所镇抚赴京奴等，俱来朝贡马及方物。赐宴并赐彩币等物有差。

正统六年二月壬申，辽东兀者卫女直都指挥莽剌、老哈河卫野人女直阿（冲）〔仲〕[2]、加木兰河卫女直得申哥等，俱来朝贡马及方物。赐宴并赐彩币等物有差。

正统六年二月乙亥，升兀者卫指挥佥事忙惧台为指挥同知，命故指挥使别里该子兀里哈、指挥佥事咬纳子海散、塔麻连卫指挥佥事忽失八子失郎哈，俱袭职。

正统六年二月己卯，呕罕河卫女直指挥帖木儿哈、考郎兀卫女直指挥古郎加等，爱河卫野人女直阿塔出，俱来朝贡马及方物。赐宴并赐彩币等物有差。

正统六年二月丁亥，升呕罕河卫都指挥同知乃胯为都督佥事，以乃胯遣本卫指挥帖木儿等八人进马请升也。

正统六年二月壬辰，兀者卫都指挥使剌塔、呕罕河卫都督佥事乃胯，劝谕凡察勿令为恶，亦戒满住等勿济其恶。

正统六年三月辛丑，呕罕河卫使臣帖木儿哈等辞归，命赏敕及彩缎表里，归赐其卫达官。

正统六年三月辛亥，兀者右卫女直百户苦奴等，禾屯吉等卫女直指挥阿（正）〔丑〕[3]哥、辽东安乐等州达官指挥田打水等，俱来朝贡方物。赐宴并赐彩币等物有差。

正统六年三月戊午，亦马剌卫指挥佥事答当哈老疾，以子阿塔代之。

正统六年八月丁丑，辽东总兵官都督佥事曹义言：比奉敕旨，以凡察、董山争掌卫印，宜审其所部人情所属者授之，臣即遣人奉宣诏旨，为二人各执一词，纷纭不已，遂同至开原，臣反覆谕以朝廷法制，凡察乃黾勉出其新印，且欲身自入朝（陈伦）〔臣谕〕[2]〔陈论〕[3]已省，令暂还本卫至秋后赴京。

臣窃观其部落意向，颇在董山，而凡察怏怏终难安靖。永乐中，海西野人都指挥恼纳塔失叔侄争印。

正统六年九月丙辰，镇守辽东太监亦失哈奏，海西等处野人女直，每来市易，愿以马易牛，今官军少马，乞从其贸易。事下行在兵部请移文辽东总兵官曹义等体审斟酌以闻，从之。

正统六年十一月乙卯，赐考郎兀卫女直指挥哥哈等彩缎表里、绢匹、衣服、靴袜有差。

正统元年闰十一月丙寅，升考郎兀卫指挥使哥哈为都指挥佥事。

正统六年闰十一月甲戌，升肥河卫都指挥佥事别里格为都指挥同知、指挥佥事咬失并失里木卫指挥佥事哈的哈俱为指挥同知，授兀者卫舍人纳因哈、肥河卫舍人吉撒兀、安出俱副千户，肥河卫头目苦出、铁满合马忽，俱百户。

正统六年闰十一月戊寅，命故弗提卫都指挥使塔失子（察）〔祭〕³ 阿奴、指挥佥事保奴弟管秃，俱袭职。

正统六年十二月乙未，肥河卫指挥同知咬失等辞，命赏敕并彩缎表里归赐都指挥同知别里格，仍赐咬失等及其在卫头目莽都（合）〔哈〕³、咬纳，人各彩缎一表里。

正统六年十二月戊戌，赐呕罕河等卫野人女直舍人宁哈答等钞、绢、彩缎表里、靴袜有差。

正统七年二月癸巳，升兀者卫指挥佥事思鲁黑为指挥同知，从本卫都指挥剌塔奏请也。

正统七年二月丁酉，敕谕兀者卫都指挥剌塔及头目兀撒等，并以彩币、表里往赐之。

正统七年二月庚子，命故塔山卫指挥佥事伯客子你哈答、塔鲁木卫指挥佥事弗剌出弟捏列哥，俱袭职。

正统七年十一月己巳，海西女直阿克不花来归，命为南京锦衣卫带俸所镇抚，给房舍等物。

正统七年十二月戊子，命故呕罕河卫（都督）〔指挥〕² 佥事乃胯子你哈答、建州卫指挥使佟锁鲁子释家保，俱袭职，兀里奚山卫指挥佥事兀升哈子程奇代职。

正统七年十二月己丑，（右）〔石〕³（万历会典卷一百二十五作右）城卫女直指挥搜得、可木河卫女直指挥阿卜（叉）〔千〕、³ 乞忽卫野人女直指挥色勒等来朝贡方物。赐宴并彩币等物有差。

正统七年十二月壬辰，敕谕兀者卫掌卫事都督佥事剌塔〔也〕³ 曰："近辽东总兵镇守官累次解到犯边贼寇，内二人系女直野人，四人系朵颜等卫头目及家下达子，廷臣边将俱请发兵剿捕，朕念各卫之人为恶者少，为善者多，锋镝之下猝难分辨，特遣指挥王息等同尔赍敕前去女直各卫同兀良哈三卫，责令管事大头目挨捕犯边贼人，追要抢去人口头畜及将贼首遣人管押，随王息等赴京，其余随从贼人，悉令各头目处治。朕以尔世守东陲，累效忠勤，兹又传报声息，已加升赏，尔宜体朕厚待之心，宣布朝廷恩德，抚善擒恶，用副委托，事完仍同王息等来京，爵赏之典，必不尔吝。其王息等至尔地方，及往福余卫等处，尔等须量拨军马护送往回，缘途但有纤毫失所，即是尔等纵容下人为恶，罪不轻恕，尔等其钦承朕命，毋怠毋忽。"

正统七年十二月壬寅，辽东兀屯河卫女直头目罗合、札肥河卫女直头目女隆加等来朝贡马及方物。

正统七年十二月甲辰，敕谕考郎兀卫都指挥佥事奇哈曰："去年冬尔来朝贡，朕赐尔宴赏，复升尔官，令回卫掌印管事。尔至辽东，边将以礼馆待，仍遣人护送出境，尔乃与同行女直纵酒逞凶，将护送军射死，打夺行路人财物，彼时边将请发兵追捕，朕念尔远来又虑伤及无罪之人，故不允所请，但敕谕呕罕河卫都督佥事乃胯等，令挨究犯人解京，明正其罪。今尔具奏委曾射人至死，又称因与军人争闹，遮掩己罪，论尔所犯，法实难容。今特屈法宥尔，俾尔改悔。自今〔尔〕² 宜敬顺天道，谨守法度，统率部属，毋作非为，用保身家及尔子孙长久享福。如再恃顽稔恶不悛，则鬼神昭鉴，国法难容，悔无及矣。兹因尔弟塞（斡）〔斡〕³ 尼及头目（额）〔头〕³ 格等朝贡回还，特谕朕意，尔其省之戒之。"

正统七年十二月乙巳，升（右）〔石〕³（会典卷一百二十五有右城无右城卫）城卫都指挥佥事木答兀为都指挥同知，建州卫指挥同知金家奴为指挥使，命故亦文山卫指挥佥事满（秃）〔兀〕² 子咬哈袭职，老疾察剌（秃）〔兀〕² 山卫指挥佥事速若你子秃能〔能〕³ 奇、哈儿分卫指挥佥事弗非路子脱令哈俱（代）〔袭〕² 职。

正统八年春正月癸亥，命兀者卫故〔都〕² 指挥同知锁失哈孙捏兀的为指挥佥事。

正统八年春正月癸酉，命故嘉河卫指挥同知阿里不花子牙失哈、塔山卫指挥同知亦里伴哥子阿哈答、兀也吾卫指挥同知倒罗沙子阿哈你、指挥佥事孙保子失伴哥、撒只剌河（县）〔卫〕²·³ 指挥佥事阿合令孤孙都失、剌鲁卫指挥佥事可你子罕真哈、兀的河卫指挥佥事完者不花子都儿秃俱袭职。木兰河卫指挥同知咬纳子答八哈、亦里察河卫指挥佥事哈剌不花子扯颜得俱代职。

正统八年春正月丙子，塔鲁木卫指挥佥事捏列哥，建州卫指挥佥事阿失帖木俱为指挥同知，授头目失完哥安秃哈为副千户，你哥谨卜为百户。

正统八年春正月癸未，命故兀者前卫指挥同知哈必（答）〔合〕³子加木哈、阿剌山卫指挥佥事忽鲁（忽）³纳子沙鲁、斡兰河卫指挥佥事亦薛哥子卜儿哈、忽里吉山卫指挥佥事（只）〔吉〕²鲁哈子兀札哈、木兰河卫指挥佥事不哈孙加哈你俱袭职。

正统八年夏四月辛卯，兀者等卫野人女直都督剌塔等百一十九人，今俱还，得马一百六十三匹进贡，上命礼部赐酒馔，兵部定拟升赏。

正统八年夏四月乙未，升东宁卫正千户王武为指挥佥事，兀者等卫都督佥事剌塔为都督同知，都指挥佥事木当哈为都指挥同知，指挥同知莽加为指挥使，故指挥佥事范察子兀加哈袭为指挥同知，以使兀良哈功也。

正统八年夏四月丙午，肥河卫女直指挥乞温哥贡方物，赐宴并彩币等物。设女直成讨温卫，改命兀者卫指挥佥事娄得掌卫事。娄得，都督剌塔弟。析居成讨温，请立卫，给印以自效，故有是命。

正统八年夏四月庚戌，锦衣卫指挥佥事吴良奏："臣奉命使海西，见女直野人家多中国人，驱使耕作。询之，有为虏去者，有避差操罪犯逃窜者，久陷胡地无不怀乡，为其关防严密不得出，或畏罪责不敢还，情深可悯。今海西各卫累受升赏，皆知感激，请给榜开原及境外，于野人女直则谕以理，使无拘禁，于逃叛则宥其罪，俾之来归。"上可其奏，仍敕辽东总兵官禁约守边官旗，自今有军余逃叛者，俱重罪之。

正统八年夏四月癸丑，升兀者等卫都指挥同知莽剌为都指挥使，指挥使兀六住、弗剌出俱为都指挥佥事，指挥同知保秃等六人俱为指挥使，指挥佥事海散等二十九人俱为指挥同知，正千户亦马纳乞散兀为指挥佥事，故副千户必撒兀弟法长哈为正千户，百户阿加、所镇抚呀答（洪）〔共〕³等五人俱为副千户，舍人头目六十四人俱授所镇抚，以从指挥王息使兀良哈功也。

正统八年五月乙卯，升兀者右卫指挥使桑吉塔为都指挥佥事。

正统八年十二月癸未，授泰宁卫头目安察为指挥佥事，乞札歹为正千户，朵颜卫头目猛革撒儿为正千户，成讨温卫舍人忽失八为副千户。

正统八年十二月己丑，考郎兀等九卫野人女直指挥舍人撒赤哈等贡貂鼠皮等物。赐宴并赐彩币等物。

正统八年十二月庚寅，授弗提卫舍人完者帖木为副千户，札真卫指挥同知木良苦老疾，以其子失列谷代之。

正统八年十二月甲午，命札肥河卫故指挥佥事答鲁哈子弗当哈袭职，升弗思木卫指挥同知郭其为指挥使。

正统八年十二月庚戌，兀剌忽卫野人女直舍人苦女等各贡马驼、玉石及貂鼠皮、佛像、舍利子。赐宴并赐彩币、袭衣等物有差。

正统九年春正月戊辰，升肥河卫指挥同知咬失为指挥使，命故指挥佥事牙儿塔儿子兀章哈袭职。

正统九年春正月庚午，敕谕兀者卫都督剌（塔）〔嗒〕[3]、亦里察河卫指挥哈剌、纳木河卫指挥沙（笼）〔龙〕[3]哈及大小头目人等曰："昔我祖宗临御之时，尔等父祖尊事朝廷，特设卫授官，给与印信，管束人民，保障边境，朝贡往来，优加升赏。尔等感恩图报，亦既有年，近闻（境）〔边〕[2]外有等无知小人设谋，遣人往来蛊诱尔等，欲构为非，此等贼徒，灭亡有日。尔等自今宜坚秉忠诚，互相戒饬，严禁部属，遇有境外蛊诱为非之人，少则即便擒拿解京，多则会合军马擒杀，具奏来闻，重加升赏，则身有美名，子孙长享太平。若不遵朕言，背恩当恶，天道不容，国法难宥，大军一出，尔无噍类，此时难悔，亦将无及，尔等其钦承之。"

正统九年九月壬寅，初肥河卫都指挥别里格奏：兀良哈拘杀其使人，朝廷许其报复，别里格遂同呕罕河卫都督你哈（答）[2]等，率众至格鲁坤迭连地，与兀良哈头目（拙）〔掘〕[3]赤安出等战，大败之，遣指挥咬失以状闻。上赐彩币奖谕之。时兀者卫指挥莽剌随别里格往诸部互市，格鲁坤迭连之战，达寇悉掠其所赍，莽剌忿其强暴，复请于朝，欲率众追杀，从之。

正统九年十二月乙巳朔，兀者卫都督剌塔、札童卫指挥塔哈纳等，爱河等卫指挥朵儿只等，各遣人贡马及方物。赐宴及彩币等物有差。

正统九年十二月庚戌，兀者等三卫并哈三千户舍人木哈良等来朝贡马及方物。

正统十年春正月壬午，考郎兀卫野人女直木当加等，赤斤蒙古卫都督何速遣千户撒因帖木儿等各奏事回。赐宴并彩缎、绢、钞、袭衣等物有差。

正统十年春正月乙丑，命故兀者卫都指挥佥事兀六（住）〔往〕[3]子昂克、指挥佥事迭塞子亦合哈，俱袭职。

正统十年春正月甲午，呕罕河卫指挥佥事沙儿忽为指挥同知，命故毛怜卫指挥使鬼里子纳剌秃、指挥同知弗答子答鲁哈、指挥佥事伯颜不花子莽剌、阿卜子申保奴，俱袭职。

正统十年春正月癸卯，塔山等卫女直指挥亦里塔等，剌鲁等卫女直指挥罕正加等，兀者等卫女直指挥绰字等，阿瑞地面使臣敏阿秃失保丁等，俱贡马及方物。赐宴并钞、彩绢、缎、布（衣服）等物有差。

正统十年二月庚戌，塔山等十七卫都指挥弗剌出等奏，累被兀良哈三卫达贼扰害，欲率领人马前去复仇，从之。

正统十年九月甲申，海西肥河等卫女直都督剌塔、宁哈、答别里格遣其徒咬束等来报，欲于今秋率众往福余等卫报复私仇，已聚兵辰州。戎狄多诈，或是假此为名，窥伺边境，乞行沿边将帅严兵为备，从之。

正统十年十一月己丑，敕谕兀者〔卫〕[2·3]都督剌塔等，肥河卫都督金事别里格等，呕罕河卫都督金事你哈（答）〔塔〕[3]及各〔卫〕[2]野人女直卫分都指挥等官头目曰："今得尔等奏，去年被兀良哈达子劫掠，尔女直人畜财物，近者尔往彼报复，得其达子人口，彼复追及尔等，将所得达子人口遣还，就遣人往彼取原掠尔女直人口，遣人来奏。近者福余卫都指挥安出等亦奏，欲复率部属来尔处报仇，朕以尔野人女直各卫，与兀良哈达子各卫皆朝廷开设，皆当以奉公守法为心，乃互相报复，不知悔过，岂保全长久之道。已遣（敕）〔人〕[2]切责安出等，不（敢）〔许〕[2·3]擅动人马，敢有近边者悉听官军剿杀，然彼谲诈反复，素性不常，尔等宜整饬人马提备，如彼远遁境外，尔亦不必穷追。朕以尔女直卫分忠顺朝廷，始终无间，特谕知之。"

正统十年十二月己酉，命故弗提卫指挥金事三八奴子塞卜（兀）〔瓦〕[3]，撒秃河卫指挥金事实捧哈子（斡）〔幹〕[3]你俱袭职。

正统十年十二月丁巳，升弗提卫指挥金事管秃为指挥同知。管秃，都指挥使察阿奴之弟，为众所举，故特升之。

正统十年十二月甲子，成讨温等卫野人女直指挥沙隆加等来朝，贡驼马、玉石、貂鼠皮。赐宴并纻丝袭衣、彩缎表里有差。

正统十年十二月丙寅，兀者卫指挥金事失剌子锁古脱俱代职，升（斡）〔幹〕[2·3]兰河卫指挥使弗羊古为都指挥金事。

正统十一年春正月壬申，升考郎兀卫都指挥金事哥哈为都指挥同知俱袭职。

正统十一年春正月癸巳，建州右卫都督凡察男阿哈答奏：曩同兀者卫都督剌塔男阿的纳，建州卫都督李满住男亦的哈来朝，人赐纻丝衣三件，彩缎二表里。今所赐视前少彩缎表里一，乞足之。上命礼部稽例以闻。尚书胡濙等言，旧例：野人朝贡，人赏彩缎一表里、纻丝衣二件。正统九年，阿哈答系凡察男，初来朝贡，奏加赏彩缎二表里、纻丝衣三件。今阿哈答等复来朝贡，欲增赏如初来，例难允。上曰："外夷赏赐，朝廷已有定制，今尔礼部乃任意增损，以启彼狼贪之心，罪本难容，姑曲宥尔，自后宜悉如旧，毋得擅有增损。"

正统十一年二月辛亥，敕谕兀者右卫野人都指挥失列格及大小头目人等曰："近得边将奏尔兀者右卫野人捧速，随同逃叛犯人刘跎子入境为盗，罪本当死，朕姑令监候，今尔等差人来朝，请罪乞怜，特屈法伸恩，宥捧速之罪，遣回尔处，令其出力报效，以赎前愆，如尔部属中再有犯者，并尔该管头目一体论罪不宥。"

正统十一年冬十月壬寅，兀者卫（都督）〔指挥〕[2]剌塔、吉河卫指挥速鲁董哈、肥河卫野人女直指挥咬（束）〔东〕[2]等来朝，贡马驼及方物。赐宴并彩币、表里、钞、绢等物有差。

正统十一年十月丁巳，设女直塔山左卫，给印，命塔山卫都指挥弗剌出掌印管事，从呕罕河卫都督你哈答奏请也。

正统十一年十一月甲戌，兀者前等卫野人女直指挥木答纳等来朝贡马及方物。赐宴及彩币、表里、钞、绢有差。

正统十一年十一月己卯，设塔山左卫，敕谕塔山卫都指挥佥事弗剌出曰："尔弗剌出世居边境，忠事朝廷，自我先朝洊膺官赏，比者，尔累奏所管人民颇多，或有声息驰报未便，请设卫给印，以图补报；呕罕河卫都督同知你哈答又奏保尔效力多年，善抚人民；辽东总兵等官亦审实以闻。今特准尔所请设塔山左卫，给与印信，命尔掌印管事，尔宜深体朕恩，坚守臣节，遵守礼法，抚绥部属，或有远夷奸诈之徒蛊诱尔部属为恶者，即便擒治，尔其钦哉！"

命故肥河卫指挥佥事撒笼哥子鲁兀哥、亦马忽山卫指挥佥事木答兀子额黑里、毛怜卫指挥佥事阿兰子者住哥，俱升袭为指挥同知。升肥河卫都督佥事别里格、呕罕河卫都督佥事你哈答，俱为都督同知。益实卫都指挥同知木当哈为都指挥使。塔山左卫都指挥佥事弗剌出为都指挥同知。朵林山卫指挥使扯养哈、肥河卫指挥使咬失，俱为都指挥佥事。兀者右卫指挥佥事奴克为指挥同知。建州卫正千户失剌木、答忽伯速俱为指挥佥事，以能遵朝命还所掠朝鲜人口及远来朝贡故也。

正统十一年十一月癸巳，兀者右卫指挥佥事弗剌答子都儿秃、斡兰河卫指挥佥事秃同哥子苦奴，俱袭职。

正统十一年十二月丁酉，兀者卫指挥佥事速的子额的捏，失里木卫指挥佥事阿孛兰子撒剌失俱袭职。失里木卫指挥同知哈的哈子哈里速代职。

正统十一年十二月戊戌，兀者左卫指挥同知秃失帖木子亦领哈俱袭职。

正统十一年十二月癸卯，兀者屯河千户所指挥同知不里哈子歹出、克默而河卫指挥佥事答兰子只儿忽、亦马剌卫指挥佥事失列门子温察俱袭〔职〕[2·3]，升兀鲁罕东卫指挥使哈答孙为都指挥佥事。

正统十一年十二月甲辰，兀者卫指挥佥事吉当哈子你鲁哈、禾屯吉卫指挥佥事札里哈子兀鲁奴、（客）〔容〕[8]赤子咬纳、古贲河千户所指挥佥事木刀哈子速必纳、阿剌山卫指挥佥事歹羊哈子你吉你，俱袭职。

正统十一年十二月戊午，命故把河卫指挥佥事的可子薛克列、哈剌子答剌巴俱袭职。升指挥佥事歹因哥为指挥同知。

正统十二年秋七月庚戌，敕谕海西野人女直卫分都督剌塔、别勒格、宁哈答、都指挥末朵斡、长安保及建州三卫都督李满住、凡察、董山并各卫都指挥等官大小头目曰："今兀良哈来朝者言，瓦剌复欲侵劫兀良哈部属〔及尔地方〕[2]，且瓦剌居迤北之地，兀良哈居迤南之地，本不相侵犯，近年瓦剌谋取兀良哈，以结亲为由，与其都督拙赤等交结，去岁为彼劫掠，拙赤等先死，其余败亡，往事可鉴。今北虏又欲谋尔野人女直，尔宜戒饬所属头目人民，但有虏寇来蛊诱者，即便擒拿，送镇守官具奏处（治）〔置〕[2]，侵犯者即并力剿杀，无失建立功名，忠报朝廷之意。"

正统十二年冬十月辛酉，敕提督辽东军务右都御史王翱等曰："瓦剌也先以追捕仇人为名，吞噬诸部，往者既自北而西，又自西而东，今又东极海滨，以侵女直。女直自开国以来，役属中国，一旦失之，是撤我辽海藩篱，唇亡齿寒不可不虑。已敕女直卫分，俾知堤（备）〔防〕[2]，卿等亦宜严兵为备，毋恃其不来，恃吾有以待之，毋恃其不攻，恃吾有所不可攻。不来不攻，尚须有恃，况其必来必攻者乎？卿等其慎之。"

正统十二年十一月乙未，安定王领占斡些儿、兀者等卫野人指挥秃升哥、秃河卫女直指挥歹都纳、剌吉河卫指挥阿卜、可令河卫指挥马失哈、兀者等卫女直头目亦里答、肥河卫女直秃八束等来朝贡马及方物，赐彩币等物有差。

正统十二年十一月乙巳，升兀者卫都督同知剌塔为右都督，嘉河卫指挥使捏列秃为都指挥佥事，塔鲁木卫指挥同知捏列哥为指挥使，卜忽秃河卫指挥佥事把真哥、双城卫指挥佥事三角兀俱为指挥同知。

正统十二年十一月丁未，命故肥河卫指挥佥事亦失蛮子苦赤哈、亦罕河卫指挥佥事答卜纳子塔山哥、兀者右卫指挥佥事土八哈子忽答俱袭职。

正统十二年十一月癸丑，考郎兀卫都指挥哥哈遣指挥撒赤哈奏，黑龙江诸部野人欲入朝贡，乞以敕付撒赤哈，令诣其地招之。上曰："黑龙江（取）〔去〕[9]辽东路甚远，朕不能劳人以事远夷，其自愿来朝者，固不拒也，尔等以朕意告之。"

正统十二年十二月乙亥，命故兀者卫指挥同知乃剌忽子抄剌哈、可可帖木儿子剌卜答、朵儿必河卫指挥同知完者不花子教化，俱袭职。升兀者卫指挥同知脱因帖木儿为指挥使。

正统十三年春正月戊戌，升考郎兀卫正千户兀的哥、怜毛（旧校作毛怜）卫副千户阿的纳，俱为指挥佥事。命故指挥同知不得纳子欢察、考郎兀卫指挥佥事木答哈孙塞鲁黑，俱袭职。

正统十三年春正月壬寅，海西塔山等卫野人女直指挥永的、建州〔等卫〕[2·3]女直都指挥（召歹羊加）〔名歹年加〕[3]、辽东安州达官指挥苦失帖木等，俱来朝贡马驼、银鼠及方物。赐宴并赐彩币、表里、绢布、钞锭等物有差。

正统十三年六月丁卯，海西成讨温卫野人舍人扯老赤等来朝贡马驼及方物。赐宴并钞、彩币、表里等物有差。

正统十三年六月庚午，升弗提卫都指挥使察阿奴为都督佥事，考郎兀卫都指挥同知哥哈为都指挥使，成讨温卫指挥佥事娄得为指挥同知。命故友帖卫指挥同知也〔兀答儿子额塞哥、考郎兀卫指挥佥〕[3]事额里哥子撒都哈、弗提卫指挥佥事卜颜子撒哈良、可彻子打出，俱袭职。

正统十三年冬十月丁丑，海西兀者等二十八卫野人女直都指挥昂克等来朝贡马。赐宴并钞币等物有差。

正统十三年十一月癸未，海西马英山等十五卫野人指挥沙路等，并黑龙江野人乃因帖木等，来朝贡马及方物。赐宴并彩币等物有差。

正统十三年十一月庚寅，敕谕兀者等卫都督等官刺塔、别里格等曰："近尔等进瓦刺与尔等文书，朕览之皆甘言诱语，且自古国家兴废，皆出天命，今虏乃以元成吉思薛禅可汗事诱尔，且元亡已百余年，当其亡时子孙奔窜草野，皆为人所害，今其称为首领者，亦不过冒其名以胁部属耳。其属人尚皆不信服，况欲欺远方之别类者乎？我祖宗受天明命，统御万方，尔女直野人皆自开国之初设卫授官，颁给印信管治人民，尔等世受国恩，听朝廷节制。兹乃受虏文书，于理甚不当，况尔居东陲，虏居北地，相去甚远，虏以文书遗尔，事必有因，论情固当究问，但念尔等素多忠谨，自以文书缴进，不隐其情，悉置不问，自今尔等宜严禁部属，毋与虏往来，或虏侵犯尔境，尔等备御不及，驰报辽东总兵等官，为尔量度应援，务使尔等不致失所，尔等其敬慎之。"

正统十三年十一月辛丑，海西吉河等二十二卫野人女直指挥乞丁哥等，海西右城等三十卫野人女直指挥沙隆加等，塔山等二十五卫野人女直指挥莽加尚等，忽石门等六卫野人女直失郎加等，来朝贡马，赐宴并彩币等物有差。

正统十三年十一月壬寅，命肥河卫故指挥同知阿老看子撒冲哈袭职。兀鲁罕河卫指挥佥事锁奴子歹孙代职，升右城卫正千户木哈连为指挥佥事。

正统十三年十一月壬寅，海西阿答赤河等三十五卫野人女直指挥阿冲加等、福余朵颜泰宁三卫头目忽刺歹等，俱来朝贡马驼及方物。赐宴并袭衣、钞币等物有差。

正统十三年十一月癸卯，命忽儿海卫指挥佥事刘失子哥哈，俱袭职。失里木卫指挥佥事失剌子散赤哈代职。

正统十三年十二月戊申，海西屯河等三十二卫野人女直指挥恺忽里等、（斡）〔干〕² 兰等一十三卫野人指挥奴并哥等来朝贡马，赐宴并钞币等物有差。

正统十三年十一月壬子，命故亦马忽山卫指挥使末希纳弟札儿吉哥，吉河卫指挥同知保童子阿出儿谷，指挥佥事牙失塔子塔沙，吉河卫指挥同知速鲁董哈子伯真，塔麻速卫指挥佥事阿令哥子速入，（斡）〔干〕² 朵伏卫指挥佥事不乞子阿撒哈，俱袭职。

正统十三年十二月己巳，升呕罕河卫指挥同知火里必纳为指挥使，指挥佥事那哈赤、建州卫指挥佥事萧古鲁木、忽剌河卫指挥佥事著不你俱为指挥同知，兀者卫副千户木刀哈为指挥佥事，授呕罕河舍人歹札哈、亦麻纳俱为所镇抚。

正统十四年二月癸亥，赏锦衣卫千户王勉等，野人都督剌塔、都指挥木当加等，各绢二匹、彩缎四表里、纻丝衣一袭。先是勉等赍敕往海西考郎兀等卫，同剌塔等抚谕野人，既而剌塔等同来朝贡马，故赏之。

正统十四年二月丙寅，升塔鲁木卫指挥使捏令哥为都指挥佥事，命故辽东自在州指挥佥事乃马哈子长十八，东宁卫指挥佥事撒因加子阿里哈，安乐州指挥佥事莽哥侄喃娘加，袭职。

正统十四年十二月庚戌，塔山左卫女直阿（冲）〔中〕³ 加等来朝，贡马并奏夷情。赐宴并纻彩表里等物。

正统十四年十二月戊午，敕塔山、考郎兀等卫大小头目曰："尔等自昔识达天道，归顺朝廷，朝廷加恩于尔亦有年矣。近闻尔等被狡虏也先诱胁，朕亮尔情亦不得已，今能翻然悔过，遣使来朝，朕甚嘉悦，特令指挥阿冲加等赍敕谕尔，尔当永坚臣节，保守疆土，毋听小人诱惑为非，尔其钦承朕命毋忽！"

景泰元年三月乙卯，海西兀者卫指挥莽（旧校改莽作莽）（于）〔千〕³〔干〕⁵ 等奏事回。赐彩缎、绢匹、衣服等物有差。

景泰元年五月癸丑，敕朝鲜国王李珦曰："近得镇守辽东总兵等官奏报开原、沈阳等处达贼入境，抢掠人畜及攻围抚顺千户所城池，审知各贼，乃建州、海西野人女直头目李满住、凡察、董山、剌塔为北虏迫胁，领一万五千余人来寇，守备官军追逐出境；又称欲增人马再来攻劫。已遣敕辽东总兵等官整搠军马，固守城池，设法擒剿。朕详李满住等素与王国有仇，至今怀恨不已，恐其乘机前往王国地方，哄吓为寇，不可不预为之备。敕至，王宜戒饬边将，严整军马，谨慎烽堠，设法防备，倘遇前贼出没潜遁，即便截杀，以除边患，将士人等，有功一体赏赍，王其图之，慎之。"

景泰元年六月癸未，提督辽东军务左都御史王翱奏："海西、建州贼徒李满住、刺塔等累入境肆掠，臣等议调官军分（三）〔二〕³路先擒剿满住、凡（寨）〔察〕^{2·3}、董山三寨，然后发兵问罪海西。"敕翱度量事机，如其可图，分兵攻剿，否则慎勿轻举。

景泰元年十一月癸卯，海西女直都指挥弗刺出等奏事回，赐彩缎、表里、衣服等物有差。

景泰元年十一月乙卯，海西益实等卫女直都督木当加等奏事回。赐彩币、衣服等物有差。

景泰二年六月戊辰，户部右侍郎兼翰林院学士江渊言：……建州、朵颜、野人女直、海西等卫，皆我迤东藩篱，赤斤蒙古、沙州等卫（则）〔皆〕^{2·3}我迤西藩篱，昔太宗欲征瓦剌，必先遣使迤东、迤西厚加赏赍，以结其心。故我师之出，瓦剌远遁。及正统（已）〔以〕²来瓦剌渐强，东并诸夷，西结诸卫，以（辙）〔撤〕²我之藩篱，所以屡为边患。今宜遣使厚赏金帛，抚慰迤东、迤西诸夷，俾令去逆效顺，革心向内，则也先必自生疑忌，然后选将益兵，据守边地，则不为其所窥矣。

景泰二年九月戊戌，海西亦马剌卫故野人指挥佥事阿兰哈子写称哥来归，命袭指挥佥事，于辽东自在州安置支俸，赐钞、彩币、表里、纻丝、袭衣，给房屋、器物。

景泰二年九月癸亥，海西兀的河卫女直俺出、阿桑加来归，命为指挥佥事，于辽东安乐州支俸。赐钞、彩币、表里、纻丝、袭衣，给房屋、器物。

景泰二年十月辛未，海西弗朵秃河等卫女直官舍二十九人挈家来归，愿居辽东边卫自效，命指挥纳郎哥等十五人仍原职。故指挥佥事速哥秃子色里、伯克、苦苦子松塔、苦出子必失哈、（末）〔未〕²希纳子朵里必、沙笼哈子（古）〔苦〕²郎加、察罕帖木儿子札空住、亦失蛮子札令加、塔不答孙阿古沙，俱袭职。老疾副千户也儿吉纳子乞塔纳代职。授阿色等五人为所镇抚，隶辽阳等六卫，带管随操，给半俸及房屋、器皿、牛羊等物。

景泰二年冬十月丙子，命海西来归故建州卫指挥佥事童哈留孙歹英加袭职。授肥河卫舍人亦失麻为所镇抚，毛怜卫女直松吉纳、建州左卫女直赵阿迷纳俱为头目。歹英加隶东宁卫，亦失麻等隶广宁中卫。俱给赐房屋、器皿等物。

景泰二年十月丙戌，命故建州左卫指挥佥事牙失塔子土满、兀者卫指挥佥事四哥子亦令加、木束河卫指挥金事长把孙瓦札、肥河卫指挥金事（牙）〔才〕[2]失塔子（木）〔未〕[2]〔末〕[3]令加、卜鲁兀卫指挥金事忙哥子速猛哥、兀的河卫指挥金事阿里哥子海撒、兀者右卫指挥金事忽失苦子斗忒、（古）〔占〕[2]里河卫指挥金事锁鲁哈子土剌，俱袭职。土满还原卫，亦令加等七人隶海州卫带管，俱给赐房屋、器物，以其愿居边卫自效故也。

景泰三年二月乙亥，命归来（旧校改作来归）海西阿资河卫故指挥同知抄花子阿剌秃、回回把、把哈只、迭儿必失、忽儿答、撒答撒答（旧校改作答撒答）俱为头〔目〕[2·3]，于锦衣卫安插，月给米二石并房屋等物。兀者等卫女直指挥同知把哈差等九人先为瓦剌所房，至是随其使臣来朝贡，愿内附。及建州（左）〔右〕[2]卫女直莽苦等六人来归，俱命仍旧职，并为头目，隶南京锦衣卫，赐衣服、钞币、房屋、器皿等物。

景泰三年五月己未，海西老哈河卫指挥同知付剌答、兀者右卫指挥金事阿剌孙等、塔麻速河卫指挥金事连八等、阿古河等卫指挥金事亦笼哥等、兀者卫故指挥使莽加子干里哈等、老哈河等卫副千户付羊古子撒路（古）〔若〕[2]（旧校改作撒路苦）等二十二人、女直干都等十九人，俱来归。命干里哈等袭指挥使、指挥同知、金事等官，撒路苦等袭副千户等官，支半俸。干都等为头目，月支食米二石。俱于辽东金(川)〔州〕[2·3]卫安插。赐钞、彩币、表里、纻丝、袭衣、房屋、器皿等物。

景泰三年六月丙戌，建州等卫并海西夷人指挥千户等官凡察等十六人，同男妇五十七人来归，奏愿居京自效，命袭原职，赐金织袭衣、纻丝、钞、布有差。仍命隶辽东金州卫，给房屋、器皿。

景泰三年六月戊子，命海西来归女直阿冲（加）〔嘉〕[2]等二十人为指挥金事等官，金州卫带俸。

景泰三年秋七月癸丑，命海西来归女直故指挥金事也客儿子沙路等〔八〕[2·3]人袭职，及指挥同知兀的纳等十二人俱于金州卫安置，给与半俸。

景泰三年八月戊辰，海西札童等卫女直指挥安中哈等三十六人来归，令于辽东复州等卫安插，月支食米二石。赐彩币、表里、绢布、纻丝、袭衣、房屋、器皿等物。

景泰三年八月癸未，海西女直札同加等十三人来归，命马黑麻哈只等为头目，于南京锦衣卫安插，札同加等为头目于辽东海州卫安插，月支食米二石。俱赐彩币、表里、绢布、纻丝、袭衣、房屋、牛羊、器物。

景泰三年八月丙戌，兵部奏，军有被虏（脱）〔逃〕[2]归者言，野人云我辈不畏辽东军马，虽是二三人到其境上，亦不见官军出敌，见今辽东寇边者，乃建州、海西、兀良哈三卫贼。虽其所言未可尽信，然近年边报络绎不绝，盖〔因〕[2·3]总兵等〔官〕[2·3]怯懦无谋，致贼轻侮，请移文使调精兵出境，觇伺剿杀，以祛边患，从之。

景泰三年十一月庚申，命来归呕罕河卫指挥同知阿里哈仍原职。故（右）〔石〕[2]城卫指挥佥事歹羊哈子兀里安赤、者帖列山卫指挥佥事刺不塔子牙郎加，袭父职，俱带俸辽东金州卫。

景泰三年十一月戊寅，海西弗提等卫故指挥歹出子满皮卜令哥并女直塔莽加等三名，各率家属来归，命满皮卜令哥等袭父职，塔莽加升头目，俱于辽东复州卫带支半俸。赐钞、布、袭衣有差。仍命有司给与牛羊、柴米、房屋、床榻、器皿等物。

景泰三年十一月壬午，赐海西亦儿古里等卫野人女直干罗等八十八名宴。

景泰三年十二月辛卯，敕考郎兀卫都指挥使格哈及大小头目人等曰：“尔等自祖父以来，世受朝廷官爵，设卫给印，俾尔等管束人民，自在居牧，尔等既不能效力补报朝廷，乃又结连外寇，扰我边境，掠我人（口）〔民〕[3]，肆为悖逆，论尔等罪本难容，但朝廷恩同天地，念尔等既能认罪，悉宥不问，敕至，尔等即各将原虏人口，令人尽数送赴辽东总兵等官处交还，庶盖前愆，今后但有外寇来侵，尔等即便奋勇剿（杀）〔除〕[3]，以除边（害）〔患〕[2·3]，其有功之人朝廷升赏不吝，如或阳为顺从，阴持两端，不还所掠人口，必调大军征剿，悔无及矣。

景泰三年十二月丁酉，考郎兀等卫野人女直指挥撒亦哈、福余卫指挥可台等遣头目脱火罕，朵颜卫都指挥朵罗干等遣达子歹答儿等，来朝贡马。赐宴并彩币、表里、纻丝、袭衣。

景泰四年春正月丙寅，命故塔鲁木卫都指挥佥事挃令哥子撒哈答、阿塔赤河卫指挥佥事替马哈子挃兀得、者帖里山卫指挥佥事阿鲁不花子弗升哈、朵林山卫指挥佥事札令哈子阿刺孙、哥吉河卫指挥佥事秃能哥子秃兀都，俱袭职。

景泰四年春正月壬午，敕弗提等卫都督常安奴并大小头目人等：正统十四年尔等诱引北虏犯我辽东边境，掠去人口。景泰元年，尔等又来开原等处犯边，将山东一带直抵辽阳等处男妇掳去。论尔等罪本难容恕，但朝廷弘天地之量，置而不问，已降敕赦免尔等罪，令即将人口送还，而尔等仍复迁延顾望，不尽数送来，其意如何？敕至，尔等宜痛改前非，速将原掠人口尽送辽东总兵官处交收，伴送来京，不许仍前延滞占吝，自速罪戾。如违，必调大军剿杀，俾无遗类，其时虽悔无及矣，尔等其省之。

景泰四年三月丙寅，兀者卫故指挥同知撒哈连子卜散，指挥佥事歹失子哈剌哈，各携妻孥来归，命袭父职，安插辽东复州卫，人给布四十匹，支俸如例。

景泰四年十二月甲午，海西亦儿古黑等四十四卫野人女直指挥苦女等来朝贡方物。赐（晏）〔宴〕[2·3]及彩币等物。

景泰四年十二月乙未，海西忽石门等二十三卫野人女直指挥革令哥等，来朝贡马及方物。赐宴及彩币等物如例。

景泰五年二月己丑，命故兀者卫右都督剌塔子察安察袭为都指挥佥事。亦马剌卫指挥佥事亦里伴哥子密希察、右城卫指挥同知阿哈力子白里革、苦出不花子亦秃、阿速江卫指挥同知可里帖哥子兀都、朵儿必河卫指挥佥事阿里哥子〔兀〕[2]温察、可伦河卫指挥使等笃子失连革、忽鲁爱河卫指挥佥事阿剌卜花子索儿秃，俱袭职。

景泰五年二月壬寅，命兀者卫来降女直卯罕札答为头目，送南京锦衣卫给房屋等物，月给米二石。

景泰五年三月甲寅，兀者卫女直卯罕来归，俱命为头目，隶南京锦衣卫。赐衣服、钞币、房屋、器皿。

景泰五年五月己巳，海西葛林卫女直指挥佥事撒春来归，命仍旧职，依其父指挥佥事答鲁哈居于辽阳。赐彩缎、袭衣、表里、钞、布等物。

景泰六年十二月乙巳，命故弗提卫指挥佥事常不于住儿（旧校改于作子）出、兀列河卫指挥佥事打必纳子法麻哈、忽失木子答出、撒力卫指挥佥事果郎哈子阿松哈、〔阿〕[2·3]资河卫指挥佥事察班子苦丁格、也里石子白令哥、阿里帖木子木（化）〔花〕[2]、连（甫）〔南〕[2]门河卫指挥佥事桑果奴子阿哈、忽儿海卫指挥佥事哈纳子几察哈，俱袭职。

景泰六年十二月辛亥，兀者等卫野人女直赛不克等贡马及方物。赐彩币等物。

景泰六年十二月乙丑，命故海西友帖卫指挥佥事苦女子阿里（户）〔尹〕[2·3]纳袭职；来归毛怜等卫女直金把奴等三人为头目，隶南京锦衣卫；木答忽等三人充湖广军，以尝犯边故也。

景泰六年十二月丙寅，兀者等卫〔遣〕[2·3]指挥歹（羊）〔半〕[2]加等、忽石门等卫指挥亦冲哥喜等（旧校改喜等作等喜，喜字属下读），乐温河等卫遣女直失勒迷等，贡马、貂、鼠皮等物。赐彩币有差。

景泰六年十二月丁卯，命故兀者卫指挥佥事兀笼哈子札住、考郎兀卫指挥佥事木答哈子阿都赤、法因河卫指挥佥事台不花子速木哈、乃塔子兀的格、益实卫指挥佥事一僧哥子答鲁〔哈〕[2·3]速、塔儿河卫指挥佥事失剌哈子阿古沙阿路秃子帖木，俱袭职。

天顺元年十二月己酉，命故掌肥河卫事都督同知别里格弟孛里格袭职。升掌呕罕河卫事右都督你哈答为左都督、忽里吉山卫指挥佥事卜牙哈为指挥同知。

天顺二年春正月辛未，升弗提卫指挥同知管秃为指挥使、指挥佥事塞卜兀为指挥同知。命故指挥佥事彻里不花子（斡）〔干〕[2·3]你驳、希（塔）〔哈〕[2]子额者卜，俱袭职。

天顺二年春正月己卯，升考郎兀卫都指挥使哥哈为都督佥事、弗提卫都督佥事察安奴为都督同知、马英山卫指挥使速木哈为都（指挥）〔督〕[2]佥事、朵林山卫指挥同知额真哥为指挥使。

天顺二年春正月辛巳，弗提等卫野人女直都督长安奴等、建州左等卫野人女直都督李满住等、泰宁等〔卫〕[2·3·11]都督佥事革干帖木儿等遣指挥苫出兀儿等，朵颜等卫千户俺克帖木儿等，来朝贡马。赐宴并彩币、表里、袭衣等物有差。

天顺二年春正月丙戌，兀者前卫指挥同知加木哈子都里，吉河鲁忽子兀丁格，屯河卫指挥同知忽失木子哈儿速，指挥佥事忽失塔木子（斡）〔干〕[2·3]升，兀者右卫指挥佥事尹列帖木儿子亦猛格，俱袭职。升忽石门卫指挥使你笼哈为指挥佥事，建州卫指挥同知也隆哥为指挥使，指挥佥事孛克为指挥同知，木兰河卫指挥佥事建哈你为指挥同知。

天顺二年二月庚子，升兀者卫指挥同知抄剌哈、忽石门卫指挥同知锁奴儿俱为指挥使，兀者卫指挥佥事锁儿克、忽失塔、建州左卫指挥同知忽失八为指挥使，指挥佥事管奴、（官）〔观〕[2]音保俱为指挥同知，毛怜卫指挥使纳剌秃为指挥佥事，指挥佥事纳颜为指挥同知，童撒歹为指挥使。

天顺二年二月己未，命故兀者卫左都督剌塔子察安察为都指挥同知，建州右卫都指挥佥事李土蛮为都指挥同知，兀者卫指挥使讬因帖木儿为都指挥佥事，建州左卫指挥同知莽剌为指挥使，可令河卫指挥使册秃为都指挥佥事，考郎兀卫指挥佥事兀的哥、阿真河卫指挥佥事阿剌孙、塔山卫指挥佥事安出，俱为指挥同知。

天顺三年二月辛巳，左顺门门正忽思忽奏：臣海西女直人，自洪武间入事内廷。有侄佟预，在京生长，习读经书，粗知章句。切思故乡万里，无家可归。虽欲图报，无由进身。乞援例入国子监读书。从之。

天顺四年春正月丁未，肥河卫野人都督孛里格等、朵颜卫都督阿儿乞蛮等、建州卫女直都督董山〔等〕[2·3]、兀者卫野人女直都指挥歹都等、辽东安乐州住坐达官指挥你都等，各来朝贡马及方物。赐宴并彩币、表里等物有差。

天顺四年二月辛亥，升兀者等卫指挥使脱因、帖木干罗俱为都指挥金事，指挥同知亦领哈等八人俱为指挥使，指挥金事锁住（克）〔免〕[3]等七人俱为指挥同知。命故都指挥金事你笼哈子管迭哈孙系火秃，指挥使保秃子撒只哈，指挥同知脱失帖木子〔奴克赤加木哈子〕[2·3]兀鲁哈，牙失答子塞出革，指挥金事脱脱可孙孛鲁克等二十一人，俱袭职。

天顺四年十二月甲申，命故朵林山卫指挥同知亦剌兀子哈冬哈，钦真河等卫指挥金事（也）〔夏〕[2]儿克出等子（忽）〔勿〕[2]失哈等十二人，俱袭职。升弗提卫指挥同知孛罗脱为指挥使，指挥金事阿剌哈为指挥同知。

天顺四年十二月己丑，升成讨温卫指挥同知娄得为都指挥同知，以弗提卫都督察阿奴等奏保其效力年久，乞升故也。

天顺四年十二月丁酉，命故安河卫指挥同知不得纳子撒住哈，木里吉卫指挥同知准里丁哥子都里吉，指挥金事（失）〔尖〕[2]迭温子必奴哈，建州左卫指挥金事劝赤忽子奴忽，可令河卫指挥金事（叟）〔奥〕[2]登哥子亦失哈，钦真河卫指挥金事女女子苦女，答儿马子牙吉失，胜哥里子罕家，速（古）〔右〕子得住克，俱袭职。升兀者卫指挥使脱因帖木儿，建州左卫指挥同知（古）〔吉〕[2]鲁哥，喜乐温河卫指挥同知主卜哈，古里卫指挥同知必里你，益实卫指挥金事阿的（纳）〔约〕[2]，塔麻速卫指挥金事失郎（哈）〔合〕[2]，亦马剌丹卫指挥金事答鲁弗，朵秃河卫指挥金事恼忽俱升一级。

天顺五年春正月丙辰，命朵林山卫指挥使扯养哈为都指挥金事，兀者卫指挥同知保秃、兀六住俱为指挥使，依木河等卫指挥金事朵儿只等五人俱为指挥同知。故友帖卫指挥同知阿哈力子牙同哈，真河卫指挥金事双古奴子回忽等五人，俱袭职。

天顺五年春正月癸亥，命肥河卫指挥同知牙失帖木为指挥使，屯河等卫指挥金事也里哥等五人为指挥同知，泰宁卫舍人卜克台为指挥金事〔朵颜等卫故指挥同知阿儿哈孙卜来罕指挥金事〕[2·3·11]，乃儿卜花子土墨得儿、锁罗子孛里哥，俱袭职。

天顺五年春正月己卯，升兀者卫都指挥同知察安察为都指挥使。

天顺五年三月辛亥，海西益实等卫野人女直指挥色苦彻等来朝贡海东青。赐宴及彩币、表里等物。

天顺五年三月戊午，升兀者卫指挥使兀里哈为都指挥金事，指挥同知海散为指挥使。

天顺五年九月癸丑，弗提等卫野人女直都督察安奴等来朝贡马及方物。赐宴并金织袭衣、彩缎、绢、钞有差。

天顺五年九月辛酉，命故考郎兀卫指挥同知薛列河子（斡）〔干〕² 果罗，弗提卫指挥佥事忽里罕赤子歹赤哈剌，不塔子答速哈，忽鲁爱卫指挥佥事字速子得塞，俱袭职。

天顺五年冬十月庚午，升弗思木卫指挥使木答兀，呕罕河卫指挥使奴塔俱为都指挥佥事。希滩河卫指挥同知阿都，弗提卫指挥同知歹都住鲁，俱为指挥使。古贲河卫指挥佥事（斡）〔干〕² 的为指挥同知。

天顺五年冬十月乙亥，命故兀者卫指挥佥事速的子你笼哈，额黑立子打出、满泾卫指挥佥事兀称哈子字卓，俱袭职。

天顺五年冬十月戊寅，金吾左卫带俸都指挥佥事海荣言："臣奉敕领官旗二十三人往海西公干，直抵松花江等处，事竣回还，乞恩升赏。"上命俱升一级。

天顺五年冬十月辛巳，命弗提卫故（都）² 指挥佥事塔失子苦女袭职。升忽鲁爱卫指挥佥事沙阿哈，兀者卫指挥佥事阿孙哈，帖列山卫指挥佥事撒替哈俱为指挥同知。

天顺五年冬十月戊子，命故哈儿分卫指挥佥事札剌的子委（旧校改委为秃）剌，剌鲁卫指挥佥事瓦者兀子秃升哥，可木卫指挥佥事巴里兀子歹札，俱袭职。升亦儿古里卫指挥使（乜）〔已〕¹¹ 格禅为都指挥佥事，忽鲁爱卫指挥佥事弗剌答哈出亦里哈，弗提卫指挥佥事苦亦，俱为指挥同知。

天顺五年十一月辛亥，命故兀者卫都指挥使莽剌子宋哈答，指挥使昂克子亦里答，俱袭职。

天顺五年十一月庚申，命故塔儿河卫指挥佥事阿路秃子塞兀得、撒力卫指挥佥事撒罕阑子都剌哈，俱袭职。升者帖列山卫指挥佥事桑果奴，兀者右卫指挥佥事秃鲁坤，呕罕河卫指挥佥事不（冷）〔令〕² 哥，俱为指挥同知。

天顺五年十二月甲申，命故兀者左卫指挥同知亦笼哥子安出哈，塔山卫指挥同知（扎）〔札〕² 令加子蒙古能，指挥佥事失剌子塔失哈，亦里察河卫指挥佥事咬纳孙子出山，兀列河卫指挥佥事忽失木子得住克俱袭职。升弗提卫指挥佥事常不，兀列河卫指挥佥事打必纳，俱为指挥同知。

天顺六年春正月戊午，命故兀者卫都指挥同知剌塔子阿都哈，指挥使保秃子阿的纳，朵儿必河等卫指挥同知完者不花子方家奴，沙鲁子色哈剌若，指挥佥事阿儿哥子忒忽得河，卜阑子答古俱袭职。指挥使吉当加子若塞奴代职，建州卫指挥使沙班，忽石门卫指挥使兀笼哈，友贴卫指挥同知额塞哥，薛列河卫指挥同知炒（哈）〔河〕³，爱和等卫指挥佥事朵罗等八人俱升一级。

天顺六年二月乙亥，命故兀者左卫指挥同知秃夫帖木子恼沙，指挥佥事满哥子鲁秃，肥河卫指挥佥事木答（塔）〔哈〕[2]子煮仑苦，袭职。升木兰河卫指挥同知撒赤哈，右城卫指挥同知苦出不花，肥河卫指挥同知亦里哈俱为指挥使。建州左卫指挥佥事阿哈为指挥同知。

天顺六年二月庚寅，海西兀者卫野人女直指挥秃鲁出等来朝贡马驼、海青、兔、鹊、土豹方物。赐宴并彩币、表里等物有差。

天顺六年三月己亥，命成讨温卫指挥使娄得为都指挥佥事，弗朵秃河卫指挥佥事阿陇哥、阿资河卫指挥佥事都儿秃为指挥同知，兀者卫指挥同知亦马纳子恼答袭职。

天顺六年三月乙卯，敕谕弗提等卫都督察安奴等曰："今遣都指挥佥事马鉴等赍敕并货物往尔处公干，尔宜省谕奴儿干、吉列迷、黑龙江各处人民照旧买卖。有以海青等物进贡者，听马鉴等就彼给赏。其买卖者，任从两平交易，不许争竞纷扰。事完，尔等同心护送回还，毋致疏虞，庶见尔等敬顺朝廷之意。"

天顺六年六月壬辰，锦衣卫带俸都指挥佥事马鉴，忠义（卫前）〔前卫〕[1]带俸副千户杨贵等奏："臣等奉命往女直地方买卖，至开原候夷人接护。过期不来，至本月初四日始有山场女直都督（你）〔女〕[3]哈答领四百余人带明甲、弓箭到边诈言迎接，不依例脱卸盔甲弓箭，因参将曹广诘问，奔散。至晚入境掠去男妇六人。次日，广领军进至贼寨擒寨首三人。至十四日，有成讨温卫一寨女直都督娄得领五十六人来迎，称说黑龙江野人与都督阿哈仇杀，阿哈又与娄得有仇。臣等切详夷情虚诈，难以凭信，前往恐被（驱）（旧校改驱作诓）赚，上令该部（旧校部下补覆字）实以闻。"

天顺六年十一月己酉，升考郎兀卫都督佥事哥哈为都督同知。

天顺七年二月己巳，海西考郎兀卫都督哥哈等俱来朝贡马驼、方物。赐宴及彩币、表里、袭衣等物有差。

天顺七年三月丙申，升兀者卫指挥使兀里哈为都指挥佥事，朵颜卫指挥同知脱脱为指挥使，建州左卫正千户阿龙哈为指挥佥事。

天顺七年三月甲辰，弗提卫野人女直都督察安奴遣指挥塞哥等来朝贡（马）[3]、海青。赐以彩币。

天顺七年夏四月乙丑，命弗提卫都督同知察安奴为右都督指挥佥事，牙速、可撒俱指挥同知。辽东总兵官成山伯王琼奏：海西女直纠众犯开原洪钺头屯，剽掠人畜，左参将曹广等帅官军〔追〕[2.3]及与战，遁去，获被虏男妇、牛羊等物。

天顺七年五月癸丑，先是辽东总兵官成山伯王琼等奏：海西女直屡犯开原等边，上命守开原左参将曹广剿之。既而广奏同海西公干都指挥马鉴领兵追击，攻破清河寨斩首四十，余皆遁去。至是，海西呕罕河等卫头目都督你哈答遣都指挥李土蛮诣阙，言广等误杀清河寨归顺夷人。上谓兵部尚书马昂等曰："向命广但剿犯边者，岂意妄杀如此！论法皆当治罪，今姑贷之。尔兵部即择谨厚译者，往抚谕之。"

天顺七年六月丁卯，敕谕海西呕罕河卫都督你哈答等曰："去年五、六月间辽东报有贼寇侵犯，参将曹广等帅官军杀获首级，未几都指挥李土蛮言，辽东军马将不叛者苦赤纳、苦女等五十余人俱杀讫，且尔海西等处各卫头目以时朝贡，俱得升赏，岂意悖义犯边，致令官军追剿，误杀无罪之人。然非尔处小人犯边，官军必不妄杀。因此特遣通事都指挥武忠赍敕抚谕尔等，尽赦尔罪。尔等宜改过自新，严束部落，各安本分耕牧，依时朝贡，不许轻易犯边，自取灭族。慎之，慎之。"

复谕兀者卫都指挥察安察、肥河卫都督孛里哥、弗提卫都督察安奴、考郎兀卫都督（哥哈）〔哈哥〕[2]、成讨温卫都督娄得等，亦如之。

天顺七年十一月辛酉，弗提卫指挥使卜当哈，自其地护送朝廷所遣使武忠等还至京。卜当哈寻卒。上特（命赐祭）〔赐祭命，命字属下读〕[2]有司具棺，殡葬之。

天顺七年十一月丁丑，命故也孙伦卫指挥同知不卜剌子（冲）〔中〕[2]撒奴袭职。升弗提等卫指挥使塔失为都督佥事，指挥同知恼纳等八人俱为指挥使，指挥佥事阿哈塔等二十一人俱为指挥同知。

天顺七年十一月庚辰，升兀者卫都指挥使察（安）〔按〕[2]察为都督佥事，失里木卫指挥使早哈为都指挥佥事，阿古河卫指挥同知呀失（塔）〔哈〕[3]、阿隆哥、兀丁哥，阿伦卫指挥同知哈当家，察剌秃山卫指挥同知弟里吉，俱为指挥使。失里木卫指挥佥事咬纳、克也木，察剌秃山卫指挥佥事牙失，弗提卫指挥佥事牌喜，俱为指挥同知。

天顺七年十二月丁亥，命考郎兀卫（都督）〔指挥〕[2·3]同知哥哈子撒哈良，代其父职。升兀者前卫指挥同知哈必答为指挥使。

天顺七年十二月戊子，升弗提等卫指挥使歹都等十六员俱为都指挥佥事，指挥同知忽申八等三员俱为指挥使，指挥佥事答升哈等四员俱为指挥同知。从都督（察安）〔蔡安奴〕[2·11]奏（报）〔保〕[2·3]〔奏报作请〕[11]也。

天顺七年十二月丙申，升兀者右卫指挥同知秃忽剌为指挥使，建州卫指挥佥事木长哈为指挥同知，正千户回忽丹保奴，俱为指挥佥事。

天顺八年十月乙巳，会昌侯孙继宗、吏部尚书王翱等议奏：自古抚驭外夷，来则嘉其慕义，固不厌其多而拒之，亦不病其少而招之。今野人女直僻在东荒，永乐间相率归附，时月有期，名数有限，近年络绎不绝，动以千计，彼所贪得者宴赏之优厚，而豺狼之心亦何厌之有哉！若不限其来数，中国劳费（实）〔日〕[3]多，限之太狭，则失其向化之心，合酌量事体，建州、毛怜等卫，卫许百人，海西、兀者等卫，卫许三五人，不得重复冒名，审验然后入关。从之。

宪宗实录

成化元年春正月辛未，肥河等卫女直都督孛里格等，兀者（第）〔等〕[2·3]卫女直都指挥亦（升）〔升〕[2]哈等，毛怜卫女直都指挥朵里只等，各来朝贡马及貂皮等物。赐宴并衣服、彩缎等物有差。

成化元年春正月乙亥，呕罕河等卫都督宁哈答差女直都指挥锁奴、指挥塔麻秃赴京报，迤北孛来欲纠朵颜三卫于（京近）〔近京〕[2·3·10]地方抢掠。礼部请赐锁奴等衣服、彩缎如例。上命于常例外，加彩缎一表里，以慰其劳。

成化元年二月壬午，弗提卫都督察阿奴奏，欲进海青。上曰："朕即位未久，未萌之欲，正所当防，此等野禽，能令人荡心于畋猎，岂宜受献，有司其即却之。"

成化元年二月戊子，赐兀者卫都督察安察、（野）〔理〕[2]（儿）定河卫（都）[2·3·10]指挥贾虎失等印信，以原印为别部落所掠也。

成化元年十二月癸未，赐弗提卫故都督察阿奴祭。初察阿奴来朝贡卒于（路）〔道〕[10]，至是考郎兀卫都督哥哈成等以祭请，故赐之。

成化二年春正月丁巳，兀者等卫女直都督察安察等，考郎兀等卫女直都督撒哈良等，忽鲁（爱）〔受〕[3]等卫女直都指挥斡哈等，泰宁等卫都督佥事脱脱孛罗遣指挥朵罗干等，各来朝贡马及貂皮等物。赐宴并赐衣服、彩缎等物有差。

成化二年二月甲申，海西童宽山等卫女直都指挥开速哈等赴京缴敕。赐衣服、彩缎等物有差。

成化二年冬十月甲寅，整饬边备左都御史李秉言：建州、毛怜、海西等诸部落野人女直来朝贡，边臣以礼部定拟名数，验其方物，貂皮纯黑，马肥大者，始令入贡，否则拒之。且貂产于黑龙江迤北，非建州、毛怜所有，臣闻中国之待夷狄，来则嘉其慕义而接之以礼，不计其物之厚薄也。若必责其厚薄，则虏性易离，而或以启衅，非圣朝怀远人厚往薄来之意。今年海西、建州等夷人结构三卫屡扰边疆，进贡使臣，一介不至，凡以此也。今边报日闻，若不更定其制，恐边患日甚一日，所系非轻。礼部因请敕戒辽东守臣，自后夷人入贡，验数放入，不得过为拣择，以起边衅。从之。

成化二年十一月癸酉，考郎兀等卫野人女直都督撒哈良等，兀者等卫野人女直都指挥宋哈答等，各来朝贡貂皮等物。赐衣服、彩缎等物有差。

成化三年春正月乙酉，海西忽石门等卫女直都指挥管迭等，兀者等卫都指挥阿都哈等，童宽山等卫都指挥牙速哈等，朵林山等都指挥扯养哈等，忽鲁爱等卫都指挥（斡）〔干〕[2·3]哈等，（斡）〔干〕[2·3]兰河等卫都指挥牙失塔等，各来朝贡马及貂皮等物。赐宴并衣服、彩缎等有差。

成化三年二月己亥，毛怜卫女直都指挥戳乞纳等来朝贡马及貂皮等物，赐宴并衣服、彩缎等物有差。总督辽东军务左都御史李秉等奏：海西、建州等虏入鸦鹘关抄掠佛（僧）〔生〕[2]洞等处，副总兵施英等分兵御之。遣都指挥邓佐率军五百，前哨至双岭遇伏战死，一时陷没者余百人（旧校改作百余人）。施英亦次树遮岭与参将周俊兵合，去佐不远，不能应援，致损士马，挫军威，罪不可宥。事下兵部言：施英向以启衅要功被劾，令立功自赎。今复行师失律，致陷佐等，诚宜逮问。但兵兴之际，用人方急。上是之曰：“施英姑不问，仍令杀贼赎罪。”

成化三年二月甲辰，总督辽东军务左都御史李秉言，建州虏寇因结海西女直抄掠边境，今海西虏使在京者审译之，皆云部内惟呕罕河、兀者、肥河三卫附近建州党比为寇，遂降敕切责，并付武忠往谕之。

成化三年二月庚申，弗提卫右都督帖思古奏讨金带、大帽等物，礼部以非常例宜不与。上曰：“待其有功，如例与之。”

成化三年三月己巳，命故朵（林山）〔颜〕[3]卫指挥同知亦剌兀子（喇）〔哈〕[2·3]郎哈袭职。弗提卫指挥同知兀（三）〔山〕[2]哈你哈（答）〔塔〕[2]，木兴卫指挥同知苦不花，卜颜卫指挥同知乞列门，弗思木卫指挥同知都鲁秃，弗提卫指挥（同知）〔金事〕[2·3]卜颜、彻里不花、哈剌帖木咬纳，察剌秃山卫指挥金事〔罗卜〕[3]阿（东）〔里〕[2·3]麻，甫门后卫指挥金事石当哥，兀者后卫指挥金事罗卜滩，塔鲁木卫指挥金事察笼哈、台因不花、（杞）〔纪〕绑哈兀儿脱俱升一级。

成化三年三月戊寅，建州、海西女直入连山关、通远堡、开原、抚顺抢掠，又铁岭、宁远、广宁境外亦有达贼窥边。奏至，上命：辽东镇守总兵、巡抚等官，严督官军防御之。

成化三年三月乙酉，海西速温河卫野人女直都指挥八只奴等，兀者卫指挥亦里答等，来朝各贡马及海青、貂皮。赐衣服、彩缎等物有差。

成化三年三月辛卯，升弗提卫指挥佥事阿卜塔杨书、忽鲁爱卫指挥佥事（斡）〔干〕[2·3]合里俱一级。

成化三年三月癸巳，达贼入辽东东山抢虏人畜及海西、野人、建州等卫夷人俱欲入境抢掠。报至，上命：辽东镇守总兵、巡抚等官整饬兵备，严谨堤防，仍命监察御史核实以闻。

成化三年夏四月己亥，敕谕考郎兀等四十四卫都督撒哈良等曰："尔女直卫分乃我祖宗所设，世授尔以官职，积年朝贡所得赏赐亦已厚矣。正当感恩图报，以全臣节。今乃背义忘恩，纵其部下犯我边境。边将屡请起调大军直捣尔境征剿，朕念尔处人民俱是朝廷赤子，中间有善有恶，不可一概诛戮。特广天地之量姑置不究，仍降敕示尔，尔宜敬顺天道，深体朝廷好生之德，戒谕部属令其革心向化，改过自新，即将原掠人畜一一送还，以赎前罪。自今各安生理，依时朝贡，永享太平之福。若仍长恶不悛，大军一出，追悔无及矣！尔其钦承朕命，毋怠毋忽。"

成化三年夏四月辛酉，中军署都督佥事武忠奉敕，抚安海西呕罕河、兀者、肥河三卫。忠请降敕并抚安考郎兀等四十五卫，兵部奏如所言降敕各卫，晓谕其首领都督撒哈良等曰："尔世受朝廷厚恩，在边住牧，授以官爵，赉以赏赐，所当坚守臣节，保固藩篱。今乃不遵法度，构患边方，朝廷本欲出兵追剿，但念中间善恶不同，若一概诛戮，则恐罪及无辜。故特加宽宥降敕省谕，尔自今其守（分）〔法〕[2]安生，钤束部落各保境土，永享太平之福。若长恶肆奸，窃掠不悛，朝廷必痛剿不宥。尚其省念，毋贻后悔。"

成化三年九月癸亥，弗提等卫都督得塞兀等，遣指挥歹扎哈等，因抚谕来朝。自陈守法畏威，未尝犯顺。兵部谓：今用兵建州，可因彼效顺，量加赏赉，令其遣归，不惟示我怀柔之意，抑且绝彼构结之谋。既而兀者等卫遣指挥兀黑纳等，兀者前等卫遣指挥兀令加，亦因抚谕来朝。礼部议如前诏，皆赐宴及加赐彩缎、表里遣之回。

成化三年九月甲申，海西兀者等卫女直都指挥脱因帖木儿等各来朝贡马及貂皮等物。赐宴并衣服、彩缎等物有差。

成化三年冬十月丁未，海西（亦）〔赤〕[2]（会典作亦）儿古里等卫女直都指挥色令革等，兀野吾等卫女直都指挥撒赤哈等，阿伦等卫女直指挥伏羊古等，各来朝贡马及貂皮等物。赐宴，并赐衣服、彩缎等物有差。

成化三年十一月己丑，海西呕罕河等卫女直指挥阿刺孙等，兀刺河等卫女直指挥官音八等，朵颜等卫女直指挥末那孙等，各来朝贡马及貂皮等物。赐宴，并衣服、彩缎等物有差。

成化三年十二月己亥，升忽石门卫指挥使兀笼哈，兀者右卫指挥金事塔失塔木俱一级。

成化三年十二月癸卯，镇守辽东总兵官宣城伯卫颖奏：谍报海西墩只剌河卫女直朵隆哥等言虏酋毛里核纠令朵颜三卫头目欲举众分寇辽东。上敕辽东及诸边镇守总兵等官严为堤备。

成化三年十二月辛亥，哥吉(阿)〔河〕[2]等卫女真指挥(色)〔己〕[2]冲哥等，海西屯河等卫女直指挥瓦里哈等，泰宁等卫指挥卯答儿等来朝贡马及貂皮等物。赐衣服、彩缎等物有差。

成化三年十二月壬子，升兀者卫指挥使锁里必为都指挥金事。

成化四年二月戊戌，海西兀者等卫女直都指挥(巴孙)〔板答〕[2]、撒赤哈、兀里哈等，木速河等卫女直都指挥板答哈等，各来朝贡马及貂皮等物。赐衣服、彩缎等物有差。

成化四年三月辛酉朔，升毛怜卫都指挥金事札里答，木阑河卫指挥使撒赤哈，古里卫指挥使亦(儿)〔而〕[2]，兀里奚山卫指挥同知程哥，阿真河卫指挥同知阿喇阿答哈，者帖列山卫指挥同知锁奴，兀者右卫指挥金事忽失答，古里河卫指挥金事鬼米等俱一级。以年久援例乞升也。

成化四年六月己丑朔，海西也孙伦等卫女直指挥也黑忒等，来朝贡马。赐衣服、彩缎等物有差。

成化五年春正月己卯，福余等卫知院可台遣指挥卜伦等，弗提等卫野人女直都督帖塞苦等，纳剌吉河等卫女直都督赤奴等，海西木兰河等卫女直都指挥撒赤哈等，忽石门等卫女直都指挥管秃等，野儿定河等卫女直都指挥贾虎失等，失里木等卫女直都指挥早花等，各来朝贡马及貂皮等物。赐宴，并金织衣、彩缎等物有差。

成化五年二月壬辰，特赐弗提等卫都督帖思古，都督金事塔失各织金麒麟、彩襕纻丝一匹，从其请也。

成化五年二月癸卯，海西塔麻速等卫女直都指挥阿木郎等，忽失木等卫女直指挥炒(剌)〔七〕[2]，兀者等卫女直都指挥阿都哈等，益实左等卫女直都督三赤哈等，毛怜卫女直都指挥阿辙等，各来朝贡马及貂皮等物。赐宴，并(赐)〔衣〕[2·3]服、彩缎等物有差。

成化五年六月乙丑，礼部奏：海西考郎兀等卫野人女直都督撒哈良等贡海青及鹰，令内府鹰坊司辩(旧校改作辨)验，海青四十，一连乃儿鹊鹰，二连乃鹇鹊，宜量给绢布以劳之。仍令通事戒谕撒哈良等，今后不许仍前冒进希赏。从之。

成化五年七月乙巳，毛怜等卫女直都指挥阿失帖木儿等，建州左等卫女直都指挥买秃等，(速)³平江等卫女直指挥速古等，各来朝贡马及貂皮。赐宴，并衣服、彩缎等物有差。

成化五年十一月乙酉，海西忽石门等卫女直都指挥兀笼哈等，苏温河等卫女直都指挥八只奴等，毛怜等卫女直都指挥忽申八等，成讨温等卫女直都督娄得等，各来朝贡马及貂皮等物。赐宴，并赐衣服、彩缎等物有差。

成化六年春正月壬辰，赏海西忽失门卫野人都指挥速奴等三人彩缎各一表里，酬其招抚女直不花秃重羊等功也。

成化六年春正月辛丑，海西木答里山等卫女直都指挥把卜沙等，失里木等卫女直都指挥早哈等，建州右等卫女直都指挥沙加保等，建州左等卫女直都指挥重羊等，毛怜等卫女直都指挥搜勤等，各来朝贡马及貂皮。赐宴并金织衣、彩缎等物有差。

成化六年十一月丙戌，中军都督同知武忠卒。忠之先女直人，宣德中遣使奴儿干，授锦衣卫百户，后代叔父乃当哈为海西都指挥佥事，改注锦衣卫带俸，以军功历升都指挥同知、署都指挥使，成化三年遣往建州招谕都督董山等，升中军署都督佥事，未几进〔升〕²同知，至是卒。

成化七年春正月甲午，考郎兀卫都督哥哈死，弗提等卫都督帖思古等遣人以闻，援例求祭，命礼部以彩缎二表里代祭品，并具祭文、香帛，令所遣人赍往赐之，仍敕帖思古等知之。

成化七年十二月癸酉，海西朵林山等卫野人女直阿真哥等，弗提等卫野人女直都指挥佥事苦女等，朵儿必河等卫野人女直都指挥兀里哈等，兀者等卫野人女直都指挥使宋哈答等，各来朝贡马及方物。赐宴并衣服、彩缎等物有差。

成化八年春正月己亥，弗提等卫指挥同知等官管秃等十二人，乞升职。上许之，仍升管秃等各一级。

成化八年春正月丁卯，建州等卫都指挥佥事李斤山子斤升及指挥同知等官凡察子逞家奴等三十二人，乞袭代父职，兵部臣言：凡察等尝从故都督董山谋逆，以罪拘死辽东，其子袭代者例降一级。上命如例。

成化九年春正月乙巳，海西亦儿古里等卫女直都指挥必里你等、哈儿分等卫女直指挥伯思哈等，各来朝贡马及貂皮。赐宴并衣服、彩缎等物有差。

成化九年二月戊寅，海西益实左等卫野人女直都督三赤哈等，弗提等卫野人女直都指挥李罗秃等，各来朝贡马及貂皮。赐衣服、彩缎等物有差。

成化九年夏四月戊寅，辽东总兵官都督同知欧信等奏：福余等三卫虏贼，结构海西女直，屡犯边境，又于义州、广宁等〔要冲〕〔冲要〕[2]地方出没，臣等议调官军征剿，四月初三日副总兵韩斌等兵，驰至兴中接战，败之。初四日追至小孤山再败之。初五日追至麦州又败之。前后斩首六十二，获马一百一十三，牛羊一千三百六十四，器仗一千八百九十九，空其巢穴而还。是日都指挥崔胜等兵亦于南塔儿山遇虏，斩首九，获器仗二百一十八。上赐敕奖劳之，所遣人赐衣一袭。

成化九年十二月戊寅，海西木速河等卫〔女直都指挥奴答等忽鲁河等卫〕[2]〔野人女直都指挥奴答等忽鲁爱等〕[3]女直野人(旧校改作野人女直)都指挥(斡)〔干〕[2·3]哈等，木兰河等卫野人女直都指挥撒赤哈等，各来朝贡马及貂皮，赐宴并金织衣、彩缎等物有差。

成化九年十二月乙酉，命兀者卫都指挥剌塔孙、扯革等三十一人袭职；速平江卫指挥使绰必等五人升一级。从悼(旧校改悼作绰)必等陈乞也。

成化十年春正月丁未，海西益实左等卫野人女直都督三赤哈等，塔麻速等卫野人女直都指挥阿木郎等，朵颜等卫都指挥脱脱阿等，各来朝贡马及貂皮。赐宴并金织衣、彩缎等物有差。

成化十年春正月辛亥，谕祭成讨温卫故都督娄得。娄得病死，弗提卫右都督帖思古等以闻，命礼部以彩缎、香帛、祭文，付来使领回祭之。

成化十年十一月庚辰，弗提等卫右都督帖思古等遣人来奏：近者犯边皆山场海西野人，无与本寨，恐官军一概征剿，请遣内外大臣至彼，别白区处。事下兵部言：夷情反覆未足深信，宜令通事都指挥佥事詹升省谕来使，归语帖思古等，俾其益守臣节，约束部落，有山场野人为寇，从宜剿捕，不得因而犯边。报可。

成化十一年春正月己卯，海西成讨温、兀者等卫野人女直都督康尼等，考郎兀等卫野人女直都督撒哈良等，各来朝贡马及貂皮。赐宴并衣服、彩缎等物有差。

成化十一年二月庚辰，命塔木等卫都指挥同知撒哈塔等子纳儿乞卜等九名，俱袭父职，考郎兀等卫指挥使哥哈等四员，各升一级。

成化十一年十二月甲午，海西兀者等卫野人女直都督察安察等、列门河等卫野人女直指挥吉扫兀等、泰宁等卫头目短秃哥等、毛怜等卫野人女直都指挥北赤等，朵颜等卫都督阿儿乞蛮差指挥帖木儿等，各来朝贡马及貂皮。赐宴并袭衣、彩缎等物有差。

成化十二年春正月癸丑，兀者等卫野人女直指挥尚古等，泰宁等卫都指挥讨均等，各来朝贡马及貂皮。赐宴并衣服、彩缎等物有差。

成化十二年十一月癸亥，命行人伴送东北诸夷入贡者出境，并禁其市军器。兵部右侍郎马文升言：比年朝鲜陪臣及建州、海西、朵颜三卫夷人入贡，军民人等辄以弓材箭镞与凡铁器，私相贸易，诚非中国之利。乞下所司禁约，且以行人带领，通事伴送，沿途防禁之。事下，礼部请差行人著为例。兵部请榜谕京师，并诸边军民，违者谪戍边远，会同馆及沿边伴送官吏人等有纵之者，概治其罪，若夷人挟带出关，事觉拘入官，给还原直，仍追究所鬻之人。从之。

成化十二年十二月丙戌，海西兀者卫致仕都指挥同知阿冬哈，假执亦麻剌卫指挥佥事你希察（旧校改察作察）受官名敕，冒其名入关来朝，复以己名陛见面奏，乞赏赐，礼部请究（问）〔治〕[3]之，上以阿冬哈冒名入朝，当正以法，但系夷类姑宥之。令收其敕，仍命通事谕之，后有犯不赦。

成化十二年十二月己丑，文升又奏海西、建州女直、朵颜三卫诸夷，变诈叵测，虑为边患，自后入贡，乞敕兵部会同总兵，宣布朝廷恩威利害，令还谕部落，感恩畏威。事下，尚书项忠等谓，事非著令，但遇各夷入贡之时，或有边情，宜令译者译问，必须明白切当，俾夷人知所感畏，不得饰言以取轻慢。从之。

成化十三年春正月己未，命兀者右卫都指挥佥事木令哈等子满古挫等四人各袭职，升喜乐温河卫指挥使主卜哈等四人各一级。

成化十三年春正月甲子，海西木兰河等卫野人女直都指挥撒赤哈等、亦迷河等卫野人女直都指挥捏克等、兀者等卫野人女直都指挥扯革等，各来朝贡马及貂皮。赐宴并金织衣、彩缎等物有差。

成化十三年乙亥，命肥河卫女直都督同知别里格子剌哈等一十三名各袭祖父职，渚冬河卫女直指挥使哈的纳等六名各升一级。

成化十三年秋七月甲戌，辽东总兵官都督同知欧信等奏：朵颜三卫夷人扣边，谓为北虏所逼，逃避于此。事下兵部，言北夷势已穷迫，若我边将乘其敝而逐之，海西女直亦不相容，彼必顺从北虏，是撤藩篱以资外寇，请敕信等规画战守之宜，察其情伪因而抚顺戮逆。仍请敕二道，晓谕开原海西女直、朵颜三卫酋长。一则启以睦邻之义；一则示以保全之恩，使彼协力御虏，勿为我患自取殄灭。从之。

成化十三年十一月己丑，命都指挥同知崔胜为广宁中路参将。时海西虏酋纠建州三卫入寇瑷阳，言："往年受朝廷厚遇，今无故添一官人伴送我行，饮食之如犬豕，禁制我市买，使男无铧铲女无针剪，因是入寇。"

成化十三年十一月庚寅，海西考郎兀等卫女直都指挥哥哈等，各来朝贡马及貂皮。赐宴并衣服、彩缎等物有差。

成化十三年十二月乙巳，巡抚辽东右副都御史陈钺言：建州三卫夷房，虽名为屏蔽，而叛服不常，得利则朝，失利则寇。又与海西女直联络杂处，最难防御，若非大挫其锋，则房益猖獗，兵连祸结，何时能已？莫若舍经而从权，诡道以制胜，召募土兵，选立骁勇，并力讨之。今辽东土人屡经残掠，含怒切齿，思报其仇，出令募之，必远近响应，然后声罪致讨，捣其巢穴，亦足以雪边人之耻。诏是之，敕钺等戒严进讨。时汪直权倾中外，既兴大狱，欲立边功，钺揣知其意，故屡建征讨之议云。

成化十三年十二月己未，海西成讨温等卫野人女直都指挥娄得等各来朝贡马。赐宴并衣服、彩缎等物有差。

成化十四年二月庚戌，海西兀者右等卫野人女直都指挥满古捏等来朝贡马及貂皮。赐宴并衣服、彩缎等物有差。

成化十四年三月丙戌，巡抚辽东都御史陈钺奏：永乐间辽东设马市三处：其一在开原城南关，以待海西女直。其一在城东五里，其一在广宁城，皆以待朵颜三卫夷人。正统间因漏泄边事，已罢其二，惟开原南关市独存。近者朵颜屡请开市，朝廷不许。今朵颜穷迫，潜结海西，转市于我，而海西藉彼马力，数犯我边，甚为非便。若许复开，则有以收朵颜之心，撤海西之党，而中国并受其利。事下廷臣会议，报可。仍下巡抚等官区画事宜，严革私弊，命巡按御史觉察之。

成化十四年六月戊戌，敕兵部左侍郎马文升及赞理军务右副都御史陈钺等，会议招抚夷寇。先是文升（旧校改升作升本页后三行后九行同）奏臣偕大通事都指挥詹升招抚建州、海西女直，已于四月终招来建州左、右二卫掌印都指挥脱（罪）〔罗〕[2·3]卜花秃等一百九十五人及被剿家属，指挥卯哈等四十八人，继又招至建州卫掌印都指挥完者秃偕贼首赵得路等二十七人，俱以敕谕抚慰遣还，俾归所掠，仍令入贡。然诸夷以不得大通事入境遍谕，尚怀疑惧事。事下兵部，尚书余子俊言：詹升见今与文升偕行，入房可否，事难遥制。得旨令文升等相度事势，务在成功。适文升奏再至，言五月间臣至开原，又招出海西兀者等卫都督等官察安察等三百七十五人，亦以敕谕抚慰遣之，彼言海西二百余卫，若不得大通事遍历抚谕，亦不信服。子俊言文升欲令大通事入抚房境，已再上章，而总兵、巡抚等官略无抚安一语奏报或恐谋议不协卒难成功，宜敕文升及钺等会议可否行之，既报可。是日文升又奏：房寇拥众从清河入境钞掠，因言建州女直叛服不常，往年已招降都督董山等，而又杀之，已为失信，近复捣其巢穴，概杀无辜，故彼仇恨不服，变诈难信，招抚征讨，伏候处分。子俊等言：今推诚抚安，事将就绪，若欲加兵，则抚安成命不足为恩，适足为仇，无以示信，况六月兴师，兵法所忌，宜令总兵、巡抚等官按兵境上，以戒不虞。仍与文升等协和定议，以抚安为主，少苏边困，果有深入为寇，方许征讨。奏上，从之。盖是时陈钺方欲捣巢贪功，而文升奉敕招安，故钺违拗不协，而文升为所苦累，有奏请也。

成化十四年六月戊午，海西兀者等卫都督、都指挥等官察安察等各遣都指挥等官把孙等，来朝贡马谢恩。赐宴并袭衣、彩缎等物有差。

成化十四年六月己未，海西肥河等卫野人都督同知剌哈等，兀者等卫野人都指挥金事把奴等，俱来朝贡马谢恩。赐宴并彩缎等物有差。

成化十四年秋七月癸亥，札肥河等卫指挥使等官亦（黑）〔里〕[2·3]哈等十七人乞升职，益实卫指挥同知锁罗哥秃乞更敕书，兀者等卫指挥同知等官木当哈等八人乞给敕书，葛称哥卫指挥金事罕加乞袭父职，弗朵秃河等卫都指挥金事等官申克捏等二人乞兼给敕书、印记，诸夷皆兵部左侍郎马文升等奉敕招徕者。兵部言：旧例年深者始升职，其中查无授职之因者，宜谕遣之，但今诸夷入贡本非常期，特广其自新之路，以释彼疑惧之意耳。其欲升职者宜各升一级，其欲袭职并敕书、印记者，宜各从所愿为便。报可。

成化十四年秋七月丙子，兀者卫故都指挥同知等官剌塔子引塔温等六人乞袭职，屯河卫故指挥使（革勒革）〔革勤〕[2·3]子马牛乞升并请给敕书、印记，亦麻剌卫都指挥金事阿塔乞升并改卫，诸夷皆以招抚至者。兵部言：马牛等常犯边，不宜与顺从者一例遇待，今乞别其善恶，顺从者如近例，特从所请，常犯边者〔今〕[2·3]以敕并印记等物送付辽东守臣收之，俟岁余果不背叛，时修职贡，方抚之出边给领，庶彼知惩劝。上是之。

海西阿古河卫野人兀丁哥等六人并兀者卫野人张阿古等二人，俱以犯边被获，命斩之。

成化十四年秋七月丁丑，赐海西肥河等卫野人女直都督、都指挥等官剌哈并野人撒赤哈等宴，并金织衣、彩缎等物有差。剌哈等皆常犯边，至是皆以招抚，各贡马谢恩。上以夷狄不足较，特加宴赉，仍降敕午门外，召集各夷谕以祸福而遣之。

成化十四年秋七月辛巳，海西兀者卫指挥同知木当哈，诈为指挥使，请给敕。兵部廉知其情，已奏以本职之敕赐之。至是复申前请，诏不许，令大通事署指挥使杨（铭）〔名〕[2·3]谕之，约以是后在边果劾劳岁久，朝廷自能善处。又命（铭）〔名〕[23]等严加禁防，有泄漏事情者罪不赦。

成化十四年八月癸卯，塔鲁木等卫故都指挥金事等官撒答子童哈等二十四人乞袭职，肥河卫都督剌哈一人乞冠带、衣服、银器，友帖等卫都指挥使等官塞笼革等七人乞赐敕书，失里木等卫指挥使等官阿古山等二人乞兼赐印记。俱许之，惟银器不与。

成化十四年十一月癸酉，海西钦真河等卫野人女直都指挥哈答等，各来朝贡马及貂皮。赐宴并衣服、彩缎等物有差。

成化十四年十二月甲午，兵部左侍郎马文升奏：比者建州、海西犯边，诸夷俱已听抚效顺。盖辽东边祸起自海西马牛、撒赤哈等数人，或因不得官职、敕书，或欲入贡被守关指挥等官索钱诟辱，参将周俊知之既久，不与转达处分，及谋已成，又不能抚安解息，以酿成大患，俱宜逮问，仍行辽东守臣，凡传报夷情有所陈乞不平者，即宜招徕首恶之人，开谕释怨，或具闻区处。从之。

成化十四年十二月丁未，海西益实左等卫野人女直都督佥事三赤哈等，兀者等卫野人女直都督佥事察安察等，泰宁等卫都指挥脱脱孛罗遣指挥苦出、兀儿等，各来朝贡马及貂皮。俱赐宴并金织衣、彩缎等物有差。

成化十四年十二月己酉，辽东都指挥同知吴玉乞回京，许之。玉自陈本山后虏人，而辽东乃女直海西、建州等夷入贡往来之地，乞避嫌疑故也。

成化十五年春正月丙子，海西都罕河等卫野人女直都指挥忽申八等，右城等卫野人女直都指挥撒笼哈等，建州等卫女直都指挥弗纳等，建州左等卫女直都指挥重羊等，建州右等卫女直都指挥卜花秃等，各来朝贡马及貂皮。赐宴并衣服、彩缎等物有差。

成化十五年春正月己卯，兀者卫都督察安察以其父曾任右军都督府都督，俱因朝贡乞赐衣服，诏各以织金麒麟衣予之。

成化十五年二月己丑，海西亦儿古里等卫野人女直都指挥必里你等，建州右等卫女直都指挥当哈等，各来朝贡马及貂皮。赐宴并衣服、彩缎等物有差。

成化十五年五月庚午，谪兵部左侍郎马文升戍四川重庆卫。初，文升奉敕往辽东抚谕夷人，时太监汪直亦往按事，巡抚都御史陈钺谮文升于直，直还朝，会兵部尚书余子俊有参陈钺本，钺疑文升所为，遂嗾直奏文升专擅行事，怀奸不忠，抚安无方，致启边衅。盖建州、海西夷非一种，文升招抚之多顺服，间有未服而犯边者，故直以此陷之。锦衣卫指挥吴绶承直意传会成狱，刑部不敢违，比依指挥、千百户致所部军人反叛者律，遂命谪戍，人皆冤之。

成化十五年冬十月丁亥，命讨建州夷。巡抚辽东都御史陈钺希直意奏：建州女直伏当加以不得为都督，声言来寇辽东，且言往年建州三卫构海西、毛怜累犯边境，朝廷授以都督、都指挥之职，诸夷因起争端，纷纷扰乱，亦欲挟制以求显职。与其加升而招侮，莫若整兵而征讨。伏惟简命刚正谋勇大臣假以赏罚之权，掩其不备，捣其巢穴，庶不纵寇长奸。事下兵部，尚书余子俊等以为驭夷之道，守备为本，我太祖载诸祖训，求以为法，建州女直叛服不常，朝廷或开马市以掣其党，或许买铁器以结其心，皆羁縻之义，非示之弱也。今钺等历数其罪意欲捣其巢穴，此军国大务非臣等所敢专。诏下廷臣会议，于是掌中军都督府事英国公张懋，吏部尚书尹旻等复上议曰：辽东为京师左掖，恒宿重兵，正欲守臣随宜战守，以分宵旰之忧，但勤兵于远，难以妄动，今钺等以伏当加等（二）〔三〕[2·3]百余人声言要来犯边，遽欲命将出师，似非备边本意，然恐其或有所见，未敢逆料其非，乞命重臣一人往辽东随机战守，其建州、毛怜、海西有未尝犯边者，亦须分别，勿令惊疑，庶万全可图，一方可靖。时钺附太监汪直势，而司礼、内阁又有结为心腹者，故竟主钺奏而有是命，然直弄兵之祸，实始于此云。

成化十五年十一月丁酉，海（服）〔西〕[2·3]肥河等卫野人女直都督等官剌哈等各来朝，贡马及貂皮。赐宴并衣服、彩缎等物有差。

成化十五年十二月戊寅，海西哈而蛮等卫野人女直都指挥阿塔等，秃纳河卫野人女直都指挥者因哥等，各来朝贡马。赐宴并衣服、彩缎等物有差。

成化十六年二月己未，海西弗提卫野人女直都督帖色古朝贡来京，卒于会同馆。事闻，命礼部官致祭，工部给棺，兵部移文沿途给车徒舁还本卫。

成化十六年二月甲戌，海西兀者前等卫野人女直都指挥都里吉等，朵颜卫夷人迭革台等，各来朝贡马及貂皮。赐宴并衣服、彩缎等物有差。

成化十六年二月戊寅，考郎兀卫都督同知撒哈良来朝贡宝物、殊角，并貂狐皮。命加赐金织纻丝袭衣一、银托里碗一，余如例。

成化十六年十二月丙寅，海西纳木等卫野人女直都指挥恰升等，毛怜等卫野人女直都指挥老克等，朵颜卫舍人影克、夷人（又）〔义〕[2]哈乃等，各来朝贡马及貂皮。赐宴并衣服、彩缎等物有差。

成化十七年春正月甲辰，海西斡南河等卫女直都指挥忽失秃等，木兰河等卫女直都指挥札里吉等，塔木等卫女直都指挥纳儿乞卜等，各来朝贡马及貂皮。赐宴并金织衣、彩缎等物有差。

成化十七年二月丁巳，（海西兀者等卫女直都督察安察等，哥吉河等卫女直都指挥扯克等，各来朝贡马及貂皮。赐宴并金织衣、彩缎等物有）[3]差。

成化十七年三月乙酉，海西成讨温等卫野人女直都督金事康尼等来朝贡马及海青、兔、鹘、貂皮。赐宴并金织衣、彩缎等物。康尼等奏乞金带、帽子。与之。

成化十七年十一月戊寅。兀者等卫野人女直都指挥撒赤哈等，各来朝贡马及貂皮。赐宴并衣服、彩缎等物有差。

成化十八年春正月丙戌，海西益实左等卫女直都督三赤哈等，肥河等卫女直右都督剌哈（剌）〔等〕[2·3]，考郎兀等卫女直都指挥恼纳等，亦迷河等卫女直都督金事捏克等，各来朝贡马及貂皮等物。赐宴并衣服、彩缎等物有差。

成化十八年十一月甲子，海西右城卫野人女直都指挥撒失哈等，渚冬河卫野人女直都指挥哈的纳等，弗提卫右都督答吉禄遣都指挥管秃等，各来朝贡马。赐宴并衣服、彩缎等物有差。

成化十八年十二月甲申，海西成讨温等卫野人女直都督康尼等，益实左卫野人女直都督三赤哈等，各来朝贡马及方物，赐宴并金织衣、彩缎等物有差。

成化十九年春正月庚申，海西兀者及益实左等卫野人女直都督三赤哈、察安察等，各来朝贡马及貂皮。赐宴并金织衣、彩缎等物有差。

成化十九年五月壬寅，虏酋亦思马因为迤北小王子败走，所遗幼稚，朵颜三卫携往海西易军器，道经辽东。巡抚都御史王宗彝等知之，议以为马市之设，正欲革海西与三卫互市之弊，今若使其得以人口易军器，而不豫为杜绝，他日必将纠合以为边害，乃遣译谕之，凡携幼稚来市者，倍偿其直。至是以所市男女九人来献。兵部请如降虏处之，俟其长遣置两广，上命不必遣，乃以分赐司礼监太监怀恩等。

成化十九年十一月辛亥，海西者帖列山等卫野人女直都指挥三哈等各来朝贡马。赐宴并衣服、彩缎等物有差。

成化十九年十二月庚辰，海西塔鲁木等卫野人女直指挥的儿嗒你等，各来朝贡马及方物。赐宴并衣服、彩缎等物有差。

成化二十年春正月甲寅，海西肥河等卫女直都督剌哈等，各来朝贡马及貂皮。赐宴并金织衣、彩缎等物有差。

成化二十年二月丙子，（海西弗提等卫野人女直都）[3]督亦把哈等，亦迷阿等卫野人女直都督捏克等，各来朝贡马、貂皮。赐宴并金织衣、彩缎等物有差。

成化二十年十一月庚戌，海西塔鲁木等卫野人女直都指挥的儿哈你等，泰宁等卫都督孛罗遣头目（火）〔大〕[3]儿嗔等，并自来都督金事等官撒因孛罗等，各来朝贡马及貂皮。赐宴并衣服、彩缎等物有差。

成化二十年十二月乙卯，巡抚辽东左副都御史马文升（等）[2·3]言：辽东海西、建州、毛怜等卫岁贡马约千有余匹，例留本境给军，而其中齿多未壮，宜暂送苑马寺牧以备用。从之。

成化二十年十二月庚辰，升兀者前卫都指挥同知都里吉为都督金事。故夷官授职二十五年始进一级。顷都里吉以都指挥金事求升都督，兵部已议升都指挥同知。至是复申前请，且邻壤皆为奏保，而辽东守臣亦言其部落甚多，众心信服，遂升之。

成化二十一年春正月丁亥，海西成讨温等卫，野人女直都督康尼等，兀鲁罕河等卫野人女直都指挥火秃等，考郎兀等卫野人女直都指挥恼纳等，双城等卫野人女直都指挥撒若答等，兀者等卫野人女直都指挥返速亦里答等，建州左卫女直都督脱罗等，女直都指挥牙笼哈等，各来朝贡马及貂皮。赐宴并衣服、彩缎等物有差。

成化二十一年春正月己亥，辽东海西肥河等卫野人都指挥哈剌等，建州卫女直都指挥完者秃等，建州左卫女直都指挥咬纳等，朵颜等卫都指挥肯帖诙等，各来朝贡马及貂皮。赐宴并衣服、彩缎等物有差。

成化二十一年春正月庚戌，海西兀者等卫野人女直都指挥扯革等，（干）〔斡〕² 兰河等卫野人女直都指挥牙失（塔）〔答〕³ 等，各来朝贡马及貂皮。赐宴并衣服、彩缎等物有差。

成化二十一年闰四月庚寅，海西夷人引速哈来降，命为正千户，注广东广州前卫带俸。

成化二十一年十一月戊午，海西忽石门等卫野人女直都指挥兀笼哈等，野儿定河并毛怜等卫野人女直都指挥加忽赤等，各来朝贡马及貂皮。赐宴并金织衣、彩缎等物有差。

成化二十一年十二月乙未，海西肥河等卫女直野人都督剌哈等，各来朝贡马及貂皮。赐宴并金织衣、彩缎等物有差。

成化二十二年春正月癸酉，海西（佛）〔弗〕²·³ 提等卫野人女直都督打吉六等，泰宁等卫都督等官脱脱孛罗等各遣头目来朝，贡马及貂皮。赐宴并衣服、彩缎等物有差。

成化二十二年二月乙酉，海西成讨温等卫并建州左等卫野人女直都督等官脱罗等各来朝贡马。赐宴并衣服、彩缎等物有差。

成化二十二年三月癸丑，升考郎兀卫都指挥使阿古哈为都督金事，以其贡白海青，援例陈乞也。

成化二十二年十二月乙亥，海西屯河卫女直都指挥（斡）〔干〕² 升格等，兀力等卫女直都指挥伯迭革等，各来朝贡马及貂皮。赐宴并衣服、（彩）〔彩〕²缎等物有差。

成化二十三年春正月己巳，海西顺民等卫女直都指挥牙忽奴等，泰宁等卫头目那孩等各来朝贡马及貂皮。赐宴并衣服、彩缎等物有差。

成化二十三年五月丁巳，辽东总兵官缑谦等奏：海西黑龙江等夷人闻欲率众入境窃掠，朵颜三卫夷人屡报被北虏追逐，求入边墙避匿，且译称北虏遣人求与三卫连和。事下兵部，言夷人窃掠，乃其常态，而朵颜三卫脱，使与虏连和，则撤我藩篱，为彼乡导，不可不虑，请速移文辽东守臣等，度彼若附虏则设间以携贰之，或纠聚入寇，则画策以阻遏之，复遣译（谭）[3]，（原）〔厚〕[3]加抚谕，令其坚守臣节，勿为虏诱。仍移文各边守臣，俾知虏情而严设边备，且请敕京营将臣一体戒严，用备警急。从之。

孝宗实录

弘治元年正月戊申，海西忽石门等卫野人女直都指挥等官凡笼哈等，毛怜卫野人女直都指挥等官速（失）〔朱〕[3]哈等，忽阑山等卫女直都指挥等官苦出等，野儿定河等卫野人女直都指挥加（忽）〔忽〕[14]赤等，益实左等卫野人女直都督等官三赤哈等，速平江等卫女直都指挥亦里巴加等，脱伦兀等卫野人都指挥等官撒因哈等，各来朝贡马、貂皮等物。赐宴并衣服、彩缎等物有差。

弘治元年闰正月丙戌，命肥河卫达官都督剌哈之子哈哈（占）[2]袭其父职。

弘治元年二月戊戌，海西兀者等卫并建州右等卫、毛怜等卫野人女直都督察安察、三赤哈等来朝贡马及貂皮。赐宴并衣服、彩缎等物有差。

弘治元年十一月癸亥，海西喜乐温河等卫，木速河等卫，失里木等卫野人女直都指挥等官里奔哥、木昌哈等来朝贡貂皮、马匹。赐宴并衣服、彩缎等物有差。

弘治元年十二月丁未，辽东海西等处兀者前卫野人女直都督等官都吉里等，亦迷河等卫野人女直都督等官捏克等来朝贡马、貂皮。赐宴并衣服、彩缎等物有差。

弘治二年正月丙子，海西兀者前等卫野人女直都督（都）[2]里吉等，肥河等卫野人都督加哈察等来朝，贡貂皮、马匹等物。赐宴并彩缎、钞锭有差。

弘治二年三月丙子，海西、建州等卫野人女直都督完者秃等，（建州、毛怜等卫）[3]野人女直都督等官康泥等来朝，贡马、貂皮。赐宴并衣服、彩缎等物有差。

弘治三年正月戊戌，海西呕罕河等卫野人女直都督尚古等，兀者等卫野人女直都指挥撒哈赤等，野儿定河、失里木等卫野人女直都指挥（忽加）〔加忽〕[3·14]赤等来朝，贡马及貂皮。赐宴并衣服、彩缎等物有差。仍回赐尚古等彩缎如例。

弘治三年正月戊辰，海西并建州右等卫野人女直都督尚哈等各来朝，贡马匹、貂皮等物。赐宴并衣服、彩缎等物有差。

弘治三年闰九月乙巳，赐考郎兀卫故都督同知撒哈良祭如例。

弘治三年十二月庚申，海西失里等卫野人女直都指挥咬纳等，肥河等卫野人女直右都督加哈察等，海西益实等卫野人女直都指挥速失哈等，益实左等卫野人女直都督等官三赤哈等，弗提等卫野人女直右都督打吉六等，泰宁等卫都督撒因孛罗遣头目纳哈出等，并都指挥肯帖该等，各来朝贡马驼、鹰联、貂皮等物。赐宴并衣（物）〔服〕[3·14]、彩缎等物有差。

弘治四年正月乙未，海西兀者等卫及建州右卫野人女直（都督等官察安察等，建州等卫野人女直）[3]都指挥柳失等来朝，贡貂皮、马匹。赐宴并彩缎、衣服等物有差。

弘治四年正月甲辰，命考郎兀卫都督同知撒哈良男斡罗脱等各袭父职，兀者卫指挥使阿都赤等以授职年深，各升一级。

弘治四年二月乙卯，先是海西野儿定何（旧校改何作河）卫都指挥使加忽赤贡海青，因援考郎兀卫都指挥阿古哈例，乞升都督。兵部议奏阿古哈升职系一时特恩，不可援以为例，加忽赤止宜加赏，从之。

弘治四年十二月丁巳，海西失里等卫野人女直都指挥等官（密）〔察〕[2·14]哈奴等，干阑等卫〔野〕[2·3·14]人女直都指挥等（官忽失秃等，（女）〔玄〕[2·14]城等卫野人女直都指挥等）[2]官米希察等奏：〔泰〕[2·3·14]宁等卫都指挥鬼里赤等来朝，贡貂皮、马匹等物。赐宴并衣服、彩缎等物有差。

弘治五年正月戊戌，海西（忽）[3]鲁爱等卫、建州右等卫并毛怜卫野人女直都督等官尚哈、倒哈等来朝，贡方物。赐宴并衣服、彩缎等物有差。

弘治五年三月甲戌，海西成讨温卫都指挥兀允住等贡方物、马匹，为其故都督康泥援例乞赐祭，许之。仍赐兀允住等彩缎、衣服等物有差。

弘治五年十二月庚戌，海西忽石门、亦儿古里等卫野人女直都指挥等官（兀笼）〔尤宠〕[3]哈、（斡）〔干〕[2]来等来朝，贡貂皮、马匹。赐宴并衣服、彩缎等物有差。

弘治六年正月辛卯，泰宁、海西、亦迷河、毛怜、肥河等卫都督撒因孛罗，都指挥等官孛罗捏克、卜良吉、加哈（察）〔密〕[14]等来朝贡方物。赐宴并彩缎、衣服等物有差。

弘治六年二月乙巳，弗提卫都督答只禄、亦把哈及呕罕河卫都督尚古各来贡。赐宴并衣服、彩缎等物有差。三人复各陈父祖以来多效劳边塞，乞加赏赉，命赐答只禄蟒衣，亦把哈及尚古金带、冠帽各一事。

　　弘治六年五月乙亥，大通事、锦衣卫带俸、指挥佥事王英言：永乐间女直各卫授都督等官，令率所部为中国藩篱，比来各官不能约束，以致边方多警。今后各卫掌印都督若历任无过、所部未尝犯边者，仍许袭原职，否则止令袭指挥使，别选众所信服者升都督。兵部覆奏以各官承袭已久，一旦革去，恐启衅端，此后海西、建州三卫女直，成化以后陈乞升者，指挥以下仍旧承袭，其都指挥以上至都督有故者，必审其部下无人犯边，子孙能继志者许其承袭，否则革去求升之职，自左右都督以下至都指挥佥事，各递减一级，但曾求升一次者，更不许陈乞。间有能严辑部落，还我卤掠，擒捕犯边夷人，并归我汉人之逋逃者，具奏升赏，从之。

　　弘治六年闰五月壬子，兀者卫野人女直都督佥事察安察等遣都指挥宋哈答等为兀者前卫故都督佥事都里吉乞祭。许之，赐宋哈答等宴并彩缎、衣服等物如例。

　　弘治六年十一月丙辰，海西弗朵秃河等卫野人女直都指挥等官申克捏等，兀者等卫野人女直都指挥等官亦里答等，撒剌儿等卫野人女直都指挥（都）[14]鲁卜花等，益实左等卫野人女直都督三赤哈等来朝贡方物。赐宴并彩缎等物有差。

　　弘治六年十二月丙子，海西亦迷河等卫野人女直都督（捏克等，哈儿蛮等卫野人女直）[14]都指挥札里革等，（兀）[凡][3]鲁罕（河）[14]等卫野人女直都指挥火秃等来朝贡方物。赐宴并衣服、彩缎等物有差。

　　弘治七年正月戊午，海西兀者等卫野人女直都督察安察等，毛怜卫女直（都指挥亦里哈等，建州左等卫女直都督脱罗等，建州右等卫女直）[14]都督尚（哈）[路][3]等，女直都指挥（都）[2·3]列（特）[时][3]等、泰宁朵颜福余三卫头目影（克）[兑][3]土（干）[于][3·14]等各来朝贡方物。赐宴并衣服、彩缎等物有差。

　　弘治七年二月壬戌，成讨温卫都督同知康允卒。赐祭〔葬〕[2·3]如例。

　　弘治七年十一月辛亥，海西失里等卫女直都指挥察哈奴等，兀者等卫女直都指挥阿都赤等，渚冬河等卫女直都指挥松吉答等，呕罕河等卫女直（都督）[都指挥][3]尚古等各来朝贡方物。赐宴并衣服、彩缎等物有差。

　　弘治八年正月己酉，益实左卫都督佥事撒赤哈、海西考郎兀卫都督佥事阿古哈，各率所部来贡。赐宴并彩缎等物如例。

　　弘治八年正月壬子，海西兀者、泰宁、弗提、毛怜、考郎兀等卫女直都督（察）〔蔡〕[14]安察、打吉六、（斡）〔干〕[2·3·14]罗脱并都指挥老克等来朝。赐宴及彩缎等物有差。

　　弘治八年十二月丙子，海西兀者右并泰宁等卫女直都指挥等官满古捏、肯帖该等来贡。赐宴并彩缎、衣服等物如例。

弘治九年正月甲辰，海西考郎兀等卫都督撒因孛罗遣头目那孩等并都指挥肯帖该、卜里干来贡。赐宴（旧校改晏作宴）及彩缎、衣服等物如例。

弘治九年二月辛酉，建州、海西、肥河、弗提等卫女直都督等官完者秃、保能歹、同老察来贡。赐宴（旧校改晏作宴）并彩缎、衣服等物如例。

弘治九年十一月庚申，海西兀者、斡阑河等卫女直都指挥察安察、忽失秃等来贡。赐宴并彩缎、衣服等物如例。

弘治九年十二月甲申，海西野儿定河、毛怜、亦迷河、建州等卫女直都督等官加忽赤、厄提、捏（克）〔充〕[14]、赏哈等各来朝贡方物。赐彩缎、衣服有差。

弘治十年正月甲子，海西、肥河、建州、毛怜等卫女直都督等官加哈察、亦把哈并头目哥鲁哥等来贡。赐宴并彩缎、衣服等物有差。

弘治十年十月癸未，考郎兀卫都督斡罗脱、打吉陆等遣兀者等卫女直都指挥宋哈答等来贡，乞赐故都督佥事阿古哈祭，从之。赐宋哈答等宴及织金（衣）[14]、彩缎等物如例。

弘治十年十一月庚戌，海西渚冬河等卫女直都指挥歹察等来贡。赐宴并彩缎、衣服等物如例。

弘治十年十二月壬辰，海西野儿定河、兀者等卫女直都督等官加忽赤、赏哈、古鲁哥、老童等各来贡。赐宴并彩缎、衣服等物有差。

弘治十一年二月癸未，海西弗提等卫女直都督（旧校删督字）指挥歹都等来贡。赐宴并彩缎、衣服等物有差。

弘治十一年十一月丁巳，海西兀者等卫女直都指挥速哈、帖古山等来贡。赐宴并彩缎、衣服等物有差。

弘治十一年闰十一月己巳，海西肥河等卫女直都督（加）[2·3]哈（察）〔密〕[14]等各来贡。赐宴并彩缎、衣服等物有差。

弘治十一年闰十一月乙酉，海西考郎兀等卫女直都督（斡）〔干〕[2·3·14]罗脱等来贡。赐宴并彩缎、衣服等物有差。

弘治十一年十二月癸卯，海西兀者等卫及建州左卫女直都督等官察安察等各来贡。赐宴并衣服、彩缎等物。既而察安察乞赐蟒衣、金带等物，命以蟒衣一赐之。

弘治十二年九月丁丑，兵部覆奏巡按辽东监察御史罗（贤）〔言〕[3]所言：广宁、开原、抚顺三马市，每遇夷人持马、貂诸物来市，被镇守等官及势家纵令头目、仆从减价贱市，十偿三四，夷人受其挫勒折阅，积久怀怨殊深，往往犯边多坐此故。请自今马市在广宁者，委按察司分巡官；在开原者，委安乐州知州；在抚顺者，委备御官。仍申明旧例禁约，敢袭前弊者捕送巡抚、巡按等官究治。计赃至二百贯以上者，头目、仆从人等发极边卫分充军，职官调别边各卫带俸，遇赦不宥。若因而激变夷人，致引边衅，从重论……又开原、抚顺分守、守备等官并势家，多与海西、建州胡人交结，为亲戚俺答名色，遇其将来出关候之，以其进贡上马抵易，或赊马匹，约贡还分其所赐，马既不良，随复倒死，骑操者乏良马之用，领送者有陪偿之害，请严设条禁，犯者许领送并知识〔诸〕[2]人首告按问，各治以罪，遇赦不宥。从之。

弘治十二年十二月庚戌，海西兀者等（卫及兀者右、兀者前等）[3]卫，弗提等卫，建州、毛怜等卫，哈儿蛮等卫，亦迷河等卫，速平江等卫女直都督等官斡黑能、秃忽剌、赤卜革、打吉陆、完者秃、老童，札里革、捏克、速哈等各来贡。赐宴并彩缎、衣服等物有差。

弘治十三年十一月甲戌，海西考郎兀等卫、兀者等卫及建州、建州右卫、寄住毛怜等卫女直都督（舍）〔抢〕[3]剌罕、（斡）〔干〕[2·3·14]黑能、完者秃、脱罗等，泰宁等卫都指挥鬼里赤等，头目塔卜歹等，朵颜卫使臣帖木等各来朝贡。各赐宴并彩缎、衣服等物有差。

弘治十三年十二月已酉，先是海西野人都指挥尚古，因乞升都督不遂，遂有犯边之谋，且久阻诸属夷俱不入贡。至是成讨温卫女直伍因住等百三十余人至开原马市求贡，且言尚古亦有归顺之渐。分守开原监丞黄延、参将胡忠抚之。镇巡等官奏谓：此延、忠二人善抚所致，请少加劳赐，从之。

弘治十四年正月丙辰，辽东守臣奏海西城讨温卫女直夷（伍）〔五〕[3]因住等自以所贡马小，乞免拣选。又入贡人数每卫乞增至十人，而建州等卫都督察安察等亦乞每卫许十人入贡，又来贡指挥人乞随带舍人一名。礼部议谓：建州等卫入贡人数有天顺八年及成化十年会议事例，行之已久，请令译者谕之，俾遵旧制，其所进马匹、方物，请移文镇、巡等官，不必拣选，以尽桑远之道。从之。

弘治十四年正月丙子，海西弗提等卫、兀者前等卫女直都督亦把哈、赤卜革等，城讨温等卫、者帖列山等卫、野儿定河等卫、撒剌儿等卫、斡阑河、可令河、兀鲁罕等卫女直都指挥、指挥失你克、（牙）〔矛〕[3]失帖木、咬里、哈不克、脱因帖木儿、忽失哈、鲁卜花、忽失秃、答秃哈、火秃等各来贡。赐宴并彩缎、衣服等物有差。

弘治十四年二月辛巳，海西考郎兀等卫女直都督斡罗脱等来贡。赐宴并衣服、彩缎等物如例。其斡罗脱及（都）[3]指挥等官咬纳等十五人，命于正赐外，别加赐以劳之，以其有夺回被虏人口功也。

弘治十四年二月甲辰，命加赐考郎兀卫都督斡罗脱蟒衣一事，从其请也。

弘治十四年七月壬子，初海西兀者前卫都督都里吉次子尚古，以舍人入贡，授指挥，后贡骆驼并归被虏人口，求升都督，不许，止升都指挥佥事。尚古怒去，绝朝贡，时入为寇，仍率兵遮绝海西诸胡之入贡者，诸胡并〔益〕[3]（怒）〔怨〕[2·3·14]之。尚古后悔过，使五十骑叩边归款。守臣贪功，遣百户至虏中招之，约为求升，尚古遂率五百骑入贡至开原，守臣验放尚古等五十人赴京。泰宁卫都督猛革忒（本）〔木〕儿等闻之，大（怨）〔怒〕[3]边将，谓尚古阻其贡，今反容入贡，遂入寇辽阳，既去，仍留书于边，言诸胡所以侵犯者，实出于此。建州左、右卫亦各遣人来言，尚古若诛则众怨俱解，守臣因请诛尚古，或投之南荒，以谢诸胡。兵部议谓：尚古初使人至达，意在服罪，以释诸胡之忿，当时守臣止应晓谕令回，俟（至冬）〔冬至〕[3]入贡，不应擅遣人入境招之，以致诸胡不平。今尚古既入贡，又不可诛戮，若如所请，恐结怨海西诸卫，更生他患。守臣不善为谋，一至于此，请并行近所遣按事给事中等官查勘以闻，令守臣书谕猛革忒木儿等，许令改悔自新，并归所虏人口，以自赎。从之。

弘治十五年正月癸巳，海西兀者等卫女直都督（黑干熊）〔干黑能〕[2·3·14]等及马英山等卫（右）〔石〕[3]城、纳木河等卫女直都指挥速木哈、（喇）〔撒〕[2·3·14]笼哈等各来贡。赐宴并（彩）〔綵〕[2]缎、衣服等物有差。

弘治十五年十一月壬辰，海西亦迷河等卫女直都督捏克等，野（官）〔定〕儿河等卫、可（令）〔冷〕[14]河等卫、撒剌儿等卫女直都〔督〕[3]指挥兀加哈、失连革、鲁不花等并塔山前等卫女直指挥速黑忒等各来贡。赐宴并彩缎、衣服等物有差。

弘治十六年二月壬子，巡抚辽东都御史张鼐奏：建州左卫夷人革里（右）〔古〕[2·3·14]得等杀（败）〔散〕[3]海西达贼，夺回所掠三人，乞今次进贡定额（出）〔外〕[14]许令二三人赴京，量加（偿）〔赏〕[2·3·14]赐，以示奖劳。兵部覆奏，进贡夷人有常数，不可加，但可如其夺回汉人之数，照有功赏格，出内币之物，付镇巡等官就彼给赏，从之。

弘治十七年十一月甲辰，海西纳木河等卫女直都指挥吉撒（兀）〔凡〕[3]等来贡。赐宴并彩缎、衣服等物有差。

弘治十七年十二月丁卯，海西甫门河及兀者左等卫女直都指挥札哈等，纳不河等卫女直都指挥吉撒兀等各来贡。赐宴并衣服、彩缎等物有差。

弘治十八年正月己酉，海西兀者等卫女（直都督赤卜革等，撒剌儿等卫、阿速江等）[14]卫女直都指挥都鲁卜花、弗亦马等，及建州右等卫女直都指挥沙哈忒、速鲁红等各来贡。赐宴并彩缎、衣服〔等物〕[14]有差。

弘治十八年五月己丑,海西渚冬河等卫女直都指挥歹察等各来贡。赐宴并彩缎、衣服等物有差。

弘治十八年十一月戊申,海西考郎兀等卫女直都督等官斡罗脱等各贡马及方物。赐宴并彩缎等物有差。

武宗实录

正德元年十一月丙申,海西兀者等卫女直都(斡)〔干〕[2,3]黑〔墨〕[2]能等来朝贡马及貂皮。赐宴并金织衣、彩缎(宝钞)[3]等物有差。

正德二年春正月丁亥,海西野儿定河等卫女直都督加忽赤等各来朝贡马及方物。赐宴并钞锭、彩缎有差。

正德二年闰正月癸丑,海西等处益实左卫女直都督台束等来朝贡方物、马匹。赐钞锭、彩缎等物有差。台束奏:中途为盗窃取货物,诏遣官伴送以归。

正德二年夏四月甲申,海西(亦)〔赤〕[3]迷河卫女直都督佥事捏克祭各一坛,从其子乞,礼部为之请也。

正德四年二月戊辰,海西肥河等卫女直野人都指挥长哈奴等来朝贡马。赏彩缎、表里、绢布等物有差。

正德四年三月丁酉,海西等卫女直都督脱原保等来朝贡马匹、方物。赐钞锭、织金文绮等物有差。

正德四年夏四月甲子,海西木速河等卫女直都指挥阿儿忽答等,海西弗提等卫女直都指挥木长哈等来贡。赐宴给赏有差。

正德四年夏四月辛丑,海西兀者等卫女直都指挥帖古山等,木速河等卫女直都指挥阿儿忽答等,各来朝贡马。赐宴并赏彩缎、衣服有差。

正德四年十一月戊寅,海西忽石门等卫女直都指挥塞革等来朝贡马。赐钞锭、彩缎等物有差。

正德四年十一月乙酉,海西直察剌秃山卫指挥使的力吉奏讨番文,借用渚冬河卫印信。礼部言:借者与者俱属违法,宜拘各夷究治,及裁其赏赐,以示惩戒。诏令姑宥之,给赏如例无减,惟省谕使知之后,有不用本卫印者罪之。

正德五年春正月庚午,海西吉滩等卫女直都指挥佥事吉(纳)〔纲〕[2]等贡(貂)〔豹〕[2]皮、马匹。赐宴并彩缎等物有差。

正德五年十一月丁卯，海西兀者右等卫女直都指挥佥事桑吉答等来朝贡马。赐宴及赏彩缎、钞、绢有差。

正德五年十二月戊申，海西兀者并毛怜等卫女直都督佥事（斡）〔干〕[2]黑能等来朝贡马。赐宴并赏彩缎、衣服、绢帛有差。

正德六年二月丁酉，海西益实并建州左等卫女直都督等官台束等来朝贡马（并）〔及〕[2]貂皮。赏彩缎、表里、绢、钞有差。

正德六年十二月庚子，海西兀者卫女直都督佥事童子等，〔各〕[2]进贡马匹。赐彩缎、衣物有差。

正德七年春正月癸亥，海西葛林等卫女直都指挥佥事答鲁哈等贡马及貂皮。赐宴并赏彩缎、绢、钞有差。

正德七年春正月己巳，赐海西兀者等卫女直都指挥帖古山，建州卫女直都督童子等，喜乐温河等卫女直都指挥马申哈，海西撒剌儿等卫女直都指挥佥事都鲁花等宴，并赏彩缎、绢、钞有差。

正德七年二月丁丑，海西木兰河等卫女直都指挥使扫里等贡马。赐宴并赏彩缎、绢、钞有差。

正德七年二月甲午，海西把河等卫女直都指挥佥事哈（剌）〔利〕[2]等贡马及貂皮。赐宴彩缎、绢、钞有差。

正德七年三月庚戌，海西成讨温等卫女直都督同知奄秃等来朝贡驼马、方物。赐宴并赏彩缎等物有差。

正德八年春正月戊子，命石玠兼都察院左佥都御史，提督辽东军务。时海西贼首老鼠、乃留等及都督加哈叉〔久〕[3]、祝孔革等屡犯边，阻各夷朝贡，而泰宁、福余等卫与满蛮的相侵，朵颜等卫久不通市。守臣以闻，廷议谓：建州三卫初非犯顺，其为边寇者惟海西老鼠耳，若遽用兵适激其变，莫若先〔示〕[2·3]怀柔，徐议征讨。乃命玠往抚谕，镇巡等官并诸路将官，俱听节制，都指挥以下不用命者，俱以军法从事。

正德八年五月丁亥，海西兀失等卫都指挥佥事撒哈答等，弗朵秃河等卫都指挥佥事申尧捻等，木里吉等卫都指挥佥事失鲁等，兀失等卫都指挥同知忽（塔）〔塔〕[3]木等，随满河等卫女直都指挥佥事失哈等、札真河卫头目塔卜等、石门等卫都指挥同知管迷等，各来朝贡马。赐宴并赏彩缎等物有差。

正德八年五月癸巳，海西兀者等卫女直都指挥佥事帖古山、尚古等各来朝贡马。赐宴并赏彩缎等物有差。

正德八年六月辛亥，兵部侍郎石玠至开原，遣大通事马俊出境抚谕诸夷。兀失卫女直撒哈答等先受约束，弗朵尧、木里吉、速塔儿河、忽石门、答兰城、哥吉〔河〕[2·3]等夷五百余人俱来贡马，都督加哈叉等四人，虏酋老鼠、乃留、祝孔革等三人率部落二千人亦入关，各修职贡，兵部以闻。诏以（玠）〔珍〕[3]抚谕有劳并俊，俱赐敕奖励，召玠还京，仍谕入贡，谕夷常额外斟酌验放，不得过多，继今仍循旧例。

正德八年六月甲寅，海西兀者等卫野人女直都督（金）事（斡）〔干〕[2]黑能等，呕罕河等卫女直左都督褚养加等，各贡马、貂皮。赐宴并赏彩缎、绢、钞有差。

正德八年秋七月己巳，海西肥河等卫女直右都督同知加哈察等，木塔等卫女直都指挥同知纳儿乞卜等，哥吉河等卫女直都指挥使札鲁哈等，各贡马及貂皮。赐宴并赏彩缎、绢、钞有差。

正德八年秋七月辛未，初建州、海西等卫夷人构结达贼，屡为边患，兵部议差本部左侍郎石玠往抚谕之。玠至言：海西兀者卫朝贡夷人安失塔等，传谓夷人老鼠、乃留、加哈叉等将入寇。于是御史张鹏劾玠，以为廷臣皆言海西各夷朝贡过期，镇巡官自能抚谕，及太监岑章等言，各夷告报，欲来朝贡，而玠乃谓各夷欲来为患。两次奏捷，贪为己功，且奏保今升嘉兴府同知张龙、泗州知州仇惠、大通事马俊。夫龙，淫邪无耻之徒，尝为瑾党，固天下所共弃者；俊，则缘事谪戍，遇赦冠带；惠，则畏缩避贼，亦岂知兵？盖玠欲设兵备，所以为〔张〕[2·3]龙之本，其欲调耿贤，又所以为马俊之地也。乞亟罢黜，奏上。诏边方梗化，议差大臣往抚，鹏不察事端，一概滥言，本当究治姑宥之。

正德八年秋七月癸酉，赐女直兀者卫都督（斡）〔干〕[2·3]黑能、亦迷河卫都督赛哈蟒衣各一袭，从其请也。

正德八年八月己亥，兵部奏：海西卫夷人祝孔革等四人，听抚入贡，辄求升袭并给印与敕。从之则示弱，不从则兴怨。臣等会廷臣议，以为祝孔革之父的儿哈（你）〔价〕[2]本塔鲁木卫指挥佥事，以入寇被杀，今祝孔革既悔罪归顺，宜免勘，暂准袭其父职，以敕付辽东镇（巡）〔守〕[2]官收贮，俟一年以上不扰边境，方许给之。老鼠、乃留旧无职事，末可辄授，宜于常赐外，量加赏赉，亦以五年为期，无所侵犯。镇巡官议奏：加哈叉暨其子逞得革等求易赐敕，恐冒名而来，未可辄易，宜令镇巡官勘实，如无职事，亦如老鼠、乃留例。诏如议。仍令大通事省谕各夷知之。

正德九年春正月辛卯，海西建州右卫女直都指挥佥事厄提等各来朝贡马。赐金织、彩币等物有差。

正德九年二月庚申，海西吉滩等卫女直都指挥佥事阿都赤等来朝贡马。赐宴（旧校改晏作宴）（赏）[2·3]彩缎、表里有差。

正德九年夏四月甲戌，海西吉滩等卫女直都指挥同知苦女等来朝贡马。

赐宴（旧校改晏作宴）并赏彩缎、绢布等物有差。

正德九年夏四月戊戌，海西吉河等卫女直都指挥金事堵失等来朝贡。赐宴并赏衣币等物有差。

正德十年春正月丙子，海西益实左等卫女直都督金事台束等各贡马及方物。赐宴给赏有差。

正德十年二月丙午，海西并建州等卫女直左都督等官褚养哈等来朝贡马及貂皮。赐宴赏袭衣、彩缎如例。

正德十年三月己未，海西亦失等卫女直都指挥金事土郝等、建州亦左等卫女直都督脱原保等，各来朝贡马、貂皮。赐宴给袭衣、彩缎、绢、（纱）〔钞〕[2·3]有差。

正德十年十一月丁酉，海西秃都河等卫女直都指挥金事厄里厄等各贡马。赐宴并给赏彩缎等物有差。

正德十年十二月丁巳，海西察剌秃山等卫女直都指挥金事瓦塔等各来朝贡马。赐宴并赏金织衣、彩缎等物有差。

正德十年十二月丁卯，海西呕罕河等卫女直都指挥金事乃胯等各来朝贡马。赐宴并赏金织衣、彩缎等物有差。

正德十年十二月戊寅，海西卜鲁丹河等卫女直都指挥同知亦哈纳等各来朝贡马。赐宴并赏金织衣、彩缎等物有差。

正德十一年九月丁酉，海西福余卫房酋那孩率众三千人款塞乞赏，且言欲由开（元）〔原〕[2]入贡，巡抚辽东都御史张贯言状，兵部议：开原近罹房患，那孩之来，其实探我虚实，邀求不遂，必肆侵掠，宜令贯等将擎回游兵随宜督发，协同防守。如房释甲入市，照例赏犒，仍慑之以威，谕令各修世贡，勿听奸夷诱引，自取诛夷。从之。

正德十二年春正月癸未，海西渚冬河卫女直指挥使伴哥松、吉答等赎还汉人被房者五人，乞照速古例升级，兵部议宜俯顺夷情。从之。

正德十二年二月乙卯，海西呕罕河等卫女直左都督等官褚养哈等贡马及（貂）〔豹〕[2]皮。赐宴并赏彩币、金织衣、钞锭如例。

正德十二年三月己丑，海西呕罕河卫夷人褚养哈等入贡，道永平扰害驿递，辽东伴送舍人付铎奏之。礼部议覆，诏大通事译审明白，严加抚谕，礼部仍量差通事送归。既而海西兀者等卫夷斡黑能等归，伴送舍人亦请遣通事护送，许之，遂著为令。

正德十三年三月癸（玄）（旧校改玄作亥），海西弗提等卫女直都督〔指挥使木〕[3]长哈等贡马〔品〕[3]（品疑作匹）、方物，（赐宴赏如例）。〔赐宴并赏织金、彩币等物有差〕[3]。

正德十四年二月辛巳，海西渚冬河卫女直都指挥佥事松吉答等冒其父祖故名来贡，及兀者左卫指挥同知也克赤原赐敕字磨灭不可（辩）〔辨〕，通事译奏其故。命礼、兵二部集议，请移文辽东镇巡官省谕各夷，父祖已故及衰老不任朝贡者，许其具奏袭替。从之。

正德十四年二月癸未，赐海西〔渚〕[2]冬河等卫女直都指挥佥事松吉答等彩缎、钞、绢、衣服等物如例。

正德十五年十二月庚戌，海西答木、毛怜等卫女直都指挥使纳儿乞木等，呕罕河等卫女直都指挥使亦里〔哩〕[2]哈等各朝贡进马。赐宴并赏衣服、彩缎等物有差。塔山前卫女直都督佥事速黑忒进小熊一只，鸿胪寺奏异物非年例，上特纳之。

正德十六年春正月戊辰，海西塔山前卫女直都督佥事速黑忒等、毛怜卫女直都指挥佥事木的革等，建州右等卫女直都指挥佥事牙令哈等各进贡。赐宴并赏彩（币）〔段〕[2]等物有差。

正德十六年二月丁酉，建州右等卫女直都指挥同知逞家奴等、海西考郎兀等卫女直都督佥事失剌罕、应袭舍人娘你哈等，阿真同（直）〔真〕[2]等卫都指挥佥事滩纳哈等来朝，贡马匹、貂鼠皮。赐宴给赏如例。

正德十六年七月乙丑，海西塔山前卫女直都督速黑忒等，兀思哈里卫女直都督佥事忽答木等，俱入贡方物。诏赐文绮、靴袜有差。

世宗实录

嘉靖元年正月丁卯，海西女直夷人阿者等卫都指挥同知歹速等来朝贡马。赐金织衣、钞、缎有差。

嘉靖元年正月壬申，海西建州女直夷人都指挥佥事锁奴儿等入贡。礼部奏各夷原降敕书与年貌不同，疑有奸伪，乞行彼处镇巡自后严核以闻。诏可。

嘉靖元年三月辛亥，海西弗提卫女直都督罔（加）〔知〕[14]奴等贡马〔匹〕[2·3·14]、貂皮。赏金织衣、彩缎、绢、钞有差。外都督亦巴哈另进一小豹子，上以非常贡，却不受，仍以辽东都指挥宁宝等违例滥放，夺俸一月，命礼部通行各镇巡官知之。

嘉靖元年三月甲寅，改海西夷人速黑忒等赏赐折银，不为例，从其请也。

嘉靖元年三月乙卯，女直通事王臣言：海西女直夷人阳顺阴逆，贡使方出，寇骑即至，今会同两馆，动有千数，臣等引领约束，颇知情弊，经条陈上请：一、海西都督速黑忒，虽号强雄，颇畏法度，彼处头目示皆慑伏，宜降敕切责，及差廉干官一员，同往抚顺，节次犯边祝孔革等部落，如无效，将差去官并速黑忒治罪。二、夷人敕书多不系本名，或伊祖父，或借买他人，或损坏洗改，每费（审）（驿）〔译〕[2·3·14]，宜令边官审本敕亲子孙实名填注到京奏换。三、夷人升袭自有旧例，往往具奏，行边年久不报，怀怨回家，致生边衅，宜再行定规，到边催缴。四、夷人宴赏日期，自有定例，即今积聚数多，宴赏迟误，及至领赏，又多滥恶，故不怀惠。五、速黑忒、牙令哈、阿刺哈等，俱自称有招抚边夷功，宜（查）〔核〕[2]实升赏。上命该部议行。

嘉靖元年三月辛未，赐塔山前卫女直都督速黑忒，弗提卫都督汪加奴大帽、金带，建州左卫〔女真〕[2]都督脱原保纻丝蟒衣，从其请也。

嘉靖元年四月丁亥，赐海西兀者卫都督佥事（斡）〔韩〕[2]黑能谕祭，从其孙头克循例请乞也。

嘉靖元年十一月庚午，肥河卫都督佥事加哈察、亦迷河卫都督佥事赛哈死。诏以彩缎赍其使归祭之。

嘉靖二年正月己酉，海西兀者等卫女直都指挥同知（尹）〔引〕[2·14]答温等，泰宁〔等〕[14]卫夷人头目把儿把等来朝贡。并（赐宴）〔宴赏〕[2·3]如例。

嘉靖二年正月丁巳，海西玄城卫女直都指挥佥（事末希察等，朵林〔山〕[2·14]卫女直都指挥额真哥等，法因河卫女直都指挥佥）[3]事土刺等，俱来朝贡马。

嘉靖二年二月辛巳，海西撒刺儿等卫女直都督都指挥都鲁花等来朝贡马。给赏〔及〕[3]马价如例。

嘉靖二年二月己亥，海西建州、益实等卫女直都指挥佥事撒哈答等来朝贡马。赐宴并彩缎、绢、钞、金织衣及马价有差。

嘉靖二年三月丁未，海西益实左卫都督佥事台束病死。赐谕祭如例。

嘉靖三年正月癸未，海西塔山前等卫女直都督佥事速黑忒等来朝贡马。赐宴并给赏如例。

嘉靖三年二月庚子，海西塔鲁木卫女直都督祝孔革等三百七十八人来朝贡马。赐宴及彩币、袭衣、绢、钞有差。

嘉靖三年二月戊申，海西等卫女直都督（扫撒）〔撒扫〕[2]等二百四十九人来朝贡马。赐宴给赏有差。

嘉靖三年二月己酉，海西塔山前卫女直都督速黑忒，以升职七年，恳蟒衣，予之。

嘉靖三年二月丙辰，海西建州撒刺儿等卫女直都督（都）[2]鲁花等来朝贡马。赐宴给赏有差。

嘉靖三年二月己未，以塔鲁木卫都督金事祝孔革升职久，给金带、大帽各一，从其请也。

嘉靖三年十一月丙戌，海西兀里奚山卫女直都指挥金事哈的纳等九十一人贡马来朝。

嘉靖四年正月乙酉，赐海西兀里奚山等卫女直都指挥金事哈的纳等九十一人织金文绮、钞锭有差。

嘉靖四年二月辛卯，海西建州等卫女直（都督童子等）〔都指挥童子等〕[3]五十二人，脱伦兀等卫女直都指挥金事撒因哈等一百七十七人来朝贡马。赐宴赉如例。

嘉靖四年二月乙未，海西撒剌儿等卫女直都督金事都鲁花等二百六十四人来朝贡马。（赐赉如例）。〔各赐锦绮素缯衣服、鞋袜等物〕[14]。

嘉靖四年二月甲辰，海西塔鲁木卫女直都督金事祝孔革等，法因河卫女直都指挥金事土剌等，建州卫女直都指挥金事广武等，凡二百五十〔八〕[2·14]人各来贡马。赐宴赉如例。

嘉靖四年二月戊申，海西成讨温等卫女直都指（挥使火秃等一百三十四人，毛怜等卫女直都指）[14]挥金事札剌答等（二百九十人）〔二十九人〕[2·14]各来贡马。宴赉如例。

嘉靖四年三月甲子，海西法因（何）〔河〕[14]等卫女直都指挥等官土剌等二百四十八员各来贡方物。赐宴赉如例。

嘉靖四年三月丙寅。赐海西弗提卫故都督金事亦把哈祭。

嘉靖四年十二月甲寅，海〔西〕[2·14]朵林山等卫女直都指挥等官人等额真哥等九十五员名来朝贡马。（赏赉如例）。〔赏彩缎、钞物有差〕[14]。

嘉靖五年二月乙卯，海西、建州等卫女直夷人入贡。赐赉如例。

嘉靖五年二月庚午，海西野儿定河等卫女直羊卜鲁等百九十余人朝贡。赐赉如例。

嘉靖五年四月丙辰，命兀者卫都督金事（幹）〔翰〕[2]〔干〕[14]黑能孙仉古革、都指挥同知尹答温孙男王古禄、都指挥金事孛罗脱男厄列塞特、哥吉河卫都指挥使札鲁哈男札斤、亦里察河卫指挥使苦奴麻孙男福贵、失里木卫指挥金事好撒男少（大）〔天〕、右城卫都指挥金事苦出卜花男答剌罕，各袭祖父原职。

嘉靖六年正月癸卯，海西女直都督朵林山等卫额真哥、兀者等卫豆克、法因河等卫土剌女直都指挥、（干）〔翰〕[2]兰河等（卫牙失哈、使坊河等卫猛乞、忽石门等）[14]卫管迭、鲁兀等卫歹速等四百二人，泰宁等卫夷人头目塔卜歹等三百人各来朝贡马。赐宴赉如例。

嘉靖七年正月癸未，海西塔山前等卫、建州左等卫女直都督金事速黑忒等二百人来朝贡马。赐宴赏如例。

嘉靖七年正月壬辰，（海西亦里察河、斡兰）[14]河等卫女直都督章成等一百八十人来朝贡马。宴赉如例。

嘉靖七年闰十月乙未，海西夷人出羊哈等移文边将称，远贡饥寒，朝廷比来犒赏甚薄，巡抚辽东都御史潘珍上其事。兵部请行辽东镇巡官省谕各夷，恪修贡献，不得自生疑阻，县次续食，以时给发，其应得宴赉，部寺官务令从厚，毋容下人侵牟，致生怨言，以失朝廷柔远之意。报可。

嘉靖八年十月己卯，海西朝贡夷人呕罕河等卫都督褚羊哈等，亦迷河等卫应袭奴台等，肥河等（卫应袭纳木章等，塔麻速等）[3]卫都指挥阿木郎等各来朝贡马。赐宴如例。

嘉靖八年十二月辛巳，海西呕罕河等卫女直都督褚羊哈等四部共四百十九人来朝贡马。赐赉如例。又以褚羊哈首倡夷众悔祸从新，于常赉外，加彩币二表里，折钞绢二匹。

嘉靖十年三月庚寅，先是夷酋褚羊哈等听抚入贡，朝廷例外加赏。于是海西夷（兢）〔竞〕[2·3·14]相慕效，争以贡入，数溢其旧，几至一倍，甚有洗改敕书，易置别卫，概以听抚为名，混进徼赏者。兵部议：以为不及其初来，申明旧例严（为）〔行〕[3]禁约，数年之后，来者愈多，将一顺其所欲，虽竭府藏，尚不能支，久之而后议革，则前予后夺，恩反为怨，恐生边患，今业已放入，姑从赏例。此后宜令辽东审遇于（扣）〔叩〕[2]关之时，仍遣通事省谕各都督，严束部落，毋得诈冒，备御等官敢有如前姑息及听各夷私嘱混放入关者，参究治罪。诏从之。

嘉靖十年三月己亥，海（内）〔西〕[2·3·14]夷益实左等卫都督金事把里哈等二百二人来朝贡马。宴赉如例，以庄左肃初皇后丧罢宴。

嘉靖十年三月甲辰，女直左都督速黑（忒）〔武〕[2]自称有杀猛克功，乞蟒衣、玉带、金带、大帽等物。诏赐狮子彩币一袭，金带、大帽各一。猛克者，开原城外山贼也。常邀各夷归路，夺其赏，速黑（忒）〔武〕[2]杀之。速黑（忒）〔武〕[2]居松花江，距开原四百余里，为迤北江上诸夷入贡必由之路，人马强盛，诸部畏之，往年各夷疑阻，速黑（忒）〔武〕[2]独至，顷又有功朝廷，因而抚之，示（持）〔特〕[2·3·14]赉之意，且遍谕在馆诸夷，即万里外有功必知，知无不（赉）〔赏〕[2]云。

嘉靖十二年二月癸未，海西（凡）〔兀〕[2·3·10]者等卫女直都指挥歹出等，建州卫女直都督张成等各进贡马匹。赏赉如例。

嘉靖十二年三月壬子，海（内）〔西〕[2·14]女直都督奴台等，建州女直都督方（市）〔巾〕[2·14]等来朝贡马。（宴赉）〔赐宴〕[2]如例。

兵部议上女直海西、建州、毛怜等卫夷人升袭事例：一、女直夷人自都指挥有功讨升都督职事者，巡抚官译审正身及查勘功次无抢冒等弊例应升授，然后具由连人咨报，否则就彼省谕阻回，无滥送以滋糜（贵）〔费〕[2·3·14]。二、来贡夷人除正敕外，赍有年远旧敕〔来〕[2·14]者，该边巡抚官译审真正明白，开写何等旧敕例应换给，从实具由连人咨报以凭查议，其有那移（仓）〔抢〕[2·3·14]夺不明情弊，径自阻回。三、夷人奏称（援）〔授〕[2·14]职二十五年之上例应升级者，巡抚官备查年数是否及有无犯边情弊，果（系）〔例〕[2]应升，具由连人咨报，有碍者，径自阻回。四、各夷奏称原授职敕书或被抢及水火无存者，审系招抚之数，方行巡抚查勘咨结，议请定夺。不系招抚之年，不许一概奏扰。五、夷人并缴敕书〔者〕[3·14]，审果同卫同族，尊幼绝嗣，并敕书真正别无抢冒洗改情弊，即行该边巡抚勘报，覆行辨验，结查明白，不拘所缴敕书多寡，俱于原授职事上量升一级。其或（当）〔审〕[2·3·14]有前弊希图升职者，止与原授职事，其并缴敕书译令赍回交还本夷收领。六、都督系重职，其孙袭替仍照旧例查勘奏请。七、夷人入关朝贡必盘验明白方许放进，其敕书内有洗改诈伪字样，即省谕阻回，守关人员朦胧验放者治罪如（例）〔律〕[2·14]。八、夷人奏有总敕欲行分给袭替者，俱行巡抚查勘具由咨报，以凭奏请分给。九、海西、建州、毛怜等卫朝贡夷人查有（情）〔侵〕[2·14]犯内地者，宜于（宣）〔宴〕[2·14]赏之后，礼兵二部宣谕恩威，使之省戒。如无罪可指，不必每次申谕，自致轻亵。诏如议行。

嘉靖十二年五月丙午，海西野（而）〔儿〕[2·3·14]定河等卫女直都督羊卜鲁、额真哥等朝贡，援建州等卫女直都督锁鲁塔（等）[2]例，愿折银赏赉，礼部覆（请）〔议〕[2]。从之。

嘉靖十三年三月庚午，毛怜并海西、建州（右）〔左〕[2]〔右等作等左〕[14]等卫女直都督木哈尚等（疑衍一等字）来朝贡马。宴赉如例。

嘉靖十三年三月乙酉，赐故塔山前卫左都督黑武、考郎（尤）〔兀〕[2·14]卫都督同知章失、建州左卫都督金事撒哈等祭。

嘉靖十四年正月丙戌，海西可令河等卫女直都（督）[2·14]指挥金事等官卜刺答等来朝贡马。给赏如例。

嘉靖十四年二月乙巳，海西、毛怜、建州诸夷，时到边乞讨盐、米等物，宜于广宁卫库给银置买，无得科扰军士。

嘉靖十四年二月庚戌，海西并建州、弗提等卫女直都督佥事等官随童等各来朝贡马。宴赏如例。

嘉靖十四年三月己巳，海西忽鲁爱等卫女直都督佥事（管）〔等〕[2·3·14] 官干（合）〔哈〕[2] 等各来朝贡马。宴赉如例。

嘉靖十四年三月丙子，海西法因河等卫女直都督等官（土）〔王〕[2·14] 剌等各来朝贡马。给赏如例。

嘉靖十五年二月甲辰，海西并建州左等卫女直都督松（巾）〔市〕[3] 等二百四十余名来朝贡马。给赏如例。

嘉靖十五年三月丙寅，海西等卫女直都督佥事阿剌哈等三百余人来朝贡马。给赏如例。

嘉靖十五年五月癸亥，女直夷人海西朵林山等卫（额）〔颜〕[2·10] 真哥等四百余人、建州等卫卜剌塔等三百余人，俱贡马来朝。宴赏〔赏赉赐宴〕[2]〔赏作赉〕[10] 如例。

嘉靖十五年六月庚子，海西、建州等卫女直夷人察哈〔答〕[2·10] 等九百余人（贡马来朝）〔来朝贡马〕[2]。各赏赉如例。

嘉靖十六年正月乙巳，海西呕罕河等卫女直左都督褚养哈等来朝贡马。宴赉如例。

嘉靖十六年正月丙午，海西兀者等卫女直都督歹出等各贡马及方物。宴赉如例。

嘉靖十六年正月戊申，海西者帖列山等卫女直都督佥事速纳忽等来朝贡马。宴赉如例。

嘉靖十六年四月庚申，诏赐海西女直都督歹童等金素纻丝衣三百四十八袭，暂准给价，从各夷请也。

嘉靖十七年正月丙申，海西秃都河等卫女直都指挥佥事董山等、建州等卫女直都督也隆哥等、建州左等卫女直都督方（中干）〔巾斡〕[2·14]〔中作巾〕[3] 黑纳、阿都赤等，三百余人入贡。宴（赉）〔赏〕[2] 如例。

嘉靖十八年正月己丑，礼部奏：海西卜鲁兀等卫女直都指挥佥事歹速等，以与邻房相攻，朝贡后期而在道未至者，尚八百余人，此其情亦可原。乞宽已至者罪，而下命关吏，入贡各夷继至者，使毕事，俟其遣归，则谕以礼法，俾自后入贡无敢失期，乃为得怀远之义。诏许之。

嘉靖十八年五月甲戌，海西克默儿河卫女直都督弗当哈各谕祭一坛，仍降敕抚谕其子，并宴赉奏讨夷人如例。

嘉靖十八年十一月己亥，海西夷人纳（剌）〔喇〕[10] 忽等十五人款辽东塞来降。

嘉靖十九年正月甲寅，海西扎真河、兀者、可令河等卫女直都指挥佥事奴浑、尚古、卜剌答等（各）[2]来朝贡马。俱宴赏如例。

嘉靖十九年三月己未，海西朵林等卫女直都督佥事额真（哥）〔奇〕[3]等来朝贡马。宴赏如例。〔额真哥讦称，先被夷人兀允住夺去敕书四十余道，付与伊亲王中，令部落哈塔等赍来朝贡，冒赏未回，乞要讨还。诏行辽东镇巡官勘处是实，即今明白宣谕，原抢敕书及给哈塔等赏赐仍给额克捏等。兀允住已被把大讨灭，嘉把大功，升正千户，仍赏以银币。先被夺杀把秃郎中部落，守正遇害，从重赏劳。王中禁不许入贡。验放指挥同知等官李钺、刘瀛、董云飞、陈善等坐失觉察，各夺俸半年。仍令边臣宣谕之。〕[2·14]时又有古城等卫指挥同知哈塔等，同时入贡，唱名给赏间，额真哥讦称诸夷乃王中部落额克捏等，非哈塔等，诏分押各夷，诣辽东镇、巡官勘究，具得其情。王中先与海西夷兀允住抢杀者帖列山等卫夷把秃郎中等，夺其敕书三十五道，有把大者以兵为把秃等复仇。兀允住死，敕书留王中处，中因令其部落额克捏等冒敕中哈塔等名入贡耳。诏令镇、巡官明白宣谕，原抢敕书，查给哈塔等，额克捏等贡马已充官用，赏赐仍给之，把大升正千户，仍赏以银币。把秃郎中等部落从重赏劳，王中禁不许入贡，验放指挥同知等官李钺、刘瀛、董云飞、陈善等有失觉察，各夺俸半年。

嘉靖二十一年五月辛卯，海西可令河等卫女直都督佥事卜剌答等来贡马及方物。宴赍如例。

嘉靖二十一年闰五月癸丑，海西兀者右（卫等）〔等卫〕[2·3]女直都督佥事歹卜等贡马及方物。宴赍如例。

嘉靖二十一年十二月辛卯，海西可令河等卫女直都督佥事失理木等来贡马及方物。宴（赍）〔赏〕[2]如例。

嘉靖二十二年正月己巳，海西右等卫都督歹卜等，撒剌儿等卫都督歹因卜鲁等、奴儿干等卫都督猛可等不宜收，各来朝贡马及方物。赐宴给赏如例。

嘉靖二十二年二月癸卯，海西兀失等卫女直都指挥引忽等、毛怜等卫女直都督钟塔等，各来朝贡马。赐宴赍如例。

嘉靖二十二年五月己未，海西夷人双城等卫都指挥同知撒苦答秃、塞格、干升革各乞升都督。上以其送归被虏人效顺功，许之。

嘉靖二十二年七月辛酉，升海西夷人都指挥佥事王中为都督佥事。先是辽东抚按官言中先年冒贡害人，朝命绝其入贡。近中侦报虏情有功，乞许其入贡，仍加升赏，以示激劝。诏升中都督佥事，令约束部落入贡，并谕以旧罪朝廷业已置之，宜益修忠顺，以图报（劲）〔效〕[2·14]。

嘉靖二十四年正月辛亥，海西吉滩等卫女直都督佥事阿都赤等朝贡。宴赏如例。

嘉靖二十四年正月戊辰，海西兀者右卫女直（都指挥佥事）〔都督佥事〕[2·3·14]（歹）〔反〕[14]卜等入贡。宴赏如例。

嘉靖二十九年三月丙辰（旧校改辰作寅），海西塔哈山等卫女直都督李加等、法因河等卫女直都督佥事歹答儿等，各来朝贡马。宴赉如例。

嘉靖三十年三月甲辰，益实左等卫都督佥事歹答力等入贡，还塔山卫部落要夺其敕，歹答力以状闻。诏守臣谕还之。

嘉靖三十年七月辛卯，塔山丹等卫夷人王中等二十八人奏，请升袭都督、都指挥等职。许之。

嘉靖三十一年九月庚子，海西哈里山卫指挥使汪止灰南、阿刺卫指挥佥事台出、帖列〔卫〕[2·3·14]指挥佥事兀纳哈、毛怜卫指挥使家奴、指挥使（尖）〔失〕[2·14]勒羊、建州左卫指挥使鬼里、建州右卫指挥同知（倪元）〔捏兀〕[2]〔捏瓦〕[14]赤，各洗改（敕）〔刺〕[2·3·14]书，以都指挥例得赏，边吏失察。诏夺副总兵岳懋等俸三月，下备御指挥使倪宝等、通事千户梁勋等于巡按御史问。仍令严戒各夷，今后有犯者阻回，有既犯愿首正者，许于起送本内开列换给。

嘉靖三十二年二月戊戌，海西弗思等卫女直指挥艾因卜鲁等来朝贡马。宴赉如例。

嘉靖三十三年三月己未，海西并建州、双城等卫女直都督阿台等来贡马，宴赉如例。

嘉靖三十三年四月壬辰，海西左等卫女直都督方巾等、海西法因河等卫女直都督歹答（儿）[2]等，各来朝贡马。宴赉如例。

嘉靖三十五年九月庚申，海西、建州女直夷人谢秃等六人，朵颜三卫夷人脱脱等六十五人来降。诏俱发两广安置。

嘉靖三十七年五月己未，海西夷都督王台等执紫河堡盗边夷酋台（出）〔州〕[3]等及所掠来献，并为其部下求升赏。上嘉其忠顺，许之。

嘉靖三十八年七月癸未，海西等卫都督孛罗并夷人张古陆等，以朝贡回至潞河驿，有管车百户寇冠靳不与诸夷车而索取其鞍辔丝绢等，夷恚欲执冠，冠走匿游击崔经所部中军官何准所，（准）〔因〕[2·14]率家僮与夷斗，古陆为所殴死。事闻，下刑部议罪，诏发淮边（卫）〔远〕[3]充军。以其僮抵死，冠赎杖还职经下巡按御史逮问。

嘉靖四十二年二月庚申，海西卜颜卫女直都督佥事孛罗等，海西者刺等卫女直都督金事纳木章等，各入贡。宴赏如例。

嘉靖四十二年四月乙亥，海西女直都督等官台失等各来朝贡马。宴赍如例。

嘉靖四十二年四月己亥，海西竹里河等卫女直都指挥同知把歹等，各来朝贡马。宴赍如例。

嘉靖四十三年五月庚戌，海西女直都指挥等官字罗等来朝贡马。宴赍如例。

嘉靖四十三年六月壬申，海西女直都指挥等官字罗等来朝贡马。宴赍如例。

嘉靖四十三年七月戊申，海西夷四百余人回还至三河，其侵暴益甚，驿丞杨粉以状闻，因言夷使至率数百人，多且千人，不惟一时供应卒办为难，且挟众（横）〔为〕[14] 暴不可御，请量分其众，先后续发，并请禁饬序班之伴送者，礼、兵二部议奏。得旨从之。

穆宗实录

隆庆元年四月己亥，海西者剌等卫女直夷人都督阿失卜等来朝贡马。宴赍如例。

隆庆元年四月丁未，海西脱木河等卫女直夷人都指挥那台失等来朝贡马。宴赍如例。

隆庆元年五月庚辰，海西忽里等卫女直夷人都指挥同知哈儿〔哈〕[16·4] 麻等来朝贡马。宴赍如例。

隆庆四年四月丁未，海西者剌等卫女直夷人都督阿失卜等入贡。宴赏如例。

隆庆四年四月丙辰，海西古城等卫女直都指挥同知兀堵尚等入贡。宴（旧校改晏作宴）赏如例。

隆庆四年四月癸亥，海西忽鲁爱等卫女直夷人都督把（大）〔火〕[3] 入贡，宴赏如例。

隆庆四年五月辛未，海西咬郎兀等女直夷人都指挥等官大汉等入贡。宴赏如例。

隆庆四年七月癸酉，海西兀剌卫都督金事养（加）〔如〕[2·3] 奴以例乞冠带。许之。

隆庆五年五月戊子，海西者剌等卫女直都督阿失卜等三百三十人来朝贡马。宴赍如例。

隆庆五年六月庚戌，海西古城等卫女直都督台失等三百六十九人来朝贡马。宴赍如例。

隆庆五年七月壬申，海西石傍其扎等卫女直都指挥等官乃哈等一百五十三人来朝贡马。宴赍如例。

隆庆五年八月辛丑，海西咬郎兀等卫女直夷人都督指挥大汉等一百四十七人来朝贡马。宴（赍）〔赏〕[4]如例。

隆庆六年七月辛丑，辽东抚臣张学颜奏报东夷王杲入犯，言杲因索降人不与，怀忿聚兵欲行寇掠。又抚顺备御曹汝翼验放夷马，责其抗违〔者〕[2·3]十数人，各夷切齿忿恨，杲遂约诸部落屡入为寇。副总兵赵完故违学颜节制，不发兵防堵，委罪汝翼,（欲罢汝翼）[2·3]以媚夷心。又言近奉明例，极力招降，若为送还，遂其挟索，塞生全之路，启轻视之心。又汝翼却夷人之土仪惩其违抗，似能伸〔其〕[2]威以抗强虏者，若因此罢斥，是进退边官尽出夷人之手。又言杲与王台土蛮连和益密，少俟秋冬，必图大逞，宜行宣谕，令送还掠去人口准其入市通贡，仍厚加抚赏。如执迷不顺，则闭关绝市，调集重兵，相机剿杀。大概海西、建州诸夷衣食皆易诸内地，抚顺剿逆自足以服其心，挫其势，若惧塞贡路，任其侵（陵）〔凌〕[2]，姑息日深，厝火忽炽于时，区处其难有百倍。今日者部覆王杲每肆窃犯，辽阳副总兵赵完统有重兵，先时既未设备，有警又复（逗遛）〔退〕[2]却，委罪备御官，以图逭责，岂独有违节制，实系失误军机。但值秋防多事，易将非宜，合先行（供）〔革〕[3]职，令杀贼赎愆，俟〔秋〕[2]防毕督抚酌奏，以凭议处。本部移文辽东镇抚官查照所议，宣谕王台、王杲诸夷，示以恩威，毋容姑息。其抚顺、开原等关，再有窃犯，亦许擒斩论功，不以启衅论罪。报闻。

神宗实录

万历元年三月辛巳，宴海西者刺等卫女直都督（等人）[2]〔人等〕。

万历元年三月辛卯，给赏海西者刺等卫朝贡夷人金缎、衣服、靴袜〔韈〕[2·3]等物。

万历元年三月丙午，宴海西古城等卫进贡都指挥同知等员役。

万历二年六月乙卯，海西古城等卫女直都指挥同知兀答等二百名，并忽兰山等卫女直都督同知阿卜等一百一十名，各赴京进贡。俱赐（晏）〔宴〕,[2·3]赏赍如例。

万历二年七月丁丑，宴赏海西朝贡咬郎兀等卫女直都指挥使大汗等，并秃赤等卫女直都指挥金事少里等如例。

万历三年十二月己丑，海西古城等卫女直兀堵尚、哈儿等卫女直你龙哈等各入贡。〔赐〕²宴待如例。

海西者刺等卫女直阿失卜等赴京朝贡。（赏给）〔给赏〕²·³如例。

万历四年正月癸丑，海西哈儿等卫女直夷人都指挥等官你龙哈等二百八十二员贡马。赏赉如例，仍给本色马价。

万历四年正月己未，海西塔鲁等卫女直都指挥佥事笼卜等一百五十员名入贡。宴待如例。

万历四年二月丙寅，命礼部凡遇海西建州等夷贡还，仍以本馆序班押送，不得委用指挥等官。

辽东海西者刺等卫女直夷人都督等官阿失卜等四百一十七员名贡马。赏给如例。

万历四年二月癸未，海西阿资河等卫女直夷人都指挥亦把力等入贡。赏赉如例，（仍给本色马价）³。

万历四年三月己酉，辽东海西阿资河等卫女直夷人都指挥官亦把力等各贡马。赏赉如例。

万历五年七月辛亥，海西古城、大阳河等卫女直夷人兀堵尚、歪卜等朝贡。宴赏如例。

万历五年八月癸亥，海西肥河等卫女直夷人都督同知台失等，哈儿等卫女直夷人都指挥佥事你龙哈等赴京朝贡。赐宴赏如例。

万历五年八月丁酉，海西弗秃等卫女直夷人都指挥使往吉奴等，哈木等卫女直夷人都指挥同知哈儿只等，各赴京进贡。宴赏如例。

万历七年二月丁丑，赐海西者刺等卫进贡女直夷人等宴如例。

万历七年二月癸未，赐海西古城等卫进贡女直夷人等宴如例。

万历七年二月癸巳，赐海西泚河等卫进贡女直夷人台失等宴如例。

万历七年二月庚子，赐海西哈儿等卫进贡女直夷官你（尤）〔龙〕哈等宴如例。

万历七年三月丁未，辽东海西泚河等女直夷人（都指挥）〔都督〕³等官台失等二百八十八员，备马二百八十八匹赴京朝贡。给赏如例。

万历七年三月丙辰，赐海西平河等卫进贡女直夷官等宴如例。

万历七年三月辛未，海西（佛）〔弗〕³秃等卫女直夷人都指挥使往吉奴等四起共一百五十员名进贡。赐宴如例。

万历七年四月己卯，海西弗秃等女直夷人都指挥等官往吉奴等共一百五十员，备马一百五十匹赴京朝贡。赐给如例。

万历九年正月辛巳，海西者剌等卫女直夷人都督金事歪卜等来朝贡。宴赉如例。

万历九年正月辛卯，海西古城等卫女直都指挥同知兀堵等进贡。赐〔宴〕[3]赉如例。

万历九年二月丙辰，海西弗思木等卫女直都督金事并台等一百八十九人赴京进贡。宴赉如例。

万历九年三月乙丑，海西哈儿等卫女直都指挥金事你龙哈等入贡。宴赉如例。

万历九年三月己卯，海西亦思察河等卫女直夷人都指挥金事往吉奴等一百四十九员赴京进贡。宴赉如例。

万历九年四月丁酉，海西奴儿干等卫都督金事等官汪撒等男孙阿儿、吉纳等各讨袭替，改（卫）〔衔〕[3]换敕。部覆如议。

万历九年五月丙寅，海西可令河等卫都指挥金事等官脱脱等男孙捌手等十五名求袭替换敕。兵部覆请，许之。

万历九年六月丙申，海西哈察等卫都指挥同知卜剌答等求袭替换敕。许之。

万历十年十二月壬辰，山东巡按马允登言：辽左属夷王台病故，仰、逞二奴乘机构衅，与虎儿罕仇杀。今西虏黄台吉等阳以助虎儿罕为名，阴收白虎赤等以自益，其兼并之志昭然。仰、逞二奴尚未悔祸罢兵，虎儿罕外（迫）〔逼〕[3]强敌，内虞众叛，安保不委心西虏，阳顺阴逆，将不可测。在二奴则当防其横逸，以折其气；在虎儿罕则当杜其外交，以系其心；在黄台吉则当绝其觊觎，以伐其谋。乞敕抚、镇诸臣，（宣布）〔宣抚布〕[3]二夷，使各罢兵，仍谕虎儿罕等益坚效顺，勿为西虏所愚。脱或二奴狂逆，亦须早图善后之策。建夷近虽大创，然党（与）〔羽〕[3]尚多，渠魁未歼，即责二奴、虎儿罕缚献阿台，经今月余，绝无影响，而阿台尚依险负固，拥兵自防，恐迁延日久，人心懈弛，并敕诸臣加意购除，以绝祸本。上是其言。

万历十一年七月戊子，海西者剌等卫女直夷人歪卜等贡马。宴赏如例。

万历十一年七月辛卯，海西古城等卫女直夷人阿（儿）[3]吉纳等贡马。宴赏如例。

万历十一年七月己巳，海西弗思木等卫女直夷人庄台等朝贡。宴赏如例。

万历十一年八月乙卯，辽东总督镇巡官右都御史周咏等言：海西属夷猛骨孛罗初立，乞给敕书一道，以便弹压诸夷。逞、仰二奴用贿纠结西（夷）〔虏〕[2·3]交通建夷，欲夹攻仇杀猛骨孛罗，意欲收括海、建，犄（牾）〔角〕[2·3]福余，凭凌辽沈，（容等等设先处二奴）〔容臣等设法先处二奴〕[2·3]次图别虏。上命猛骨孛罗准给敕书，约束部落，其余夷情，着督抚官悉心计画，便宜处置。

万历十一年九月癸卯，海西塔古河等卫夷人押儿卜等朝贡。宴赏如例。

万历十一年十二月乙亥，辽东逞、仰二奴并西虏入犯，砍伤备御霍九皋，抚臣李松、镇臣李成梁伏兵歼之，二奴授首，共斩获一千五百有奇。督臣张佳胤以闻，兵部请荐告郊庙，宣示中外，以昭殊烈。上是之。

万历十二年正月癸卯，叙辽东大捷功督抚镇〔道〕[2·3]而下各进秩赏赍有差。先是兵部尚书张学颜题辽镇督、抚、镇巡等官张佳胤等报万历十一年十二月初一等日逆虏逞〔加奴〕[2·3]仰加〔奴〕[2·3]二奴，纠借大虏，指以仇杀猛骨孛罗为名，实欲犯抢开原、辽沈。抚臣宣谕不从，因潜兵四起，当阵斩获仰加奴、逞加奴等首级，共三百一十一颗，及外应李总兵伏兵斩获塞土屯贼首级一千二百五十二颗，并获马匹、夷器、衣甲等物无数。有功官员应优叙，阵亡官军应优恤，其二奴遗下夷部即如该镇议悉归猛骨孛罗约束。再照辽地马匹原少，马价不敷，合于原额四万之外，量加一万两，作为年例，再发二万两以补今次从征缺数，俱于太仆寺支给。上奇其功，诏岁加李成梁禄米二百石。先荫本卫指挥佥事改锦衣卫升二级世袭，赏银一百两、大红纻丝蟒衣一袭、彩缎六表里。张佳胤加太子少保，荫一子锦衣卫百户世袭，赏银五十两、纻丝四表里。李松升兵部右侍郎兼都察院右佥都御史，（照）〔仍〕[2·3]旧巡抚，荫一子锦衣卫百户，赏银四十两、纻丝四表里，与佳胤各给与应得诰命。任天祚升一级，宿振武加副总兵职衔，仍（赏）〔升〕[3]实职一级，霍九皋加参将，各赏银二十两、纻丝二表里。曹子朝、赵维卿升俸一级，与李兴等各赏银二十两，内李兴、李宁各升祖职二级。秦得贵、史儒、李应时各加游击职衔。刘言、李维藩各加参将，与章应选俱遇缺推用。查大受等各赏银十五两，内郭仲举、孟承勋各升试百户，其余俱依拟。军士血战劳苦，发马价银二万两，差科臣一员会同抚按官赏犒。差官另勘本兵调度有功，张学颜赏银五十两、纻丝四表里。辛自修、阴武卿各二十两、二表里，该司郎中银十两，余各八两。

万历十五年九月癸丑，兵部复辽镇督抚官张国彦题：王台世居海西，统管夷众，明我耳目，受我要束，自收二奴，制建州，岐东夷北虞而二之，则海西为开原藩卫，而开原倚海西为安，已非一朝夕矣。比王台既殁，遗孤仅存，大势未振，二奴孽子，欲乘隙以并吞，而康古（陆）〔升〕[3]等复纠谋以内应，是海西诚有累卵之忧，而歹（商）〔酋〕[3]不免覆巢之恐。歹（商）〔酋〕[3]不立则无海西，无海西则二孽南连北结而开原危，开原危则全辽之祸不可胜道。今议剿那林孛罗、卜寨者为二孽既平，则王台之息可保，海西之势可安，海西安则开原安，全辽亦安，不惟熟夷震（壘）〔叠〕³于（挺）〔挞〕³伐之威，凡彼环观窃听之群夷，亦且不至纠合潜滋，如所谓腹背受敌，左右狼顾也。今康古（陆）〔升〕³已经擒获，当正法枭示，以绝歹（商）〔酋〕³腹心之祸，本温姐既议放还，则当姑宥曲全，以释歹（商）〔酋〕³骨肉之兵端。至于那林孛罗、卜寨之当剿，督抚等官欲待按臣勘议，而后举事。盖按其不赦之罪，乃兴有名之师，而因以远要功希赏之嫌也。上是之，仍谕边务夷情，朝廷惟责成督抚总兵相机行事，巡按御史止纪核功罪，不必避嫌畏事致误军机。

万历十五年十一月己丑，先是辽东巡抚顾养谦疏论开原道参政王缄抚剿无定策，反覆其词，贻祸边疆，宜重加议处。至猛骨孛罗已叛，而从逆奴儿哈赤益骄而为患，乞行巡按查勘，相机处分。章下兵部覆奏。

万历十六年正月己酉，辽（东）〔抚〕³顾养（兼）〔谦〕³奏顷者王缄被逮饰辩，虽蒙圣明洞烛褫秩，而供揭遍传，诚恐乱听。如王台、二奴俱海西属夷。台存颇知忠顺，台亡二奴恃强，屡谋内犯，乃曰忠顺如故。二奴既剿，其子那林孛罗、卜（塞）〔寨〕³不复贡市者五年于兹矣，乃曰两关贡市如故。二酋既不贡市，踵父之智，结西虏而攻歹商，歹商者，王台（子）〔之〕³孙，我属夷也，剿逆孽以安属夷，乃曰贪功徼赏。奴儿哈赤者，建州黠酋也。骁骑已盈数千万，曰奄奄垂弊。倘闻者不察，谓开原之情形果尔，则（辽）〔边〕³事去矣。况叛剿之议，皆发自缄，文牒具在，而反复若此，臣若因言而阻剿处之计，必（遗）〔贻〕³封疆他日之忧，不言而径行剿，恐贻当事以他日之祸。乞敕督臣张国彦速至开原，查明那林孛罗、卜寨等酋果否叛逆，相机剿抚，仍褫臣如缄，以谢言者。章下兵部。

万历十六年三月乙卯，兵部覆议，辽抚顾养谦请命督臣张国彦亲到开原查明那林孛罗、卜寨及猛骨孛罗、温姐叛逆缘繇，相机剿抚。盖闻王缄贪功徼赏之说，重起忧谗畏讥之心也。然前请宽王缄疏中已明（例）〔列〕³叛逆情状，又准督臣咨称二（好）〔奴〕³遗孽，逆状昭昭，若因多口剿议不决，则抚之亦不必听，且恐(稳)〔稔〕³恶速祸，间不容发，是勘议不亦可已乎？疏上。得旨：令抚镇协心行事，督臣从宜调度，毋得疑虑推诿致（务）〔误〕边计。

万历十六年九月戊寅，蓟（镇）〔辽〕³总督张国彦、辽东巡抚顾养谦会题：海西挹娄夷种，自永乐初来归，置塔山、塔鲁诸卫，俾藩篱我，至王台而益效忠顺，北收二奴，南（制）〔至〕³建州，相率内向。时王台近广顺关称南关酋，二奴近镇北关称北关酋，而北关实听命于南关。王台死，长子虎儿罕亦死，二奴以侵南关诛其子，那、卜二酋修父怨攻南关急，不复奉我要约，臣等是以有兴师之请。温姐者王台后妻，二奴妹也，有子猛骨孛罗少，而台他子康古陆长，古陆妻后母温姐，故亲北关（又）〔反〕[3]仇其兄虎儿罕。欲甘心其子歹商，故南关惟歹商孤立守王台之业，而余皆贼也。臣等是以有并处康酋、温姐之议。温姐子猛骨既以母族北关攻歹商，建州酋奴儿哈赤亦因结北关亲以歹商为事，歹商敌益多。故大帅有东征之师欲诛二酋，以安歹商报王台之忠顺，竦四夷之观望耳。暨誓师而二酋负固，乃纵兵破其重城，发（大）〔火〕[3]炮坏其墙屋，贼有洞胸死者，二酋始惧，愿和歹商。臣等是以班师而身留开原、铁（领）〔岭〕间以图善后之完计。先是康古陆以参将李宗召至囚之，至二酋破，愿入马奉贡，猛酋子母亦请归命，而皆若怀疑不前，则以古陆囚未释也。臣等是以决策释康古陆，曰汝能收温姐来不尔杀也。酋果偕温姐骈首谢，臣等赉而遣之。又虑歹商弱不能立，久之或为诸酋并，则名为后王台实亡之耳。乃复令奴儿弃北关婚歹商，二酋闻之，亦争与歹商和，而开原高枕矣！但两关终以敕书不平为争，盖自永乐来给海西诸夷自都督而下至百户凡九百九十九道以强弱分多寡，今两关之强弱可睹也，臣等是以酌南北平分之，而北少其一以存右南关之意，诸酋皆服。然两关以争故皆失田业告饥，而南关之歹商为甚，因出粟赈之，次第给牛、种，歹商等各感泣而去。无何，康酋死，遗言戴中国恩毋反。未几温姐亦死，于是卜寨、那林、猛骨卜罗、歹商四酋重约婚姻，争先向顺，而建酋贡已先入矣。此东夷向背曲折之略也。至于剿抚功次，责在有司，臣何敢闻。疏下兵部。

万历十六年十一月丁卯，海西思鲁等女直夷人都指挥羊孛罗等二百三十九人朝贡。赐宴如例，命临淮侯李言恭待。

万历十六年十一月癸酉，礼部题海西撒剌等卫女直夷人都指挥使失卜等一百七十八人朝贡。赐宴如例，遣临淮侯李言恭待。

万历十六年十二月庚寅，礼部题海西友帖等卫女直夷人都指挥伯扯一百八十三人进贡。如例赐宴，命临淮侯李言恭待。

万历十六年十二月丁酉，礼部题海西脱伦兀等卫女直夷人都指挥几失等，四起共一百四十五人进贡，如例宴赏。

万历十六年十二月庚子，礼部题海西顺札等卫女直夷人都指挥宿人害等一百五人进贡方物。如例赐宴，命临淮侯李言恭待。

万历十七年正月甲戌，赐海西女直、建州夷人兀失等金带、大帽、职事衣服。

万历十九年三月甲子，海西（友）〔支〕[2·3]帖、忽里等卫女直夷人伯扯等二百九十六员进马五百九十二匹。赏给如例。

万历十九年闰三月丁丑，海西弗思木等卫女直（野）〔夷〕人进贡。着临淮侯李言恭待。

万历十九年闰三月甲申，海西脱伦兀等卫女直夷人兀失等，又海西安出等卫阿都等，海〔西〕友帖等卫伯扯等，各入贡。俱着临淮侯李言恭待。

万历十九年四月己未，赐贡夷海西忽鲁女直夷人都督佥事羊孛罗等宴。

万历十九年五月庚辰，以海〔西〕友帖、忽里等卫夷人辞朝，吃宴互争，侍班御史（邵）〔郑〕[2·3]以仁参究各官疏慢〔以至夷人互争〕[2·3]。奉旨着罚俸。

万历十九年八月戊午，海西进贡诸夷到馆，起程各有横索，一出都门，扰驿递、取瓜果、攘鸡豚、凌妇女，计五年共一万五千人，中原道路，京师虚实，靡不周知。礼部主事张我续计依北虏事例，贡赏在边镇，勿使入京，不则亦宜照西番事例，减其人数入京，余各在边听赏，庶于内夏外夷之防少补云。章下所司。

万历二十一年四月甲午，海西忽鲁等卫女直夷人都督羊孛罗等九十八员名赴京进贡，海西纳剌河等卫夷人都指挥卜寨等三起共九十九名进贡。俱赐宴赏。

万历二十一年四月己酉，赐海西忽把等卫入贡夷人札失卜等九十名筵宴，遣侯徐文炜待。

万历二十一年十一月甲寅，海西脱伦等卫夷人都督、都指挥、指挥兀失等一百十一员名赴京进贡。赐宴赏。

万历二十六年五月甲午，海西老哈等卫夷人来贡。宴（旧校改晏作宴）赏如例。

万历二十九年十二月辛未，建州夷奴儿哈赤款塞，北关夷那林孛罗请补进双贡，兵部言二酋叩关乞〔乞下有错简〕[3]贡，不异歹扯诸夷，并许之。初南关夷王台与北关逞加奴、仰加奴二夷相仇，王台死，逞、仰二奴之子曰卜寨、曰那林孛罗，射杀其孙歹商。歹商之子幼，所遗部夷并敕百三十七道属其叔父猛骨孛罗。猛酋请补双贡，北关那林孛罗数侵猛酋，猛酋不能支，求援奴儿哈赤，以子女为质。奴酋诱置寨中，诬之以罪，杀之。中国使往诘问，则请以其女女猛酋之子吾儿忽答。二十九年七月款抚顺关外，刑白马，誓抚忽答保寨。遂送女于忽答，而那林孛罗亦归原虏敕六十道，请补进双贡，如猛酋故事。先是两关夷互相仇杀，而南关之孽夷康古陆仇歹商，与猛酋反助北关，奴儿哈赤既杀猛酋，而室其子，已又执而囚之，南关不绝如线，南关燔，乃蚕食北关，尽拜海西诸夷，奴酋自此益强，遂不可制矣。

万历三十年二月辛丑，宴海西脱伦兀等卫进贡夷人看只木等一百一十一名。命（候）〔侯〕[2·3]陈良弼待。

万历三十年四月庚子，宴海西忽鲁等卫贡夷羊孛罗等九十九名。命侯陈良彌待。

万历三十年五月乙亥，宴海西老哈等卫进贡夷人阿卜害等一百名。命侯常胤绪待。

万历三十年九月己巳，宴海西者剌等进贡夷人呵都等九十八名。命侯陈良彌待。

万历三十年十月丁未，宴海西友帖等卫进贡夷人三官儿等八十七名。命侯陈良彌待。

万历三十二年三月丙辰，兵部题照海西、建州二夷，每以岁贡为名，熟窥中国情弊，而又有积猾伴送，交通拨置，分外需索。臣部议照朵颜三卫事例，或令在边听给供赏，或十人止令一人进京，而该镇督抚咨称，各夷藉口旧规，殊不知验放贡夷原有钦限，岂容横肆扰害，违者应以夷法重处，仍行革赏，官舍伴送须选殷实，不得拨置生事，更于全辽选择才干空闲将官四五员，每员拟给守法军伴数名，轮流押送，三年之内有功者荐用，违犯者永革。仍谕贡夷遵照旧规，如有故违，即行奏请停赏，永不许复，奉旨俱依拟着实行。

万历三十二年闰九月癸未，宴海西者剌等卫进贡夷人阿都等一百八十七名。〔遣〕[2·3]泰宁侯陈良彌待。

万历三十二年十月甲子，海西（支）〔歹〕[2]〔友〕[3]帖等卫夷人三官儿等一百七十六名，补进二十七、二十八年分贡马三百五十二匹。各给双赏绢、钞如例。

万历三十三年三月丁酉，宴海西（卜）〔朵〕[3]颜等卫进贡夷人王孛罗等一百九十八名。命泰宁侯陈良彌待。

万历三十三年五月丁亥，宴海西老哈等卫进贡夷人阿（卜）〔小〕[3]害等一百七名。命泰宁侯陈良彌待。

万历三十三年七月庚子，宴海西（渚）〔诸〕[2·3]（会典作渚）冬河等卫进（贵）〔贡〕[2·3]夷人（兀）〔九〕[3]速儿赤等一百十二名。命泰宁侯陈良彌待。

万历三十三年十一月丙戌，宴海西弗（木）〔不〕[2·3]（会典作弗思木卫）思等卫进贡夷人庄台等一百一十名。命泰宁侯陈良彌待。

万历三十三年十一月乙未，宴海西脱伦、（兀）〔左〕[2]卫进贡夷人（著只木等）[2]〔著只木无〕[3]一百九名。命泰宁侯陈良彌待。

万历三十四年五月癸巳，海西卫夷忽剌温与建州（卫）[2·3]夷奴儿哈赤结为婚姻，屡谋侵犯朝鲜。朝鲜国王李昖遣陪臣尹炯具疏，请降敕谕禁二酋。疏下兵部。

万历三十五年四月乙未，赐海西等卫夷人宴，命泰宁侯陈良彌陪待。

万历三十六年三月丁酉，礼部言：国家东北夷三种，女直系肃慎旧疆，亡金遗孽也。永乐初年，女直来朝，其后海西、建州女直悉境归附，乃设奴儿干都司，统卫所二百有四，（地面城站）〔城站地面〕[2]五十有八，官其酋长，自都督以至镇抚，许其贡市，自开原以达京师，岁以十月验收入关，如次年正月后到者，边臣奏请定夺。今自万历三十四年六月，建州、海西先后到京进贡，去后至三十五年，并无验放入关者。今春尚无消息，近辽东抚镇官会题本内有奴酋不肯进贡，抢了罢等语。臣伏读太祖高皇帝祖训，首章（有）[2]曰："四方诸夷，皆限山隔海，僻在一隅，恐后世子孙倚中国富强，贪其疆界，无故兴师，致伤人命，切记不可。但胡戎与西北边境互相密迩，累世战争，必选将练兵，时谨备之。"所谓胡戎，北则鞑靼、瓦剌，东则兀良哈，西则哈密也。自兀良哈内附，于洪武收为三卫属夷，哈密纳款于永乐，藉为西域贡道。瓦剌即俺答一部，亦（既）〔即〕[2]归诚〔于〕[2·3]皇帝，称顺义矣。惟是迤北鞑靼，东邻女直，雄处塞外，自永乐九年女直内附，我文皇帝即设奴儿干都司以羁縻之，事同三卫，均资捍蔽者，盖以金元世仇，欲其蛮夷自攻也。然必分女直为三，（折）〔析〕[2]卫所地站为六百六十二，各雄长不使归一者，盖以犬羊异类，欲其犬牙相制也。祖宗立法，良有深意。今建州夷酋奴儿哈赤既并毛怜等卫，取其敕印，又举海西南关一带卫所酋目若（卜占吉）〔卜吉占〕[3]（按应作卜占台）、若猛骨孛罗等卫而有之，虽婚姻亦所不恤。惟北关一带，若那林孛罗与弟金台〔失〕，竭力死守，苟延旦夕。又闻其饰名姝，捐重妆以交欢北房。夫国家本藉女直制北房，而今已与北房交通，本设海西抗建州，而今已被建州吞（并）〔併〕[2]。且开原止许市马，并无市参之令，乃强（栽）〔载〕[3]参斤，倍勒高价，将官偿之则难堪，争之则启衅，吞声忍辱，非一朝夕矣。更闻奴儿哈赤与弟速儿哈赤皆多智习兵，信赏必罚，妄自尊大，其志不小。（臣阅金、辽二史）〔臣读史书〕[2]，辽人尝言，女直兵若满万，则不可敌。今奴酋精兵业已三万有奇，按隆庆间辽镇图籍，马步官军实在八万，粮米豆草而外，主客岁饷二十万金，今称堪战（亲）〔精〕[2]兵不满八千，思之可为寒心。臣愚以为即未遽兴问罪之师，亦宜诘责所以违贡者何故。若其输情悔罪，许令自新，傥果桀骜负固，则宜暴其罪状，革其爵赏。敕户、兵二部从长计议，整顿兵饷，以耀威武，而防侵暴，庶中国之体统尊外夷之观听肃矣。

万历三十六年五月己丑，兵部言：朝鲜鸭绿江西为奴儿哈赤，豆满江北为忽剌温，沿江则（藩）〔番〕[3]胡外蔽，用以侦报声息。自两酋缔婚，忽酋侵及诸胡，胡方求救于奴，不虞其乘机为利，驱胡悉置水上，并诸部而有之，且欲吞及忽酋，奴、忽之间有回波部落，奴酋竟假朝鲜近道，兵劫回波，（业）〔已〕[2·3]折而入于奴，是该国藩篱已撤，肩背受敌，奴酋目中又宁有朝鲜哉！所望严敕该国大修武备，整饬边防，并敕辽左督抚镇臣，选差的当员役，宣谕奴酋，各守边疆，毋相侵扰。允之。

万历三十六年十二月庚辰，颁给海西弗思木等卫女直夷人庄台、（看）〔春〕[2]只木等二百二十一名。贡赏如例。

万历三十七年二月壬戌，海西诸夷一闯入关，至于千五百人。

万历三十七年二月己巳，颁给海西渚冬河等卫女直夷人金孛罗等，各贡赏钞、绢。

万历三十七年五月甲午，辽东巡按熊廷弼言：……是时宰赛拥众欲与暖兔争赏，若赏不得先，相约入抢，爪儿兔纠卜儿亥、卜答赤等图犯开铁辽沈，奴酋乘那林孛罗物故，领兵向北假修南关旧寨以图北关，又率部夷七千骑进屯广顺关口，践害靖安堡一带田禾，以逼开原也。

万历三十七年七月丁亥，兵科都给事中宋一韩言辽左战款机宜。大略言，辽中恃款忘战久矣，战则祸小而速，款则祸迟而大。杜松事非而心是也，马（拯）〔极〕[2·3]事是而心非也，独是插汉虽崛强河西，然亦不过贪汉财物，终无大志，惟奴酋难制甚于宰赛。窃以诸房之合，兵力相轧，其交易离，王台终身忠顺，其孙复无怨于我，而归计建酋，屈于力也。苟借为内应，遂因而（乘）〔乘〕[2]乱之，则（几）〔兀〕[3]儿虎答可购也。北关果不能自保，合听之西归宰赛，使两酋相攻，以（成相持之势，则金台（矢）〔失〕可用也。奴酋之交既携西房）[2]，因乘其后而两牧之，则虎墩兔憨可说也。义州迤北，咸镜一路，适直建州巢穴，若造舰置守，暗为应援，以成犄角之助，则朝鲜可橄也。凡此皆制御奴酋之权奇也。乃若庆云之败，河流之败，大胜之败，此皆关系战款，诸房所视为趋避，惟畚发勘地之疏，又当事早结失事之案而已。不报。

万历三十九年六月丁亥，奴酋狡悍已非一日，杀猛骨孛罗而羁其子吾儿于寨，且东凌高丽，北阚北关，扞若非中国御之力，则北关又为南关继矣。列帐如云，积兵如雨，日习征战，高城固垒，摆塘报，意欲何为？近日叩关甚切，求贡甚急，谕之撤车价则撤，谕之减人数则减，虽似顺服，岂无深情？中国无事必不轻动，一旦有事，为祸首者必此人也。

万历四十年二月己巳，宴海西夷人及朵颜等卫如例。

万历四十年五月壬寅，礼部主事高继元言：贡夷除琉球、暹罗、朝鲜冠带之国并番僧番族外，三卫、海、建女直，先后辐辏，计九百人。三卫悍而纵肆无忌，女直诈而狡横百端，（回）〔四〕[3]夷行李多至千柜，少亦数百，恣买违禁货物，迁延旬月不回，宴赏程廪车马之类，费以数万。此三夷者，借贡兴贩，显以规利，且渐生心，不可不思患预防者也。臣请制其流者六，清其源者三。一戢强横。三卫、女直夷人半系中国强梁亡命，代捧敕书而来，透漏消息，挟众肆横，莫可谁何，会典一款，凡夷使往（回）〔来〕[2]，该巡抚衙门给与印信文簿，逐一登记付伴送人员，在内送（本）〔兵〕[3]部，在边送巡抚衙门稽（考）〔查〕[3]，请敕督抚衙门另立一簿，先开伴送通事职名，后开夷名，咨送兵部转咨本部，横肆者明列其状，缴送督抚道镇衙门，或革其贡，或革其赏，或咨彼处国王究治。一选通判。三卫、女直既称属夷，通判或可压服，特以三四人摄百余人，则众寡太悬，以三四佣奴，统百余猾虏，则强弱又不胜，请敕边臣慎选畏法有才干者，稍增其数，责令约束夷人。一申旧规。会典一款，四夷使臣，不许往来街市交接闲人，通行守边官员，不许将曾经违犯夷人起送赴京，请敕边臣慎选通事，约束夷人务令遵禁，不得迁延街衢酗酒生事，违者罪伴送通事等役。一校贸易。请敕边臣起送夷人之日，计其携带之物，开单送礼、兵二部，遣会同馆官与之发卖，如其高价莫售，仍以原物还之，自京而出，要买某货若干，召商卖与，其价两平，各从其愿，若有违禁之物，不许私买。一革当房。贡夷宴赏之外，日有程廪，复有加赏，夷人贪横无厌变价入己，每以酒食之费，累车马夫、馆夫，而馆夫更甚，遂至有激而刎者、逃者，彼且图赖，反覆不满，其欲不行，今当令馆夫仅供买办酒腐之类，夷人不得藉口旧例，禀讨馆夫，〔文〕[2·3]称为当房。一复押送。凡三卫入贡，有一序班留喜峰口验入，若海、建则辽东差官押送入京，贡回发遣，听其出馆而去，不复问矣。会典一款，嘉靖三十八年题准女直夷人贡回，还差通事序班押送出境，又四十三年改行兵部差指挥等官伴送，又万历四年仍差通事序班押送。又查三十年礼部准蓟辽督抚咨本处遴选委官开发，序班免遣。案照蓟辽委官开发，自是通州以东地方耳，出馆而外，中途停车卖买，将使何人开发乎？请敕兵部会同本部酌议，兵部遣一指挥、本部遣一序班押送出境，或蓟辽既有差官，约于某地方交替，不使远出山海关，庶各夷不至逗遛，而内地亦安矣。然制乱贵于未萌，而御变及其未发，何也？夷人恃众则气焰易张，势分则寡弱易挫，职查西番贡例，每千人止起送八人，今三卫女直回夷独不可仿而行之乎？女直四五年不至，今一来耳，回夷亦二三年不至矣，无足为中国治乱安危之重轻也。目下幸边臣协力，四夷慑服，乘此时以裁其入贡之数，而不使咆哮内地，政在今日，所以清其源者一也。臣查隆庆年间，北虏事例，贡在边镇，今三卫女直回夷，独不可仿北虏之例而行之乎？三卫入贡，向来仅换布缎而止，独女直回夷置买私货，迁延不肯即去，请敕边臣照北虏例，每起止令数人入京，余俱在边候赏，一应宴赏银、绢等物，差官赍发本镇给与，则额赏既无减损，沿途不致摧残，所以清其源者二也。远人辎重太多，则驿路与马太费，是疲中国之力，填远夷之壑也。今辽东有开原、永奠之市，宣大有新平、得胜、张家口之市，延宁有红山墩、清水、平房之市，甘肃有扁都口、庄浪之市，三卫女直独不可仿而行乎？议在本镇领赏，亦在本镇开市，计其所需不过布、绢、瓷器之类，募商与卖，则既省夷人跋涉之劳，又免驿递支应之苦，所以清其源者三也。

万历四十一年四月甲午，总督蓟辽兵部右侍郎薛三才言："奴酋窥伺我开原，志久不小，所忌南北二关款酋为我开原藩篱未敢遽逞，比年席卷南关，蚕食卜酋而又厚结煖、宰西酋阴谋大举，群驱耕牧，磬垦猛酋旧地，震惊我开原边垒，此其志岂在一北关哉！无北关则无开原，无开原则无辽，无辽而山海一关谁与为守？是奴酋之穷凶日见猖（炽）〔獗〕[2]如此，乃辽中事势又未易言兵，臣谨修文告往谕祸福至再三矣，如其怙终，即欲讳言兵而不得矣。章下所司。

万历四十一年四月乙巳，奴酋顺代领达子八百余骑驻扎清（河）〔湖〕[3]市中，又合西虏爪儿兔、卜儿亥、宰赛、暖兔大小二十四营达子，同抢北关。巡抚辽东都御史张涛告急言："奴侵北关，止开原一间，而清河款市，从来不容干戈之地，奴陈多兵，兵尽甲马，意欲何为？逆某本谋，或恐我兵往救北关，故提一旅牵制，使我兵不出，而彼得大逞于北关，不然则是拨弄诡智，姑耀武愚我，而潜与贿结之西酋，分抢内地，包藏祸心，大求愉快，而不独兵一北关已也。宜调近镇兵马，先期入辽，使奴犯开原，当并力追剿，灭此朝食。倘止犯北关，亦必声言救助，问奴何（必）〔为〕[3]杀我七部属夷？何为夺我发给吾儿忽答等敕书三百六十三道？又何为一旦叛款，陈兵犯顺？是奴酋负反逆之大罪，我师得肆征之大义，扫除狡孽，荡涤妖氛，在此举矣。

万历四十一年九月丙辰，奴酋遣子入质，巡抚辽东都御史张涛以闻。奴酋自奄有毛怜诸卫，日以富强，又结宰赛、拱兔等酋，明攻北关，起耕辽地，边臣不能制，驰檄谕之。奴遣使干骨里等佯诉旧耕等地，一系成化年间，一系万历二十七年，到今无异，只新添牧耕，愿即撤去。其构怨北关，则以北关匿伊婿及夺伊婚，遂相仇杀，非有犯顺之意，愿遣第七子巴卜海为质，与头目阿都、干骨里等三十余人同抵广宁。涛陈兵见之，查系奴酋第三姜真哥所生之子，遂疏请或住广宁，或赴京师，及一切宴赏事宜，并乞敕北关还婿、收女，两家完聚，庶东儿互亲、衅孽可杜。章下兵部议。已而兵部言（其）〔奴〕[2]子真伪难辨，留之反为所给，不如遣还便。〔言其作以奴〕[3]上是之。

万历四十一年十月己丑，奴酋围金、白二酋。二酋告急，上曰："北关为辽左藩篱，岂容奴夷吞并！其速令该镇救援，不得违误。"已而总督保定兵部右侍郎薛三才复以饷请，上亟命户给之。

万历四十二年正月辛酉，辽东巡抚张涛疏进奴酋诉状，其原状封投兵部，状中所云大约忿恨北关赖婚匿婿，开原人不当助之。词多不逊。按奴酋从〔来〕[2·3]未入内地，一旦躬率其子亲赴抚顺关，见备御官李永芳等晓晓诉（告）〔苦〕[2·3]情形，顺逆不待智者而后知兵矣。

万历四十二年二月丁未，总督蓟辽薛三才疏言：先因奴酋蠢动，开原告急，臣请增募兵一千七百名并麻承恩、曹文焕先所统领援兵、新兵共四千名合为一营，专备奴酋之变。而按臣翟凤翀亦请增饷二万八千为前项募兵之用，已经部覆奉明旨矣。今太仓告匮，即不敢多请增兵。度此事势，须实得战兵四千置之开原。如臣原题之数，除麻承恩一千七百外，再募二千余名分至庆云、威远、镇北三堡间，犹足以左右顾，而东西援也。

万历四十二年四月丁酉，奴尔哈赤差部夷五百名来本边汛河口刘家孤山地名住种。又地名仙人洞，有种田达子四十四名，去年宣谕数次，令彼撤回。三见题疏，两经部复，奉有明旨，奴投有不牧种之甘结，讵意倏忽变幻！时来以善言谕之，不肯去，以逐杀畏之，各夷云："我只怕我都督，就死在这里也不回去。"然备查南关地界，王台存日，自威远堡起，至三岔儿止，后王台故后，猛骨孛罗在时，至抚安堡龙潭卫止，三岔儿一处，已为侵占矣。迨猛骨孛罗故后，俱属之建州。旧种之田，昧斯语也，又侵占抚安堡矣。分遣（人）〔耕〕[2]牛，临边住种，万万当（亟）〔急〕[3]行驱除，不可一日容者，盖奴酋擅貂、参、海珠之利，蓄聚綦富，独其地颇硗瘠，粮料时苦不给，欲为广垦储粮之计，今不论新垦旧垦，但系南关之地，则不当容建夷住种。有五利焉：一不得逼近内地，侦我虚实；二不得附近北关，肆其侵扰；三不使粮料充足，（卒）〔人〕[2]饱马腾而生我心；四令其粮饷不敷，如遇饥荒叩关乞哀，于清、抚之市暂准和籴，如四十一年故事，以彰我生养之德；五则市籴可多可少，相其顺逆缓急，以操驾驭之机，权且南关三百六十三道敕书锡予出自（天朝），〔大明〕[2]〔天作大〕[3]奴酋夺而有之，我不但不问南关之所以去，而并不问敕书之所以来，公然以南关之赏赏之，是海盗也，是赏叛也，损威辱国，莫此为甚。疏入下部议。

万历四十三年正月乙亥，兵部复辽东巡抚郭光复疏（称）〔谓〕[3]：祖宗朝以女直种类归款，分置建州、毛怜、海西等卫，各授指挥等官。万历初年，惟南关王台最强，自台故，而其子猛骨孛罗与其孙歹商相残，遂弱。奴酋之祖教场，父他失，为我兵掩杀，奴酋亦孑然一孤雏也。彼时惟北关之逞加奴、仰加奴最强。遂日纠西虏，以攻杀南关为事，而我开铁亦时被侵扰。十一年，逞、仰二奴被戮，而奴酋于是渐长，与二奴子卜寨、那林孛罗角立矣。二十二年，卜、那二酋思报父仇，又日与南关相构，遂反戈以攻奴酋。卜酋竟为奴酋所杀，而奴酋势骎骎盛，比北关请卜酋尸，奴酋剖其半归之，于是北关遂与奴酋为不共戴天之仇。二十六年，那酋又攻猛酋，力不能支，因质妻子寄命于（建）〔奴〕³寨者（几）〔凡〕³二年，奴酋视猛酋为釜底鱼，遂以计杀之，此二十八年事也。及我中国切责，欲问擅杀猛酋之罪，而革其市赏，奴酋因悔罪，许妻猛酋子吾儿忽答以女，厚送之归。中国原其悔罪，置不问。至三十一年，那酋与白羊骨又纠庄南抢杀吾酋，吾酋穷，因投奴寨，自后吾酋不还，而南关之敕书、屯寨、地土、人畜，遂尽为奴酋有矣。迩年以来，奴酋自称恭顺，每以北关戕杀南关为口实，而实以与为取，北关觊望于南关之不得，每以奴酋谋犯内地为口实，而依附愿效其忠。自四十一年，北关又收奴婿卜占台，妻之以女，坚不放归，奴酋于是与北关深恨积怨，且其富强已非一日，每藉婚、婿为名，种地为繇，必欲将北关一鼓而吞，以为窥伺内地之渐。我南关既失，止靠北关如线之藩篱，若再失守，则奴酋纠结西虏，害可胜言哉！故今日筹辽必以救北关为主。惟是奴酋反覆靡常，顷抚臣提兵出塞，遣羁酋佟养性为间谍，遣备御萧伯芝为宣谕，谕之退地则退地，谕之罢兵则罢兵，而察其情形，实怀叵测。如以四十一年结退之地，四十二年春复种，秋复收，必待来年然后已，其退地果真退乎？彼于金、白二酋，既云老女、婿不与亦罢，又（云）〔言〕³若不与我，凭何盟誓？其罢兵果真罢乎？始而具结退地，我信其退；既而背盟种地，我任其种；今复勒石以待来年，我亦与之待；彼不求婚、婿，我信其不求；彼必求婚、婿，我又代为讲求。亦为其所愚甚矣。夫南关即不能遽复，而新种之地必不当令其再收，当今春复种时，即当蹂其田，夺其牛，诛其人，乃隐忍姑息，业已示怯，转盼来春，垂涎有日，用兵剿逐，宁烦再计。至于婚、婿两事，曲在北关，而奴酋未必直也。即完其婚、婿而两家亦不能式相好也。奴酋以婚、婿为名，并吞为实，北关不与其婚、婿，正不欲遂其并吞。我中国惟宜置之度外听其自相猜忌，何必为彼居间作伐，强北关以难堪，徇奴酋之愿欲乎。一意决绝，处置得宜，乘其外宁修我内治，如敌（数）〔楼〕³火器急为建置，城堡墩台亟为修补，设守瞭之军夫，禁出边之樵牧，稽查虚冒，移置将官，责北关以训练之义宽罪，并以使过之仁挑选援兵，期得精壮，皆内修之实，所当听抚臣以便宜行事者也。上曰："该镇制驭机宜著抚臣便宜行事，务保万全，余俱依拟。"

万历四十三年二月丙午，宴海西、朵颜等夷人，命侯徐应坤待。

万历四十三年三月丁未，兵部以建州、海西夷人进贡上闻。先是祖宗朝，建州、海西诸夷世受抚驭，故进贡许一年一次，每次贡夷数逾千名。天顺、成化间，为其供费浩繁，量议裁减，嗣后仍复加至一千五百名，其不禁多夷入京者，盖谓来享来王，所以尊天朝之体，然非制也。迨奴酋强富日盛，跋扈渐生，一进贡而横索车价，殴死驿夫，甚且招亡纳叛，蓄马练兵，谋益叵测，当事深切隐忧，复议裁抑。奴酋遂不胜觖望，而不贡者凡几年。礼臣条议，欲令照北虏俺答事例免其入京，俱在边守候赏赏，一应折宴、折程口粮，照例给发。至是蓟辽督抚奏称：（迩）〔近〕[3]日奴酋，自退地镌碑之后，益务为恭顺，此番进贡，止大针等一十五名。夫以千五百之贡夷，而减至于十有五名，岂不惟命是从哉？虽然夷狄犬羊，安能保其百年恭顺，惟宜修我战守之具，戒严以待，何可以纳贡减夷辄视奴酋为易与而遂泄泄弛备也？制驭机宜，当悉听边臣斟酌矣。上嘉纳之，命督抚等官，悉心料理，毋致疏虞。

万历四十三年七月癸酉，辽东巡抚郭光复疏陈建夷近遵约束，北关先起衅端。（据报北关白羊骨老女前已许嫁奴酋，今又嫁西虏暖兔之子，是曲在北关矣。夫讨贼当声其罪，驭夷贵服其心，此时奴酋未见交通西虏为中国患，而金、白二酋以嫁女构衅，致我全辽不得一日安枕。兹仍仰鼻息于暖兔，又自恃兵力救援，可以抗衡奴酋。我何不就听三首穴中一斗，按兵观变，坐收制虎之功？已分发各路兵马，听各将自统，以为声援，傥奴酋必欲出兵，压北关境上，我不妨出而宣谕，待其不遵约束，始奋精锐，腹背夹击）[2]，各图大创。臣前日谓以守救为长策，羁縻为权宜，剿战为因应。今日（谬）〔缪〕[2·3]谓缓则用守救，急则用战救，而剿救则必待万不得已而后用之。总之，使北关受救之利，吾中国不大受救之害而已。巡按山东御史王雅量亦陈北关招衅情形，因言：目前援兵既撤，京运愆期，诸镇有桴腹脱巾之虞，则饷当议。总兵官标下缺中军，沈阳缺游击，而抚臣所请贺世贤、张聪皆未得（俞）〔谕〕[2]旨，则人当议。至于（行）〔悬〕[2·3]赏罚殿最之权，责其成功，可以战剿为救，毋曰挑衅；可以羁縻为救，毋曰示弱；可以不救为救，毋曰观望。是在庙堂之听抚臣与抚臣之自效也。二疏俱下兵部。

万历四十三年八月壬辰，兵部覆辽东督、抚、按三臣疏，言：夷狄相攻，中国本无不利，惟是缓急轻重之间，要在处置得当，因应得机，奴未动，则牵制声援，可以先事伐其谋，及兵刃一交，则在审北关之能支与否，西虏之果肯出力与否，奴酋之果能得志与否，或进或止，间不容发，但能保北关之不亡，而其穴（关）〔斗〕[2·3]胜负可徐观也。督、抚二臣谓缓则用守救，急则用战救，按臣谓堵截听北关，佐战听暖兔。万一奴酋乘胜深入，我方问罪于奴酋，皆深得进止之机，而确然不能易者。按臣又谓缓急轻重，宜听抚臣之应变。夫兵机变在呼吸边事难以遥度，惟在抚臣一力担当。庙堂原不中制，至于共事文武诸臣，责在同舟，必须协力共济。然兵以食为命，今处处灾旱，司农告乏，饷愆半载，可为寒心，乞敕户部凑处解发，庶士饱思奋，不战而气自倍矣。上曰：这救援战守机宜，便行督抚等官悉心料理，临期应变，一听抚臣调度，务收全功。文武各官都要协同任事，事定之后，分别功罪具奏。粮饷久缺，著户部速处解发。

万历四十五年十二月壬子，宴海西卜颜等卫进贡夷人王亭罗等三十名。

万历四十六年二月己亥，北关金台失等六百三十六员各备马二匹，补进三十五、三十六年分正贡，给赴京及留边各夷目双赏绢、钞。

万历四十六年六月乙丑，时夷虏合兵，开、铁危急，金、白酋不肯为用，兵马单弱，经略再请蓟镇各标下家丁摘发三千、台兵摘发二千救援。部议谓，镇兵调发已多，合无将各道所募新兵备行挑选，凑各营家丁三分之一，台兵三分之一，给以器甲军资，操熟俵马，以一经战将官统之，限五日内驰赴。而辽东抚镇又欲于密、蓟、永、霸各道所属寺马多发蓟昌营路操备，将营马习练者给一二千应用。该部议给以八百匹，凑先兑三千匹，续兑一千二百匹，共足五千匹之数。上曰：挑选援兵，着星驰出关，不许逗遛误事，应兑马匹，俱依议。蓟镇调发数多，空虚可虑，便行镇抚等官将募兵作速抵补训练，加意防守，以备他虞。

〔李澍田、刁书仁、侯雁飞　点校整理〕

《明史纪事本末补遗》（选录）

按：《明史纪事本末》一书，记述近三百年明朝的历史。全书共列八十个专题，即八十卷。每卷之末，均附有作者"谷应泰曰"的史论一节。书成于清顺治年间。

中华书局一九七七年标点本，收录浙江图书馆藏傅以礼的六卷补遗传抄本。专记清朝的兴起及其在东北等地的战事，这在文禁渐密的当世是难能可贵的。本节所选概出于此。

卷　一

辽左兵端

神宗万历元年（癸酉，一五七三）二月，辽东总兵李成梁请筑宽奠等六堡。其地北界王杲，东邻兀堂，去暖阳三百里。自是开原、抚顺、清河、暖阳、宽奠并有市，诸部落俱利交易，遵约束，无敢跳梁者。自抚顺、开原而北属海西者，王台制之。自清河而南抵鸭绿江属建州者，兀堂制之。地本古肃慎国，汉曰挹娄，元魏曰勿吉，隋、唐曰靺鞨，辽、宋曰女真。永乐中，挹娄来归，历代或抚或用兵。其后王台益强，能得众，居开原东北，贡市在广顺关，地近南，称南关。逞加奴、仰加奴居开原北，贡市在镇北关，地近北，称北关。开原孤悬，扼辽肩背，东兀堂，西恍惚太，常谋窥伺中国，而台介东西间，捍蔽令不得合，最忠顺，东陲晏然三十年，王台有力焉。

二年（甲戌，一五七四）十一月，建州部王杲犯清河，诱杀裨将裴承祖等。督抚张学颜、总兵李成梁鼓行而前，直捣红勒寨，斩首千余级，获畜马无算。

三年（乙亥，一五七五）十一月，王杲复犯边，副总兵曹簠击败之，杲遁去。曹簠谍知杲匿阿哈纳寨，勒精骑驰赴之，杲伪以蟒挂红甲授阿哈纳，脱身走，将投土蛮，会抚顺关质市夷急购杲，乃走王台所。台素善杲，开原兵备道贺溱遣使谕之，台遂与子虎儿罕执杲送境上，槛车至京，诛之。时台官已都督，授以龙虎将军秩，二子并进都督佥事。台所辖东尽灰扒、兀刺等江，南尽清河、建州，北尽逞、仰，延袤几千里。

八年（庚辰，一五八〇）十二月，建州王兀堂犯瑷阳、宽奠，复入犯永奠，李成梁逐北出塞二百里至鸭儿匮，得级七百五十余。已而兀堂复以千骑从林刚谷入，副总兵姚大节追奔至葛禄寨，兀堂遁伏，自此浸衰弱。成梁晋爵宁远伯。

十年（壬午，一五八二），王杲子阿台复称兵。初，王台既执送王杲，杲子阿台服之。台叔王忠又戮北关祝孔革，孔革子逞加奴、仰加奴亦服台。台以女妻仰加奴，卵翼之。已，逞、仰结昏西虏哈屯、恍惚太，势渐张，侮台老，台子虎儿罕好残杀，逞、仰遂叛去。阿台亦怨王台之缚其父，叛附逞、仰，各部皆云翔不受约束，南关势蹙，台竟忧死。上嘉其忠，特赐谕祭。已而台孽子康古陆与虎儿罕争斗，逞、仰助之，虎儿罕借兵西虏黄台吉，黄台吉阳助罕，实阴收其部落白虎赤等。虎儿罕寻亦死，阿台报逞、仰，诱土蛮数侵孤山、铁岭间。宁远伯李成梁勒兵出塞，别将秦得倚驰而北，李平胡驰而南，大破台于曹子谷，得级一千三百余，获喜乐温河卫指挥使印。

九月，阿台复纠众大举，一从静远堡，一从上榆林堡入。前至沈阳城南浑河，李成梁驰虎皮驿援之。阿台方拥千余骑蹂躏抚顺边浑河口，徐行去。成梁勒兵从抚顺王刚谷出塞百余里，直捣古勒寨。寨陡峻，三面壁立，壕堑甚固，成梁用火攻冲其坚，经两昼夜，阿台中流矢死。而别将秦得倚等已前破毛怜卫阿海寨，诛海。海故住牧莽子河，与阿台相济为虐，亦枭逆也。

巡抚辽东都御史李松、大将军李成梁帅兵讨北关逞、仰，设计尽歼之。初，逞加奴、仰加奴与白虎赤西借暖兔、恍惚太等部，率骑万余睧王台孙猛骨孛罗并虎儿罕子歹商寨，日寻于斗。时边帅方用兵阿台，不暇及。总督周泳因歹商弱，猛骨孛罗嗣立，众未附，请加敕以便弹压，报可。而十二日逞、仰二奴乘冰坚复纠众攻猛骨孛罗，大掠把吉诸寨。巡抚李松再宣谕，逞、仰益骄，挟请贡敕。于是定计，李成梁伏兵中固城，去开原四十里，都御史坐南楼上，先期命参将李宁、宿振武等夹四隅伏，遣备御霍九皋往谕，约军中曰："如贼入圈听抚，则张帜为号，案甲勿起；不者，闻炮声，即鼓行而前如令。"亡何，逞、仰拥精骑三千余扎镇北关请赏，以三百骑诣圈门，颇横恣，目白虎赤剑砍霍九皋中臂，九皋反击，一人堕马，余贼攒杀营兵十余人。军中炮响，伏尽起，遂前斩逞加奴、仰加奴及白虎赤，逞加奴子兀孙孛罗、仰加奴子哈儿哈麻歼焉。

十五年（丁亥，一五八七）八月，巡抚顾养谦奏言："海西南关乃开原藩蔽，仰、逞余孽乃南归，妻其父妾温姐，分海西业，与兄子猛骨孛罗、歹商鼎足立。会逞、仰既被杀，逞加奴子卜寨、仰加奴子那林孛罗日夜图报父仇，西连恍惚太等，侵掠海西歹商，及数入威远、静安堡，而那林孛罗尤狂悖，挟赏索贡欵如逞、仰。时古陆故仇虎儿罕，思甘心歹商，遂为北关内应，约歹商部属阿台卜花反攻歹商，掠其资畜。而猛骨孛罗以母温姐故，亦助康古陆收歹商妻，协谋攻之。开原兵备副使王缄檄参将李宗召、游击黄应奎，勒兵出其不意突执温姐、康古陆。已，念戮温姐则猛骨携，释之，止囚康古陆待命。而猛骨竟为北关胁诱，从那林夹攻歹商，因自焚其巢往十八寨，并劫温姐去。巡抚顾养谦以降丁一人为乡道，引兵赴之，压那猛垒而阵，犹负固不下。养谦督将吏殊死战，拔其二栅，斩首五百余级，始穷蹙请降，乃释之。

十六年（戊子，一五八八）十二月，宁远伯李成梁从威远堡出塞，卜寨弃其师入那林孛罗壁。成梁纵兵直抵城下，发大炮击坚城，城尽裂，中辄洞胸，卜、那穷蹙乞哀。开原兵备副使成逊并释康古陆以存歹商，进卜寨、那林谕之，并服。逊令歹商以叔事康古陆，以祖母事温姐。古陆病且死，感国家不杀恩，属温姐、猛骨孛罗无负天朝。寻温姐亦相继死。逊令北关之卜寨、那林，南关之猛骨、歹商两相结，释憾并请贡。

十七年（己丑，一五八九），建州遣使请贡，且以斩叛部克五十闻。建州主名哈赤，父塔失，王杲女孙婿也。先是，李成梁藉之克阿台，死于兵。时建州主兄弟入中国，后海西南、北关更相仇杀，而速把孩、伯言把都等复跳梁于西。成梁势不能东西奔命，遂复建州以杀海西、毛怜之势，而建州土乃还国，收集旧部，生聚教训，阴有并吞诸部之志。寻出兵击歹商，约婚罢兵，渐取张海、色失诸地，势坐大。至是，遂晋秩都督。

十九年（辛卯，一五九一），歹商死，猛骨孛罗请补双贡，卜寨、那林孛罗请复都督。许之。先是，卜寨以女许歹商。那林孛罗妻，则歹商姊也。歹商嗜饮，多杀戮，众稍贰。一夕往卜寨受室，因过那林视姊，中途，那林、卜寨阴令其部摆思哈射商，殪，乃归罪摆思哈，执之以献。总督侍郎郝杰谓歹商与那、卜有夙怨，今射死中道，情甚隐，难深求，请枭摆思哈示法。歹商子骚台住等并幼，依外家，所遗部落并敕百三十七道暂属猛骨，俟成立议给。于是猛骨补双贡，而那、卜亦以有侦探功，并请复都督，许之。自此猛骨孛罗修贡唯谨，然南关势益孤且弱，又日与北关寻兵，卒至于亡。

二十三年（乙未，一五九五），总督侍郎张国彦奏称建州统率三十二部保塞，晋爵龙虎将军。

二十九年（辛丑，一六〇一），建州请补双贡。时海西渐微弱，建州方欲乘时图之，而北关那林孛罗与南关猛骨孛罗日醋于斗，猛骨不能支，以子女质于建州求援。那林怒，布飞语煽之，建州遂执猛骨置寨中，并获其资，并猛骨妾三人。中国遣使问故，乃归猛骨次子革把库及其部落百二十家，以女妻猛骨长子吾儿忽答，于是抚忽答保塞。那林孛罗亦愿归所掳敕书六十道，请补双贡如故事。然忽答亦微不能自立，南关不绝如线，旁部亦折归建州矣。

三十三年（乙巳，一六〇五）三月，辽人在京者求宁远伯李成梁复镇，辅臣沈一贯以闻，乃命成梁为前将军，镇守辽东。先是，成梁既老，子如松袭职总兵，骁勇敢战，累立显功。二十四年，土蛮等部阑入塞，如松恃勇将轻骑袭之，中伏败没，骁将李平胡、张玉等皆死。自是暖兔、炒化等出没辽阳、广宁间，边将不能制，乃复起成梁守之，时成梁年已八十。

十一月，议徙宽奠新疆民居六万余口入内地，弃新疆为瓯脱，即元年成梁所筑六堡也。时建州势坐大，渐逼宽奠，成梁再出镇，乃有此议。已而建州主与其弟速儿哈赤先后请金缯，即于叆阳、清河诸沿边田土摊派给之。总督塞达、巡抚赵楫及成梁等俱以招回华人叙功。

三十四年（丙午，一六〇六）六月，辽东总兵前将军宁远伯李成梁卒，予祭葬。

十月，兵科给事中宋一韩参成梁及巡抚赵楫弃地啖敌。时建州遣使问清河沿边参直复入送车价，语轻中国，边吏仓皇请兵设防，故兵科有是参。

三十五年（丁未，一六〇七）十二月，巡按辽东御史萧淳言："建州联西房暖兔伯，缔婚忽刺温，借粮朝鲜，声势叵测。诚构那林孛罗与合兵，发五路以遏西房，协蓟兵以雄内地，谕朝鲜以防外逸，内外夹攻如昔年取仰、逞事，亦消患之策也。"

三十六年（戊申，一六〇八）三月，礼部言："建州统卫所二百有四、城站五十八，贡市自开原十月入关，如次年正月不至边城，例奏请定夺，今自三十二年建州、海西入贡，直至今日矣。辽东镇抚称其并毛怜兼海西南关诸部而有之，惟北关那林孛罗、金台失竭力死守，苟延旦夕。又闻其饰名珠、捐重宝以通北房，此其志不在小。辽东战士不满八千，而建州控弦之骑三万，思之可为寒心，宜诘所以违贡者何故。"十二月，建州遣使修贡如例。

三十七年（己酉，一六〇九）二月，巡按辽东御史熊廷弼奏前巡抚赵楫、总兵李成梁弃宽奠六城，延袤八百里概作逃民，因极言辽左危急。五月，建州兵万骑修南关故垒，又以七千骑进屯广顺关靖安堡，寻引去。后构西房宰赛、暖兔等窥开原。熊廷弼请募兵厉械，收宰赛以孤其援。已而建州自愿减车价还张其哈喇佃子故地。廷弼言旧鸦鹘关与横江未归，宜如前议，剪其翼而严为备。而科臣请释建州为外惧，姑置侵地，先许贡，敉宁东方。上从之。

三十九年（辛亥，一六一一）十二月，建州主杀其弟速儿哈赤，遣兵侵兀哈诸部及其婿江夷卜台吉，卜台吉急率所部投北关。建州又尝议婚于北关老女，北关不肯，由是屡与兵攻金台失、白羊骨。时那林孛罗新死，金台失几不支。

四十一年（癸丑，一六一三）三月，建州益垦南关旷土，图窥并，纠宰赛、暖〔兔〕、卜儿亥、爪儿兔等二十四营，尽甲驰清河间，边吏告急。亡何，遣使千骨里来讼北关匿婚状，言不背汉，愿质子为信。巡抚张涛信之，遣官藉大成往谕。时建州意图北关，恐中国援之，为縻兵计，乃以第七子巴卜海入抚顺关，愿留质广宁。涛侈其功，上之，且言："北关贪参、貂之利，诱匿卜台吉。建州富殖，辽人久为所用，此未可以虚声喝。奈何劳兵匮饷，为北关守老女遥婿。且北关为我守二十余里之边，建州为我守九百余里之边，建州失又增辽阳九百里边患，是谓无策。"然是时质子甫入，而建州已严兵围烧金、白十九寨矣。兵部以质子真伪难辨，留之恐见绐，不如遣还。从之。十月，北关来告急，总督薛三才、巡按张五典疏争失策，请令总兵麻成恩、曹文焕分兵屯开原观其变。御史翟凤翀亦言："建州意不在婿与女，特借负匿两端为北关罪，似不必逢其不注意之两事强北关以必从，使中国名污而体褒。今北关势且不支，宜急救以完开原。请令麻成恩屯沈阳，而令别将驻清河、抚顺以壮声援。"朝议从之，乃发火器兵三百人助北关居守，并给以刍粮襃具。时北关苦饥，部落叛去甚众，至是始有固志，建州兵寻引去。

四十二年（甲寅，一六一四）三月，建州复垦前罢耕地。开原参议薛国用奏之，会巡抚都御史郭光复新至辽，援兵渐集，光复乃遣佟养性往述以利害，仍从约退地定界，立"满"字碑界上。有部落盗暖阳马，即戮之碑下，以示恭顺。

四十三年（乙卯，一六一五）三月，建州复修贡如例。初，建州遣使入中国，尝多至千五百人，索车价，伤驿卒，至是仅十五人。

五月，北关白羊骨以老女婚暖兔子莽骨儿大。建州兵三千屯南关，然恐抚顺、清河之犄其后，按兵不动。

四十四年（丙辰，一六一六）春，建州称帝，建元天命。

四十六年（戊午，一六一八）四月，京师宣武门至正阳门三里水赤经月。甲辰，建州佯令部落赴抚顺市，而以劲兵踵其后，遂突入城。中军千总王命印，把总王学道、唐钥死之，游击李永芳、中军赵一鹤以兵五百九十人降。乙巳，分兵下东川、马粮、中三堡，杀守堡官李弘祖，执马根山守备李大成。巡抚辽东都御史李维翰贪而寡谋，急遣总兵张承允援之。承允知敌方锐，叩门求一见维翰不得，仓卒分兵五路至抚顺。翰复遣红旗催战。建州兵三路阳退，诱承允前，以万骑夹击，承允败没。辽阳副总兵顾廷相、游击梁汝贵突围出，见失帅，仍陷阵死之，全军覆没。建州因以汉字传檄清河。时宰、暖屯辽河西岸，炒化屯镇静边外，虎墩兔憨传调恫喝，东西扬动。报至，举朝震骇。辅臣方从哲荐旧抚杨镐仍兵部右侍郎兼佥都御史，经略辽东。镐本庸才，万历二十五年援朝鲜，未见敌奔溃，辅臣沈一贯掩其败状，以捷闻。至是益老且懦，识者知其必败。特起前宁夏总兵李如柏为前将军，征废将杜松屯山海关，刘綎、柴国柱等赴京调用。廷议发帑金百万济师，上以内帑无措，止许十万，竟不时发。闰四月，建州令归汉人张儒绅等致书议款，自称可汗，备言七宗恨事。大略言祖父被害，背盟，护北关，嫁老女，三岔、柴河退垦诸事。五月丁未，建州兵下抚安、三岔、白家冲三堡，会大雨，河水泛涨，乃退出境。经略杨镐兼程受事，李维翰夺职去，镐兼摄巡抚，杜松、刘綎兵出关，给闾金六万两市战马。

南京大理寺丞董应举上言："闰四月二十八日、二十九日，五月朔日，水盆仰照，见日旁黑气游移，忽入日中，日光转荡不定，旋为黑饼盖日上不尽，日光奄奄如紫。臣考李淳风"玉历通政"占曰：'黑日与日对，外国乘华。'一曰：'日出入时，有黑日掩日，化外侵中国，掩尽则祸不可言。'"

六月，建州兵攻开原，铁岭卫告警，乃蛮、炒化等犯长勇堡。

七月，建州兵从鸦鹘关入逼清河堡，堡在山岩中，号天险，独东隅稍平，戍卒五千二百五十人，督臣以地重，遣游击张沛率兵三千助之。至旬日见攻，沛议乘夜掩其不备，裨将凌云程亦请战，参将邹储贤谓敌众我寡，不如固守待援。建州兵戴板屋进攻，自寅至未不退，堕东北角，守兵炮不继，因积尸上城。沛战死，储贤遥见李永芳招之，亦大骂赴敌死，三岔至孤山并遭焚毁，清河民兵万人皆没。时援兵俱在数百里外，独参将贺世贤自瑷阳驰赴之，克一栅，斩百五十级。

九月，建州兵五千骑自抚顺关入，总兵李如柏率游击尤世功等驰沈阳拒却之。已，复从抚顺入会安堡，杀掠千余而去。杨镐谕北关夹攻之，北关观望不敢发，巡按御史陈王庭遣南关旧裔王世忠往说，贻以千金，且曰："虎墩兔憨辈能立功，行得厚赏也。"

十月，彗见东方，长竟天，五十日始灭。

十一月，北关金台失以袭建州克一寨，遣其子得儿革召州来告捷。

四十七年（己未，一六一九）正月，援辽师征调大集，朝议恐师老财匮，欲其速战。杨镐皇遽，计无所出。辅臣方从哲、兵垣赵兴邦皆不知边计，发红旗催战，从哲复遣镐书促之。镐乃以二月十一日誓师辽阳，分兵四路：山海关总兵杜松率都司刘遇节等从抚顺关出塞，趋沈阳攻其西，分巡兵备副使张铨监军；总兵马林率游击麻岩、丁碧等从靖安堡出塞，趋开、铁，及都司窦永澄督北关之众攻其北，兵备道金事潘宗颜监军，通判董尔砺赞理；前将军总兵李如柏率参将贺世贤等从鸦鹘关出塞，趋清河攻其南，参议阎鸣泰监军；总兵刘綎率都司祖天定等从晾马佃出塞，趋宽奠，及都司乔一琦督朝鲜之众攻其东，兵备副使康应乾监军，推官魏之范赞理。四路计兵十万，沈阳路最冲。复以保定总兵王宣、赵梦麟并隶杜松戏下。原任总兵官官秉忠驻辽阳，总兵李光荣驻广宁策应。誓毕，枭抚顺阵逃指挥白云龙以殉，期二十一日先后出师，会大雪迷径，诸军乃改期二十五日。杜松知敌未可乘，说杨镐，不听。松密上书当事，冀缓师，李如柏邀其使责之，不达。刘綎昔与镐共事朝鲜，素不协，綎得檄，亦以地形未谙请。时兵未发而师期先泄，建州得预为备，曰："凭尔几路来，我只一路去。"三月甲申朔，杜松出抚顺，越五岭关直捣浑河，日暮，军欲止，不听，遣人视河水不及马腹，而河中横小舟数十，松喜，气益锐，裸骑径渡，众请甲，松笑曰："入阵被坚，非夫也。吾结发从军，今老矣，不知甲重几许！"麾兵而进。士卒皆解衣涉，水齐于胸。松兵前获十四人，焚克二寨。乘胜明日进二道关，山势崎岖，遇建州兵可三万骑。松登山颠呼饮，饮已出战，林中伏发，松血战突围，自午至西不解，而军营枪炮尚阻浑河，不得渡。盖建州兵知松最勇，先壅浑河上流，俟半渡决之，而松方气盛，乘锐直前，后军分为二，不觉也。建州悉精锐扼松，会日暮，黑雾障天，前后万炬忽明，松矢尽道穷，与王宣、赵梦麟等俱歼焉，军尽覆。松，榆林人，守陕西，与胡骑大小百余战，无不克捷，敌人畏之，呼为杜太师而不名。被召过潞河，裸示人曰："杜松不解书，第不若文人惜死。"体创如疹，潞人为挥涕。松方出师。牙旗折为三，识者忧之。李如柏阳洒洒拜送曰："吾以头功让汝。"松慷慨不疑。临行携柤械自随，曰："吾必生致之，勿令诸将分功也。"如柏复遣人语之曰："李将军已自清河抵敌寨矣。"松踊跃向前，卒陷没。既败，杨镐欲掩己罪，犹言松违律丧师，抚按周永春、陈王庭亦如之。或曰："如柏故置奸人为松乡道，陷之也。"开、铁总兵马林改由三垒出塞，屯稗子石，夜闻杜松兵败，军中遂哗。及旦而建州兵乘胜来攻，林急引去，监军潘宗颜殿后，与游击窦永澄、麻岩，守备江万春，通判董尔砺等鏖战，死之。初，林未出，宗颜上书杨镐曰："马林庸懦，不堪一面之寄，乞易别帅，而以林遥作后应。"不听，果败。刘綎兵出马家寨口，深入三百余里，连克十余堡，军声大震。养子刘招孙以孤军乏援，请退师，綎曰："汝视杨经略肯整遗我辈耶？报主致命，正在今日。"军次清风山，建州兵得杜松号矢，使谍驰绐之，命亟来合战。绖曰："同大帅，乃传矢，裨我哉！"谍曰："主帅因事急取信耳。"绖曰："殆不约传炮乎？"谍曰："塞地烽堠不便，此距建州五十里，三里传一炮，不若飞骑捷也。"绖首肯。谍还报，遽立传炮。绖军意松先登，疾趋之。建州兵假杜将军旗帜奄至，绖不之备，遂阑入阵，阵乱，绖中流矢，伤左臂，又战，复伤右臂，犹鏖战不已。自巳至酉，内外断绝，绖面中一刀，截去半颊，犹左右冲突，手歼数十人而死。刘招孙救之，亦死。游击乔一琦血战三日夜，建州兵必欲生致之，投崖而死。朝鲜裨将金应河据山为营，严铳拒敌。朝鲜兵善火器习铳，木牌并列如堵，开穴置铳，阼甚坚。俄风霾，铳不得发，兵大至，应河犹据胡床，持大弓射之，力屈死。其帅姜宏立、金景瑞降。绖初留周文为后继，拥众不敢进，竟还牛毛寨。绖，南昌人。父显，嘉靖间名将也。绖鸷勇善大刀，每上阵辄呼二近侍收网绳，饮酒斗余，网入内数寸，两目瞋出如电。援朝鲜，擒岳凤，平杨应龙，功为诸军冠，与杜松齐名。是役也，经略意亦初不在战，虚张挞伐，冀取近寨小捷，得塞军书。而刘、杜俱宿将，有犁王庭之志，遂转战深入，遇伏尽没。三路凡丧师九万，马四万，辎重器械无算。惟李如柏竟以经略令箭退保开、铁，不见一敌而还。报至，举朝震骇。暖兔诸部，乘机沿河挟赏，建州游骑窥清河、沈阳间。初，四路之出，朝鲜遣将将万人从刘将军先登，尽殪。而北关（于朔）〔后期〕（据茅瑞征《东夷考略·海西篇》改）三日方以二千骑赴三岔，则三帅已陷没矣。

时廷议皆谓李如柏衰懦，不堪登坛，是役逗遛独全，疑有谬巧。巡抚都御史周永春请都督李如桢代将，京师计偕孝廉五六人交荐之。给事中李奇珍以李氏世将，恐开藩镇之渐，争之，不得，竟以如桢往。初，李氏当成梁盛时，所招致健儿甚众，恣其所好，凡衣服、饮食、子女、第宅及呼卢狭邪之类，俱曲以济之，有求必予。或责以零剿劫帐，或责以御敌先登，计级受赏，即除前贷，故人乐为之死。而是时江陵张居正当国，以法绳天下，尤留心边事。成梁晋爵宁远伯，以金贻之，居正语其使曰："而主以百战得功名，我受其金，是得罪高皇帝也。"却不收。故其时虽多苛察，人奉法惟谨。万历中年，神宗深居不出，李氏之费养健儿者渐移以结朝贵，凡抚、按出都，必预有以结之，至则相与雷同，任其欺蔽。凡山人、墨客求朝贵书出游者，必以李氏为利薮。李氏子弟，恣意声色妇人，出游骑若云锦，而功名衰矣。成梁、如松既殁，如柏辈皆纨袴子，既弱且蠢，父兄之风无一存者。廷议犹以李氏兄弟与建州世旧，冀縻制之，不知其相怨最深。如柏、如桢相继败，而辽事益不可为矣。如柏寻雉经死。如桢亦论辟系狱，崇祯间得释，追论成梁功，袭爵。

陈子壮曰：宁远伯李成梁驰驱疆场四十余载，先后血战，上首功一万五千，拓地七百，击速把亥、阿台，擒王杲，皆名渠雄长，虽古卫、霍之功，何以加兹！或以其弃地误国，大抵谓宽奠六堡耳。夫宽奠本成梁开拓，地名张其哈喇海子，中外沃壤，一望膏腴。时边地稍宁，汉儿往往出塞掘参，生聚日繁，输税于建州。成梁遣韩宗功收还之，而愚民安土重迁，且渡河冰裂，南人吴大爱爱婿死焉，深怼宗功，遂以弃地之说布都下。科臣闻风入告，而功高不赏矣。夫建州生聚教训三十年，宽奠即不弃，将不为板升之续乎！边吏不能守辽西，而苛责成梁以弃宽奠，此刀笔吏所以败人国家也。

〔张云樵、刁书仁　选录〕

《剿奴议撮》(选录)

按：明季于燕芳撰《剿奴议撮》，语涉南关、北关纠葛，兹撮要选录。据南京大学图书馆藏本选印。

议撮一

奴酋先几何，一南关头目教场子耳。自王杲作逆，我兵进讨，教场父子悬首，奴以遗种领各家，敕袭龙虎将军号，得驱使东方。旋即会猎，诱杀婿翁猛骨孛罗，捲南关、叽喇、灰扒等部，势渐硕大，则又借南关力，图弱北关，而衅端开于昔。地产貂、参，中国人往往阑出，觅利生事，不得已徙之内地，立石为限，始若弃地，非弃。既又争界，必争，而兵端开于近。

议撮二

夫金、白二酋之恭顺于我，可信而不可信也。何以明其可信？自北关受并势弱，与奴仇深，而我从来抚赏，于北关恩不浅，此夫二酋恋我栈豆，愤彼蹂躏，如近王世忠夷文一纸，非尽诳我，其可信一。奴（透）〔诱〕北关非一端，志在假道连合西房，此无论兔憨乍合乍散，计必不成。即奴近屡胜，不过天益其骄，速其亡，有识者已知之，在（此）〔北〕关虽愚且狡，亦或知之，其可信一。何以明其不可信？大都北关贪我金缯，亦贪奴财物，惟两贪无厌，而或奴为之倾错刀过于我，即阳顺我反阴助彼，其不可信一。即近有谓我师进剿，北关已容西房数万，越东助奴，而已亦以数千人混其中，闻之抚顺军夺得其军马与败卒来者颇真，是我为北关所愚已久，其不可信一。即谓助不助姑且勿论，第自客冬斩级一举，报赏以后，不闻再举加遗一矢，其不可信一。四卫不守，奴又或与金、白二酋合，合尤便于结宰、煖二十四营，成骑虎不得下之势，可虑在关外也。夫我未当之未然，虑之又虑，独计北关向所贪在利，而本心愿图报效，以雪积恨者，未必非其义。其盍捐水衡金钱数万，悬赏关门上为饵，更以计密授诱奴入犯，以一军合北关军，直扫其穴，俾奴进退俱困，斯尤出不意攻无备法也。

议撮十一

书谓奴步兵善腾山短战，马兵弱。北关马兵最悍，步兵弱。故奴畏北骑，北畏奴步。若是，今之制奴，无如厚结金、白二酋暨猛骨孛罗诸酋，一一以复仇鼓之，俾令马兵锐进，乘其图利捣其虚，在我从孤雠、从鸦鹊等路，皆进兵之地。约与南北关前后彼此夹击，或截其饷道，或断其归路，或候往候来，冲其中坚可乎？此在女真用兵，自昔史称其分合出入，应变周旋，人自为战，所以恒胜。若是，奴酋之强与西北诸虏异。当其十五六岁时，请死不得，而竟养虎自遗患者，何人哉？

〔刁书仁 选录〕

《国榷》（选录）

按：《国榷》一〇八卷，明人谈迁历三十五年撰成。是一部编年体私撰明史，按年月日记载明朝一代的重要史实。是书秉笔直书，考订精审，尤对满洲先世以及海西女真史实多有涉及。

摘自古籍出版社一九五八年铅印精装本。

卷十四

成祖永乐四年二月己巳，置塔山卫（女直野人）。癸酉，置兀也吾卫（女直野人）。甲申，置嘉河、斡难河二卫，兀的罕千户所（女直野人）。

成祖永乐四年九月辛巳，置肥河卫（女直野人）。

成祖永乐四年十二月己亥，置木鲁罕山卫。

成祖永乐五年一月戊辰，置喜乐温河、木阳河、哈兰城、可令河、兀的河、阿古河、撒只剌河、依木河、亦文山、木兰河、阿资河、甫里河十二卫（女直野人）。丁丑，置朵儿必河卫（女直野人）。

成祖永乐五年三月己巳，置考郎兀、亦速里河二卫（女直野人）。

成祖永乐五年十一月甲寅，山海卫都指挥同知费瓛为后军都督佥事。

成祖永乐六年十一月戊申，设乞塔河卫（女直野人）。

成祖永乐七年三月丁卯，置葛林、把城、札肥河、忽石门、札岭、木吉里、哥吉河、纳剌吉、忽儿海、木东河、好屯河十一卫（女直野人）。

成祖永乐七年五月乙酉，改忽儿海卫为弗提卫。

成祖永乐七年八月戊午，设爱河、把河二卫。

成祖永乐七年十月癸卯，设塔麻速卫（女直野人）。

卷十五

成祖永乐八年十二月丙午，设兀烈河、朵儿必河、木里吉、卜鲁兀、乞塔河五卫（女直野人）。

成祖永乐九年二月甲辰，置督罕河卫（女直野人）。

卷十六

成祖永乐十二年九月戊子，上闻女直弗提斤六城之地沃，命指挥塔失往城弗提卫。令军展商贩居止，畋猎孳牧，从其便。

卷十七

成祖永乐二十年十二月乙未，置古鲁卫（女直野人）。

卷十八

成祖永乐二十二年九月己卯，毛怜卫指挥猛哥不花，以从征功为右军都督佥事。

卷十九

宣宗宣德元年九月丁巳，毛怜卫右军都督佥事猛哥不花加中军都督同知。

卷二十五

英宗正统六年二月丁亥，呕罕河卫都指挥同知乃胜，贡马求升，进都督佥事。

英宗正统七年十二月戊子，呕罕河卫都督佥事乃胜，卒。

英宗正统八年四月丙午，设女直成讨温卫。初兀者卫指挥佥事娄得，以都督同知剌塔弟析居成讨温，故立卫。

卷二十六

英宗正统九年九月壬寅，肥河卫都指挥别里格修怨于兀良哈，同呕罕河卫都督你哈答等，败拙赤安等于格鲁坤迭连，遣指挥咬失报捷。

英宗正统十二年七月庚戌，泰宁等卫夷掠于也先，乏食附边。求土物易粟，命果来归，安置广宁魏家岭关外，否则听牧塞外，毋近边。庚戌，上闻瓦剌复求欲侵兀良哈，敕海西野人女直、建州三卫都督李满住、凡察、董山等，如虏蛊诱，即擒献。

英宗正统十二年九月己酉，敕提督辽东军务右都御史王翱曰："也先侵兀良哈，胁泰宁、朵颜二卫，惟福余奔恼温江，欲冰冻追之，因往海西收女直，尔宜遥振军声，使闻风远避，斯全策也。"

英宗正统十二年十一月癸丑，考郎兀卫都指挥哥哈遣官入奏。黑龙江诸部野人欲来朝贡，乞付敕招之。上曰："朕不能劳人以事远，若其自来，固不拒也。"

卷二十七

英宗正统十三年六月庚午，弗提卫都指挥使察阿奴进秩为都督佥事。

卷二十八

英宗正统十四年十二月壬子，辽东百户施带儿俘于虏。通镇守太监亦失哈潜归。巡按山东御史刘孜收斩之，因劾亦失哈海西种，当虏犯晓刻，彗见天市。

卷二十九

代宗景泰元年正月癸巳，呕罕河卫都督同知你哈答来朝，进右都督。

代宗景泰元年三月壬子，兀者卫右都督刺塔为左都督。益实左卫都指挥使木当加为都督佥事，以绝瓦剌，旌之。

卷三十三

英宗天顺六年十一月己酉，考郎兀卫来贡，进都督佥事哥哈为都督同知。

英宗天顺七年四月乙丑，弗提卫来贡，进都督同知察安奴为右都督。海西女直犯开原，左参将曹广等击却之。

英宗天顺七年五月癸丑，遣谕海西女直，初左参将曹广奏，都指挥马鉴，败入寇海西女直于清河寨，斩四十余级，至是海西呕罕河卫头目来朝，言误杀清河寨归顺者，故有是命。

英宗天顺七年十一月庚辰，兀者卫来贡，进都指挥使察安察为都督佥事。

卷三十四

宪宗成化元年二月壬午，弗提卫右都督察阿奴奏进海东青，上以野禽启猎，却之。

卷三十五

宪宗成化三年四月己亥，敕谕考郎兀等四十四卫都督撒哈良等曰："我祖宗世授尔官，恩赏厚矣。当感报以全臣节，今背恩义，纵部下犯边，边将屡请兵捣穴。朕念尔部民，俱朝廷赤子，不可概戮，仍敕示尔，宜敬慎天道，深体朝廷好生之德，戒部属革心向化，还原掠人畜赎前罪，若长恶不悛，大军一出，悔无及矣。"

宪宗成化三年八月庚子，敕毛怜、海西卫，以讨董山，毋党逆。

卷三十六

宪宗成化九年四月壬戌，福余三卫纠海西女直犯义州、广宁，副总兵韩斌等驰击，累败之于兴中小孤山，斩六十余级。

卷三十八

宪宗成化十四年六月戊戌，敕兵部左侍郎马文升及赞理军务右副都御史陈钺会议招抚夷寇。文升至辽东，钺意与同功。文升主抚，至开原。故海西兀者等卫都督等官察安察等三百七十五人，被屠十八族，尽来讼冤，文升帐慰之。

宪宗成化十六年二月己未，海西弗提卫野人女直都督帖色古来朝，卒。命还其丧。

卷三十九

宪宗成化十九年正月庚戌，成讨温卫女直都督佥事康尼再进海东青，求升秩并蟒玉。上曰："朕不宝远物，念其效顺，勉受之，准升一秩，加彩币二。"

卷四十四

孝宗弘治十四年七月壬子，初，海西兀者前卫都督都里吉次子尚古入贡，授指挥。后屡贡，求都督，止授都指挥佥事，怒而不贡，并率兵阻诸胡贡道，并怨之。尚古已悔罪，五十骑款塞，守臣遽招之。遂以五百骑入贡，至开原，放五十人入京。泰宁卫都督猛革忒木儿怨边臣奖逆，入寇辽阳，且留书言其状，建州左右卫亦归咎尚古。事闻，兵部谓尚古初款塞，守臣宜谕回，令冬入，不宜招至诸胡不平，且尚古既贡，奈何诛焉。其令守臣檄猛革忒木儿等自赎，并归掠口。从之。

卷五十二

世宗嘉靖元年三月乙卯，女直通事王臣奏：海西阳顺阴违，请切责速黑忒验敕书实名催缴，及袭升事例。严宴赏给事之弊。下部从之。

世宗嘉靖元年十一月庚午，祭肥河卫都督佥事加罕察、亦迷河卫都督佥事赛哈。

卷五十五

世宗嘉靖十二年三月壬子，兵部议上女直海西、建州、毛怜等卫夷人升袭事例。

卷六十九

神宗万历二年十月乙丑，海西夷王台还所掠八十一人。

卷七十

神宗万历七年七月戊辰，海西夷入市宽奠堡，参将徐国辅弟国臣减直捶市夷数十人几死，忿诉总督梁龙，御史周咏论国辅如法。

卷七十八

神宗万历二十七年五月癸酉，北关属夷那林孛罗急攻南关，猛骨孛罗不能支，走建州卫□□□□乞兵，被其诱杀，边吏往诘之。乃还其次子革库，而以女归长子吾儿忽答，名为抚养，实羁留不遣也。北关至是畏建州强，求还忽答守靖安。廷议不能决，建州遂并南关。

卷七十九

神宗万历三十一年十二月丁未，那林孛罗与白羊骨侵吾儿忽答，南关力不支，因投建州，自后不复返。而南关之敕书、屯寨、人畜尽为建州有矣。

卷八十

神宗万历三十六年三月丁酉，礼部言：自万历三十二年六月，自建州、海西入贡，至三十五年并不至。近辽东抚镇题奴儿干夷不肯入市，既并毛怜等卫，取敕印，又并海西南关酋目若卜占吉、猛骨孛罗等卫而有之，虽婚姻不顾。惟北关若那林孛罗与弟金台失竭力死守，苟延旦夕。又闻其饰名珠，捐重宝，以结北房。且开原止市马，不市参，乃强载参斤，倍勒高价。

卷八十一

神宗万历三十七年五月丁未，建州卫都督奴儿哈赤遣子器骨奴以万骑修南关寨，又勒七千骑进屯广顺关，犯靖安堡。时那林孛罗新没，子金台失嗣，参将曹文焕资以火器。

神宗万历三十七年七月丁亥，宋一韩言："建州卫强，请购兀儿虎答，听北关金台失西归宰赛合势，说虎墩兔憨檄朝鲜戍义州以北，暗为应援。"不报。

神宗万历三十九年十二月辛卯，是年建州卫努尔哈赤杀其弟速尔哈齐，侵兀哈诸酋，及其婿江夷卜台吉，旋因其投入北关，更与金台失、白羊骨修怨。

卷八十二

神宗万历四十一年四月乙巳，建州卫奴儿哈赤以八百骑屯清河湖市中，又合西房爪儿兔、卜儿〔亥〕、宰赛等二十四营同掠北关，问匿婿状。巡抚张涛告急。

神宗万历四十一年九月丙辰，建州卫奴儿哈赤遣子巴卜海入贡，巡抚张涛以闻。自攻北关，越耕辽地，遣使千骨里诉旧耕地，一成化某年，一万历二十七年，至今无异。又北关匿婿，非我犯顺也，愿质其第七子，姜真哥出，巴卜泰弟也。涛信之。遣官藉大成往谕，同头目阿都、千骨里等三十余人至广宁。兵部言真伪难辨，留之见绐，不如遣还，从之。

谈迁曰："信不由衷，质无益也。遣还质子，于策未为失，而不救北关，徇其饰说，彼所谓鸷鸟将击，必敛其翮，而我昧于控纵，徒为人玩弄于股掌之上耳。"

万历四十一年十月己丑，建州卫奴儿哈赤攻北关，围金台失、白羊骨十九寨，二酋告急。总督薛三才、巡按张五典请援北关甚切，发火兵三百人助之，并粟菽千石，锅六百。建人引去。

万历四十二年正月辛酉，前巡抚辽东右佥都御史张涛奏，建州卫努尔哈赤诉北关匿其婿卜台吉绝婚，开原人不当助之，其语亢，向不入内地，一旦率其子抵抚顺关，托备御官李永芳以闻。

神宗万历四十二年十二月乙巳，建州卫奴儿哈赤以五百骑叩关，诉北关负婚。

神宗万历四十三年八月壬辰，巡按辽东御史王雅量言："建州卫奴儿哈赤既吞南关，无日不图北关也，惧吾之涉其地，是以返地立碑，窥衅乘隙，藉口老女，今老女嫁矣。我不能阻老女，又安能阻夷酋耶？今欲加兵建州，必曰立碑纳款，吾未尝贰，而北关改嫁吾聘女，如何罪我。缓急之间，似宜酌计，宜战毋退，宜守毋进。"上然之。

卷八十三

神宗万历四十六年二月己亥，北关金台失入贡，仍补贡去年，命再给赏。

神宗万历四十六年四月甲寅，张涛曰："建州以三女妻卜台吉而取其地，宰赛欲娶金台失之老女，老女不可，建州因间以约婚，而邀之以共摄北关也。事始于女子之间，而祸流于中国之大……"

神宗万历四十六年九月庚戌，建房犯会安堡，杀掠千余人。经略杨镐谕北关夹攻之。北关惧祸，观望未决。巡按御史陈王庭以南关王世忠姑，金台失嬖之，遣世忠往说，赂千金，且曰：虎墩兔憨辈行剿建房，受赏也。

神宗万历四十六年十二月癸亥，北关金台失遣子得儿革台州来告捷，以十一月袭建房，俘四百有奇，斩八十四级，获甲百十、马七十，牛羊称是。命劳三千金，币二十。

神宗万历四十七年二月乙丑，经略杨镐会师于辽阳，分四路，总兵马林自开原出靖安堡，约乙亥出塞。北关金台失、白羊骨等属马林。

神宗万历四十七年八月辛未，建房声言辽，突陷北关金台失、白羊骨二寨。金台失自焚死，白羊骨出降被杀，北关亡。沈阳官军闻之惊溃，熊廷弼亟遣守道阎鸣泰往抚，至虎皮驿大哭而反。初开原、铁岭连陷，北关益孤，特令虎墩兔憨为援。至是袭陷金台失寨，随攻白羊骨，而西房宰赛以争掠铁岭为建州所获，因絷之以钤制诸夷，故炒化寨俱观望不救。

张鼐曰："北关仇南关，而猛骨孛罗遂甘就建房罗网。人皆谓灭南关者建房，而不知灭南关者北关也。南关灭，建房浸强，北关于是渐弱，相构未已，卒弱邻而来强寇。讵非逞、仰、奴、卜四酋为谋之不臧哉。然则灭北关者非建房，而亦北关之自灭也。"

〔刁书仁　选录〕

《三朝辽事实录总略》（选录）

按：本书为明季黎阳王在晋编，现存中国历史第一档案馆。写本原著录：总略以"国立北京大学"藏传抄本校，又以蓝丝栏传抄本校。兹选录关涉叶赫、哈达及建州部分，以飨读者。

南北关

海西、建东处辽之东，名为东夷。海西者，南关、北关也。建东者，建州，即奴酋今地也。嘉隆间，有王忠者，为塔山前卫夷酋，部众强盛，凡建州、海西、毛怜等一百八十二卫二十所五十六站皆畏其兵威，于是悉得国初所赐东夷一千四百九十八敕。因创寨于开原靖安堡、广顺关外住牧，以便互市入贡，即开原所谓南关也。当是时，东夷酋首之黠者，隶其部下，无一人敢为内地患。自忠死，无子。其侄王台，不能辑和部众，遂各自为强。敕书亦皆分散。建州三卫四百九十九道，为建州夷勒勒把督、王杲、鹅头等分领，今并归奴酋矣。塔鲁木卫夷酋捏哈，得敕三百道，建寨于开原东北镇北关外住牧，即所谓北关。盖今金台失、白羊骨之祖也。后两关构怨，南关为建州所掠，而北关实为之驱。北关不得南关之敕，因而仇建州不解。杨镐三路出师，奴使人诱金、白约讲和，勿助中国。二酋云：我金、白屡受国恩，若有别心，天地不容。金、白又与虎酋缔婚，虎酋在诸酋中特称雄长。藉其声势为奴所忌。奴以卑词厚贿联络诸夷，垂涎辽沈，然未敢即发难者，以北关东邻奴地，西接籽花、宰、煖诸酋，隔断夷房之路，畏金、白之袭其后也。奴攻开原，北关先期密报。推官郑之范不惟不信，且鞭笞之。御史陈王庭，请宣谕奖赏二酋，令多集兵马扎营开原境上，倘奴入犯，或径抢奴寨，或共力御防。兵部通置不省，疏云：北关始欲从征，何乃临敌丧约。又疏云：北关蒙我保护，而临敌违约，与御史题疏绝不相蒙，失属夷之心，而寡多助之势。万历四十七年八月二十一日，奴酋佯缀我师，拥众数万骑，直抵北关。北关原有二城，金台失、白羊骨分兵据守。贼攻寨，蒙以牛皮，用蔽矢石。自寅讫午，金台失寨陷，自焚。随攻白羊骨寨，降之。北关并覆。老幼被掳，挑壮丁九千余名，分隶部下八将。剪平日之忌，逞荐食之谋，辽沈之亡于是决矣。

王者守在四夷，四夷不守，而中国之藩篱坏矣。北关虽夷种乎！而笃志殉义，效死勿去，纪以表其忠。

按：海西南关王台最忠顺，惜子孙无良，以阋墙引寇北关，怨毒日深，遂快心于王台子若孙自相屠割，而奴酋袖手待其毙。甚矣！海西之愚，奴酋之黠也。今抚夷副总兵王世忠，为南关裔，朝廷用之以劝四夷。又给事中姚宗文奉命阅边，因访金、白部落，闻白羊骨有弟卜儿汉，金台失有男得力革，羁奴寨。而得力革二女，长速不他，娶虏酋脑毛大孙桑河儿寨，次中根儿，娶虎墩兔憨。会虎酋挟赏，宗文遣谍虏营，特给二女四千金，示优恤，以縻其意。因所遣非人，谩讦启衅，给谏缘此挂议。虏赏开端，便成往例，渐生要索。经略王在晋，力持革其前赏，于是给谏之议论始息矣。

建　夷

女真，古肃慎国。在夫余东北千余里。后汉谓之挹娄。元魏谓之勿吉。隋唐谓之黑水靺鞨。部落在南者，籍契丹为熟女真。在北者，不入籍，为生女真。初靺鞨强盛，号渤海。后浸弱，臣于辽。辽避兴宗讳，更女直。地有混同江、长白山。江水微黑，亦名黑龙江。白山黑水，金所由开国也。宋为完颜氏。金归元，设开元路，改万户府五，以总摄之。国初，分为三种：其极东曰野人女直，去塞远，岁附海西市开原，不入贡，亦不寇边。东方诸夷之为卫所者甚众，而建州领其名并毛怜曰建州女直，即今奴儿哈赤之属。其一曰海西女直，则开原南北两关之夷，并故都督王台部也。永乐初，挹娄夷来归，置塔山、塔鲁诸卫，备外藩。宣德四年，海西女直始入寇。浸勾建州剽掠。正德间，祝孔革等为乱，阻朝贡。至嘉靖初，夷酋速黑忒扑杀叛夷猛克，修贡谨，赐金带、大帽。其后王台益强，能得众，居开原东北，贡市在广顺关，地近南，属南关。其逞加奴、仰加奴居开原北，贡市在镇北关，地近北，属北关。开原孤悬，扼辽肩背，东建州、西恍惚太，二夷常谋窥中国。而台介东、西二夷间，扞蔽令不得合。台最忠顺，因听袭祖速黑忒右都督，为之长，东陲晏然，耕牧三十年，台有力焉。国初，女直悉众来附，选其酋长，授官爵，征调惟命。已，建夷与毛怜相攻杀，宣宗遣使招降，遂以建州老营地居之，名为东建州。嘉靖间，王杲为建州右卫都指挥使，黠慧剽悍，数犯边，杀戮甚众，诱杀我裨将裴承祖等。督府张学颜与总兵李成梁鼓行而前，乘胜直捣红力寨，斩首一千一百有奇。万历初元，侍郎汪道昆阅边。成梁请展筑宽奠等六堡，其地北界王杲，东邻兀堂，去瑷阳二百里，方修筑十岔口、宽奠堡，张学颜按视，兀堂等数十酋环跪称：修堡塞道，不得围猎内地，愿质子，所在易盐布。自是开原而南抚顺、清河、瑷阳、宽奠并有市，诸夷亦利互易，无敢跳梁。自抚顺、开原而北，属海西王台制之。自清河而南，抵鸭绿江，属建州兀堂制之。颇遵汉法。三年春，王杲复纠房盗边。副总兵曹簠，厚市夷赏谍，杲匿酋阿哈纳寨，勒精骑驰剿，杲伪以蟒挂红甲授哈纳，脱走素所善东夷长王台所。开原兵备贺溱宣谕，台遂与子虎儿罕执送境上，槛车献俘。诏磔杲。加台龙虎将军，秩视西房，二子并进都督金事。是时王台所辖，东尽灰扒、兀剌等，南尽清河、建州，北尽二奴，延袤几千里，内属保塞甚盛。王杲既诛，其子阿台潜倚虎儿罕，朝议方悬购，会逞加奴、仰加奴强盛，欺王台老，与虎儿罕仇杀。杲子阿台，亦怨王台父子转送其父，日夜伺隙报复。因叛投逞、仰，勾北房，数掠孤山、铁岭。李成梁乃勒兵出塞，大破贼曹子谷，得级千三十九。始，仰、逞二奴父都督祝孔革，一名捏哈，为台叔王忠所戮，夺贡敕并季勒寨。及台以女妻仰加奴，卵翼之。已，加奴等结婚西房哈屯恍惚太，潜为向导，势渐张，日伺隙修怨。台子虎儿罕，好残杀，部夷虎儿干、白虎赤先后叛归加奴。因尽夺季勒诸寨，调兀剌江上夷，与虎儿罕构兵。是后仰加奴等十三寨，止遗把吉把太可五寨属台，他如灰扒、兀剌及建州夷不受钤束。南关势渐蹙，台竟以忧愤死。上嘉台忠，赐谕祭彩币。台有子四，长虎儿罕、次三马兔、次康古陆、次猛骨孛罗，而三马兔早殁。康古陆，台奸生子，争分父业，为虎儿罕目摄，亡抵逞加奴，以女妻之。猛骨孛罗母温姐，又北关二房妹也。因与虎儿罕借兵黄台吉，复季勒诸寨。黄台吉阳助之，实阴收白虎赤等自益。已，虎儿罕殁，则南关势愈孤矣。万历十一年，阿台纠众大举，深入至沈阳城南浑河，李将军成梁，乃勒兵从抚顺王刚台出塞百余里，直捣古勒忽寨。用火攻射，阿台死。连破阿海寨，诛海。海，毛怜卫夷，住牧芥子寨，与阿台济恶，亦枭逆也。是役得二千二百二十二级。论功升荫。杲子孙麾遗，东夷震慑。时逞、仰与白虎赤益借西房暖兔、恍惚太等骑万余，睍猛骨孛罗并虎儿罕子歹商，日寻于斗。总督周泳，因念歹商弱，猛骨孛罗嗣立，众未附，请加敕弹压。仰、逞二奴乘冰坚复纠房攻猛骨孛罗，大掠把吉诸寨。巡抚李松密与李成梁计，伏兵中固城，去开原四十里，斩逞加奴、仰加奴及白虎赤，逞子兀孙孛罗、仰子哈儿哈麻歼焉。捷闻，赐爵有差。自是海西折服，台子孙息屏可数年。逞遗孽卜寨，仰遗孽那林孛罗，日夜图报父仇。连西虏以儿邓，侵掠部夷及歹商，数入威远、靖安堡。而那林孛罗尤狂诪，挟索贡敕，如二奴时。万历十五年，那林孛罗引西虏恍惚太等攻把太寨，我兵往援。是时，王台孽子康古陆，向奔逞加奴者，乘虎儿罕殁，即来归。已，并妻其父妾温姐，分海西业与猛骨孛罗、歹商鼎立。至是，以仇虎儿罕故，甘心歹商，为北关内应。因约歹商叛夷阿台卜花共攻歹商，掳资畜。而猛骨孛罗以母温姐故，亦助康古陆，奸收歹商妻，协谋诱杀。开原兵备王缄，乃檄参将李宗召等勒兵执温姐、康古陆。已，念戮温姐则猛酋携，释之，止囚康古陆，胥命。而猛骨孛罗竟为北关诱胁，从那酋夹攻歹商，因自焚其巢，往十八寨，并劫温姐去。巡抚顾养谦，奏革猛骨孛罗勋爵，劾缄玩寇酿乱，逮问。科臣彭国光为缄不平，以失事推诿论养谦。上欲置于理，阁臣疏曰："先年开原地方属夷王杲为患，赖有海西王台擒获王杲，献俘阙下，边境始安。及王台既死，王杲之子，连结仰、逞二奴，为父报仇，于是李成梁提兵出寨，擒杀王杲之子。后仰、逞二奴，见王台二子微弱，欲行虐害，李成梁又擒杀仰、逞二奴。然则海西诸夷顺即当抚，叛即当剿，若欲自脱其主抚之失，而反追咎主剿之非，以血战之功为妄，以报国之忠为欺，则边将隳心解体，为害岂浅鲜哉！伏望皇上特赐体察，宽王缄不究往事，尤为妥当，伏候裁夺。"次年李成梁从威远堡出寨，卜寨弃其师，入那林孛罗壁。成梁纵兵直捣，炮击城裂，二酋倒戈乞哀。计斩级五百有奇，释二酋不诛，班师还开原。释康古陆，使和歹商，王台子孙皆全。歹商许建州奴儿哈赤婚。内倚中国，而外以婿重，寝北关谋。令歹商以叔事康酋，以祖母事温姐，刑牲盟，遂为均两关敕。盖自永乐来，给海西属夷敕，由都督至百户，凡九百九十九道。按敕验马入贡，两关酋领之，视强弱上下。先是逞、仰二奴父强，则北关多。及王台强，则南关多。多至七百道，北关不能二之一。今无论强弱，与之平。南关以五百，北关以四百九十九，差缩其一，存右南关意，诸酋并罗拜服。亡何，康古陆死，感不杀恩，将暝，属温姐、猛骨孛罗无负国。又亡何，温姐以乳疮亦死。兵备成逊，因令北关卜寨、那林孛罗，南关猛骨孛罗、歹商两相结，释憾并请贡。十七年，建州夷酋奴儿哈赤以姻歹商，先入贡。且以斩叛夷克五十乞升赏，加都督秩，以此遂雄长诸夷。奴佟姓，建州枝部也。先是李宁远捣阿台，夷其巢，奴儿哈赤祖叫场，父塔失，并从征，为向道。塔失，阿台婿也。教场、塔失因兵火死于阿台城下，奴方十五六岁，请死，成梁哀之。且虏各家敕书无所属，悉以属奴。奴虽得王杲敕，人多不服，乃结婚北关，以资其势。势渐强，事中国颇恭谨。后稍蚕食张海、色失诸酋，及与歹商争张海，因约婚罢兵。越二年，歹商死。先是，卜寨亦以女许歹商，那林孛罗妻，则歹商姊也。歹商酗酒好杀，众稍贰。歹商往卜寨受室，因过视姊，中涂，那、卜二酋阴令部夷摆思哈射商，殪。今广宁降夷指挥王尽忠，即歹商弟吾把太，当时逃奔内地，正为避北关之难。事在十九年正月。时奴儿哈赤妻明安姐方归，哭兄歹商为卜寨所掳，取索之再三，不与。转开原为代索，亦不与。于是奴与北关绝。二十二年，那林孛罗、卜寨又纠西虏宰赛、暖兔、恍惚太及东夷灰扒、兀堂与猛骨孛罗等十余营，兵七八万同抢奴酋，以兵邀之于隘。卜寨马蹶被杀，奴势大振。北关请卜寨尸，奴儿哈赤剖其半归之，北关、建州遂为不可解之仇。而东夷诸酋亦稍稍背北关向建州矣。乃北关那林孛罗雄心不已，仍欲谋南关遗敕。二十六、七年间，屡以兵侵猛骨孛罗。猛骨孛罗迫，乃结婚建州以求援，于是奴儿哈赤乘机掳猛骨孛罗，杀之，而收其敕三百六十三道。是掳南关者，建州；而驱南关者，北关。自建州掳南关来，奴势愈强。后三年，倭陷朝鲜，中国征兵，奴以保塞功，得加龙虎将军，秩视王台时矣。奴势猖獗，阁臣叶向高揭云："今日边疆之事，惟建夷最为可忧。度其事势，必至叛乱。而今九边空虚，亦惟辽左最甚。昨李化龙告臣谓：'此酋一动，势必不支，辽左将拱手而授之虏。即使发兵救援，亦无所及。'乞下廷臣作何计较，再行区处。"奴与海西夷忽剌温约婚，侵朝鲜，陷潼关堡，又结西虏，啗灰扒、黑龙江上诸夷。宽奠新疆居民六万口，逼奴穴住种。参貂市易渐狎。李成梁再出镇，徙还故土，弃新疆为瓯脱。二十四年八月，奴沿清河边疆，载参索价，复争入贡车价，语狂悖，边吏始仓皇请兵。而朝鲜亦报奴酋席卷江上，并图其婿，江夷卜台〔吉〕告急，因率所部投北关，金、白二酋匿之，修怨仇杀。兵科宋一韩，乃以弃地啖虏，参成梁及抚臣赵楫矣。寻奴儿哈赤日治兵，声略北关。遣子莽骨大，以万骑修南关寨。已，又阑入靖安堡，闻那林孛罗子金台失新立有备，去。又勒骑往抚顺关，胁蟒缎、牛、酒。又勾西虏宰赛、暖兔等窥开原、辽阳。边吏仓皇告急。御史熊廷弼按部，请添募兵，兑寺马，急抚北关，且收宰、煖以携其交。顷之，奴酋遵谕减车价入贡，及还张其哈喇佃子，即前成梁弃地也。廷弼疏称其地止一山沟，不可堡，奈何以一峡了弃地之局。科议请释建州为外惧，姑置侵地，先许贡，以宁东方。三十九年，部覆如科臣言，报可。奴酋忌其弟速儿哈赤兵强，计杀之。复耀兵侵兀喇诸酋。四十一年三月，益垦南关旷地，并纠西虏宰、煖、卜儿亥、爪儿兔二十四营，尽甲驰清河间，以好语结都御史张涛，谓抚安等区耕牧日久，请奉约，新垦概罢。涛揣情形上言，北关近且开二衅。其一，东酋求婚北酋老女，复行并猛卜计，北关坚拒不与。会东酋婿卜台吉来奔，北酋即许婚老女。卜酋逊谢，为别婚。东酋乃忿，号谓实匿伊通婿。其一，金台失有女，为兄那林孛罗收养，嫁宰赛反目。顷金酋故杀那酋妻，即宰赛之外母。宰赛乘隙挟求老女赎罪，老女矢以贞守。宰酋忿相攻，北酋怨奴酋贿结，请释二憾，无养痈东建也。奴酋遣使千骨里诉不背汉，吁往耕牧新添者尽撤，请质子听朝议进止。其北关匿奴婿卜台吉，敕发完聚当永纾辽患，时涛甚侈其功，未几奴酋度我弛备，即严兵围烧金、白十九寨。总督薛三才疏争往事失策，若北关再析入奴，东方忧滋大。四十二年，奴酋益勾西虏图北关。而暖兔乘机挟老女，北关愿与暖兔子缔姻。奴狙诈自喜，每发兵以围猎为名，不知所向。已，复垦前罢耕地。参议薛国用力主驱逐查勘，将前四堡及白家冲、松子二堡共立碑六，大书番字碑阴。明年，永不敢越种，部夷盗暖阳马，即戮碑下，以示恭谨。四十三年，北关白羊骨，竟以老女与暖兔子蟒谷儿大婚。开原遣谕，不听。奴酋发兵三万屯南关，氛甚恶。在事率为寒心，而都御史涛，误中通官藉大成之魔，为奴所惑，酿成大患，奴遂骎骎不可制矣。

〔张云樵　点校整理〕

《抚安东夷记》

按：此书一卷，明马文升撰。作者曾三次赴辽东整顿军务，安抚女真等少数民族。书中记叙明初经营东北地区的历史，诸如设置重镇，建立卫所，任命女真各族首领为镇抚、千百户、指挥、都指挥、都督等官职，以及入贡、贸易等有关事宜。作者以当时人记当时事，内容简明，史料可靠，为研究明初海西女真有价值的资料。

据"民国"二十二年七月"北平图书馆"刊印谢国桢辑《清初史料四种》选录。

洪惟我太祖高皇帝膺天眷命，奄有万方，以西、北密迩胡戎，乃设陕西行都司于甘州，山西行都司于大同，万全都司于宣府，又于喜峰口外古惠州地设大宁都司，辽东辽阳设辽东都司，陕西、宁夏即赵元昊所居地，设宁夏左等五卫，而辽之广宁尤北虏要冲，复设广宁等五卫，与各都司并宁夏咸号重镇焉。时则封肃王于甘州，庆王于宁夏，代王于大同，谷王于宣府，宁王于大宁，辽王于广宁，以藩屏王室，捍御胡虏，凡有不廷，即命诸王讨之，所以三十余年胡虏不敢南牧。迨我太宗文皇帝迁都北平，始徙大宁都司于保定府，而其所属营州等一十余卫所亦省入顺天、永平二府地方。时谷府未之国，即改湖广之长沙，迁宁府于江西之南昌，迁辽府于湖广之荆州。乃以大宁之地，自古北口至山海关立朵颜卫，自广宁前屯卫至广宁迤东白云山立大宁卫，自白云山迤东至开原立福余卫，处虏之附近者。既又以开原东北至松花江海西一带，今之野人女直，分为二百七十余卫所，皆赐印置官，官虽多寡不一，皆选其酋长及族目授以指挥、千百户，间亦以野人之向正者为都指挥、都督统之，为我藩屏。而松花江东北一月之程，所谓黑龙江之地，则又立奴儿干都司，时遣使往招诸夷，有愿降中国者，于开原设安乐州，辽阳设自在州居之。皆量授以官，任其耕猎，岁给俸如其官。当时各卫夷人每入贡，赉赐殊厚，以故凡迤北征讨皆听调遣，无敢违越。永乐末，招降之举渐弛，而建州女直先处开原者，叛入毛怜，自相攻杀。宣德间，朝廷复遣使招降之，辽东守臣遂请以建州老营地俾居之。老营者，朝廷岁取人参、松子地也，名为东建州，初止一卫，后复增置左右二卫，而夷人不过数千。然亦岁遣使各百人入贡，以为常。其地则辽东自山海关直抵开原，道路如一之字，南濒大海，三面皆夷虏，至为难守。其性则建州女直诡诈过于海西，海西过于朵颜等三卫。盖海西、建州马步能战，而朵颜三卫止长于骑射故也。自北虏也先猖獗，三种之胡遂皆归之。正统十四年，也先犯京师，脱脱卜花王犯辽东，阿乐出犯陕西，各边俱失利，而辽东被杀虏尤甚。以故朵颜三卫并海西、建州夷人处处蜂起，辽东为之弗靖者数年。至景泰后始克宁谧。而海西、野人女直之有名者率死于也先之乱，朝廷所赐玺书尽为也先所取。其子孙以无授官玺书可征，不复承袭，虽岁遣使入贡，第名曰舍人，以是在道不得乘传置，赐宴不得预上席，赏赍视昔又薄，皆忿怨思乱，辽东人咸知之，而时未有以处之也。积至成化二年，建州都督董山等枭雄桀黠，乘是以动，海西之夷拥众入寇，守臣以闻。朝廷命太监黄顺、总兵官武靖伯赵辅、左都御史李秉往讨之，辅等既降董山，则逮赴京师，而山仍桀骜。比行至广宁，辅等以为山若复归，贻患必大，奏朝廷，遂诛山而安置其党于两广、福建，且复进攻之。时虽克捷，而所失亦不少矣，然边境亦赖以宁。至成化中，元之遗孽满都鲁僭称可汗，虏酋乩加斯兰为太师，节犯宣府，声势甚大，警报殊急，予乃以兵部右侍郎奉命整饬辽东边备以防胡，时成化十二年八月也。九月即抵辽东，遍历险要，缮城堡、利甲兵、练军士、选精壮，凡所以为防虏计者罔不殚心力。虏人觇知我有备，遂不复发。适山东左布政陈公钺以右副都御史来巡抚辽东，后予而至，凡备御、都指挥等官辄逮于理，既当法，则止罚马罚草，而复俾莅戎政，由是马之价皆削剥军士，不复顾忌。予既防胡归京师，则以十五事上陈，而禁巡抚官罚马于军职者亦与焉，陈遂以为隙。先是，海西兀者前卫都指挥散赤哈上番书，言开原验收夷人管指挥者受其珍珠、豹皮。兵部移文辽东守臣勘之，管指挥者惧，乃因本卫都督产察（系散赤哈侄）入贡归，贿求产察言管实无所受。散赤哈闻之深怨产察，声言聚众犯边。边将以情报守臣，守臣乃译番书招散赤哈来广宁面折，散赤哈遂率所部十数余人欲由抚顺关进赴广宁。时参将周俊等守开原，恐散赤哈至则真情毕露，乃遣使驰报广宁守臣，诡云："海西人素不由抚顺关进，恐熟知此道，启他日患。"守臣不虞其诈也，即召其使速阻之。时散赤哈已入关，闻之大怒，折箭誓恨，复归至抚顺所。备御都指挥罗雄知事不协，具酒食慰遣出关。时建州三卫女直亦欲报诛董山之怨，而全藉海西之势，缘此遂留散赤哈于建，共来犯边，势渐昌炽。向使不阻散赤哈以启之，边患为之息矣。守臣以闻，乃招士兵大征建州，而出榜示众，徒张虚声，实皆顾恋私家，不趋辽阳。三卫遂得纠合海西人数千余，十四年正月乘虚入境，大掠凤集诸堡。报至广宁，陈惧，始赴辽阳，而寇出已久矣。独近边土著虏人也僧格等十八人家，皆有使入贡未还，恐误罹兵祸及拘留其使，乃走抚顺所报诉云：犯边者皆海西人。陈与分守辽阳副总兵韩斌意在捕剿夷人以掩罪，遂皆拘系沈阳卫，乃乘夜率诸军袭各寨屠之，迄无所掠，人畜精壮者间亦脱去。既回，遂捶死也僧格于狱，乃以捣巢之捷闻。时太监汪直者势焰方炽，惑于通事王英，谓往抚可邀大功。上命司礼监出驾帖。太监怀公恩以直年少喜功，于本年三月初四日同太监覃昌等七人至内阁传宣兵部尚书余公子俊、侍郎张公鹏暨予。比至，佥言彼既有使入贡，却又屠其家，今若之何可以弥衅？或言宜以大官酬之，予曰："官不足以释其忿，且宋以李继迁为京官，遂致西夏之患。"怀公曰："然则遣大臣同大通事往抚之。"众皆曰："诺。"寻宣至内府，怀公传旨："建州夷人被大军征剿，恐怀疑惧，着兵部侍郎马文升、通事詹升前去抚安。"已而，王英即谒予于私居，喻汪意，欲请与俱，予遂谢绝之。既行，汪深以为恨，众皆为予惧，予以事关朝廷，亦无所恤，乃疾驰追及入贡夷使重阳等于中途。四月初五日抵抚顺所，先纵重阳左右一二人归谕其众，使知其朝廷意旨，遂有十余人来见，即谕以前意遣归。寻召各卫酋长听宣玺书，由是累累皆至，而被屠之家数百人，悉诉其方遣使入贡，无犯边状，而冒当杀戮，又果无劫掠人畜可证，今虽仰荷朝廷招来，实难于度日。予遂承诏，各以牛布给慰之，且令其酋长赴京。适微闻海西虽来听抚，犹思寇掠。始归，乃于东宁卫访尝为建州经历、识字熟女直赵安，以招降为名，阴探于渠魁卜剌答所果有海西兵与否。不数日，赵安归云：有，且贼数千而马悉膘壮。时分守开原太监韦朗亦遣人来言：海西贼俱动，若来迟恐势不可抚。予遂以建州事闻于朝，且言夷人虽暂听抚，观其言貌词气，尚怀反侧，难保遽安。仍移文总兵官欧信、副总兵韩斌、参将崔胜各率所部，及调开原参将周俊带领开原、铁岭精兵三千，各分伏凤集堡一带。贼以为无备矣。比予至开原，甫三日，果数路入寇，诸军以逸待劳，遂斩首二百余级，生获数十人及贼马器仗无算。而所斩者率多海西人马，参将崔胜、周俊驰报陈，陈为功。予因并前所论反侧情状及申虏人背逆天道，既听招安，旋复入寇以自取灭亡之祸，请移辽东兵剿之，或既夺其心而姑与更新招抚，遣通事指挥李璟闻诸上。事下兵部，以为虏人既抚安垂成，只仍招抚以安地方，朝廷从之。海西人闻之且感且惧。都督产察等尽归降。乃一体谕之，遣其酋入京。而辽东守臣奏报十数日方至，以故赏皆不行，陈以是隙益甚。夷既降，予虑其犹踵舍人之怨，则检其先授官子孙之失袭者，皆令来见，译审实，请兵部于内阁验授官玺书，依底籍明白，再遣辽东守臣勘实，令袭官者复十数人，夷愈感激。汪以夷既招安，曷又入寇，复主王英言：请带头目百余人，给令牌令旗往，夷闻其声势，久无一人复出者。汪至开原，更有予原所招出兀者前等卫野人女直堵里吉等三百余人，而予时在抚顺，汪不与之接，皆怒欲归寨，参将周俊恐败事，乃谓汪曰："不可不请马钦差来议。"汪乃遣人至抚顺所邀予，予亦驰至开原与汪会。汪曰："若之何？"予曰："太监既至，此夷即太监招出者也，何问彼此。"汪揣知事不易，遂听予言，俱犒之，既又以誊黄玺书付各寨招安，同以事闻。已而，汪意犹欲再招出示见示己功，予曰："太监此来既有令牌令旗，彼惧决无敢出者，太监第回京，可保无虞也。"汪亦欣然与予俱归辽阳，复会闻于上。予至京师，上赐羊酒宝钞，汪亦释然矣。既而兵部以失机召信、斌入京，久未讯，汪皆许以复旧任。适汪有事河南，兵部以信等逮讯于都察院，汪回怒甚。又有李谦者上疏救斌，汪遂请同定西侯蒋琬、刑部尚书林聪往勘。比回，信等狱皆解。有谮予者，汪遂密奏予下锦衣狱，谪戍四川。成化癸卯，乃蒙恩改都察院左副都御史，巡抚辽东。顾军士虽喜，而将臣甚疑惧，予率公以处之，迄今边境晏然，而东人之心亦安矣。嗟乎，国计私忿不两立也，予以区区为国之心，虽一时艰危何恤，然而事久天定，不惟少裨于边防国事，抑且不愧不怍，神明有不扶持者哉，然则为人臣者亦可监矣。

〔张云樵　刁书仁　选录〕

《东夷考略》

按：《东夷考略》为明茅瑞征所撰。茅瑞征自号苕上愚公、浣花居士，历官兵部职方主事、郎中，平素潜心兵事，综理擘画，洞察机要，归休之后以著述自娱。著有《东夷考略》《明象胥录》《华夷译语》等书行世。《东夷考略》成书于明神宗万历四十五年（1617），刊刻于天启元年（1621），距萨尔浒之战不出二年。书中分《女真通考》《海西女真考》《建州女真》三篇。附有辽东形势图七幅、《东事答问》及《苕上愚公传》两篇。由于作者素悉当世职贡和辽东女真族状况，因而记述详明，言事确切，为研究明史尤其海西女真史之要览，可资当政者借鉴。故全书虽仅三万言，竟得经历劫而传世。清乾隆时将本书列入禁书目录，当世已遭焚毁。仅在日本内阁文库中藏有刊本和抄本各一。本次整理以北京图书馆藏抄本为蓝本，参以原"满铁"奉天图书馆所藏誊写本及"民国"二十二年七月"北平图书馆"刊印谢国桢辑《清初史料四种》，加以点校。本书精华所在为《东事答问》，洋洋六千言，论及应敌之策、募兵之道、延揽将帅、训练士卒、筹集粮饷、杜绝贪污、扼险设防、防谍用间、激励士气等策略，无不独具真知灼见，痛中时弊。然此篇与题旨不合，权且割爱。请参证本编《山中闻见录》等有关史料，聊以揭示时代背景与国家兴亡之机尔！

考　原

自有东寇，主忧臣瘁，而议同筑舍，局等奕棋。爰鉴往以察来，庶惩喑而改辙，故考东夷。在昔女直既殊生熟之称，即今海西亦别南北之号。瓜分豆剖，厥裔实繁。顷蚕食业骋于两关，而鲸吞敢恣于上国。耳目所逮，宁过而存之。故通考外，复次海西、建州。齿马自宜引嫌，扪虱不妨写臆，唯执简以俟。断自先帝之登遐，而企踵以须，徐听后人之补塞。庶纾絷恤，幸逭谤书，故考东夷。迄于万历纪年，疆场一彼一此。蒙茸将谁适从？语不云乎："中流遇风，何没没也。"肉食者鄙，匪沿曹刿之谈；谋野则获，窃取神谋之义，故诸考辄参以绪论。古亦有谈兵于聚米，或画地以成图。量彼此情形，多筹乃胜。问山川险易，抵掌为艰。间假顾、陆之丹青，稍佐韩、白之画策，曷可少哉！故作诸考，先以地图云尔。

浣花主人书

辽地负山枕海，我朝经制为详。北邻朔漠，而辽海、三万、沈阳、铁岭四卫，绕于开原，足遏其冲。南枕沧溟，而金、复、海、盖、旅顺相属海滨，足严守望。东西倚鸭绿、长城为固，而广宁、辽阳各屯重兵以镇压之。复以锦义、宁远、前屯五卫，西翼广宁。增辽阳、东山诸堡以扼东建。烽堠星联，首发尾应，易称守险备矣。始辽阳、广宁、开原鼎峙，称三大镇。今开原沦于夷，震邻剥肤，忧未艾也。

开原道属，三卫一州，乃古肃慎国西南境。战国时为涉貊地，汉为夫余国，属玄菟郡。

开原城即辽黄龙府旧城，在辽阳城北三百三十里。

铁岭城，即辽银州旧城，南至辽阳城二百六十里。广宁、辽阳相距三百五十里。河东土腴人稠，为全辽根本。故国初建都司于辽阳。

混同江，北流过灰扒夷地，则名灰扒江；过兀刺夷地，则名兀刺江。又北至海西，屈而东入于海，通名乌龙江。

长白山，在开原城东南四百里。其（岭）〔巅〕有潭，流水下成湖陂。湖中出东珠。今其地为建酋奴儿哈赤所有，故建酋日以富强。

金州旅顺关口，南达登州新河水关，岸径五百五十里，水程适中。海岛名羊塌，两日内，风力顺可到。先一日辰时自登州新河发航，至晚抵旅顺泊岸。次日辰时自旅顺发航，至晚北抵三汊河泊岸。盖自旅顺口起，抵海中羊塌、黄城二岛，约三百里。自黄城南抵钦岛、鼍矶岛约三十里。钦、鼍岛抵井岛约七十里。井岛抵沙门等岛一百三十里。沙门岛抵新河水关，仅二十里。总括其数亦五百五十里，各岛相接如驿。

女 直

女直始著东汉，曰挹娄。古肃慎国，在夫余东北千余里，东滨大海，阻山穴居，涂豕膏御寒，无君长，射用楛矢石镞，长尺八寸，出赤玉丰貂，所谓挹娄貂也。自汉臣属夫余。魏黄初中始叛，便乘舟寇劫。景元末以楛矢、石弩、弓、貂来贡。历元魏号勿吉，延兴中遣使乙力支朝献，从契丹西界达和龙，言由水道密谋百济，取高句丽。其国在高丽北，有大水，广余三里，名粟末水，发源太白山。入隋，号靺鞨，凡七部。其一粟末部依水南抵太白，与高丽接，频相寇者也。稍东，白山部，臣高丽。余部各胜兵数千人，而黑水部尤劲，居极北。唯粟末、白山近隋境。其俗常以秋月造毒药傅矢，射禽兽立死。畜多豕，衣其皮，以溺濯面，于诸夷中最秽。开皇初遣使贡献。闻其国西北接契丹，每寇掠，因诫使罢攻。唐征高丽，靺鞨各部奔散，而粟末与黑水独存。

粟末一称渤海，更号黑水靺鞨、渤海靺鞨。贞观二年，黑水渠长阿固郎臣附，以其地为燕州。开元十年置黑水府，赐其酋姓李氏名献诚，以云麾将军领黑水经略使。讫元和朝献。而渤海附高丽者姓大氏。高丽灭，保挹娄之东牟山。武后时大乞乞仲象与靺鞨酋乞四比羽东渡辽水，分王高丽故地。武后遣将击杀比羽，而仲象亦病死，其子祚荣并比羽之众，负险建国，胜兵数万，尽得扶余、沃沮、弁韩、朝鲜、海北诸国地。睿宗遣使拜祚荣渤海郡王。以所总为忽汗州，领都督。自是去靺鞨，专称渤海。传孙钦茂，天宝末徙上京，直旧国三百里忽汗河之东。宝应元年，以渤海为国，王之。五传仁秀，颇拓境。遣诸生诣京师习制度，遂为海东盛国。有五京、十五府、六十二州。以肃慎故地为上京，南为中京，貉貊故地为东京，沃沮故地为南京，高丽故地为西京。西京曰鸭绿府。朝献讫咸通，世役属黑水。

五代时契丹尽取渤海地，而黑水靺鞨因附属阿保机，迁其豪数千家于辽阳南，曰合苏馆。由是黑水部落在南者籍契丹，号熟女真。在北者不入籍，号生女真，后避兴宗讳改女直。地有混同江、长白山。混同江水色微黑，亦名黑龙江，即粟末河，发源太白者。太白山一曰长白，横亘百里，巅有水源，下注成湖，出东珠，贵者直千金。南流为鸭绿江，北流为混同江，达五国城，东入于海。其出北山，南流入松花江，是为白山黑水。金所由开国也，始祖从高丽来完颜部，部有女年六十未嫁，配生男，遂为完颜人。自乌古〔乃〕执叛辽节度拔乙门以献，辽主以为生女直部族节度使。至孙阿骨打灭辽，为金祖，以始兴地为会宁府，更称上京。初女直兵未尝满千，及声伐辽，督诸路兵会来流水，得二千五百人。并召渤海曰：女直、渤海本一家。战鸭子河，始满万。辽人言：女直满万则不可敌。既屡捷，以金坚不坏色白，而完颜部色尚白，遂号大金焉。元灭金，即扶余故壤改开元路，治黄龙府。别置合兰府水达达等路。设军民万户府五，分领混同江南北之地，各仍女直俗相统摄。

国初定开元，改开原道，控带诸夷。女直各部在混同江以东，东滨海，西接兀良哈，南邻朝鲜，北至奴儿干。略有三种：自汤站东抵开原居海西者为海西女直，居建州、毛怜者为建州女直，极东为野人女直。它种甚夥。开原北近松花江曰山夷，又北抵黑龙江曰江夷，而江夷有灰扒、兀剌等族。建州、毛怜裔出渤海，事耕纴，居处、食饮有华风。海西系黑水裔，其山夷倚山作窟，即熟女直完颜种。江夷居黑龙江，即生女直。并有室庐，或以桦皮为帷，止则张架。俗善射驰猎，耐饥渴，忍诟好盗。其战斗多步少骑，上下岩壁如飞。而建州阻万山，独居中，据要害。五岭、喜昌、石门尤扼险，人骑不得成列，于女直称最强。

永乐元年，遣行人邢枢招谕奴儿干诸部，野人酋长来朝，因悉境附。九年春，遣中使治巨舰，勒水军江上，召集诸酋豪，縻以官赏，于是康旺、佟答剌哈、王肇州、琐胜哥四酋率众降，始设奴儿干都司，自开原东北至松花江以西，先后置建州、毛邻、塔山等卫一百八十四，兀者等所二十。官其酋为都督、都指挥、千百户、镇抚，赐敕印，各统分部。复置站、地面各七，寨一，不领于卫所。令岁以冬月从开原入朝贡。唯野人女直僻远无常期。诸部愿内附者，开原设安乐州，辽阳设自在州处之。已，又为海西、建州各夷立马市开原，岁时赐予甚厚。终帝世奉职谨，征调辄赴。建州卫指挥阿哈出，以功赐姓名李思诚，其子释家奴曰李显忠，显忠弟猛哥不花亦以内附领毛怜卫，累都督同知。久之，显忠死，子满住袭，求驻牧苏子河。而开原降虏杨木答户率数百骑奔建州，浸为辽患。宣德间守臣务招徕，请居以建州老营地。老营者，朝廷岁以其地取人参、松子，所名东建州乃是也。四年，海西野人女直数寇掠，都督巫凯请讨之，不许。赐敕戒谕，令凯厚恤贡夷。

正统初，建州左卫都督猛可帖木儿为七姓野人所杀，弟凡察、子童仓走朝鲜，亡其印，诏更给。以童仓弟董山袭建州卫指挥。亡何，凡察归，得故印。诏上更给者，匿不出。乃更分置右卫。剖二印，令董山领左、凡察领右。正统末，董山与李满住等并附也先为耳目，抄掠辽东。景泰中，都御史王翱谕归所掠，稍宁戢。而海西野人诸酋长死也先之乱，尽失赐敕，子孙不得袭，以舍人入贡，宴赏大减，殊怨望。

天顺三年，董山潜结朝鲜，伪授中枢密使，巡抚都御史程信诈令自在州知州佟成廉他事，得朝鲜授山制书以闻。上遣给事中往朝鲜，锦衣译者往建州，各软语枝梧，出制书示，始慑服，贡马谢。

成化二年，左都御史李秉言："建川、毛怜、海西各部来贡，边臣案验貂皮取纯黑，马取膘壮，否即拒之，非厚往薄来意。且貂产黑龙江迤北，非建州、毛怜所有，宜敕守臣验放，无过苛启衅。"下兵部议，如秉言。而董山来朝语不逊，纠毛怜、海西夷频盗边。

三年，命武靖伯赵辅充靖虏将军，左都御史〔李〕秉督师，率汉番京边官军五万往征之，山悔自归。诏羁广宁，寻伏法。九月，分三道捣其巢。左军出潭河，越石门，至分水岭；右军由鸦鹘关、喜昌口，逾凤凰城、摩天岭至泼猪江；中军自抚顺，经薄刀山，过五岭，渡苏子河，至虎城，刻日会剿。朝鲜亦遣中枢府知事康纯等佐兵万人，遏东走路。俘斩千计，并诛李满住。会积雪，寒裂肤，遂班师。指挥张额的里率妻孥降，且曰："此地自汉人迹罕至，唯唐太宗东征抵凤凰城，今大兵追奔及此，乃天也。"辅具奏，上怜而赏之。仍安置部夷闽广。而我所损士马亦不赀。四年，留副总兵韩斌防守，筑抚顺、清河、叆阳诸堡。

五年，礼部奏，敕通事武忠等谕海西女直各夷，常贡外无进海东青、兔鹘，并省谕贡使无溢额。六年，建州夷窥边庚虚，谋作乱。巡抚都御史彭谊获其谍，檄转饷实铁岭、沈阳、三万诸卫，整师出辽阳，众溃匿。朝廷因示羁縻，复以董山子脱罗为指挥，它从叛者得降秩袭，诸夷复贡。然往往声报董山仇，纠掠塞上。

十四年，海西兀者前卫都指挥散赤哈上蕃书，言开原验贡勒受珍珠、豹皮。兵部移文都御史陈钺勘状，征赴广宁置对。散赤哈率所部十余辈，由抚顺关入，守将以非故道却之，因藉忿与建州夷合，乘虚大掠凤集诸堡。钺掩近边蕃户以捷闻，更请大发兵。巨珰汪直惑通事王英言，锐请行，冀邀功赏。诏以兵部侍郎马文升经略，直亦继往按事。文升疾趋沈阳，召各酋长抚慰，赈以牛布。已，谍知海西夷反侧，密檄总兵欧信等设伏邀击，大破之。海西夷亦听抚。比直至，众已各解散。直心害文升功，而文升遇直倨，钺复构以媚直，遂奏建州女直诸夷以文升曩在镇禁易农器，故屡入寇。上遣直及刑部尚书林聪即讯文升，言所禁铁器非农器，不听。明年下文升狱，谪戍重庆。是时东宁人刘八当哈以天顺间盗马奔建州。至是与张驴儿冒虏酋阿卜等名朝贡，枭首恶辽东塞。而陈钺希直意，奏建州女直伏当加，声寇辽，请捣穴。遂命抚宁侯朱永佩靖虏将军印、充总兵官讨建州夷，以直督师，钺参赞东征军务。直等给执贡夷郎秃等六十余人，械所司，并袭老弱报级，加直禄米，进永保国公，钺右都御史。十六年，建州女直以复仇惨掠清河等堡。后三年直始败，钺坐褫职为民，起马文升左副都御史，巡抚辽东。会其酋完者秃贡马，复听袭，修贡如例，塞上寇益稀。

正德八年，海西夷加哈叉、祝孔革等阻贡，旋就抚谕。

嘉靖初，海西夷酋速黑忒强，以修贡谨，及捕叛夷猛克，特进左都督，赐金带、大帽。其后请乞渐烦，贡浮额，从兵部议，敕守臣严核如制。二十一年，建州右卫夷酋李撒赤哈纠众入寇，都御史孙桧御之，多亡失，至深入凤凰城。命给事中林廷堂往勘。明年，廷堂还报，上言边事，请稽卫所原额，令以次分番入贡，庶几古人质子之意，并悬都督重秩，以待斩馘奇功。亡何，以海西夷酋王忠侦虏功升都督金事。其秋，建州夷酋赵那磕等分道寇汤站等堡，御却之，而李撒赤哈复盗边。二十四年就擒，枭塞上，赐总兵赵国忠等金币。顷之，都御史于敖减抚赏，诸夷诈。诈杀诈者，遂挟愤入塞，杀掠如成化时。巡抚以不任相继罢。

二十七年，女直诸夷及兀良哈勾虏入辽。都御史李珏复罢去，辽东大困。已，复修贡不绝。久之，海西夷酋王台袭祖速黑忒职，款广顺关。而祝孔革遗孽逞加奴、仰加奴亦款镇北关。故以南关、北关别其号。南关忠顺特著。建州夷酋王杲方蹢抚顺。四十一年，诱杀副总兵黑春，深入辽阳。

隆庆五年冬，我师大破建州夷汪住等，馘斩近六百，而杲益纵掠。

万历二年，抚顺游击裴承祖等被戮。总兵李成梁身督师出捣，斩级千一百有四来献捷。明年杲走匿王台塞，因宣谕台及伊子虎儿罕执杲献，加台龙虎将军，进二子都督金事秩，遂磔杲。益拓宽奠六堡。七年，建州夷酋王兀堂渐诮张。八年，连犯暖阳、永奠诸堡，我师追奔出塞二百余里至鸭儿匮，得级七百五十四，兀堂为气夺，而杲遗孽阿台投仰加奴等，修郤南关，且勾虏窥孤山、铁岭。十年，李成梁勒兵曹子谷，大破之。明年，捣古勒寨，诛阿台。是时王台及虎儿罕相继殁，所遗猛骨孛罗及虎儿罕子歹商稚弱，仰加奴虽台婿，愤其父祝孔革死台叔王忠手，并夺贡敕及季勒寨，与兄逞加奴固未尝忘报复也。十一年，以婚西房，借恍惚太、暖兔等骑可万余，与歹商构，并攻猛骨孛罗，恣掠把吉诸寨。都御史李松宣谕不从，因密商总兵李成梁伏兵中固城，击杀逞加奴、仰加奴。而逞加奴遗孽卜寨、仰加奴遗孽那林孛罗日夜图报父仇，联西房以儿邓侵掠歹商，挟索贡敕。十五年，那林孛罗引西房万余骑，急攻把太寨，而王台孽子康古陆向奔逞加奴。得归娶父妾温姐，反攻歹商。猛骨孛罗亦以母温姐故，协谋。我师往援，执温姐，寻释之，因康古陆胥命。而猛骨孛罗为北关迫胁，焚巢劫温姐去。十六年，李成梁从威远堡出捣。卜寨、那林孛罗请降。总督侍郎顾养谦议并释康古陆，刑牲盟，听两关均敕释憾。会建州夷酋奴儿哈赤与歹商约婚，亦颇藉为辅车，而奴酋方斩叛夷克五十乞升赏。十七年，竟予都督秩，以此遂雄长诸夷。

初，奴儿哈赤祖叫场，父塔失，并从征阿台，为向导，死兵火。奴儿哈赤方幼，李成梁直雏视之。后稍蚕食张海、色失诸酋，及与歹商争张海，因约婚罢兵，且歼叛夷。诉祖父殉国状，以都指挥骧跻崇阶，与南关埒，心固已腾踊鸥张矣。而歹商酗酒好杀，众不附。十九年，卜寨等阴令部夷贼商中道，南关止遗猛骨孛罗，则势愈孤，又日与北关相构怨。顷之，奴儿哈赤计杀卜寨，旋以保塞功加龙虎将军，视王台，潜有并海西意。而北关那林孛罗与南关猛骨孛罗方酣于斗。二十七年，猛骨孛罗不支，以子女质建州借兵。已，因飞语激怒奴儿哈赤，反执猛酋寨中。明年遂杀之。边吏往诘，则以女许婚猛酋长子吾儿忽答。二十九年，与那林孛罗补双贡，而吾儿忽答阳以抚养，旋羁建州寨，南关不绝如线。北关夷酋那林孛罗、白羊骨乃约婚西虏宰赛自托。奴儿哈赤益旁啮朝鲜及黑龙江上诸夷。三十三年，李成梁再出镇，则议徙宽奠新疆民六万余入内地，弃新疆为瓯脱。明年，奴儿哈赤强勒清河沿边参直，并争入贡车价。三十六年，混南关敕顶赏。明年，以万骑筑故塞，渐逼开原。御史熊廷弼请添募兵，兼抚北关。收宰赛、暖兔，折其谋。顷之，奴儿哈赤愿遵谕减车价，及还张其哈喇佃子侵地，而伊婿江夷卜占吉急走北关。四十一年，藉通婿与北关仇杀，益垦南关旷土，纠西虏宰、煖二十四营驰清河，始檄蓟兵五千赴援，而奴儿哈赤好语谢边吏。都御史张涛初至，惑其谋，更以拒婚老女并匿通婿为北关罪，且许奴酋质子入关。亡何，奴儿哈赤已围烧北关十九寨，及我师应援，遂撤兵。以负婚诉，明年复垦前罢耕地。开原参议薛国用力主驱逐，始退地定界，兼减贡夷。四十三年，白羊骨以老女许婚暖兔。奴儿哈赤勒兵南关，已竟寂然。

四十六年四月，潜师突陷抚顺。总兵张承胤等驰援，死之。因赍蕃书请和，自称建州国汗。五月克抚安、三岔、白家冲三堡。起原任都御史杨镐，以兵部侍郎经略，兼巡抚。七月，奴儿哈赤从鸦鹘关入克清河。唯参将贺世贤纵击煖阳寨外，得级百五十四，而煖阳、宽奠望风溃。赐经略剑一，别以太常少卿周永春为巡抚都御史。九月，奴儿哈赤再从抚顺入会安堡。时东方有白气，长竟天，其占为蚩尤旗。十二月，北关夷酋金台失报剿奴酋一寨，特赐金币，风励之。

四十七年二月，经略侍郎杨镐以征兵四集，遂誓师辽阳。分四路出塞进剿：一军从靖安堡趋开铁，一军从抚顺趋沈阳，一军从鸦鹘关趋清河，一军从晾马佃趋宽奠。北关、朝鲜各佐锐师，而我主帅不一，兼先泄师期。三月朔，总兵杜松越五岭关，前抵浑河，弃车营趋利，遇敌万余，乘半渡遮击，遂大溃，松血战死。它帅马林师后期踵败。开原金事潘宗颜等并死之。总兵刘绖深入克十余寨。后三日以堕贼诈中覆〔伏〕，亦阵殁。而帅清河路者李如柏，以撤回独全。

奴儿哈赤遂乘胜窥开铁，图抢金台失寨，传檄朝鲜，僭号后金国汗，黄衣称朕，意扬扬自恣也。六月从静安堡入，薄开原。北关为出援兵二千，比至，城已被克，羽书告急，上始超擢前御史熊廷弼代镐经略，寻逮治镐，而奴儿哈赤以七月从三岔堡入克铁岭。铁岭、开原为辽重蔽，既并陷贼，则河东已在贼握中，北关与沈声息不属，而奴酋乘胜缚宰赛，胁暖兔、炒花为助。广布间谍内地，所在残蹦，目无坚城，可为辽左心寒矣。八月，经略侍郎熊廷弼入辽，申军令，方慰抚北关为犄角。奴儿哈赤佯攻辽沈缀我师，突引万骑连破金台失及白羊骨寨，北关并殁。廷弼乃决策守辽阳，引水为防，调李怀信代将，人心始定。奴儿哈赤因往开铁，取窖粟以饱待饥。明年，给事中姚宗文阅边，查访北关部落，得金台失二女孙，一配房酋脑毛大之孙桑河儿寨，一配房酋虎墩兔憨。特给四千金示优恤，用縻其意。而南关裔止广宁指挥王世忠，请实授游击，风诸夷。经略熊廷弼以军声稍振，始议回守辽阳，逼贼穴。奴儿哈赤乃益联西房，计令房睨河西，诱我师疲极，乘其敝，每声言入犯，第时引游骑出没。至发伪榜招降，诟侮无状。廷弼奉檄同仇灭贼，并请恩赏将士，同甘苦。会上慨发饷金三十万，一军尽欢。知奴酋亡可翘足待。而是役调兵十八万，岁增饷三百二十四万金而羡，海内大为骚动。始，海西两关互仇构越四十年，自为刀俎以归于尽。奴儿哈赤方袖手收渔人之利，而女直诸部落尽并建州，遂忘其初仰我鼻息，欲引金辙，安忍好兵，甚矣！夷之不度德也。

论曰，语有云：为虺弗摧，为蛇若何？奴儿哈赤本一孤雏，骤假名号，及并南关旁啮，边吏不声讨，竟弃新疆益之。广垦争车，浸有欲炙之色。复狃甘言弛备，以及溃裂，抑已疏矣。然建州弹丸地，向虚口清抚之伞，曾无广屯厚储。清抚既下不为守，知非有远志。我征兵渐集，茸残垒为三，肆困之时，以轻骑扰彼耕牧。计可坐制死命，而锐语出塞，自取舆尸。搏虎于岷，佐斗于穴，几若此而不毙者。凡兵莫神于间，莫巧于颠倒饥饱劳逸以为用。而我早漏师期，深入重险，弃辎重窖粟以资敌。敌兼此数者，势始日张，因并夺我三军之胆。胆破而智勇并困，辽沈之不为开铁续，幸也。善师者鼓之以胆，而运之以略，敌锐能挫之，敌骄能忍之，转敌之权，而阴握其全胜，不啻与端肃争烈矣。

海　西

自开原东北，转而南抵鸭绿江，凡委蛇八百余里，皆女直荐居。女直于古为肃慎，后汉曰挹娄，元魏曰勿吉，隋唐曰靺鞨，至金开国益强。今称女直，略有三种：其极东曰野人女真，去塞远，岁附海西，市开原，不入贡，亦不寇边；其一东方诸夷之为卫所甚众，而建州领其名，并毛怜，曰建州女直，即今奴儿哈赤之属；其一曰海西女直，则开原南北两关之夷，并故都督王台部也。永乐初挹娄夷来归，置塔山、塔鲁诸卫，备外藩。宣德四年，海西女直始入寇，浸勾建州剽掠。正德间，祝孔革等为乱，阻朝贡。至嘉靖初，夷酋速黑忒捕杀叛夷猛克，修贡谨，赐金带、大帽，其后王台益强，能得众，居开原东北。贡市在广顺关，地近南，称南关。其逞加奴、仰加奴居开原北。贡市在镇北关，地近北，称北关云。开原孤悬，扼辽肩背，东建州、西恍惚太，二夷常谋窥中国。而台介东、西二夷间，扞蔽令不得合，最忠顺，因听袭祖速黑忒右都督为之长，东陲晏然，耕牧三十年，台有力焉。

万历二年，西虏小黄台吉以五千骑晨压海西新寨，请婚台女，许之，因约必无犯开原塞。明年台缚送建州逆酋王杲，加勋衔，晋二子都督秩。当是时，台所辖东尽灰扒、兀刺等江，南尽清河、建州，北尽二奴，延袤几千里，内属保塞甚盛。盖晚岁而北关二奴之衅兴。始逞、仰二奴父都督祝孔革为台叔王忠所戮，夺贡敕，并季勒寨。及台以女婿仰加奴，卵翼之。已，加奴等结婚西虏哈屯、慌惚太，潜为向导，势渐张，欺台老，日伺隙修怨。会台子虎儿罕好残杀，部夷虎儿干、白虎赤先后叛归加奴，因尽夺季勒诸寨，调兀刺江上夷与虎儿罕构兵。是后仰加奴十三寨，止遗把吉把太可五寨属台，它如灰扒、兀刺及建州夷各云翔不受钤束，南关势渐蹙。十年七月，台竟以忧愤死，上嘉台忠，特赐谕祭，给彩币四表里。

台有子四：长虎儿罕、次三马兔、次康古陆、次猛骨孛罗。而三马兔早殁。康古陆，台奸生子，争分父业，为虎儿罕目摄，亡抵逞加奴，逞加奴以女妻之。猛骨孛罗母温姐，又北关二奴妹也，而故西虏婿。因与虎儿罕借兵黄台吉，复季勒诸寨，黄台吉阳助之，实阴收白虎赤等自益。已，虎儿罕殒，则南关势愈孤。

十一年七月，逞加奴、仰加奴与白虎赤益借西虏暖兔、恍惚太等骑可万余，胸猛骨孛罗并虎儿罕子歹商，日寻于斗。时辽镇已剿王杲遗孽阿台，总督侍郎周咏因念歹商弱，猛骨孛罗嗣立，众未附，请加敕，便弹压。报可。是岁十二月，逞加奴、仰加奴乘冰坚复纠虏攻猛骨孛罗，大掠把吉诸寨。巡抚都御史李松再宣谕，二奴骄，益挟请贡敕，乃密与总兵李成梁计，李将军伏兵中固城，去开原四十里，都御史坐南楼上。先期命参将宿振武、李宁等夹四隅伏，因遣备御霍九皋往谕。约军中曰："如虏入圈听抚，则张帜为号，案甲勿起。不者，若闻炮即鼓行前，如令。"亡何，二奴拥精骑三千余扎镇北关请赏，以三百骑前诣圈门，颇横恣。目白虎赤剑砍霍九皋中臂，九皋反击，一虏坠马，余虏攒杀我兵十余。于是军中炮声如雷，伏尽起，遂前斩逞加奴、仰加奴及白虎赤，逞加奴子兀孙孛罗、仰加奴子哈儿哈麻歼焉，共得级三百十一。李将军闻炮亦继至协攻，获级千二百五十二。捷闻告庙，赐爵有差。自是海西折服。台子孙息肩可数年，而逞加奴遗孽卜寨，仰加奴遗孽那林孛罗，日夜图报父仇，连西虏以儿邓侵掠部夷及歹商，数入威远、靖安堡。而那林孛罗尤狂谲，挟索贡敕如二奴时。

十五年，那林孛罗引西虏恍惚太万余骑，急攻把太寨。我兵往援，围解。而是时王台孽子康古陆，向奔逞加奴者，乘虎儿罕殁即来归。已，并妻其父妾温姐，分海西业，与猛骨孛罗、歹商鼎立。至是，以仇虎儿罕故，甘心歹商，为北关内应。其年六月，因约歹商叛夷阿台卜花反攻歹商，卤资畜，而猛骨孛罗以母温姐故亦助康古陆，奸收歹商妻，协谋诱杀。开原兵备使王缄乃檄参将李宗召，会游击黄应魁勒兵执温姐、康古陆。已，念戮温姐则猛酋携，释之。止因康古陆胥命，而猛骨孛罗竟为北关诱胁，从那酋夹攻歹商，因自焚其巢往十八寨，并劫温姐去。巡抚都御史顾养谦、御史许守恩奏革猛骨孛罗勋爵，劾缄玩寇酿乱，上遣缇骑逮治夺职。

明年三月，大将军成梁决策进剿，于十三日从威远堡出塞，申军令无杀降，卜寨弃其师入那林孛罗壁，大将军因纵兵直捣城下，矢石雨激，多杀伤，发大炮击中坚，城尽裂，中辄洞胸，二酋始夺气，倒戈乞哀。计斩级五百有奇。释二酋不诛，班师还开原。兵备使成逊用众议，请并释康古陆，存歹商，谓欲歼诸酋立商，则康酋、温姐首当诛，欲和诸酋存商，则康酋、温姐首当释，叛而缚之、穷而释之，为均敕分寨，给牛种，与北关、建州共藩东北便。总督侍郎顾养谦亦谓歹商弱，多疑，即歼诸酋立之，不能有其众。不如释康古陆，使和歹商，诸酋见康酋释，不复疑，而又畏我，因重歹商。歹商以诸酋立，而王台子孙皆全矣。康酋再死再生，德莫厚焉，刑莫威焉，且歹商许建州奴儿哈赤婚，内倚中国，而外以姻重，寝北关谋，此实东陲长策。四月一日遂释康古陆因，谕之曰："中国立歹商以王台。因汝以助北关侵歹商也。汝亦台子，终不忍杀，今释汝和诸酋，修汝父业，歹商安危，汝则任之。"康古陆唯唯。因令歹商以叔事康酋，以祖母事温姐，刑牲盟。且进卜寨、那林孛罗，使者谕曰："往若效顺，开原、阙廷并有赏，江上远夷以貂参之属至，必藉尔通。若布帛、米盐、农器仰给汉，耕田围猎，坐收木耳、松子山泽之息，为利大矣。今贡市绝而江夷道塞，藉兵恍惚太以守，虏以千骑盛气抵，若有德色，需索无厌，部夷多怨。我第传檄部卒，斩两酋头来立为长，可无烦兵诛也。汉今贳若不诛，若何以报？"遂为均两关敕。盖自永乐以来，给海西属夷敕，由都督至百户凡九百九十九道，按敕验马入贡，两关酋领之，视强弱上下。先是逞、仰二奴父强，则北关多。及王台强，则南关多，多至七百道，北关不能三之一。今无论强弱与之平，南关以五百，北关以四百九十九，差缩其一，存右南关意，诸酋并罗拜服。亡何，康古陆死，感不杀恩，将瞑，嘱温姐、猛骨孛罗无负中国。又亡何，温姐以乳疮亦死。兵备使成逊因令北关卜寨、那林孛罗，南关猛骨孛罗、歹商两相结，释憾并请贡。而建州奴儿哈赤以姻歹商先入贡矣。

是后卜寨亦以女许歹商。那林孛罗妻则歹商姊也。而歹商酗酒好杀，众稍贰。十九年正月往卜寨受室，因过视姊，中途那、卜二酋阴令部夷摆思哈射商，殪，乃归罪摆、白二夷，执摆夷以献。总督侍郎郝杰疏谓：歹商与那、卜有夙怨，今射死中道，情甚隐，第难深求，请枭摆夷示法。歹商子骚台住等并幼，依外家，应加厚恤，所遗部夷并敕百三十七道暂属猛酋，俟成立议给。猛酋请补双贡，其那、卜二酋有侦虏功，并请复都督，许之。自此以后，猛骨孛罗修贡唯谨，然南关势孤且益弱，而建州奴儿哈赤日益强，遂杀卜寨，阴有窥海西意。北关那林孛罗乃复纠虏，数侵猛酋。二十七年五月，大焚掠猛骨孛罗寨，猛酋不支，急以子女质建州奴儿哈赤借兵，那林孛罗恐，则布飞语，谓猛酋且执部夷以激怒奴酋。奴酋果怒，且心欲收渔人之利，竟反执猛骨孛罗置寨中，尽略其资。明年四月，遂捏奸妄法赖射杀之，因留猛骨孛罗妾松代速代。中朝宣谕，则愿归猛骨孛罗次子革把库及部夷百二十家。其猛骨孛罗长子吾儿忽答，奴儿哈赤以女结婚，请于明年三月受室送归寨。已，竟如约。二十九年七月，奴儿哈赤于抚顺关外刑白马，誓抚忽答保寨，那林孛罗亦归原掳敕六十道，请补进双贡如故事。然是时南关所遗惟藐孤，已不啻奴酋几上肉。奴酋虎视，实欲先并南关，以次及那林孛罗、白羊骨，尽海西诸夷地。居顷之，奴儿哈赤遂羁忽答建州寨，声为那酋杀抢来奔，而那林孛罗亦执言奴酋本逆呆裔，既歼猛酋，又虏其子，自是王台子孙不绝者如线，南关委诸墟莽。而北关那、白二酋乃婚西虏宰赛犄角。三十六年，海、建修贡，奴儿哈赤混入南关敕三百六十三，部案验谕无兼并。时奴酋浸鸱张，日掠江夷、朝鲜，自封。且骋万骑，修南关旧寨，逼开原，声与中朝为难。开铁震动。目中久无北关，而那林孛罗殁，金台失新立，奴酋眈眈，未尝忘吞噬也。

四十一年正月，奴儿哈赤图其婿江夷卜占台急，因率部落千余走北关，金、白二酋匿之，遂藉索逋相仇杀。当事计密令北关行间，间奴酋所并灰扒、乌剌诸仇夷，合从以入攻，一倚中国为奥援，乃可以逞。然竟不行。而奴儿哈赤益侵种南关界地，贿结西虏宰赛、暖兔诸营，驰清河塞。廷议方征兵蓟，急救北关。顷之，宰赛失利，罢兵。奴儿哈赤遽好语谢边吏，辽镇巡抚都御史张涛乃侦情形，上封事称："北关近且开二衅，其一东酋求婚北酋老女，复行并猛、卜计，北关坚拒不与。会东酋婿卜占台来奔，北酋即许婚老女，卜酋逊谢为别婚。东酋乃忿，号谓实匿伊通婿。其一金台失有女，为兄那林孛罗收养，嫁宰赛，反目。顷金酋故杀那酋妻即宰赛之外母，宰酋乘隙挟求老女赎罪，老女矢以死守，宰酋藉忿相攻，北酋乃归怨奴酋之贿结，请释二憾，无养痈东建也。"时金台失、白羊骨来告急，别将曹文焕为潜盟，给以火器。奴儿哈赤计縻我援兵，北关乃可图。则益遣干骨里诉不悖汉，耕牧无敢淫于异日，并愿质子示信，讼北关匿婿状。都御史涛以为然，遣官藉大成往申谕，奴酋随奉质子入关，为请于朝。而奴儿哈赤度我弛备，即严兵围烧金、白十九寨，我援师不时发。总督侍郎薛三才乃疏争：往辽失策，弃南关不救，一之谓甚。北关再折入奴，东方忧滋大。已，竟发援。而都御史涛疏："金、白自召兵，大略谓北关有秃勒德等，九月间亡入奴，谬称老女许嫁西虏，奴酋声欲前掠北关，遂挑开原先发奴忿，兵自此始。今还质子关外示谯责，以东防为名，移师铁沈，谕奴撤兵而兵撤矣。奴酋意在老女、通婿，而北关执之坚，以此仇构未已。总之，北关图剿奴酋，觊利江夷。而开原袒北关趋利，并参中军捏报，请选调宣、大、延浙兵，统以麻承恩，添注征东副协，与李效忠并力。先是西虏掠北关，刍粮略尽，苦荐饥，部落归奴甚众，奴又甘言抚慰，给以牛种，即金台失从兄亦往投奴。我以火器手三百助守老寨，并贷以豆谷千石，给锅六百，北关始有固志。"

四十二年正月，奴儿哈赤益勾西虏，合兵庄南图北关，而暖兔乘机挟老女，北关愿与暖兔子缔婚，当事谕姑留老女系两酋心。是岁始发蓟西春防兵二千屯开原、抚顺，令废将马时楠、罗拱极统兵千人驻镇北堡，分防二寨。奴儿哈赤窥火器援兵大集，亦寝其计，且遵谕退所耕南关地。

四十三年五月，白羊骨竟以老女许婚暖兔子蟒谷儿大，且执建州夷六人，开原谕止不听，七月遂成婚。奴儿哈赤发兵三千屯南关，氛甚恶。御史王雅量疏称："向救北关，恐藩篱一撤，奴酋与暖兔合，而辽不支。今奴、煖争婚，势不骤合，而北关依强援于暖兔，适为中国利。请设防辽阳以东，按甲不动，以观奴酋进止。奴或不听宣谕，我督北关，阴约暖兔从南关入，大兵从清河、抚顺分道而东，兼以东山之民，张牙露爪，思甘心奴利其貂参，顺呼响应，金、白角之，朝鲜我兵犄之，奴亡可翘足待。"已而奴儿哈赤罢构，北关获全。

四十六年，奴儿哈赤突侵抚顺，王师败绩，已，又连宰赛谋克清河堡，闻金台失潜袭，乃止。奴儿哈赤既数寇陷内地，北关亦图观望纾祸，经略侍郎杨镐遣原任备御刘源清宣谕夹攻，未决，而金台失所最昵夷妇为指挥王世忠姑。九月，御史陈王庭按开原，遣世忠入北关，说以虎墩兔憨辈且旦夕剿夷受赏，更以千金艳之。金台失男得儿革台州，遂剿克奴酋一寨。冬十一月来告捷。上特赐白金二千两，彩缎二十表里，风诸夷。

四十七年三月，我师分四路进讨奴儿哈赤。都司窦永澄督北关协攻，师至后期，以二千众赴三岔北，则我师已陷，永澄死之。奴儿哈赤阴遣谍断辽船，图抢金台失，佯令部夷降，并赍夷文纠合同仇北关，不应，颇泄其谋。御史陈王庭请敕谕金酋，连屯开原境上。奴犯开、铁，径袭奴寨以固藩篱。金台失旋遣部夷报，奴酋方筑山寨。顷之，奴儿哈赤从开原入犯，北关为出兵二千来援，城已被克。时北关新缔婚虎墩兔憨，藉为辅车。又顷之，奴儿哈赤克铁岭。开、铁既失，则河东半为奴据。北关与辽越数百里，声息不复属，乃遣夷使借屯开原内地。秋八月，新经略侍郎熊廷弼入辽，金、白二酋遣夷使期复开原，廷弼亦遣持厚赏报慰，示必复ة。奴儿哈赤阴忌北关，计先剪以去内顾。二十一日，声攻辽沈，佯缀我师，突引数万骑绕金台失寨，各拥兜皮避矢石，力攻，自寅讫午，金台失力尽自焚。遂乘胜围白羊骨寨，应时火发，请降，被戮，时煖、炒、虎墩各酋并观望不救。经略急檄总兵李如桢，从抚顺张疑兵解北关围，竟袭零级十余枝梧，北关尽没矣。其后上命给事中姚宗文阅辽。因访金、白部落，颇闻白羊骨有弟卜儿汉，金台失有男得力革羁奴酋寨，而得力革二女，长速不他娶虏酋脑毛大孙桑河儿寨，次中根儿娶虎墩兔憨。会虎酋挟赏，乃属按察使袁应泰遣谍虏营，并授画副总兵姜弼传谕脑毛大及憨同仇，特给二女四千金示优恤，以縻其意。科臣并请为金、白立庙，而前所遣指挥王世忠即南关裔，时隶广宁，为加衔游击，请升实职，风示外夷。初海西两关互仇，构越二十余年，而南关子孙几尽。南关尽而北关孤，始倚中朝，兼婚各虏，以完旦夕。盖又垂二十年，开铁并陷，北关不支，以及于亡。

论曰：按海西南关王台最忠顺，惜子孙无良，以阋墙引外寇，自歼二奴，北关怨毒日深，遂快心于王台子若孙，自相屠割，而奴酋袖手待其毙。甚矣！海西之愚，奴酋之黠也。人为肉而我复为俎，几是哉！原海西密迩开铁，为我属夷，与东西二夷牙错，势能离其合。近岁拯北关以藩辽，称制奴上策，而竟剪焉。胥覆为开铁续，谁职厉阶，一蹶不振，悲夫！

建　州

建州于东方夷部独居中，据要害。东接毛怜野人、黑龙江诸夷，东南濒鸭绿江距朝鲜，东北杂海西百十余卫，西北邻兀良哈联络犄角。其地阻万山，林木蔽天，五岭、喜昌、石门尤扼险，骑不得成列。大抵女直诸夷并忍询好盗，善射驰猎，耐饥渴。其战斗多步少骑，建州尤负固，解耕纴，室居火食，有华风。自永乐内附，迄嘉靖，叛服不常。隆庆辛未冬，我师大破建夷汪住等，馘斩近六百，至神庙初，复拓宽奠六堡，据东山要害，辽左捷书频奏。顷奴儿哈赤日益横，守臣为盱食，夷运盛衰与制驭得失，并可见前事矣。今摘其著者次于篇。

王杲，建州右卫都指挥使也，生而黠慧，解番汉语言字义，尤通日者术。慓悍好乱，数盗边。嘉靖三十六年十月窥抚顺，殪备御彭文洙，益骜恣，岁掠东州、惠安、一堵墙诸堡无虚月。四十一年五月，副总兵黑春捣杲巢，杲诱伏媳妇山，生得春，磔之。由是视杀汉官如莽。常深入辽阳，掠孤山，卤抚顺、汤站，前后戮指挥王国柱等甚众。当事议绝贡市加剿，寻请贷，杲不为悛，怒马躏辽塞，扬扬意得也。故事抚顺开市，备御坐抚夷厅，酋长以次序立堂上，奉土产，乃验马，马即羸弱瘸败，并视善马价，餍欲乃已。杲尤睥睨，至辄夺蘽酒饮，饮醉，箕踞诟詈，无敢呵。隆庆壬申，备御贾汝翌新莅，抑酋长下阶，验马肥壮异他时，杲鞅鞅引去，椎牛约诸酋入塞卤略，竟罢汝翌。居久之，为万历二年，抚顺游击裴承祖摄备御，秋七月，与酋来力红索亡，互郄，承祖将三百余骑诣力红寨，杲与力红绐执承祖，剖其腹，并惨戮把总刘承奕、百户刘仲文。于是巡抚都御史张学颜请绝杲贡市，总兵李成梁以十月誓师捣杲巢，凡斩虏千一百级来献捷。诏进成梁左都督，升荫有差，特遣兵部侍郎梁梦龙赍囷金二万两，会抚按晏犒将士。三年春，杲藉忿复纠虏盗边，副总兵曹簠厚市夷赏。谍杲匿酋阿哈纳寨，勒精骑驰剿，得二十六级，杲伪以蟒挂红甲授哈纳脱走，将投土蛮。会抚顺关质市夷急购杲，乃走素所善东夷长王台所。开原兵备使贺溙宣谕台。台向忠顺，遂与子虎儿罕执送境上，槛车传致献俘。诏磔杲，加台龙虎将军，秩视西虏，二子并进都督佥事。始，杲以数寇，罢市赏，诡名科勹来贡，至是边夷核杲敕十八道，中科勹即杲也。杲既诛，其子阿台潜倚虎儿罕。朝议方悬购，而会逞加奴、仰加奴欺王台老，与虎儿罕仇杀，阿台亦怨王台父子缚送其父，日夜伺隙报复，因叛投逞、仰二奴，勾北虏阴谋猘贼，数纠掠孤山、铁岭。李将军成梁乃勒兵出塞，别将秦得倚驰而北，李平胡驰而南，大破贼曹子谷，得级千三十九，并获喜乐温河卫指挥使铜印一颗，时十年九月二十二日也。已，阿台益纠虏大举，于明年春正月，一从静远堡，一从上榆林堡，各深入前至沈阳城南浑河。李将军驰往虎皮驿，援虏稍却，阿台方拥千余骑，纵掠抚顺边浑河口，徐引去。李将军因与兵备使靖四方会议，此逆雏在者，辽祸未息，乃于二月朔二日，勒兵从抚顺王刚台出塞百余里，直捣古勒寨，寨陡峻，三面壁立，壕堑甚设。李将军用火攻冲坚，经两昼夜，射阿台殪，而别将秦得倚等已前破阿海寨，诛海。海，毛怜卫夷，住牧莽子寨，与阿台济恶，亦枭逆也。是役得级二千二百二十二，御史洪声远勘前后功次逾三千级，择日宣捷，告郊庙，录督臣周诵、抚臣李松及成梁功，各升荫，加成梁禄米岁百石。呆子孙自是糜遗种，东夷震慑，辽去一螽贼云。初，呆自谓精日者术，度出亡未即死，然旋至台寨就缚矣。呆以属夷残戮边吏，至磔尸剖腹，瞽不畏汉法，自取诛夷宜也。汉兵信有神，呆父子非明鉴与。同呆时则有王兀堂。去瑷阳二百五十里，为王兀堂部，瑷阳故市地。兀堂亦奉约唯谨。

万历元年，兵部侍郎汪道昆阅边，总兵李成梁请展筑宽奠等六堡，其地北界王呆、东邻兀堂，计在必争。会呆就戮，兀堂亦讫无异志，方修筑十岔口宽奠堡。巡抚都御史张学颜按视，兀堂等数十酋环跪称，修堡塞道，不得围猎内地，愿质子，所在易盐布。都御史于工竣疏请听市宽奠、永奠，谓东夷唯易米、布、猪、盐，无马匹它违禁物，与开原、广宁、抚顺异，即以市税量充抚赏，予之便。制曰可。自是开原而南，抚顺、清河、瑷阳、宽奠并有市。诸夷亦利互易，无敢跳梁。当是时，东夷自抚顺、开原而北，属海西王台制之，自清河而南抵鸭绿江属建州者，兀堂亦制之，颇遵汉法。已，渐零窃东州会安堡。七年秋，数掠新奠、永奠、宽奠诸堡，无虑数十辈。夷酋佟马儿、章金等三百余人不入市，牧马松子岭，声言各堡本住牧故境，不与贡者，候秋深叶落驰塞也。亡何，以五十骑从林刚谷入，我师追逐获二级。盖先是七月开市宽奠，参将徐国辅弟国臣及苍头军刘佐等减价强鬻参，殴市夷几毙，以故诸夷忿欲修郤，巡抚都御史周诵等请按国辅如法，传谕兀堂戢诸部，然是后诸夷绝迹关市，兀堂与豪酋赵锁罗骨亦妄觊贡路，有违言，诱张辽塞矣。明年二月连犯瑷阳、宽奠，已，复入犯永奠堡。我师却敌追奔出塞可二百余里，至鸭儿匮得虏级七百五十四，捷闻。会上春祀，并叙红土城功，督臣梁梦龙、抚臣周诵及大将军成梁各升赏如格，成梁予世伯爵。是岁十月，兀堂复以千骑从林刚谷入，副总兵姚大节追奔至葛禄寨，获六十七级，尔后兀堂等并遁伏，建州部益弱，几十年而奴儿哈赤雄开原塞下。

奴儿哈赤，佟姓，故建州枝部也。其祖叫场，父塔失，并及于阿台之难。乃走自雄东方，渐北侵张海、色失诸酋，蚕食之。会色失为孽侄英革仇杀，往投奴酋，搜戮无孑遗。张海等因奔海西南关都督歹商。当是时，海西北关遗孽卜寨、那林孛罗方联西虏以儿邓等攻歹商急，奴儿哈赤以歹商匿仇，并连那、卜二酋图歹商。朝议谕歹商归海，约婚奴酋罢兵。是后奴儿哈赤亦时时于抚顺诸堡送所掠人口，自结于汉。居顷之，有住牧木扎河部夷克五十等掠柴河堡，射追骑，杀指挥刘斧，走建州。宣谕奴酋，即斩克五十以献，乞升赏。又因贡夷马三非，述祖父与图王杲、阿台，有殉国忠，今复身率三十二酋保塞，且钤束建州、毛怜等卫，验马起贡，请得升职长东夷。时开原参政成逊、辽海参政栗在庭会查本夷原领敕二十道，系都指挥，伊祖父为向导，剿王杲后并死兵火，良然。今奴儿哈赤屡还汉人口，且斩克五十有功，得升都督，制东夷便。总督侍郎张国彦以闻，报可。是时万历十七年九月也。

奴儿哈赤既窃名号夸耀东夷，则势愈强。后三年倭陷朝鲜，中朝征兵檄如雨。贡夷马三非乃称建州与朝鲜错壤，奴酋忠义，控弦数万，可檄征倭报效，不果。而奴儿哈赤方与那、卜二酋构，会那、卜二酋歹歹商，则并许妻安明姐被抢，请剿，亦概罢，然奴儿哈赤竟殪卜寨。旋以保塞功，二十三年得加龙虎将军，秩视王台时矣。又明年附贡夷奏，益盛称总五十三酋。捍虏劳苦乞折赏，及援董狐狸例，恳蟒缎，加赏五百两，下部咨议。

二十七年五月，那林孛罗窥南关势益孤，急攻猛骨孛罗，猛酋不支，以子女质奴酋借兵。已，讹闻猛酋执部夷，奴儿哈赤怒，反擒猛骨孛罗羁寨中，卤其资。明年四月，称与姜法赖奸，杀之。边吏往诘，则约还敕书部夷，以女女猛骨孛罗长子吾儿忽答，刑白马盟，所不抚猛酋子如日。二十九年八月及女送归，因与那林孛罗各补双贡。会礼部以海、建贡夷驿骚，议照朵颜三卫量裁员数，定期减车。奴酋弟速儿哈赤亦上言驿递刁勒，所赏袄袋滥恶，愿得折价也。居久之，奴儿哈赤仍羁吾儿忽答建州寨，阳以抚养为名，奏为那酋抢杀来奔。那林孛罗亦讦奴酋系王杲遗孽，赚杀猛酋，又掳其子，乞谕还忽答守靖安关。廷议颇不得要领。属奴儿哈赤与海西夷忽剌温约婚，侵朝鲜，陷潼关堡，朝鲜来告急。当是时奴酋新并南关，势张甚，益结西虏，啮灰扒、黑龙江上诸夷。宽奠新疆居民余六万口逼奴酋穴住种，参貂市易渐狎，李成梁再出镇，乃委原任参将韩宗功徙还故土，弃新疆为瓯脱。复因奴、速二酋先后请金缯，即于瑷阳、清河诸沿边田土，摊派给赏。

维时三十三年，总督侍郎蹇达、巡抚都御史赵楫、辽海布政使张中鸿及成梁等以召回华人叙功，并赐及奴酋金。而奴儿哈赤得赏，志益骄。明年八月，沿清河边强栽参价索偿，已，复争入贡车价，语狂悖。边吏始仓皇请增兵，而朝鲜亦报奴酋席卷江上，并吞及海夷，卜台吉为所败，且假道劫回波部落。兵科都给事中宋一韩乃以弃地啖虏，参成梁、楫矣。

三十六年，海、建修贡，礼部议吾儿忽答羁建州，冒敕顶赏，宜折其谋。

寻奴儿哈赤日治兵，声略北关。三十七年五月，遣子莽骨大以万骑修南关寨。已，又勒七千骑声围猎，入靖安堡，闻金台失有备，去。已，又勒五千骑往抚顺关，胁蟒缎牛酒。已，又勾西虏宰赛、暖兔等窥开原、辽阳。边吏日夜告急。御史熊廷弼按部，请添募兵万，及改三协，兑寺马，厉铠甲，急抚北关，且收宰、煖以携其交。顷之，奴儿哈赤请遵谕减车价入贡，及还张其哈喇佃子。张其哈喇佃子，即前指成梁弃地也。御史熊廷弼疏称："其地止一山沟，不可堡而守。旧鸦鹘关与横江地未归奴，故以一峡了弃地之局。奴酋贪我市赏，本急于贡。我急之，奴故益骄，辄挟盟竖碑，全勒车价，邀我军来，壮我军实。缓视贡而奴故益急，此驱奴大机。为今计，宜合北关，縻西虏，因招致江上，而〔南〕关、灰扒诸夷来奔者，宠以名衔，置近地，以号召遗众，剪其羽翼，溃其腹心。而我又简戎蒐伍，严为备，奴且在吾握中。"科议则请释建州为外惧，姑置侵地，先许贡，救宁东方。三十九年六月，部覆如科臣言，上幸报许。已，奴酋忌其弟速儿哈赤兵强，计杀之，复耀兵侵兀喇诸酋，而江夷卜台吉竟驱投北关，其婿也。因与北关金台失、白羊骨二酋修怨。

四十一年三月，益垦南关旷土，图窥并，纠西虏宰、煖、卜儿亥、爪儿兔二十四营，尽甲驰清河间。辽告急，征蓟兵五千赴援，并禁籴及参貂珠宝。而奴儿哈赤已好语谢都御史张涛，谓抚安等区耕牧日久，请奉约，新垦概罢。涛揣情形上书谓："奴酋止以北关匿逋婿挟忿，又因拒婚老女，不无少望。别将曹文焕潜盟金、白，私给火器，徒张皇。今奴酋遣使干骨里吁枉，耕牧新添者尽撤，请质子示无敢鲠中朝。"已，又上书："奴酋遵谕以第七子巴卜海入抚顺关，愿留质广宁或京师驿，巴卜海乃奴酋亲子，妾真奇生，亲巴卜太弟也。谨听朝议进止。其北关匿奴婿卜台吉救发完聚，当永纾辽患。"时涛疏方侈，东夷入质为旷古盛事，奴儿哈赤信不背汉。未儿，总督侍郎薛三才、御史张五典，且连疏请救北关。质子固在，焚劫已及北寨矣。先是中朝因辽左孤危，发帑金三十万，议于开原、辽阳各募骑兵五千策应，已，因缺饷汰额。总督薛三才请先募二千人，令原任总兵麻承恩、参将曹文焕分统，合四千为一营，屯开原诸堡待其变。顷之，御史翟凤翀新入辽，疏称："奴酋意不在婿与女，特借负匿两字为北关罪，似不必逢奴酋不注意之两事，强北关以必从，以天朝作外夷撮合，名污而体亵。前遣通官入，奴谩语，以部夷狐衣充赏，轻我已甚。长子洪把兔儿一语罢兵，随夺其兵柄，囚之狱。度北关势必不支，今日宜急救，以完开原，请令麻承恩以二千七百驻沈阳，而别遣它将以千人驻清河、抚顺，直逼奴巢以壮声援便。"上报可。时奴儿哈赤已撤兵。十二月，以五百骑诣抚顺，诉负婚，明无它意。

四十二年正月，益勾西虏图北关。奴酋狙诈自喜，阴阳禽忽，每发兵以围猎为名，不知所向。流闻不卖蜂蜜以备粮粮，几五六岁，志不在小，议者率为寒心。而都御史涛，终谓风闻多妄。涛之言曰："北关开原本觊东夷参貂、东珠之利，诱匪卜酋，成骑虎势。奴酋富殖，辽人久为所用，我师未出，彼防已预，此未可虚声喝，我奈何以极疲之兵，极匮之饷，为北关守老女通婿。且北酋为我守二十余里之边，东奴为我守九百余里之边，东夷心失，又增辽阳九百余里之边患，是为无策。"御史董定策谓涛误中通官藉大成之魔，以质子为奴所轻，聊以解嘲。廷议多右声救者。三月，奴儿哈赤复垦前罢耕地，开原参议薛国用力主驱逐。会巡抚都御史郭光复新莅任，蓟门援兵及同金至者道相望，奴闻震恐。都御史廉知通夷佟养性，把其重罪，令佯入奴反间，遣备御萧伯芝申以文告。五月，随统标兵赴辽阳巡阅，示虚声。奴儿哈赤遂遵谕退地定界。始猛骨孛罗遗南关边外四堡：曰三岔、曰抚安、曰柴河、曰靖安。及奴儿哈赤争垦，执三岔、抚安为旧种，止结退柴河、靖安，予秋获。至是参议薛国用备查南关界土。王台存日，自威远至三岔堡，后猛酋时三岔入于奴，以抚安堡为界。及猛酋故，并归建州，奴结已属含糊。且察两关地素饶沃，而建州高下不等，苦涝旱薄收，顷生齿日繁，计必垦南关自给。揭称我制奴正在此，奴虽强而粮不继，势不得不取给清抚之籴。我以清抚致奴之命，而开原亦可安枕。今日疆界请无枝梧结局，因与铁岭游击梁如贵等查勘，将前四堡及白家冲、松子二堡，共立碑六。白家、松子二堡临边，向系高山未垦故也。都御史执白家冲非原题，并抚安非奉旨驱逐地，且私立无以服夷，行暂撤。国用抗议，抚安要害，咫尺铁岭，断不宜失。会御史翟凤翀巡清河，语夷使照界镌碑，姑给柴河秋获，遂将六堡俱退，大书番字碑阴，自明年永不敢越种。七月，部夷盗暖阳马，奴儿哈赤即戮碑下示恭谨。是岁贡夷减至十六人，盖奴酋多欲好名类此。都御史疏报退地，请将抚顺备御改游击，与清河游击分统兵各千人。奴酋一攻北关，即会辽阳出捣。镇北堡距北关六十里，以清河备御移驻，原委废将罗拱极撤回，以马时楠专住本堡，练习火器。御史翟凤翀亦疏称："奴所最贪清、抚之市，而所最畏清、抚两处之捣巢。"部复从其议。

四十三年，白羊骨竟许婚暖兔，遣谕不听。都御史郭光复谓："曲在北关，我不能禁北关之嫁，又安能禁奴酋之攻。北关自恃力可抗衡，而又系暖兔，吾且听三酋穴中一斗，按甲以收刺虎之功。"因令中协李继功以一军屯清、抚，东协杨德泽援辽，麻承恩以一军屯镇北，总兵王槚以大营驻沈阳调度。奴儿哈赤亦讫无变动。四十四年六月，清河私出松山采木，为奴部杀掠。

御史王雅量参游击冯有功，戴罪以需后效。

四十六年四月，奴儿哈赤佯令部夷赴抚顺市，潜以劲兵踵袭。十五日凌晨，突执游击李永芳，城遂陷。因以汉字传檄清河，胁并北关。巡抚都御史李维翰趣总兵张承胤移师应援。二十一日，奴儿哈赤暂退，诱我师前，以万骑回绕夹攻，承胤及副总兵颇廷相、游击梁如贵死之，全军覆没。而宰、煖各营方集辽河西岸，虎墩传调恫吓，炒花亦屯镇静边外，虏东西飙动。会正阳门外河水三里余赤如溃血，京师震恐。上特起废将李如柏总辽镇兵，及征废将杜松屯山海关，刘綎、柴国柱等赴京调度。时杨镐以辽旧抚推兵部侍郎，命以新衔往经略。诏总督蓟辽侍郎汪可受先出关，顺天抚臣移镇山海，保定抚臣移镇易州，以便控御，皆创例也。辽报不至凡三昼夜，开原以西虏窥沈、懿，请救。廷议悬发帑金，凑饷百万，大兴问罪之师。上谕内帑无措，止括十万金佐军兴。顷之，谍称奴儿哈赤退舍三十里，虏二万余入沈阳。诏斩奴酋首予千金、世职。总督汪可受疏称夷虏更番疲我，征调未集，请练土著，人自为守。辽产诸生暂停试，各倡义旅，有功得破格赐科名。并亟通登莱海运济饷。寻以虏儆，蓟、保抚臣罢移镇，本兵引征倭征播例调兵十万，度需饷三百万，而帑金竟不时发。闰四月，奴儿哈赤归汉人张儒绅等赍夷文请和，自称建州国汗，备述恼恨七宗，大略以护北关，嫁老女，及三岔、柴河退垦为辞。盖张儒绅等系东厂差役，奴酋藉以闻帝座，谋最秘。会广宁民妇生一猴，二角四齿；开原殷家庄堡桅杆起火。御史李征仪谓辽必以剿之规模为守，以守之余力为剿，乃为完算，请逮治辽抚臣李维翰。五月十九日，奴儿哈赤统众克抚安、三岔、白家冲三堡。经略杨镐兼程受事，以二十一日抵山海关，得克堡报，疏请就近征调。上罢维翰，令镐兼摄巡抚，增设标营游击。本兵请发饷二十万解赴各镇催，调宣、大、山西三镇，以四万金征兵万人，延、宁、甘、固四镇，以八万金征兵六千。上可其奏。谕总兵杜松、刘綎等星夜出关并摘调蓟镇台兵，给同金六万两市战马以候命。御史陈王庭代杨一桂按辽，巡抚李维翰失城丧师，得革职为民。侦者颇云，奴酋八子每登山密谋，兵至如风雨，建州马夏月喜啖河旁柳叶。兼与宰、煖合众近十万，北关惴惴不免，朝鲜已谐秦晋。且督匠造船乌龙江，李永芳亦降奴缔姻。命借大工马价各五十万两济辽饷。顷之，西虏乃蛮、炒花等进犯长勇堡。七月赐死事总兵张承胤谥加祭二坛，予立祠名旌忠。奴儿哈赤从鸦鹘关入，二十二日晨围清河，参将邹储贤拒守，援辽游击张旆请战不从，贼冒板挖墙，自寅至未，堕东北角，因积尸上城，旆战死，储贤遥见叛人李永芳招胁，大骂赴敌，亦死之。时城中拥兵六千四百余，唯束手待毙，为贼杀掠万计。自三岔至孤山并遭焚毁，唯参将贺世贤于瑷阳边外纵击，得级百五十四。

上特赐经略杨镐剑一，并谕饬诸边。经略闻儆单骑赴河东，瑷阳、宽奠众望风遁，乃斩千总陈大道等以徇。议徙宽奠子女于辽阳。会朝鲜遣议政府右参赞姜弘立等，统万兵请救从征，并乞硝黄，许之。加李光荣总兵衔，移广宁。八月增设辽东巡抚，以太常少卿周永春往，乃设援辽饷司。九月逮援辽总兵麻承恩诏狱，以观望失援清河也。奴儿哈赤复从抚顺入，总兵李如柏以朔三日驰沈阳，遇贼数千骑拒却之，斩级七十六。乃蛮寻受款，虏渐解散。二十五日奴儿哈赤从抚顺入会安堡，杀掠千余。时东方有白气长竟天，其占为彗及蚩尤旗象，主兵，而星陨、地震报相踵。冬十二月，北关夷酋金台失以男得儿革台州剿奴酋一寨来告，赐白金二千两，彩缎二十表里，风励之。是月海州遥见白虹贯日，如日并出者三，白气直罩城上。

四十七年正月，我征调云集，上以经略奏报久稽，恐师老财匮，谕兵部驰议方略，仍酌赏格颁示。大学士方从哲亦移书促师期。经略杨镐遂决策以二月十一日誓师辽阳，凡分四路：马将军林率游击麻岩、丁碧等从靖安堡出边，趋开、铁，及都司窦永澄督北关之众，攻其北；杜将军松率都司刘遇节等从抚顺关出边，趋沈阳，攻其西；李将军如柏率参将贺世贤、李怀忠等从鸦鹘关出边，趋清河，攻其南；刘将军綎率都司祖天定等，从晾马佃出边，趋宽奠，及都司乔一琦督朝鲜之众，攻其东，计胜兵可十万。而沈阳路最冲，以保定总兵王宣、原任总兵赵梦麟并隶戏下，更令原任总兵官秉忠驻辽阳，总兵李光荣驻广宁。誓已，枭抚顺阵逃指挥白云龙殉众，期廿一日先后出师。

上特简山东巡抚李长庚以户部侍郎督辽饷。会十八日夜，司天占火星逆行，二十日京师风霾昼晦，黄尘四塞，有顷，赤光射人如血，西长安坊楼为折，其占四夷来侵。上传谕慰励东征将士，兼饬诸边备。

三月朔，杜将军松晨越五岭关，前抵浑河，弃车营趋利半渡，贼万余忽遮击，冲我师为二，松血战突围，自午至酉，力竭师歼焉。马将军林改由三岔出塞，翌日方抵二道关，遇贼乘胜来攻，亦败绩。开原佥事潘宗颜及窦永澄、麻岩死之。刘将军綎独纵兵马家寨口，深入三百余里，克十余寨。朔四月，贼诡汉卒装，诱堕重围夹攻，众遂溃。綎及军锋刘招孙等并阵殁。唯清河一路，以经略令箭撤回获全。先是，綎出师日，五星斗于东方，松垂发，牙旗折为二。又大清堡军库灾，火器尽毁，白气竟天三匝。而师多乌合，深入虎穴。识者预知为败征云。报至，举朝气索。

上令总督汪可受移驻山海关。以虎墩乘机挟赏，申饬蓟、昌防御。召陕西总督杨应聘、甘肃巡抚祁光宗为兵部左右侍郎，起前御史刘国缙以职方主事充赞画，前御史熊廷弼以大理丞驰渡辽，宣慰军民。兵部尚书黄嘉善率九卿科道叩文华门，请发内帑，特允给四十万两募战士。廷议颇谓李如柏衰懦，不堪登坛，是役逗留独全，疑有谬巧。巡抚都御史周永春请都督李如桢代将，诏廷臣会议。给事中李奇珍独谓李氏跋扈，如桢以弟代兄出土人拥戴，恐为唐季藩镇之渐。上竟遣如桢往，撤如柏候勘。谕经略杨镐戴罪视事，趣宣镇总兵刘孔胤就近出关应援。

当是时，宰、煖诸酋并甘奴贿，暖兔方沿河驻牧，奴儿哈赤诈令部夷降金台失，称损众万余，叛人李永芳遣奸细探三岔，砍联船，阴图金酉寨。顷之，奴儿哈赤以零骑窥沈阳、清河等堡，而金台失以奴酉男贵英把兔阵殁来告。初，我师之出，朝鲜国王愿亲提兵三万合剿，已，竟令他将引万众，从刘将军先登，遇伏尽殪。而北关于朔三日方以二千众赴三岔北，则三帅已陷。御史陈王庭请奖恤朝鲜，谕以一旅屯沿江塞。奴酉攻宽奠、镇江路，并救北关连屯开原，俟奴犯开、铁，即袭老寨，无为所绐。大学士方从哲疏藉辽民为兵，并捐俸济饷。御史杨崔因上遣中使荐阵亡将士，请恤故帅刘綎家属，及塑死事诸臣庙食京师，以倡忠义。时自四月望后，宣武门外向闸，至东御河水尽赤，正阳门尤甚。协理戎政尚书薛三才、总督忻城伯赵世新，相继殁，人人自危。虎墩兔憨拥众数万临广宁边，旋去。宣镇营兵鼓噪不赴调。诏逮治总兵刘孔胤，赐敕褒恤朝鲜，并令经略宣谕北关。而奴儿哈赤已于月之九日纵掠铁岭、柴河、抚安等堡。顷之，河东谍称奴酉部夷可万余，于抚顺关外筑城修寨，并添清河路栅壕。五月二十九日深入抚顺，更以偏师躏铁岭、抚安堡，而新帅李如桢方与经略总督争抗，熊廷弼以新推胥后命。盖自败书初闻，中外仓皇匝月，尔后举朝转弛，上亦稍复寝格矣。

朝鲜方咨报奴酉移书声吓，僭号后金国汗，建元天命，斥中国为南朝，黄衣称朕，意甚恣。

六月十五夜，奴儿哈赤拥数万骑，从静安堡入，乘虚直薄开原。总兵马林等方引众出防，且倚宰、煖新盟，孤城立下。西虏适市庆云堡，亦结聚亮子河。十九日以三万众围镇西堡，沈、铁奔溃。上乃超擢熊廷弼佥都御史兼兵部侍郎，代杨镐经略，并从本兵议，遣司属招兵陕、浙、河南、山东。廷弼疏请决策恢复开原，上赐剑，令刻期从事。起泰宁侯陈良弼总督京营，召南兵部尚书黄克缵协理戎政。廷弼单骑就道，司业张鼐疏请京营简选锋三千，壮其行，竟不及从。改差御史张铨按辽，而大司马及职方且以人言引疾也。时辽阳获奸细数辈，或谓开原被攻时，北关先期密报，及寇至出兵二千来援，而开原已失，宜赐敕抚慰。且北关与虎酉新缔婚，可藉联属。奴酉奸细，在两河甚夥，可即用为间。而司农以军饷无措，且开款令郡县捐助，有识晒之。

七月，炒花攻克十方寺堡，奴儿哈赤声窥铁岭。上允省税暂充辽饷。左赞善徐光启愿使朝鲜，宣谕应援，有旨留用。遣给事中姚宗文查阅援辽兵马。二十五日奴儿哈赤从三岔堡入攻铁岭，从寅及辰，城陷。盖自开原既克，沈、铁逃窜一空，奴酋最工间谍，所在内应，而我侦备甚疏，闻敌胆落，开原一带坚城，应时立破，良可叹也。经略熊廷弼时携兵八百甫抵广宁，闻西虏自镇西堡合侵，势甚急。会二十八日，我师御之熊官儿屯，以捷闻。

八月二日廷弼受代，翌日入辽阳，斩阵逃游击刘遇节等正军法，设坛躬祭抚、清、开、铁死事军民，慰劳备至，且谕北关必复意，人心始定。

上度新经略已受事，十三日遣缇骑逮治杨镐。御史陈王庭疏纠总兵李如桢，谓宰赛因奴酋陷铁岭，引兵争斗被执，如桢竟袭西虏残级为首功。经略熊廷弼亦摘如桢十不堪，谓贼陷开原，淫酗捆载，不能遮击。陷铁岭，与西虏争杀，不能乘其敝，更虚报西虏三万合营，致辽、沈惊窜。愿急调李怀信代将。北关且报奴酋计捣辽阳，尽戮朝鲜降卒，防内变。二十一日，奴儿哈赤佯缀我师，拥众数万骑直抵金台失寨，自寅讫午，旋陷，随攻白羊骨寨，应时火发，北关相继沦覆矣。

上闻报，命李怀信刻期赴辽。会经略获奸细贾朝辅，悉贼攻北关及辽、沈本谋。朝辅，故抚顺诸生也。奴儿哈赤连破开、铁，则兵益强，生擒宰赛，钤制暖兔、炒花数十营不敢动，取北关如拉朽，视辽、沈直几上肉耳。

上以辽数告急，超擢赞善徐光启以少詹事兼河南道御史，专练京兵，予总督汪可受回籍。经略熊廷弼疏称辽、沈势难两全，沈阳空城难守，不如还守辽阳，厚集兵力。上谕酌量缓急，务保孤城，遏其深入。巡抚周永春以奴酋挟宰赛为质，且连暖兔诸营，持谕帖激炒花、虎憨，啖以利，及鼓舞朝鲜，优恤将士，疏请帑金二百万，上允。

部议释罪弁郭有光、刘孔胤、麻承恩，各纳马赎罪，往援辽。初，诸边将领多扣空月饷自肥，辽左为甚。经略特斩游击陈伦军中，曰有贪淫如伦，法无赦，一军皆悚。因决策还守辽阳，挑壕筑垣，借水为防。巡抚周永春请添兵镇江，守朝鲜贡道，佐声援。而少詹事徐光启以事多肘掣，疏请上裁，不报。

十月二日，雷震广宁。谍称奴酋方遣奸细，诡女装，谋焚海州粮草，约日截运饷。会辽左大雪，多冻饥，经略檄总兵柴国柱等屯虎皮驿，各路联络扼贼冲，以粮匮请撤回辽阳就食。计是役调兵十八万，岁增饷可三百二十四万金而羡，即陆运车余三万七千辆，用牛七万四千头，费颇不赀。

十一月，奴儿哈赤拥众入龙潭口，且往开、铁驮运窖粟。二十一日巳刻日生晕、两耳及背气二道、芒色甚异，司天失占。而谍称奴酋筑城抚顺边外，方令黄把兔等谋入犯，朝鲜亦报奴酋坚守牛毛寨、万遮岭，广造攻具，结连蒙古、煖、炒、虎墩诸酋，东西分抢。已，又声犯宽奠，镇江告急。

四十八年正月，辽镇新兵全伍脱逃。奴儿哈赤多遣奸细潜伺内境，市夷数报伯要儿、炒花等与奴酋歃血，约虏从三岔河迤东截漕船，奴酋从清、抚犯辽阳，游骑往来抚顺间。

三月十七日，辽阳火药局忽被焚，合城惊扰，本兵得报，张皇分布京师防守。会二十一日暴风扬沙，金谓兵占。已而，奴酋竟寂然。

四月，谍称奴酋潜犯海、盖，且诱总兵贺世贤往援，急攻辽阳。炒花诈称奴酋死，以懈我师，运铠甲赴辽河。

上以巡抚周永春疏，谕添兵广宁。已，又谍称奴酋纠伯要儿、歹青等营入犯，及收江夷为用，窥海道。经略以兵力稍集，主守沈阳，渐逼贼巢。奴儿哈赤未敢深入，佯诱虏睨河西，徐图乘敝，释宰赛往会兵，遣酋子同叛人李永芳时引轻骑出没，至发伪榜招降，诟侮无状。经略秘录转闻，激阁部同仇，兼请恩赉将士。前此议改赞画为监军，并添设金复道，及是始得旨，刻期赴辽。

六月十二日，奴儿哈赤乘经略阅边离辽阳，以万骑由抚顺关，万骑由东州堡入，深至浑河。总兵贺世贤、柴国柱设防沈阳，却之。上特发饷金三十万两。关陕永保援兵踵遝，严檄招抚。亡何，宫车晏驾矣。奴儿哈赤本以孤雏久蒙卵翼，一旦恨天作仇，歼灭自不旋踵。而坐兵饷不继，久稽天诛。肤功有待后人，是可恨也。

论曰：方奴酋长驱开、铁，兵不血刃，即蚩尤用兵无以过，而竟徘徊岁余，不敢越辽、沈尺步，何哉？凡兵以气盛，始吾败军之余，不可复鼓，奴酋得折箠立下。及气久渐定，兵食稍集，战不足而守有余，惟养吾全力，而操纵于饥饱劳佚，蹙之以渐，计彼锐易折，而骄亦可乘，蕞尔一隅，自将坐困。而无奈战守茫无成画也。战而失，则以不能守为战罪；守而廑保无失，则又以不能战为守罪，千人舆瓢可若何？语亦有云：谁为手打贼者？今策奴酋，无以口打贼则善矣。

余尝按奴酋前后事，臆曰：奴酋本以孤雏崛起东方，其人固枭鸷，善用兵，然方侵歹商时，羽翼未就，诸夷未甚服也。初斩一叛夷，献功甚微，而遽爵都督，先为之极，令奴得借以制东夷，日长炎炎，求加秩则加秩，求金缯则金缯，夫奴何厌之有？海西贰，则藉北关之衅以图南关，南关尽则鼓西夷之焰以图北关，诬那酋则以抢妻，诬猛酋则以奸妾，抚顺血誓未干，而忽答已羁建州矣。今日索参价，明日挟车价，朝而弄戈，夕而输款，顺则弃地可还，亲子可质，耕牧可撤，逆则逼婿必争，老女必索，焚劫必逞，必使其出言如转环，用兵如刺蝟，近世诸夷有狡于奴酋者乎？奴据地险，又利尽东夷，华人多为彼中翕。抚臣涛谓习辽则然矣，顾辽今日不自强，而徒望不可知之夷守九百五十里之塞，有如北关并噬开、铁，且虞震邻，又安望奴保塞如今日也。考奴地自吞王兀堂，南邻瑷阳、宽奠，自噉阿台，北邻抚顺、清河，自噉猛骨孛罗，西邻开、铁，与辽壤地绣错。计今乍吐乍吞，未敢讼言与辽为难，尚以北关塞其前，朝鲜拟其后，辽当胸胁，或犄或角，势未十全耳。北关一折而入奴，祸中于辽，岂俟智者决哉！余忆己酉辽日告急，加兵兑马皇皇，奴侵噬在漏刻，已，以归地减车，苟幸无事数岁。癸丑，辽再告急，周章如故。亡何，撤耕归质，且以潜盟罪路将矣。我缓而奴故急，我急而奴故缓，我徒奴缓亦缓，奴急亦急，几若此而不为奴酋讪笑。弃地即未可问，而征边地以输奴速，五百三百，以建州并南关，敕三百六十七道，予之何名也。知缓急之权者，乃可驭奴，则前后在事诸疏，可著廊庙矣。此岁在乙卯，臆语也。今局稍异，因并缀焉。

自　传

茗上愚公者，家茗水之曲，性专而癖，自先世事力穑，而公独酷嗜书。当其坐拥残帙，伊吾自喜。辄私谓天壤间虽有他乐，吾不以易也。及一再试为吏，殚精职业，绝不解以官为传舍。间有以请谒问遗至，面辄发赤反，以是亦时窃民誉，而每为通人所不乐。公亦罢去不顾。归返初服，读书伊吾，与儿曹声相互答。或劝公仕，抱膝长啸不为对。人谓公炙手不知炎，下石不知险，脂膏不知润，且并轩冕不知荣。胸无机械，意无好丑，此殆天下至愚人也。公亦自谓名我以愚固当，然雅能以无私自许。人亦久而以是许之。固共号曰茗上愚公。愚公闲居每好著书，然多杂以兵事，以所历官似是马曹。尝留心掔画，综理其间，虽已归卧，而宿业不辍。齿及辄津津有味乎其言。人谓愚者必专且癖，此亦愚公真种子云。

岁天启元年龙集辛酉夏日书于浣花居上。

跋

忧乐斋主点校《东夷考略》既竟，但觉心绪潮涌。痛感治国与医人同理，而边患与内政相关。对百病交侵之患者，不求治本之道，但用"头痛医头，脚痛医脚"疗法，药愈杂而病愈深，安求其能康复耶！茅瑞征之《东事答问》虽非治本之道，但因久参戎机，深谙边务，超群之见难得纳行。遂使边患酿成国难，良可浩叹。因填《水龙吟》一阕，以聊寄激昂怀古之情。词曰：

密云笼罩江山，凄风狂撼辽东柳。杜松当年，甲重几许，貔貅授首。四路失机，神州振动，建夷恣赳。吊无数忠魂，平沙扼腕，坠天下，形势纽。填膺义愤谁剖。恨贼子，甘寇指喉。赤子何辜，豺狼当路，政失枢久。瞩长空归雁，横卷关塞，临湘抖擞。

丙寅夏月　厉凤舞　识
〔厉凤舞　点校整理〕

《万历武功录》（选录）

按：此书十四卷，明瞿九思撰。作者久居北京，据当时邸报与档案等有关资料，又遍搜各种文书，并访问曾经宦游四方的亲友，集腋成裘，撰成此书。对研究明末清初的历史有一定的参考价值。这里选录了专记海西女真及与海西女真有关的一些资料。据中华书局影印本选载。

王台列传

王台，故王忠佟，海西都督也。永乐初，挹娄夷种来归降，为建塔山、塔鲁诸卫，幸赐都督阿固郎名姓曰李献诚，于是都督皆以李为姓矣。乃延引至王台，海西益繁衍，尽服从台，共推戴台以为君长，以故台得居静安堡外边，颇有室屋耕田之业，绝不与匈奴逐水草相类。当是时，建州有王杲之酋、鹅头之酋、忙子胜之酋、兀堂之酋、李奴才之酋，毛怜有李碗刀之酋，与逞加奴、仰加奴，并皆号为桀黠。台召致戏下，于是控弦之夷凡万余人，往往散居哈塔台柱、野黑、土木河、厦底锅儿间。久之，台遂买二奴妹温姐为妾，二奴乃与杲浸骄，数盗边。先是抚顺备御使贾汝翼抑损抚赏蘖酒及稷米，甚至榜掠酋长，皆有状。杲益鞅鞅，谋入边，欲捕杀吏卒，冀湔雪夙昔之愤。乃自度甲马不足请于台。台谢曰："幸得为保塞吏，正颇忠贞，有如一日以马甲佐若等，即若等藉我稍愉快，我何面目复见汉太师马法乎，若且休矣。"太师马法，夷尊称汉边吏也。杲言："吾不得志于汉东也，以备御故，我何能须臾忘此人哉。"于是退西入略。略古路人蒋四、曹金文等，大率二百五十余人，及畜产甚多。是时王之弼备开原兵，急使裨将孟堂驰台。令台示杲，呕还我所卤略，毋侵害边境。于是台直走建州寨，得徐成等七十二人，马一骑，而杲亦以阎三等一百六十六人，马七骑，还报塞。台为人恭谨，惟恐杲慓桀，至背逆汉。先是上幸从廷臣议，先抚后剿。因逮问贾汝翼，罚参议使李鄂、佥事使王之弼俸凡三月。天威既凛如也。将军乃下令，许杲得出卤略除罪。因复市赏。台即将一千骑诣抚顺关。已，杲亦以三千骑阻山而垒乎，时壬申九月二十八日也。旦日，备御使裴承祖，指挥使丁仿、戴良栋闯大关正告杲。杲乃延见汉使请死罪："吾入塞，实以备御故。今备御既请论如法，累酉何敢复奸将军旗鼓乎。"汉使遂趋杲前，杲皇恐，恐有状，犹豫者久之，相与椎牛以盟。于是自迤南以至马根单堡，悉以属杲。自今杲毋略汉畜产，而汉亦毋受杲逃亡夷。有如先背约，受天不祥。盟誓既定，夫然后并驰关市下，通关市如故约。而给谏朱文科，独以为大损国体，殊不可。明年，上改元矣。前是王台入贡，多盗北虏马。已，委正幸与通婚媾，自是弗复再盗也。久之，土蛮酋长小黄台吉闻台谊至高，以为吾而得与台结连，必所言见从。于是引五万骑诣养加奴："吾来以吾有犬子未受室，若幸为若都督女子地。若许我，我即与若连兵入汉塞。即不许我，我即以数万骑驰蹂败若穹庐也。"乃引兵围海西新寨。台自度祸且迫不可已，幸许诺。于是选奉台马牛羊、甲胄、貂豹皮裘。台赠土蛮及二奴者亦如之。小黄台吉因谢曰："不腆之仪，岂谓丈人无有，亦婚礼始事耳。"是日即筑坛刑白马，徼灵于皇天上帝曰："两家儿女子事，今兹一言决矣。"居顷之，小黄台吉果帅台犯当路塞。台曰："何至是，若今与阿台既有成盟。则开原自今不得易折伤一草木也。"小黄台吉遂还归。自是之后，御史郭思极及给谏蔡汝贤皆后先上书，大略忧深在异时，以为台素称兵强，与土蛮累世不相能，今一旦屈首听命于土蛮，此或土蛮深相结于台，台又或阴通土蛮，以出我所不意，如速把亥仓卒犯长勇故事，此皆不可知。久之，杲复入核桃山台，略苍头军。已，佐来力红，杀备御使裴承祖及裨将刘承奕，虏军士二百余人，语在杲传。于是大司马谭纶请咨制置使张学颜，令台逮捕杲及来力红。亡何，制置使大发边吏车骑六万往击杲，破之，杀略人畜几尽。杲亡抵于高冈。于是海西人加提哈亥、建州人张三桃义，欲入市朝贡，恐一旦伏汉法至不赦，畏甚，乃告急于台。台因使两人款塞，深言："王台亟欲谒太师马法，有所请。乃以王杲发难，恐太师不察，猥以为台或与谋，令监门弗内，即内而所请或即弗从，以故常怀惭负，行未至中道辄反踵走。今吾两人先入谒，台将至矣。"是时游击丁仿视抚御事，即好谓两人曰："必得王杲，而后市事可图也。"顷，台乃帅建州人大疼克、三章、忙子、字罗、卜花、色失、木同哈、那米纳等叩关，悲号于将军股掌之上甚哀，大略与两人语同。制置使乃请开大疼克等市，诏可之。始隆庆末，把其三、佟锁罗可赤借台兵，台常执而戮之，制置使度台必有以报汉。台竟献杲所卤苍头军八十四人，真夷兀黑一人，以兀黑常杀汉官也。已，执杲筱舆传长安。上有诏，诏王台缚送首恶，忠顺可嘉，令加勋衔。转迁二子都督佥事，它赐金二十两，大红狮子绖丝衣一袭。已，大司马谭纶以右柱国请。诏授龙虎将军，视西虏，时乙亥秋也。而台春秋于是乎高矣。台舆图，东尽灰扒、兀剌，南尽汤河、建州，北尽仰、逞二奴，延袤几千余里。速把亥颇有羡心，行卤略。先是逞、仰二奴父孔革为台所杀戮，夺季勒诸寨，二奴乃欺台老，数数有启疆之志，台卒忧愤而死。台生五男，长虎儿罕赤、次三马兔、次煖太、次纲实、次猛骨孛罗，至康古陆则台外子也。是后罕常与白兔赤相仇杀，于是仰加奴等一十三寨，把吉把太等五寨犹属罕。它一切灰扒、兀剌等江，皆为建州诸夷所夺，王氏始脊脊多事矣。初二奴敕书七百道亦属台，自台死，二奴索罕甚急。罕曰："吾父以二奴故，卒用忧愤死，今奈何尚称于后，而云图书乎？"罕竟以死守之，益哭泣思念父，因称引嘉靖中肥河都督打吉六、弗思都督勒忒你，幸赐祭，乃日夜请于制置使吴兑、台御史周诛所，然以籍毁弗可考，于是给与办祭彩缎四表里，以修吊命者。由此观之，非独台忠，罕亦克孝也。

赞曰

世传海西为金辽遗种，岂其然乎？以余而观开原，天所以限北虏也。方王台时，北虏最屈强，卒不敢越海西，饮马于辽沈东南，岂非台能扼其左臂哉！及观台戮把其三，献王杲，则又未尝不壮其忠烈。余故特志之，以示塞外诸蛮夷也。

虎儿罕赤　猛骨孛罗　康古陆　歹商　温姐列传

虎儿罕赤，王台长男也。台既殁，罕赤常与康古陆争父所遗生产橐中装，曰："若，阿翁奸生儿也，岂以若今欲与我颜行而处乎，若不善避我，我杀若。"由此康古陆亡抵于逞加奴，逞加奴幸以其女室之。亡何，虎儿罕赤不天即世，康古陆还归，得其父妾温姐。于是海西之业分给猛骨孛罗、歹商，鼎立而为三，命之曰海西酋。先是建州酋阿台，以台常缚我父伏汉法，今奈何子姓犹令得系丈二之组，横行绝幕乎？当是时，逞加奴、仰加奴亦有积怨，深怒于王台也，往往声欲夺虎儿罕赤生产及朝贡、赏赐，与土蛮罕。已，调瓮可大及借龙虎兔、伯言、恍惚太、著儿兔、老思、卜儿亥、以儿邓、白虎赤兵，略把吉把太等寨马二十四匹、牛驴八头、杀五人、盔甲四副。于是台往事之，曰："相与洗百年之耻，何羞屈膝哉？"久之，竟与北虏约，动数万骑，勃勃入孤山间。顷，大将军鹰击，得二奴首，斩获亡算，语在二奴传。自是之后，仰奴子卜寨、逞奴子那林孛罗，则又以为吾父以海西故既就戮，而我即复与海西共戴天日，则君父之仇之谓何？是时，康古陆亦以虎儿罕赤故，竟甘心于其子，而海西独猛骨孛罗则亲二奴甥，又逞加奴婿也，年少失父孤，而况今已奉一老寡妇依北关，此其势不能无生二心。则岌岌然植海西者，乃独赖一歹商耳。日夜引领而望曰："汉兵庶几其存我乎？"初二奴发难时，我闻制置使周咏及台御史吴兑下令虎儿罕赤，令缚献二奴如王杲故事。其后二奴伏诛，虎儿罕亦物故，于是汉使使者致祭如礼。虎儿罕赤，一名虎儿罕，一名忽儿罕，一名虎儿哈赤，夫罕赤能何及阿翁哉。备兵使王缄之言曰："虎儿哈赤亦尝曾谋弑其父王台久矣。"余之讲于二奴死王台也。

　　猛骨孛罗，王台第五男也，一名猛克孛罗，兄四皆蚤夭，以故猛骨孛罗得袭龙虎将军，为左都督。当是时，猛骨孛罗年十九，幼弱，众心未附，逞、仰二奴窥海西之隙，乘间而起，乃与土蛮约，佯击猛骨孛罗，因以略辽沈开原。久之，竟借瓮可大、者儿、忙吉及白虎赤万余骑，略猛骨孛罗。猛骨孛罗与歹商亦帅二千余骑接战，不能克，杀把吉把太寨三百人，略盔甲一百五十副，焚庄子十所。而猛乞、台失二寨从二奴者一百户。亡何，款镇北关，索敕书，请得部把吉把太、猛骨孛罗、二马兔诸虏。于是台御史李松及大将军李成梁坚不可，使备御使霍九皋宣布其意。逞、仰二奴大怒："弗与我，我必相仇杀亡已时！"九皋益谯让，二奴急，二奴据鞍令白虎赤拔剑，剑伤九皋右股。九皋即反手斩酋长一人，头坠地。虏骑并鼓行而前，杀我军顾二等一十一人。汉伏兵四面起，逼虏，斩获逞、仰二奴等以千数，语在二奴传。是时虏党皆匍匐悲号于大将军所叩头，因献汉人一十三口，愿将军幸哀怜我，赦死罪，悉以属猛骨孛罗约束，有如不可信，请刑白马以盟。于是制置使周咏、台御史李松，皆议猛骨孛罗世受约束，不必复立酋长，以启异时争端。是时海西夷歪卜亦以此请，上幸从之。赐猛骨孛罗敕书，约束二奴子及部落，是岁万历癸未也。居二三年，丙戌，猛骨孛罗部夷札失卜逐水草广顺边外，道逢土蛮及炒花、把兔儿、花大、以儿邓等，夺牛五十头，札失卜直追逐不肯已，乃弃辎重去。是时裨将曹应武等亦拥兵追逐至靖安堡黄泥冈屯，大战，多所斩获。虏杀我军杨名一人，伤曾景春二人，虏詹景、姚住儿等五人。樵夫祁大林等被虏凡二十八人，马牛凡一十五头。其明年，二奴遗孽卜寨、那林孛罗声为报仇，欲杀王台子猛骨孛罗、孙歹商，乃阴结温姐、康古陆为内应。其明年秋，那林孛罗借西虏恍惚太五千余骑围歹商。是时猛骨孛罗与那木大歹议欲顺卜寨、那林孛罗。于是尽携其家室往北关，居十八里寨，益图危歹商，执歹商妻哈儿屯奸收，语在温姐传。先是猛骨孛罗部夷百余人亡抵于歹商，边吏皆大悦。顷议罢猛骨孛罗市赏，而以所遗部夷及田产橐驼、马牛羊尽属歹商，弗从。于是台御史顾养谦，帅总戎李成梁提兵直捣虏营，击破之。斩把当亥首，凡五百五十四级，夺获被卤八人，马九十八骑，盔甲、器械亡算，语在卜寨、那林孛罗传。当是时，歹商新罹猛骨孛罗之惨，蒇处南关。制置使乃令歹商严治兵，以防掩袭之儆。其后卜寨、那林孛罗乃款塞，愿与歹商入马奉贡，保汉塞。而猛骨孛罗及其母温姐请亦如之，塞吏许诺，于是收温姐，以安猛骨孛罗也。

康古陆，王台孽子也。初与虎儿罕赤争父产，以为此阿父奸生子，欲杀之，遂奔逞加奴，逞加奴以其女室之。居亡何，虎儿罕赤以天年下世，古陆始还归，得妻其父妾温姐，由此得分海西之业，语在虎儿罕赤传。是时，虎儿罕赤有子曰歹商，康古陆乃日夜谋欲报积怨。而会卜寨、那林孛罗发难，于是与温姐为内应，以图歹商，因欲乘隙入开原。参将李宗召拥精兵直捣虏营，逮温姐，与猛骨孛罗、歹商讲和，还所卤获畜产。已捕康古陆就吏，是时温姐得遁逃。台御史顾养谦恐温姐去而猛骨孛罗势不能不复叛，而况杀一康酋于我未必益，而北关二孽之疑畏日甚，温姐及猛骨孛罗益远遁不可收，则歹商之势益孤，而东北之间，兵连祸结，殆不可知矣。遂释康古陆，置之开原，其后古陆、温姐，复与卜寨、那林孛罗图危歹商，汉出兵击破之，斩获甚多，语在卜寨、那林孛罗传。先是歹商部夷阿台卜花，亡抵康古陆，以故焚略歹商畜产亡算。是时台御史顾养谦使使者奉檄往谕康古陆，猛骨孛罗及阿台卜花，许与歹商讲和得除罪。虏乃言歹商家室已为猛骨孛罗所奸夺，今岂可与乎，唯汉所请论，商妻终不可复得矣。顷，汉使索之再三不可。已，计乃欲诱歹商至关，仓卒出不意，从中图之。于是李宗召决策，欲驰康古陆等寨，令献阿台卜花，它一切请勿治。因以歹商付温姐、猛骨孛罗。异时设歹商有如一日不可知，不幸身物故，汉将军即拥兵驰若寨问罪也，说者以为不可，竟寝。其明年，李成梁提兵击卜寨、那林孛罗，先使使者谕康古陆、温姐及猛骨孛罗，令与歹商入贡，二酋坚不可。后乃击破之，斩首捕虏至五百有奇。两酋始衽甲面缚请归降，唯恐后。于是释康古陆之酋。始康古陆弃所纳纲实妻孙姐，乃与兀把太。兀把太，亲三马兔子也。君子谓康古陆于是聚麀已甚，而奈何又强夺歹商妻。

都督歹商，虎儿罕赤子也。始康古陆以争产故，颇有深怨于虎儿罕。久之，逞、仰二奴击猛骨孛罗，猛骨孛罗与歹商提二千骑追逐不能克，二奴竟焚猛骨孛罗十庄、歹商一庄，杀把吉把太寨三百人，猛乞台失随二奴而去者凡一百户。自是之后，二奴子卜寨、那林孛罗复欲报猛骨孛罗、歹商，于是大会西虏万余骑，而借温姐、康古陆为内应，语在卜寨、那林孛罗传。猛骨孛罗既携温姐归北关也，则海西之遗业廑以一歹商守之，势益孤。歹商为人气弱而多疑，不能善使其左右，其左右多有离心。以故阿台卜花去康古陆，导之略人民畜产。其后奴儿哈赤又起。先是建州贡夷色失杀札力，遗孤英革养于色失。色失，亲英革伯父也。久之，英革长，欲报先人夙仇，于是弑色失及其妻儿子四人，仅遗儿咬朗一人，得遁逃阿郎太寨。英革觉，乃归奴儿哈赤，并往击阿郎太。阿郎太即杀咬郎求解免，奴儿哈赤竟焚其室庐，略其人畜而去。是时河北夷张海，亦有积怨于奴儿哈赤，尽携家室亡抵于歹商。奴儿哈赤以为歹商何故匿我所仇雠乎，复卤略海西。于是汉使通事董国云晓譬奴儿哈赤以祸福，趋还所卤略。奴儿哈赤亦使家哈失诣汉塞，曩所略人已尽杀死，死者不可复生，独牛四头当遣安塔失偿补，国云令以偷盗酋长先献见，即给马牌如故事，验放入京。奴儿哈赤恐中汉计，坚不可，以为建州纳答赞、小色失、凡永住等，实盗窃汉边，奈何独坐我乎？今其人为佟绰乞所部，傥以属我，我然后可绳以文法，有如一日边乱，吾等称兵辄相追杀，不汉欺也。于是备兵使王缄知此言皆诒我，乃移台御史顾养谦，大略以为歹商不立，则无海西，无海西，则二奴之子北结西房，南连建州，而开原危。河以东且西急土蛮、三卫，东急东夷，腹背受敌，而左右狼顾。镇城之兵分防，两河之间不足，且将东面而防东山，益分益寡，益劳且疲，而胜败安危，益不可测。当是时，康古陆业已就吏，吏乃释康古陆，收温姐及猛骨孛罗，皆所以存歹商也。自是之后，那林孛罗借西房恍惚太击南关歹商，使部夷杜哈义、张三来告，道逢猛骨孛罗以鸣镝射张三。顷之，诸房益围歹商寨，于是裨将王汝征、那继善、吴嗣勋拥精兵二千人，出五里寇河麈战。因歹商声问不可得，乃微使通事崔得忠，部夷把太从南顺山诇歹商。既行至驼河山逢猛骨孛罗伏房，望见太等，皆群起，登山张弓迎射太，太疾力逮一人。初猛骨孛罗焚烧屋居，逼温姐驰北关，汉出兵强夺之，获猛骨孛罗部夷男妇八百余人，尽以付歹商。久之，大将军李成梁往击卜寨、那林孛罗，大破之，两酋愿与歹商讲和，保汉塞。给谏张希皋独恐其言诈，或诒谩我，我未可执以为左券解严，而况奴儿哈赤、恍惚太皆旁居寨，羽翼已成，有如一日悉甲而来，将何以待之，是岁万历丁亥也。其秋，猛骨孛罗令部夷把太、士勒刑白马为誓，还故寨，于是卜寨、那林孛罗杀猛骨孛罗部夷歪卜等十数人，略盔甲十副，马二十余骑。其明年，卜寨借西房以儿邓八百骑，攻猛骨孛罗部夷把吉把太寨，射把太，中流矢死伤二百人，畜产多所卤略。已，复提烟州押不刺及以儿邓男忙谷阃恰等一千八百余骑，驰阿鲁奴台者哈寨，略人畜以千数，于是歹商诣广顺关市下告急。制置使张国彦、台御史顾养谦，即使裨将李宗召、吴希汉、戚杨，召卜寨、那林孛罗及歹商到关，宣布朝廷德意曰："曩时以天子命杀乃父逞、仰二奴，并部曲千余人，夫岂独不能及若等？若等年少，大将军特怜其孤寡，姑待若等以不死，幸以属猛骨孛罗，今不至三年，若等寖骄大，自相仇杀，以致汉法所不贳。今若等能畚自痡，亟以所卤获还歹商，吾为若等请除罪，得贡市抚赏如故，不则兵戈惴惴在颈矣。"是时，卜寨意欲从令，独那林孛罗以为不可，于是借骚达子兵，谋欲分为三枝：以一枝入靖边堡，以一枝入西边堡，以一枝入镇北堡。久之，复念欲待秋收事毕，携家室阄匿兀苏庄，吾等然后引众骑大入汉塞，父仇傥可报塞乎？前是靖安、威远，夙称内边，未尝曾有半马匹策之扰，顷以卜寨、那林孛罗故，枕戈以待，台御史殊以抚为主，复使使者高应魁宣谕如初。那林孛罗犹豫者久之，使部夷兀苏六哈索南关敕书一百二十道，然后许诺。故事：两关皆海西遗种，国初收为属夷，给敕书凡九百九十九道，南关凡六百九十九道，北关凡三百道，每一道验马一匹入贡。中间两关互有强弱，故敕书亦因之以多寡有异耳。初逞、仰兵力强盛，以故北关敕书独多。后王台盛，复大半归南关，而北关才得四之一耳。及台与虎儿罕赤死，延及歹商，势益衰落，而卜寨、那林孛罗强，先已得八十道，竟欲以百二为请，于是制置使欲均平，南关凡五百道，北关凡四百九十九道。五百，以一百八十一道给康古陆，以一百八十二道给猛骨孛罗，以一百三十七道给歹商。那林孛罗犹坚执如故，使奴儿哈赤、灰扒、兀刺，往金奴卜羊，端多合往恍惚太、暖兔、伯言、老思、卜儿亥，约三月草青，共图南关犯边。是时，猛骨孛罗幸与歹商渐合矣，亟使部夷伯羊、阿台卜花告备兵使王缄，缄所以晓譬之益力。闻诸往来者言曰：卜寨欲主和，独那林孛罗以为不可。而虏中亦无定议，或言当和，或言不当和。言和者即亲如左右，疑弗听，言不和者即疏如仇雠，即以为同心亲信犹父子昆弟。于是备兵使访二酋所亲信，阴为之地，卜寨则卜三，那林孛罗则兀苏鲁哈，微召致莫下授事，因厚其犒赏，遣之归。其后果如汉计告二酋，二酋疑此必受汉赂，竟不用两人语。其终欲灭猛骨孛罗、歹商类如此。自是之后，汉亦决策往正其罪，乃悬五百金重赏曰："有能缚二酋，即以所悬金予之。"因令歹商逐张海还建州，以消衅端。久之，奴儿哈赤求婚歹商，汉使歹商许之，欲歹商内倚中国，而外以姻重，皆寝北关之谋也。后北关果大败，始南北关讲和。时猛骨孛罗出歹商妻子哈儿哈等五人，部落庄太卜、思革等三百二十三人，夷妇分姐、猛骨姐等四百一十二人，幼小子女一百三十一人，马一百三十五匹，牛二百五十八头，羊八十一头，盔一百三十二顶，甲一百四十六副，复保故寨。王台之遗孽于是乎赖蒙汉泽厚矣。

温姐，王台之妾也。常与康古陆通，遂室焉。始古陆妻逞加奴女，已纳纲实妻孙。及得温，有宠，乃弃孙去。去歹商。于是三马兔之子兀把太妻之。古陆复强欲争夺孙，兀把太请以橐驼赎，报罢。久之，卜寨、那林孛罗欲入汉塞，恐事泄，乃声言往击猛骨孛罗、歹商，因借温姐，入开原而纵兵，于是裨将李宗召觉，即引兵直捣房壁，微捕温姐，顷解缚，令告猛骨孛罗还歹商妻子及畜产，得讲解。已执康古陆就吏。先是康古陆谋歹商，以故参政使王缄欲枭斩古陆，以惧猛骨孛罗，且猛骨孛罗亲温姐子。顷，议杀温姐，恐猛骨孛罗为母报歹商，于是制置使顾养谦上书，大略以为猛酋故无内畔之意，莫若释古陆生还开原，以收温姐。而况建夷奴儿哈赤业已与歹商通婚媾，可保两关亡它虞。臣愚以为宜释免。诏从之。是时万历丁亥也。古陆竟以四月朔偕温姐还归开原，自是之后，制置使乃使歹商事康古陆视叔父，温姐视大王母如礼。居月余，康古陆竟蚤夭。初古陆以出瘢子，伏在床褥，独惓惓戒部曲毋盗边。已，乃执温姐手泣曰："我死教儿子惟谨，幸毋为北关二酋所仇快，不负汉恩，则吾魂魄不愧矣。"久之，猛骨孛罗果阿从北关，尽欲迁徙其家室往依焉。度温姐遵夫遗命坚不可，乃微告卜寨、那林孛罗，于是使那木太答里佯卤略。是日北关诸夷部果至，猛骨孛罗遂纵火焚烧其室屋，趋治装行。温姐乃泫然流涕，死不往。诸部夷扶持强上马，既然坠地，几伤面貌，猛骨孛罗大怒，拔剑起舞，欲兵之，赖左右救得免。于是尽携其老小，扬扬骑马而往也。后一二月，边吏念温姐年未及五十，素舞智而荒淫，今一旦失壮夫亲寡，势且复合它酋，乃往来者或言往江干，或言投北关，果尔，不能无生得失，于是驱使使者往吊，因诇之，则温姐以乳生花，久下世矣。使者还报曰："温姐以七月初三日卒于北关。"

赞曰

传称：天道无亲，常与善人。王台北服二奴，南制建州，令不得与三卫西北诸酋合，以故北虏无东志，东夷亦无北意，此岂非保塞蛮夷哉！及身死未寒，遗妾温姐荒淫，歹商之业几败康古陆手。傥所谓天之报施善人，是耶非耶？猛骨孛罗不遵遗命，乍南乍北，遗先人羞。假令非虎儿罕赤，则皆何以见阿台于九泉哉！

逞加奴 仰加奴列传

逞加奴、仰加奴，祝孔革子，皆王台所部也。隆庆末，常帅二万余骑，逐水草至上辽河。久之，土蛮提五万骑驰仰家奴新寨，子因求婚王台，台许诸二奴，由此与土蛮益亲贵。居七八年，庚辰，台使部夷大汉等二十余人往江上买松子，道逢土蛮被逮，唯卜当得脱身走，颇知土蛮谋欲略汉塞。于是逞加奴使使者卜厮哈来告。其明年，二奴亦结婚北虏，往往藉为乡导。制置使吴兑发其奸，以二奴渐有叛志故也。其明年，台春秋益高，先是二奴父孔革为台所杀戮，夺季勒诸寨，至是以台老耄，数数有启疆之思，台卒用忧愤死。居亡何，阿台欲报怨于虎儿罕，二奴遂与阿台相扇而起，索虎儿罕敕书弗可得，语在王台传。久之，阿台诱二奴犯汉塞，总戎李成梁追至曹子谷、大梨树佃击破之，多所斩获，语在阿台传。是时制置使张佳胤、台御史周诛以檄示诸酋，令归虎儿罕，听约束如令。居有顷，逞加奴与猛骨孛罗相攻击，制置使使者戒二奴不得欺侮王台诸子，然后许入贡市如故约，二奴乃坚执不从，此其志不在□，以为无猛骨孛罗则我开原藩篱衰耗矣。于是制置使以羽檄征兵，欲往正其罪，因下令严备河西，以御西北诸虏。上亦有诏猛骨孛罗，准给与敕书，约束部落。其明年春，二奴使部夷武速鲁哈驰土妹营，送奉貂鼠二百皮、貂鼠皮袄二、大海獭二皮、青鼠二百皮、蟒衣段二纯、通袖袄二、青布二百纯，借助兵。已，使部夷孛背往龙兔、伯言等告急，亦如之。于是以儿邓报曰：“若许我以皎好女儿子，我即以精兵应若，恶用它谢是为。”二奴复使夷使告土蛮罕：“若助我弑虎儿罕，我以虎儿罕朝贡、赏赐与若，若蚤自图之。”是时威远堡居夷阿哈孛罗等久为仰加奴逼徙北关，堡外空虚，二奴乃提白虎赤等，略虎儿罕所部把吉把太诸寨马二十四匹，盔甲四副，杀五人。还攻旁近把儿计寨，焚烧室庐一所，略男妇四人，牛驴八头。自是之后，二奴复调瓮可大、者儿、忙吉，共图危猛骨孛罗。于是二奴所征兵四面而至，固已万余众矣。并皆扬扬骑马诱猛骨孛罗。猛骨孛罗与歹商亦拥兵二千追逐，被二奴杀三百人，略盔甲一百五十副。二奴益乘胜借猛骨太那木寨兵，略猛骨孛罗及猛乞阿罗、招二必寨，尽焚其室庐田禾而去。于是分巡使任天祚以制置使命，乃赍袄段布锅，裨将宿振武、霍九皋犒二奴，令其悔过自新，得贡市如故。果尔，汉即遣太师巡开原塞，为二奴分剖。二奴具言：“必欲吾两人讲和，请以敕书，及把吉把太、猛骨孛罗、三马兔，一切悉以属我。不然，我虏中以强为霸，仇恨益深，唯有相攻击，至击死然后已。”居亡何，振武及通事刘伯万言，二奴已略猛乞、因革、来力红三寨矣。焚烧猛骨孛罗、三马兔各十庄，歹商一庄。于是猛乞台失随二奴而去，凡一百余家。是时五路、黄台吉、歹青、灰正等，亦聚兵镇静关，声欲略义州、大清，而脑毛大又拥万余骑，请开广宁市。其冬，二奴约土蛮，声欲略开原、铁岭、辽沈，因收猛骨孛罗。于是御史洪声远使分巡使任天祚、分守使曹子朝驰沈阳，郎中赵惟卿驰广宁。顷，宽奠酋长孛勒法约二奴微入汉塞，二奴果帅二千余骑至，先使十余骑从威远堡后台入，为汉语语门者万全，我都督为猛骨孛罗至，若幸（母）〔毋〕鸣炮，鸣炮断头矣。今竟鸣炮，以故二奴未敢深入。已，复借恍惚太二千余骑，驰广顺关，于是攻克沙大亮寨，破之，焚烧夷人畜产亡算，竟生略三百人而去。是时北虏土蛮罕、大耳趁及速把亥儿子等大率十余万骑，皆骑马，声欲略广宁、辽沈、开原、铁岭，而老思、卜儿亥、夷人主卜哈乃以其状告。总戎李成梁即提兵伏中固，去开原可四十里，候炮声接至，即伏起，尾虏骑后，倘退遁巢穴，则环四面而攻之。是日再使备御使霍九皋晓谕，以为复不可抚，吾然后拥精兵数万人，如所策未晚也。顷之，二奴提恍惚太二千余骑，摆甲诣镇北关，去边三十里，请曰："第重赏，唯太师马法所左右。"霍九皋及通事郭仲举、孟承勋乃谯让之："若等既来听抚，则甲骑数千如林，皆胡为者？"二奴报曰："如太师马法不欲就关下抚赏，阿兄弟请以三百余人诣圈门。"于是台御史李松令三军皆解甲易服，微入城授密策，而以李宁、李兴伏东南隅，刘言、李维藩伏南瓮城，宿振武、霍九皋伏西南隅，而台御史及任天祚坐南楼。因与军士约曰："如虏入圈听抚，则张旗志以为号，诸军当案甲勿起。不然者，三军皆鸣炮。若等闻炮鸣，即提枹鼓，鼓行而前，如令。"亡何，二奴果至圈门，据马不驯。台御史奋髯抵几曰："走！"九皋即扯二奴下马。二奴目眦尽裂，视白虎赤，白虎赤拔剑斫九皋，微中右臂，九皋随反手一刀，击一虏首坠马，余党拥前列左右，杀我兵顾二等一十一人。于是军中炮鸣如雷，宿振武、李宁、李兴等闻声驰赴，殊疾力，斩获逞加奴、仰加奴，从贼首白虎赤及仰加奴男哈儿哈麻，逞加奴仲男兀孙孛罗首凡三百一十一级。台御史见为余虏屯结塞上，闻我炮声盛，必生疑贰，乃决策追杀以应外兵。是时，李成梁闻炮声，亦拥精兵驰新寨迎虏骑，大战数十合，击破之，斩首捕虏凡一千二百五十一级，俘获幼夷凡七口，夺获胡马凡一千七十三匹，夷器亡算。余党皆遁走殆如蜚，我兵追逐至二奴巢寨，会莫，撤兵堵围。旦日日出，诸虏皆出寨门叩头，愿从猛骨孛罗约束，即刑白马，钻刀歃血，誓称自今宁万死不敢复入塞，于是献汉人王良富等一十三人，两寨余虏一切悉以属猛骨孛罗。时万历癸未十二月也。其明年春王正月，御史洪声远访诛纳，二奴首果宿全所斩，一切皆如制置使奏。于是以本月十九日常朝之期，御前宣奏捷音。是日百执事皆吉服，大鸿胪致词，行五拜三叩头礼称贺。已，太史为文，遣公徐文璧告南郊，侯吴继爵告北郊，伯王伟告太庙，赐爵赏金币有差，语在阿台传。先是中贵人会极门传奉圣谕：辽东虏贼入犯，声势缓急如何。兵部便马上差人传与总督镇巡官，着用心防御截杀，上紧具奏。是后虏十余万从十方寺深入沈阳，意欲与二奴连兵，大掠金、复、海、盖。汉出兵追逐，击破之，斩首捕虏凡四十二级，夺获马八十一匹，于是乎陛下闻而喜可知矣。仰加奴又名养加奴。

赞曰

以余所闻，速长加，亲二奴大王父也，正德时以伏汉法，枭斩开原市。厥后二奴亦复如之，异哉！《易》称积善之家必有余庆，积不善之家必有余殃。且王台岂不俨然二奴君长乎，肉死未寒，二奴乃计欲屠灭其种亡遗类，谁从哉？卒之，二奴遗孽竟绝，而台之嫡孙，犹血食海西也。于戏！春秋一世为善，十世犹将宥之。余独悲二奴，再世而再不可赦也。

卜寨　那林孛罗列传

卜寨，逞加奴子也。那林孛罗，仰加奴子也。二酋以父伏诛，故不自忍，辄连西虏恍惚太等，勃勃欲报怨于王台子猛骨孛罗及其孙歹商。于是谋温姐、康古陆为内应，语在康古陆传。久之，猛骨孛罗亦携温姐，往归卜寨、那林孛罗也。于是御史许守恩劾奏备兵使王缄，议剿二奴遗孽不蚤，致猛骨孛罗数反覆。有状。上遣执金吾逮缄。缄既到阙下，诏镇抚司即讯，大略以卜寨、那林孛罗初非犯边，未可议征，而况猛骨孛罗、歹商皆年少，缄故欲杀康古陆，以惧猛骨孛罗，且温姐亲猛骨孛罗母，杀之，猛骨孛罗势且必深报。缄故请释温姐，实以安猛骨孛罗。凡所为惧与安，皆主抚者，无非欲存歹商耳，不然夫岂不自知诛两酋之可以为功也。缄又言备兵使任天祚贪功要赏，大不敬。曩时逞、仰之役，虏不至三百人，其它多江上耕与市貂皮者，皆无辜而执以为虏，一旦群辈死于锋镝之下，上复遣执金吾逮任天祚，与缄对簿。先是台御史顾养谦主战，给谏彭国光乃奏养谦不蚤为参论。上诏曰："该镇夷情，顾养谦既与属官异议，何不先期劾奏。姑念边方事重，着策励供职。"养谦乃上书请予告，不从。居亡何，缄亦伏阙下上书，竟留中。自是之后，总戎李成梁亦请告。上诏曰："二奴事情，既奉旨剿处，又皆巡按御史覆勘，原非贪功，朕知道了。李成梁百战忠劳，倚任方切，着安心镇守，不准辞。"亡何，缄与天祚并皆赴镇抚司对簿，皆不实。上竟以缄饰辞展辩，本当重处，念未失事，姑从轻，与任天祚都着革了职，冠带闲住。其明年春，养谦复上书请督臣亲按辽镇，以决抚剿机宜，以便查核功罪，书多不载。上令督抚等官，会同李成梁、顾养谦，协心遵旨行事。张国彦从宜调度，毋得轻虑推诿，致误边计。时戊子二月也。初卜寨、那林孛罗围歹商，制置使以檄晓譬两酋以天子德意，许贡市至备。已，复得两酋所亲爱卜三、兀苏鲁哈，趣说之归降，两酋竟不从，语在歹商传。自是之后，制置使决策往正矣。而会河西米斗金三钱、豆二钱，士马不宿饱，乃出金五千两，属守巡使南走海州，北抵蒲河三百里之内，转豆贮之仓庾，使河东就食，因以饲马。于是河东人始载黍谷趋广宁，谷价稍平。台御史顾养谦复以贾贮谷三千余石，始以十二日，拥精兵数千人及降夷二百人俱东行，一二日抵海州，而道路以冰雪渐消，多沮淖，人马陷足沮淖中辄一尺许，胶不可拔。是时士马来自宁前者，已行五六百里，疲劳甚。而南卫步卒皆新练，当挽车者又尚未集，会莫，即下令休舍。前时汉兵击虏利月明，大将军计日抵开原月当渐沉。太吉、太卜乃谓当以三月往也，于是大将军壁海州，台御史壁辽阳。久之，粮豆辄缘手尽，乃发海州、辽阳仓谷以饷军，豆以饷马，亡虑二十余日而士饱马腾矣。台御史又念军士思家室殊甚，于是虚橐所贮谷三千余石，以佐从征者家室。居顷之，歹商亦告急，乃予五十石。后予猛骨孛罗亦如之。师发有日，然后作军令：令军中不得妄杀一人。时二月已尽，大将军乃自海州乘传来，谓可发矣，于是以三月初六日传发，乃自辽阳发而北也。天久雨雪，沮淖如初。十三日得至开原边。先议屯铁岭，已乃决于开原东郊。是夜令军士毋扰南关，因以白布给歹商，使披肩为号，以便知识。旦日鸡鸣，从威远堡小关门出境，既行三十里至落罗寨。落罗者，北关部夷名也。其寨去二酋可三十里，大将军使使者召落罗，落罗出，叩马称毋杀我不容口，于是以一降旗树寨门。令材官率百金之士十人守之，令军士不得入寨，秋毫亡所利。于是挟落罗与其骑三人与俱，号召二酋使出降。降者得不杀与不入寨如落罗。是时两寨相去皆数里，卜寨已弃其寨，入那林孛罗，坚壁以守。其众奔大城者夹道驰，与我军相杂，我军不敢杀一虏。二酋恃其险，不听谕，而挥其驰骑，比杀我三人，又挥其甲士直前冲我军，大将军始纵兵击虏。游击吴希汉先锋，面中流矢，创甚，其弟希周奋身救，亦被大创，而斩虏骑之射希汉者。我军如墙而进，直捣其城下，虏退入壁，坚闭拒守，矢石如雨，我军多死伤。其外大城以石，石城外为木栅，而内又为木城，城内外大壕凡三道，其中坚则一山特起，凿山坂周回使峻绝，而垒石城其上。城之内又为木城，木城中有八角明楼，则其置妻子资财所也。上下内外，凡为城四层，木栅一层。其中控弦之士以万，甲胄者以千计，刀剑矢石滚木甚具。我兵攻之两日，（撒）〔撤〕其外栅，破其城二层，其中坚，坚甚不可破。而我仰攻先登之士，辄死于大石滚木，大将军乃急下令收兵，而以大炮击其中坚，凡再发炮，内有铅弹，弹所经城坏板穿楼，大木断，壁颓，而中多洞胸死者，斩把当亥等首凡五百五十四级，夺获被卤凡八人，胡马凡九十八匹，盔凡二百七十五顶，甲凡二百八十一副，臂手凡八千三副。我官军亡陈勋等五十三人，伤吴希汉等五百三十五人，汉马死者凡一百一十三匹。于是城中老小皆号泣。我军复以车载云梯，如楼橹直立之，与其中城齐，欲置大炮其上击中城，虏皆丧胆，二酋始出城下马，匍匐悲号，告大将军幸哀怜我，赦除前过，即欲与南关分敕入贡，大将军于是许诺。已，二酋复疑贰，乃言将军果不欲即杀我，愿将军烧云梯，勿复击大炮，毋尽发我窖粮，大将军度云梯重，挽车者疲，不能还，乃烧之，止大炮不复击，而令军中毋复发其窖粮，遂罢兵而还。是日台御史顾养谦使使者金世英、卞成勋、张九经以捷奏。本参政臣叶□□造大炮功，及大将军李成梁与副使臣成□□、臣鲍□□当纪录，游击臣吴希汉当优录，备御臣王汝征当论赏，副总臣杨燮、臣李平胡、臣王维贞、臣孙守廉、臣李宁、臣李兴、臣查大受、参将臣涂宽、佟养正、游击臣刘仲文、臣黄应魁、臣唐伯美、臣胡尚忠、臣涂广、臣胡鸾、臣李应时、守备臣高良弼、备御臣李继武、臣高贞正、旗鼓臣王迓当优叙，中军臣金承武当优录，原任游击臣蒋位、副总戎臣秦得倚身中七矢，参将臣熊朝臣、游击臣史儒、臣秦得贵、臣张世爵、臣吴大绩、总戎臣王尚文皆当复故职事。下大司马王一鹗问状。居二三月，大司马请仪部移内阁赏使者金世英等衣一袭，于是保章推五月初九上常朝之日御前宣捷，遣公徐文璧告南郊，侯吴继爵告北郊，驸马许从诚告太庙，即赐李成梁岁加禄米五十石，升张国彦、顾养谦俸一级，金币有差，赐成逊等金十五两，逊迁俸一级，吴希汉视参将事，杨燮等金十一两，王尚文五两，本兵王一鹗以调度有功，赐金二十两，表里二之，杨俊民、肖大亨十两，表里一之，郎中皆五两。已，授舍人金世英、卞成勋、张九经镇抚，以故事报捷舍余人等，凡报擒斩一百一十五名颗以上，皆授试所镇抚故也。初缄就吏时，言属夷称貂皮、人参税尽，而上不得一佳好者。后验问，貂皮自开原东北数千里而远，江上之夷贩之东北天山间，岁以秋七、八、九月一入中国。必取道海西，行夷遮道分其利，然后入中国。是年海西相仇杀，江夷时有至者罕而稀矣，于是貂亦不可得，颇鲜。

赞曰

传曰：有功不赏，有罪不诛，虽唐虞不能以化天下。信哉是言也。始逞、仰之捷，所以优边吏者为礼顾不重与，厥后至逮捕两备兵使，幸亡验。今诸臣其谁不懔懔于陛下德威并著哉？卜寨、那林孛罗能不及阿台颇远，遂欲图危歹商得乎？亡问歹商故主人翁孙子，即以忠虏之裔，而况海西又属我左臂明甚，堂堂大汉，岂能遽使歹商坐而自毙耶？于戏悲夫！实两酋所以速自毙也。

王兀堂　赵锁罗骨列传

都督王兀堂，亦王台所部也。台最忠于汉，兀堂亦董德与它酋异。当是时，王杲发难，罢市赏，诸酋皆窘困甚。而会孤山有大役，皆去略道上役夫橐中装，因银铛汉人三口而去，行间逢王台及兀堂、佟阿哈，于是夺汉人，捕虏酋六人，并献见守备使郎官，幸赏赉如约。久之，左司马汪道昆巡边，而大将军李成梁奏记长岭、张其哈刺佃子，东邻兀堂，北旁王杲，乃诸夷必争之地。今兀堂不欲争，王杲又不能争，莫若乘是时，移孤山、张其哈刺佃子，险山移边外宽奠子，江沿台移长佃子，仍应接朝鲜贡道。宁东移双堆儿，新安移长岭，大佃子堡移建散，皆筑城建堡，以险山、宁东、江沿台、大佃子、新安地多不毛，军无可耕故也。御史郭思极亦以书请，上幸可之。居亡何，台御史张学颜至其下，兀堂数十酋跪起称："此是虏中住牧处，今既修堡，塞我来道，我众不得入内围猎，又不敢进抢，日食将焉用之？"是时方修十岔口、宽奠堡，兀堂愿以儿子为质，请以此所开市，易盐米布匹，必不敢以虏骑至塞下。台御史恐挠大工，未许诺。其后堡成，始请于宽奠、永奠互市。盖东夷惟米布猪盐，既无马匹，又非违禁它物，与开原、广宁、抚顺迥异，傥以市税之资为抚赏之费，于东夷便，边人亦便，是岁万历丙子也。当是之时，从开原而抚河、宽奠，皆有关市，诸夷颇称宁懿。其后戊寅始盗东川塞，我兵追逐，斩首七级。其明年二月盗会安堡屈守照牛三头。台御史周诛法至严，于是夷人艾马察以所盗牛来献，得除罪。其八月，酋首佟马虎、章金等三百余人牧马松子岭，不入市，声欲候秋深树叶落驰塞，乃先使部夷盗新奠、永奠、长奠，少者三十，多者五六十辈，或白昼公行，或黑夜盗窃，无宁时。以为有如汉兵出击我，我胡地山林稠密，尽捕伏于其间。我第从道左起，截其归路，使汉兵进不得攻，退不得守，将坐而自毙也。亡何，虏骑五十从林刚谷入，我军追逐，斩首二级。先是七月，夷人入市宽奠，参将徐国辅有弟国臣及苍头军刘佐减价，强将市夷榜掠之数十，几死，以故诸市夷怀忿，欲报之怨。于是分守使张崇功告于制置使梁梦龙及台御史周咏、御史安九域，请论徐国辅如法。因使千总陈加宠奉檄驰宽奠、叆阳、青河、抚顺之间，晓譬酋长王兀堂，令约束部落奉汉法，得贡市如初，不则当以大兵捣若巢矣。自是之后，诸夷皆绝迹关市下。其明年春，王兀堂益忿宽奠既建城堡，屹然大观，竟不开贡道马市大赏，殊易我，乃与赵锁罗骨、未合、章金等换箭发誓，必欲击宽奠、叆阳诸城堡。于是大将军李成梁亲提兵备宽奠。其明年正月，参将姚大节新到官管事，夷人胡凌狗上谒，具言董儿寨聚兵欲入汉边。亡何，歪山寨诸夷亦言王兀堂及孛儿赤哈、王锁罗骨、赵锁罗骨连三千余骑，插箭发誓，将治行，入宽奠、叆阳之间，先是孛儿赤哈、赵锁罗骨入犯，毛牦亡所得，以故诸酋必欲如其愿然后已。是时兀堂之众固已七千余矣。乃使部夷损滓圮、凌狗来告，如马法不欲我众入塞，当开朝京金路及大赏则可。不然者，请以新月之一二日击宽奠、叆阳城堡。大将军李成梁颇恶兀堂辞倨侮大不敬，即与游击熊朝臣、参将杨爕驰河东，副总戎孙朝梁亦提大兵至，台御史乃令副使张崇功从征得监军，以三月初二日出兵。其初五日虏以百十余骑从新水冲入尝试我，我军王宗文追逐至滚马岭，斩首二级。是时参将姚大节兵疾驰至，合营，虏乃以六百骑分为二枝，一枝奔叆阳堡，守备戴朝弁及指挥王宗义行捕斩首一级，夺获马一匹。一枝奔黄岗儿岭，宗义躬帅苍头军王廷辅出战，不克，宗义及苍头军六人皆死之，伤王习等九人。其十一日，虏一百六十余骑从孤山台入，深至栅外，见柞木高厚，坚不可破，驰还。其十三日，虏骑至千余从永奠堡、十岔口入，道上吹掌海螺横行，盖亡所畏忌，遂倾折柞木而入，堡中鸣双柳，声闻四达。成梁即以羽檄征副总戎兵并冲锋，直捣诸虏。虏见汉兵盛不可当，辄弃旗鼓走，我兵益乘胜追亡逐北，虏乃尽出塞。李成梁决策欲穷追，于是以裨将秦得倚、孙守廉、李成材、李如梧、李平胡、李得全、张相、查大受、郑应时、胡尚忠等为一字阵先锋，而使游击苏国赋、王惟屏监军，裨将姚大节、黑云龙、戴朝弁、张奇功、王九贡、李世珍、王懋德为二字阵，而使游击刘承武、千户傅汝霖、祝光启监军列左右。成梁与熊朝臣、杨爕、李仲武军居中，复使孙朝梁、宿振武、范芝从佐将军，皆听李宁、李兴旗志所号召。亟下令曰："进，敢逗遛不进者斩首以徇三军。"既兵行至鸭儿匮，去边可二百余里，诸虏皆闷匿故寨中坚壁。顷之，吹掌海螺，复拥精兵披甲上马鏖汉兵，其步虏皆奔走，上山顶鼓噪。李成梁益严军令，令击寨及山。于是汉兵并攻寨，殊疾力破之，杀气蔽空，斩勒勒把都等首凡七百五十四级，夺获男妇凡一百六十人，汉人蒋升等凡六人，胡马凡三百六十一匹，盔甲器械亡算。我官军伤查大受等凡一百九十人，汉马死者凡三百四十五匹。捷既至，大司马方逢时请咨仪部，行保章氏，择四月二十二日大鸿胪于早朝引使者至御前宣捷。且日，文武百官各吉服，候上御门，行五拜三叩头礼。致词称贺。已，太史为文，太常具品物祭告，遣公徐文璧南郊，侯李言恭北郊，驸马许从诚太庙如礼。其四月，御史于应昌访诛纳。先是己卯十二月，土蛮屯洪土城，成梁捕斩凡四百七十一级，语在土蛮传。乃以鸭儿匿之捷并覆奏，与制置使梁梦龙、台御史周诛同事下大司马问状。于是首奏宁远伯李成梁当特加异典，分守臣张崇功、分巡臣周于德当爵赏，臣秦得倚加副总戎，臣孙守廉、臣李成材、臣李平胡、臣李得全、臣熊朝臣请加参将，臣蒋位、臣查大受请加游击，臣李成材、臣李兴、臣李宁请加备御，臣唐朴、臣栗卿、臣曹簠、臣姚大节、臣周之望、臣黑龙云、臣刘崇正、臣涂广、臣王廷钥、臣李芹、臣戴朝弁、臣宿振武、臣张奇功、臣郑应时、臣王惟屏、臣李如梧、臣陈嘉宠、臣胡尚忠请加备御，皆以都指挥体统行事。阵亡王宗文，县官给楄柎费二十金，其所应袭男请升爵三级，为死王事者之劝。上乃诏曰："李成梁累获奇功，着以原荫都督同知并功世袭伯爵，给与诰券。梁梦龙荫一子执金吾百户，周诛荫一子入太学。升张崇功一级，周于德二级，秦得倚等二级，唐升等一级。"

赞曰

宽奠之市，夫岂非王兀堂所请耶？始议市米盐猪布，法如是而止，甚琐碎。卒乃拥数千骑挟我边吏，欲开马市入贡，旋败盟伏诛。于戏！人言夷性犹犬羊亡餍，良然。一兀堂之身，数年之间，乍贤乍不贤，宁不恶负阿主王台耶？传曰："狐埋之而狐掘之，是以无成功。"如有昧乎，为宽奠市事而言也。

奴儿哈赤列传

奴儿哈赤，故王台部也。后叛走建州，带甲数千人，雄东边，遂为都指挥。始王台时，畏德不敢与西北诸酋合。久之，卜寨、那林起，常窥隙略我人畜。于是分守使栗在庭遣通事董国云，驰寨中按验。奴儿哈赤亦使夷使哈失，自言果击死夜不收二人、马四匹、牛四头。汉即欲问人，人已死，死者不可复，赎牛羊，我即问安塔失当如约。顷之，果牵牛二头款塞。国云令以偷盗来献见汉，汉然后幸与若贡市，不而欺也！奴儿哈赤言：偷盗诚有之，实老鸭堡夷纳答赞、小色失、凡永住等，与佟绰乞与俱。彼皆指以为阿寨，今诚得若等属我，我即严为约束，有如一日犯北关，我即往略南关，若及我，我唯有杀略而已。自是之后，给谏张希皋上书，以为奴儿哈赤旁近北房恍惚太，声势相倚，恐卜寨、那林孛罗一日不可知，东连西结，悉甲而至边，何以为备？是岁万历戊子也。其明年秋，逆酋克五十盗塞，奴儿哈赤剑斩其头，并被卤人民来献。制置使张国彦念奴儿哈赤忠顺，乃上书请拜爵为都督佥事，令约束东夷，幸赐敕书。诏从之。先是奴儿哈赤与色失、张海有积怨，色失故杀札力，遗男英革养于色失，色失，亲革伯父也。及革稍长，杀色失及其妻男四人，独色失子咬郎得脱身走阿郎太寨。久之，奴儿哈赤觉，即引兵攻阿郎太，阿郎太杀咬郎，乃焚烧其巢寨而去。是时河北夷张海畏奴儿哈赤诛，往奔歹商。奴儿哈赤以为"海西无故匿我所仇雠，不已过乎？"语在歹商传。其后歹商逐张海，奴儿哈赤遂愿与歹商通婚媾。始奴儿哈赤与北关故凤昔姻亲，终背弃去。幸一日以请婚故，羽翼歹商，于百年故之谊，宁不愉快耶？

赞曰

台之忠于汉也，岂非百世一奇观哉！台死而血骨相残，即海西之业几自危，而况于它乎？况于部曲乎？奴儿哈赤叛台，余不论，独论其献逆酋及被卤人畜，有台风，卒之与歹商通婚媾，羽翼已成，海西得不绝如发，毋乃天假此以报台乎，宜拜爵大都督而称忠顺也。

王杲列传

王杲，建州都指挥使也。隆庆末，建州夷哈哈纳等三十人款塞，请降，边吏幸许诺，于是杲大怒，直走开原塞，塞上闭关严谢绝，弗可得。还归，急治马一、鞍勒一送奉王台，因告曰："幸许我入塞索降人，即不复我与，我即以数万骑蹂汉禾稼也。"台不可，杲强请颇坚，乃微令以千余骑，从汛河迤南以至清河间也。部夷绰乞乃以其状告。于是游击曹簠、把总鲁钝引轻锐之卒捕伏道左。旦日，房骑果扬扬从板场谷来，我兵鏖战，斩首捕房凡五级，夺获牛凡六十六角，马驴二十蹄，杲复遁走，走穹庐。久之，抚顺当开市，而会备御使贾汝翼新到官管事，亢厉不可挠以私。前事，备御使坐抚夷厅，酋长各以次序立，立堂上，因送奉土产，既如例，然后验马，马即见羸弱癐败，使者匿不肯告，于是视善马贾，得餍饱其欲，乃请去。是时杲尤甚乎，常自恃雄长，睥睨河东，久索赏，往往以箭帽充人，及至关市，辄骂坐，大不敬。备御至，起立台前，已，夺蘖酒饮，醉使酒，左右熟视莫敢止。汝翼乃一旦新下令，令酋长下阶，皆不下。龙斗益从诸夷进阶尽一等，争决非故约。于是汝翼大怒，奋鬐抵几曰："走！"即视左右戏土产，榜笞不下者十数人。顷之，验马肥壮异它时，得三百八十余骑，夫汝翼然后喜可知。杲乃鞅鞅引诸酋去乎。既出塞，即椎牛约诸夷，慎勿分散，复入塞，必如汉，请易备御，我乃已。于是诸夷酋少者三四十，多者五六十辈，从东州抚顺间杀略我人民畜产，动以百数。亡何，备兵使王之弼，分守使李鹗，偕开原备御使苏国赋，帅裨将孟堂往谕王台，趋约束杲。杲乃言贾备御独抑损我秫蘖它物，皆有状。台乃躬帅杲盟于关市而后退，语在台传。顷，台御史张学颜及御史朱文科，皆后先劾奏汝翼。上有诏，免贾汝翼官，罚鹗、之弼俸凡三月，是时隆庆壬申冬也。其后甲戌秋七月，夷人奈儿秃等四人来归降，于是来力红追亡至汉塞，问备御使裴承祖，承祖弗与。乃纵三十余骑入核桃山台，虏我夜不收尤清等五人。承祖召来力红到关，趋还我苍头军，亦复不可得。承祖大恐，以为力红故我抚夷也，敢为不恭如此。是时王杲方贡马五百匹、方物三十包，休传舍，度杲必不能弃其辎重，而近修怨于我。乃以十九日将三百余骑诣来力红寨，诸夷遂围之，赖杲与力红救。毋敢动，于是来力红、乔郎及王杲入谒，叩头跪起皆如礼，力红详言：我为马法往问也，失亨罗卜花。然诸夷之众围者益夥矣。杲亦好谓马法曰："幸毋畏，此辈仓卒闻汉将军至，皆匍匐欲望见清光。"承祖乃知杲与力红诈，所言皆绐我也。问若胡乱，呼左右亟兵之，多所捕斩，诸夷亦杀我兵二人，射十余人，杀伤大相当。是时总戎李成梁、副总戎杨腾、参将曹簠，亦将军军抚顺所策应。杲乃帅其子若弟王太等出国臣等三人叩关请和，于是千户王勋及承祖苍头军，闻承祖被围急，乃逮夷人三十九口系狱。把总刘承奕即出塞四十余里，直捣来力红。来力红执承奕并承祖及百户刘仲文剑斩之，剖胸剜心，殊惨烈，时七月二十一日也。于是备兵使冯颙请于御史郭思极，使使者逮夜不收李广到官，具得其状。先是尤清验马，谩取杲金钱弗称意，多退归夷马，以故诸夷酋怨承祖幸中清计，遂乱。于是御史及台御史张学颜、给谏蔡汝贤皆奏对如状。事下，大司马谭纶请绝杲贡市。杲为人聪慧，有才辩，能解番汉语言字义，尤精通日者术，舞智而慓悍。建州诸夷悉听杲调度，杲乃视杀汉官如艾草菅，弗为意。嘉靖中，常后先犯我抚顺、东州、会安、威宁、辽阳、孤山、汤站诸营堡，杀副总戎黑春、提调王三接、李松、备御彭文洙、指挥陈其学、戴冕、王国柱、杨五美、李世爵、王重爵、王宦、康镇、朱世禄及把总温栾、于栾、王守廉、田耕、刘一鸣等，至是杲犹率以为常，乃益用罢贡市事，殊扼腕。而会八月，塞下并皆纳禾稼，杲复率其部酋公行卤略。是时，游击王惟屏驰清河，而诸夷或走刿谷冲，或走场谷口，或走马根单、馒头山，有状。于是守备使孟子仁乃从卖酒望墩，直逐向化岭，疾力战。斩曹阿骨等首五十三级，虏亦杀我军三十七人。会莫，诸军皆止舍。先是大司马谭纶咨镇抚令王台微捕杲及来力红，旦日，台即送杲所卤军士八十四人，夷兀黑一人，兀黑所为戮汉官夷也。当是时，杲所部诸酋，皆以绝市赏故窘困，往孤山为佣工，庶自给。适六七辈走，道逢汉人三口，锄铠将杀之，望见王台、兀堂、佟阿哈，始解缚，于是刑一人，而兀堂即追逐诸夷，得六人，其一夷辄遁逃走，走如蜚。台乃以六人槛车传边，边吏傅廷勋、丁仿、郭梦征请赏王台等有差。自是之后，北虏速把亥、歹青、委正，亦壁刁背山，欲犯辽沈。杲益大会八家儿五千余骑，意欲大举。于是兵巡使贺溱驰锦义，兵备使李松驰宁前，大将军李成梁亦驰抚顺，击牛酒犒军。虏乃先以十五骑从东州五味子冲盗边，杀比丘二人，焚僧舍二间，守备宋承恩乃以赤白囊言状，于是李将军成梁以一军军沈阳，杨将军腾以一军军邓良屯，王将军惟屏以一军军马根单，曹将军簠即提兵驰大冲挑虏战，斩首捕虏四级，夺获牛四角，余虏悉出边。旦日，诸虏复以三千余骑从五味子冲入，我兵四面并起，殊疾力，旗鼓甚都，虏望见汉兵盛，辄皆反踵走，走者大半入杲寨。先是杲九合诸酋，阻坚城以为险，深沟高垒，日夜提逻兵，击刁斗以自卫。诸虏皆自以为得天险，汉兵仓卒不能至。李将军度是时诸虏方蚁聚一寨，我破其巢可坐而就缚也，于是列南西营为阵，类一字二字，然后以初十日用火炮、火枪、火箭如雷直捣其寨，寨中校联颇坚固，即以斧斫校联数层，我兵攀缘而上，虏乃发矢石，弗可当。是时李将军军法严，毋敢逗遛弗前者，我兵亦不避矢石之难，于是裨将于志文、秦得倚、涂广、熊朝臣、王朝卿等登东北面，东北面陷。高云衢、王守道、蒋国泰、朴守贞、彭国珍攻南面，南面陷。其间有高台一座，甚阔大，虏以三百余人趋台上，发鸣镝射我兵。把总于志文中流矢死。我兵益从大将军环而攻之，会大风起，遂纵火焚烧杲室屋五百余间及刍茭，烟火相望，诸虏大败北，我兵乘胜先登，斩首捕虏凡一千一百四级，夺获马牛凡五百二十五头，盔甲凡九百八十一副，往时剖承祖腹及杀承奕者，皆酋长郎忙子、佟保、李指挥、咬当哈、王太，今悉伏诛，道路尽畅快，而旁近塞夷大疼克、三章等尤大喜，并罗列山前，跪起欢呼："赖将军令，毋扰我塞，我寨以杲故久劳苦，不敢近边。今杲寨尽破，灭亡所遗，岂非天赐哉。"叩头谢。时甲戌十月也。上乃诏曰："朕以冲年嗣位，近来边境宁谧，强梁者必绥服，干犯者必诛，凡此武功，岂朕之凉德所致，实赖我祖宗列圣威灵之所震荡，遂克有成。还著礼部择日遣告于太庙。用丕扬列祖之洪

海西女真史料

麻。"于是以十二日丑时告庙，卯时宣捷，请以英国公张溶往。是日迁李成梁左都督，荫一子都指挥同知。迁张学颜右司马兼御史右丞，荫一子锦衣百户。皆世袭，仍各赐敕奖励。升杨兆俸一级，金钱币帛有差。升曹簋二级、杨腾一级，金皆三十两。翟绣裳一级，银二十。张崇功十两，蒋位八两。发马价二万，遣司马梁梦龙犒将校有功劳者，赐谭纶太子少保，金五十两，大红纻丝蟒衣一袭，荫一子太学。迁汪道昆、梁梦龙俸一级，银三十两，纻丝二表里。升所司郎中俸一级，银十两。上又特赐大学士张居正、张四维、申时行甚备，顷以奏辞甚恳准免，各赐银一百，彩缎四表里，纻丝蟒衣一袭。明年春二月，呆乃出。复欲聚众，以报畴昔之事。于是制置使使使者微出寨围呆，呆佯以蟒挂红甲授所亲阿哈纳夺路，呆以故得脱，走重古路，亟治马牛羊、貂皮、杂帛，欲往依速把亥、土蛮。而会抚顺关质市夷逮呆急，呆不敢直走北房，度生平唯王台相得甚欢，意欲假台以为因缘，于是归台。台素忠顺，乃以七月初四日同子虎儿哈，往石三头儿捕呆及家室二十七人，请献见贺兵宪，即以呆系广宁。同知窦文乃核呆敕书，大率一十八道。先是呆犯边，边吏罢市赏，已，乃改名曰科勺，微使部夷请敕，今科勺即呆也。它若王疙疸等四道，亲呆族，并皆发都护使类缴，余悉给属夷如故。于是台御史张学颜，使千总柯万以槛车传王呆伏阙下献俘。赐柯万金三两。呆生阿台、阿海、王太，春秋四十七。上有诏称台忠顺可嘉，授龙虎将军秩，视西房，二子俱迁都督金事，赐金二十两、大红狮子纻丝衣一袭。制置使杨兆，赐金四十两、表里二之。台御史张学颜、总戎李成梁，赐金三十两，表里亦如之。久之，台御史上功，大称御史臣刘台功，以例不敢叙。于是奏兵备臣贺溱、参将臣唐朴当爵赏，分守臣翟绣裳、副总戎臣曹簋当优赏，备御臣高良弼、臣柯万首、马市臣徐永昌、指挥臣戴良栋、百户臣王儒当爵赏，游击臣张志逊、知州臣侯封、指挥臣蒋位、百户臣赵勋、千户臣陈绍先、指挥臣肖汝芝、臣魏世爵、百户臣朱世禄、臣孟堂、千总臣徐有益、臣周思忠、臣王起凤、臣吴嗣勋、百户臣梁金守、千户臣霍九皋、指挥臣王汝征、臣严思忠当赏赉。于是上赐金钱有差。始呆最精日者术，房中皆传呆推五星如神。及走重古路，自推命不当死，然旋至台寨，辄就缚矣。先是汉兵焚呆寨，人以为呆必焚烧死，果尚遁塞外，吹掌海螺，谁谓呆知命也？

赞曰

余考建州置卫，盖自永乐时，旧矣，然未尝曾有倔强如呆者。传曰："无故辄杀人，此上帝之禁也。"以呆而杀戮我汉将军，殆而辞麻。于戏悲夫！假令杲如直诸速把亥，则何可易禽乎？卒走王台，旋就缚，此政天之所以速杲毙也。何乃罪命哉，何乃罪命哉！

阿台　阿海　阿革　来力红列传

阿台、阿海，皆王杲男也。先是，王台以天年下世，台与海怨王台尝缚其父，海亦怨汉杀其兄阿台也，于是诱逞、仰二奴窥汉东北塞，因图危台子虎儿罕。而制置使吴兑、台御史周诏、赍备御使霍九皋赏赐物，布告天子德意，趋还归，二奴坚不可。久之，从孤山堡矮岭冲入，卤三人，射死汉马一匹。已，从汛河白家冲古岭台入，卤二人。已，从抚安堡入，卤四人。已，从大虎头入，射死苍头军徐得母倪一人，夺汉马一匹。制置使亟使大将军李成梁提兵追逐至曹子谷、大梨树佃，诸虏骑接战，击破之，斩首捕虏凡一千五百六十三级。乃下令虎儿罕缚阿台，以绝祸本，语在逞、仰二奴传，是岁万历壬午也。其明年春正月，从静远堡九台沿台入。已，从上榆林堡深入浑河两岸。已，从长勇堡大台南北空深入浑河东岸。是时土蛮及其男伯彦兔，声欲略广宁迤西东，阿台、阿海声欲略汉边，爪儿兔声欲略开原，卜言台周及黄台吉、以儿邓声欲略辽河，青把都声欲略速把亥。于是大将军李成梁使裨将胡鸾备河东，孙守廉备河西，而属分守使张崇功监军，制置使周诏乃以状闻。上诏曰："虏贼非时入犯，着镇巡官严加防剿，务收功捷，毋至疏虞。"顷之，虏骑万余，皆粟马舍剌塔，福余人暖兔、朵颜人小歹青并上飞文。汉使谍者视之，果土蛮男卜言台周及青把都、言兔、大小委正、耿革儿、以克、歹青，往南走大会黄台吉、拱兔、卜克扯臣、奘兔、暖兔、以儿邓，并驰黄河迤北。行间逢东虏花大、炒花、把兔儿、老撒、卜儿爱、卜言顾等亦欲报怨，相聚皆大喜，并皆乘马跳驱，直走辽河，欲犯辽沈、海州、广宁关门，而会西虏把都儿、莽官大、莽骨塞，往专难营祭神，欲深入宁前、锦义，往来入塞，捕杀吏卒，殴侵上郡，保塞蛮夷，令不得居其故。于是分守使张崇功、备兵使周于德、靖四方请于制置使周诏、台御史李松，帅大将军李成梁出边百余里，追袭至古勒寨，击破之，斩阿台、阿海等首虏凡一千三十九级，夺获器械、橐驼、马牛羊亡算。于是制置使及台御史奏捷。顷，大鸿胪引使者至御前宣捷，保章择吉日祭告郊庙如礼。届御史洪声远访诔纳，与曹子谷之捷，后先凡三千三百余级，捕生口住子一人。我兵伤一千五百余人，亡五十余人。于是大司马吴兑覆议，大略以为故事，以一百一十颗为上捷。迩年辽镇捷功，多者不过千余，少者止于数百，今至三千以上，此武功之所独盛者。乃稽首颂陛下威武圣神，及辅臣、本兵、本科运筹功。因首叙制置使周詠、台御史臣李松，独叙总戎臣李成梁，而道部寺则张崇功、靖四方、周于德、赵惟卿，将领则秦得倚、李平胡、李得全、李兴、李宁、李文芹、胡鸾、涂宽、孙守廉、查大受、王维贞、杨燮、宿振武、苏国赋、周思忠、刘言、李如梧、王有翼、王九贡、刘承武、刘秉节、张廉、张世爵、詹承祖、李成材、唐伯美、胡尚忠、岳嵩、霍九皋、凌云，功当叙。上幸赐李成梁岁加禄米一百石，荫一子执金吾指挥佥事，世袭。迁周詠御史中执法兼右司马。原制置使吴兑迁故荫子执金吾秩一级，世袭。李松迁御史右丞，荫一子入太学。张崇功、靖四方迁一级，赵惟卿爵一级，秦得倚迁署都督佥事，李得全视副总戎秩，李宁迁参将，李成材迁游击，刘言、王九贡、张廉迁署都指挥佥事，张朝臣等加备御，王有臣、王惟屏复故职，李平胡等纪录，韩良臣免究，佟有功、李世孝、王善下御史逮问，住子枭斩沈阳市。

阿革，王杲姻亲也，亦以杲伏诛扼腕不愉快者。久之，遂与酋长讨花拥一百六十余骑，从三山寨堡双山台入，卤获樵夫四人、驴二头。汉出兵追逐，斩讨花等首二级，夺获所卤及胡马三骑。而备御使王大璋兵亦至，余党悉遁逃出塞。时壬申七月也。已，犯东州堡，备御史贾汝翼行捕斩首一级。已，复引二百余骑从抚顺弓儿台北空入，参将杨燮提裨将查楠、王景魁、石金兵转战，会阴雾昼晦，恐中虏计，于是捕伏陈王堡。顷之，雾开，大出兵绕虏后，虏皆反踵走如蜚，汉兵追亡逐北，至赵隆屯击破之，斩阿革等首凡一十六级，夺获马一十九骑。我军伤三十人，汉马死者一骑，屯户男妇二人。是时虏骑西犯大静堡，东犯抚顺所，军书甚旁午也。一旦东西皆以捷至，则台御史张学颜，大将军李成梁，可谓能卫边疆者矣。

来力红，王杲部夷也。万历初，鬻贩貂皮、人参、松板以为利，结毂连骑，炫煌于道。左司马汪道昆巡边，常论及之。杲所左右曹阿骨、来力红最慓桀。久之，阿骨入清河，乘边吏所不意。裨将王惟屏觉，先捕伏道左，闻虏骑至，接战，击破之，斩首捕虏五十三级。其明年秋，游击将军裴承祖、千总刘承奕及军士二百余人，客死来力红寨。先是，部夷奈儿秃等四人，亡抵于汉，请归降，汉幸许诺。居有顷，来力红往问承祖，承祖弗与，以故来力红怨之，痛入骨髓，乘莫天黑，逮我樵军五人，承祖、承奕兵追之，直至来力红寨，去边可四十里，被逮凡三日，杀之，首足异处。于是，台御史张学颜以其事请，大司马谭纶令王台逮捕王杲及来力红，以台故忠顺夷也，语在杲传。始裴承祖出塞时，未经请明，冒入虎穴，卒至剖腹视心，最酷烈。及后得剖者乃王杲子王太也，善哉乎！给谏蔡汝贤推言之曰："裴承祖胆有余而智不足。"

赞曰

语有之："拔木者绝其本根，勿使能植。"信哉是言也。以余而观阿台、阿海以死报父兄志，未尝不与把兔儿垀。然譬之于汉，此不过汉一大县，是何足云报乎。来力红，区区部曲，弑我偏裨。阿革以姻亲谊，又不忍忘杲，而况阿台、阿海哉？嗟而土室之人，徒父子兄弟俱毙，亡益也。

〔张云樵、刁书仁　选录〕

《筹辽硕画》（选录）

　　按：《筹辽硕画》共四十六卷，二十四册。明程开祜辑。此书收录万历、泰昌和天启朝内外臣僚关于辽事的奏疏。一般按年辑录。从此书中选出卷首《东夷奴儿哈赤考》一篇，对于研究海西南、北关之间，海西与建州之间的关系，是很有价值的史料。

　　自开原东北，南抵鸭绿江，逶蛇八百余里，环东边而居者，则皆女直遗种，皆辽之属夷，所谓东夷者也。然今之呼女直者凡三种：其一曰海西女直，则故王台之属，今开原南北两关之夷是也。其一则东方诸夷之为卫所甚众，而建州领其名，曰建州女直，今奴儿哈赤之属是也。其极东曰野人女直，去边远，岁因海西入市于开原，虽不入贡，而亦不为边患。

　　先是，海西王台强，能得众，称开原南关酋，北收二奴，南制建州，终其身向化，而东陲以宁。是时，东夷之势在王台，故听其袭祖速黑忒左都督之职，以长东夷。万历三年，以擒献逆贼王杲故，奉旨加授勋衔，与其二子长虎儿罕、少猛骨孛罗俱为都督，赏以金币特优。已，又视西虏例授龙虎将军。及王台死，长子虎儿罕又继死，其子歹商袭职，守忠顺之业。后台子猛骨孛罗与其孙歹商骨肉相残，遂弱。而逞、仰二酋称雄于北，奴儿哈赤称雄于南，且各恃其强，而甘心于王台之后。

　　奴儿哈赤，王杲之奴，叫场之孙，他失之子也。寨在宁宫塔，内城高七丈，杂筑土石，或用木值横筑之城上，环置射箭穴窦，状若女墙，门皆用木板。内城居其亲戚，外城居其精悍卒伍，内外见居人家约二万余户。北门外则铁匠居之，专治铠甲，南门外则弓人、箭人居之，专造弧矢，东门外则有仓廒一区，共计一十八照，每照各七八间，乃是贮谷之所。

　　先年叫场、他失皆忠顺，为中国出力，先引王台拿送王杲，后杲男阿台将叫场拘至伊寨，令其归顺，合党谋犯以报父仇。叫场不从，阿台拘留不放。大兵征剿阿台，围寨攻急，他失因父在内，慌忙救护，混入军中。叫场寨内烧死，他失被兵误杀，因父子俱死。时镇守李总兵将他失尸首寻获，查给部夷伯插领回，又得寨内所得救书二十道，马二十四给领。

今奴儿哈赤继祖父之志，仍学好忠顺，屡次送进汉人一十三名口。万历十六年五月内，贼酋克五十窃犯柴河堡，射死守堡指挥刘斧。巡抚顾都御史牌行分守栗参政，差通事宣谕奴儿哈赤，即将克五十斩首献进，以后验马朝贡。奴儿哈赤祖叫场原领敕书，系都指挥使。后因送进人口，且归心听约束，加升都督职衔，然彼时奴酋祖父为我兵掩杀，尚孑然一孤雏也。此时惟北关之逞加奴、仰加奴最强，遂日构西虏，与王杲子阿台等，以攻杀南关为事。十一年，逞、仰二奴被戮，奴酋于是渐长猰㺄之牙，与二奴子卜寨、那林孛罗遂相角立矣。

二十二年，卜、那二酋思报父仇，又日与南关相（讲）〔构〕，遂反戈以攻奴酋，不谓天败，卜酋竟为奴酋所杀。比北关请卜酋尸，奴酋剖其半归之，于是北关遂与奴酋为不共戴天之仇矣。

二十六年，那酋又攻猛酋，猛酋力不能支，因质妻子求援于奴酋。奴酋利其妻妾部落，悉兵以出，袭而执之，猛酋寄命奴寨几二年。奴酋乃伪以女许妻猛酋，而阴纵其妾与通，徐以私外母射杀之，尽得其所有，此二十八年事也。及我中国切责，欲问杀猛酋之罪，革其市赏，奴酋因悔罪，许妻猛酋子吾儿忽答以女，厚其妆奁，并原抢人口财物，送吾儿忽答归南关。中国原其悔罪，遂置不问。

至三十一年，那林孛罗与白羊谷又纠庄南抢杀吾儿忽答，吾酋穷迫无归，因投奴寨自存。自后吾酋不返，而南关之敕书、屯寨、土地、人畜，尽为奴有矣。迩年以来，奴酋自称恭顺，每以北关戕杀吾酋为口实，尚自托于存孤之义，而实以与为取，以护为吞也。在北关，觑望于南关不得，又怀伊父未报之仇，每以奴酋吞并南关，谋犯内地为词。

四十一年，北关又收奴逃婿卜占吉，而妻之以女，又悔奴酋所聘老女，转欲嫁与暖兔子把哈打儿罕，奴酋于是与北关深恨积怨，益不可解。时中国倚北关为外藩，乃主援北之议，使枪炮手戍金台失、白羊谷二寨，以至奴酋不愤，兵端自此起矣。初则差男莽骨太，带领马步夷人在于靖安堡、广顺关外地方，包寨周围约四百丈。继则侵入柴河、松山、白家冲等堡，拨夷人万余耕种，又继则领夷兵进境，径驰至开原南门外河滩列营。种种跋扈，其目中宁有中国哉？已而破抚顺，夷抚安、三岔、白家冲三堡，覆清河，陷开原，再陷铁岭，在彼势若贪狼，在我御如拒虎，嗟嗟！辽阳一块土半染腥膻，宁不寒心也。

盖奴酋擅貂参之利，富强已非一日。自捕杀王兀堂，吞其地，遂南与瑷阳、宽奠为邻。自捕杀阿台，吞其地，遂北与抚顺、清河为邻。自戕杀猛骨孛罗，吞其地，遂又北与开原、铁岭为邻。自擒杀金、白二酋，吞其地，而我之抚、清、开、铁城堡一空，遂近与辽沈为邻。又兼北关既亡，东西夷虏自此合交无碍，门庭之寇，乃及堂奥矣。及今守辽沈，须复开、铁，而后可固形势，缮甲兵，徐以征剿也。乃宽奠、镇江一带，地虽滨海，而闻乌龙江奴方造巨舰，系以长缆，万一叵测，问渡旅顺、登莱、天津一带，实剥肤之患，可谓虏习骑不习海哉！况年来淮东海运粮储，举积于此，十八万军生死系命，则安得不急屯重兵，不速简猛将，不委任节钺文臣，而泄泄坐视也！杞人愚虑，曷胜纬恤，惟当事者筹之。

〔张云樵、刁书仁　选录〕

《辽夷略》

按：本书一卷，明张鼐撰。作者是万历进士，官至南京吏部右侍郎、詹事府詹事。此书是他于万历年间奉使辽东归后所著。对辽东三卫、海西南、北关，建州各部及各部相互关系，所记甚详。是研究海西女真及其与有关各部关系的有价值的史料。

据"民国"二十二年七月"北平图书馆"刊印谢国桢辑《清初史料四种》选录。

叙　言

余自庚申十一月归途撰次《辽夷略》，记其种落住牧及市赏诸处，盖得之周中丞毓阳全辽图底本，中颇详而核。今者辽沈新陷，朝议纷纷无定画，甚有欲弃河西而守山海者。夫河西弃而山海安能守，此不待智者知之也。窃私叹国家才失一隅之地，动辄四顾张皇，便思缩地自固，别无他策，此其病在我先自弱，视奴太强，我先失中国之势，而遂视奴为不可制之敌国。不知奴于众夷中不过弹丸之一种耳，操纵而颠倒之线索，原在我中国之手。晁家令云："以蛮夷攻蛮夷，中国之长技也。"请就《辽夷略》中考论之。夫从来夷无定主，犬羊相噬，投骨于地，猖然而争。虎墩兔憨为西虏帝，然累岁思邀我贡市王爵，如俺答故事而不得，抱恨终身，岂肯坐视奴帝辽阳，断其市贡之利乎？且以宁前而论之，其革兰泰之一种，凡八枝共四十酋，而领市赏则高台、兴水县二堡也。以广宁、锦义而论之，其土蛮憨一种，凡九枝共三十酋，而领市赏则镇远关也。其瑷塔必一种，凡十枝共四十酋，而领市赏则镇远关与大福堡也。其大委正一种，凡三枝，而领市赏亦镇远关也。其克石炭一种，凡三枝共九酋，而领市赏亦镇远关也。其鬼麻一种，凡五枝，小歹青一枝，市赏则大康堡；额参委正一枝，市赏亦镇远关；耿耿歹青、青歹青、石保赤丑库儿三枝，市赏亦大康堡也。其五路台吉一种，凡七枝共十八酋，而领市赏亦镇远关也。把伴一种入于泰宁，凡二枝共十六酋，而领市赏亦镇远关也。泰宁诸夷虎喇赤一种五枝，长男速把亥一枝，凡二十二酋，直广宁、海州、西平、东胜、东昌等堡，而领市赏则镇远关也。其次男炒花一种，凡九枝共三十余酋，而领市赏镇远关也。至万历四十三年，辽阳、长安堡新开木市，而西自广宁，东至辽阳境外，游牧络绎，是虏亦以木市为命矣。至于虎喇第四男伯要儿一种，凡五枝共六十余酋，对辽、沈、开、铁正北，而市赏俱在新安关，今没于奴，则伯要儿部下六十余酋之市赏绝矣。惟福余夷弱而久不入市，海西南北关夷为奴所并而不开市，则今日每年数十万两市赏，固诸酋所恋恋而不能舍者也。诸酋利吾市赏，便我市易，我之布帛锅口等物，皆彼夷日用所需，而彼马牛毡革非与我市则无所售，然则辽阳一带，实西虏所资以为生，料西虏亦决不利我失辽阳，而今（令）奴得之也。今伯要儿已无市赏之利而思逐奴矣，炒花亦且为我守黄泥洼以拒奴矣，谁谓西虏肯令奴得土地，而已失市赏哉。挑之使斗，亦彼各自为其私情所必至也。今日惟有此一着，可使夷动而我静，夷劳而我逸，我修备修守，而徐乘其敝，宽民力定人心，以为恢复之计。若夫海、盖诸逃民在海岛中者，皆我百姓，决宜安插各岛中，设官以统之，令山东为之接济，使安插共守，以相机会，为复海、盖之后图。移咨朝鲜，整兵以扰其东境，而通贡道。又见奸细藏于兵部提堂中，恐此辈埋伏伺隙者不少，托何神丛，意将何为，危哉危哉，当事者不得聩聩如梦。余是以刻《辽夷略》，而僭题数言，以告实心为国者采而行之。若夫捐广宁与虏而守山海者，亡国危君父之言也，思之心悸股栗。更有言所难尽者，先见早防，是在赤心大（老）〔志〕刻刻留意，如对大敌可耳。近见中州藩臬诸臣弃官而逃，则又惴惴寒心。细思今日之势，苟非徼九庙神灵，呵护社稷，谁复有抛命担当拥卫我圣人者，暗想真堪痛哭，何暇寇在门而室中日日谇诟也。时天启改元辛酉孟夏日题于读书舫中。

辽夷略

宁远前屯诸处踞塞外者曰朵颜，其酋曰革兰泰，八子，自长子影克而下，二曰董狐狸，三曰獐兔，四曰都令满都不赖，五曰兀鲁厮汉，六曰猛首大，七曰鹅毛兔，八曰阿只字罗。影克颇忠实，能约束其部夷。先是兀鲁厮汉、长秃为边患，影克对汉使言，愿汉关吏伺其索赏关下，幸速除之，无敢怨。其后土蛮首难，影克为其耳目，竟被兵死。生三子，长曰贵英，又名长昂，即专难，屡犯屡抚，不能如影克之世矣。生长子伯洪大、次子徕羍大。伯洪大物故，而五子存，曰哈喇木什、曰耳周什、曰文布剌麻、曰速卜得、曰远日（旦）。徕羍大存，而有长子胡喇亥，次子刀儿吉，计七枝而拥兵约五千。影克之次子曰耿奴，故而有子曰蟒金他不能、曰孛只他不能，两枝之兵约二千。影克之三子曰杜龙，一枝之兵约一千。盖影克一派凡十枝，而控弦之骑不下八千人也。董狐狸连结族党数入寇，旋叩头乞哀，就抚赏矣，而反复如初。有九子，长曰伯言莫赖，一名伯彦字来，入寇死关下，次曰把来气、曰把来都、曰蟒固大、曰以巴儿、曰以那赤、曰把塔儿、曰明暗那木、曰老思，计董狐狸之派九枝，而约兵二千余骑，不能当影克之子孙四分之一也。獐兔一名长秃，数犯边，后边人生致之，以长昂叩关求赎免，然旋盟旋背矣。当是时中国悔不用阿兄影克言，先杀之为快。獐兔二子，曰打木、曰打火，而兵亦千余，则又孙于董狐狸诸子矣。都令满都不赖三子，长曰兀鲁伯户，故而有三子，曰阿哈赛、曰阿只布，而拥骑约二千。次曰兀鲁孩厮，故而有四子，曰伯言兀、曰伯户、曰伯亥、曰伯托，约兵二千余。三男曰老撒，拥骑亦千余。满都不赖凡八枝，而骑卒亦千余人矣。兀鲁厮汉初依兄影克，受汉抚赏，然后背恩，入前屯为患。故而长子曰土只他不能，次子曰孛收，凡二枝而约兵千余，则又孙于獐兔二子也。猛首大，故而有三子，曰哈木户、曰那木赖、曰那木赛。鹅毛兔之子曰板大儿、曰阿主户，而五枝之兵数未考，想不似诸派之强也。阿只孛罗之子曰伯牙儿、曰伯言大，而兵约五百余骑，岂长子先出者强，而诸子后起者弱耶。然总是一部，去宁前中后左右塞四五百里，其抚赏也由高台、兴水县二堡焉。故事，三卫世受冠带称臣，岁入贡加赏赍，作我藩篱，为塞外耳目，如传报有验，为边吏得首功者拟迁秩，视汉吏矣。然自长昂、董狐狸反覆以来，大率西就赏，而东寇掠，势聚则大入塞，势孤则假传报以邀赏，要挟无厌，而国门外寇如云矣。余出塞问近日辽中虏情，土人曰："夷性狡而实利我赏。昔年大入边，岁苦之，然每入亦辄不利去，今以恋市赏渐宁息矣。"而时小入为寇偷，我兵捕而杀之，则以为杀属夷，及边将责问而彼此相推避，不肯吐实，此其所为叛服靡常者。又其因东事而拥众挟赏，时时有之，则在朝廷威信，道将权略能驾驭耳。然总不出一抚赏羁縻也。余过前屯，有窦副将军承武者，通敏有机变人也，其抚属夷，坐之堂下，好饮食之，谕以效款护边受上犒，不然且诛杀。诸夷脱帽稽颡唯唯。其曰："夷人重信，我先之以信，便可保他无变更，只如许之牛，断不易之以羊，许之以赏，断不少更易。若绝其赏予，断不轻与之。而大抵褒奖与进之意居多。又时示之以不测，玩之如掌上雏，令其不仰饮食于我不可得，此抚夷之道也。"余听其言，乃知忠信可行蛮貊，非浪语耳。彼弁流解此意，便堪作上将矣。

自宁前而东，我边地渐广，则广宁、锦义诸堡矣，踞塞外者皆朵颜诸部也。其酋曰土蛮憨，号老王子。九子，自长男扯臣憨而下，曰委正黄台吉、曰额参台吉、曰锁迷台吉、曰歹青台吉、曰琵琶台吉、曰莽官儿大台吉、曰卜言大台吉、曰桑阿儿寨台吉。今诸酋皆虎墩兔憨约束之，牧地直广宁，去寨十余里，而市赏皆广宁镇远关。扯臣憨之长男曰莽骨速台吉，即虎墩兔憨之父也。二子，一为憨，约束诸部，而次曰炒兔黄台吉，兄弟约兵三万余骑矣。次男曰毛起炭，存而有一子曰脱脱亥，其骑亦有五千，此莽骨速之派为独盛，而制诸部也。房中称憨如称帝。委正故，二子，长伯言，次伯言大，而约兵三千余。额参台吉故，仅一子，曰召克太，绝矣。锁迷之子，长麦力根，次哈大，亦拥骑二千余。歹青之子二，曰孛赖，曰黄台吉，俱在，而孛赖二子，长扯扯台吉，次张台吉。黄台吉一子，曰噶儿骂台吉，亦拥兵约二千余骑也。琵琶之子曰克什兔、曰阿败，约兵千骑耳。其莽官儿尚存，而有子曰伯言兔，亦约兵千余骑。卜言太存，有三子，长色令，次拱赤，三把兔儿，而兵数亦与琵琶同。桑阿儿寨存，生子四，曰扯扯阿败、曰王儿寨、曰拱革、曰班台，拥骑三千余，而视莽官、琵琶、卜言太三部差雄矣。计土蛮之派凡二十一枝，俱帝虎墩兔憨。憨兵不下三万，而合诸酋兵又几二万，是以为土蛮之种强也。

按土蛮故胡元裔，其父曰打来孙。土蛮崛强自负为俺答君长，而俺答先入贡封王爵，意独恋恋，挟之以兵，二十年恐喝塞上，竟不可得，老而厌兵，死矣犹觖觖曰："他岂不汉子，而我老婆乎？"以故诸子分部骜然起，大率为挟封贡也。然而俺答子孙至今长王胡中，则亦护边之明效矣。直广宁西北而牧，离边约七百余里，市赏亦由镇远关者，其酋曰煖塔必，故而生十子，曰脑毛大黄台吉、曰以儿邓、曰扯臣台吉、曰青把都儿、曰速克赤把兔儿、曰卜言兔思扯赤台吉、曰额儿得你丑库儿、曰阿民台吉，其第十子曰拱兔者，对锦州西北边五百里而牧，其市赏在锦州大福堡焉。脑毛大始为蓟门抚夷，后以寇辽故，挟市广宁关下，辽人竟弗许。脑毛大之长男曰桑阿儿、次曰缩闹，而控弦之骑几七八千。以儿邓故，而三子曰麦力根歹青、曰宰桑台吉、曰桑阿儿寨，而控弦之骑五千。扯臣之子曰卜言歹儿，曰赤劳亥、曰大成台吉、曰色令，而控弦之骑三千。若青把都儿故，而三子曰歹青、曰滚木、曰把剌四气。速克赤把兔故，而三子曰把兔儿阿败、曰宰桑、曰石计兔。卜言兔故，而四子曰耿耿台吉、曰隐克、曰门克、曰果木，三部各拥骑二千。其必扯赤故，生三子，曰花台吉、曰汪台吉、曰滚度参，千骑耳。而额儿得你丑库儿亦三子，曰汪台吉、剌麻台吉、曰锁闹安儿。其阿民台吉在，止一子，曰班旧儿。二部约骑兵各二千余。独拱兔一枝近锦州边者，五子，长以儿度赤、次剌八四气、三色令、四果木、五剌麻，而约兵五千也。盖煖塔必十枝，凡三十二派，而脑毛大、拱兔为强。

离广宁西北边八百余里而牧，从镇远关市赏者，有大委正一枝。大委正为打来孙第四子，尝佐土蛮挟我封贡，而边吏弗予。大委正故，而长男阿惠以入犯右屯，中神枪死城下。次男昂惠台吉、三男墨力台吉，其兵骑无考，然大约今为屠虏，不似大委正时矣。

离义州正北边千余里住牧，而市赏仍由镇远关，则有克石炭一枝。克石炭为字只第五子，数为宁前患而挟封贡。生三子，长男扯臣黄台吉、次男舍刺台吉、三男讨讨败台吉。三子各有二男，盖六派也。扯臣生长子扯扯个、次男章兔儿，舍刺生长子郎索、次子脱力打刺汉，讨讨败生长子姑什、次子木素。而三部拥兵骑约七八千。按先朝土蛮诸夷部屡犯挟赏，而当事大臣决策坚弗予，诚欲藉辽虏以惧西北虏，且使我辽阳卒习兵也。前辈谋国虑远矣。至于今，何辽人之不习兵，而设防奔走无虚日哉。

鬼麻之枝有五，其派十有四。直义州大康等堡四百里而牧，从大康领市赏者，长男都令小歹青也。直义州西北边五百里而牧，从镇远入市赏者，次男额参委正也。额参即乃蛮。直戚家路大定、大茂等堡四百里而牧，仍从大康领市赏者，三男昂翚台吉，四男青歹青，五男石保赤丑库儿也。鬼麻故，而五男独石保赤丑库在耳。都令之子二，曰率闹，即打刺汉台吉，曰色令台吉，有骑约五千余。乃蛮七子，曰专难，即把兔儿，曰占太，即莫力根，曰滚度参，即黄把兔儿，曰炒兔台吉，曰那木赤台吉，曰色台吉，曰脱趁台吉，有骑亦约五千余。耿耿止一子，曰昂翚台吉，兵亦仅五百余。青歹青之子三，曰千里台吉、曰土计台吉、曰敖汉台吉，兵亦约五六百余。而石保赤止一子，曰额参大儿台吉，兵亦仅五百余，大约都令、乃蛮二派稍强，而皆奉约束于虎墩兔憨也。

离广宁镇静、镇边、镇远等堡三百余里而牧，其市赏仍由镇远者，有五路，即郎台吉。故，生七子，曰扯劳亥、曰花台吉、曰逞（台吉）〔吉儿〕、曰把败、曰瓜儿兔、曰宰赛、曰委正，而七子分为十八派，其带甲控弦者大约满万，而独马少，不便鸣镝而驰也。扯劳亥之子四，曰民暗台吉、曰讨讨亥、曰锁懦、曰桑阿儿寨。花台吉之子二，曰莽哈大、曰莽官儿大。逞吉儿之子六，曰苦赛、曰土妹、曰苦参得儿、曰卜艾、曰民艾、曰卜言儿。把败之子二，曰那言脱骨、曰打来台吉。瓜儿兔之子一，曰卜言台吉。宰赛之子一，曰卜言大台吉。委正之子二，曰噶儿骂、阿大台吉。

朵颜卫夷酋有把伴者，先年抢至粆花营，配粆花妹公吉阿亥为妻，遂依泰宁而居，受其驱使。其牧地在广宁东北，离镇静、镇安等堡三百余里，而市赏由镇远关。居久之，把伴死，有二男，长花大、次字儿败，俱死。花大之子四，长煖赤、次伯言兔、三伯言他不能、四伯大。孛儿败之子三，长莽金儿，次敖毛兔，三孩四。煖赤存，生三子，曰伯青兔，曰奴儿木、曰色忒儿。伯言他不能存，生一子，曰毛起炭。盖花大四子而分四派也。莽金儿戮矣，而敖毛兔、孩四俱存。敖毛兔四子，曰专兔、曰莽官儿大、曰莽惠、曰黄官儿。孩四二子，曰色令、曰夜不收。是为孛儿败之派凡六也。夫把伴一枝，虽属秒花调度，而仍系朵颜夷种，其不属泰宁诸夷明矣，故不列于泰宁夷酋中。

泰宁卫之夷酋曰虎喇哈赤，故矣，而生五子，曰速把亥，曰秒花，曰歹青，即伯要儿，曰委正，曰兀班。其直广宁、镇远、镇宁、镇武、西平、海州、东昌、东胜边四百余里而牧，由镇远市赏者，速把亥诸种也。虎喇哈赤之先大父魁猛碢，嘉靖中尝入我刺梨山，至速把亥益慓（忓）〔悍〕，扰边上无虚岁，后以入寇镇夷堡，为参将李平胡射死，斩其级，死时尚披戴盔甲、臂手，级大如斗也。速把亥有三子：长卜言兔，无子；次卜言顾，有三子；其三男把兔儿，有七子焉。二枝分为十派也。卜言兔，一名伯彦务，胡人名多讹音也。卜言兔伤父死，与其弟把兔儿枕戈饮血，而思蹂塞上以相当。后塞上御之，岁苦矣，而把兔儿以镇武堡箭伤竟死，其死之者董将军一元也。卜言顾三子，曰都令，即额参台吉，曰额木素郎，即矮要世，曰古路不四。把兔儿之七子，长额伯革打黄台吉、次曰阿把兔儿、三曰榜什台吉、四曰色特儿、五曰卜兔儿、六曰昂阿、七曰昂奴。而都令之子二，长毛起炭、次秒四乞。额木素之子一，曰搜四。古路不四之子一，曰串木素。凡四派，皆卜言顾之种。额伯革打之子三，曰色令、曰速木儿、曰翔弄。阿把兔儿之子一，曰色令。榜什之子一，曰翔闹。色特儿之子二，曰矮要世、曰把庆。卜兔儿之子一，曰噶儿骂。昂阿之子二，曰阿儿塔什、曰那木儿。昂奴之子二，曰撒鸡、曰色利。凡十二派，皆把兔儿之种。诸夷部约拥骑万五千，而皆受调度于秒花。

其直镇武、西平、东昌、东胜、长静、长安、长勇、平虏诸堡而牧，从镇远关入市赏者，秒花诸种也。自万历乙卯，辽阳长安堡开木市，而广宁、镇远以东，辽阳以西，塞外诸夷落，往来游牧无禁矣。秒花，一名炒哈，一名抄花。隆万间，与妹夫花大为党，而图报其兄速把亥之仇，岁苦我边。然亦屡衄受伤，幸免捕诛耳。而至今秒花诸种为强。秒花生九子，长袄八歹青、次曰把败、三曰额参、四曰剌八时气、五曰歹安儿、六曰端木度、七曰卜塔什利、八曰本卜太、九曰囊奴。九子之派又分为二十六，强矣。袄八歹青之子三，曰色令、曰骨令、曰我儿着儿。把败之子八，曰桑阿儿赛、曰噶儿骂什、曰色令、曰勺叶、曰勺失、曰闵太、曰倒儿计、曰昂阿。额参之子四，曰色令、曰夜不收、曰伴兔木、曰翔闹。剌八时气之子三，曰虎必按剌麻，曰古路木时气，曰于计世。歹安儿之子三，曰长昂阿、曰打败、曰把气。端木度之子一，曰满都失利。木卜太之子一，曰毛起炭。囊奴之子三，曰以克昂阿、曰把汉昂阿、曰额力克昂阿。是皆秒花之种也。今秒花尚在，而计其诸部落兵盖万五千骑焉。

　　直辽沈、平虏正北四百余里而牧者，虎刺赤第三男歹青即伯要儿诸子也，其牧地名猪儿苦周一带，直沈阳、铁岭六百余里而牧，市赏仍入开原新安关者，秒花第四男委正诸子也，其牧地名岳落一带。直关铁西北七百余里而牧，仍入新安关市赏者，秒花第五男兀班诸子也，其地名古路半升户儿大汉把都楼子。然夷性狡矣，时款时服，宁有常哉。伯要儿故，而生五子，长子者卜儿亥也，生八子，曰莽骨儿大、曰得固革儿、曰哈儿寨、曰卜塔习力、曰所南、曰长连、曰莽骨速、曰莽骨，而共约兵三千余骑。次子者耳只革也，故而生四子，长曰锁难、次曰卜塔科力、三曰锁宁、四曰赖卜哈，共约兵千余骑耳。三子者老思也，故而生三子，长曰卜塔赤，有骑千余，次曰歹安儿，有骑五百余，三曰伯安儿，亦有骑五百余，老思三男总二千骑矣。四子者卜儿罕骨也，故而生二子，曰把拜台州、曰火把台州，约兵千余骑。五子者额参大也，生四子，曰锁迷、曰那兔、曰那速户、曰撒哈儿，而约兵千余骑。计伯要儿之种凡五枝分二十一派，而时为辽沈间患苦矣。委正故，而生四子，长以邓儿、次脱卜户、三脱退、四小老思。以邓儿故，有十子，长曰舍刺把败，而有三子，曰果兔儿、曰把什汉、曰刺把什，拥兵千余也。次男哈刺把拜故，而有五子，曰刺伴、曰刺什气、曰什伯兔、曰歹青、曰桑阿寨，而拥兵亦约千余骑。三男妆难生二子，曰得勒革兔、曰色捧。四男妆兔有二子，曰阿卜大台吉州、曰我速苦利，而拥兵各五百余。五男小耳只革生二子，曰果木台吉州、曰歹安台吉。六男伯倍故，生一子，曰朱身。七男果丙兔生一子，曰三袄儿，而亦约兵四百余。八男火把台州故，而生一子，曰抄花，约兵三百余。九男把秃男，亦约兵三百余。十男奴台生一子，曰昂革台吉，而约兵三百余。委正之次男脱卜户者，故而生二子，长孛罗大、次打刺汉台州，约兵四百余。委正之三男脱退，故而生一子曰歹青，亦约兵三百余。委正之四男小老思者，亦约兵四百余。盖委正四男而分二十三派矣。兀班故而生二子，曰莽兔、曰伯言儿。莽兔之子七，曰莽骨大、曰比领兔、曰伯洪大、曰刺把什、曰刺巴太、曰所宰、曰色崩。伯言儿以入犯高平被伤死，而其子宰赛生三子，于万历己未秋七月为奴酋所获。其长男青台州、次男瓜儿兔、三男海来兔，有兵一万五千骑，强矣。而不虞奴之乘其后也，至今奴质以饵其部落云。

　　福余卫之夷今弱矣，当万历丁亥、戊子间，勾西虏为开、铁患，亦中国一疥癣也。乃竟为西虏所残弱，而避居混同江，江离开原边千余里，其久不赴新安关领市赏，积弱不振之故也。先是夷酋生三子，长往四儿、次撒巾、三锦只卜阿。往四儿故，而有子恍惚太。其恍惚太之子曰把剌奈、曰卜敖，而约兵千余骑也。撒巾故，而有子生卜儿炭，亦拥兵千骑焉。锦只卜阿故，而有子主儿者阿，故，生一子曰土门二，约兵三千余骑。夫恍惚太、土门二，皆囊日引暖兔、伯言儿为边患者，然总其部才五千，非附会西虏乌能狼突而讧塞上哉。

海西夷曰北关、曰南关。北关酋曰祝孔革，塔鲁木卫都督金事也。故而生二子，长曰台出，袭祖职，次曰捏你哈，皆故。而台出生二子曰逞加奴、仰加奴，二子皆狡，引西虏为边患，被剿死。而逞加奴有三子，其长子卜寨，抢建州被杀。卜寨之长男则白羊骨，袭祖职者也。其次男卜儿罕骨在，一子牙木台州，皆住野黑寨，离开原镇北关五十余里耳。以逞、仰二酋大创，故弭耳受戒索，由北关贡市领赏焉。且倚我卵翼以抗奴。我开原失而北关因陷于奴，乃我亦失一外藩，而奴更讧也。建议者以为借开原与北关以拒奴，然不思逞、仰二奴昔日何状，而能保白、金之不为肘腋患耶，谭何容易也。按北关仇南关，而猛骨孛罗遂甘就建夷罗网，人皆谓灭南关者建州，而不知灭南关者北关也。南关灭，建州浸强，北关于是渐弱，相构未已，弃弱邻而来强寇，讵非逞、仰、那、卜四酋为谋之不臧哉。然则灭北关者非建州，而亦北关之自灭也已。台出之次子仰加奴亦以逆剿杀，而生五子，长曰那林孛罗，故。次男金台失，领兄兵，生一子得勒革台州。仰奴三男曰赛必兔，四曰阿力木，皆故矣。五曰土木兔，故，生一子曰抽古陆台州。而金台失杀之。故仰奴之后独有金台失与白羊谷，分为二寨也。在台住寨住，亦去镇北关五十里，今并没于奴。或云金台失杀其五弟之子，而又不和于叔白羊骨，遂各相狷而迄于同灭，乃知借开原之说未可为石画也。

南关之夷酋速黑忒，塔山前卫左都督也。故而生二子，长曰王忠，袭祖职。次曰克失音辰。王忠故，而二子汪古罗、汪古陆皆故，克失音辰之子王台袭职焉，生六子，长曰（兔）〔虎〕儿罕、次曰三马秃、三曰往失、四曰那木台、五曰康古陆、六曰猛骨孛罗。虎儿罕故，一子歹商，为北关所杀。三马秃故，子王把太内附，为广宁指挥，改名王尽忠，生二子，长王国勋、次王元勋。往失故，生三子，长阿敏，亦内附为指挥，名王尽安。次伯撒，为奴酋所杀。三宰桑内附，为力木山把总，阵故。那木台子曰召乃。康古陆子曰古莫台州，皆死于奴。而猛骨孛罗袭祖职，升龙虎将军，然与北关构隙，为奴酋计所愚，恋内妻而去其兵柄，卒以出死。长子吾儿忽奔，奴豢之为婿。次子克把库，内附广宁为王世忠，南关之地遂墟。王忠、王台皆忠于本朝。

其子虽灭于奴，而后裔居中国，附塞上，袭冠带者为多树其党类，使自成一部落，恢复祖宗故地，亦中国一藩篱也。

奴酋既诱杀猛酋，收其敕书、部落，北关寨废，而奴酋独强，于是建州之祸乃烈矣。按奴住牧在宁宫塔、红岩子等寨，其通贡由抚顺关，其部夷从抚顺、清河、嫒阳等处随便互市。自吞并王兀堂，诱杀猛骨孛罗，而东自镇江、长奠，北抵开原、威远，凡八百六十里，与边鄙相逼也。其兵不下五万余。古云"女真满万，势不可制"，况今日哉。奴之祖曰佟叫场，建州卫都督佥事也，生佟他失，有二子，曰奴儿哈赤、速儿哈赤。他失死于乱阵，而奴儿升授龙虎将军，有七子，长男曰洪把秃里，为奴杀矣，而一子曰阿古。奴之次男曰贵英把秃里、三曰忙哈大、四曰黄台住、五曰把卜太、六曰阿卜台、七曰把卜海。速儿为兄奴儿囚杀，而二子曰秃龙、曰阿哈，今皆为奴儿管兵，其养成豕突之患者以封号、敕书太隆，而自后以边人不设备而好生事故，渐激其内犯，及抚顺、清河之陷，势如破竹，而将帅不能协心慎重经略，无驾驭纪律，遂一败没而不可救，至今疲海内而卒难为力也。嗟乎，非奴之强，中国自弱耳。夫赵营平之画西羌曰："以臣愚计，迟之十年。"今日之事，十年果足了奴乎哉？

〔张云樵、刁书仁　选录〕

《海滨野史初辑》（选录）

按：《海滨野史初辑》又名《建州私志》，不知作者何人。此书记述明代女真族的源流，女真各部间的关系较详，是研究海西女真的较好资料。据"民国"二十二年"北平图书馆"刊印谢国桢辑《清初史料四种》选录。

建州私志　上卷

建州古肃慎地，即女直部落也。在混同江中，东濒海，西接兀良哈，南邻朝鲜，北至奴儿干。其地有长白山，横亘千里，高二百里，山上有潭，周八十里，南流为鸭绿江，北为混同江，混同在开原城北千五百里。又有松花江，在开原东北千里，黑龙江在开原西北二千五百里，与混同皆南入松花江。山川雄伟，宜有异人发祥，金元偏据，不足以当之也。元于其地设诸府路，领达达及女直人。明洪武二十七年，女直野人部寇辽东，上命宋晟、刘真讨之，时天下初定，声教未讫。至永乐九年，遣将驾舰至江上，召集诸酋豪，饵以官赏。于是东旺、佟答剌哈、王肇州、琐胜哥四酋率众降，始设奴儿干都司，以四酋为都指挥，领卫所三百八十（二）〔四〕，皆令三岁一朝贡，官赏羁之。又于开原城置马市，通交易，稍给盐米布，使保塞。各路皆有水陆城站，自汤站东抵开原，为建州、毛怜、海西、野人、兀者，皆有室庐，而建州最强。建州、毛怜本渤海氏遗裔，善耕种织纺，饮食衣服颇有华风，建州尤善治生，其左、右二卫最无赖。大抵东北诸裔，建当要害居中，与诸夷势相联络为犄角，而五岭、喜昌、石门诸隘，人骑不能成列，彼中恃为咽喉。

永乐间，开原降虏杨木答户者，率数百骑奔建州。已而建酋李满住款塞，求内附，驻牧苏子河，日强盛，渐为边患。永乐末年，边计渐弛，诸酋多叛去者，一岁犯边至九十七次，杀死吏民十余万。

宣德初，复招降诸夷，辽东守臣请以建州老营地居之。老营者，中朝采取人参、松子地也，名东建州（《酌中志》略载国初有旧辽阳地，疑即此），自是岁遣使入贡以为常。

正统中，（乜）〔也〕先猖獗，附之入塞，侵辽东西。景泰中，老酋多死，中朝以（乜）〔也〕先之乱，诸夷乘乱侵掠，于是入贡时宴赏大减，以故怨忿思叛。

成化二年，建州人董山入寇辽东。三年，命武靖伯赵辅等率兵五万讨之，山降，送京师，放归广宁。辅曰："山不可宥，请诛山。"九月分兵三道进剿，朝鲜亦遣将万人遏其东归，擒斩山，俘获千人班师。先是开原指挥某受海西人散赤哈珠玉、豹皮。赤哈上番书，兵部移文辽东守臣勘之。守臣招赤哈面折，既又为开原守将周俊所愚弄，赤哈大怒。会建州三卫女直欲报山仇。借海西之势，合兵犯边，大掠凤集诸堡。报至广宁，巡抚陈钺惧，俟寇去，始赴辽阳，适近边虏人也僧格等十八人入贡，钺欲掩罪，皆收系狱，捶死也僧格，屠其各寨，乃以捷闻，夷益恨，乃大入塞。汪直以往抚可邀功，太监怀恩言宜遣大臣同往，因命兵侍马文升相机抚剿。文升至，追入贡夷，谕以朝廷德意，被屠之家各给牛、酒、布帛慰之。直至，虏已解散。直怒，诬奏文升，言囊在镇不与易农器，故屡寇边。文升言所禁者铁器，非农器也。不听，文升得罪。时钺附直幸进，虚张边警，请出师，命朱永为总兵，钺提督军务。十五年十月，建州头目六十人来贡，直诬以窥伺，奏请拘之。给就鸿胪演礼，入门以三校擒一就缚，监禁在卫。虏出不意，壮者逃匿，唯余老弱，或杀或系，献俘升赏。十二月，建人以复仇为词，深入辽阳，杀男女皆支解之，或碓舂火蒸，以雪怨，边将不敢与战，辽地骚然。

嘉靖二十四年，兀良哈纠建人寇辽东，自是以后，复套议起，（拖）〔迤〕北多事，女真诸部一二蠕动，终嘉靖之世，幸无沸唇。隆庆五年，中朝从王崇古之议，封俺答为顺义王，至是始内属。十二月，东虏寇辽东，李成梁破之于卓山，斩首五百八十级，大创而去。

万历初，张居正在政地，总兵李成梁任辽，阃内外声息相通，边臣效命，虏人辄大创之，诸夷慑服。元年，成梁筑宽奠等六堡，其地北界王杲，东邻兀堂，去瑷阳二百里。辽抚张学颜按视，数十酋环跪，愿质子，所在易盐布。学颜疏请听市。自是开原而南，抚顺、清河、瑷阳、宽奠并市。属海西者王台主之，属建州者兀堂主之，颇遵约束。自俺答封后，其属击能亦修贡，因贡为市，交易不绝。东自海冶，西至甘州，延袤五千里，无烟火。近疆屯田，垦治如内地，岁省粮储无算。初独已土蛮，速把亥援俺答例请封不许，故骄倨耻言修贡事，屡年入寇。

二年十一月，复纠建州属夷寇辽之清河，王杲诱杀我裨将裴成祖等，督府张学颜与成梁直捣红力寨，斩首一千一百有奇，获牛羊无算。是年杲纠虏复入，曹簠击之，获二十八级，杲乃走素所善东夷长王台所。开原兵备贺溱宣谕台，台向忠顺，遂与其子虎儿罕执杲送境上，槛车献俘，诏磔杲，加台龙虎将军，二子并进都督佥事。当时台所辖，东尽灰扒、兀剌等江，南尽清河、建州，北尽逞、仰二奴，凡数千里内属，保寨甚盛。

八年，建州兀堂犯暧阳、宽奠，成梁逐之，出塞二百里，斩首七百五十级。兀堂复犯林刚峪，副总姚大节复败之。自后兀堂等遁伏，建州稍稍弱矣。前王台既诛王杲，杲子阿台服之。台叔王忠又戮祝孔革，革子逞加奴、仰加奴亦服，台以女妻仰，卵翼之。后二奴欺台老，台子虎儿罕好残杀，二奴遂叛。阿台亦怨台之缚其父，叛附二奴，因尽夺季勒诸寨，其仰加奴等十三寨，止遗把把大可五寨属台，余俱云翔不受台制，南关势蹙，台竟忧死。台孽子康古陆与虎儿罕争斗，逞奴助之，罕借兵黄台极，黄阳助之，而阴收其部夷，白虎赤等自益。罕亦死，二奴因数掠孤山、铁岭，成梁勒兵出塞，大破之于曹子峪，得一千三十九级。

十年，上念台忠，特赐谕祭，给彩币四表里。台居开原东北，贡市在广顺关，称南关。二奴居开原北，贡市在镇北关，称北关。开原孤悬，扼辽肩背，东建州，西恍惚太，二夷尝谋窥中国，而台介东西二夷间，扞蔽不得合。中朝因听其袭祖速黑忒右都督，加龙虎将军秩，耕牧三十年，东陲晏然。台死，南关势孤矣。

十一年，王杲子阿台纠虏入沈阳城南混河，成梁驰往虎皮驿，阿台往纵掠混河口，徐引去。成梁乃勒兵从抚顺王刚台出塞，直捣古勒寨，寨在塞外百余里，三面壁立，壕堑深固。成梁用火攻其中坚，经两昼夜，射死阿台，别将秦得倚等前破阿海寨，诛海。海，毛怜卫夷，与台济恶，亦枭虏也。是役得级二千余。时二奴亦值冰坚入掠。都御史李松密与成梁计，伏兵中固城，松坐南楼上，先期命参将宿振武、李宁等夹四隅伏，遣备御霍九皋往谕。约曰："如虏听抚，则张帜按甲勿起，闻炮声则鼓行而前。"至期，二奴拥骑三千余，扎镇北关请赏，以三百骑诣圈门，颇横恣，目白虎赤剑砍九皋中臂，九皋反击，一虏堕马，于是炮发（复）〔伏〕起，前斩二奴及白虎赤等，逞奴子兀孙孛罗，仰奴子哈儿哈麻俱歼焉，得级三百十一。成梁闻炮亦至，获级千二百五十二。自是海西折服。阿台既死，其子孙息肩数年。而二奴遗孽图报仇，连西虏侵掠部夷及王台孙歹商，数入威远、靖安堡，挟索贡敕如二奴时矣。

十五年，王台孽子康古陆，向叛奔逞加奴，至是乘虎儿罕死来归，妻其父妾温姐，与猛骨孛罗、歹商鼎立。猛骨，温姐出也，猛骨以母故，亦助康攻歹商。兵备王缄勒兵执温姐及康，已而释温姐，而猛骨为北关诱胁，从那酋夹攻歹商，自焚其巢，劫温往十八寨去。巡抚顾养谦奏革孛罗封爵，成梁从威远堡出塞讨叛夷，多所杀伤，二酋始夺气，倒戈乞哀，释不诛。兵备成逊请并释古陆，以存歹商。因释其罪，使和歹商，诸酋见释康，而又畏我，因重歹商。遂谕康曰："中国立歹商以王台，囚汝以助北关侵歹商也。汝亦台子，终不忍杀。歹商安危，汝实任之。"康唯唯，使刑牲以盟。又进卜寨、那林孛罗，使者谕之，为均北关敕。盖自永乐来给海西属夷敕，由都督至百户凡九百九十九道，按敕验马入贡，两关酋领之。二奴强则北关多，王台强则南关多，今无论强弱，南关五百，北关四百九十九，差缩其一，存右南关意。已而康酋、温姐相继死，成逊遂令北关之卜寨、那林，南关之猛骨、歹商，互相结释恨。歹商遂与建州奴儿哈赤婚。哈赤，佟姓，建州枝部也，祖叫场，父塔失，并从李成梁征阿台，死于阵，成梁雏畜哈赤，哈赤事成梁甚恭。顾为人忍询多智，幼时已有异志，及长以祖父故，予指挥职，势埒南关。后稍蚕食张海、色失诸酋，因与歹商争张海，连兵不已，至是约婚罢兵。哈赤以婚歹商入贡，又以斩叛夷邱五功，乞升赏。特进都督金事，遂雄长诸夷矣。嗣后北关卜寨与南关歹商仇，终不解，而哈赤与那、卜二酋构，会卜酋歼歹商，中朝谋剿不果，哈赤竟殪卜寨以闻。

二十九年秋，哈赤请补双贡。时建州日益强，渐有并海西意，而北关那林与南关猛骨方酣于斗，猛酋不支，以子女质奴酋请兵，那酋恐，布飞语谓猛酋且执部夷，以激怒奴酋。建人果信其言，且心欲收渔人之利，遂执猛酋置寨中，尽掠其资，寻诬猛奴私事，射杀之。中朝宣谕，则愿归猛酋次子革把库及部夷百二十家，又愿以女妻猛酋长子吾儿忽答，于明年三月受室送归。至期，建人于抚顺关外刑白马盟誓，抚忽答保寨，那酋亦归原掳敕书六十道，请补双贡如故事，而吾儿忽答名曰抚养，仍羁建州寨，南关不绝如线。北关那林、白羊骨乃约婚西虏宰赛自托。建州益旁啮朝鲜及黑龙江上诸夷。

三十三年春，李成梁议徙宽奠新疆居民入内地，并新疆为瓯脱。于是将鸦鹘关外，鸭绿以西，宽奠以东张其哈喇佃子等处地数百里，掷之建人。巡抚赵楫实从臾之。副将应祺争之，谓成梁曰："宪庙时韩斌为东协，开阳明台、木闸岭等屯垦，复于清河地方设立城堡，置守御兵六百余员，又建鸦鹘关，限奴出入，去奴寨八九十里，地界稍宽。夷夏之防比前愈密。嘉靖十九年，何权为备御，武备渐弛，遂退地数十里，山上立碑为界。万历间公为总兵，开辟宽奠、大奠、长奠、永奠、新奠，稍复旧境，论功拜爵。今王兀堂张其店哈喇、泊唎咧跪等处，有军人屯种，成家乐业，与内地无异，一旦议徙必将惊震居民。况边方土地，尺寸是宝，夷人无厌，我退一步，彼必进一步，揆情度理，大有未便。"不听。应祺抑郁而死。其年冬，镇抚行文招徕居民，民安土重迁，几至激变，如应祺言。乃率军丁数千装塘驱之。随焚其室庐，毁其器用，强壮之人大半逃入建州，仅得老幼孤贫六七万人，金派辽镇。二十五卫安插事闻，镇抚以招徕叙功。时居政地者四明沈一贯也。

三十四年秋，建人强勒清河参值，复争入贡车驾，语狂悖，边吏始仓皇请兵设防。而朝鲜亦报警。海夷回波诸部俱苦之。韩因以弃地（陷）〔陷〕房，（効）〔劾〕成梁。时熊廷弼按辽，着令勘报，廷弼据石碑，全辽志题覆，未结。李奇珍亦有疏论之，不报。盖扼于沈也。

三十六年三月，海西、建州二酋入贡，奴酋混入猛酋部领赏，礼部验得实，时奴酋二年失贡矣。主事叶世英言："奴强日炽，镇江、宽奠之间逼近房巢，必先壮其声势，乃能伐其狡谋。"戎政尚书李化龙亦言："辽左危在旦夕，皆因高淮扰民激乱，以为奴酋之资。"四月前屯军变，欲杀淮不果。五月淮复差舍需索锦州军户，军户杀舍。侍郎杨时、乔立言，有旨撤淮回京。

三十七年十一月，建州遣子莽古大以万骑修筑南关故寨，已而阑入靖安堡，闻那林字罗子金台失新立有备，去。已，又勒骑往抚顺关胁蟒缎、牛、酒，又勾西房宰赛、暖兔等窥开原、辽阳，边吏告急。御史请急抚北关，收宰、煖以折其谋。

三十九年冬，建州请遵谕，愿减车价入贡，及还张其哈喇佃子弃地，科议请释建州为外惧，姑置侵地，报可。

四十年，奴儿哈赤杀其弟速儿哈赤，并其兵，复侵兀喇诸酋。

四十一年，奴酋图其婚卜台吉，因率所部投北关，金、白二酋匿之。而奴酋益垦南关旷土，图窥，并纠四酋宰、煖二十四营，尽甲驰清河间，辽告急，征蓟兵五千往援。而奴酋已好语谢，都御史张涛，谓抚安等区耕牧日久，请奉约，新垦者概罢。涛揣情形上书，称北关近开二衅，其一东酋求婚北酋老女，北关坚拒不与，会卜台吉来奔，北酋即许婚老女，卜酋逊谢为别婚，东酋乃忿以匿通婿为辞。其一金台失有女为兄那林字罗收养，嫁宰赛反目，顷金酋故杀那酋妻，即宰赛之外母，宰酋乘隙挟求老女赎罪，老女矢以死守，宰酋忿相攻。北酋怨奴酋贿结，请释二恨，无养痈东建也。时金、白二酋来告急，别将曹文焕为潜盟，给以火器，奴酋计縻我兵，北关乃可图，则益遣子骨里诉不背汉，耕牧无敢淫于异日，愿质子为信。上书讼北关匿婚状。涛以为然，遣官往申谕。奴酋遵谕以第七子巴卜海为质。巴卜海乃奴酋亲子，妾真奇生，亲巴卜太弟也。听朝议进止。其北关匿婚敕发完聚，当永纾辽患。时涛甚侈其功。未几，奴度我弛备，即严兵围烧金、白十九寨，我师援不时发。总督薛三才乃疏争往辽失策，弃南关不救，一之为甚，北关再折入奴，东方忧滋大。时奴质子固在，而已易志矣。三才请募兵二千分屯开原诸堡，以待其变。御史（瞿）〔翟〕凤翀疏称："奴意不在婿与女，特借负匿两端为北关罪，似不必逢其不注意者，强北关以必从，以天朝作外夷撮合，名污而体褒。今宜急救开原，以千人驻清河、抚顺，直逼奴巢，以壮声援。"报可。奴酋闻之，即撤兵诣抚顺，诉负婚，自明无他意。时北关为西虏剽掠，部落苦饥，投奴甚众，即金酋从兄亦往，奴抚慰之，给牛种，诡诈莫测。我以火器助之守，并贷以豆谷食锅，北关始有固志。

四十二年，建人益勾西虏图北关，而暖兔乘机挟老女，北关愿与暖兔子缔婚。当事谕姑留老女系两酋心。奴酋狙诈，每发兵以围猎为名，志不在小，而涛终以风闻为妄，谓北关开原，本觊东夷参貂、东珠之利，诱匿卜酋，成骑虎势，奴酋富殖，辽人久为所用，我奈何以疲兵匮饷为北关守老女遘婿。且北酋为我守二十里之辽东，奴为我守九百里之边，东奴心失，又增辽阳九百里之边患，是为无策。御史董定策谓涛误信虏款，以质子为奴所轻，聊以解嘲耳。已而奴复耕前罢垦地，参议薛国用力主驱逐。会新抚郭光复莅任，蓟门援兵相望，奴遂遵谕定界，将六堡退还，大书番字碑阴，自明年不敢复种。部夷有盗瑷阳马者，建人戮之碑下，以示恭敬。

四十三年，北关白酋以老女婚暖兔子，奴发兵争之，以前求婚不与也，北关危甚。御史王雅量曰："向救北关，恐藩篱一撤，奴、煖合而辽不支。今奴、煖争婚，北关依强援于煖，我兵宜设防辽阳以东，侦奴进止，奴或不听宣谕，我督北关约暖兔从南关入，大兵从清河、抚顺分道而东，奴亡可待也。"未几，奴罢构兵。

董其昌曰：建之图北关，意在全辽也，而借口于老女，边臣方幸其鹬蚌，恬不知儆，何其愚哉。

钱谦益曰：万历间，闽中董侍郎崇相为吏部郎，辽左全盛，建人方驾车入贡，崇独策其必叛，每逢边人相辄问辽事，咨嗟太息，若不终日。福清当国，崇相遗书极论边事，谓建州之□□四五年奴酋有歹商，德明之元昊也。又言金人两道伐宋，以四月举汴。今之灾异，不下宣政，今之边镇，只恃一辽，一旦有事，内虚外弱，首尾牵制，何恃而不恐。金再举而宋虏者，以不听李纲，散遣勤王诸将之故，今可泄泄不早为之所乎？承平日久，颇以崇相言为不祥。越六七年，建人发难，崇相之言若执左券。天启改元，辽阳陷，袁自如以邵武令入计，匹马走山海，周视形势七日夜而返。崇相邀过余邸舍，共策边事，夜阑灯灺，僮仆僵卧，崇相拍案击节，残灯吐焰，朔风烈烈，射纸窗。迄今二十三年，势日益横，自如磔，崇相死，而吾哀已甚，不知何所终也。癸未三月。

〔张云樵、刁书仁 选录〕

海西女真史料

《殊域周咨录》（选录）

按：此书共二十四卷，明严从简辑。书中主要记述明朝边疆地区和四周一些邻国的历史、地理、民族、风俗和社会生产等情况。这里只选录了卷二十四的女直部分，此部分记载明代女真族的源流、各部分布状况和相互往来以及明朝政府在女真地区设立统治机构来统辖女真各卫所的情况。

选自"民国"十九年五月"故宫博物院图书馆"本，八册（函）。

女　直

东北夷

女直，古肃慎之地，在混同江之东，后汉谓之挹娄，元魏谓之勿吉，隋唐曰黑水靺鞨。唐初，渠长阿固郎始来朝，开元中，以其地为燕州，置黑水府。其后，粟末靺鞨强盛，号渤海，黑水往属之。及渤海浸弱，为契丹所攻，黑水复擅其地，即金鼻祖之部落也。初号女真，后避辽东兴宗讳，改曰女直，臣属于辽。部族散居山谷，至阿骨打始大，易部建国曰金，灭辽伪都于渤海上京。至海陵，改为会宁府。金亡归元，以其地广阔，人民散居，设水达达等路军民万户府五，以总摄之（又名合兰府）。

本朝永乐元年，遣行人邢枢偕知县张斌，往谕奴儿干，至吉烈迷诸部落招抚之（吉烈迷进女色于枢，枢拒之不受）。于是，海西女直、建州女直、野人女直诸酋长悉境来附，授督罕河卫令马吉你为指挥。上谕胡广等曰："朕非欲并其土地，盖以此辈自昔扰边，至宋岁赂金币，卒为大患。今既来朝，从所欲，授一官，量给赐赉，捐小费以弥重患，亦不得不然。"乃诏，自开原东北至松花江以西，置卫一百八十四（曰建州、曰必里、曰毛怜等名），所二十，为（坫）〔站〕为地面者各七。选其酋及族目，授以指挥、千百户、镇抚等职，俾仍旧俗，各统其属，以时朝贡。寻复建奴儿干都司于黑龙江之地，设都督、都指挥等官，与各卫所不相辖属。其有愿居中国者，于安乐州于开原，自在州于辽阳以处之。量授以官，任其耕猎。故时各卫酋每入贡，赏赐甚厚，有所征调，闻命即从，无敢违期。

永乐末，建州夷人前居开原者，叛入毛怜自相攻杀。宣德间，朝廷复遣使招降之。辽东守臣遂请以建州老营地居之（老营者，朝廷岁取人参、松子地也）。名为东建州。初止一卫，后复增置左右二卫，而夷人不过数千耳，然亦岁遣各数百人入贡以为常。

正统十四年，北虏也先入寇，犯京师，脱脱不花王犯辽东，阿乐出犯陕西，各边俱失利。而辽东被杀掠尤盛。故海西、建州夷人，所在皆起为乱，辽东为之弗靖者数年。兵部侍郎于谦上疏略曰："野人女直，各种夷虏之人，俱附辽东地方，近来相率投降者众，朝廷许其自新，推以旷荡之恩，宥其反侧之罪，授以官职，嘉以赏劳，辽东总兵等官，就于自在州并东宁等处城堡安插者，动以千数。此等之人，狼子野心，中难测度。即令丑类犯边，我军失利，遂起奸谋，结连内应，其贻后患，虑恐非关细故。矧近日辽东安插鞑人，纠合谋叛，出城潜从虏寇者，动至一二十，此正其验，不可不防者。宜令寇深、宋文毅、曹义等，公同计议区画，将以安插夷人，若何设法关防钤束，以消意外之变，而为经久之策。后来降者，俱从起送赴京处置，或量与官赏，令回本土住种，何者为便，或别有长策，可以安内攘外，防患弭奸者，俱令区画驰奏。"至景泰后始克宁谧。而海西、野人女直之有名者，率死于也先之乱，朝廷所赐玺书，尽为也先所取，其子孙以无祖父授官玺书，不复承袭，岁遣使入贡，第名曰舍人，以后在道不得乘驿传，赐宴不得预上席，赏赉视昔有薄，皆忿怨思乱。辽东人咸知之，而时未有以处之也。

天顺三年，建州夷酋都督董山结朝鲜，谋入寇，巡抚辽东都御史程信上其事，命译者往诘之。山惊，复贡马谢罪。

成化二年，整饬边备。都御史李秉言："建州、毛怜、海西等诸部落野人女直来朝贡，边臣以礼部定议名数，验其方物，貂皮纯黑、马肥大者，始令入贡，否则拒之。且貂产于黑龙江（施）〔迤〕北，非建州、毛怜所有。臣闻中国之待夷狄，来则嘉其慕义，不计其物之厚薄，若必责其厚薄，则虏性易离，或以启衅，非厚往薄来之意。"礼部因请敕戒辽东守臣，自后夷人入贡，验数放入，不得过为拣选，以起边衅，从之。董山复来朝贡，争席出不逊语，乘是激海西夷人寇边，一岁凡九十七，杀十余万人。朝廷命武靖伯赵辅充总兵官，左都御史李秉提督军务，往讨之。分兵五路，渡苏子河，至古城。时朝鲜国亦遣中枢府知事康纯、鱼有沼、南怡等率其万众以助官军，直抵虏巢。寇望风披靡，获虏酋指挥苦女等以千数，擒董山，送京师伏诛。时积雪盈尺，寒风烈肤，不可久居，乃整兵凯还。寻有遁寇指挥张额的里，率其妻赴军门，哀词乞降，且曰："吾所处之地，自汉以来，人迹罕到，唐太宗东征至凤凰城而止，亦未尝入吾境土。今大兵率然至此，使我丧亡已尽，岂非天地耶。"辅遂具奏，纳之。仍命安置其部落诸夷于两广、福建，然所损士马亦不少也。

三年，巡抚袁恺奏，辽东频岁被女直之寇，乞免岁贡人参，从之。

六年，建州夷潜谋作乱，巡抚辽东都御史彭谊讨之，散解。先是，任巡抚者与镇守中官不相协，不以边储为意，仓无再岁之粟，虏觇知之，声言入寇。谊获谍者讯之，盛称女直林翳险阻，中国粮少士饥，虏固无（怨）〔恐〕。谊命斩以徇，其人哀求，谊释之，语曰："汝虏恃翳，不见中国匠刜木之器乎？使万卒持之，人刜木千，不终朝可尽也，汝虏何恃耶？刍粮又在吾庾内，发万人运之来，山斯积矣。"谍报，虏未信。谊果发饷，实铁岭、沈阳、三万诸卫，相继于道。乃阅兵，建大将旗，出辽阳塞，部伍整严，旗旌蔽野，命都指挥崔胜进击，擒建州酋斩之。夺其马骡、器械、辎重，虏奔溃，自是远遁，边境稍宁。

十二年，女直人宋全为武骧左卫勇士，又称宋达子，与都指挥滕云相结为盗，往来京城外，劫财奸妇，多所杀伤，官校莫能捕。后云被获服罪，全削发如僧，将北走虏地，为千户李端等所获，命枭首示众。

十四年，海西兀者前卫都指挥散赤哈上番书，言开原验放夷人管指挥者，受其珍珠、豹皮。兵部移文辽东守臣都御史陈钺勘究。召散赤哈赴广宁对理。散赤哈率所部十余人，欲由抚顺关入赴广宁。参将周俊与管指挥同事者守关，虑散赤哈至，面白其受贿之情，乃遣使诡告守臣，谓海西人素不由抚顺关入，今熟知此路，恐启他日患。守臣不虞其诈，从之，阻不许由抚顺。时散赤哈已入关，闻之大怒，折箭为誓，欲报仇。备御夷人都指挥罗雄，知事不协，具酒食，慰遣出关。

时建州蕃落窥伺，欲雪董山之忿，全藉海西兵势，缘此遂留散赤哈，与俱来犯。辽东守臣以闻，命招土兵往讨之。然出榜招众，徒张虚声，其实兵将皆顾恋私家，不趋辽阳。建州贼因得纠合海西蕃落数千，乘虚入寇，大掠凤集诸堡。报至广宁，陈钺始赴辽阳。而近边住耕也僧格等十八蕃户，皆有家丁入贡未还，恐误罹兵刃，及京师拘留，乃走抚顺所，报曰："犯边者，皆海西人也。"陈钺与分守辽阳副总兵韩斌，意在不分白黑，扑灭夷人，诳奏朝廷。悉收十八人于沈阳卫狱，乘夜率诸军，袭各家屠之，及搜所掠人畜，并无有焉。其精壮者间亦脱走，捶死也僧格于狱，乃以捣巢之捷闻，众论藉藉。

中官汪直，势焰方炽，惑于通事王英，谓往抚可邀大功，请任其事。掌司礼监太监怀恩，以直年少喜功沮之，命兵部侍郎马文升，率大通事一人往抚，及令整饬边务。马文升至辽东，趋沈阳、抚顺所，召各卫酋长，听宣敕谕。夷众闻，累累皆至，而被屠之家数百人，争诉其冤，谓遣使入贡，初无犯边状，一切冒当杀戮，谓我劫掠人畜，果何可证，今虽仰荷朝廷招安，实难于聊生。文升承制，各以牛布赈给慰之，且令其酋长赴京。适谍报海西酋犹欲寇边，大掠始归。文升侦察得实，以其事闻于朝，谓夷虽听招抚，观其言貌词气，尚怀反侧，难保遽安。乃密檄总兵欧信、副总兵韩斌、参将崔胜，各率所部往开原，及调开原参将周俊，伏精兵三千于凤集等堡。贼以为无备，果分数路入寇，诸军以逸待劳，斩首二百余级，生获数千人，收贼马及器仗无算，所斩者率多海西人。文升因论诸虏反侧情状，请移兵往剿，或姑与自新，仍旧抚之。事下兵部，主抚，朝廷从之。海西人闻之，则感惧交并。文升复检先授官停袭子孙名数，令译者审实，请于朝。下兵部，赴内阁考验玺书底簿明白，由是，得袭官者复数十人。蕃族愈感国恩，文升之功也。中官汪直意犹未已，请于上，便宜巡边，陈钺乃戎装远迓，长跪叩头而谒，贿悦（僛）〔谦〕从，狐媚蝇营，无所不至。文升则与直抗礼，奴视其左右，鼠辈多誉，钺而诋文升于直。直还，会余子俊有劾陈钺疏，钺疑文升所为，遂嘱直奏，女直建州夷人之屡寇边，皆文升禁不与农器交易故也。文升由是下狱罢官，遣戍重庆卫。明年，陈钺又说直立功，已亦得以攀附幸进，乃虚报建州女直将入寇，请命谋勇大臣捣其巢穴，乃命直监军，得便宜生杀升赏。抚宁侯朱永为总兵，陈钺参赞军务。时都御史王越，亦有垂涎督师之意，而命不及越。亦（拟）〔疑〕余子俊所阻，乃言本朝未有武职节制文职大臣者，且征夷重务，岂可无文臣总督，意盖自荐也。于是子俊言，前命出于圣断，不可复移。钺且以计阻越，竟得参赞之命。时称钺、越相竞云。

按：王越廷试时，风卷试卷，飞扬空中，不知所之，竟以内阁别纸赐写。后汪直坐西厂刺，权势益炽，王越日伺候之，滋久相得，进越兵部尚书加宫保。十六年，越阿赞汪直，偕其巡边至大同，瞭虏营在威海，发兵袭之，俘男妇百七十人，以大捷闻，越封威宁伯，直授都督，中官加武职，前此未之有，而越飞腾之意亦验云。越忽思退休，赋诗云："归去来兮归去来，千金难买钓鱼台。也知世事只如此，试问古人安在哉？绿醑有情怜我老，黄花无主为谁开？平生事业心如火，一夜西风化作灰。"未几竟以事败，徙陆安州安置，遂符一夜化灰之谶。翰苑有和者云："那有伊周事业来，耻随郭隗上金台。权谋术数何深也，局量规模真少哉！半世功名如隙过，一场富贵似花开。于今门下三千士，一半寒心一半灰。"嘲越附汪直故云。然闻其人，虽尚权谲，实文事武备者也。故李西涯称其议论英发，边徼虏情，将士强弱，皆在胸中，才智乐为之用。又诗虽粗，亦有好句，如"此间惟有征夫苦，天下无如边塞寒"。"发为胡笳吹作雪，心因烽火炼成丹"，亦佳也。或谓越北伐时，尝亲视诸军食饮，数赐酒肉。动息必悉其情，至犯令不少贷。每暇，命出猎，计矢中禽之多寡，于敌阵为先后。有将官告奸受金者，置之，计出死力不问，于是将士感泣，无不用命者。

时建州贡使郎秃等六十余人，过广宁前屯卫，直与之遇，以为窥伺，驰奏于朝，请拘囚之。郎秃等入京，有司给就鸿胪寺，三校卒擒一人，格斗扰攘，因乃就缚下狱。建州诸酋，不意大兵猝至，壮者尽逃匿，惟余老弱被杀掠而还。钺因侵盗边库十万两，并玉蝴蝶诸异品，又私匿所掠子女人口，父子各占一姝。录平建州功，加汪直食米岁三十石，镇守太监韦朗十二石，升陈钺为右都御史。

十六年，建州女直以复仇为词，深入辽东，犯阳清河等堡，长驱四百余里，势甚猖獗。所掠男妇皆支解，或碓舂火蒸，以泄其忿，劫夺牛羊，焚烧庐舍，如蹈无人之境，边将敛兵自守而已。陈钺方冒前功，恐阻其赏，隐匿不奏。于是屯堡屏迹，弗克耕耨，而辽地骚然矣，识者忧焉。辽东御史强珍劾韦朗、陈钺等失机，诏停俸戴罪。既而汪直憾珍，乃奏珍行事乖方，妄参被虏人畜名数过多，请治其罪。命锦衣千户肖聚往核，聚械珍至京。直先执珍于御马监拷掠，然后奏闻，谪之，戍辽东。后汪直败，钺下狱，人皆为之危。钺乃洋洋然对法吏谓，子女金宝不敢谓无，但分遗于人耳，所引皆大臣，皆为钺极力营解，仅坐除名。起文升巡抚辽东，边境始得安，命斩刘八当哈于辽东，枭首示众，发张驴儿等六人充军。八当哈，东宁人，天顺间，因盗马事露，奔建州。张驴儿等，成化初，为虏所掠，因相与导虏寇边，至是各冒虏酋阿卜等名朝贡，比还辽阳，为亲知所识，拘留之。陈钺等奏，请枭二首以示众。事下兵部，尚书余子俊言，八当哈等虽华人，然既冒虏名朝贡，亦使臣也，若拘留之，恐开将来之隙，宜姑纵之，以怀远人。诏下，公卿议，咸言八当哈叛华附夷，宜服显戮。张驴儿等为虏所掠，可待以不死，乃有是命。

嘉靖元年，建州右卫都指挥牙令哈，奏称赎送人口有功，比例讨升都督职事。辽东巡抚李承勋，题请行鸿胪寺通事王臣等，审得牙令哈成化十五年授职，正德十年，赎送被虏军人，汉人交与指挥宁（荣）〔启〕等。又领三堂钧批，捉拿反叛王浩等，交与指挥刘尚德。兵部议拟具题，上命牙令哈准升都督佥事。时朵颜把儿孙，亦准授千户。给事许复礼疏请将把儿孙、牙令哈升授，暂行追寝。兵部尚书彭泽议谓：许复礼前题，无非制驭外夷，爱惜名器之意，相应俯从。合无将各夷今升官职，俱暂且停止，行文各巡抚，将把儿孙来贡人役，并牙令哈明白省谕，令其回还，照旧管束部落，时修职贡，如果积有年劳，功绩异常，候镇巡官再为奏到，另行议拟升赏，毋自拟沮，有负圣恩。再按各边抚、镇、副、参、游击、守备等官，平居则惟图玩愒，略无经久之谋，临事则代为请求，苟安目前之利，走回男妇，日见题知，进送汉人，每言劳迹，殊不知边方若能戒严，人口何缘出境，计其节次送回之人，多非开报抢虏之数，上下扶同，已非一日，兵政废弛，实肇于斯。合无本部通行各边抚镇等官，今后大小失事，督令所属，从实开报，凡遇虏中走回男妇及进送汉人，必须查对先年奏报之数，如果相同，照常施行，若有欺隐情弊，指实参提。上乃命，牙令哈既历年效劳，与祝孔革事体相同已，升了罢，余悉如议行。自后朝贡如期，至今相继往来。

《辽东边论》曰：辽东，《禹贡》青、冀二州之域，舜分冀东北（医无闾之地）为幽州，即今广宁以西之地。青东北为营州，即广宁以东之地（即辽阳。东至鸭绿江，西至山海关，一千四百六十里。南至旅顺海口，北至开原城，一千七百里）。历代以来皆郡县（元季时，为平章刘益、高家奴分据。洪武初奉表来归，四年置定辽卫，八年改为辽东都司，十年革所属州县，设卫二十五，永乐七年复设安乐、自在二州），我朝改置卫，而于辽阳、开原二城中设安乐、自在二州，处内附夷人，其外附者，东北则建州、毛怜女直等卫，西北则朵颜、福余、泰宁三卫，分地世官（自易站抵开原，邻建州、毛怜、海西、野人、兀者诸夷，而建州为最。自开原之北，近松花江山寨众夷，亦海西种类。又北抵黑龙江诸夷，江夷为最。自广宁前屯，东抵开原中间地，没入兀良哈三卫，今特山海关一线之地，可以内通）。互市通贡。势虽羁縻，形成藩蔽，是以疆场无西北边之患。南则海上自刘江之捷，而倭寇屏迹。弘治中曾一见之，未及岸而去，若今则晏然久矣。所备则东北、西北二夷。东北屋居耕食，不专射猎，边警差缓。而西北则俗仍迤比，虽未尝大举入寇，然窃发颇多。故辽东夷情，与诸镇异。要在随方拊辑，处置得宜（北邻朔漠，而辽海、三万、沈阳、铁岭四卫足遏其冲。南枕沧溟，而金、复、海、旅顺诸军，足严守望。东西则广宁、辽阳各屯重兵，以镇压之。复以锦义、宁远、前屯五卫以翼广宁，增辽阳东山诸堡，以扼东建），先事戒严，防守不堕，俾恩威并立，足制其心，乃策之上。而俘斩论功，此第二义也。开原、广宁并据襟吭，金、复、海上颇称沃野。三岔河南北，亘数百里，辽阳旧城在焉。木叶、白云二山之间，即辽之北京、中京地也，草木丰茂，更饶鱼鲜。自国家委以与虏，进据腹心，限隔东西，东西道里迂远而守望劳费，辽人每愤愤焉。成化以来，论者率欲截取之，而屡付空谈，竟不见施行者，无亦有识者为起衅边方之虑乎！若夫革互市之奸欺，禁驿传之骚绎，纠验放夷人抑勒之弊塞，请开贡路生事之门墩。军增其月支，百姓教其岁蓄，专制一方者，不得不任其责贡矣。

其俗土气极寒，常为穴居，以深为贵。好养豕，食肉衣皮。冬则厚涂豕膏御寒，夏则裸袒，以尺布蔽体。臭秽不洁，作厕于中，环之而居。好勇善射，弓长四尺，矢用楛，长尺八寸，青石为（镞）〔镞〕。便行船，好寇盗（东汉书《挹娄传》）。嚼米为酒，饮之亦醉，以溺洗面。婚嫁男就女家。父母春夏死，立埋之，冢上作屋，令不雨湿。秋冬死，以尸饵貂，貂食其肉，则多得之（《北史·勿吉传》）。勇悍食生肉，饮糜酒，杀人不辨父母，众为缚之，俟醒而解。散居山谷，自推豪杰为酋渠（《文献通考》）。无市井城郭，逐水草为居，以射猎为业，设官牧民，随俗而治。有狗车、木马轻捷之便。狗车形如船，以数十狗拽之，往来递运。木马形如弹弓，系足激行，可及奔马。二者止可冰雪上行（《元志》）。建州颇类开原旧俗，其脑温江上自海西，下至黑龙江，谓之生女直，略事耕种。聚会为礼，人持烧酒一鱼胞，席地歌饮，少有忿争，弯弓相射。可汗以下，以桦皮为屋，行则驮载，止则张架以居，养马弋猎为生。其阿迷江至散鲁江，颇类河西，乘五板船疾行江中。乞列迷有四种，性柔刻贪狡，捕鱼为食，著直筒衣，暑用鱼皮，寒用狗皮，不识五谷，惟狗至多，耕田供食皆用之。死者刳腹焚之，以灰烬夹于木末植之。乞里迷去奴儿干三千余里，一种曰女直野人，性刚而贪，文面椎髻，帽缀红缨，衣缘彩组，惟裤不谨。妇人帽垂珠珞，衣缀钢铃，射山为食。暑则野居，寒则室处。一种曰北山野人，乘鹿出入。又一种住平土屋，屋脊开孔，以梯出入，卧以草铺，类狗窝。一苦兀，在奴儿干海东，人身多毛，戴熊皮，衣花布，亲死刳肠胃，（曝）〔曝〕干负之，饮食必祭，三年后弃之。其邻有吉里迷，男少女多，女始生，先定以狗，十岁即娶。食（椎）（惟）腥鲜。其山川曰长白山（故会宁府南，其巅有潭，周八十里，南流为鸭绿江，北为混同，东为阿也苦河），曰混同江（开原城北），曰黑龙江（开原城北靺鞨旧居）。其产楛矢、石砮（黑龙江口出名水花石，坚利入铁，（可锉矢镞，人将取之，必先祈神）、重楼、金线（长白山），赤玉、真珠（阿也苦河、甫里河、速出河出）、金（双城）麻布、（监）〔盐〕（生木枝上，亦有盐海）、阿胶、马、野猪、野牛、野驴、黄猫、虎皮、熊皮、狐狸皮（有黑、白、黄三色）、海豹皮、驴皮、海獾皮、海猪皮、海牛皮、海狗皮、失剌孙（即土豹）、好剌（即各色鹿）、殊角（即海象牙）、魟须、貂鼠皮、青鼠皮、鲸睛、嗢肭脐、海东青（五国城东出，小而健，能擒天鹅，爪白者尤异）、鹰鹘、鸦、鹊、兔鹘、姆鳇鱼、牛鱼（混同江出，大者长丈五尺，重三百斤，无鳞，骨脂肉相间，食之味长），五味子、粟、麦、穄、葵、菜。其贡马、貂鼠皮、舍列孙皮、兔鹘、黄鹰、殊角。其进贡来朝，都督许带达子十五人同。其国东滨海，西接兀良哈，南邻朝鲜，北至奴儿干北海。自混同江达于京师，三千五百里。

〔张云樵、刁书仁　选录〕

《全边略记》（选录）

按：《全边略记》十二卷，明桐城方孔炤撰。此书是方孔炤任明职方司时所写，书成于崇祯元年，专记明代边疆和内地的地理形势及一些民族的状况。这里选录卷十《辽东略》，对研究海西女真确有史料价值。

选自"民国"十九年六月"北京图书馆"藏印行本。

（正统）六年八月，总兵官曹义言："……永乐中，海西野人都指挥恼纳、哈塔失叔侄争印，太宗皇帝令恼纳掌忽鲁哈卫，塔失掌弗提卫，其人臣各随所属，庶消争衅，以靖边陲。"

八年四月，锦衣卫指挥吴良奏："臣奉命使海西，见女直野人家多中国人，驱使耕作。询之，有为掳去者，有避差操罪犯逃窜者，久陷胡地，无不怀乡，为其关防严密不得出，或畏罪责不敢还，情深可悯。今海西各卫累受升赏，皆知感激，请给榜开原及境外，于野人女直，则谕以理，使无拘禁；于逃叛，则宥其罪，俾之来归。

（成化）十一年七月，……时海西虏酋纠建州三卫入寇瑷阳。……都御史陈钺奏："永乐间，辽东马市三处，其一在开原城南关，以待海西女直。其一在城东五里，其一在广宁城，皆以待朵颜三卫夷人。正统间，因漏泄边事，以罢其二，惟开原南关市独存。近者朵颜屡请开市，朝廷不许。今朵颜穷迫，潜结海西，转市于我，而海西藉彼马力，数犯我边，甚为非便。若复许开，则有以收朵颜之心，散海西之党，而中国并受其利"。事下廷臣，会议报可。

十五年七月，札肥（何）〔河〕等卫指挥使等官亦里哈等十七人，乞升职。益实卫指挥同知锁罗哥秃，乞更敕书。葛称哥卫指挥金事等官申克捏等三人，乞兼给敕书印记。诸夷皆侍郎马文升等奉敕招徕者。弗思等卫指挥等官都鲁秃等十三人，乞加升。兀者卫故都指挥同知等官刺塔子引塔温等二人乞袭职。

（弘治）十二年，兵部奏："海西每年一贡，三卫每年再贡，互市相通，世受厚恩，虽时有寇掠，原无聚众反叛之谋。只因边臣往往诱杀熟虏以为功，委官覆按，亦不举正其罪，所以结怨虏人，致启大衅，彼得以复仇藉口，我军数败。且三卫之贼易弭，而海西之寇难平，失今不图，恐怨积而导北虏，其患非细。请令巡按御史复按双台之役，人畜杀掠几何，官军亦曾敌应与否？分别功罪以闻。自今有诱杀熟虏冒功为首者，以谋杀汉人律罪之，同行知情者，俱调南方烟瘴，守备官知情者处之。

十三年，顾佐乃勘报，曰太监任良、总兵李杲、巡抚张玉诱杀之罪。得旨代回。

初海西兀者前卫都督都理吉次子尚古，以舍人入贡，授指挥，后贡骆驼，并归被虏人口，求升都督，不许。尚古怒云绝贡，时入寇，遮绝海西诸胡之入贡者，胡怨之。尚古后悔过，叩边归款，守臣贪功，招之，约为求升，尚古遂率五百骑入至开原，守臣验五十人赴京。泰宁卫都督猛革忒木儿闻之，大怒边将，谓尚古阻其好音，反容先纳，遂入寇辽阳，既去，仍留书于边，言诸胡所以侵犯者，实出于此。建州左右卫亦各遣人来，尚古若诛，则众怨俱解。守臣因请诛尚古，或投之南荒，以谢诸胡。兵部议为尚古初使人至边，意在服罪，以释诸胡之忿，当时守臣止应晓谕令回，不应擅招，以挑胡忿。今尚古既贡，又不可诛，若如所请，恐结海西诸卫，更生他患，守臣不善为谋，一至如此。给事中屈伸等言："泰宁诸虏内附日久，受恩最深，一旦以尚古为辞，大肆寇掠，杀虏军民，攻陷屯堡，今日问罪之师，当举无疑。兵部称，若将所虏汉人送回，俱有重赏。臣等以为汉人系泰宁诸胡亲行虏获者，设若送回行赏，是前日之犯边，不以为罪，今日之归俘，反以为功，海以为盗之利，启其无赖之心，王者怀柔之典，固如是乎？"御史余本实等奏："辽阳失机，闻遣官按核，臣等窃闻议者，皆云太监孙振、定西侯蒋骥、都御史陈瑶，招抚尚古，以致诸胡怨寇。陛下宽仁，姑俟按报，未即置振等于法；各官妄称，兵不血刃，威伸异域，遂原其既往之辜，许以自新之路；反闻诸胡藉口，则又诡称安置南荒，明正典刑，以为诸胡戒。一尚古也，先以为功赏，后以为罪诛，招抚失策，明自知之，边衅已开，又不严御，致贼虏众深入，如蹈无人之墟，自长胜等堡，直（低）〔抵〕高架子、沈家屯二十余处，纵横杀掠，人畜荡然，暴尸满野，哭声震天，长老以为百年来，未尝遭此惨酷，其罪益不可掩也。

（正德）七年十二月……兵部议："开平原与泰宁、海西、建州诸夷接境，各有界限，边墙之外，任其牧放无禁。比年分守、备御等官，略不为备，致虏深入。及虏既去，乃徐出境俘斩牧夷，掩罪冒功，故诸夷忿怨报复，为患不已。今宜申饬边夷，凡遇贼侵犯，若在边墙之内，即时斩获者，方许报功。若经宿，或私出境，及去边墙五里以外者，虽有斩获，功不论，仍以失事启衅论罪。"

十一年，海西、福余卫虏那孩率众三千人（塞）〔款〕塞，欲籁开原乞贡。

十三年，建州都督脱原保等（塞）〔款〕塞自陈，贼首玖山等率所部三千人，营于章成寨。巡抚张贯遣指挥王纲、白本等诣其营，遂各贡方物，上嘉贯等而奖之。

（嘉靖）元年，女直通事王臣，条贡事情弊，曰："一、夷人敕书，多不系本名，或伊祖父，或借卖他人，或损坏洗改，每费译审。宜令边官审本敕，亲子孙，实名填注，到京奏换。二、夷人升袭，往往俱奏行边，年久不报，怀怨回家，致生边衅。宜再行催缴。三、夷人宴赏日期积聚，数多迟误，及至领赏又多滥要，故不怀惠。四、速黑忒、牙令哈剌哈等，俱自称招抚边夷功，宜查实升赏。"

十年三月，女直左都督速黑忒自称有杀猛克功，乞蟒衣、玉带等物。诏赐狮子彩〔弊〕〔币〕一袭，〔全〕〔金〕带、大帽各一。猛克者，开原城外山贼也，常邀各夷归路，夺其赏，速黑忒杀之。速黑〔忒〕居松花江，离开原四百余里，为迤北江上诸夷必繇之路，人马强盛，诸部畏之。往年各夷疑阻，速黑忒独至。顷又有功，朝廷因而抚之，示特赉之意。且遍谕在馆诸夷，即万里外有功必知，知无不赉云。

（万历）元年七月，总兵李成梁筑宽奠等六堡。……巡抚张学颜按视之。数十酋环跪，愿质子，所在易盐布。学颜疏请听市。自是开原而南，抚顺、清河、瑷阳、宽奠并有市，诸夷亦利互易，属海西者王台制之，属建州者兀堂制之，颇遵约束。

二年，速把亥既已连骑，往仰加奴新寨，请婚王台，而又大会诸酋，自红螺山走辽城。……东夷王台执送逆酋王杲父子，致境上，诏磔杲于藁街，加台龙虎将军，有功将吏悉增秩。三年，青把都会兵二十万于大宁，张学颜乃告急，请蓟兵入卫，及器药之数。督军门杨兆以状闻。顷之，知其驰土蛮实，而犯山海虚也。王台是时所部，东尽灰扒、兀剌，南尽汤河、建州，北尽仰、逞二奴，延袤几千余里，速把亥有羡心，行卤略。先是逞、仰二奴父孔革，为台所杀戮，夺季勒诸寨。二奴乃欺台老，数数有启疆之志，台卒忧死。台生五男，长虎儿罕赤、次三马兔、次煖大、次纲实、次猛骨孛罗，至康古陆，则台外子也。罕常与白兔赤相仇杀，于是仰加奴等一十三寨，把吉把太等五寨，犹属罕，它一切灰扒、兀剌等江，皆为建州诸夷所夺。

万历十年……李成梁出兵大战，斩捕三百四十级，虏乃去。王台既诛王杲，杲子阿台服之。台叔王忠又戮祝孔革，子仰奴、逞奴亦服，台以女妻仰，卵翼之。后二奴欺台老，台子虎儿罕好残杀，二奴遂叛。阿台亦怨王台之缚其父，叛附逞、仰二奴，各夷皆云翔不受台制，南关势蹙，台竟忧死。台孽子康古陆与虎儿罕争斗，逞奴助之，而阴收其部夷白虎赤等，自益，虎儿罕

亦死。逞、仰二奴，数掠孤山、铁岭，将军李成梁勒兵出塞，大破之于曹子谷，得一千三十九级。

泰宁酋速把孩率其弟抄化及子伯言，入犯镇夷堡，李成梁迎之，其下李平胡射速把孩中胁坠马，斩之，炒花等大哭出塞。辽东大捷至，诏进张居正太师。逞、仰二奴窥海西之隙，乘间而起，乃与土蛮约，(详)〔佯〕击猛骨孛罗，因以略辽沈、开原。久之，竟借瓮可大、白虎赤万余骑，猛骨与歹商亦帅二千余骑，接战不能克，杀把吉把太寨三百人，猛吉、台失二寨，从二奴者一百户。土蛮率火耳趁十万，欲略广宁，李成梁闻之，即伏中固，去开原可四十里，使霍九皋谕抚之。二奴提恍惚太二千骑，诣镇北关，关吏谯让之，以三百人诣圈门，巡抚李松四隅设伏。二奴至圈门，言语不驯，白虎赤拔剑斩九皋，九皋反手击一房坠马，军中炮鸣，伏将宿振武、李宁等合击之，斩仰加奴、逞加奴等，凡三百十有一级，复追之于新寨，斩捕一千二百五十二级。追至二奴巢，诸房叩头，愿从猛骨孛罗约，归我汉人王良富十三人，自是海西詟矣。

十五年十月，王台孽子康古陆，妻其父妾温姐，分海西业与兄子歹商、猛骨为三，因号曰海西酋。诱叛夷阿台卜花攻歹商，奸收歹商妻。开原兵备王缄檄参将李宗召拥精兵直捣房营，逮温姐与猛骨孛罗、歹商讲和，还所卤获畜产，已捕康古(六)〔陆〕就吏，是时温姐得遁逃。兵使王缄知曰："歹商不立，则无海西，无海西，则二奴之子，北结西房，南连建州，而开原危。河以东且西，急土蛮三卫，东急东夷，腹背受敌，而左右狼顾，镇城之兵，分(妨)〔防〕两河之间不足，且将东面而(妨)〔防〕东山，益分益寡，益劳且疲。"巡抚顾养谦曰："温姐去，而猛骨孛罗势不能不复叛，而况杀一康酋，于我未必益，而北关二孽之疑畏日甚，温姐及猛骨孛罗益远遁不可收，则歹商之势益孤，而东北之间，兵连祸结，殆不可知矣。"遂释康古(六)〔陆〕，置之开原。大司马议可。(己)〔已〕而释温姐以诱其子，猛骨竟攻歹商，焚其巢，并劫温姐去。巡抚顾养谦劾奏，玩寇酿乱者缄也。上遣缇骑逮问。科臣彭国光，抱王缄之不平。入告曰："失事诿藩吏者，养谦也。"上欲置之理，阁臣持不可。御史许守恩劾奏王缄，议剿二奴遗孽不蚤，至猛骨孛罗数反复有状。上诏(郎)〔即〕讯，大略以"卜寨、那林孛罗，初非犯边，未可议征。而况猛骨孛罗、歹商皆年少，缄故欲杀康古(六)〔陆〕，以惧孛罗，且温姐亲孛罗母，杀之，孛罗势且必深报，缄故请释温姐，实以安孛罗。凡所为惧与安，无非欲存歹商耳。不然，夫岂不自知诛两酋之可以为功也"。缄又言备兵使任天祚贪功要赏，大不敬。曩时逞、仰之役，房不至三百人，其它多江上耕镝之下。上复遣执金吾逮任天祚，与缄对簿，阁臣时行申曰，"缄欲自脱其主抚之失，而追咎行剿之非，不可也。两兵际遇，岂能审问而后诛杀，以血战之功为妄，则边将隳心"。

十六年，卜寨（逞加奴子）、那林孛罗、仰加奴子围歹商。巡抚顾养谦壁辽阳，李成梁壁海州。三月十三日，屯开原东郊下，令（母）〔毋〕扰南关，而给练布于歹商，披之为号，出威远堡至洛罗寨（北关部夷），受其降。时卜酋已奔那酋同壁，以险拒不听降召。已，又杀我士，冲我军，我军纵兵，逼其大城，虏退入壁，坚闭拒守，矢石如雨，我军多死伤。其外大城以石，石城外为木栅，而内又为木城，城内外大壕凡三道，其中间则一山特起，凿山坂周迥使峻绝，而垒石城其上，城之内又为木城，木城中有八角明楼，则其置妻子、资财所也。上下内外，凡为城四层，木栅一层，其中控弦之士以万，甲胄者以千计，刀剑、矢石、滚木甚具。我兵攻之两日，（撒）〔撤〕其外栅，破其城二层，其中坚，坚甚不可破，而我仰攻先登之士，辄死于大石、滚木。大将军乃急下令收兵，而以大炮击其中坚，凡再发炮，内有铅弹，弹所经城坏板穿楼，大木断，壁颓，而中多洞胸死者，斩把当亥等首凡五百五十四级。征虏将军李成梁从威远出塞，卜寨弃其众遁入那林壁，成梁击之，城破，二酋穷促乞哀。开原兵备成逊并释康古陆以存歹商，进卜寨、那林谕之，诸酋并服。后康古陆、温姐相继死，逊令北关之卜寨、那林，南关之猛骨、歹商两相结，释其憾，并请贡，歹商遂与建州奴儿哈赤婚。

十七年，逆酋克五十盗塞上，奴儿哈赤（王台部夷）斩其头并还卤者。总督张国彦为之请曰："哈赤忠顺如是也。"上爵之以都督。初哈祖父叫场、塔失，并从征阿台战死，李成梁雏畜哈赤，及长，以祖父殉国，予指挥，与南关埒。既与歹商争张海，因约婚罢兵。后稍蚕食张海、色失诸酋，渐雄长诸夷矣。

十九年，南关酋歹商嗜酒好杀，北关卜、那二酋潜使人于途中刺杀之。歹商子幼，总督侍郎郝杰令所遗部夷并属猛骨，自此与北关日构怨而势益孤。

三十六年，海西、建州二酋入贡，奴酋混入猛酋领赏，礼部案验得实，时奴酋二年失贡矣。

四十一年，奴儿哈赤以（郭）〔部〕夷阿都乞于松山堡对直开垦，并乞子粒于边人。边人告曰："南关故地，非建州地也。"已，复又遣其婿卜（古）〔占〕台投入金、白之羊骨寨。巡抚张五典疏谓："奴酋种南关久旷之（士）〔土〕，以便其窥北关之谋；又赇西北嗜利之虏，以广其吞北关之力。请救助北关，为开、铁门庭讨之。"

十月，巡抚张涛曰："北关世犯辽东，金、白二酋之里逞加奴、仰加奴也，其父卜寨、那林也，惨毒边围，卷案如山。今哈奴强来依于我，歃血除奴，不胜大愿，该道有移戍北关之策，而长二千里之地，兵饥城外，无端烽火，难以翼飞，为辽计妨北事，为北计妨辽事，先辽乎，先北乎。"

辽按张五典奏："镇安之捷，因抄花三犯革其赏，游击尤彪战胜于母林，去边百八十里。母林非抄花巢也，非无故而捣其巢也。平房之役，官军屠战宰赛。宰赛者，开原抚虏也，非开衅也。"御史田生金驳之曰："辽积弱，安得此，复行勘之。"炒酋第三子色特儿，以三十九年八月，行营于可可母林，入镇安口，我军截杀麻岊三十六头。鲁之东追于黑山，斩首八十七。尤世禄等追至白云，斩首六十七。刘仲乙等追至母林，斩首七十二。我兵耗三百人，大帅麻贵，抚杨镐也。

时酋图其婿卜台吉，卜投北关，金、白二酋纳之。奴儿益垦南关旷土，诸营诣辽告急，奴儿好语谢都御史，谓抚安等区耕牧日久，惟新垦者概罢。张涛揣情形上书，谓北关近开二衅，其一建酋求婚北关老女，北关不与，而又匿其通婿。其一谓金台失有女，为兄那林收养，嫁西房宰赛反目，金酋故杀那林妻，宰酋乘隙，挟求老女赎罪。于时副将曹文焕盟北关，将援之，奴酋计縻我兵，以第七子愿留质，度我弛备，即严兵烧北关十九寨。总督薛三才疏争失策，请先募二千余兵，令原任总兵麻承恩、曹文焕，分统屯开原待其变。顷之，御史翟凤翀言：奴酋不在婿女，以天朝作外夷撮合，名污而体褒，北关势必不支，今日宜急救以完开原。北关为西房抄掠，部落苦饥，投奴甚众矣。

四十二年正月，奴具六万骑攻关，巡抚张涛移鸟铳手五千人，防于开原境。于是奴酋自诉北关，兴戈数千二百，乞太师马法察之。七月，奴酋差阿都报命于辽，按郭光伏曰："三岔儿、花包冲、抚安、柴河、松山、靖安六堡地遵洪武老边，竖石碑镌字曰：自万历四十三年春，永不敢来此越种，汉人亦不许出边五十字。"其种地夷五百，耕牛一百六十只，尽甘结退。先是去年所退三堡，今春复来，至此悉还汉矣。六堡系南关猛骨孛罗之地，指碑为誓，离远二十里输服无词。夫奴酋假为捣尾，拥兵自卫，退四堡二十里之地镌立界碑。总之与婚婿，(背)〔皆〕枝叶也。婚婿，固不能保其不吞北关也。退地虽远，岂有重关百十二足限之耶。奴之反与不反，固不在是。奴具状数千言，多属悖慢，大约以中国之"(获)〔护〕北关，北关得我羊钱，其女已三十三岁，青天当怪恼之。我以女与卜占台者，三人矣。卜占台与北关同心，又强夺我所定之女，天朝宣进卜占台于内地，青天当怪恼之。北关又谗我作反犯边，我有墙外草国起事，天朝出墙护助，青天怪恼中国大人"。张涛曰："其必杀金台失、白羊骨二酋有如此者。"奴酋减其驸骑，入抚顺堡，告于李永芳曰："我忠顺如故，而里边携我，此金、白之谗也。金、白留老女羊钱而又他许，我是以问之。"不受宴而去。巡按翟凤翀奏其情。御史董定策奏："辽抚张涛，中奸人籍大成之魇，交通质子。质子入而涛为奴制。质子还而涛为奴轻。北关已构焚劫，遘婿尚利执言，涛乃虚张救剿，掩其辽东弃北之诈。涛恢诞无人臣礼，籍大成当与沈惟敬同其罪。"奴酋新入抚顺，告张涛曰："高太监作害万民，而给事喻致知引之以谏。"张涛陈边情曰："北关所守者，二十余里之边也，奴酋所守者，七百余里之边也。救北恨奴，兵饷当从何出，未易动也。"

四十三年七月，北关计以老女许嫁暖兔子，骆驼十，马万，牛千头。奴乃哓哓，谓汉人阴教之，即不我与，亦勿嫁，两息兵戈。开原道召北关酋妇而语之故："尔度力能敌奴，奴昨破焚尔寨，不能当也。"北关对："老女久与西人盟，今背之，西祸起。不如结于西，怨于东，尚赖天朝火器手之助。"八月，巡按王雅量奏："北关竟嫁老女矣，奴已蠢动，幸有庙算，不问其婚嫁之故。今日之救北在我，捣奴在我，彼已虚实，自决者胜。"闰八月，虎墩兔憨纠乃蛮、克石炭等，连骑十万，入寇镇远诸堡，副将李怀忠等堵之。

四十四年二月，总督薛三才曰："建酋连四房，围并北关已决。麻承恩、曹文焕，旧援新募已得四千人为一营，而开原道薛国用，近报所议饷二万八千金已竭。庆云、威远镇北距北关，为唇齿地，宜宿重兵以李效忠主之，非十五万金不可。"

〔刁书仁　选录〕

《辽东志》（选录）

按：《辽东志》共九卷，附图一卷，明辽东都指挥佥事毕恭等修。此为辽东之地志，对研究海西女真史很有价值。这里选录了海西女真或与海西女真有关的一些资料，诸如，《辽东志·书序》，地理沿革、武备、边略、马市、夷人入贡、外夷卫所等，供研究海西女真史参考。

选自日本前田利为侯爵尊经阁藏本。

《辽东志》书序

圣朝肇造区宇，抚御万方。武以戡祸乱，文以兴太平。车书一统，薄海内外，罔不臣服，重译来朝者万国。粤自开辟以来，未有盛于今日也。窃尝稽诸方册，辽东之地，故汉襄平郡也。当元季时，有元平章刘益、高家奴，分据是方。洪武初，上遣使谕以天时人事，益等于是奉表来归。上复遣使诏谕益等，授职有差。设卫治于盖州。洪武四年，以都指挥使马云、叶旺，率兵渡海，自金州而抵辽阳，设定辽都卫。既而分设定辽左等五卫并东宁卫、金复盖海四卫于沿边。已而改设都指挥使司而统属之。招降纳附，开拓疆宇，复于辽北分设沈阳、铁岭、三万、辽海四卫于开原等处。西抵山海，分设广宁及左右中卫，义州、宁远、广宁左右中前后五屯卫于沿边。星分棋布，塞冲据险，且守且耕。东逾鸭绿而控朝鲜，西接山海而拱京畿，南跨溟渤而连青冀，北越辽河而亘沙漠。又东北至奴儿干，涉海有吉列迷诸种部落。东邻建州、海西野人女直并兀良哈三卫。永乐初，相率来归入觐。太宗文皇帝嘉其向化之诚，乃因其地，分设卫所若干，以共酋长统率之。听其种牧飞放畋猎，俾各安其生，咸属统内。是辽东乃东北之雄藩，实国家之重镇。爰自永乐中，上遣使谕本司，纂修图志，乃即钦承上命，以国朝削平叛乱之由，创治之制，建置、沿革、分野、疆域、城池、里至、山川、形胜、坊郭、屯堡、烽堠、土产、贡赋、户口、学校、军卫、廨宇、铺舍、坛场、寺观、桥道、驿程、宦迹、人物、杂志、诗文，谨集进呈，惟稿是存。斯集乃国朝之盛典，藩维之伟绩，可秘乎哉。用寿诸梓，以永其传。使凡来者，皆知皇朝普天率土之广大，而因有所采摭云。

正统八年龙集癸亥仲夏五月既望，昭勇将军辽东都指挥佥事东鲁毕恭书。

卷之一　地理志（选录）

沿革

《禹贡》冀、青二州之域，天文箕尾分野。东逾鸭绿而控朝鲜，西接山海而抵大宁，南跨溟渤而连青冀，北越辽水而亘沙漠。舜分冀东北为幽州，即今广宁以西之地。青东北为营州，即今广宁以东之地。商周为肃慎氏地。箕子避地朝鲜。武王即其地封之，是为朝鲜界。战国属燕。秦灭燕，以幽州为辽西郡，营州为辽东郡。汉初因之，武帝拓朝鲜地，并割辽东属邑，置乐浪、玄菟、真番、临屯四郡，以太守镇之，是为真番界。昭帝罢真番，筑辽东玄菟城。王莽时，乌桓据辽西。明帝时，乌桓、鲜卑迭相侵据。汉末公孙度取之，分辽东为辽西、中辽郡。三国魏灭公孙氏，置东夷校尉居襄平，而分辽东、昌黎等五郡，隶平州。晋改辽东郡为国，仍隶平州。寻为慕容廆所据。后魏仍为辽东郡。隋初又为高句丽所据。唐高宗平高丽，复其地，置盖、辽二州，又置都督府九，又置安东都护以统之。开元初，封为渤海国，寻为渤海大氏所据。大氏始保挹娄之东牟山，武后万岁通天中，为契丹尽忠所逼，有乞乞仲象者，武后封震国公，传子祚荣，僭称震王，并吞海北地方五千里，中宗封渤海郡王。十有二世至彝震，僭号改元，有五京十五府六十二州，为海东盛国。五代时并于契丹，其主阿保机，修辽东故城以居，名曰东平郡。铸铁凤以镇之，因号铁凤城。寻升为南京，复立中台省，号大辽。又改为东京，又析辽西为中京大定府。金初因之，后置辽阳府，以会宁为上京，改辽上京为北京。元为东京路，寻改辽阳路，建行中书省，并统高丽。

本朝洪武四年，置定辽都卫。八年改为辽东都指挥使司。十年革所属州县置卫。永乐七年，复置安乐、自在二州。今领卫二十五、州二。

辽阳（巡按察院、布政分司、太仆苑马寺、副总兵府、都指挥使司，同在城内。）

自在州（永乐七年置，治开原城内，所领新附夷人，后徙治于辽阳城内。）

开原（在辽阳城北三百三十里，北路参将驻镇于本城内。）

三万卫（古肃慎氏地。后曰挹娄。元魏时，号曰勿吉。隋曰黑水靺鞨。唐贞观二年，始以其地为燕州。开元中置黑水府，以其部长为都督刺史，而置长史以监之。元和以后，服属渤海，为上京龙泉府。契丹攻渤海，黑水乘间复其地，号熟女真。后灭辽，遂建都，国号曰金。

后迁都于燕，改为会宁府，号上京。金末其将蒲鲜万奴据辽东，元伐之得其地，至开元，开元之名始此。立开元、南京二万户府，治黄龙府。后更辽东路总管府，又改开元路，领县七：咸平、新兴、庆云、铜山、清安、崇安、归仁。元末纳哈出据之。本朝洪武二十一年，平定东土。改元为原。置兀者野人、乞列迷女真军民万户府。二十二年罢府设卫。领千户所八。）

辽海卫（洪武十一年置。初治牛家庄，二十六年，徙治开原城。领千户所九。）

安乐州（永乐七年置治，以抚夷人，在开原城内。）

卷之二　建置志（选录）

开原城（洪武二十二年，设三万卫。二十五年，设辽海卫。因旧土城修筑砖砌，周围十二里二十步。高三丈五尺，池深一丈，阔四丈，周围一十三里二十步。城门四，东曰阳和，西曰庆云，南曰迎恩，北曰安远。角楼四座。鼓楼在四衢之中。教场城北一里。）

开原马市二

女直马市（永乐初，设城东屈换屯。成化间，改设城南门外西。）

达达马市（城西。成化间，添设于古城堡南。嘉靖三年，改于庆云堡北。）

卷之三　兵食志（选录）

武备

辽东都司，定辽左等二十五卫，二州。户口二十七万五千一百五十五。马队额军五万二千二百八十二名。步队额军三万七千四百九十五名。招集军一万三千六百二十七名。屯田军一万八千六百三名。煎盐军一千一百七十四名。炒铁军一千五百四十八名。寄籍民七千一百九名。操马五万五千一百九十八匹。边墩一千六十七座。

边略

马市（永乐三年，立辽东、开原、广宁马市。定价上上马，绢八匹，布十二匹。上马，绢四匹，布六匹。中马，绢三匹，布五匹。下马，绢二匹，布四匹。驹，绢一匹，布三匹。其立市，一于开原城南，以待海西女直。一于开原城东。一于广宁，以待朵颜三卫。各去城四十里。十年，令辽东缺马官军听于各马市照例收买。十五年，重定辽东互市马价。上上马一匹，米五石，布绢各五匹。中马，米三石，布绢各三匹。下马，米二石，布绢各二匹。驹，米一石，布二匹。正统十四年，革朵颜三卫互市。成化十四年，奏准辽东马市，听海西并朵颜三卫夷人买卖。开原每月初一日至初五日一次。广宁每月初一日至初五日一次，十六日至二十日一次。各夷将马匹物货，赴官验放，入市交易。不许通事人等将各夷侮弄，亏少马价，及偷盗货物，亦不许拨置夷人，以失物为由，诈骗财物。敢有擅放夷人入城，及纵容无货人入市，有货者在内过宿，规取小利，透漏边情，违者俱问，发两广烟瘴地面充军，遇赦不宥。按会典，一抚赏海西朝京都督每名牛一只，大果桌一张；都指挥每名羊一只，大果桌一张。一供给海西买卖都督每名羊一只，每日桌面三张，酒三壶；都指挥每名羊一只，每日桌面一张，酒一壶。一部落每四名猪肉一斤，酒一壶。一赏赐传报夷情夷人，白中布二匹，桌面二张，酒二壶。一抚赏三卫买卖达子，大头儿每名袄子一件、锅一口、靴袜一双、青红布三匹、米三斗、大果桌面半张。一零赏三卫达子，每名布一匹、米一斗、兀堵酥一双、靴一双、锅一口，每四名果桌一张。）

抽分货物（骟马一匹银六钱。儿马一匹银五钱。骡马一匹银四钱。牛一只银二钱。缎一匹银一钱。锅一口银一分。羊一只银一分。貂皮一张银二分。豹皮一张银一钱。熊虎皮每张银三分。鹿皮一张银一分。狐狸、睡貂皮每张一分。狍皮二张银一分。黄蜡十块抽一。人参十围抽一。榛松二十斤抽一斤。）

抚赏（大抵辽土诸夷环落，性多贪吝，故我以不战为上兵，羁縻为奇计，朝贡互市，皆有抚赏外，又有沿边报事，及近边住牧，换盐米，讨酒食，夷人旧规，守堡官量处抚待。近者官不奉公，刻军骨以恣科派，贪夷利以暗交通，反为抚赏之累，可不戒哉。）

卷之四　典礼志（选录）

夷人入贡

女直入贡（每岁十月初一日起，至十二月终止。陆续起送。建州左右、毛邻、海西等卫夷人到司，督令通事审验，发馆随行。左等六卫，挨月公宴。各夷赴京回还亦行公宴，伴送。）

卷之七　艺文志（选录）

卢琼《东戍见闻录》：（夫辽阳山带海，诸夷环徼而居。自宁前东抵开原曰三卫，逐水草无恒居，部落以千计，而朵颜为最。自汤站抵开原，曰建州、毛邻、海西、野人兀者，皆有室庐，而建州为最。开原北近松花江者，曰山寨夷，亦海西种类。又北抵黑龙江曰江夷，俱有室庐，而江夷为最。三卫，契丹阿保机遗孽也。自宁前抵喜峰近宣府曰朵颜，自锦义历广宁至辽河曰太宁，由黄泥凹逾沈阳、铁岭至开原曰福余。其俗喜偷，常入北漠盗马，三四人驱千百匹，善剽掠，即杀人寇抄，髡其发以自标。性贪黠，边人以酒若贷啖之，执而杀之。兹故报复抄掠无宁时。一遭挫衄，数十年不入其地。若诚信抚之，不劳兵而易戢也。建州、毛邻则渤海大氏遗孽，乐住种，善缉纺，饮食服用，皆如华人，自长白山迤南可附而治也。海西山寨之夷曰熟女直，完颜后，金之遗也。俗种耕稼，妇女以金珠为饰，倚山作寨。居黑龙江者曰生女直，其俗略同山寨。数与山寨仇杀，百十战不休。近寨酋与和难，平其曲直，以马牛羊断云。诸夷皆善驰猎。女直建州，多喜治生。三卫则最无赖也。江夷之外曰阿哈娄得，诸种自相雄长矣。唯国家设六边以驭胡，唯开原历兴中、大宁，抱红螺，跨独石，以达诸宣府。自宣大迤西，直抵甘肃，势如率然，首尾相援，天设之险，而创造之艰也。永乐初，有渡江之役，兀良哈效顺，遂捐之以兴中、大宁，挈大宁都司治保定。于是虹螺、白云之北，因而失险。退守锦义、宁前、喜峰、三屯、密云白羊，以达居庸。自是宣府左臂受冲，卢龙后背伛偻，辽之襟吭倾哽，诸陵亦时警严烽矣。夫不复兴中、大宁，则宁前一扼地耳。自潮河川、喜峰口以窥卢龙，则滦平搔然矣。自黄花、白羊，则诸陵震惊矣。宣府之外藩，因之日析也，言而至此，未尝不致叹其失之之易，而惜其复之之难也。后之君子其尚念吾言哉。）

卷之九　外志（选录）

外夷卫所

福余卫、朵颜卫、泰宁卫、塔山卫、建州卫、建州左卫、兀者卫、兀者左卫、兀者右卫、兀者前卫、兀者后卫、兀也吾卫、亦麻河卫、亦马剌卫、失里绵卫、亦儿吉里卫、虎儿文卫、撒剌儿卫、使方河卫、古贲河卫、卜颜卫、卜鲁丹河卫、双城卫、古木山卫、佛儿秃河卫、海河卫、温河卫、苏温河卫、吉河卫、卜剌罕卫、毛邻卫、把河卫、肥河卫、古城卫、脱水河卫、没脱伦卫、塔鲁木卫、阿速江卫、赤不罕卫、屯河卫、安河卫、野木河卫、哥吉河卫、钦真河卫、速平江卫、木鲁罕山卫、嘉河卫、散力卫、朵儿必河卫、甫门河卫、甫里河卫、朵儿玉河卫、甫门卫、甫儿河卫、喜乐温河卫、哈兰城卫、麦兰河卫、纳速吉河卫、纳怜河卫、木东河卫、土鲁亭山卫、马英山卫、法因河卫、亦速里河卫、考郎兀卫、阿剌山卫、古鲁浑山卫、撒秃河卫、忽阑山卫、赤里察河卫、随满河卫、阿木河卫、野儿定河卫、好屯河卫、木阳河卫、牙鲁卫、可令河卫、兀列河卫、呕罕河卫、阿里河卫、列门河卫、忽里吉山卫、秃都河卫、实山卫、察剌秃山卫、兀应河卫、莫温河卫、喜剌乌卫、密陈卫、脱伦卫、亦罕河卫、木兴河卫、木兴卫、乞忽卫、友帖卫、剌鲁卫、木忽剌河卫、亦实卫、童宽山卫、兀鲁罕河卫、塔罕山卫、古里河卫、者帖列山卫、木兰河卫、亦文山卫、兀里奚山卫、秃河卫、兰河卫、希滩河卫、阿真河卫、乞塔河卫、阿者迷河卫、克默河卫、撒义河卫、阿真同真卫、葛林卫、把城卫、札肥河卫、忽石门卫、札岭卫、木里吉卫、木速河卫、忽儿海卫、伏里其卫、乞勒尼卫、莫温可卫、朵林山卫、朵州山卫、奴儿干卫、阿伦卫、塔麻速卫、失里木卫、撒只剌河卫、失里兀卫、依木河卫、卜鲁兀卫、爱和卫、阿答赤卫、禾屯吉卫、薛列河卫、细木河卫、阿资河卫、葛称河卫、佛朵秃河卫、扎童卫、阿吉河卫、密剌秃山卫、剌儿卫、兀的河卫、木答里山卫、喜辰卫、督罕河卫、阿鲁必河卫、者林山卫、亦文卫、阿者卫、没沦河卫、秃屯河卫、弗秃都河卫、者屯卫、阿真河卫、把忽儿卫、写猪洛卫、答里山卫、答马速卫、者剌秃卫、波罗河卫、者亦河卫、阿塔赤卫、也速脱卫、察扎秃河卫、弗提卫、木忽剌卫、可河卫、老合河卫、出万河卫、屯河卫、斡朵里卫、福三卫、失儿秃赤卫、哈儿分卫、亦屯卫、卜忽秃河卫、忽鲁爱卫、斡朵伦卫、亦马忽山卫、也鲁河卫、扎真卫、吉滩卫、只儿蛮卫、亦东河卫、速塔儿河卫、亦迷河卫、者列帖卫、卜鲁秃河卫、兀剌忽卫、禾屯吉卫、镇真河卫、亦里河卫、忽脱河卫、建州右卫、寄住毛怜卫、斡兰河卫、可木卫、忽失卫、渚冬河卫、忽鲁山卫、撒拉卫、忽失木卫、古鲁河卫、弗力秃河卫、木秃鲁河卫、乞列厄卫、朵儿玉卫、谷鲁卫、兀剌卫、忽思木卫、也孙伦卫、忽鲁木卫、者卜登卫、撒竹篮卫、老里卫、弗山卫、满泾卫、木里今卫、野剌脱卫、竹里河卫、塔木卫、兀力门卫、右帖卫、可木河卫、兀思哈里卫、古鲁山卫、哈儿蛮卫、哈里分卫、阿里河卫、塔哈山卫、塔亭卫、和卜罗卫、益实左卫、塔山前卫、弗纳河卫、木束河卫、童山宽卫、亦帖列山卫、亦实卫、弗思木卫、阿的纳河卫、双古卫、忽里奚山卫、兀牙山卫、撒儿忽卫、木里吉河卫、以哈阿哈卫、失郎山卫、脱河卫、纳木卫、弗力卫、塔山舟卫、兀里河卫、撒里河卫、脱伦兀卫、只不得卫、顺民卫、哈里山卫、和屯河卫、脱里卫、塔儿河卫、也速伦卫、忽剌罕山卫、兀也卫、木答里卫、木答山卫、弗朵脱河卫、替里卫、忽里罕山卫、过河卫、失列木卫、成讨温卫、木孙卫、秃纳河卫、者河卫、木河卫、亦赤纳卫、兀者纳河卫、撒儿河卫、剌里河卫、古鲁卫、兀鲁河卫、也木河卫、兀里卫、失里卫、玄城卫、兀实卫、亦里察卫、阿古卫、亦屯河卫、和屯卫、出万山卫、兀失卫、失儿秃赤卫、剌儿河卫、忽剌罕山卫、兀同河卫、斡兰河卫、镇真河卫、巴忽鲁卫、亦麻忽山卫、亦里克卫、弗朵兀鲁卫、忽鲁山卫、亦里河卫、兀者吾卫、黑里河卫、兀鲁爱卫、撒林卫、弗郎罕山卫、克城家卫、纳剌吉卫、忽失河卫、者剌秃卫、速温河卫、哈剌察卫、兀答里山卫、木兴河卫、河卜罗卫、岁班卫、兀剌卫、竹墩卫、竹屯卫、兀剌河卫、兀山卫、失山卫、朵州山卫、阮里可卫、弗河卫、文东河卫、者亦河卫、哈里卫、失里山卫、阿儿温河卫。

兀的千户所、敷答河千户所、兀者托温千户所、兀者揆野人千户所、兀者屯河千户所、兀者已河千户所、兀秃千户所、兀者稳勉赤千户所、可里踢千户所、兀的罕河千户所、五音千户所、兀者撒也木千户所、五年千户所、哈鲁千户所、真河千户所、古贲千户所、锁郎哈千户所、得的河千户所、屯河千户所、奥江河千户所、古鲁河千户所、哈鲁门山千户所、阿鲁木千户所。

奴儿干都司，先名远三万户府。前代无考。元为东征元帅府。国初累加招谕，永乐九年春，复遣中使率官军，驾巨船至其地。爵赉其人之来附者。设都司都指挥三员，康旺、佟答剌哈、王肇州以镇抚之。间岁相沿领军，比朝贡往还护送，率以为常。

〔张云樵、刘贵君　点校整理〕

《开原图说》（选录）

按：《开原图说》共二卷，明冯瑗辑。冯瑗字德韫，临朐人。万历己未（1595）进士。仕至辽东开原道。《开原图说》书成于明万历末年。以当时人记当时、当地事，史料价值弥足珍贵。兹按《玄览堂丛书》本，选录有关海西女真的资料，供研究参考。

卷　上

瑗按：图说之作，盖以扞疆圉耳。故惟详于地利沿革分野，全志载之矣。我国家设官非不详也，人情惮孤危厌凉薄，故挂冠者众，而请缨者杳杳也。缺官废事，动经岁年，冲圉之常耳。非有殊异之擢，恐不能来死绥之士。至于营堡萧条，即墩台棋布，仅其名耳。额军耗矣，招募无几也，其谁与守。训练虽勤，稽查虽严，顾四钱月饷，历三季而始得，枵腹荷戈，安责御戎哉。观斯图者，宁不为开原虑乎？

开原控制外夷图说

控制

东北制海西塔鲁木卫北关夷金台失、白羊骨二营。东制海西塔山卫南关夷猛骨孛罗。（近南关为奴酋所并，伊子吾儿忽答在奴寨为婿，旧寨奴酋部夷窃据之。奴酋代贡。）西北制福余卫东虏宰赛、暖兔、卜儿亥、耳只革、卜儿罕谷、额孙大、卜答赤、歹安儿、伯要儿、脱卜户、脱退、小老斯、舍喇把拜、哈喇把拜、庄南、庄兔、小耳只革、果丙兔、火把台州、把秃儿、奴台哈屯、朱身二十二营。再东北制福余卫夷恍惚太、土门儿二营。

关隘

新安关在庆云堡，镇北关在镇北堡，广顺关在靖安堡。

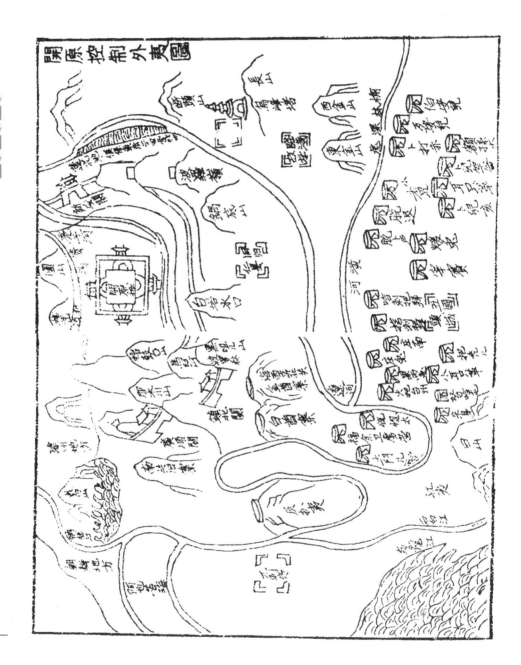

瑗按：开原弹丸之地，东北制诸夷，西北制诸虏。关堡冲缓，夷落远近，虽瞭然在目，第虏情骄悍，夷俗阴狡，而北关介于半悍半狡之间。年来，宰、煖诸酋，生齿渐繁，我之市赏凉薄，不足以制其死命，故款掠无常。且奴酋北关构祸未已。在北关以鹬蚌相持之势，不得不仰我鼻息，然狼子野心终不可测。而奴酋以救北关之故，日眈眈侧目于开原，处留我人民，掳掠我牛马，招纳我叛亡，我不能禁也。微弱北关一不救，非折而入于建夷，则叛而连和西虏，其为开原害更大。第士马雕敝，屯堡萧条，孤悬开原，幅员不过七八十里。西备西虏，北成北关，东虞建夷，三面受敌，终岁清野，犬羊与邻，燕雀处室，守疆圉者，无终岁之计，焉得不惴惴哉。

高折枝曰：开原地方萧条，大举尚少，所虑鼠窃狗盗耳。此正赵充国所谓虏小寇盗，时杀人民，其原未可卒禁。议者遂谓地方不可为，不知犬羊虽众，各自为部，不相统一，又皆利我市赏，便我市易，我若闭关不与通，我布帛、锅口、田器等项，皆彼夷日用所需，彼何从得？彼之牛马羊及参貂榛松等货，又何所售？以此论之，弹丸开原，实诸虏所资以为生。不但开原不当轻与虏绝，即虏亦不敢轻与开原绝，此事机也。昔汉宣帝敕边守尉曰：匈奴大国，多变诈，接得其情则却敌折冲应对，入其数则易为欺负。年来夷虏之敢肆欺负，倘以我之交接不得其情乎。先正论辽东驭夷，惟在随势安辑，处置得宜，俘斩论功，乃第二义，诚确论也。

开原疆场总图说

城堡

开原城、中固城、铁岭城、汛河城、懿路城、镇北堡、清阳堡、镇夷堡、永宁堡、古城堡、庆云堡、定远堡、新添堡、镇西堡、曾迟堡、宋家泊堡、丁字泊堡、新城堡、威远堡、靖安堡、松山堡、柴河堡、抚安堡、白家冲堡、三岔儿堡。

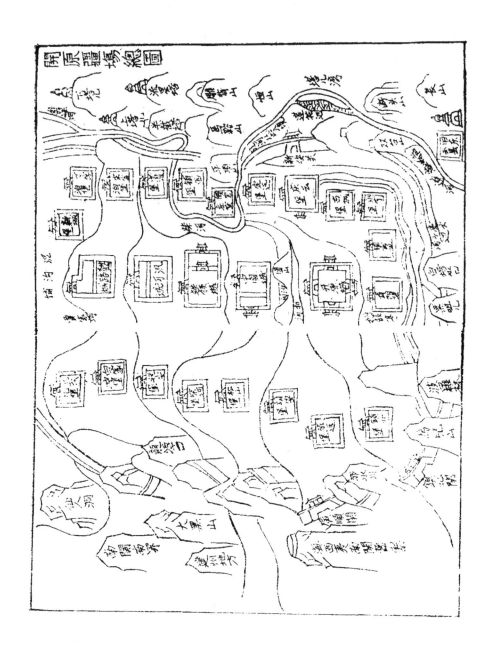

职官

钦差整饬兵备一员、北协副总兵一员、安乐州知州一员、吏目一员、开原备御一员、军政三万辽海二卫掌印指挥二员、管屯指挥二员、管局指挥二员、经历二员、镇抚二员、仓官二员、库官一员、驿官一员、递运所官一员、掌所印千户十七员、三万卫学教授一员、训导一员、院委中军二员、千总八员、把总四员。

军马

协营两哨。原额军士二千一百七名，自经制沙汰后，见在有无马军士一千七百五名。州兵头目二百八名，自经制沙汰后，见在有无马头目二百七名。协营招募家丁四百名。左右哨招募健丁六百七十二名。

墩台

沿边墩台共一百八十二座，腹里墩台共二百二十七座，新建敌楼六座。

边塞

西边自新城堡起，历丁字泊、宋家泊、曾迟、镇西、新添、定远、庆云、古城九堡，共长一百七十五里。北边自永宁堡起，历镇夷、清阳、镇北四堡，共长一百一十五里。东边自威远堡起，历靖安、松山、柴河、抚安、白家冲、三岔儿七堡，共长二百里。三面共长四百九十里，并无墙垣，止有新旧土壕两道。

瑷考：国初，开原幅员甚阔。西路四站直接广宁，东路九站直通朝鲜，北路九站径达海西。虽各站皆安置夷落，非有汉戍。而号令肃如，道途无阻，所谓守在四夷也。乃承平既久，封疆愈蹙。东西不满百里，南惟一线之路通于辽沈。春满秋高，胡骑毡罽环绕，西北弥望无际。东界则女直诸部，冬夏往来不绝。以弹丸地，孤悬诸虏穴中，九边危地，此其最乎。镇北、威远、靖安、松山、柴河、白家冲、抚安、三岔儿八堡，皆崎岖山岩间，其山皆我与夷共。虽有自然之险，人力未施，亦不足恃也。自救北关之后，东夷蓄恨日深。近边愚氓，贪樵采之利，遭处刘之苦，法不能禁也。若西北清阳、镇夷、永宁、古城、庆云、定远六堡，平旷无险，一墙之外，即虏牧地，卧甲枕戈，迄无宁晷。镇西、新添二堡，孤悬河外，与虏共处。曾迟独立河渚，虽敌未易乘，救亦未易济。宋丁二堡，当辽河浅处，虏骑易涉，沙碛所聚，土不宜墙。新城在懿蒲间，虏常所出没，皆极冲地。而辽以内，冈峦联络，二三百里，林木丛茂，山河之险，反在虏境，虏骑聚散，我且莫测，此有志之士，犹惓惓于复旧辽阳云。

开原城图说

城堡

威远堡、靖安堡、松山堡。

职官

备御一员。

军马

鞍马司原额军士一百七名，自经制沙汰后，见在有无马军士八十二名，招募家丁十名。

墩台

沿边墩台十七座，腹里墩台四十七座。

边塞

北边自威远堡界起，南至松山堡界，共长九十五里。

瑷按：开原城即辽之黄龙府，山阻东南，河抱西北，扣清二水环绕城面，而背负层峦起伏重叠，亦边方形胜之区。第地既孤悬，远居天末，频年虏患，生齿渐稀，城中不满二千户，凭堞一望，满目虚垒，使沃饶之区鞠为草莽，惜哉！

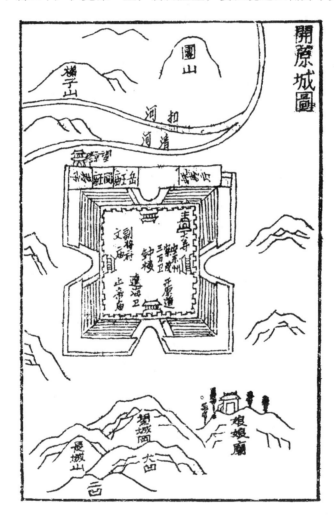

镇北堡图说

关隘

镇北关（海西塔鲁本卫北关诸夷贡道）。

职官

守堡官一员。

军马

原额堡军八百七名，自经制沙汰后，见在有无马军士二百一名。

民屯

陈思敬屯、马市堡屯、杨惟士屯、汪思仁屯、刘指挥屯。

墩台

沿边墩台八座：盖州林台、灰窑冲台、厂口冲台、镇北关门台、马儿山台、小关门台、小丁板河台、安宁台。

腹里墩台十四座：堡后台、菠萝岭台、曹家石门台、安静台、镇边台、平房台、静边台、石岭台、镇房台、东山墩台、新添台、玉里屯台、目牙山台、夹心山台。

边塞

北边自盖州林台起，东至小丁板河台，共长五十里。土壕一道。东至威远堡二十里，西至清阳堡二十里，南至开原城五十里，北至边外五里。边外系朱身、脱卜户、脱退、小老厮、火把台州、奴台哈屯六营牧地。

瑗按：镇北堡在开原之北，有镇北关，即海西夷金白二酋出入之门户也。在昔二酋之祖，曰逞仰二奴，阴联西虏，大为边患。我中国诱而诛于南市。自二酋与建夷构祸，始为开原藩蔽。然疏防弛禁，有识忧之。且入市开原，道过镇北，供给烦费，大为镇北之苦。本堡境外，地名光山，去边五十里，地势宽敞，有水草，乃虏贼住牧之处。贼至此若起营向西南行，至清阳堡境外地名磨盘山三十里，至镇夷境外地名芹菜沟五十里。犯清阳、镇夷等堡，则达官屯可以伏兵。如犯本堡，由长石门从里窑儿台、孤山台进，境迤南深入马市堡等屯一带，则荒山儿可以堵截，道路宽阔可通大举也。

威远堡图说

职官

守堡官一员。

军马

原额堡军四百七十六名，自经制沙汰后，见在有无马军士六十八名。

民屯

雷其屯、塔儿山屯、周城屯、孔指挥屯、王原屯、夏道伏屯、曹成屯。

墩台

沿边墩台八座：黑山墩、石头台、南空心台、高架子台、夏旺台、新架子台、韩春台、北空心台。

腹里墩台十二座：贾烟台、粉章台、威宁台、王家冲台、杨哈喇台、安远台、镇静台、塔儿山台、石嘴头台、那木川台、龙潭冲台、龙潭台。

边塞

东边自龙潭台起，南至镇静台，共长二十五里。南至靖安三十里，北至镇北堡二十里，西至开原城三十里，东至大边十五里。边外系金台失往来之处，并无与夷寨相对。

瑷按：威远堡在开原正东，旧止设守堡官一员。自万历十二年，南北两关夷人仇杀，本堡遭林木池鱼之殃，军民流散，四野荒芜，城垣倾圮，仅存堡名。三十八年，移开原备御于本堡，增兵二百，战守并修。流移渐复，而堡障始完。今备御复归开原，募兵渐散，城垣渐圮，大失初意矣。本堡那木川百峰山台皆通贼要地，雷其屯可以屯兵，曲换屯可设伏也。

靖安堡图说

关隘

广顺关一座。

职官

守堡官一员。

军马

原额堡军五百二名，自经制沙汰后，见在有无马军士一百三名。

民屯

董贯屯、洪景屯、黄泥冈屯、皮英屯、王贵屯、达达屯、杨木答兀屯、白洪屯、黄官保屯、陈子贵屯、李孜屯、蒋必翁屯、王朵罗只屯、任礼屯。

墩台

沿边墩台三座：广顺关门台、河奇台、新架子台。

腹里墩台二十座：翁刚台、长岭台、遵化池台、松山墩、贾马儿山台、瓦子峪台、石嘴岭台、平靖台、太平台、扣河三台、归儿山台、镇宁台、黑林子台、安靖台、蔡家冲台、老鸦岩台、八里庄台、王贵台、四里庄台、南窑台。

边塞

东边自平靖台起，南至黑林子台，共长三十六里。大边皆夹山峻岭，南至松山堡四十里，北至威远堡三十里，西至开原城四十里，东至广顺关一十五里。边外旧系猛酋故巢，今为建夷牧地。

瑗按：是堡之麻札台北空及扣河口，皆通贼要路，杨木答兀屯可以屯兵，黄泥冈可设伏也。有广顺关一座，系海西夷南关，贡市之处也。

高折枝曰：往夷长王忠，初建寨于广顺关外，东夷诸种无不受其约束者。无论近边各卫站，岁修赞贡，惟忠为政。即野人女直，僻在江上，有来市易，靡不依忠为居停主人。当是时，广顺关外夷络绎不绝，而开原举城争和戎之利者，熙熙攘攘，至今长老犹能言之。今王氏遗垒犹存，而子孙部曲已灰飞烟灭。广顺关头阒无人迹，开原市上落寞不堪。原地方之盛衰不能不致慨于废兴云。

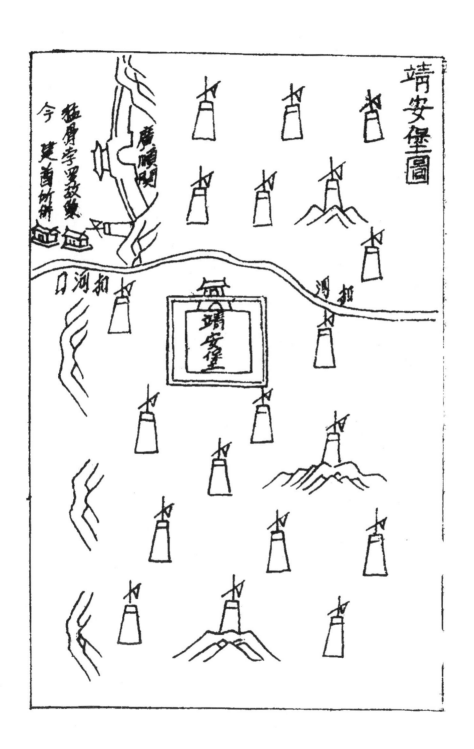

松山堡图说

职官

守堡官一员。

军马

原额堡军三百五十九名，自经制沙汰后，见在有无马军士一百八十六名。

民屯

魏头目屯、左所屯、杨仁屯、孟家寨屯、沙河铺屯、白庙儿屯、寇准屯、山冈铺屯、施仲宽屯。

墩台

沿边墩台，无。

腹里墩台十四座：东镇台、月城台、排栅台、平顶台、张和台、盘岭台、镇夷台、杏花村台、宝稻山台、三墩台、山冈铺台、高石嘴台、向阳台、架炮山台。

边塞

东边自盘岭台起，南至向阳双台，共长三十三里。大边久废，墙基向存。南至柴河堡三十里，北至靖安堡四十里，西至开原城五十里，东至大边三十里。边外旧系猛酋故巢，今为建夷牧地。

瑗按：是堡开原材木所从出也。往年华夷杂处，有无相济，颇享安堵之福。自奴酋与北关相构以来，恨我兵之戍北关也，蓄怒宿怨，待我堡民、屯民犹贪山泽小利，往往遭处刘之害。岂以空言宣谕能止，议者欲验复广顺关之贡，稍示羁縻之术，亦救弊一策也。本堡谭场台北空、张立冈南空、松山墩三处通贼要地。瞭高山屯可以屯兵，孟家寨可设伏也。

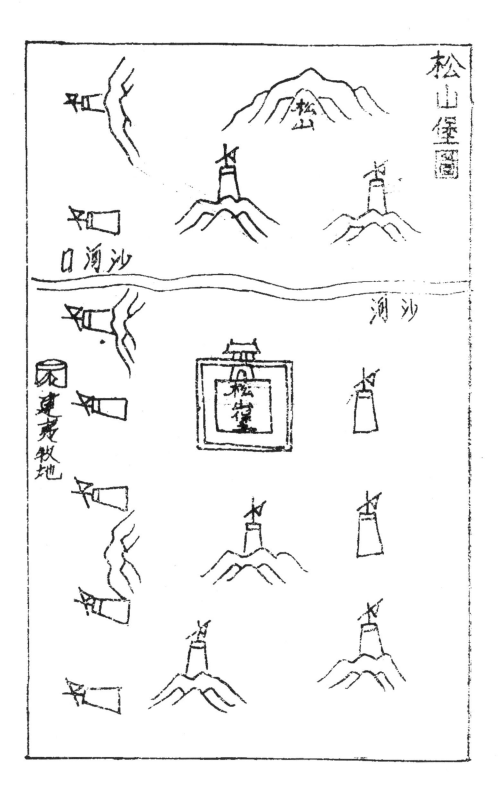

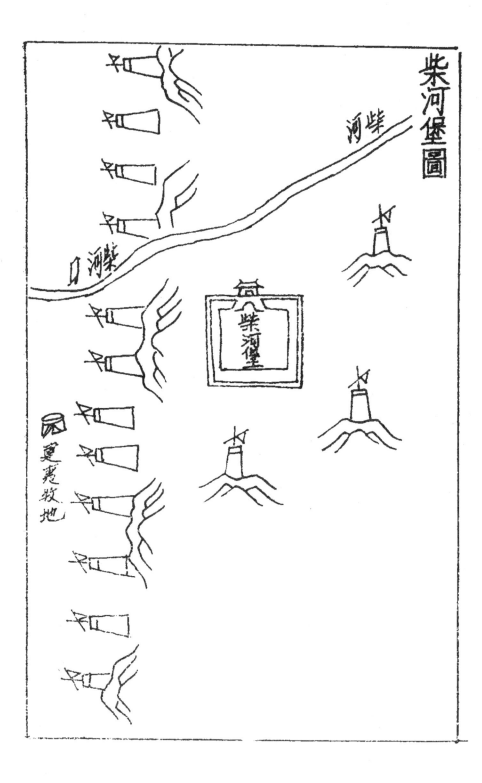

柴河堡圖

柴河堡图说

职官

守堡官一员。

军马

原额堡军三百七十四名，自经制沙汰后，见在有无马军士四十六名。

民屯

目牙政屯、太平寨屯、新安屯、向阳寨屯、马家寨屯、金家寨屯、红草石门屯、山头铺屯、梅家寨屯。

墩台

沿边墩台十二座：镇房台、柴河台、河口空心台、大山嘴台、磨石山台、水咸台、司贵台、镇静台、王伏台、镇夷台、吴刚冲台、六聪台。

腹里墩台十九座：向阳双台、关门冲台、青石山台、冰零山台、陡山嘴台、照壁山台、目牙政台、青山台、哈塔山台、红草石门台、陈其屯台、营城寨屯、扁山台、石柱台屯、三峰山台、界守山台、霸王山台、榆林冲台、顾旧冲台、堪中路台、冷饭墩台、沙河台。

边塞

东边自镇房台起，北至向阳双台，共长三十里，南至抚安堡三十里，北至松山堡三十五里，西至中固城四十里，东至大边二十里。边外旧系猛酋故巢，今为建夷牧地。

瑷按：柴河、松山、靖安三堡，皆设在万山中，为开原东藩篱，所以关防东夷。自万历二十七年，海西夷南关为建夷据去，边外遂空无人，警备差缓，然城垣并圮，因循莫治，非所以戒未雨也。况西房大举，每越路东犯，令得睹此败垣残堞，岂不遗之禽乎。燕雀处室，识者危之。此堡司贵台、黑鹰窝台二处通贼要路，关门冲可以屯兵，马家寨可设伏也。

卷　下

瑷按：《四夷考》载，东北夷惟女直一种，曰建州、曰毛邻、曰海西、曰野人兀者，皆其分派。曰江夷、曰山夷，又派之余也。毛邻、野人兀者无所考。建州，今奴酋地。海西即北关、南关，业半并于奴酋。江夷止余卜占太一酋，寄食金寨。山夷即灰扒、兀剌之属，俱吞噬于建州矣。宰卜二十四营，虽冒名福余，实北房枝派。而福余夷人为恍、土二酋，久遁混同江上，居江夷地矣。意者夷运隆替，亦如中国之递兴递废，惜无谱籍，据故老口传，得其大略云：

海西夷北关枝派图说

一营白羊骨，塔鲁木卫都督佥事，系逞家奴嫡长孙。父卜寨，万历二十二年纠兵犯建州，为建兵所杀。白羊骨袭祖职。部落约五千，精兵二千，用事中军伯言打里等。

一营金台失，塔鲁木卫指挥佥事，升授兀剌卫都督佥事，系仰家奴次男。兄那林孛罗，三十六年故绝。金台失继兄领兵，尚未袭职。部落六千，精兵三千，用事中军哈儿台失等。

瑗按：镇北堡十里为白马儿山，山有关，即镇北关也。关外即夷人境。东北三十里，曰啰啰寨。寨东北又三十里，曰夜黑寨，即白羊骨寨。而金台失寨又在台住焉。自寨至关六十里，至堡七十里，至开原城一百二十里。以二酋巢在镇北关北，故开原人呼为北关。夷房巢穴，此其最近者。盖东夷一种，屋居火食，差与内地同。而户知稼穑，不专以射猎为生，故不忌其近我边疆。又参貂马尾之利，皆东夷所产。东夷有远自混同江来者，有远自黑龙江来者，或千余里，或二三千里，非有近夷为居停主人，其何所依而重译焉。昔南关夷酋王忠，建寨于靖安关外，以专其居停之利。北关效之，亦建寨于此，盖争其利也。自恍惚太等立寨混同江口，而其利尽转归于奴酋。故连年东夷之相构，虽争救书，其实亦争此利也。考北关曾祖祝孔革、祖台出，皆南关所自出，受南关卵翼者世世矣。至逞仰二奴，见南关微弱，遂谋兼并，宁远诛之。乃那、卜继世，不能洗其先日之恶，且益仇南关。苟可诱杀，不顾亲戚。歹商既死，猛骨孛罗穷猿投林，不暇择木，遂甘就建夷网罗。不知灭南关者建州，而所以灭南关者北关也。今北关子孙渐微，建州强盛，且相构未已，除弱邻而得强对，夫谁非逞、仰、那、卜四酋为谋之不臧哉。乃金白二酋当式微之运，不知念乱以图存，每奋其螳（背）〔臂〕之怒以构祸。且强敌在前，阋墙于室，屡谕不悛，盖既愚且诈矣。大抵东夷狡而北虏悍，此女直、鞑靼之所谓分。北关虽东夷种类，而世与北虏结婚，无得其狡与悍之气，故既愚且诈。当逞、仰、那、卜之世，其勾连西房，为开原门户之忧者，将三十年。恶孽盈满，天实厌之。四酋仅一酋得死毡罽。今其子孙，且东南逼于建州，而西北为虏所征求，乃始匿而就和，不敢复为边患。近且举全部依我，大为开原藩蔽之利。第微弱之势，非中国之戍守，恐不能自存。然疲中国以戍外夷，终非长策。故撤兵既恐前功之尽弃，不撤又恐后祸之难支，非破拘执之见，图久远之策，恐开原之祸未有歇也。

海西夷北关枝派图

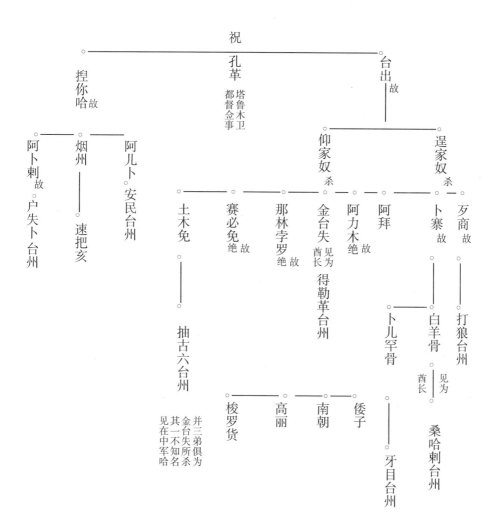

海西夷南关枝派图说

一营吾儿忽答，系已故塔山前卫左都督加授龙虎将军王台之孙，左都督猛骨孛罗之子。万历二十七年，父子并为建酋奴儿哈赤所掳。猛骨孛罗次年为奴酋所杀。吾儿忽答至今尚羁留夷寨为婿。

瑗按：嘉隆间，王台叔王忠，兵力强盛，东夷自海西、建州，一百八十二卫，二十所，五十六站，皆听其约束。忠又甚恭顺。一时开辽东边无一夷敢犯居民者，皆忠之力也。忠盖金完颜氏正派，夷呼完颜为王，故其后世子孙以王为姓。忠自嘉靖初，始从混同江上建寨于靖安堡边外七十里地名亦赤哈答，以便贡市。亦赤哈答在开原东南，故开原呼为南关也。自忠死台继之，不能约束诸部。塔鲁木卫都督台出者，即今北关酋金台失、白羊骨之祖，首叛之。日以争敕构兵。台出死，子逞家奴、仰家奴结婚北虏，兵锋益张。开原东鄙，无日不战。林木池鱼祸且及于内地。万历十一年，李宁远诱杀逞、仰二奴于开原市，盖为南关也。王台死，子猛骨孛罗、孙歹商益弱。而逞、仰二酋子卜寨、那林孛罗者，以报父仇为名，益肆兵凌逼，于是猛骨孛罗奔江上，歹商投入开原。十六年，李宁远奉旨讨北关不克，乃召猛骨孛罗还，将父王台所领敕与北关均分。盖海西等卫敕九百九十九道，旧皆王忠所有。忠死无子，台以住分六百九十九道，台出忠子婿，分三百道。宁远令猛骨孛罗拨敕一百九十九道与那、卜二酋，以和解两关。复命猛骨孛罗、歹商复还旧寨。至十九年，北关酋卜寨诱杀歹商，掳其部落牲畜，收其敕一百三十七道，而猛骨孛罗益孤。二十二年，北关合北虏抢建州，为建州奴儿哈赤所败。建州渐强盛。猛骨孛罗乃结婚奴酋以求援，而不知奴酋兼并之心，固不下于北关也。二十七年，假以助防纳兵猛骨孛罗寨中，乘机掳其全部去。未几杀猛骨孛罗，收其敕书三百六十三道，即以原许猛骨孛罗女妻其子吾儿忽答，以羁縻南关部落，验敕代贡。盖匹夫无罪，怀璧其罪，猛骨孛罗之谓矣。自猛骨孛罗死，吾儿忽答既羁留不得归南关旧寨，二三百里内杳无人迹，将十余年。近四五年，建酋且遣夷北来，修复旧者哈王胡子两小寨，南关之地渐化为建州。震邻之虞，北关且汲汲矣。奴酋虽有南关敕书，其验贡犹以吾儿忽答为名。自与北关构祸，以广顺关逼近金、白二酋，恐遭处刘之害，又以成救北关并恨开原故，三十五年至今未贡。近复从抚顺代讲，稍示狎驯，盖终不忘此利耳。说者谓奴酋验南关贡也，以大义绝之，其理正，其名顺，而中国亦有所省。第酌疆圉之利害，不若准其代验，非但开原有所操纵，抑且边民免于处刘。阳以施羁縻之术，阴以济要挟之计。或使之解恨于北关，免吾成守之劳。或挟之复立南关，分彼启疆之势，则所捐者小，而所济

海西女真史料

224

海西夷南关枝派图

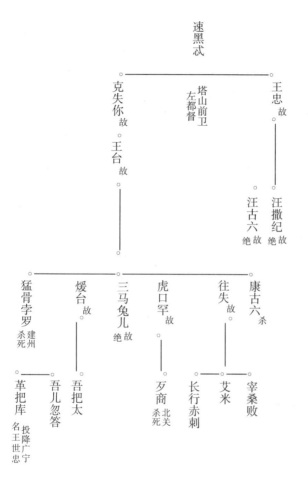

者大也。若曰敕书原系南关有也，不知即南关、北关及建夷今所验贡之敕，俱从攘夺而来，不系原给之主名，相沿久矣，安能独责奴酋之夺南关哉。善乎福清之言，曰东夷之兴微矣。彼其屋居耕食，分地世官，非专事射猎，迁徙无常，如匈奴比，故可得而羁縻蓄也。兽奔豕突，夷性则然，而此叛彼归，朝侵暮款，信使一临，扣关相望，假令恩威，足服其心，而扰驯勿失其宜，一疆吏辨之矣。故夸者徼之以为功，贪者渔之以为利，自我致寇亦复何尤哉。

福余卫夷恍惚太等二营枝派图说

一营恍惚太，系已故夷酋往四儿男，兵约五千余骑。

一营土门儿，系主儿者阿男，恍惚太从侄，兵五千骑。酉长年二十岁，负性狡猾，领兵枕亏展太上关等困等。

瑷按：福余卫夷在者，独此二酉。万历初年，为开铁西北患者，亦独此二酉。自二酉勾东虏以儿邓、暖兔、伯要儿等为开铁患，二酉亦遂为东虏所弱。今且避居江上，不敢入庆云市讨赏。独坐穷山，放虎自卫，其取反噬固其宜也。自恍惚太立寨混同江口，凡江东夷过江入市者，皆计货税之，间以兵渡江东掠，于是江东夷皆畏而服之。自混同江以东，黑龙江以西，数千里内，数十种夷，每家岁纳貂皮一张、鱼皮二张，以此称富强，安心江上。西交北关，南交奴酋，以通贸易。女直一种所不尽为奴酋并者，皆恍惚太之力也。

福余卫夷恍惚太等二营枝派图

孛爱 故

锦只卜阿 故　　往四儿 故　　撒金 故

主儿者阿　　摆言大　恍惚太　果各赛　　卜儿灰

土門儿　　卜敖　把剌奈

〔张云樵、李澍田　点校整理〕

《清太祖武皇帝实录》（选录）

海西女真史料

按：《清太祖武皇帝实录》共四卷，始修于天聪年间，成书于崇德元年。内容主要根据"满文老档"，但记事时间比现存"满文老档"早二十四年（"满文老档"最早的记事时间是万历三十五年，《武录》的记载则开始于万历十一年）。这是《太祖实录》各种版本中最早的一种。后来康熙、雍正和乾隆历次据以修改《太祖实录》，均有篡改史实之处，因此，《武录》的史料价值尤为可贵。

根据故宫博物院铅印本选录。

卷之一

诸部世系。

兀喇国本名胡笼，姓纳喇，后因居兀喇河岸，故名兀喇。始祖名纳奇卜禄，生上江朵里和气，上江朵里和气生加麻哈苟朱户，加麻哈苟朱户生瑞吞，瑞吞生杜儿机，杜儿机生二子，长名克世纳都督，次名库堆朱颜。克世纳都督生辙辙木，辙辙木生万（后为哈达国汗）。库堆朱颜生太栾，太栾生补烟，尽收兀喇诸部，率众于兀喇河洪尼处筑城称王。补烟卒，其子补干继之，补干卒，其子满太继之。

哈达国汗姓纳喇，名万，本胡笼族也。后因住哈达处，故名哈达。乃兀喇部辙辙木之子，纳奇卜禄第七代孙也。其祖克世纳都督被族人八太打喇汉所杀，万遂逃往什白部瑞哈城。其叔王住外郎逃至哈达部为酋长，后哈达部叛，王住外郎被杀，其子泊儿混杀父仇人，请兄万为部长，万于是远者招徕，近者攻取，其势愈盛，遂自称哈达汗。彼时夜黑、兀喇、辉发及满洲所属浑河部，尽皆服之。凡有词讼，悉听处分，贿赂公行，是非颠倒，反为曲直，上既贪婪，下亦效由。凡差遣人役，侵渔诸部，但见鹰犬可意者，莫不索取。得之，即于万汗前誉之，稍不如意，即于万汗前毁之。万汗不察民隐，惟听谮言，民不堪命，往往叛投夜黑，并先附诸部尽叛，国势渐弱。万汗卒，子胡里干袭位，八月而卒，其弟康古鲁袭之，康古鲁卒，弟孟革卜卤袭之。

夜黑国始祖蒙古人，姓土墨忒，所居地名曰张。灭胡笼国内纳喇姓部，遂居其地，因姓纳喇。后移居夜黑河，故名夜黑。始祖胜根打喇汉，生石儿刻命刚兔，石儿刻命刚兔生奇里哈尼，奇里哈尼生出空格，出空格生太杵，太杵生二子，长名卿家奴，次名杨机奴，兄弟征服诸部，各居一城，哈达人归之，兄弟遂皆称王。甲申岁，大明万历十二年，宁远伯李成梁受哈达国贿，以赐敕书为由，诱卿家奴、杨机奴至开原关王庙，并所带兵三百皆杀之。卿家奴子布戒，杨机奴子纳林卜禄，各继父位。后李成梁复率兵攻克杜哈、尼牙罕二寨，汉兵亦损伤甚多。成梁又于戊子岁率兵攻纳林卜禄东城，失利而回。

辉发国本姓益革得里，原系沙哈梁兀喇江尼马谄部人（沙哈梁兀喇即混同江，一说黑龙江是也。此源从长白山发出）。始祖胜古力，移居渣鲁，后投纳剌姓哈羊干秃墨兔，二人杀七牛祭天，遂改姓纳喇。哈羊干秃墨兔所居地名曰张，亦胡笼国人。胜古力生二子，长名流陈，次名背陈。背陈生二子，长名纳灵刚，次名耐呼顽。纳灵刚生拉哈都督，拉哈都督生刚哈谄都督，刚哈谄都督生奇内根打喇汉，奇内根打喇汉生往机奴。往机奴征服辉发部，于辉发河边贺里气山筑城居之，故名辉发。彼时，蒙古插哈拉国土门渣沙兔汗自将来围其城，攻不能克，遂回。往机奴卒，孙摆银答里杀其叔七人，自为辉发国王。

戊子年四月，有哈达国万汗孙女阿敏姐姐胡里罕勒女也，其兄戴部送妹与太祖为妃。亲迎之，至于洞地名，坐旷野以待。时一人乘马带弓矢过于前，太祖讯左右为谁，左右对曰："东果部人，名纽妄肩，善射，本部无出其右者。"太祖遂令人唤至是，对面一柳，相距百余步，令射之。纽妄肩即下马挽弓，射五矢，止中三矢，上下不一。太祖连发五矢皆中，众视之，五矢攒于一处，相去不过五寸，凿落块木而五矢始出。戴部同妹至，太祖设宴成礼，遂纳之。

时夜黑国主纳林卜禄，遣部下宜儿当阿、摆斯汉二人来谓太祖曰："兀喇、哈达、夜黑、辉发、满洲总一国也，岂有五王之理？尔国人众，我国人寡，可将额儿泯、架孔木二处，择一让我。"太祖答云："我乃满洲，尔乃虎伦，尔国虽大，我不得取，我国虽大，尔亦不得取。况国非牲畜可比，焉有分给之理？尔等皆执政之臣，不能极力谏主，奈何忝颜来相告耶？"言毕，令回。夜黑、哈达、辉发三国会议，各遣使来，夜黑主纳林卜禄差尼哈里、兔儿德，哈达国主孟革卜卤差代某布，辉发国主摆银答里差阿喇泯。比至，太祖宴之。内兔儿德起向太祖曰："我主有命，遣我来言，欲言又恐触怒见责。"太祖曰："尔主之言与尔无干，何为责汝？如彼以恶言来，我亦以恶言往。"兔儿德曰："昔索地不与，令投顺不从，两国苦成仇隙，只有我兵能践尔境，谅尔兵敢履我地耶？"太祖闻言大怒，擎刀断案曰："尔主弟兄，何常与人交马接刃，碎烂甲胄，经此一战耶？昔孟革卜卤、戴部叔侄自相扰乱，如二童争骨（满洲儿童每掷骨为戏故云云），尔等乘乱袭取，何故视我如彼之易也，尔地四周果有边垣之阻耶？吾即昼不能往，夜亦能至彼处，尔其奈我何，徒张大言胡为乎？昔我父被大明误杀，与我敕书三十道，马三十匹，送还尸首，坐受左都督敕书，续封龙虎将军大敕一道，每年给银八百两，蟒缎十五匹，汝父亦被大明所杀，其尸骸汝得收取否？"遂书前言，遣阿林恰复之，谕之曰："尔到彼处当诵之，若惧而不诵，即住于彼处，勿复见我。"嘱毕，令行。时布戒贝勒预知，接至家，欲视其书，阿林恰将书当面朗诵。布戒曰："此书我已知之，何必送与吾弟？"阿林恰曰："我主曾命对二主面诵，若止见贝勒，难复主命。"布戒曰："吾弟出言不逊，汝主恨之诚是，但恐见此书怒责汝也。"言毕乃收其书，阿林恰遂回。

时满洲长白山所属朱舍里、内阴二卫，同引夜黑兵，将满洲东界叶臣所居洞寨劫去。太祖正坐楼上，诸将闻而告之。太祖曰："任伊劫去，岂有水能透山，火能逾河之理？朱舍里、内阴是我同国，乃敢远附异国之夜黑，劫掠我寨，盖水必下流，朱舍里、内阴二部终为我有矣。"

癸巳年，夜黑国主布戒、纳林卜禄贝勒，因太祖不顺，纠合哈达国主孟革卜卤、兀喇国主满太、辉发国主摆银答里四国兵马，于六月内，劫去户布恰寨，太祖即率兵追之。时哈达兵已归，我兵直抵其国。是夜，太祖以步兵伏于中途，少带兵从，亦取哈达国富儿家奇寨而回。时哈达国追兵至富儿家奇寨，太祖欲诱敌至伏兵处，恐追兵复回，乃令兵前行，独身为殿以诱之。于是敌兵追至，前一人举刀迎之，后三人并马来战。太祖自思，后追者三人无妨，若前一人迎面来，恐伤面目，欲射之，时敌在右，不便于射，因转弓过马首，射中敌人马腹，其马惊跃，后三人乘太祖发矢之会，一齐杀来，太祖马惊几坠，幸右足扳鞍，仅得复骑，发一矢射孟革卜卤。马仆地，其家人代因布禄将自马与主乘之，代因布禄步奔而回。太祖仍率马兵三人，步兵二十余迎之，败其敌众，杀兵十二人，获甲六副，马十八匹而回。

九月内，夜黑国主布戒、纳林卜禄，哈达国主孟革卜卤，兀喇国布占太（满太弟也），辉发国主摆银答里，嫩江蒙古廓儿沁国主瓮刚代、莽古、明安，实伯部，刮儿恰部，朱舍里卫主悠冷革，内阴卫主搜稳、塞革失，九国兵马会聚一处，分三路而来。太祖闻之，遣兀里堪东探，约行百里，至一山岭，乌鸦群噪不容前往，回时则散。再往，群鸦扑面。兀里堪回，备述前事。太祖曰："可从加哈向浑河探之。"及至，夕见浑河北岸敌兵营火如星密，饭罢即起行，过夏鸡岭。兀里堪探的，飞报太祖，言敌国大兵将至，时近五更矣。太祖曰："人言夜黑国不日兵来，今果然也。我兵夜出，恐城中人惊，待天明出兵，传谕诸将。"言毕复寝。滚代皇后推醒太祖曰："今九国兵马来攻，何故酣睡，是昏昧耶？抑畏惧耶？"太祖曰："畏敌者必不安枕，我不畏彼，故熟睡耳。前闻夜黑兵三路侵我，来期未的，我心不安，今日已到，我心始定。我若有欺骗处，天必罪我，我当畏之，我承天命，各守国土，彼不乐我安分，反无故纠合九部之兵，欺害无辜之人，天岂祐之？"言讫复睡，以息精神。天明饭毕，率诸王臣谒庙，再拜祝曰："天地三光，万灵神祇，我弩儿哈奇与夜黑本无事故，今彼引兵攻我，惟天鉴察。"又拜祝曰："愿天令敌垂首，祐我奋扬，兵不遗鞭，马无颠踬。"叩祝毕，率兵至拖素寨，立于津渡处，谕之曰："尔等可尽解臂手顿项留于此，若伤肱伤颈，唯命是听，不然身受拘束，难以胜敌，我兵轻便，必获全胜矣。"众遵令尽解之。行至加哈处，有城守奈虎、山坦来告曰："夜黑兵辰时已到，围加哈关，见势不能克，往攻黑机革城，敌兵甚多。"众皆失色。有加哈一人，名狼塔里，后至，呼曰："贝勒何在，我兵见有几何？"言讫登山望敌势，向太祖曰："若以来兵为多，我兵亦不少。昔与大明交战，彼兵漫山遍野，我兵二三百，尚败其众，今我兵有胆气骁勇，必败此兵，若不胜，我甘军法。"于是众心稍安。太祖遣人往探曰："来兵若欲回，今晚即击之，否则明日再战。"哨探报敌兵扎立营寨，搬运粮草，太祖亦安营。是晚，夜黑营中一人逃来曰："夜黑布戒贝勒、纳林卜禄贝勒兵一万，哈达孟格卜卤贝勒、兀喇布占太贝勒、辉发摆银答里贝勒兵一万，蒙古廓儿沁瓮刚代贝勒、莽古贝勒、明安贝勒、实伯部、刮儿恰兵一万，共兵三万。"我兵闻之，又皆失色。太祖曰："尔众无忧，我不使汝等至于苦战。吾立险要之处，诱彼来战，彼若来时，吾迎而敌之，诱而不来，吾等步行，四面分列，徐徐进攻。来兵部长甚多，杂乱不一，谅此乌合之众，退缩不前。领兵前进者，必头目也，吾等即接战之，但伤其一二头目，彼兵必走。我兵虽少，并力一战，可必胜矣。"次日平明起兵。夜黑兵先攻黑机革城未下，是日又攻，时太祖兵到，立阵于古勒山险要之处，与黑机革城相对，令诸王大臣等各率固山兵分头预备。布阵已完，遣厄一都领兵一百挑战，夜黑见之遂不攻城，收兵来敌。满洲兵一战杀九人，夜黑兵稍退。有布戒、金台石及廓儿沁三贝勒，领兵合攻一处，时布戒先入，所骑之马被木撞倒，有满洲一卒名吾谈，即向前骑而杀之，其兵大败。夜黑贝勒等见布戒被杀，皆痛哭，其同来贝勒等大惧，并皆丧胆，各不顾其兵，四散而走。明安马被陷，弃鞍赤身，体无片衣，骑骟马脱出。太祖纵兵掩杀，尸满沟渠，杀至哈达国钗哈寨西吾黑运之处。是夜结绳拦路，杀败兵甚众。次日，一人生擒布占太跪见太祖曰："我得此人欲杀之，彼自呼毋杀，许与赎资，因此缚来。"太祖问曰："尔何人也？"其人叩首答曰："我畏杀，未敢明言，我乃兀喇国满太之弟布占太，今被擒，生死只在贝勒。"太祖曰："汝等会九部之兵欺害无辜，天厌汝等。昨日布戒已经杀死，彼时若得汝亦必杀矣。今既来见，岂肯杀汝？语云：生人之名胜于杀，与人之名胜于取。"遂释其缚，赐猞狸狲裘，养之。是战也，杀其兵四千，获马三千匹，盔甲千副，满洲自此威名大震。

乙未年六月，太祖领兵伐辉发摆银答里贝勒，克取多必城，斩守将克充革、苏猛革二人而回。

先，阵前所擒布占太，恩养四载，至是七月，太祖欲放归，令秃儿空黄占、拨儿孔非英占二人护送。未至其国时，布占太兄满太父子二人往所属拴烟湿拦处修边凿壕，父子淫其村内二妇，其夫夜入，将满太父子杀之。及布占太至日，满太叔父兴泥牙贝勒谋杀布占太，欲夺其位。其护送二大臣保守门户甚严，不能加害。于是兴泥牙投夜黑而去。布占太遂继兄位为兀喇国主。护送二人辞回。

十二月，布占太感太祖二次再生，恩犹父子，将妹溥奈送太祖弟黍儿哈奇贝勒为妻，即日设宴成配。

丁酉年，夜黑、兀喇、哈达，辉发，同遣使曰："因吾等不道，以至于败兵损名，今以后，吾等更守前好，互相结亲。"于是夜黑布羊古妹欲与太祖为妃，金台石女欲与太祖次子带善贝勒为妻。太祖乃备鞍马、盔甲等物以为聘礼，更杀牛设宴，宰白马，削骨，设酒一杯，肉一碗，血、土各一碗，歃血会盟。四国相继而誓曰："自此以后，若不结亲和好，似此屠牲之血，蹂踏之土，剐削之骨而死。如践盟和好，食此肉，福寿永昌。"誓毕，太祖亦誓曰："汝等应此盟言则已，不然，吾待三年，果不相好，必统兵伐之。"后蒙古得罪，太祖命木哈量伐之，获马四十匹，时纳林卜禄背盟，将所获尽夺之，仍擒木哈量送与蒙古。又将金台石之女与蒙古胯儿胯部戒沙贝勒结亲。其布占太亦因与夜黑通，将满太妻都都库氏所玩铜锤，遣使送与纳林卜禄。又将满洲所属斡儿哈部内按褚拉库、内河二处酉长落吞、刚石吞、旺吉诺三人许献夜黑，请其使而招服之。

戊戌年正月，太祖命幼弟把牙喇台吉、长子出燕台吉与刚盖、费英东、扎儿胡七等，领兵一千，征按褚拉库。星夜驰至，取其屯寨二十处，其余尽招服之，获人畜万余而回。于是赐出燕台吉名烘把土鲁，把牙喇台吉名著里革兔。

是年，哈达孟格卜卤贝勒所居城北有血自溪流。

十二月，布占太不忘其恩，带从者三百来谒，太祖以弟黍儿哈奇贝勒女厄石太妻之，盔甲五十副，敕书十道，以礼往送。

卷之二

己亥年三月，哈达国孟革卜卤与夜黑国纳林卜禄因隙构兵，力不能敌，孟革卜卤以三子与太祖为质乞援。太祖命非英冻、刚盖二人，领兵二千往助，纳林卜禄闻之，遂令大明开原通事赍书与孟革卜卤曰："汝执满洲来援之将，挟赎质子，尽杀其兵，如此，汝昔日所欲之女，吾即与之为妻，二国仍旧和好。"孟革卜卤依言，约夜黑人于开原，令二妻往议。太祖闻之，九月发兵征哈达。太祖弟黍儿哈奇贝勒曰："可令我为先锋，试看若何？"太祖命领兵一千前进。行至哈达国，哈达兵出城拒之，黍儿哈奇按兵不战，向太祖曰："有兵出城迎敌。"太祖曰："此来岂为城中无备耶？"怒喝黍儿哈奇贝勒曰："汝兵向后！"即欲前进。时黍儿哈奇贝勒兵尚阻路，遂绕城而行，城上发矢，军中伤者甚多，至初七日，攻得其城。有大臣杨古里生擒孟革卜卤来报，太祖曰："勿杀。"召至，前跪见毕，太祖以己之貂帽及豹褂赐而养之。哈达国所属之城尽招服之，其军士器械，民间财物，父母妻子，俱秋毫无犯，尽收其国而回。自此哈达国遂亡。后太祖欲以女莽姑姬与孟革卜卤为妻，放还其国，适孟革卜卤私通嫔御，又与刚盖通谋欲篡位，事泄，将孟革卜卤、刚盖与通奸女俱伏诛。

辛丑年正月，太祖将莽姑姬公主与孟革卜卤子吴儿户代为妻。万历皇帝不喜，遂责之曰："汝何故破哈达，掳其人民？今可令吴儿户代复国。"太祖迫于不得已，仍令吴儿户代带其人民而还。后夜黑纳林卜禄率蒙古兵频侵哈达，太祖奏万历皇帝曰："吾已从命，令吴儿户代还国矣，今夜黑国率兵屡次侵掠，何故以吾所获之国，受制于夜黑？"万历皇帝不听。时哈达国饥，人皆无食，向大明开原城祈粮，不与，各以妻子、奴仆、牲畜易而食之。太祖见此流离，仍复收回。

十一月内，兀喇国布占太送满太之女（名阿巴亥）与太祖为妃，太祖以礼迎之，大宴成婚。

布占太先聘夜黑布戒之女，后又聘蒙古廓儿沁明安之女，以盔甲十副、貂裘、猞狸狲裘共十领，金银各十两，骆驼六只，马十匹，鞍鞯俱备，为聘礼。明安受其礼，食言不与，布占太耻之，仍欲聘太祖之女，遂遣使求于太祖曰："昔擒我于阵中留养之，令为兀喇国主，以女妻我，前未经岳丈知，曾以币物聘夜黑并蒙古之女，蒙古受礼而悔亲，岳丈既恩我，若宥我不告之罪，再结一亲，递相往来。"太祖允之，又以弟黍儿哈奇贝勒女娥恩姐，至癸卯年，遣大臣以礼往送为婚。

是年，中宫皇后疾笃，思母一会，太祖遣人至夜黑往请，后兄纳林卜禄阻之，止令家人南太来。太祖曰："我未获罪于舅，前掠我护卜插寨，后复率九国兵来侵我，汝夜黑、哈达、兀喇、辉发，因前加兵侵我，曾自任其非，各许互相结亲，宰白马，已当天盟誓，今汝夜黑背前盟，将我所聘之女另与蒙古。今尔妹病笃永诀之际，欲母一见，汝不容相会，是与我断好矣。既如此，我何必讳言，自今后，两家已成敌国，我将筑城汝地，日为仇杀。"言讫，令南太回。

九月内，中宫皇后薨。后姓纳喇，名孟古姐姐，乃夜黑杨机奴贝勒之女，年十四适太祖。其面如满月，丰姿妍丽，器量宽洪，端重恭俭，聪颖柔顺，见逢迎而心不喜，闻恶言色不变，口无恶言，耳无妄听，不悦委曲谄佞辈，吻合太祖之心，始终如一，毫无过失。太祖爱不能舍，将四婢殉之，宰牛马各一百致祭，斋戒月余，日夜思慕痛泣不已，将灵停于院内，三载方葬于念木山。

于是太祖恨夜黑不令母子相会之仇，遂于甲辰年正月初八日率兵往攻。十一日，至夜黑国二城，一曰张，一曰阿气郎，俱克之，收二城七寨人畜二千余，即班师。

丙午年十二月，恩格得力又引蒙古胯儿胯部五卫之使，进驼马来谒，尊太祖为昆都仑汗（即华言恭敬之意）。从此蒙古相往不绝。

丁未年，东海斡儿哈部蜚敖城主策穆德黑谒太祖曰："吾地与汗相距路遥，故顺兀喇国主布占太贝勒，彼甚苦虐吾辈，望往接吾等眷属，以便来归。"太祖令弟黍儿哈奇与长子烘把土鲁贝勒，次子带善贝勒与大将军非英冻、虎儿憨等，率兵三千，往蜚敖城搬接。是夜阴晦，忽见旗有白光一耀，众王大臣尽皆惊异，以手摩之，竟无所有，竖之复然。黍儿哈奇王曰："吾自幼随征，无处不到，从未见此奇怪之事，想必凶兆也。"欲班师。烘把土鲁、带善二王曰："或吉或凶，兆已见矣，果何据而遂欲回兵？此兵一回，吾父以后勿复用尔我矣。"言讫率兵强进。至蜚敖城，收四周屯寨约五百户，先令非英冻、虎儿憨领兵三百护送。不意兀喇国布占太发兵一万截于路。虎儿憨见之，将五百户眷属扎营于山岭，以兵百名看守，一面驰报众贝勒，一面整兵二百，占山列营，与敌兵相持。经一夜，次日兀喇兵来战，大将杨古里率众奋力交锋，杀兀喇兵七人，我兵止伤一人，敌兵退回，渡河登山，畏惧无复敢来，两军扎营相持。是日未时，三王率兵齐至，见之，烘把土鲁、带善二王策马奋怒曰："吾父素善征讨，今虽在家，吾二人领兵到此，尔众毋得愁惧，布占太曾被我国擒捉，铁锁系颈，免死而主其国，年时未久，布占太犹然是身，其性命从吾手中释出，岂天释之耶？尔勿以此兵为多，天助我国之威，吾父英名夙著，此战必胜。"众皆曰："吾等愿效死力。"遂奋勇渡河。烘把土鲁、带善二王各领兵五百，二路登山而战，直冲入营，兀喇兵遂败。有波可多贝勒，被带善王左手捉其盔杀之，其子亦被杀，生擒常朱父子并户力布，杀兵三千，获马五千匹，甲三千副。时追杀败兵之际，黍儿哈奇贝勒原率五百兵落后立于山下，至是方驱兵前进，又被大山所阻，及绕山而来，未得掩杀大敌。是日晴明，霎然阴云大雪，其被伤敌兵冻死甚多。及班师，太祖赐弟黍儿哈奇名为打喇汉把土鲁，出燕奋勇当先，赐名阿儿哈兔土门，带善与兄并力进战，杀波可多，赐名为古英把土鲁，常书、纳奇布二将负太祖所托，不随两贝勒进战破敌，领兵百名与打喇汉贝勒立于一处，因定以死罪。打喇汉把土鲁恳曰："若杀二将，即杀我也。"太祖乃宥其死，罚常书银百两，夺纳奇布所属人民。

九月六日夜，有气从星出，向东直冲辉发国，七八夜方没。又有气自西方从星出，月余方没。时辉发国摆银答里贝勒族众多投夜黑，其部属亦有叛谋。摆银答里闻之，以七酋长之子为质，借兵于太祖，太祖以兵一千助之。有纳林卜禄赚摆银答里曰："尔若撤回所质之人，吾即反尔投来族众。"摆银答里信其言，乃曰："吾将安居于满洲、夜黑之间矣。"遂撤回七酋长子，复以子与纳林卜禄为质，纳林卜禄竟不反其族。摆银答里复遣大臣告太祖曰："曩者误信纳林卜禄赚言，今仍欲倚汗为生，乞将汗女先许常书之子者，赐我为婚。"太祖遂罢常书之亲而许之。后摆银答里背盟不娶，太祖遣使谓之曰："汝曾助夜黑二次加兵于我，今又聘吾女而不娶，何也？"摆银答里饰词以对曰："吾曾质子于夜黑，俟质子归，吾即往娶，与尔合谋矣。"随将城垣修筑三层以自固，质于夜黑之子亦撤回。于是太祖遣使曰："今质子已归，汝意又何如也？"摆银答里恃城垣已固，遂绝亲。太祖即于九月九日率兵往伐其国，十四日兵到，即时克之，杀摆银答里父子，屠其兵，招服其民，遂班师，辉发国从此灭矣。

戊申年三月，太祖令子阿儿哈兔土门及侄阿敏台吉，领兵五千往兀喇部，围异憨山城，克之，杀千余人，获甲三百副，尽收人畜而回。时兀喇布占太与蒙古廓儿沁瓮刚代贝勒合兵，出兀喇城约二十里，遥见我兵之势难敌，遂回。

布占太遣大臣来求曰："吾累次背盟，获罪于恩父，诚无颜面，若得恩父之女与我为妻，吾永赖之。"太祖复将生女木库石公主妻之，遣侍臣以礼仪往送。

壬子年，昔蒙古廓儿沁部明安贝勒，常从夜黑九部兵来，战败，乘骣马逃回，至是已二十年矣。太祖闻其女颇有丰姿，遣使欲娶之，明安贝勒遂绝先许之婿，送其女来。太祖以礼亲迎，大宴成婚。

时布占太复背盟，掠太祖所属兀吉部内虎儿哈卫二次，及欲娶太祖所定夜黑布戒贝勒之女，又以骲箭射太祖侄女娥恩姐，太祖闻之大怒，遂于九月二十二日领大兵往征之。二十九日至兀喇国，太祖张黄盖，鸣鼓乐，沿兀喇河岸而行。布占太领兵出城迎敌，至河边，见满洲兵盔甲鲜明，兵马雄壮，众皆失色，无斗志。太祖遂沿岸而下，克其五城，直抵于河西岸，距布占太居城二里，克其金州城，安营。十月初一日，太祖出营，以太牢告天祭旗，忽见东南有气，蓝白二色，直冲兀喇城北。我兵屯留三日，遣兵四出，尽焚其粮，兀喇兵昼则出城，对垒于河边，夜则入城歇息。太祖二子莽古泰贝勒、皇太极贝勒欲渡河击之，太祖曰："不然，汝等出言毋若浮面取水之易也，须探其底里耳。欲伐大木岂能骤折，必以斧斤伐之，渐至微细，然后能折。相等之国，欲一举取之，岂能尽灭乎？且将所属城郭尽削平之，独存其都城，如此则无仆何以为主，无民何以为君？"遂毁所得六城，焚其房谷，回至伏儿哈河安营。布占太令兀巴海把土鲁乘舟而来，立于舟上呼曰："恩父汗兴兵，无非乘怒而来，今恩父之怒已息，可留一言而去。"如此遣使三次，布占太又亲率六将，乘舟来至河中，于舟上顿首呼曰："兀喇国即恩父之国也，焚粮之火可息乎？"太祖披明甲，乘白马，率诸王臣直出众军前，至河中，水及马腹，厉声曰："布占太！先擒汝于阵中，已死之身吾养之，释为兀喇国主，仍以三女妻之，今欺蔑皇天后土，背七次盟言，掳吾所属虎哈卫二次，又欲强娶吾已聘夜黑之女，又以骲箭射吾女？吾将女嫁汝异国，原为匹偶，曾令汝以骲箭射之乎？若吾女所为不善，当来告我，天生爱新觉落人，曾被谁责辱？汝试言之，百世以前汝或不知，十世以来汝岂不知？脱有之，则汝射之为是，我兵之来诚非，若其无之，尔何故射吾女？此受辱之名，我将匿之于心乎？抑将徒抱于九泉乎？语云：宁销其骨，莫毁其名。吾非乐于举兵，闻射吾女，故亲举兵来。"布占太对曰："或者人以谗言令吾父子不睦，若果射汝女，欲娶汝婚，上有天在，吾今在水上，龙神亦鉴之。似此谗言，皆虚妄耳。"布占太部将拉布太扎儿胡七继言曰："汗有此怒，盍遣一使来问？"太祖曰："拉布太，我部下岂无似汝之人，汝尚以射吾女为无此事，娶吾婚为妄言耶？若事有不实，须再问，事已的矣，何以问为？此河安有不结之日，吾兵岂有不复临之理，彼时汝能当吾之刀乎？"布占太大惊，止拉布太勿言，布占太弟胯儿胯妈哀恳曰："汗若宽大其度，请决一言而行。"太祖曰："尔果未射吾女、娶吾婚，可将汝子并大臣之子为质，方见其真，不然吾不信也。"言毕遂回营。在兀喇国存五日，至兀喇河边，于俄儿红童处一妈虎山上，以木为城，留兵一千而回。

十二月，有白气起自兀喇国，越太祖宫楼南，直至虎拦山。自此，太祖以布占太或有和好之意，延及一年，又闻布占太欲将女查哈量、男绰启诺及十七臣之子，送夜黑为质，娶太祖所聘之女，又欲因太祖二女。癸丑年正月，亲率大兵征之。布占太拟十八日送子与夜黑为质，太祖大兵十七日已至，攻取孙扎塔城，领兵前进，克郭多、俄莫二城屯兵。次日，布占太率兵三万，越弗儿哈城迎敌。太祖部下领兵诸王大臣欲抵敌，太祖止之曰："岂有伐大国能遽使之无孑遗乎？"仍将前谕之言复申之。太祖子古英把土鲁、侄阿敏及非英冻、呵呵里厄夫、打喇汉虾、厄一都、雄科落等奋然曰："初恐布占太不出城，尚议计赚之，今彼兵既出，舍此不战，兴兵何为，厉兵秣马何用？布占太倘娶夜黑女，其耻辱当如何？后虽征之无益矣。今人强马壮，既至此，可与一战。"太祖曰："两国兵连，必吾与子及五大臣身先之，但惜诸王臣等，恐有一二见伤，非为吾身怯惧而止之也。"乃怒而言曰："蒙皇天眷助，吾自幼于千百军中，孤身突入，弓矢相交，兵刃相接，不知几经鏖战，今既欲战，即当战。"言毕，遂披甲进战。其诸王臣军士，惟恐不战，正思虑间，及闻进战，皆欣跃，欢声如雷，震动天地，军士尽甲。太祖决破敌下城之策，谕军士曰："倘蒙天佑，能败敌兵，可乘势夺门取城。"遂前进。布占太率三万兵步行，列阵以待，两军相距百步，满洲兵亦下马进战。太祖见两军之矢如风发雪落，声如群蜂，杀气冲天，心中燥甚，遂杀入。诸王臣军士皆奋勇冲击，兀喇兵遂败，十损六七，其余抛戈弃甲，四散而逃。满洲兵乘势飞奔夺门，遂取其城，太祖登城坐西门楼上。时布占太领败兵不满百，奔城而来，其城早已被克，上竖太祖旗帜，遂大谅，及奔回，被古英把土鲁领一旅兵截之，布占太见势不能敌，遂冲突而走，折兵大半，余皆溃散，布占太仅以身免，投夜黑国去。获马匹、盔甲、器械无算，兀喇国所属城邑皆归附。存兵十日，升赏有功将士。兀喇兵败后，有觅妻子投来者，尽还其眷属约万家，其余人畜散与众军，即回兵，兀喇国自此灭矣。

太祖遣使如夜黑国，言："布占太阵中被擒应伏诛，吾养之，连妻以三女，因与我为仇，故怒而征之，乃破其国，身投汝地，当献与我。"如此遣使三次，夜黑国金台石、布羊姑贝勒不与。太祖于九月初六日，领兵四万征夜黑。时有逃者，将声息预闻于夜黑，夜黑遂收张、吉当刚二处部众，独兀苏城有痘疫，未曾收去，太祖兵至，围兀苏城，招谕之曰："城中军民，降则已，不然必攻取之。"城中人曰："若养之则降，况汝师众如林，不绝如流，盔甲鲜明，如三冬冰雪，吾等焉敢抗拒？"言讫，守将散谈、胡石木二人开门出降，叩见。太祖以金盔赐酒，将所戴东珠金佛帽并衣赐之。其张城、吉当刚城、兀苏城、押哈城、黑儿苏城、何敦城、胯布七拉城、俄及塔城，大小共十九处，尽焚其房谷，遂收兀苏降民三百户而回。

是时，金台石、布羊姑使大臣潜太祖于万历皇帝曰："哈达、辉发、兀喇已被尽取矣，今复侵吾地，欲削平诸部，然后侵汝大明，取辽阳为都城，开原、铁岭为牧地。"万历皇帝信之，遣使来谓太祖曰："自今汝勿侵夜黑国，若肯从吾言，是存我体统，若不从吾言，后必有侵我之日。"遂遣游击马时楠、周大岐，带枪炮手一千，卫夜黑二城。太祖闻之，修书曰："吾国兴兵，原为夜黑、哈达、兀喇、辉发、蒙古、实伯、刮儿恰九国，于癸巳年会兵侵我，上天罪彼，故令我胜。于时，杀夜黑布戒，生擒兀喇布占太。至丁酉年，复盟，宰马歃血，互结婚姻，以通前好。后夜黑负盟，将原许之女悔亲不与，布占太乃吾所恩养者，因与我为仇，伐之，杀其兵，得其国，彼身投夜黑，又留而不发，故欲征之。吾与大国，有何故乃侵犯乎？"书毕，亲赍诣抚顺所。于二十五日，至一旷野处，名古勒，卯时日出，两傍如门，青红二色祥光垂照，随行不已。太祖一见，遂率众拜之，其光乃止。二十六日辰时，至抚顺所，游击李永芳出三里外迎之，马上拱揖，接入教军场，将书与之，不移时即还。

乙卯年六月，初，夜黑布羊姑以妹许太祖，受其聘礼，又欲与蒙古胯儿胯部蟒孤儿太台吉（乃八哈搭儿憨子也），诸王臣曰："闻夜黑将汗聘之女欲与蒙古，所可恨者莫过于是，当此未与之先，可速起兵，若已与之，乘未嫁时，攻其城而夺之。况此女汗所聘者，非诸王可比，既闻之，安得坐视他适？"皆力谏兴兵不已。太祖曰："或有大事可加兵于彼，以违婚之事兴兵则不可。盖天生此女非无意也，因而坏哈达、辉发、兀喇，使各国不睦，干戈扰攘至此。大明助夜黑，令其女不与我而与蒙古，是坏夜黑，酿大变，欲以此事激我忿怒，故如是也。今尽力征之，虽得其女，谅不久而亡，反成灾患。无论与何人，亦不能久，启衅坏国已极，死期将至矣。"诸王臣反复谏之，必欲兴兵。太祖曰："吾以怒而兴师，汝等犹当谏之，况吾所聘之女为他人娶，岂有不恨之理，予尚弃其忿恨，置身局外以罢兵，汝等反苦为仇校，令吾怨怒，何也？聘女者不恨，汝等深恨何为，岂因忿遂从汝等之言乎？汝等且止。"言毕，令调到人马皆回。其女聘与蒙古未及一年果亡。诸王臣奏曰："此女迄今三十三岁，已受聘二十年矣。被大明遣兵为夜黑防御，夜黑遂倚其势，转嫁与蒙古，今可侵大明。"太祖不允，曰："大明以兵卫夜黑，自有天鉴之，任彼悠久。满洲与夜黑均异国也，大明自以为君临天下，是六合之主，何独为吾一身之主？不审是非，恃势横加侵夺，如逆天然。夜黑乃天不佑之国也，既遣兵为之卫，吾且听之，汝等急何为也？若侵大明合乎天，天自佑之，天既佑，则可得矣。但我国素无积储，虽得人畜，何以为生，无论不足以养所得人畜，即本国之民且待毙矣。及是时，先治其国，固疆圉，修边关，务农事，裕积贮。"遂不动兵。乃谕各牛禄，每十人出牛四只，于旷野处屯田，造仓积粮。于是设仓官十六员，吏八员，执掌出入。

戊午，天命三年四月十三壬寅，巳时，帝将步骑二万征大明，临行，书七大恨告天曰：

"吾父祖于大明禁边，寸土不扰，一草不折，秋毫未犯，彼无故生事于边外，杀吾父祖。此其一也。

"虽有祖父之仇，尚欲修和好，曾立石碑盟曰：大明与满洲皆勿越禁边，敢有越者，见之即杀，若见而不杀，殃及于不杀之人。如此盟言，大明背之，反令兵出边卫夜黑。此其二也。

"自清河之南，江岸之北，大明人每年窃出边，入吾地侵夺，我以盟言杀其出边之人，彼负前盟，责以擅杀，拘我往谒都堂使者纲孤里、方吉纳二人，逼令吾献十人于边上杀之。此其三也。

"遣兵出边为夜黑防御，致使我已聘之女转嫁蒙古。此其四也。

"将吾世守禁边之钗哈（即柴河）、山七拉（即三岔）、法纳哈（即抚安）三堡耕种田谷，不容收获，遣兵逐之。此其五也。

"边外夜黑，是获罪于天之国，乃偏听其言，遣人责备，书种种不善之语辱我。此其六也。

"哈达助夜黑侵我二次，吾返兵征之，哈达遂为我有，此天与之也。大明又助哈达，逼令返国，后夜黑降吾所释之哈达掳掠数次。夫天下之国互相征伐，合天心者胜而存，逆天意者败而亡。死于锋刃者使更生，既得之人畜令复返，此理果有之乎？天降大国之君，宜为天下共主，岂独吾一身之主？先因糊笼部（华言诸部）会兵侵我，我姑兴兵，因合天意，天遂厌糊笼而佑我也。大明助天罪之夜黑，如逆天然，以是为非，以非为是，妄为剖断，此其七也。凌辱至极，实难容忍，故以此七恨兴兵。"

卷之三

己未，天命四年，大明万历四十七年。正月初二征夜黑。令大王率将十六员，兵五千，于夹哈关防御大明。自将诸王臣统大军起行，初七日深入夜黑界，自揞特城粘罕寨，掠至夜黑城东十里，将投城人畜皆截取之，十里外所居屯寨大小二十余处，尽焚之。又掠蒙古所牧生畜（此蒙古乃附夜黑者），乃收兵，离城六十里安营。当进兵之日，夜黑遣使往开原总兵马林处告急，林遂领兵来助，与夜黑合兵一处，出城四十里，见我兵势重，惧不能敌而退。帝亦班师。

八月十九日，帝率王臣领兵征夜黑，会议破敌之策，令大王、二王、三王、四王领部下健卒西向，围布羊古城，亲率八固山厄真并营兵东向，取金台石城。议定，大兵星夜前进。夜黑哨探见之，即飞报于布羊古曰："满洲大兵至矣。"于是夜黑国民皆惊惶，其屯寨之民，近者入城，远者避于山谷。

二十二日天明，大兵至。布羊古、布儿杭孤领兵出城西，立于冈上，吹螺呐喊。见满洲兵盔甲明如冰雪，旌旗剑戟如林，大兵压境，漫山遍野，前后不绝如流，威势可畏，布羊古大惊，急入城。诸王领健卒遂围其城。日方升，帝率大兵至金台石城，四面围之，遂分队破其外郭。军士整顿云梯、战车已备，令金台石降，金台石不从，答曰："吾非汉人，均男子也，吾亦有手，岂肯降汝，惟有死战而已。"遂令兵攻之。两军矢发如雨，我兵即推战车登山，拥至，拆其城，城上滚放巨石、药礶、櫔木，我兵不退，遂拆城而入。城上兵抵杀一阵，败走，于是四面皆溃，各入其家。帝遣人执旗，令众兵勿杀城中军民，又遣人执黄盖，传谕勿杀降者，于是城中军民俱降。

金台石携妻子登其所居之台，我兵围之，招曰："汝降则下，不然必攻之。"金台石答曰："吾不能战，城已被克，今困于家，虽战亦不能致胜，若得吾妹所生子皇太极请来一见，得闻的言，吾即下矣。"闻者将言奏之，帝令人往西城召四王至曰："尔舅有言，但得汝到即降，汝盍往之，彼降则已，不然令吾兵拆台。"四王领命而去。既至，金台石曰："吾甥皇太极从来未识，焉能辨其真伪？"非英冻、答儿汉厄夫二人曰："人之相貌汝岂不识，常人中有此奇伟者耶？汝国使者必尝告汝，岂未之闻乎？若不深信，曩者吾国曾遣汝子得儿格里之乳母往议和好，可令来认之。"金台石曰："何用老妪为也，吾观此子颜色，未得其父留养之善言，是欲赚吾下台杀之耳。吾石城铁门已失，今困于此台，战岂能胜？然此地是吾祖居，愿死于此。"四王曰："汝于天险之山，苦己劳民多年，筑其城郭，如是之固，尚且被克，今居于此台何为？汝意不过诱取敌人抵命已耳，不知孰肯以好人攻战，中汝计耶？乃何故曰得吾的实之言方下，岂战不能胜汝，而出的实之言欤？吾已在此，若下台，即带见父皇，杀之则死，宥之则生。昔汝等征伐六亲，屠戮欲尽者，岂肉可食而血可饮耶？吾遣人二三十次欲相和好，似乎战不能胜而欲求和，乃将吾使杀者杀、羁者羁，今汝丧身之祸已至，吾父若念此恶则戮之，若以我故而不究则生之矣。"劝慰再三，仍执前言不下。四王曰："舅言吾来即下，故来耳。若愿降可疾下，带见父皇，否则吾去矣。"金台石曰："尔勿去，待吾近臣阿儿塔什先去见汗，察言观色，回时吾方下。"遂令阿儿塔什来见。帝怒曰："阿儿塔什唆调吾亲，使大明举兵四十万，非尔而谁？若念此恶，杀之宜也。但前愆何必追究？"令回招其主。于是阿儿塔什往招曰："我主宜降。"金台石又曰："闻吾子得儿格里谓伤，犹存彼处，当召来相见，吾即下矣。"四王召得儿格里来与之见，得儿格里谓父曰："吾等战不能胜，城已陷矣，今居此台之上，更欲何为。盍降之？若杀则死，留则生。"言之再三，竟不从。于是四王带得儿格里回，欲杀，遂缚之。得儿格里曰："年三十六矣，死于今日，欲杀即杀，勿缚我也。"四王留得儿格里于家，以其言奏之。帝曰："子招父降而不从，是父之罪也，其父当诛，其子勿杀。"四王引得儿格里见帝，帝推食与之，令四王与得儿格里同食，曰："此尔之兄也，当恩养之。"其金台石妻见夫不降，遂携稚子，即趋而下。金台石执弓，与从者重整盔甲，我兵遂执斧毁其台。金台石纵火自焚，诸将疑金台石已死，遂撤毁台之兵，其房舍火焚罄尽。金台石被火炙，乃自下，遂捉而缢之。

诸王正围西城，招而不从。既而布羊古、布儿杭孤闻东城已破，大惊，乃遣使曰："今吾等虽战，亦无如之何，愿降。"大王曰："初令降而不从，料吾兵既至此，岂肯遣汝等而去乎？汝主，吾妻兄弟也，招抚之意，予不过欲恩之使得生也。战，则汝等之身不过死于吾小卒之手，降则得生。果纳降，彼弟兄二人或惧而不来，其母乃吾之岳母，可令先来，吾岂有杀妇人之理？"使者以言回告，又来曰："吾等愿降，汝可出一的实誓言，将吾等仍居本城。"大王怒曰："汝等再勿出此言，既破一城，复留汝等居此，岂吾力不能拔而去乎？汝可速降，不然东城已破，汗驾来攻，汝等必死矣。"布羊古、布儿杭孤遂将母送出城，大王搂见礼毕（满洲俗，凡别久相见必互搂以示亲爱），母曰："汝无的言，吾二子不信，故惧耳。"大王乃以刀划酒而誓曰："若杀汝等于降后，殃及于我，若我誓后而犹不降，殃及汝等，倘必不从，克城之后杀无赦。"遂将此酒饮半，半送与布羊古、布儿杭孤饮之，遂开门出降。大王曰："可去见父皇。"布羊古驻马终不答，大王挽其辔曰："汝非男子，乃妇流耶？一言已定，立此更欲何为？可随吾往见。"遂引见帝。布羊古膝不并屈，惟屈一膝，不拜而起。帝以金杯赐酒，布羊古屈膝不端，酒亦不饮，聊尝而已，仍不拜而起。帝谓大王曰："可带汝舅仍往彼城。"帝默思谓："吾既不念旧恶而留养之，当以为死而幸生可也，反如此漫无喜意，仍若仇雠，于叩首起拜之间，尚不肯屈，此人将何如以养之也？"是夜遂缢之。其弟布儿杭孤虽有过恶，咎之何益，念吾长子，留之可也。将大明来助此二城者，游击马时楠及兵一千，俱杀之。于是凡夜黑城郭皆降，其王臣军民一无骚扰，父子、兄弟、夫妇诸亲等亦无离散，秋毫无犯，俱迁徙而来，给房田粮谷等物，查其无马者千余，赐以马匹，夜黑自此灭矣。

满洲国自东海至辽边，北自蒙古嫩江，南至朝鲜鸭绿江，同一音语者俱征服，是年诸部始合为一。

〔张云樵、李澍田　选录〕

《清实录》（选录）

按：《清实录》十二部，共四千三百六十三卷，是一部卷帙浩繁的史书。体例与结构严谨，向以完整著称。为研究海西女真史的基本史料之一。实录有时曲笔不实，乃历朝的通病，其中《清实录》不实之处尤甚。因为清朝建立后，隐讳其祖先与明朝的关系，企图抹煞它开国前这段历史，所以康熙、雍正、乾隆三朝一再修改先朝的实录，结果越改越失真，越改史料价值越低，这是我们使用《清实录》时值得注意的。此外，干支、职官、人名等讹误与重复，也时有出现。

根据"伪满国务院"本《大清历朝实录》第一帙第九册《大清太祖高皇帝实录》选录。

清太祖努尔哈赤实录卷二

戊子秋九月辛亥朔，先是上如叶赫国。其贝勒杨吉砮，识上为非常人，谓上曰：我有幼女，俟其长当奉侍。上曰：汝欲结盟姻，盍以长女妻我？杨吉砮答曰：我非惜长女不予，恐此女未足事君，幼女仪容端重，举止不凡，堪为君配。上遂聘之。至是杨吉砮已卒，其子贝勒纳林布禄送妹来归。上率诸贝勒大臣迎之，大宴，礼成，是为孝慈高皇后，即太宗皇帝母也。上率兵征王甲城，夜过东星阿地，有星陨大如斗，有光，士马皆惊。上知为克敌之象也。遂进兵至王甲城，攻克之，斩其城主戴度墨尔根。己丑春正月己酉朔，上率兵征兆佳城主宁古亲，伏兵城下，时城内兵百人出，伏兵不即击，引弓射之，敌知有伏，大惊，欲奔入城，冲至上前，上独入百人中，手刃九人，击败其众，悉溃走。攻四日，城将下，我兵遂弛备，争俘获聚而哗。上见之，解甲授侍臣萧护被之曰：我兵互争，恐自相蹂躏，尔往禁之。萧护往，弗为禁，亦争取焉。上又以绵甲授巴尔太被之曰：敌将遁，趣取吾甲。巴尔太往，亦争俘获，不即至。适敌兵十人突出，上有族弟王善者，敌掷之仆地，踞其身欲刺，时上未甲奋身直入，发矢中敌人额，应弦而踣，救王善，克其城，斩宁古亲而还。辛卯春正月戊戌朔，上遣兵略长白山之鸭绿江路，尽收其众。叶赫贝勒纳林布禄遣使宜尔当阿、摆斯汉来告上曰：乌喇、哈达、叶赫、辉发、满洲言语相通，势同一国，岂有五主分建之理？今所有国土，尔多我寡，盍将额尔敏、札库木二地以一与我？上曰：我乃满洲，尔乃扈伦，尔国虽大，我岂肯取？我国即广，尔岂得分？且土地非牛马比，岂可割裂分给？尔等皆执政之臣，不能各谏尔主，奈何靦颜来告耶！叱之归。叶赫、哈达、辉发三国贝勒合谋各遣使来。叶赫贝勒纳林布禄遣尼喀里、图尔德，哈达贝勒孟格布禄遣戴穆布，辉发贝勒拜音达里遣阿喇敏，及至，上宴之。图尔德起请曰：我主有言欲相告，恐触怒见责奈何？上曰：尔不过述尔主之言耳，所言善，吾听之；如出恶言，吾亦遣人于汝主前以恶言报之，吾岂尔责乎？图尔德曰：我主云：欲分尔地尔不与，欲令尔归附尔又不从，倘两国兴兵，我能入尔境，尔安能蹈我地耶？上大怒，引佩刀断案曰：尔叶赫诸舅何尝亲临阵前，马首相交，破胄裂甲，经一大战耶？昔哈达国孟格布禄、戴善自相扰乱，故尔等得以掩袭之，何视我若彼之易也？况尔地岂尽设关隘，吾视蹈尔地如入无人境，昼即不来，夜亦可往，尔其奈我何？昔吾以先人之故，问罪于明，明归我丧，遗我敕书、马匹，寻又授我左都督敕书。已而又赍龙虎将军大敕，岁输金币。汝父见杀于明，曾未得收其骸骨，徒肆大言于我何为也。遂作书遣巴克什阿林察持往且谕之曰：尔将此书至叶赫两贝勒前诵之，若惧而不诵即居彼，勿复来见我。遂遣之行。叶赫贝勒布寨闻之，使人迎至家，索视书。阿林察出书诵之。布寨曰：我既见书，不必令吾弟纳林布禄见也。阿林察曰：我主有命，此书不令俱见勿复回。布寨曰：吾弟言辞不逊，汝主怒之良是，但吾弟见书又恐有伤于汝耳。遂收书，阿林察乃还。长白山所属朱舍里、讷殷二路，同引叶赫兵劫我东界叶臣所居洞寨。时上御楼，群臣入告，上曰：任彼劫之可也，此不过我同国之人远附叶赫劫掠我寨耳。水岂能越山而流，火岂能逾河而燃乎？盖水必下流，火必上燃，朱舍里、讷殷二路终当为我有也。癸巳夏六月甲申朔，叶赫贝勒布寨、纳林布禄，因与上有隙，纠哈达贝勒孟格布禄、乌喇贝勒满太、辉发贝勒拜音达里，四国合兵劫我户布察寨，上率兵追之，于哈达兵归之夜，伏步兵于途，少引兵亦略哈达国富儿家齐寨而还。哈达兵追至富儿家齐寨，上欲引敌至伏兵处，令我兵前行，独殿后诱之。时追兵已至，有三人联骑，挥刀趣上将及，前又一人挥刀迎击，上以兵刃自后至犹可避，自前至恐伤面目及手，遂引弓射前至者，又其人在右，发矢未便，因回身从马项上射之，中马腹，遂逸去。其三人乘发矢时掩至，上乘马惊跃几坠，赖右足据鞍得复乘，遂射孟格布禄马蹄地，其家人泰穆布禄以所乘马与其主乘之奔回。于是上率骑兵三人，步卒二十人，回兵进击败之。斩十二人，获甲六副，马十八匹，乃还。秋九月壬子朔，叶赫贝勒布寨、纳林布禄，哈达贝勒孟格布禄，乌喇贝勒满太之弟布占泰，辉发贝勒拜音达里，北嫩河蒙古科尔沁贝勒瓮阿代、莽古思、明安，席北部、卦尔察部及满洲长白山所属朱舍里路长纡楞格，讷殷路长搜稳塞克什，九姓之国合兵，分三路来侵。上闻之，遣兀里堪由东路往侦。兀里堪既行，距上所驻城将百里，度岭，群鸦竞噪，若阻其行者，欲还鸦乃散，再行鸦复噪，飞鸣扑面几不能前。兀里堪异之，驰归告上。上命由札喀路向浑河部侦之，兀里堪复驰往，见敌兵营浑河北岸，方夜爨，火密如星，饭毕，乘夜度沙济岭而来，兀里堪侦实奔告。时夜已过半，上曰：日者闻叶赫兵来，今果然。我军昏夜出，恐惊国人，传语诸将，期旦日启行。遂就寝，甚酣。妃富察氏呼上觉，谓曰：尔方寸乱耶？惧耶？九国兵来攻，岂酣寝时耶！上曰：人有所惧，虽寝不成寐，我果惧，安能酣寝？前闻叶赫兵三路来侵，因无期，时以为念，既至，吾心安矣。吾若有负于叶赫，天必厌之，安得不惧；今我顺天命，安疆土，彼不我悦，纠九国之兵以戕害无辜之人，知天必不祐也。安寝如故。及旦，上食已，率诸贝勒大臣诣堂子拜，复再拜，祝曰：皇天后土，上下神祇，弩尔哈齐与叶赫本无衅端，守境安居，彼来构怨，纠合兵众侵凌无辜，天其鉴之。又拜祝曰：愿敌人垂首，我军奋扬，人不遗鞭，马无颠踬，惟祈默祐，助我戎行。祝毕，遂引兵至拖克索地，立渡处诫军士曰：尽解尔蔽手，去尔护项，或项臂伤，亦惟天命，不然身先拘絷，难以奋击，我兵轻便，破敌必矣。众皆如上命。行至扎喀之野。扎喀城城守萧护、山坦二人来告曰：敌兵辰时已至，围攻扎喀城不能克，退攻黑济格城，但敌兵甚多，奈何？闻之色变。扎喀城有名郎塔里者后至，呼曰：贝勒安在，我兵几何？言讫，遂登山望之，告上曰，若以敌兵为多，我兵亦岂少耶？昔征明时，彼兵漫山野，我仅二三百人，尚败其众。我国之人骁勇敢战，必破敌兵。如不胜，吾甘军法。众闻言心始安。上使人往侦谓曰：敌若还，军乘夜击之，否则，旦日接战。时敌兵运粮匀，立营垒，侦者得实俱告。上遂驻军。是夕，叶赫营有一人来降者，言叶赫贝勒布寨、纳林布禄兵万人，哈达贝勒孟格布禄、乌喇贝勒布占泰、辉发贝勒拜音达里兵万人，蒙古科尔沁贝勒瓮阿代、莽古思、明安及席北部、卦尔察部兵万人，凡三万人。我军闻之，复色变，上曰：尔等毋忧，吾必不疲尔力，俾尔苦战，惟壁于险隘，诱之使来。若来，我兵迎击之，否则四面列阵，以步军徐进。彼部长甚多，兵皆乌合，势将观望不前。其争先督战者，必其贝勒，我以逸待劳，伤其贝勒一二人，彼众自溃。我兵虽少，奋力一战，固可必胜耳。遂于旦日进兵。初，叶赫兵攻黑济格城未下，是日又攻城。上至古勒山，对黑济格城据险结阵，令各旗贝勒大臣整兵以待，遣巴图鲁额亦都率兵百人挑战，叶赫兵见之，罢攻城，引兵来战。我军迎击，败之，斩九人，敌稍却。叶赫贝勒布寨、金台石及蒙古科尔沁三贝勒复并力合攻，布寨直前冲入，所乘马触木面踣，我兵名吴谈者奔而前，踞其身刺杀之，敌兵遂乱。叶赫贝勒等，见布寨被杀，皆恸哭。他贝勒大惧胆落，弃众奔溃。蒙古科尔沁贝勒明安马被陷，遂弃鞍裸身乘骟马逃，仅身免。上纵兵掩击，积尸满沟壑，追奔至哈达国柴河寨之南渥黑运地。是夜结绳截路，邀杀败兵甚众。明日，一卒擒乌喇贝勒布占泰，见上曰：我获一人，将杀之，彼大呼勿杀，愿自赎，因缚之来。踞上前，上问曰：尔何人也？对曰：乌喇贝勒满太之弟布占泰也，恐见杀未敢明言，生死惟贝勒命。遂叩首。上曰：汝等九部会兵侵害无辜，天厌汝等，昨已擒斩布寨，彼时获尔亦必杀矣。今既见汝，何忍杀？语曰：生人之名，胜于杀人；与人之名，胜于取人。遂解其缚，赐猞狸狲裘，豢养之。是役也，斩级四千，获马三千匹，铠胄千副，以整以暇而破九部三万之众，自此军威大震，远迩慑服矣。冬十月辛巳朔，上以朱舍里路长纡楞格曾以兵助敌，并力来侵，遂遣兵征服朱舍里路，获纡楞格等，宽释其罪，迁之以归加豢养焉。讷殷路搜稳塞克什，聚七寨人据佛多和山寨而居。闰十一月辛巳朔，上命巴图鲁额亦都、扎尔固齐噶盖、硕翁科罗巴图鲁安费杨古督兵千人，攻围讷殷佛多和山寨。三月乃下，斩搜稳塞克什，班师。甲午春正月庚辰朔，北科尔沁部蒙古贝勒明安、喀尔喀五部贝勒老萨始遣使通好，自是蒙古诸贝勒通使不绝。乙未夏六月壬寅朔，上率兵攻克辉发贝勒拜音达里所属之多壁城，斩城守克充格、苏猛格二人而还。丙申春二月戊戌朔，明遣官一员，朝鲜官二员，从者二百人来。上令我军尽甲，观兵于外，遇于妙弘廓地界，迎入大城，优礼答遣之。秋七月丙寅朔，先是阵获乌喇国布占泰，养之四年，至是遣归国。上命图尔坤黄占、博尔昆蜚扬古二人护送之。未至，其兄贝勒满太父子往所属苏瓦烟席兰地，修筑边壕，父子淫村中二妇，其夫夜入，杀满太父子。及布占泰至，满太之叔贝勒兴尼牙争立，欲杀布占泰。因护送二大臣严为防护，不能害。于是兴尼牙奔叶赫，遂立布占泰为乌喇国主。既定，二人乃还。冬十二月癸亥朔，乌喇贝勒布占泰感上再生恩，事如父，以妹妻上。弟贝勒舒尔哈齐遂迎归，大宴成礼。丁酉春正月壬辰朔，叶赫、哈达、乌喇、辉发同遣使告上曰：吾等不道，兵败名辱，自今以后愿复缔前好，重以婚媾。叶赫贝勒布扬古愿以妹归上，金台石愿以女妻上次子代善，上许焉。具鞍马铠胄为聘，更椎牛刑白马祀天，设卮酒、块土及肉血骨各一器，四国相继誓曰：既盟以后，若弃婚姻背盟好，

海西女真史料

其如此土，如此骨，如此血，永坠厥命；若始终不渝，饮此酒，食此肉，福禄永昌。誓毕，上亦誓曰：尔等践盟则已，有渝盟者，待三年不悛，吾乃征之。后因蒙古获罪于上，穆哈连引阵获蒙古马四十四来归。时纳林布禄背盟，夺其马，执送穆哈连于蒙古。又以金台石所许之女，妻蒙古喀尔喀部落贝勒介赛。而乌喇贝勒布占泰，将满太妻都都祜所珍铜锤，使人送叶赫贝勒纳林布禄。又将我国所属瓦尔喀都之安褚拉库、内河二路众所推服者罗屯、噶石屯、汪吉努三人送叶赫，引其使招诱安褚拉库、内河二路。戊戌春正月丁亥朔，上命长子台吉褚英、幼弟台吉巴雅喇与扎尔固齐噶盖、费英东统兵一千征安褚拉库路。星驰而往，取屯寨二十余，所属人民尽招徕之。于是褚英赐号洪巴图鲁，巴雅喇赐号卓礼克图。是年，哈达贝勒孟格布禄所居城北溪中流血。冬十二月壬子朔，乌喇贝勒布占泰，感上再生恩，率从者三百人来谒。上妻以弟贝勒舒尔哈齐之女，赐甲胄五十副，敕书十道，礼遣之。

卷 三

己亥秋九月丁未朔，先是哈达贝勒孟格布禄与叶赫贝勒纳林布禄构兵，孟格布禄力不能敌，以三子质于上乞援，上命扎尔固齐费英东、噶盖统兵二千助哈达，驻防其地。纳林布禄闻之，构明开原通事代为赍书诱哈达曰：尔若执满洲来援二将，赎所质三子，尽歼其兵二千人，我妻汝以所求之女，修前好焉。孟格布禄惑其言，约于开原城，令其妻二人往议。上闻之，遂率兵征哈达，贝勒舒尔哈齐请为先锋自试，上许焉。命统兵一千为前队，既抵哈达，哈达兵出，舒尔哈齐按兵不战，告上曰：彼兵出矣。上曰：岂谓此城无兵而来耶？遂督兵进击。时舒尔哈齐兵填拥于前，上麾之使开，路塞不能入，乃沿城而行，城上发矢，军士多被伤者。上督兵攻其城，癸丑克之。大将杨古利生擒贝勒孟格布禄。驰告，上命勿杀。召之至，匍匐进谒，上赐以所御貂帽、豹裘拳养之。尽服哈达属城。器械财物无所取，室家子女完聚如故。悉编入户籍，迁之以归。初哈达国万汗，姓纳喇，其国原名扈伦，后建国于哈达地，因名哈达。乃乌喇贝勒始祖纳齐卜禄七代孙也。其祖克习讷都督，为族人巴代达尔汉所害，万奔席北部相近之绥哈城居焉。其叔旺住外兰奔哈达，主其部落。后哈达人叛，旺住外兰被杀，其子博尔坤舍进杀其人以报父仇。至绥哈城迎兄万为部主。万于是攻取附近诸部，远者又招徕之，其势乃盛，遂称为汗，国号哈达。其时叶赫、乌喇、辉发及满洲之浑河部俱属之。万为人残暴，黩货无厌，凡以事赴诉者，赂金币辄以曲为直，否则以直为曲。群下效尤，每使人诸路，皆骄纵无忌，索货贿鹰犬之属，下及鸡豚，悉被扰害。又以好恶为毁誉，万不察其实，惟群下言是听。自戕其国，以故所创基业，即自败之。其民多叛投叶赫，并先附诸部皆叛。万汗卒，子扈尔干继之。立八月卒。弟康古鲁继之。康古鲁卒，弟孟格布禄继之。至是乃灭。其后上欲释孟格布禄归国，适孟格布禄与我国大臣噶盖谋逆事泄，俱伏诛。辛丑春正月庚子朔，上以女妻孟格布禄之子吴尔古代。明万历帝忌我国势隆盛，使人来告曰：尔何故伐哈达而取其国耶？其复吴尔古代国。上从其言，命吴尔古代同公主率所部人民以归。后叶赫贝勒纳林布禄纠蒙古兵数侵掠哈达，上遣使告明万历帝曰：吾因汝言令吴尔古代还国，今叶赫屡侵哈达，奈何以吾所获之国为叶赫所据耶？明万历帝不听，时哈达饥，国人乏食，至明开原城乞粮不与。各鬻妻子、奴仆、马牛易粟食之。上恻然曰：此吾所抚之赤子也，何忍听彼流离。遂仍收哈达国人豢养之。是年，上以诸国徕服人众，复编三百人为一牛录，每牛录设额真一。先是我国凡出兵校猎，不计人之多寡，各随族党屯寨而行。猎时每人各取一矢，凡十人设长一，领之。各分队伍，毋敢紊乱者。其长称为牛录额真，至是遂以名官。冬十一月乙未朔，乌喇贝勒布占泰以其兄贝勒满太之女来归，迎宴如礼。癸卯春正月戊午朔，初乌喇贝勒布占泰先聘叶赫贝勒布寨女，又聘蒙古科尔沁贝勒明安女，以铠胄、貂裘、猞狸狲裘、金银、橐驼、鞍马为聘，明安受其聘不予女。布占泰遣使再求婚于上曰：我昔被擒，待以不死，俾主乌喇，以公主妻我，恩甚深，我辜恩曾聘叶赫及蒙古女，未敢告于上。今蒙古受聘悔婚，我甚耻之！但我既蒙恩养，乞宥罪再降以女，当每岁偕两公主来朝。上允其请，又以弟贝勒舒尔哈齐女妻之，遣大臣以礼往送为婚。上自虎拦哈达南冈移于祖居苏克苏浒河、加哈河之间赫图阿喇地筑城居之。以牛羊犒筑城夫役者三。秋九月甲寅朔，孝慈皇后疾笃，思见母，上遣使至叶赫迎之。后兄贝勒纳林布禄不许，止令仆人南太来视。上谕曰：汝叶赫诸舅无故掠我户布察寨，又率九姓之国合兵攻我。汝叶赫、哈达、乌喇、辉发四国因起兵开衅，自服厥辜，刑马歃血，祭天盟誓，愿联姻通好。汝叶赫背盟，将许我国之女悉嫁蒙古。今我国妃病笃，欲与母诀，又不许，是终绝我好也。汝如此，两国已复相仇，我将问罪汝邦，城汝地，不汝讳也。遂遣之还。庚辰，孝慈皇后崩。后姓纳喇氏，叶赫国贝勒扬吉砮女也。年十四归上，仪范端淑，器度宽和，庄敬聪慧，不预外事。词气婉顺，誉之不喜。纵闻恶言，而愉悦之色弗渝其常。不好谄谀，不信谗佞。耳无妄听，口无妄言。殚诚毕虑，以奉事上，始终尽善。及崩，上悼甚。丧殓祭享，仪物悉加礼。不饮酒茹荤者逾月。越三载始葬尼雅满山冈。甲辰春正月壬子朔己未，上以后病革时欲见母未能，怒叶赫贝勒，率兵征之。壬戌克二城，曰张，曰阿气兰，取其七寨，俘二千余人而还。乙巳春三月乙亥朔，上命于赫图阿喇城外更筑大城环之。以牛羊犒役夫者五。初国人刨采人参，未谙制法，渍之以水，明人佯不欲市，国人恐朽败，急售，鲜所利益。上教以制法，令熟而干之，可以经久，不急售，仍许通市于明，所济甚众，民用益饶。蒙古喀尔喀把岳忒部落达尔汉巴图鲁贝勒之子台吉恩格德尔来朝，献马二十匹，上曰：彼越敌国而来，盖冀望恩泽于我也。遂厚赏遣之。丙午冬十二月乙未朔，台吉恩格德尔又率蒙古国五部落喀尔喀诸贝勒之使，进驼马来朝，尊上为神武皇帝。自此蒙古各部落每岁来朝，络绎不绝。丁未春正月乙丑朔，东海瓦尔喀部蜚悠城长策穆特黑来朝告上曰：吾等因地方遥阻，附乌喇。乌喇贝勒布占泰，遇吾等虐甚，乞移家来附。上命弟贝勒舒尔哈齐，长子洪巴图鲁贝勒褚英，次子贝勒代善，一等大臣费英东，侍卫扈尔汉，率兵三千至蜚悠城徙之。时夜阴晦，军中大纛之上有光，众以为异，扪视无有，复树之光如初，贝勒舒尔哈齐曰：吾自幼从上征讨，所历之地多矣，未见此异，其非吉兆耶。欲还兵。贝勒褚英、代善曰：或吉或凶，兆已定，吾等何所见而遽还，且何以报皇父命耶？遂决意前进，至蜚悠城，尽收还城屯寨，凡五百户，令扈尔汉率兵三百护之先行。时乌喇贝勒布占泰发兵万人邀诸路。扈尔汉见之，令五百户结寨山巅，以兵百人卫之。使人驰告后队众贝勒。是夕，乌喇兵万人，我国扈尔汉兵仅二百人，各据山一面结营相持。翼日，乌喇以万人攻我兵二百人，我国大将扬古利迎击，争先奋力斩乌喇兵七人，我兵止伤一人。乌喇兵退，渡河登山，畏惧不敢前，两军相向驻营。至未时，我国后队三贝勒兵悉至，见乌喇兵众，贝勒褚英、代善策马而前谕众曰：皇父每有征伐，无不摧坚陷敌，今虽未亲履行间，而我等奉命来此，尔众何忧？昔布占泰来侵我国，我国擒而缚之。皇父宥其死，复豢养之。俾归主其国，为时未久，人犹是人，曾从吾手而释，非有天幸得脱也。今岂不能再缚之耶？彼兵虽多，我国荷天眷，仗天威，皇父威名夙著，破敌兵必也。众军士皆奋，愿效死，遂渡河。贝勒褚英、代善各率兵五百，分二路缘山奋击，乌喇兵大败。代善追及乌喇统兵贝勒博克多，从马上左手撄其胄而斩之。时天气晴明，忽阴晦，大雪寒冽，被伤敌兵弃甲逃者，僵仆甚众。是役也，阵斩博克多父子，生擒贝勒常住父子及贝勒胡里布，斩三千级，获马五千匹，甲三千副。初我军与乌喇接战时，贝勒舒尔哈齐率五百人止山下，及二贝勒破敌追击，始驱兵前进。适有大山间之，绕山行，未能多所斩获。迨班师，上赐弟贝勒舒尔哈齐号达尔汉巴图鲁。以长子洪巴图鲁褚英遇大敌率先击败其众，赐号阿尔哈图土门。以次子代善阵斩博克多，又与兄并进克敌，赐号古英巴图鲁。上初命大臣常书、侍卫纳齐布，护从两贝勒。常书等不随两贝勒前进，反率兵百人与舒尔哈齐同止山下，无所斩获，遂论死。舒尔哈齐请曰：诛二臣与我死无异。上乃宥其死，罚常书金，夺纳齐布所属之人。夏五月癸亥朔，上命幼弟贝勒巴雅喇、巴图鲁额亦都。扎尔固齐费英东。侍卫扈尔汉率兵千人往征东海渥集部。取赫席黑、俄漠和苏鲁、佛讷赫托克索三路，俘二千人而还。秋九月辛卯朔，丙申，彗星见于东方，指辉发国，八夜方灭。先是彗出西方逾月，其时辉发贝勒拜音达里族众，叛附叶赫贝勒纳林布禄，其部下又欲叛，拜音达里闻之，以其臣七人之子来质，乞援兵。上许焉，发兵千人助之。叶赫纳林布禄构拜音达里曰：尔若归尔质子，吾即反尔叛族。拜音达里信其言，乃曰：吾其中立于满洲、叶赫二国之间乎！遂取回所质七臣之子，以己子与纳林布禄为质，而纳林布禄竟不归其叛族。拜音达里遣其臣告上曰：吾前者误为纳林布禄所诳，今欲倚赖上恩，乞以女赐我为婚。上允之，后拜音达里背约不娶。上遣使谓曰：汝昔助叶赫二次来侵，我宥尔罪，复许尔婚，今背约不娶何也？拜音达里绐曰：俟吾叶赫质子归，乃娶尔女，与尔合谋。因筑城自固，凡三层。及所质叶赫之子既归，上复遣使谓曰：尔质子归，今将何如？拜音达里以坚城足恃，遂负约。上即于是月己亥率兵征之，甲辰围其城，克之。诛拜音达里父子，歼其兵，招抚其民，乃班师。初辉发国本姓益克得里，黑龙江岸尼马察部人也。始祖昂古里、星古力，自黑龙江载木主迁于渣鲁居焉。有扈伦国人噶扬噶图墨土，姓纳喇氏，居于张，因附其姓。宰七牛祭天，改姓纳喇。星古力生子二：长留臣、次备臣。备臣生纳领噶、耐宽，纳领噶生拉哈都督，拉哈都督生噶哈禅都督，噶哈禅都督生齐讷根达尔汉，齐讷根达尔汉生王机砮，王机砮招服辉发诸部，于辉发河边扈尔奇山筑城居之，因名辉发国。是时蒙古察哈尔国扎萨克图土门汗，自将围其城，不克而还。王机砮卒，孙拜音达里杀其叔七人，自为辉发国贝勒。至是乃灭。戊申春三月戊子朔，上命长子阿尔哈图土门贝勒褚英、侄台吉阿敏率兵五千征乌喇国。围其宜罕阿麟城克之，斩千人，获甲三百，俘其众以归。时乌喇贝勒布占泰与蒙古科尔沁贝勒瓮阿代合兵出乌喇城二十里，驻兵遥望，知非我军之敌，遂相约而还。上欲与明通好，谓群臣曰：语云，念人之恶，崇朝而作，式好无尤，历世难求。吾欲与明昭告天地，同归于好。遂会明辽东副将及抚顺所备御，同勒誓辞于碑，刑白马祭天，其誓辞曰：两国各守边境，敢有窃逾者，无论满洲、汉人，见之杀无赦。若见而不杀，殃及不杀之人。明若渝盟，其广宁巡抚、总兵，辽东道副将，开原道参将等官，均受其殃。满洲渝盟，殃亦及之。誓毕，遂建碑于沿边诸地。秋九月乙酉朔，乌喇贝勒布占泰，因失宜罕阿麟城大惧，始遣使往来复通前好，乃执叶赫贝勒纳林布禄属下五十人送我使臣杀之，又遣其臣来谓曰：吾数背盟誓，获罪君父，诚为汗颜，若再以亲生之女妻我，抚我如子，吾乃永赖以生矣。上复以亲女妻之，遣大臣以礼往送焉。

卷　四

　　壬子春正月丙申朔，上闻蒙古国科尔沁贝勒明安之女甚贤，遣使往聘，明安许焉。送女至，上具车服以迎，筵宴如礼。秋九月壬辰朔，时乌喇贝勒布占泰复背盟，侵上所属渥集部之虎尔哈路者再，复欲娶上所聘叶赫贝勒布寨女，又以鸣镝射所娶上女，上闻之大怒。癸丑，率大兵征之。庚申，至乌喇国。上张黄盖，鸣钲鼓，沿乌喇河而行，布占泰率兵迎战。至河滨，见我军甲胄鲜明，士马精强，军势甚盛，乌喇兵人人惴恐，无斗志。上遂沿河岸而下，克其临河五城，又取金州城驻营。其城在布占泰所居大城河岸之西，距城西门二里许云。冬十月辛酉朔，上以太牢告天，祭纛，遂出营。见东方有青白二气指乌喇城北，我兵屯其地三日，尽焚所积糗粮。布占泰昼则率兵出城相持河岸，夜则入城休息。上二子贝勒莽古尔泰、贝勒皇太极请渡河击之。贝勒皇太极即太宗文皇帝也。上谕曰：汝等毋作此浮面取水之议，当为探源之论耳。譬伐大木，岂能遽摧，必以斧斤斫而小之，然后可折。今以势均力敌之大国，欲一举而取之，能尽灭乎。我且削其所属外城，独留所居大城，外城尽下，则无仆何以为主，无民何以为君乎。遂率师毁其六城，尽焚其庐舍糗粮，移驻于伏尔哈河渡口。布占泰令吴巴海乘舟来，立而呼曰：上乘怒兴兵至此，今上怒已息，乞留一言而归。使人来告者三，布占泰亲率其臣六人，乘舟止河中，跽而乞曰：乌喇国即父皇之国也，幸勿尽焚糗粮。叩首哀吁不已。上擐甲乘马率贝勒大臣出众军前，立马河中，水及马腹，呼布占泰责之曰：我昔擒汝于阵，贷汝死，豢养汝，俾主乌喇国。以三女妻汝，许汝盟誓者七，汝藐忽天地，屡背誓言，再侵吾所属虎尔哈路，欲夺吾所聘叶赫女。又以鸣镝射吾女，吾以女归汝异国，义当尊为国妃，何得凌暴至此。我爱新觉罗氏由上天降生，事事顺天命，循天理，数世以来远近钦服，从不被辱于人，汝即不知百世以前事，岂十世以来之事亦不知耶？若我女有过，汝宜告我，无故被辱，他国且不受，况我国乎。古人云：宁损其骨，无损其名。吾非乐有此举，乃汝负恩悖乱，是以声罪致讨耳。布占泰对曰：此必有人离间俾吾父子不睦，吾今身在河中，若果射上女，又欲娶上所聘女，皇天在上，下及河神，其共鉴之，此等语皆讹传也。布占泰之臣拉布泰从旁率尔进言曰：上既因此而怒，何不遣使来问？上责拉布泰曰：我部下岂少汝辈人耶，汝尚谓辱吾女为诬，夺吾所聘女为妄言乎？凡事未实则须问，既实矣，又何问焉。此河无不冰之日，吾兵无不再来之理，汝口虽利，能齿吾刃乎？布古泰大惧，止拉布太勿言。布占泰弟贝勒喀尔喀玛请曰：乞上宽宥，赐一言而行。上曰：汝果无此事，以汝子及大臣子为质，始鉴汝诚，不然吾不信也。遂回营，驻乌喇国五日还。兵至乌喇河边俄尔红童之邑麻虎山巅，以木为城，留兵千人守之，乃班师。冬十二月庚寅朔，是月有气起自乌喇国，经上宫殿之南，直抵虎兰哈达山。癸丑春正月己未朔，先是上以布占泰悔罪求和，当守约弗渝，及一年，闻布占泰以其女萨哈廉、子绰启鼐及十七臣之子，送叶赫为质。娶上所聘女，又幽上二女。上遂亲率大兵往征之。时布占泰期以是月丙子送其子质叶赫，而我师先一日至，攻取乌喇孙札泰城，督兵进克郭多、俄漠二城，驻营。翼日布占泰率兵三万，越伏尔哈城而军，时统军贝勒大臣皆欲战，上止之曰：征伐大国岂能使之遽无孑遗乎？仍以前言申谕之。上子贝勒代善、侄贝勒阿敏、大臣扎尔固齐费英东、额驸何和里、达尔汉侍卫扈尔汉、巴图鲁额亦都、硕翁科罗巴图鲁安费扬古五人及众贝勒皆奋然曰：我士饱马腾，利在速战，所虑者布占泰不出耳。今彼兵既出，平原广野，可一鼓擒也。舍此不战，厉兵秣马，将何为耶？倘布占泰竟娶叶赫女，辱何如之，后虽征讨，夫复何益。上曰：我仰荷天眷，自幼用兵以来，虽遇劲敌，无不单骑突阵，斩将搴旗，今日之役，我何难率尔等身先搏战，但恐贝勒诸大臣或致一二被伤，实深惜之。故欲计出万全，非有所惧而故缓兵也。尔众志既孚，即可决战。因命取铠胄被之，诸贝勒大臣及军士闻上言皆踊跃，欢声雷动，三军尽甲。上遂定策谕军士曰：倘蒙天眷祐，破敌众即乘势夺门，克其城，毋使复入，乃进兵。布占泰率兵三万，经伏尔哈城而来，令军士步行列阵以待。两军距百步许，我兵亦下马步战，矢交发如雨，呼声动天。上奋然挺身而入，诸贝勒大臣率军士鼓勇纵击，大败乌喇兵，十损其六七，余皆弃兵甲逃窜，遂乘势夺门，克其城。上登陴坐西门楼，悉树我军旗帜。布占泰率败兵不满百人，急还城下，见我军旗帜，大惊而奔。复遇贝勒代善率精兵邀击之，布占泰势不能敌，遂遁。又损兵过半，余皆溃走，布占泰仅以身免，投叶赫国而去。我军获马匹、甲胄、器械无算，尽收抚其所属城邑。驻军十日，大赉有功将士。乌喇败兵来归者，悉还其妻子仆从，编户万家，其余俘获分给众军，乃班师。初乌喇国本名扈伦，姓纳喇，后因建国乌喇河岸，故名乌喇国，其始祖名讷齐卜禄，生商坚朵尔和齐，商坚朵尔和齐生加麻喀硕朱古，加麻喀硕朱古生绥屯，绥屯生都尔机，都尔机生子二：长克习讷都督，次古对朱颜。克习讷都督生辙辙木，辙辙木生万。古对朱颜生太兰，太兰生布颜，布颜尽服乌喇诸部，筑城于乌喇河岸洪尼地，自称为贝勒。生子二：长布干，次博克多。布颜卒，子布干继之。布干卒，子满太继之。至满太弟布占泰，国乃灭。上谕众贝勒大臣曰：为国之道，存心贵乎公，谋事贵乎诚，立法布令则贵乎严。若心不能公，弃良谋，慢法令之人，乃国之蠹也。治道其何赖焉。凡吾所言，安能尽当。如未当，汝等勿面从。予一人智虑有限，岂诸贝勒大臣众论皆无足取乎？汝等各有所见，其尽言毋讳。秋九月丙辰朔，先是上遣使谕叶赫贝勒曰：昔我阵擒布占泰，赦其死而豢养之，又妻以三女，布占泰负恩悖乱，吾是以问罪往征，削平其国，今投汝，汝其执之以献。使者凡三往，叶赫贝勒金台石、布扬古拒命不从。辛酉，上率兵四万征之。时有逃卒至叶赫，泄军期，叶赫遂收张、吉当阿二路居民，其兀苏城以痘疫未收。上率兵围兀苏城，谕城中人降，不降且进攻。城中人曰：大国之兵如林之众，如泉之涌。甲胄光芒耀如冰雪，岂我等所能御，苟抚我，我曷为不降，其城长名山谈、扈石木者，遂开门降。匍匐谒上，上饮以金卮，以所戴东珠金佛冠并衣赐之。其所属张城、吉当阿城、兀苏城、呀哈城、黑儿苏城、何敦城、喀布齐赍城、俄吉岱城，大小城寨凡十九处，尽焚其庐舍粮储，收兀苏城降众三百户而还。是时叶赫国贝勒金台石、布扬古使其臣谮上于明曰：哈达、辉发、乌喇三国，满洲已尽取之。今复侵我叶赫，其意欲削平诸国，即侵明，取辽东以建国都，而开原、铁岭为牧马之场矣。明信其言，遣使谓上曰：自今以后勿侵叶赫，若从吾言，是推吾之爱而罢兵也。若不从吾言而侵之，势将及我矣。遂遣游击马时楠、周大岐率练习火器者千人，守卫叶赫二城。上闻之欲致书于明，遂躬诣抚顺所城，庚辰卯刻行至古勒城之野，日之两傍有青赤二色祥光，对照如门，随上行。上见之，率众拜其光，乃止。翼日，至抚顺所，游击李永芳出城三里外迎上，以礼接见，导入教场。上以书与永芳，其辞曰：昔叶赫、哈达、乌喇、辉发、蒙古、席北、卦尔察等九姓之国，于癸巳岁合兵侵我，我是以兴师御之。天厌其辜，我师大捷。斩叶赫布寨，获乌喇布占泰以归。逮丁酉岁，刑马歃血以相寻盟，通婚媾无忘旧好。讵意叶赫渝弃前盟，将已字之女，悔而不予，至乌喇国布占泰，吾所恩育者也，反以德为仇，故伐之，而歼其兵，取其国。今布占泰子然一身，奔于叶赫。叶赫又留之不吾与，此吾所以征叶赫也。我与汝国何嫌何怨，欲相侵耶？上既以书与永芳，遂还。甲寅夏四月癸未朔，明遣备御萧伯芝来，伪称大臣，乘八人舆作威福，强令以礼接，述书中古来兴废之故，语多不逊。上曰：虚言恫喝，何以礼为？时上遇明之使臣，其言善，以婉言应之；言不善，即以正言折之。竟不视其书，遣之还。丁酉，蒙古国扎鲁特部落贝勒钟嫩，以女妻上子贝勒代善。上命行亲迎礼，设筵宴成婚。壬寅，蒙古国扎鲁特部落内齐汗，以妹妻上子贝勒莽古尔泰。上命莽古尔泰亲迎，筵宴如礼。蒙古国科尔沁贝勒莽古思，以女归上子贝勒皇太极为婚。上命贝勒皇太极行亲迎礼，至辉发国扈尔奇山城，大宴成婚。冬十一月己酉朔，上遣兵五百征东海南渥集部之雅揽、西临二路，收降民二百户，俘千人而还。十二月己卯朔，蒙古国札鲁特部落贝勒额尔济格，以女妻上子台吉德格类。上命德格类亲迎，筵宴如礼。乙卯春正月戊申朔，蒙古国科尔沁贝勒孔果尔以女来归，上具礼迎纳焉。三月丁未朔甲戌寅刻，有黄色亘天，映彻上下，上御殿至辰刻方散。夏四月丁丑朔，始建佛寺及玉皇诸庙于城东之阜，凡七大庙三年乃成，时明遣广宁总兵张承荫巡边，承荫还遣通事董国荫来告曰：汝所居界外地皆属我，今立碑其地。其柴河、三岔、抚安三路之田，汝勿刈获，其收汝边民迁汝国。上曰：吾累世田庐，一旦令吾弃之，是尔欲弃盟好，故为斯言耳。昔贤云，海水不溢，帝心不移。今既助叶赫，又令吾境内之民所种禾黍勿刈获而迁，将帝心已移耶。帝之言自不可违，但不愿太平，与我交恶。吾国小受小害，汝国大得无受大害乎？吾国之民无多，不难于迁。汝大国能尽藏其众乎？若构兵起衅，非独吾国患也，汝自恃国大兵众，辄欲凌我，讵知大可以小，小可以大，皆由天意，设汝每城屯兵一万，汝国势亦不能，若止屯兵一千，则城中兵民适足为吾俘耳。通事董国荫曰：此言太过矣！遂去。自此明侵我疆土，于边外数处立石碑为界。五月丙午朔庚戌，上谕侍臣曰：治国家者，尚宽大秉公诚，乃能传世久远，基业巩固。若自恃智力，肆行侵夺，存心不善，所行非道，必身罹忧辱，运祚衰微，理有固然，断乎不爽。故人存心公正，天赐百福，存心邪慝，天降百殃，人之祸福皆由心造。心善则所遇必吉，将见声誉日闻于众，身履富厚，位致显荣。心不善，则所遇必凶，将谴责必加，身既困厄，家亦衰落矣。夫泥涂之污尚可洗濯，若存心邪慝，获罪于天，或遘恶疾以死，或触刑戮以死，甚有已死而未尽厥辜者，由此观之，无论贵贱大小，皆当众公正存心，苟或不然，徒恃其智力，肆行侵夺，纵有所获，岂能永享。所谓公正者，推己之心以及于人，视为一体之谓也。能如是，必先见知于朋友，朋友共称其善。因上闻于大臣，大臣上闻于贝勒，贝勒上闻于国君，上下皆称其善，其令闻且上达于天，天亦祐之，赐之福，子孙悠久世享之矣。如是则无往不善，安有凶咎哉。益无事之国，不可喜事兴师。若喜事兴师，必有天谴。夫蒙天谴而基业倾覆者，亦尝目睹耳闻矣。彼不务修德，恣意侵夺，是行暴也。因其暴而伐之，天必祐矣。

总之人以公正存心，生既获福，死亦流芳。人以邪慝存心，生罹显祸，死有余孽。往往而然，若悉举其事，恐未能尽识，故略举大凡，著为训诫，汝等敬识之。六月丙子朔，叶赫国欲以上所聘贝勒布扬古之妹适蒙古喀尔喀部落贝勒巴哈达尔汉之子莽古尔代。我国诸贝勒大臣闻之，皆愤怒请于上曰：叶赫女既为上所聘，又将以适蒙古，无理莫甚焉。我等既闻其事，安能坐视耶。宜乘其许而未行，急发兵往攻其城而取之。上谕曰：征讨，国之大事，若以负婚之故，怒而兴师，则未可也。盖此女之生，衅所由启，实非偶然。哈达、辉发、乌喇三国皆因此女兴兵构怨，相继灭亡，是此女召衅亡国已有明验。今明又助叶赫，不以此女与我，而与蒙古，天殆欲亡叶赫，以激怒我而启大衅也。若奋力征之，纵得此女，徒致不祥，即归他人亦必不永年。吾知此女流祸已尽，死期将至矣。诸贝勒大臣仍欲兴师，坚请。上曰：使吾因此发怒，兴师征讨，汝等犹当谏止。吾早已洞彻事机，释然于中，置诸度外，以息兵劝汝，汝等何反坚请不已耶？吾无憾，汝何憾焉！吾断不以汝等言劳师动众也。遂令将调集马匹遣还。寻叶赫以此女嫁蒙古，未一年果亡。诸贝勒大臣又请曰：此女年已三十有三，受我国之聘，垂二十年。因明国遣兵卫助叶赫，叶赫金台石、布扬古恃其势，遂与蒙古，今往征明国宜也。上又不允，曰：明以兵越境而卫叶赫，天鉴不远，我姑俟之。盖叶赫与我自为满洲之国，明既称为君临各国，即为天下共主，自应辨别是非，审量而后助之，乃恃势横行，抗天意，反以兵卫天谴之叶赫，试听彼助之，汝等又何急焉。使我今日仗义伐明，天必祐我，天祐我可以克敌。但我国储积未充，纵得其人民畜产，何以养之？若养其人民畜产，恐我国之民反致损耗。惟及是时，抚辑吾国，固疆圉修边备，重农积谷为先务耳。遂不发兵。

卷　六

天命四年己未春正月乙酉朔丙戌，上征叶赫。命大贝勒代善率大臣十六人，兵五千，往守扎喀关防御明兵。上亲率贝勒诸臣，统大军至叶赫。辛卯，深入其界，自克亦特城粘罕寨，略至叶赫城东十里，俘获其人民畜产，焚其十里以外庐舍，又取大小屯寨二十余，及蒙古游牧畜产，整兵而还。离叶赫城六十里驻营。当进兵之日，叶赫惧，遣使向明开原总兵马林告急，林率兵来助，与叶赫合，出城四十里，见我国兵势强盛，马林惧，不敢战而退。上亦班师。八月辛亥朔己巳，上率贝勒诸臣统大军复征叶赫国。叶赫贝勒金台石居东城，布扬古居西城。上与贝勒诸臣定攻取叶赫策，命四大贝勒率护军围布扬古，上亲率八固山额真督大兵围金台石。既定议，我兵星夜进。叶赫侦者驰告西城布扬古及布尔杭古曰：满洲大军至矣。叶赫之民闻之皆掠扰，所属屯寨居民，近者避入城，远者匿山谷中。壬申，我军驰至。布扬古、布尔杭古率兵出城西门，立近城冈上，鸣角鼓噪，望见我军旌旗蔽山野，剑戟耀天日，带甲之士霜明雪灿，绵亘不绝，前后络绎，如潮涌川流而至，队伍明肃，钲鼓相闻，远近震动，布扬古等大惧，仓皇入城。四大贝勒遂督护军围其城。上率诸臣及众军至金台石所居东城围之。遂分兵堕其外城，军士布列梯楯，呼金台石出降。金台石不从，答曰：吾非明兵比，等丈夫也，肯束手归乎！与其降汝，宁战而死耳。上遂督兵攻城，持楯列梯以进，两军拒战，矢如雨雹。我军遂拥楯登山，傍城下掘地欲堕其城。城上士卒发巨石、滚木，掷以火器，我军冒矢石穴其城，城摧，遂入城。城上兵复迎战，又败之。四面兵皆溃。上禁约众军士毋得妄杀兵民，使人执帜诚谕之，又使人持上黄盖传谕城中，降者免死，于是城中兵民俱降。金台石携妻及幼子登所居高台，我兵围之，呼曰：汝降速下，否则进攻。金台石曰：吾战不能胜，城破困于家，纵再战岂能胜乎！汝皇子四贝勒吾妹所生也，得相见，闻其盟言，吾乃下。时四贝勒攻西城，上召之至，命之曰：尔舅有言，待汝至乃下，汝往，彼下则已，不下以兵毁其台。四贝勒衔命往，既至，金台石曰：吾与甥四贝勒未识面也，真伪乌能辨。大臣扎尔固齐费英东、额驸达尔哈曰：汝视常人中有如我四贝勒魁梧奇伟者乎，汝国使者必尝语汝，何难识别耶！若仍不信，曩者我国议和之时，曾以媪往，媪乳汝子德尔格勒台吉，今尚存，盍令媪视之？金台石曰：何用媪为也，观此子辞色，似未承父命，令善遇我也，特诱吾下台而见杀耳。吾石城铁门俱失，困守此台，纵战亦不能胜，但吾祖父世居斯土，我生于斯，长于斯，则死于斯而已。四贝勒曰：天设此险，俾汝筑城，疲劳百姓，至于数年，所筑重城，今皆摧破，独据此台，欲何为也？汝方欲诱人至此，与汝并命，敦肯如汝之意，俾我名臣亲身攻汝耶？汝如何曰：得吾活汝盟言，汝方下也。岂吾之战不能擒汝，而与汝盟欤！吾已在此，汝下，引汝往见父皇，生杀惟父皇命。且汝当日之意，将欲翦灭亲戚，食其肉，饮其血耶！我屡欲和好，遣使汝国，凡二三十往，汝轻视我，谓我惧而求和，杀吾使臣或羁留焉。致有今日倾覆之祸。若父皇念汝恶，则戮汝。倘不念汝恶，以我之故，贷汝，汝生矣。凡劝谕者再。金台石仍执前言不下。四贝勒曰：舅有言，吾来此即下。吾乃来，若下速下，引见父皇，否则吾往矣。金台石曰：姑勿往，吾先令亲臣阿尔塔石往见上，察言观色而回，吾乃下。遂令阿尔塔石往见上，上怒，以鸣镝射之数次，责之曰：离间诸舅与我为难，致明人举兵四十万来，非汝也耶？念此宜诛汝。事既往，不汝咎耳。汝偕贝勒来。阿尔塔石回，劝金台石。又不从，曰：闻吾子德尔格勒被创在家，召之来，吾与相见乃下。四贝勒召德尔格勒至，与之见。德尔格勒谓其父曰：吾等战既不胜，城又破，今据此台欲何为？盍下台，生死惟命。劝谏再四，金台石终不从。四贝勒执德尔格勒，欲缚而杀之。德尔格勒曰：吾年三十六，乃于今日死耶！杀之可也，何缚焉？于是四贝勒留之于家，悉以其言奏闻。上曰：子招父降而不从，父之罪也，父当诛，勿杀其子。四贝勒引德尔格勒见上，上以所食赐四贝勒，令与德尔格勒同食。曰：此尔之兄也，善遇之。金台石妻，因其夫不下，携幼子趋下。金台石引弓，从者复擐甲待，我兵持斧斤毁其台，金台石纵火焚，屋宇尽毁。我诸将谓金台石已死，令毁台之兵退还。火燎金台石身，自下，为我兵所执，缢杀之。时四大贝勒围西城，招之降，不从。会东城已破，布扬古、布尔杭古大惧，使人来告愿降。以怀疑不敢出，大贝勒曰：我始令汝等降，汝等不从，吾大兵至此，岂舍汝去乎？布扬古、布尔杭古，吾外兄弟也。爱而欲生之，故令汝等降。汝战则汝等之身尽死吾小卒手，降则生矣。汝果愿降，恐兄弟偕来或因男子之故见杀，盍令汝母先来，汝母吾外姑也，吾岂执妇人而杀之乎？布扬古、布尔杭古复使人来曰：吾等降，汝盍留盟言与吾等约，汝归我仍居此城。大贝勒怒曰：汝勿复为此言也，既破汝东城，岂力不能拔此，听汝仍居此而去乎？汝速降则已，否则父皇至，必攻克尔城，克城之后，汝等骈首戮矣。布扬古、布尔杭古果令其母来，大贝勒以礼接见。其母曰：汝无盟言，故吾二子怀疑而惧耳。大贝勒乃以刀划酒誓曰：今汝等降，我若杀之，殃及我。汝俾我誓，饮誓酒而仍不降，惟汝等殃。汝等不降，破汝城，必杀无赦。乃执酒饮其半，分其半送布扬古、布尔杭古饮之。遂开门降。大贝勒欲引布扬古见上，布扬古不应，复勒马立，大贝勒挽其辔曰：尔殆非丈夫耶！言既定，又立此踌躇何为也？乃偕往见上，布扬古跪不恭，仅屈一膝，不拜而起。上亲以金卮赐之酒，不恭如初，屈一膝，偏向，酒不竟饮，沾唇而已，又不拜而起。上谓大贝勒曰：引尔妇兄去，回彼西城。是日上深念久之，谓吾既不念旧恶留而豢养之，贷其死，予以生全，未见有喜色，仍仇怨，且跪拜不少屈，此人可豢养耶？是夜命缢杀之。其弟布尔杭古以大贝勒故，宥其罪，待以不死焉。叶赫所属各城俱降。时明游击马时楠，以兵一千人助守叶赫二城，至是尽杀之。其叶赫诸臣军民皆弗罪，父子、兄弟、夫妇、亲戚不令离散，财物毫无所取，俱徙其人而还，给以田庐、廪给、器用，无马者千余人，并给以马。

按叶赫国始祖系蒙古国人，姓土默特，初灭扈伦国所居张地之纳喇姓部，遂据其地，因姓纳喇。后迁于叶赫河岸建国，故名叶赫国。其始祖星根达尔汉，生席尔克明噶图，席尔克明噶图生齐尔噶尼，齐尔噶尼生褚孔格，褚孔格生太杵，太杵生子二：长清佳砮，次杨吉砮。兄弟绥服叶赫诸部，各居一城。哈达国人多归之。清佳砮、杨吉砮遂皆称贝勒。明万历十有二年甲申，宁远伯李成梁受哈达国所赂金及玄狐、黑貂，听其谗构，以赐敕赏赉为名，诱清佳砮、杨吉砮二贝勒至开原，系汉寿亭侯庙中，并从兵三百皆杀之。清佳砮子布寨，杨吉砮子纳林布禄，各继其父为贝勒。李成梁随率兵征之。取其杜喀、尼牙罕二寨。攻战之时，士卒被伤者甚众，李成梁收兵还。万历十有六年戊子，李成梁又率兵围攻纳林布禄所居东城，大伤兵卒，不克而归。后遂与明和好焉。及纳林布禄弟金台石、布寨子布扬古嗣为贝勒，叶赫乃亡。

上自是开拓疆土，东自海西至明辽东界，北自蒙古科尔沁之嫩乌喇江，南暨朝鲜国境，凡语音相同之国，俱征讨律服面统一之。

〔李澍田、张云樵　选录〕

《清史稿》（选录）

按：《清史稿》系清亡以后，1914 年至 1928 年间仿正史体例编撰的清代历史。全书凡五三六卷，其中列传十五，收三千余人。本次所选为卷二百二十三列传十中扈伦四部的代表人物，足资海西女真史研究参考。

根据中华书局一九七七年校点本摘录。

万 　子扈尔干　孟格布禄　扈尔干子岱善　孟格布禄子　吴尔古代

杨吉砮 　兄清佳砮　杨吉砮子纳林布禄　金台石　清佳砮子布寨　布寨子布杨古

布占泰 　拜音达里

万，哈达部长也。万自称汗，故谓之万汗。明译为王台，"台""万"音近。明于东边酋长称汗者，皆译为"王"某，若以王为姓，万亦其例也。哈达为扈伦四部之一，明通称海西。哈达贡于明，入广顺关，地近南，故谓之南关。

万姓纳喇氏，其始祖纳齐卜禄。纳齐卜禄生尚延多尔和齐，尚延多尔和齐生嘉玛喀硕珠古，嘉玛喀硕珠古生绥屯，绥屯生都勒喜。都勒喜子二：克什纳、古对朱颜。古对朱颜之后别为乌喇部。克什纳，嘉靖初掌塔山左卫，于诸部中最强，修贡谨，又捕叛者猛克有劳，明授左都督，赐金顶大帽；既，为族人巴代达尔汉所杀。克什纳子二：长彻彻穆，次旺济外兰。克什纳死时，彻彻穆子万奔席北部境绥哈城，而旺济外兰奔哈达，遂为其部长。明以其侦寇功，授都督佥事。叶赫部长褚孔格数为乱，旺济外兰执而戮之，夺其贡敕七百道，及所部十三寨。后其部众叛，旺济外兰为所杀。其子博尔坤舍进杀父仇，迎从兄万于绥哈城，还长其部。万能用其众，略邻部，远交而近攻，势益盛，遂以哈达为国，称汗。兴祖诸子环居赫图阿喇，号"宁古塔贝勒"，与董鄂部构衅。兴祖第三子索长阿为其子吴泰娶万女，盖尝乞兵于万以御董鄂部。

万居静安堡外，室庐、耕植与他部落异，事明谨。是时王杲领建州，与鞑靼东西遥应，窥辽塞，万支拄其间不令合。明使继其大父克什纳为都督。王杲盗边，开原兵备副使王之弼檄万，令王杲还所掠。万入建州寨，要王杲盟于抚顺关下，复通市如故。土默特徙帐辽东，万入贡，多夺其马。已而，土默特弟韦征与万为婚，其从子小黄台吉拥五万骑，介叶赫复请婚于万，万惧而许之。小黄台吉以马牛羊、甲胄、貂豹之裘遗万，筑坛刑白马为盟，约毋犯塞。居无何，小黄台吉要万犯塞，万不可，乃罢，时为万历元年。明年，王杲乱，辽东巡抚张学颜檄万捕王杲，万令海西、建州诸酋款塞，乞先开市，游击丁仿语之曰："必得王杲而后市可图也。"万复率建州卫都督大疼克等叩关，督抚以闻，许开市，遂缚献王杲所掠辽军八十四人，及种人兀黑，以兀黑尝杀汉官也。又明年，捕得王杲，槛致京师。明进万右柱国、龙虎将军，官二子都督金事，赐黄金二十两，大红师子纻衣一袭。

是时万所领地，东则辉发、乌喇，南则建州，北则叶赫。延袤千里，保塞甚盛。万暴而黩货，以事赴诉，视赂有无为曲直。部下皆效之，使于诸部，骄恣无所忌，求贿鹰、犬、鸡、豚惟所欲。使还，意为毁誉，万辄信之。以是诸部皆贰。而叶赫部长清佳砮、杨吉砮兄弟，以父褚孔格见戮，心怨万。万纳其女弟温姐，又以女妻杨吉砮，卵翼之。万老而衰，杨吉砮复婚于哈屯恍惚太，势渐张。万子扈尔干尤暴，所部或去从杨吉砮。杨吉砮构乌喇与扈尔干为仇，遂收故所部诸寨为旺济外兰所侵者，取其八寨，惟把太等五寨尚属万。自是辉发、乌喇诸部皆不受约束，万地日蹙，忧愤不自憀。万历十年七月，万卒。叶赫闻万死，使求故贡敕，扈尔干曰："我父以汝兄弟故，卒用忧愤死，今尚问敕书乎？"勿与，告哀于明。明以万忠，赐祭，予彩币、四表里。

万有子五：扈尔干为长；仲、叔皆前死；季孟格布禄，温姐子也；又有康古鲁，为万外妇子。万卒，康古鲁与扈尔干争父业。扈尔干怒曰："汝，我父外妇子也，宁得争父业乎？不避我，我且杀汝！"康古鲁因亡抵清佳砮，清佳砮妻以女。是时太祖初起兵。八月，扈尔干以兵从兆佳城长李岱劫太祖所属瑚济寨，太祖部将安费扬古、巴逊以十二人追击，杀哈达兵四十人，还所掠。扈尔干旋卒。孟格布禄年十九，袭父职龙虎将军、左都督，众未附。康古鲁闻扈尔干死，遂还，悉温姐。

扈尔干有子曰岱善，与康古鲁、孟格布禄析万遗业为三。康古鲁报扈尔干之怨，释憾于其子；孟格布禄亦以母温姐故，助康古鲁，共攻岱善；而清佳砮、杨吉砮兄弟谋攻万子孙报仇，十一年七月，挟暖兔、恍惚太等万骑来攻。明总督侍郎周咏念岱善弱，孟格布禄少，请加敕部诸酋，神宗许之。十二月，杨吉砮等复挟蒙古科尔沁贝勒瓮阿岱等万骑来攻，孟格布禄及岱善以二千骑迎战而败。自是兵屡至，恣焚掠不已。十二年，明总兵李成梁诱杀清佳砮、杨吉砮兄弟，所部折服，誓受孟格布禄约束。

叶赫难始纾，而内讧复急。清佳砮子布寨、杨吉砮子纳林布禄乘隙图报怨。十五年四月，纳林布禄以恍惚太万骑攻把泰寨，明兵来援，围解；乃阴结其姑温姐，唆孟格布禄佐康古鲁图岱善。先是扈尔干许以女归太祖，十六年，岱善亲送以往，太祖为设宴成礼。是年纳林布禄复以恍惚太五千骑围岱善。孟格布禄将其孥从纳林布禄往叶赫，居十八里寨，于是图岱善益急，而康古鲁诱岱善所部叛岱善，略其资畜，纳林布禄并掠岱善妻哈尔屯以去。明边吏议绝孟格布禄市，以所部及土田、牲畜尽归于岱善。孟格布禄不听，复与布寨、纳林布禄、康古鲁入开原，温姐偕。开原兵备副使王缄令裨将袭其营，执温姐、康古鲁以归。巡抚顾养谦谕孟格布禄："和岱善，还所掠，否则断若母头矣！"王缄以为戮温姐则孟格布禄益携，不如释之，而囚康古鲁，待朝命。温姐既得脱，遁还。孟格布禄自叶赫攻岱善，自焚其所居，劫温姐去。王缄坐是夺职。

十六年二月，河西大饥，岱善乞籴于明，明予粟百斛。李成梁出师讨布寨、孟格布禄，围其城，布寨、孟格布禄请降，成梁振旅还。开原兵备副使成逊议释康古鲁，和诸部；总督侍郎顾养谦亦谓："岱善弱而多疑，即奸诸酋立之，不能有其众。不如释康古鲁，使和岱善，则万子孙皆全。岱善内倚中国，外结建州，阴折北关谋，实制东陲胜策也。"夏四月，遂释康古鲁而谕之曰："中国立岱善，以万故；囚汝，以助北关侵岱善也。汝亦万子，不忍杀。今释汝，和诸酋，修父业。岱善安危，汝则任之。"康古鲁听命，因令岱善以叔父事康古鲁，以祖母事温姐，刑牲盟；且进布寨、纳林布禄使者诚谕之，为均两部，敕孟格布禄出岱善妻子五人及所部种人三百二十三、妇稚五百四十三、马牛羊数百，归岱善。康古鲁偕温姐归故寨，居月余，康古鲁病且死，语温姐及孟格布禄，戒部曲毋盗边负明恩。康古鲁死，孟格布禄谋尽室徙依叶赫，度温姐不从，微告布寨，纳林布禄以兵至。孟格布禄纵火燔其居，趣温姐行，温姐不可，强扶持上马，郁郁不自得，七月亦死。

布寨、纳林布禄诱孟格布禄图岱善如故。成逊令诸酋面相要释憾，并入贡，而太祖日强盛，布寨、纳林布禄与有隙。二十一年夏六月，纠孟格布禄及乌喇、辉发四部合兵攻太祖，略户布察寨。太祖率兵追之，设伏于中途，引兵略哈达富儿家齐寨。哈达兵至，太祖欲引敌至设伏所，挥众使退，以单骑殿。孟格布禄以三骑自后相迫，一骑出于前，太祖引弓射前骑，前骑在右，回身自马项上发矢，矢著于马腹，遂逸去。三骑骤至，太祖马惊几坠，右足絓于鞍，复乘，遂射孟格布禄马蹄地，其从者秦穆布禄授以己马，挟以驰。太祖率所部兵骑者三、步者二十，逐而击之，斩十二人，获甲六、马十八，以还。九月，复从布寨、纳林布禄以九部之兵三万人攻太祖，战于黑济格城下，九部之兵燔，布寨歼焉。

二十五年，叶赫诸部请成于太祖，盟定辄背之。二十六年，孟格布禄所居城北溪流血。二十七年秋，纳林布禄攻孟格布禄，孟格布禄不能支，以其三子质于太祖，乞师。太祖使费英东、噶盖以兵二千戍哈达。纳林布禄恐，乃构明开原译者为书，诱孟格布禄使贰于明，将袭击费英东等。费英东等诇得之，以告太祖。九月丁未朔，太祖帅师攻哈达。贝勒舒尔哈齐请为前锋，薄孟格布禄所居城。兵出，舒尔哈齐使告太祖曰："彼城兵出矣！"太祖曰："岂为此城无兵而来耶？"躬督兵进。舒尔哈齐兵塞道，太祖军循城行，城上发矢多伤者，遂攻城，癸丑，克之。扬古利生得孟格布禄，太祖命勿杀，召入谒，赐以所御貂帽、豹裘，置帐中。既，孟格布禄与噶盖谋为乱，事泄，乃杀之。

二十九年春正月，太祖以女妻孟格布禄子吴尔古代，明使来让，太祖遣吴尔古代还所部。纳林布禄归所掠敕六十道，请于明，补双贡如故事。已而，纳林布禄复纠蒙古掠哈达。哈达饥，乞籴于明，明不与，至鬻妻子、奴仆以食。太祖周恤之，遂以吴尔古代归。哈达亡。

杨吉砮，叶赫部长，孝慈高皇后父也。其先出自蒙古，姓土默特氏，灭纳喇部据其地，遂以地为姓，后迁叶赫河岸，因号叶赫。其贡于明，取道镇北关，地近北，故明谓之北关。

始祖星根达尔汉生席尔克明噶图，席尔克明噶图生齐尔噶尼。正德初，齐尔噶尼数盗边，斩开原市。八年，其子褚孔格纠他酉加哈复为乱，旋就抚，授达喜木鲁卫都督佥事。褚孔格阻兵数反覆，为哈达部长旺济外兰所杀，明赐敕书及所属诸寨，皆为所夺。

褚孔格子太杵。太杵子二：长清佳砮，次即杨吉砮。能抚诸部，依险筑二城，相距可数里，清佳砮居西城，杨吉砮居东城，皆称贝勒。明人以译音，谓之"二奴"。是时，哈达万汗方强，杨吉砮弟兄事万谨，万纳其女弟温姐，藉势浸骄，数纠建州王杲侵明边。明讨王杲，而清佳砮、杨吉砮不与，盖万实庇之。既又以女妻杨吉砮。然杨吉砮兄弟日夜思复先世褚孔格之仇，怨万。会万老，势衰，杨吉砮复婚于哈屯恍惚太，以隙复故地季勒诸寨。万子扈尔干所属白虎赤等先后叛归杨吉砮，杨吉砮势日盛，万遂以忧愤死。死而诸子内争，其庶孽康古鲁亡抵清佳砮，清佳砮妻以女，益间万子孙使自相图。

既而太祖兵起，尝如叶赫，杨吉砮顾知为非常人，谓太祖曰："我有幼女，俟其长，当使事君。"太祖曰："君欲结姻盟，盍以年已长者妻我？"杨吉砮对曰："我虽有长女，恐未为嘉偶。幼女端重，始足为君配耳。"太祖遂纳聘焉。

万历十一年，杨吉砮弟兄率白虎赤，益以暖兔、恍惚太所部万骑，袭败孟格布禄，斩三百级，掠甲胄一百五十；益借猛骨太、那木塞兵，焚躏孟格布禄所部室庐、田稼殆尽。明分巡副使任天祚使赍布帛及铁釜，犒杨吉砮兄弟，谕罢兵。杨吉砮兄弟言："必得敕书尽辖孟格布禄等然后已。"既，复焚孟格布禄及其仲兄所分庄各十，岱善庄一，胁所属百余人去。既，又以恍惚太二千骑驰广顺关，攻下沙大亮寨，俘三百人，挟兵邀贡敕。

十二年，巡抚李松与总兵李成梁谋诛杨吉砮兄弟，哈达亦以请。明制，凡诸部互市，筑墙规市场，谓之"市圈"。成梁使召杨吉砮弟兄，当赐敕赏赍，乃伏兵中固城，距开原可四十里，待其至。已而杨吉砮弟兄挟恍惚太二千骑擐甲叩镇北关，守备霍九皋遣使让之曰："若来就抚，甲骑数千何为者？"杨吉砮兄弟乃请以三百骑入圈。李松令参将宿振武、李宁等夹城四隅为伏，戒军中曰："虏入圈，听抚则张帜，按甲毋动；不则鸣炮，皆鼓行而前，急击之勿失。"松与任天祚坐南楼，使九皋谕杨吉砮兄弟，杨吉砮兄弟则益兵，以精骑三千屯镇北关，而以三百骑入圈。杨吉砮兄弟请敕书部勒孟格布禄等，九皋谯让之，渐急，杨吉砮兄弟瞋目，语不驯，李松奋髯抵几叱之，九皋麾杨吉砮等下马，杨吉砮目从者白虎赤，白虎赤拔刀击九皋，微中右臂。九皋还击杨吉砮从者一骑踣，余骑群噪击明兵。军中炮如雷，伏尽起，遂杀清佳砮、杨吉砮、白虎赤、清佳砮子兀孙孛罗、杨吉砮子哈儿哈麻，及诸从者，斩三百十有一级。勒兵驰出关，成梁先自中固城至，围击叶赫军，斩千五百二十一级，夺马千七百有三，遂深入杨吉砮弟兄所居寨。师合围，旦日，诸酋出寨门蒲伏，请受孟格布禄约束，刑白马攒刀为誓，成梁引师还。自是叶赫不敢出兵窥塞扰哈达为乱。明总督张佳胤等以阵斩"二奴"闻，成梁、松、天祚、九皋、振武、宁予荫进秩有差。

居数年，清佳砮子布寨、杨吉砮子纳林布禄继为贝勒，收余烬，谋倾哈达报世仇，挟以儿邓数侵掠，阑入威远堡。纳林布禄尤狂悖，要贡敕如其诸父，频岁纠恍惚太攻岱善不已；且因其姑温姐煽孟格布禄、康古鲁图岱善，俾哈达内讧。会明助岱善，袭执康古鲁。

十六年二月，巡抚顾养谦决策讨布寨、纳林布禄。成梁帅师至海州，雪初消，人马行淖中，马足胶不可拔。成梁计击虏利月明，军抵开原已下弦，不如三月往，遂壁海州，养谦壁辽阳。是岁，河西大饥，斗米钱三千，菽二千，发海州、辽阳谷赡军。月将晦，成梁自海州乘传出，三月十有三日，至开原。令岱善军以白布缀肩际为帜，鸡鸣，发威远堡，行三十里，至叶赫属酋落罗寨。

成梁使召落罗，落罗骇兵至，迎谒，命以一帜树寨门，材官十人守之，戒诸军毋犯；挟落罗及其从者三骑俱，又行三十里，至叶赫城下。布寨弃西城，奔纳林布禄，并兵以拒，其众与明军夹道驰，明军不敢先发。二酋麾其骑突明军，杀三人，成梁乃纵兵击之。游击将军吴希汉先驱，流矢集于面，创甚，弟希周奋起，斩虏骑射希汉者，亦被创。明军如墙进，叶赫兵退入城守。城以石为郭，郭内外重叠障，以巨桁为栅。城中有山，凿山周遭为坂，绝峻，为罗城其上，外以石，内以木，又二重，中构八角楼，置妻孥、财货。明师攻二日，破郭外栅二重。城上木石杂下，先登者辄死，城坚不可拔。成梁乃敛兵，发巨炮击城，城坏，穿楼断桁，叶赫兵死者无算，歼其酋把当亥，斩级五百五十四，城中皆号泣。明军车载云梯至，直立，齐其内城，将置巨炮其上。二酋始大惧，出城乞降，请与南关分敕入贡。成梁令毋攻，燔云梯，戒诸军毋发其窖粟，遂引师还。四月朔，释康古鲁遣还，因进叶赫使者谕曰："往若效顺，朝廷赏不薄。江上远夷以貂皮、人参至，必藉若以通。若布帛、米盐、农器仰给于我，耕稼围猎，坐收木桀、松实、山泽之利，为惠大矣。今贡事绝，江上夷道梗，皆怨若。我第传檄诸部，斩二酋头来，俾为长，可无烦兵诛也。今贷若，若何以报？"遂与哈达均敕。永乐初，赐海西诸部敕，自都督至百户，凡九百九十九道。至是，畀哈达、叶赫分领之，以哈达效顺，使赢其一。

秋九月，纳林布禄送其女弟归太祖，太祖率诸贝勒迎之，大宴成礼，是为孝慈高皇后。

十九年，纳林布禄令宜尔当、阿摆斯汉使于太祖，且曰："扈伦诸部与满洲语言相通，宜合五为一。今属地尔多我寡，额尔敏、扎库木二地，盍以一与我！"太祖曰："我为满洲，尔为扈伦，各有分地。我毋尔取，尔毋我争。地非牛马比，岂可分遗？尔等皆知政，不能谏尔主，奈何强颜来相渎也！"遣其使还。既而纳林布禄又令尼喀里、图尔德偕哈达、辉发二部使者复至，太祖与之宴。图尔德起而请曰："我主有传语，恐为贝勒怒。"太祖问："尔主何语？我不尔责。"图尔德曰："我主言曩欲分尔地，尔靳不与。倘两国举兵相攻，我能入尔境，尔安能蹈我地乎？"太祖大怒，引佩刀断案曰："尔叶赫诸舅，盍尝躬在行间，马首相交，裂甲毁胄，堪一剧战耶？哈达惟内讧，故尔等得乘隙掩袭，何视我若彼易与也！吾视蹈尔地，如入无人境，昼既不来，夜亦可往，尔其若我何！"因诋布寨、纳林布禄父见杀于明，至不得收其骨，奈何出大言，以其语为书，遣巴克什阿林察报之。布寨要至其寨，不令见纳林布禄，遣还。

未几，长白山所属朱舍里、讷殷二路引叶赫兵劫太祖所属东界洞寨。二十一年夏六月，扈伦四部合兵攻太祖，布寨、纳林布禄为戎首，劫户布察寨。太祖以师御之，遂侵哈达。秋九月，复益以蒙古科尔沁、席北、卦尔察三部，朱舍里、讷殷二路，攻太祖，谓之"九姓之师"。太祖将出师，祀于堂子，祝曰："我初与叶赫无衅，叶赫横来相攻，纠集诸部，为暴于无辜，天其鉴之！"又祝曰："愿敌尽垂首，我军奋扬，人不遗鞭，马无颠踬，惟天其助我！"是时，叶赫兵万人，哈达、乌喇、辉发三部合兵万人，蒙古科尔沁三贝勒及席北、卦尔察三部又万人，凡三万人。太祖兵少，众皆惧，太祖戒勉之。朝发虎阑哈达，夕宿扎喀城。叶赫兵方攻黑济格城，未下。旦日，太祖师至，面城而阵，使额亦都以百人先。叶赫兵罢攻城来战，太祖军迎击，斩九级，叶赫兵小却。布寨、金台石及蒙古科尔沁三贝勒复并力合攻，金台石者，纳林布禄弟也。布寨将突阵，马触木，踣，太祖部卒吴谈趋而前，伏其身刺杀之。叶赫兵见布寨死，皆痛哭，阵遂乱。九姓之师以此败。布寨死，子布扬古嗣为贝勒。

二十五年春正月，扈伦诸部同遣使行成于太祖曰："吾等兵败名辱，继自今愿缔旧好，申之以婚媾。"布扬古请以女弟归太祖，金台石请以女妻太祖次子台吉代善，上许之，具礼以聘。宰牛马告天，设卮酒、块土及肉、血、骨各一器，四国使者誓曰："既盟之后，苟弃婚媾，背盟约，如此土，如此骨，如此血，永坠厥命！若始终不渝，饮此酒，食此肉，福禄永昌。"太祖誓曰："彼等践盟则已，有或渝者，待三年不悛，吾乃讨之。"布扬古女弟，高皇后侄也，是时年十四。未几，太祖遣将穆哈连侵蒙古，获马四十。纳林布禄邀夺其马，执穆哈连归于蒙古。乌喇贝勒布占泰亦背盟结纳林布禄。二十七年，太祖克哈达。以明有责言，使哈达故贝勒孟格布禄子吴尔古代还所部。二十九年，纳林布禄以兵侵之，太祖遂以吴尔古代归。三十一年秋九月，高皇后疾笃，思见母，太祖使迎焉。纳林布禄不许，令其仆南太来视疾，太祖数之曰："汝叶赫诸舅无故掠我户布察寨，又合九姓之师而来攻我，既乃自服其辜，歃血誓天为盟誓，而又背之，许我国之女皆嫁蒙古。今我国妃病笃，欲与母诀，而又不许，是终绝我也！"既而，高皇后崩。三十二年春正月，太祖帅师攻叶赫，克二城，曰张，曰阿气兰，取七寨，俘二千余人而还。

三十五年，纳林布禄闻辉发贝勒拜音达里使贰于太祖，太祖以是取辉发，纳林布禄不能救；而布扬古女弟受太祖聘，十六年不遣，年三十，乌喇贝勒布占泰将强委禽焉。四十年，太祖讨布占泰。四十一年，师再举，遂克乌喇，布占泰亡奔叶赫。布扬古欲遂以女弟嫁之，布占泰逊谢不敢娶，为别婚。是时纳林布禄已死，其弟金台石嗣为贝勒，与布扬古分居东、西城如故。秋九月，太祖使告叶赫执布占泰以献，使三往，不听。太祖谋伐之，先期遣第七子巴布泰率所属阿都、干骨里等三十余人质于明。至广宁，谒巡抚都御史张涛，请敕叶赫遣布占泰，涛以闻，神宗下部议，以为质子真伪莫可辨，拒勿纳。太祖乃以四万人会蒙古喀尔喀贝勒介赛伐叶赫，会有逋卒泄师期，叶赫收张、吉当阿二路民堡。太祖围兀苏城，城长山谈、扈石木降，太祖饮以金卮，赐冠服。遂略张、吉当阿、呀哈、黑儿苏、何敦、克布齐赉、俄吉岱七城，下十九寨，尽焚其庐舍储峙，以兀苏城降民三百户还。

叶赫诉于明，以兵援，遇介赛，战胜，遂遣使让太祖，令游击马时楠、周大岐率兵千，挟火器，戍叶赫。太祖至抚顺，投书游击李永芳，申言："侵叶赫，以叶赫背盟，女已字，悔不遣，又匿布占泰，故与明无怨，何遽欲相侵？"遂引师还。

金台石有女，育于其兄纳林布禄，嫁介赛。金台石既为贝勒，杀纳林布禄妻，介赛假辞为外姑复仇，觊得布扬古女弟以解。布扬古女弟誓死不愿行。介赛治兵攻叶赫。既而，喀尔喀贝勒巴哈达尔汉为其子莽古尔代请婚，布扬古将许之。明边吏谕布扬古，姑留此女，毋使太祖及介赛望绝，冀相羁縻；而以兵分屯开原、抚顺及镇北堡为犄角，卫叶赫。四十三年夏五月，布扬古遂以其女弟许莽古尔代，秋七月婚焉。太祖闻，诸贝勒皆怒，谋讨叶赫，不许。请侵明，又不许，且曰："此女生不祥，哈达、辉发、乌喇三部以此女构怨，相继覆亡。今明助叶赫，不与我而与蒙古，殆天欲亡叶赫，以激其怒也。我知此女流祸将尽，死不远矣。"布扬古女弟嫁莽古尔代未一年而死，死时年盖三十四，明所谓"北关老女"者也，是岁为太祖天命元年。

太祖既称帝建国，始用兵于明。三年，取抚顺、清河。明经略侍郎杨镐使谕叶赫发兵挠太祖。秋九月，金台石子德尔格勒侵太祖，克一寨，俘四百七十人，斩八十四级。明赐以白金二千两、彩缎表里二十。四年春正月，太祖谋报之，使大贝勒代善以兵五千戍札喀关阻明师，而躬督兵伐叶赫。辛卯，入其境，经克亦特城粘罕寨，至叶赫城东十里，克大小屯寨二十余。叶赫乞援于明，明开原总兵马林以师至，合城兵而出，见太祖兵盛，不敢击。太祖亦引还。二月，杨镐大举伐太祖，使都司窦永澄征兵于叶赫，叶赫以二千人应。至三岔北，明师覆，永澄死之。太祖谋使所属诈降于金台石，金台石不应。六月，太祖攻开原，叶赫复以二千人援，至则开原已下。秋八月，经略侍郎熊廷弼初视事，叶赫使其复开原，廷弼厚赉之。

太祖綦叶赫，八月，大举伐之。己巳，师出，声言向沈阳，以缀明师。壬申，至叶赫城下，太祖攻金台石东城，而命诸贝勒驰向西城取布扬古。布扬古与其弟布尔杭古以城兵出西郭，陟冈，鸣角而噪，望太祖军盛，敛兵入。诸贝勒遂督军合围。太祖围东城，入其郛，布攻具，呼金台石降，不听，曰："吾非明兵比，等丈夫也，肯束手降乎？宁战而死耳。"太祖麾兵攻城，两军矢交发，太祖军拥楯陟山麓，将穴城，城上下木石，掷火器。太祖军冒进，穴城，城圮，师入，城兵迎战，败溃，皆散走。太祖使执帜约军士毋妄杀，执黄盖，令降者免死，城民皆请降。金台石以其孥登台，太祖军就围之，命之下。金台石求见四贝勒盟而后下，四贝勒为太宗，高皇后所出，金台石甥也。四贝勒攻西城，太祖召之至，使见金台石。金台石曰："我未尝见我甥，真伪乌能辨？"费英东、达尔哈在侧，曰："汝视常人中有奇伟如四贝勒者乎？且曩与汝通好时，尝以媪往乳汝子德尔格勒，盍使媪辨之！"金台石曰："何用媪为也！观汝辈辞色，特诱我下杀我耳。我石城铁门既为汝破，纵再战，安能胜？特我祖父世分土于斯，我生于斯，长于斯，死则于斯可已。"四贝勒劝之力，金台石使阿尔塔石先见太祖，太祖复令谕降。金台石又求见其子德尔格勒，德尔格勒至，金台石终不下。四贝勒将缚德尔格勒，德尔格勒曰："我年三十六，乃今日死耶！杀可也，何缚焉？"四贝勒以德尔格勒见太祖，太祖撤所食食之，命四贝勒与共食。且曰："尔兄也，善遇之！"金台石妻将其幼子下，金台石引弓，其从者复甲。太祖军进毁台，金台石纵火，屋宇皆烬。太祖诸将谓金台石且死，军退。火烬，金台石潜下，为太祖军所获，缢杀之。

诸贝勒围西城，布扬古闻东城破，与布尔杭古使请降，并请盟无死。大贝勒曰："汝辈畏死，盍以汝母先，汝母我外姑也，我宁能杀之？"布扬古母至军，大贝勒以刀划酒，誓，饮其半，使送布扬古、布尔杭古饮其半，乃降。大贝勒以布扬古见太祖，布扬古行复勒马，大贝勒挽其辔，命毋沮。见太祖，布扬古以一膝跪，不拜而起。太祖取金卮授之，布扬古复以一膝跪，酒不竟饮，不拜而起。太祖命大贝勒引去，以其恧也，即夕亦缢杀之。贷布尔杭古。攻杀明游击马时楠戍兵，歼焉。杨镐闻警，使总兵李如桢自抚顺出，张疑兵为叶赫声援，得十余级而退。

神宗命给事中姚宗文行边，求叶赫子孙，德尔格勒有女子子二，嫁蒙古，各赐白金二千。明臣请为金台石、布扬古立庙，又以哈达余裔王世忠为金台石妻侄，授游击，将以风诸部，然叶赫遂亡。

太祖以德尔格勒归，旗制定，隶满洲正黄旗，授三等副将。太宗天聪三年，改三等梅勒章京，卒，八年，子南楮嗣。十年，察哈尔林丹汗殂，所部内乱，太宗遣贝勒多尔衮帅师略地。林丹汗福金号苏泰太后，南楮女兄也，因使南楮谕降。南楮至其帐，呼其人出，语之曰："尔福金苏泰太后之弟南楮至矣！"其人入告，苏泰太后大惊，使故叶赫部来媵者视之，信。苏泰太后号而出，与南楮相抱持，遂使其子额哲出降。南楮旋以罪夺爵，复以南楮弟索尔和嗣。乾隆初，改二等男。

布尔杭古隶正红旗，亦授三等副将。再传，坐事，夺世职。

布占泰，乌喇部长，太祖婿也。乌喇亦扈伦四部之一，与哈达同祖纳齐卜禄。纳齐卜禄五传至克什纳、古对朱颜兄弟。克什纳之后为哈达部。古对朱颜生太兰，太兰生布颜。布颜收附近诸部，筑城洪尼，滨乌喇河，因号乌喇，为贝勒。

布颜子二：布干、博克多。布颜死，布干嗣为部长。布干子二：满泰、布占泰。布干死，满泰嗣为部长。万历二十一年夏六月，叶赫纠扈伦诸部侵太祖，满泰以所部从。秋九月，叶赫再纠扈伦诸部，及蒙古科尔沁所部，及满洲长白山所属，大举分道侵太祖。满泰使布占泰以所部从，与哈达贝勒孟格布禄、辉发贝勒拜音达里合军万人。战败，叶赫贝勒布寨死于阵，科尔沁贝勒明安单骑走。战之明日，卒有得布占泰者，缚以见太祖，曰："我获俘，将杀之。俘大呼勿杀，愿自赎。因缚以来见。"跽太祖前，太祖问谁何，对曰："乌喇贝勒满泰弟布占泰也，生死惟贝勒命。"叩首不已。太祖曰："汝辈合九部兵为暴于无辜，天实厌之。昨阵斩布寨，彼时获汝，汝死决矣！今见汝，何忍杀？语有之曰：'生人胜杀人，与人胜取人。'"遂解其缚，与以猞猁狲裘，抚育之。

居三年，二十四年秋七月，遣还所部，使图尔坤黄占、博尔焜董扬古护行。未至，满泰及其子淫于所部，皆见杀。布占泰至，满泰有叔兴尼牙，将杀而夺其地，二使者严护之，兴尼牙谋不行，乃出奔叶赫，卒定布占泰而还。冬十二月，布占泰以女弟妻贝勒舒尔哈齐。二十五年春正月，与叶赫诸部同遣使请盟，盟甫罢，布占泰旋执太祖所属瓦尔喀部安褚拉库、内河二路头人为众所推者罗屯、噶石屯、汪吉努三人送叶赫，使招所部贰于太祖，又以满泰妻都都祜所宝铜锤界纳林布禄。二十六年春正月，太祖命台吉褚英等伐安褚拉库路。冬十二月，布占泰来谒，以三百人俱，太祖以舒尔哈齐女妻之，赐甲胄五十，敕书十道，礼而遣之。二十九年冬十一月乙未朔，布占泰以其兄满泰女归太祖。布占泰初聘布寨女，既又聘明安女，以铠胄、貂、猞猁狲裘、金银、驼马为聘，明安受之而不予女。三十一年春正月，布占泰使告太祖曰："我昔被擒，待以不死，俾我主乌喇，又妻我以公主，恩我甚深。我孤恩，尝聘叶赫、蒙古女，未敢以告。今蒙古受聘而复悔，我甚耻之！乞再降以女，当岁岁从两公主来朝。"太祖允其请，又以舒尔哈齐女妻焉。

三十五年春正月，东海瓦尔喀部蜚悠城长策穆特黑谒太祖，自陈属乌喇，为布占泰所虐，乞移家来附。太祖命贝勒舒尔哈齐、褚英、代善率诸将费英东、扈尔汉、扬古利等以兵三千至蜚悠城，收环城屯寨五百户，分兵三百授扈尔汉、扬古利护之先行。布占泰使其叔博克多将万人要诸途。日暮，扈尔汉依山结寨以相持。翌日，乌喇兵来攻，扬古利率兵击败之，乌喇兵引退，渡河陟山为固。褚英、代善等率后军至，缘山奋击，乌喇兵大败，代善阵斩博克多。是日昼晦，雪，甚寒，乌喇兵死者甚众，俘其将常住、胡里布等，斩三千级，获马五千、甲三千以还。

三十六年春正月，太祖复命褚英及台吉阿敏将五千人伐乌喇，克宜罕阿麟城，斩千人，获甲三百，俘其余众。布占泰纠蒙古科尔沁贝勒瓮阿代，合军屯所居城外二十里，畏褚英等军强，不敢进，引还。秋九月，遣使复请修好，太祖使报问。布占泰执纳林布禄所部种人五十辈，畀太祖使者尽杀之。又遣使来请曰："我数背盟，获罪于君父，若更以女子子妻我，抚我如子，我永赖以生矣。"太祖复允其请，又以女子子妻之。

四十年，布占泰复背盟，秋九月，侵太祖所属虎尔哈路，复欲娶太祖所聘叶赫贝勒布寨女，又以鸣镝射所娶太祖女。太祖闻之怒，癸丑，亲率兵伐之。庚申，兵临乌喇河，布占泰以所部迎战，夹河见太祖军甲胄甚具，士马盛强，乌喇兵人人惴恐，不敢渡。太祖循河行，下河滨属城五，又取金州城，遂驻军焉。冬十二月辛酉朔，太祖以太牢告天祭纛，青白气见东方，指乌喇城北。太祖屯其地三日，尽焚其储峙。布占泰昼引兵出城，暮入城休。太祖率兵毁所下六城，庐舍、糗粮皆烬，移军驻伏尔哈河渡口。布占泰使使者三辈以舟出见太祖，布占泰率其弟喀尔喀玛及所部拉布泰等继以舟出，跽舟中而言曰："乌喇国即父国也，幸毋尽焚我庐舍、糗粮。"叩首请甚哀。太祖立马河中，数其罪。布占泰对曰："此特谗者离间，使我父子不睦。我今在舟中，若果有此，惟天惟河神其共鉴之！"拉布泰自旁傲曰："贝勒既以此怒，曷不以使者来诘？"太祖责之曰："我部下岂少汝辈人耶？事实矣，又何诘？河冰无时，我兵来亦无时。汝口虽利，能齿我刀乎？"布占泰大惧，止拉布泰毋言。喀尔喀玛为乞宥，太祖乃命质其子及所部大酋子，遂还营。五日引还，度乌喇河滨邑麻虎山巅，以木为城，留千人戍焉。

十二月，有白气起乌喇，经太祖所居南属虎拦哈达山。布占泰旋复背盟，幽太祖及舒尔哈齐女，将以其女萨哈廉、子绰启萧及所部大酋子十七人质于叶赫，娶太祖所聘贝勒布寨女。四十一年春正月，太祖闻，复率兵伐之。布占泰期以是月丙子送其子出质，而太祖军以乙亥至，攻下孙扎泰及郭多、俄漠三城。丙子，布占泰以兵三万越伏尔哈城而军，太祖犹欲谕之降。诸贝勒代善、阿敏，诸将费英东、何和里、扈尔汉、额亦都、安费扬古皆请战，曰："我利速战，但虑彼不出耳。今既出，平原广野，可一鼓擒也！舍此不战，厉兵秣马，何为乎来？且使布占泰娶叶赫女，辱莫甚焉！虽后讨之，何益？"太祖曰："我荷天宠，自少在兵间，遇劲敌，无不单骑突阵者！今日何难率汝辈身先搏战。但虑诸贝勒、诸将或一二夷伤，我所深惜，故欲出万全，非有所惧也。今汝辈志一，即可决战。"因命被甲，诸贝勒、诸将则大欢，一军尽甲，令曰："胜即夺门，毋使复入！"乃率兵进。布占泰自伏尔哈城率兵还，令其军皆步为阵，两军距百步。太祖军亦皆舍马步战，矢交如雨，呼声震天。太祖躬入阵，诸贝勒、诸将从之纵击，乌喇兵大败，死者十六七。师入，太祖坐西门楼，命树帜。布占泰余兵不满百，还至城下，见帜则大奔。遇代善，布占泰兵皆溃，仅以身免，奔叶赫。太祖使请于叶赫，叶赫不听。后七年，太祖克叶赫，布占泰盖已前死。

拜音达里，辉发部长也。辉发亦扈伦四部之一，其先姓益克得里氏，居黑龙江岸。尼马察部有昂古里星古力者，自黑龙江载木主迁于渣鲁，居焉。时扈伦都噶扬噶、图墨土二人居张城，二人者姓纳喇氏，昂古里星古力因附其族，宰七牛祭天，改姓纳喇，是为辉发始祖。

昂古里星古力子二：留臣、备臣。备臣子二：纳领噶、耐宽。纳领噶生拉哈都督，拉哈都督生噶哈禅都督，噶哈禅都督生齐讷根达尔汉，齐讷根达尔汉生王机褚。王机褚收邻近诸部，度辉发河滨扈尔奇山，筑城以居，因号辉发。城负险坚峻，蒙古察哈尔部扎萨克图土门汗尝自将攻之，不能克。王机褚死时，其长子前死，孙拜音达里，杀其叔七人，自立为贝勒。

万历二十一年夏六月，叶赫纠哈达、乌喇诸部侵太祖，拜音达里以所部从。秋九月，复举兵，拜音达里与哈达贝勒孟格布禄、乌喇贝勒布占泰合兵万人，兵败，还。二十三年夏六月，太祖攻辉发，取所属多壁城，辉发将克充格、苏猛格二人戍，歼焉。二十五年春正月，与叶赫诸部同遣使行成于太祖。居数年，拜音达里之族有叛附叶赫者，部众有携心。拜音达里惧，以所属七人之子质于太祖，太祖发兵千人助之镇抚。叶赫贝勒纳林布禄使告拜音达里曰："尔以质子归我，亦归尔叛族。"拜音达里信之，乃曰："吾其中立于满洲、叶赫二国之间乎！"遂取质子还，以其子质于纳林布禄。纳林布禄殊无意归叛族，拜音达里以告太祖，且曰："吾前者为纳林布禄所诳，怙旧恩，敢请婚。"太祖许之。既而拜音达里背约不娶，太祖使诘之曰："汝昔助叶赫，再举兵侵我。我既宥尔罪，复许尔婚。今背约不娶，何也？"拜音达里诡对曰："吾子质叶赫，须其归，娶尔女，与尔合谋。"因筑城三重自固。及其子自叶赫归，太祖复遣使问，拜音达里倚城坚，度兵即至，足以守，遂负盟。三十五年秋九月丙申，长星出东方指辉发，八夕乃灭。乙亥，太祖率师讨之，甲辰，合围，遂克之，杀拜音达里及其子，安集其民，帅师还。辉发亡。

论曰：扈伦四部，哈达最强，叶赫稍后起，与相埒，乌喇、辉发差弱。其通于明，皆以所领卫，令于所部则曰"国"。太祖渐强盛，四部合攻之，兵败纵散，以次覆灭。太祖与四部皆有连，夺其地，歼其酋，显庸其族裔。疆场之事不以婚媾违，有时乃藉口以启戎，自古则然，不足异也。

〔李澍田、张云樵　选编〕

重译《满文老档》（选录）①

按：《满文老档》是清朝最早的一部官方文献。此中记载的清入关前三十年的历史，正是明末东北女真各部，从分散到统一，以满族这个新的民族共同体的名称，出现在历史舞台上的年代，因此，是研究海西女真史不可或缺的珍贵文献资料。清初，在历次纂修太祖、太宗实录等官书时，滥施刀斧，任意篡改，给后人了解清开国前的历史，造成了很大困难。只有在《满文老档》中，还保存一部分具体而细微的很有价值的史料。因此，从中选录一些与扈伦四部，特别是与乌拉、叶赫二部有关的史料，供研究参考。

选自辽大历史系编《清初史料丛刊》第一册，太祖朝第一分册。

第一卷

丁未年（1607）至庚戌年（1610）加圈点文字的档子

〇〔乌拉〕派兵一万要在中途截杀〔我〕兵。扈尔汉虾与拦路的乌拉兵遭遇，于是让他带来的五百户，在山上树栅扎营，派兵一百看守这五百户，一面回报领兵的三贝勒说：乌拉的兵挡住了道路。那天夜里，乌拉的一万【原档残缺】*兵来到。看到那乌拉兵，淑勒昆都仑汗的两个儿子策马愤怒地说："从前，蒙古国汗任命大臣杭古拜，去征敌国，招降后返回时，汗听信了弟弟的诬陷之言，要杀杭古拜。被招降的敌国听到此事，又都叛变了。前来征伐蒙古汗时，杭古拜所生的两个儿子哈喇、察罕，又把那些敌人击败，迫使投降。征伐我们诸申国的敌人，要使敌国投降。父汗在家居住吧，父汗生的两个儿子，我们来了。我们的兵，你们不要忧愁，这布占泰与我们作战时，曾被我们擒获，铁锁系颈收养了。我们那样加恩收养，遣回乌拉国当了国主。布占泰是从我们手中释放的人！从那以后还没经多久，其人如故。不要以为这兵多，我们有天佑雄威，还有父汗惊人的英名，我们不难打败那兵。"于是众兵都高兴地说："攻呀！杀呀！"渡过那条河。淑勒昆都仑汗的两子各率兵

---

① 在原档中，凡有残缺处都加上汉字原档残缺标记。

五百人，分成两路上山进攻，弟贝勒率兵五百落后留在山下。那两个小子像没睁开眼的小狗崽一样，各率兵五百向山上进攻，一面前进一面杀敌。弟贝勒被一大山所阻，绕山前进，所以未能多杀敌兵。〔布占泰〕原是战俘本应杀掉，却从宽收养，并被释放回去当了乌拉国主，还将同父所生的二福晋给他为妻。布占泰变了心，要杀害护送人户的丈人和两位妻兄，因而派兵在中途拦截。上天谴责布占泰的一万兵，天地嘉佑淑勒昆都仑汗不杀，并嫁给〔女儿〕的公正之心。在淑勒昆都仑汗四十九岁，丁未年三月二十，〔汗的〕两子率兵一千打败布占泰的兵一万，杀死统率〔乌拉〕兵的博克多贝勒父子，活捉常住贝勒父子和弟胡里布贝勒三人，杀三千人，获得马五千匹，甲三千副。打败那兵的时候，天气晴朗。到夜里立营时，一瞬间就下雪变冷了。在战斗中受伤的人败走时，由于身上出汗而脱下甲的人，很多人被冻死了。这正是所谓天助神佑。在出征时有吉兆，明亮的光线射在我军的大纛上，随后击溃了拦截通道欲杀〔我兵〕的布占泰率领的一万兵。因为这样破了敌兵归来，淑勒昆都仑汗给弟贝勒以达尔汉巴图鲁称号。给首先冲进敌阵的长子以阿尔哈图图们的称号。次子代善贝勒在马上擒斩统率那兵的博克多贝勒，〔我〕们攻击敌人时，僚友落后而与兄一起冲锋陷阵，赐给古英巴图鲁称号。当淑勒昆都仑汗出兵时，命令名叫常书的大臣和名叫纳齐布的虾说："在战斗中，我两子如果乘马进攻，要保护他们的身体，如果下马进攻，要牵着马的缰绳。"可是他俩没有紧跟被委派给的贝勒，率兵一百人与叔贝勒在一起停留，没有参加进攻山上的敌兵，在这次胜仗中没能多杀敌人，所以把他俩定以死罪。于是达尔汉巴图鲁请求说："如果杀死这两个大臣，我自己也死了吧！"随后免除死罪，给大臣常书定〔罚银〕百两的罪，全部收回给大臣纳齐布管辖的诸申。在击溃乌拉兵后，瓦尔喀的赫席赫路和佛纳赫路的人，仍然服从乌拉的布占泰。淑勒昆都仑汗说："我们是一国人，由于住地相离很远，被乌拉国隔阻，你们至今服从乌拉国过活。今天我们同国人已有了汗，打败乌拉兵，现在要服从我们同国人的汗。"他们仍不归附。同年五月派汗的幼弟卓里克图贝勒、额亦都巴图鲁、费英东扎尔固齐、扈尔汉虾率兵一千出征。他们袭取赫席赫、鄂谟和苏噜、佛纳赫拖克索，俘虏二千而归。

　　〇秋九月有星光出现，向着东方辉发，到七八夜才消失，从那以后在西方又有一星光出现，持续一个多月。辉发的拜音达里贝勒帮助叶赫的布寨、纳林布禄，曾经两次出兵前来。还有拜音达里亲自杀了他的七个叔父。因此，他的兄弟们逃到叶赫纳林布禄那里，他的村人也在谈论叛逃时，拜音达里把他的村的七个大人的儿子送来作人质，请兵援助。淑勒昆都仑汗派兵一千去援助，攻破叛变的辉发村庄，抚定还没有叛逃去叶赫的人。以后叶赫的纳林布禄又诱骗拜音达里说："你们要索回送给淑勒昆都仑汗作人质的儿子们，若那样办，便遣返叛逃我处的你的兄弟们。"拜音达里听信其言，说："我在你们两国间过活。"遂撤回了作人质的儿子们。归还以后，口称在两国间过活的拜音达里违背了诺言，把他的儿子送给叶赫的纳林布禄作人质去了，纳林布禄始终没有兑现诺言遣返叛变拜音达里的辉发人。因此，拜音达里对淑勒昆都仑汗说："我被叶赫的纳林布禄的谎言欺骗了，我想永远依赖你为生，请你把与常书订婚的姑娘解除婚约，给我为妻。"淑勒昆都仑汗便把结亲的姑娘退婚，许给辉发的拜音达里。后来拜音达里变了心，废掉婚约不娶了。因此，淑勒昆都仑汗说："拜音达里你在叶赫强盛时，帮助纳林布禄两次攻打我，你既聘我女，又为什么变心呢？"拜音达里说："等撤回在叶赫的质子后，便娶你的女儿，与你联合在一起。"同时，在修筑三层城垣。等叶赫质子回来后，淑勒昆都仑汗说："你在叶赫的质子回来了，今天怎么办呢？"拜音达里贝勒获得时间修筑了三层城垣，就变了心不娶了。因为变心了，淑勒昆都仑汗大怒，在出兵途中，在名叫色赫里哈达的地方下了一昼夜的雨，然后晴了，立即前进。〔丁〕未年九月十四，围攻并占领了辉发城，捕杀了城主拜音达里父子。这样，世世代代在呼尔奇哈达地方生活的辉发人，便被带走了，国灭亡了。

　　○戊申年（1608年）淑勒昆都仑汗五十岁，在三月命令阿尔哈图图们、阿敏台吉率兵五千人，围攻乌拉的宜罕山城，占领并杀千人，获甲三百。科尔沁蒙古的翁阿岱贝勒与乌拉的布占泰合兵，布占泰的兵出村二十里即停止前进，说："〔这个军队〕是不能敌挡的兵。"便退回了。阿尔哈图图们在那个城里住二宿就回师了。

　　淑勒昆都仑汗不念万历帝的旧恶，希望重新修好。"若欲交恶，就在暂短的一日之间，若欲求善，几代也得不到。"思虑到这里说："不论尼堪和诸申，如果有偷越皇帝边境的人，凡是看到的人便〔把他〕杀死，如果看见而不杀，看到的人将要遭殃。若是尼堪违背所说的话，尼堪皇帝的广宁都堂、总兵官、辽东的道员、副将，开原的道员、参将，这六大衙门的官员，必受其殃。"镌刻石碑，在边境各地竖立。〔戊〕申年六月二十日，吴副将、抚西的王备御前来，杀白马，将血、肉、土分别盛在碗中，削骨放置一边，立誓："不许偷越皇帝任何地方的边境。"由于宜罕山城被攻破，乌拉的布占泰贝勒惊慌，从那以后遣使者往来。同在〔戊〕申年九月擒获叶赫的纳林布禄五十人，交给淑勒昆都仑汗的使者，他自己也随同使者前来谒见。谒见后，布占泰说："我四五次违背与父汗立的誓言，以致不和，实无颜面，如果把父汗的亲生女儿嫁给我，我将永远依赖父汗为生，怎样？"淑勒昆都仑汗遂将自己的亲生女儿穆库什格格嫁给了布占泰。

第二卷

辛亥年（1611）至癸丑年（1613）加圈点文字的档子

○虎尔哈国的扎库塔人归降淑勒昆都仑汗，给甲三十副。拿去那给的甲以后，给萨哈连部挂在树上射，还接受乌拉布占泰为招降他而送给的布匹，因此同〔辛〕亥年十二月汗派婿何和里额驸、额亦都巴图鲁、达尔汉虾三大臣率兵二千人袭击虎尔哈路，将扎库塔城围了三天，说要投降，又不投降，攻破扎库塔，杀千人，获俘虏二千。虎尔哈周围的地方投降了，将图勒伸、额亦伸二大人以及五百户带来了。

○壬子年（1612）在淑勒昆都仑汗五十四岁四月，蒙古国的明安贝勒送女给淑勒昆都仑汗为妻。

○在战斗中被俘应该杀死的布占泰，汗又将三个女儿嫁给他，曾三次为婿的布占泰，七次立誓的布占泰，还是变了心。曾两次袭击恩养父淑勒昆都仑汗的属下虎尔哈。他还要夺娶恩养父淑勒昆都仑汗送了牲畜作聘礼的叶赫的布寨贝勒的女儿。又获悉他用鲍箭射汗给〔他为妻〕的女儿娥恩哲格格。因此汗大怒。同〔壬〕子年九月二十二，从汗城出发。二十九，率兵三万到乌拉国，在乌拉河的西岸前进，乌拉的布占泰的兵在乌拉河的东岸迎击。随后汗张黄盖，吹喇叭、唢呐，打鼓、敲锣前进。在乌拉河的这边岸下马停留。兵继续前进，攻克乌拉河这边的六城，在离乌拉大城西门二里，河岸的金州城设营住宿。十月朔，淑勒昆都仑汗出来祭纛后坐下了，在乌拉大城的北边，出现了从东向西横贯天空的白蓝光线，住三宿尽烧敌粮。在设营时，乌拉布占泰贝勒的兵，在白天从城里出来，站在河岸，夜间进城住宿。淑勒昆都仑汗的二子莽古尔泰台吉、四贝勒想要渡河进攻，淑勒昆都仑汗说："你们不要说象在水面汲水那样的话，而要探其底里。如果要折断大树，怎能骤然折断，要用斧和刀一点一点地切削才可以折断。同等的大国要一次灭亡能行吗？夺取郊外国土，仅留大村，如果没有阿哈，额真怎样生存呢？如果没有诸申，贝勒怎样生存呢？"汗不允进攻的请求，毁掉那六个村城墙，放火烧了房屋。第四天〔我〕兵在乌拉河这一边回还时，淑勒昆都仑汗兵到富尔哈渡口安营，于是乌拉的布占泰汗令吴巴海巴图鲁站在独木舟上，到乌拉河的中流呼唤说："父汗大驾可能是发怒而来，今父汗的怒气已息，可留一言而去。"这样三次派使前来呼唤。以后乌拉的布占泰汗率僚友六人，站在独木船上来到乌拉河中流，向淑勒昆都仑汗叩头并恳求说："乌拉国就是父汗的国，乌拉的粮食也是你的粮食，熄灭烧粮的火行吗？"淑勒昆都仑汗披明甲，乘大白马，从众军中出来，走到前面，进入河中，直到水齐马胸，才站住愤怒地说："布占泰，你在战斗中被俘应死，从宽收养，释回乌拉国为国主，我把三个女儿嫁给你，你曾七次立誓说：'天高地厚'，可竟变了心，两次袭击并掳掠我属下的虎尔哈路。你布占泰扬言要强娶恩养父我给过聘礼的叶赫女子。我的女儿是给国主做福晋，才出嫁他国，岂是给你用鲍头箭射的吗？我的女儿如果作了错事，希望你向我说明，你举出动手打天生的爱新觉罗的人的先例吗？百世可能不知，十世、十五世以来的事，也不知道吗？如果有人动手打我爱新觉罗的先例，那你布占泰是正确的，我兵来攻是错误的。如果没有那种先例，可您布占泰为何用鲍箭射我女儿呢？到死后还蒙受被鲍箭射过的恶名吗？活着就闷在心里吗？古人说：'人若折名，甚于折骨'。如果看到有斑纹的绳子就以为是毒蛇，见瘰疬流脓就以为是海水，这次出兵非所乐为。听到〔你用〕鲍箭射我的女儿，十分愤恨，才领兵前来。"乌拉的布占泰汗向汗恳求说："这是想让我们父子不和的人的诬陷，并没说过要娶你给聘礼的女子。如果我要娶你给聘礼的女子，在上有天，在我站在水上的地方下面就有水主龙王，岂能瞒过。父，你女儿也没有被鲍箭射过的事。"在撒谎恳求时，乌拉的布占泰汗的拉布太扎尔固齐也插言："汗，你如此愤怒，可以派一个人前来问话。"于是淑勒昆都仑汗说："拉布太，你那样的人，我这里没有吗？你说用鲍箭射不是事实吗？要夺我给聘的女儿也是谣言吗？如果不实，可以查明，因为是事实，就没有问你的必要了。这个河有不结冰的道理吗？那有我不能再到这里的道理吗？拉布太，你吃得我的腰刀吗？"布占泰说："拉布太，住口！"布占泰的弟弟喀尔喀马贝勒说："汗，在临行前你讲最后一句话吧！"淑勒昆都仑汗说："如果真的没有用鲍箭射我的女儿，没有说强娶我给聘礼的叶赫女子，确实正派，那么就将你的儿子们和各村大人们的儿子们送我作为人质，这就证明了你确实不错。若不送质子来就不相信你。"在西顿哈达住了一宿。第二天在吉林住了一宿，在乌拉国内共住了五宿。第六天在乌拉河岸的鄂尔珲通的伊玛呼哈达筑城，驻军队一千人。同年的十二月，天的光线从乌拉方面，越过淑勒昆都仑汗住的南楼子南面，直到呼兰哈达。从此，或以布占泰和好之意，等了一年的时间，也没有什么友好表示，又听说："布占泰要娶叶赫的女子。并将汗的两女从家中赶出来，监禁在有高墙的屋中。布占泰把他的名叫萨哈莲的女儿和名叫绰启鼐的儿子，以及各村大人们的十七个儿子们送到叶赫去作人质。"并说要在癸丑年正月十八送乌拉为人质的儿子们出发。在十七〔日〕，淑勒昆都仑汗五十五岁，〔我〕兵三万人出发，围攻乌拉的名叫孙扎泰的城，攻克后，又前进夺取名叫郭多的城，随后攻占名叫鄂漠的城，在那城住宿。第二天乌拉的布占泰汗率兵三万人，经过名叫伏尔哈的城前来迎击，淑勒昆都仑汗领兵的诸贝勒、诸大臣说："乌拉的兵从城出来了，迎战！"淑勒昆都仑汗说："大树用斧和刀一点一点地砍，就可以折断，直立的大树能弯曲折断吗？进攻一二次就想立刻灭掉大国的敌人，能全部歼灭吗？占领郊外地方，破坏村寨，尽毁粮谷，外面的村寨全被消灭，仅留大城怎么生存呢？这样才能灭亡大国。"于是淑勒昆都仑汗的儿子古英巴图鲁和阿敏台吉，汗任用的五大臣，领兵的诸贝勒都说："我们合计过怎能使布占泰的兵从城里出来呢？出来了，如果不进攻，不斩杀这到野外的〔敌〕兵，我们何必从家出来，也用不着把马喂肥，修理甲胄、鞍辔、弓箭、枪、大刀了。今日不进攻，布占泰获得时间，娶了叶赫的女子，再出兵征伐有何益处？受到这种耻辱谁能忍受呢？"淑勒昆都仑汗说："两大军会战时，让兵在前面进攻是不行的。我本人，我生的儿子们，任用的五大臣，我们亲自在前面进攻。在进攻时我们为首的诸贝勒、诸大臣要亲自去杀。若攻战时，我为首的诸贝勒、诸大臣们的身体，恐有一二损伤。并不是我本人现在说害怕的话，是说尊重道义。蒙天之恩，自幼在千百军中，独身出入，弓矢相交，兵刃互接。"遂发怒说："既要进攻，命取甲来。"取甲披挂时，领兵的诸贝勒、诸大臣们，以及众兵，俱皆欢腾，犹如天地震动一样地跑去乘马，出兵前进。这时，布占泰的三万兵，越过伏尔哈城前进，步兵列阵以待。淑勒昆都仑汗的兵前进，在百步以外可以射到敌人的地方下马。进攻时，淑勒昆都仑汗看见两大军互相射出的箭，犹如急风卷雪、蜂穿花丛一样。淑勒昆都仑汗遂亲身前去砍杀，遂击溃乌拉的布占泰汗三万兵，杀万人。随后残兵追入城里，我们没有给残敌入城喘息时间，指挥攻城。占领城门后，淑勒昆都仑汗入城，登坐城楼。击溃敌兵三万人，杀一万人，获得甲七千副。灭绝了在乌拉国几代相续称汗的统治，夺了大城。夺取全部国人，停留十天，在大城设营分配俘虏，编成万户带来。那两次天空出现光线，就是给乌拉国人带来的预兆吗？

第三卷

癸丑年（1613）至甲寅年（1614）加圈点文字的档子

〇在乌拉国世代相续为汗的统治，被淑勒昆都仑汗断绝了。唯布占泰一人逃出。他的兵被杀，许多国人被俘，城郭、领土被夺去。他没有寻找三个福晋和八个儿子而来投降，反而去投奔曾说过要娶的叶赫布扬古贝勒的妹妹，到叶赫去了。因此淑勒昆都仑汗说："在战斗中被俘应杀而收养的布占泰，我曾把三个女儿嫁给他，三次为婚的布占泰，与我交恶为仇，我才出兵征讨，歼灭全军，获得全部国人，把逃出去的布占泰还给我。"三次派人向叶赫的金台石、布扬古去索取布占泰，都遭到拒绝。所以淑勒昆都仑汗命令："在九月初六出征，要集合兵马。"初三的夜间，一对男女私通被人发觉，那个男人惊慌逃往叶赫，报告"初六出发"。所以叶赫人为保护璋、吉当阿城的人而全部撤走。乌苏城的三百家因为出天花而没走。十日，〔我〕兵四万人去围攻，璋城、吉当阿城的兵全部撤走了。获得了子女人等。以后又包围乌苏城，喊话："你们守城的人，要投降即投降，如不投降便进攻，不仅你这个城，不论什么城，有攻不破的吗？"城上的人说："如果宽宥恩养就投降，你们的众兵像密林的树，像流水一样，对着你们的甲胄像在十二月见到的雪和冰一样，我们城的兵怎能抵抗呢？"于是投降了。因此，那城的名叫散单与扈实木的大人到汗前叩头谒见，汗将〔头上〕戴着的钉有三个东珠金佛头暖帽给他戴上，并换上衣服，给用金杯盛的烧酒。夺取璋城、吉当阿城、乌苏来了。因为淑勒昆都仑汗城、雅哈城、赫尔苏城、和敦、喀布齐拉城，总共大小十九城寨。放火烧掉房屋、城郭、粮食，编三百户，带的兵破坏叶赫十九城寨，并把人带走了。叶赫的金台石、布扬古向尼堪万历帝申诉："淑勒昆都仑汗征讨哈达国夺取了，征讨辉发国夺取了，征讨乌拉国夺取了，今又征讨叶赫，也将要全部夺取。征讨我们诸申国后，就征讨你们尼堪国。征讨尼堪国，夺取辽东城，淑勒昆都仑汗亲自居住，夺取沈阳、开原地方放牧马群。"尼堪万历帝信以为实。在那以前，尼堪万历帝说，在一夜曾三次梦见一个异姓女子，跨在他的身上，用枪刺。第二天早上询问博学多识的文人，回答说："那女子是女直满洲国的淑勒昆都仑汗，要夺我们的尼堪皇位。"尼堪皇帝开始担心，又听到叶赫的金台石、布扬古申诉的话，尼堪皇帝将二者结合在一起考虑，公然向女直满洲国的淑勒昆都仑汗说："我劝告不要征伐叶赫，如果接受我的劝告，停止征讨叶赫，那将认为是存我体统的行为。如不听我的话征讨叶赫，那么不知何时就将要征伐我！"派往叶赫使用枪炮的兵各五百人，协助防守二城。淑勒昆都仑汗写信反驳说："是我诸申各国的战争。最初叶赫、哈达、乌拉、辉发、蒙古、锡伯、卦勒察等九姓各部联合，在尼堪万历二十一年〔癸〕巳年进攻来了。因为上天谴责他们，令我获胜。于是杀白马（撒）〔歃〕血，互相婚嫁，和睦相处。万历二十五年〔丁〕酉年又会盟。叶赫违背誓言，不给已订婚的女子，以后我收养的布占泰和我交恶，我出兵征讨，全歼其兵，夺取所有国人。因索还单身逃去的布占泰，遭到叶赫拒绝，所以我征讨叶赫。我怎能征讨尼堪国呢？"淑勒昆都仑汗亲自把信送至抚西门，时十二月二十五，日从山上出来，卯时到古勒野地，看见太阳的两旁有红绿两线相交如门，紧随人行，淑勒昆都仑汗率众向那光线叩头时，光线才不再随人，停留下来。而后又前进，二十六日早晨辰刻到达抚西城。抚西城的李游击在三里外接迎，马上拱手会见，到教场下马，送交书信。在同时刻立即返回了。

第四卷

乙卯年（1615）加圈点文字的档子

○六月，淑勒昆都仑汗给过聘礼的叶赫布扬古贝勒的妹妹，改嫁蒙古的巴哈达尔汗贝勒的儿子。

○六月，尼堪万历帝派遣广宁张总兵官巡视边境。这个总兵官回去后，又派遣抚西城的董通事来说："把从前皇帝划定的疆界以外的地方，归并我方。现在树立新界碑，你们在柴河、范河、三岔儿这三路种的庄稼，不能再收获。你们在边疆上的人要往后边退。"英明汗说；"要抛弃掉世代居住的房屋、耕种的田地，这可能是你们变了心才说的。我听到从前贤人说过：'海水不溢，帝心不变'。皇帝心变了，帮助境外的叶赫，我境内居住的房舍、耕种的田，不能收取，强迫后退。因为是皇帝的话不能拒绝，将要后退。这是不愿太平而启争端。那样的小国受小苦，你那样的大国受大苦。我国人不多，我可以退出，可是你那样的大国，你怎么能收拾呢？如果发生战争不仅是我受苦。你认为你的兵多国大，便可以欺凌我，但是大国可以变成小国，小国可以变成大国，这都是出于天意。如果你一城有一万兵，你的国人将受不住，如一城有一千兵，城的人和兵都将成为我的俘虏。"尼堪的董国荫通事说："这话说过头了。"

○六月，听说，接受淑勒昆都仑汗聘礼的叶赫的布扬古贝勒的妹妹，又许给蒙古的巴哈达尔汗贝勒的长子莽古尔泰台吉。诸贝勒、诸大臣都愤怒地说："叶赫把给了牲畜作聘礼的女子，又要许给蒙古，还有比那个更为可恨的吗？在那个女子给与蒙古以前，我们就出征。如果是这样许给了，在送嫁之前，我们围攻其城，把女子夺回来。这女子不是与其他小贝勒订婚的女子，乃与汗本人订有婚约的女子。听说要许给蒙古，我们岂能坐视不理，让他人夺走吗？我们出征吧！"汗说："为其他大事建议出征还可以，只因一女子嫁给他人出兵，则不适合。那个女子不是平白无故来到人间的，她是为了国家灭亡而生的。由于那个女子，哈达亡国，随后辉发亡国，乌拉也因为这个女子亡国了。这个女子离间诸申国，最终挑起战争。这次叶赫勾结尼堪，不让女子与我完婚，而许给蒙古，这是用给与蒙古这件事，激起我的愤恨，挑起大战，而灭亡叶赫国。即使我们夺得这女子，也不能留在我处，给谁也不能长久地生存。这个女子最终还是竭力挑动战争，灭亡国家。今天死期已接近了。尽管我们尽许多力气也不能留在我处，我们即使把这个女子带来，如果又突然死亡，反倒将会怨恨我们。"可是诸贝勒、诸大臣还是一再建议出征，汗说："我若愤怒而出征，你们诸贝勒、诸大臣应该劝阻我。我还置身于第三者加以劝阻，你们为何这样以当事人为敌，使我恼火。我给了聘礼的妻如果被他人夺取，我能不愤恨吗？但是因为愤恨，而听你们的话，在不适当的时期出征，我心中不同意又怎么样办呢？聘娶女子的当事人我不愤恨，你们无故愤恨怎么行。我以第三者的身份劝阻。你们要停止。这时为出征而集合的兵马，命令全部收回。"诸贝勒、诸大臣又说："将女子许配给汗本人，已经二十年了。尼堪万历出兵守护叶赫，叶赫的金台石、布扬古依赖尼堪皇帝，把留了二十年已经三十三岁的女子许给蒙古，我们可以征讨尼堪。"汗听了不同意说："尼堪兵出境守护叶赫，天必鉴之。究竟能过多久？叶赫和我们是〔与尼堪〕语言不同的诸申国。尼堪说自己在天下各国中是主。如果是主必定是各国的共主，怎么仅能是我一国之主呢？不能审断是非，不顾一切地恃力妄行，那就是违背天意。帮助天所谴责的叶赫，既派将兵守卫，姑且听之，你们不要急躁。如果现在我们征讨尼堪，我们是正确的，天必佑我。如天佑我，无论什么东西我们都能获得。可是获得了东西，又让获得的人畜吃什么呢？在我们这里又没有粮库。与其让征讨所得的人畜吃，岂不是我们原有的人也都会死亡。因此要争取时间，我们先收揽国人，巩固领土，修建边关，种田积谷，充实库藏。"那年没有开始战争。

第七卷

天命三年（1618）五月至十二月加圈点文字的档子

○十一月初三，占领抚西城时，带来李参将的家人一人，同来的通事一人，尼堪的皇帝的家人十人，释放了其中的五人。

○二十九，叶赫的金台石贝勒派兵五百人，杀了驻守辉发城的英明汗的五十人。带走妓女十六人，以及所有的子女等七十人。

第八卷

天命四年（1619）正月至三月加圈点文字的档子

○己未年（天命四年，1619）正月初二，英明汗的兵出发去叶赫。初七，攻破克伊特城尼雅罕村，边掠夺，边前进，直至离叶赫大城东门十里的地方，截夺了投奔城里的人和牛马，离城十里外的人和牛马都夺走，房屋、连角豆秸、草都放火烧掉。全部夺取游牧的蒙古人的马、牛、羊。在克伊特城设营，夺取大小二十余村，返回到离大城六十里的地方住宿。袭击那天，叶赫的人去报告开原的尼堪。第二天辰刻，尼堪兵来到叶赫村，与叶赫两城兵会合，想要进攻没有实现，出城走到四十里处，又返回去了。二十二，汗送还先前尼堪派来的使者李青赛，通事一人，其他三人，带汗的信去斥责辽东的人："命令越境的尼堪撤退，以我为是，解我七大恨，封我王号，将停止战争。过去给我的赏赐，抚西的敕书五百道，开原的敕书千道，给我的兵。送给我本人及为首的诸贝勒、诸大臣缎子三千匹、银三千两、金三百两。"

第十二卷

天命四年（1619）八月加圈点文字的档子

○在八月十九，去夺取叶赫的兵出发了。二十一的夜，连夜天阴，滴滴答答地下了二三次小雨，在丑刻晴了。那夜，叶赫的哨探去报告："半夜里敌来东城。"二十二的早晨，〔我兵〕到达，一齐将之包围，四贝勒驻守东城，汗亲自驻守西城，并对西城发动攻击。东城的人吹法螺，放弃外城，将子女们收集在内里的山城中，兵在城门外，吹法螺，呐喊起来。四贝勒留在那城，指挥围东城的兵。攻西城的我兵，日出时到达，西城的人半夜听到敌人来了，吹起法螺，外大城的兵将子女们收集在内里的山城中，兵在城门外吹法螺、呐喊。八旗的兵围城，分别破坏各自进入外城的地方，从那里将楯、梯子运入。在外城内捆绑梯子，整理楯完毕。通告各营："兵破坏城墙，捆绑梯子，整理楯辛苦了。休息！兵吃炒面。"随后〔对敌兵〕呼唤说："兵都吃炒面休息，在持楯进攻之前，城内的人可以投降。"城的人说："战斗吧！是同样的男子汉。我们也有手！战斗同样是死。"拒绝投降。持楯并列前进，到城下时，城内的兵在城头站板上射击。英明汗的兵在重甲上披绵甲，在胄上披大的厚棉暖帽，持楯走在前面，在有城的山下站立，选出披轻短甲善射的人，在后面射箭。在城站板上露出身体射击的兵，都从城头站板上下来，隐藏在那内侧的城垛口背后。随后持楯向山上前进时，城内的兵射箭，投下大石头，滚下圆木，向楯投火，不断地战斗。到城下放下楯，便用斧破坏用尼堪的砖修筑的城时，汗本人坐在叶赫西城的南山岗上观看，说："进攻城的南面和西面的四旗兵持楯去城近处迟缓，走近城下时，〔城〕内的人向楯投石，滚木，抛点着火的草束，我们的兵用水浇火。如果不那样恐怕烧着，要倒下来。"派遣以后，在城的总攻击中，派汗近身的虾们，依次传命各营，去查看谁的旗在先，谁的旗在后，去查看的人回来报告：北面的四旗人破坏在先。于是汗又派人说："北面的人先破城，不来向汗报告，不要先入，先入时治罪。全城破坏以后，各处的人都一齐进入。不那样一齐进入，仅一二处的人破坏而入，会被城内的敌人杀伤。"又通知围城进攻的兵。北面的人向汗来报告，破城成功；并问："几个人并排登城才可以？"回答："二三十人并排登城可以。"于是命令："如果那样，一齐入城。"听到汗命令后，攻破城处的人进去了。在北面我军入城时，城内的兵在城内一度混战后，败逃进各家的庭院。当包围攻杀进入各家的兵时，汗先差持小旗的人说不要杀，随后又派人举着汗的黄伞，说："不论兵的长幼，一个也不许杀。"因为汗这样地通知："中箭死的人就死了，逃入庭院的人都饶命。"所以不战而投降了。城主金台石贝勒率他的妻子们登上他居住的高台的房。我们的兵站在下边说："下来投降，不投降就进攻。"金台石说："在修筑二层坚固的外城战斗中，因力不足而被夺取，在这台上我怎么能敌挡得住呢？在我眼睛看见我妹生的，你汗的儿子四贝勒，与他见面时，我将下来。"站在那台下领兵的额真、诸贝勒、诸大臣说："四贝勒没来这城，我们的四贝勒〔率〕选出摆牙喇兵围住东城，汗亲自来攻此城。会见你的外甥，还有什么别的话？若投降就下来，不投降我们就进攻。"城主说："我站在这个台上和你们作战，能敌几个人，我不战斗。听我妹的儿子四贝勒的一言，便下去。"将此言向汗报告，汗说："如果那样，去东城带四贝勒来，去会见金台石贝勒。金台石如果下来就好，不下来就进攻。"带四贝勒来了，汗说："听说你的舅父要听你的话，所以命你来，你去吧！如果下来就好，要不下来，我们的兵可以拆倒那台。"四贝勒去时，舅父说："我不认识我外甥四贝勒，真假我怎么能知道呢？"四贝勒说："与你们和好时，派来给你子德尔格勒台吉喂奶的老媪来，就可确认了。"那老媪来看。报告是真的。城主金台石说："若是我的外甥四贝勒不错，听到你说收养的一善言，舅父我就下来。如果说不收养要杀我，怎么能下去呢？死就死在家中。"

四贝勒说："你这些年来，竭心力，苦国人，修筑坚固的外城，在天生的山上修筑内城，这二道城被攻破了，仍然还在这台上，想要怎么办呢？你想诱骗敌人取胜，那个好人会照你的想法去作战呢？你为什么在我说一句收养时就下来呢？要我立不能进攻你的誓言吗？我来时，如果你下来，带到父汗那里会见。杀就死，收养就生。讨灭亲戚吗？杀死吃肉吗？饮血吗？为了和好派过使者二三十次，我们攻打你们不胜才讲和的吗？派的使者，要杀就杀，要扣留就扣留，你今天死期至矣！如果想起你的这样罪恶，父汗也许杀你，如果不念你的罪恶，而念及外甥我也许收养。"这样说了十遍仍然不听。所以四贝勒说："因为你说如果我来就下来，听你的话我来了。你要下来就赶快下来，我带去会见汗。如果不下来，我就走了。"金台石贝勒说："你暂时不要走，与我同样的大人阿尔塔什先去会见你的父汗。阿尔塔什看汗的脸色，听到汗的话，回来时，我就下去。"送阿尔塔什去会见，汗发怒对阿尔塔什说："阿尔塔什，你教唆我的妻兄等，怂恿尼堪发兵四十万，不是你是谁呢？想你这样的罪恶本应该杀你。今不计较你的罪恶，去带你的贝勒来，将免除你的死罪，即如此了结此事。"用鲍头箭射了两次送回了。随后阿尔塔什在他的贝勒门前下马，对自己的儿子说："你去，拉贝勒的手，带他下去。"随后到他的主人那里，又重新〔对四贝勒〕说："听说我们的德尔格勒台吉负伤在他的家中，带他来，会见其子时，贝勒说就下来。"于是四贝勒带德尔格勒台吉来见。德尔格勒台吉对他的父亲说："我们战斗则力不足，今在这台上怎么办呢？下来吧！杀就死，收养就生。"说了四五遍，父亲仍不下来，因此，四贝勒带德尔格勒台吉回去要杀，逮捕捆绑，德尔格勒说："活了三十六岁，今天是死期吗？不要捆绑就杀吧！"四贝勒把德尔格勒拘留在他的家中，将他的话全部报告给汗。汗说："子劝父下，不听是父亲的罪恶，父的罪恶应杀父。既然子从父那里离开，不要杀离开的儿子。"于是四贝勒带德尔格勒来，叩头谒见汗。汗爱怜德尔格勒，将自己吃的饭给四贝勒说："和你的兄德尔格勒一起吃。你要爱护收养你的兄。"知道金台石见贝勒不下来，福晋带着小儿子们，从台上的家跑下来了。随后金台石贝勒手执弓箭，在一起的僚友们又披上甲胄，汗的兵又披绵甲，用斧、镢头破台时，他在他的家点了火。这样放火，认为可能本身要死，故破坏台的兵退还了。他放的火烧完房后，他本人被火烧伤下来了。汗说即使救了不死，成为残疾的人，有何用呢？把金台石用绳绞杀了。东城知道攻破西城，兵已进入了。布扬古、布尔杭古兄弟都丧失斗志，派人来说："现今我们再战，又能怎样呢？想要投降。"大贝勒说："最初劝投降，你们不投降。我们来了，还能放你们走吗？在你们当中一人是我妻兄，一人是我妹夫，所以怜惜你们，想使你们活下去，才叫你们投降的！如果你们作战，就将死在我们微末的应差人的手里。如果投降，你们本人活命。你们真要投降，你们兄弟亲自来，因为是男子怕被杀吗？让你的母亲，我的岳母来，不杀女人。"于是兄弟又派人说："我们将要投降，你立一誓言，让我去到我城、我村居住。"大贝勒发怒说："你们不要再说这样的话，夺取了一城，就不能攻下你的城，让你仍住在你的城里不离去吗？你赶快投降，若不投降，夺取了西城，汗就来进攻。进攻你们就得死！"因此东城的布扬古、布尔杭古二贝勒送出他的母亲，大贝勒与岳母、福晋行抱见礼，岳母说："你不说一句保证的话，我二子不信，害怕〔杀死〕。"因此大贝勒用小刀搅烧酒，说："你们投降再杀死就是我的罪恶，可是如果让我这样说，喝了烧酒后不投降，这是你的罪恶，就立刻攻杀你。"说后喝了烧酒。叶赫的布扬古、布尔杭古二贝勒也喝了烧酒。随后兄弟出城来会见了大贝勒。又说去谒见汗，却一言不答，在站的地方不动，大贝勒拉他妻兄布扬古贝勒的马缰走，说："不是男子汉，是女人吗？一次保证后，还为什么这样立着呢？"带去谒见汗时，布扬古贝勒两腿直立不跪，只一腿跪，脱暖帽站着不叩头。汗亲手用金杯给烧酒，直立不跪，一腿横跪，不喝烧酒，仅放近嘴边，站着不叩头。汗对大贝勒说："阿哥，送你的妻兄去他的东城。"在那天夜里，汗在心中寻思，不念布扬古从前的许多罪恶，要免其杀身之罪，一点也不感谢，这样将仍为仇敌，连跪下叩头都犹豫的人怎样能收养呢？在第二天早晨用绳绞杀兄布扬古。念及他们的罪恶，罪该万死，又想到儿子大贝勒，给弟布尔杭古贝勒加以恩养，给了妻兄大贝勒。曾经与叶赫的诸贝勒和睦修好，子女互相嫁娶，结两重亲戚。在那基础上更立誓言相处。先后派遣了男女二十余回，要那样和睦相处而派遣的人，或被杀害或被扣留。认为征伐他的国不能取胜，不能攻取而要讲和才派遣使者来。派二三十次使者也不和好。将收下聘礼的女子给了蒙古，向尼堪皇帝请求援兵，将女儿给蒙古的察哈尔汗结亲。若念及此时，叶赫的诸贝勒，不论长幼，连一个人也不应收养。可是这一点没动摇汗的宽大之心。所以不念叶赫贝勒从前的罪恶，把诸贝勒、诸大臣全都收养，叶赫两城的诸贝勒，不论长幼全部收了。不论叶赫国中的善人、恶人，都一家不动。父子、兄弟不分，亲戚不离，原封不动地带来了。不动女人穿着的衣襟，不夺男子带的弓箭，各家的财物、器具等东西，由各主收拾保存。叶赫的诸贝勒在国中四世相传为汗的统治，由于金台石贝勒父子、布扬古贝勒的兄弟过于倚恃语言不同的尼堪皇帝和蒙古的汗，任意而行，败坏了治统。

〔张云樵　选录〕

《满洲实录》（选录）

按：《满洲实录》为《清实录》首篇，八册，不分卷。太祖天聪九年修成，记载从满洲发祥到努尔哈赤一生的战迹。

据盛京崇谟阁本，选取有关海西女真史料，供参考。

卷 一

时诸国纷乱，满洲国之苏克苏浒河部、浑河部、王甲部、董鄂部、哲陈部、长白山之讷殷部、鸭绿江部，东海之渥集部、瓦尔喀部、库尔喀部，扈伦国之乌喇部、哈达部、叶赫部、辉发部，群雄蜂起，称王号，争为雄长。各主其地，互相攻战。甚者兄弟自残，强凌弱，众暴寡，争夺无已时。

上恩威并用，顺者以德服，逆者以兵临。始于一旅之师，渐削平诸部而统一之。

卷 二

秋九月辛亥朔，先是上如叶赫国，其贝勒杨吉砮识上为非常人，谓上曰："我有幼女，俟其长当奉侍。"上曰："汝欲结姻盟，盍以长女妻我。"杨吉砮答曰："我非惜长女不予，恐此女未足事君。幼女仪容端重，举止不凡，堪为君配。"上遂聘之。至是，杨吉砮已卒，其子贝勒纳林布禄送妹来归。上率诸贝勒大臣迎之。大宴礼成。是为孝慈高皇后，即太宗皇帝母也。

叶赫贝勒纳林布禄遣使宜尔当阿、摆斯汉来告上曰："乌喇、哈达、叶赫、辉发、满洲言语相通，势同一国，岂有五主分建之理。今所有国土，尔多我寡，盍将额尔敏、扎库木二地以一与我。"上曰："我乃满洲，尔乃扈伦，尔国虽大，我岂肯取，我国即广，尔岂得分，且土地非牛马比，岂可割裂分给。尔等皆执政之臣，不能各谏尔主，奈何觍颜来告耶。"叱之归。叶赫、哈达、辉发，三国贝勒合谋，各遣使来。叶赫贝勒纳林布禄遣尼喀里、图尔德，哈达贝勒孟格布禄遣戴穆布，辉发贝勒拜音达里遣阿喇敏。及至，上宴之，图尔德起请曰："我主有言欲相告，恐触怒见责，奈何？"上曰："尔不过述尔主之言耳，所言善，吾听之，如出恶言，吾亦遣人于汝主前，以恶言报之，吾岂尔责乎？"图尔德曰："我主云，欲分尔地，尔不与。欲令尔归附，尔又不从。倘两国兴兵，我能入尔境，尔安能蹈我地耶。"

上大怒，引佩刀断案曰："尔叶赫诸舅，何尝亲临阵前，马首相交，破胄裂甲，经一大战耶。昔哈达国孟格布禄、戴善自相扰乱，故尔等得以掩袭之。何视我若彼之易也。况尔地岂尽设关隘，吾视蹈尔地如入无人境。昼即不来，夜亦可往。尔其奈我何。昔吾以先人之故，问罪于明，明归我丧，遗我敕书、马匹，寻又授我左都督敕书，已而又赍龙虎将军大敕，岁输金币。汝父见杀于明，曾未得收其骸骨，徒肆大言于我，何为也。"遂作书遣巴克什阿林察持往。且谕之曰："尔将此书至叶赫两贝勒前诵之。若惧而不诵，即居彼勿复来见我。"遂遣之行。叶赫贝勒布寨闻之，使人迎至家，索视书。阿林察出书诵之。布寨曰："我即见书，不必令吾弟纳林布禄见也。"阿林察曰："我主有命，此书不令俱见，勿复回。"布寨曰："吾弟言辞不逊，汝主怒之良是。但吾弟见书，又恐有伤于汝耳。"遂收书。阿林察乃还。长白山所属朱舍里、讷殷二路，同引叶赫兵，劫我东界叶臣所居洞寨。时上御楼，群臣入告。上曰："任彼劫之可也，此不过我同国之人，远附叶赫，劫掠我寨耳。水岂能越山而流，火岂能逾河而燃乎。盖水必下流，火必上燃。朱舍里、讷殷二路，终当为我有也。"

癸巳夏六月，甲申朔。叶赫贝勒布寨、纳林布禄，因与上有隙，纠哈达贝勒孟格布禄、乌喇贝勒满太、辉发贝勒拜音达里，四国合兵，劫我户布察寨。上率兵追之于哈达。兵归之夜，伏步兵于途。少引兵，亦略哈达国富儿家齐寨而还。哈达兵追至富儿家齐寨，上欲引敌至伏兵处，令我兵前行，独殿后诱之。时追兵已至，有三人联骑，挥刀趣上将及，前又一人挥刀迎击。上以兵刃自后至，犹可避。自前至，恐伤面目及手。遂引弓射前至者。又其人在右，发矢未便，因回身从马项上射之，中马腹，遂逸去。其三人乘发矢时，掩至。上乘马惊跃，几坠，赖右足据鞍得复乘。遂射孟格布禄马蹄地。其家人泰穆布禄，以所乘马，与其主乘之，奔回。于是上率骑兵三人，步卒二十人，回兵进击败之。斩十二人，获甲六副，马十八匹，乃还。

秋九月，壬子朔，叶赫贝勒布寨、纳林布禄，哈达贝勒孟格布禄，乌喇贝勒满太之弟布占泰，辉发贝勒拜音达里，北嫩河蒙古科尔沁贝勒瓮阿代、莽古思、明安，席北部、卦尔察部，及满洲长白山所属朱舍里路长纡楞格，讷殷路长搜稳塞克什，九姓之国，合兵分三路来侵。上闻之，遣兀里堪由东路往侦。兀里堪既行，距上所驻城将百里，度岭，群鸦竞噪，若阻其行者，欲还，鸦乃散。再行，鸦复噪，飞鸣扑面，几不能前。兀里堪异之，驰归告上。上命由扎喀路向浑河部，侦之。兀里堪复驰往，见敌兵营浑河北岸，方夜爨，火密如星，饭毕，乘夜度沙济岭而来。兀里堪侦实奔告，时夜已过半。上曰："日者闻叶赫兵来，今果然，我军昏夜出，恐惊国人。传语诸将，期旦日启行。遂就寝，甚酣。妃富察氏呼上觉，谓曰："尔方寸乱耶？惧耶？九国兵来攻，岂酣寝时耶？"上曰："人有所惧，虽寝，不成寐。我果惧，安能酣寝。前闻叶赫兵三路来侵，因无期，时以为念。既至，吾心安矣。吾若有负于叶赫，天必厌之，安得不惧。今我顺天命，安疆土，彼不我悦，纠九国之兵，以戕害无咎之人，知天必不祐也。"安寝如故。及旦，上食已，率诸贝勒大臣诣堂子拜，复再拜，祝曰："皇天后土，上下神祇，弩尔哈齐与叶赫，本无衅端，守境安居，彼来构怨，纠合兵众，侵凌无辜，天其鉴之。"又拜祝曰："愿敌人垂首，我军奋扬，人不遗鞭，马无颠踬。惟祈默佑，助我戎行。"祝毕，遂引兵至拖克索地，立渡处，诫军士曰："尽解尔蔽手，去尔护项，或项臂伤，亦惟天命。不然，身先拘絷，难以奋击。我兵轻便，破敌必矣。"众皆如上命。行至扎喀之野，扎喀城城守鼐护、山坦二人来告曰："敌兵辰时已至，围攻扎喀城。不能克，退攻黑济格城。但敌兵甚多，奈何？"众闻之，色变。扎喀城有名郎塔里者。后至，呼曰："贝勒安在，我兵几何？"言讫，遂登山望之，告上曰："若以敌兵为多，我兵亦岂少耶。昔征明时，彼兵漫山野，我仅二三百人，尚败其众。我国之人，骁勇敢战，必破敌兵。如不胜，吾甘军法。"众闻言心始安。上使人往侦，谓曰："敌若还军，乘夜击之，否则旦日接战。"时敌兵运粮刍，立营垒，侦者得实具告。上遂驻军。是夕，叶赫营有一人来降者，言："叶赫贝勒布寨、纳林布禄兵万人，哈达贝勒孟格布禄、乌喇贝勒布占泰、辉发贝勒拜音达里兵万人，蒙古科尔沁贝勒瓮阿代、莽古思、明安及席北部、卦尔察部兵万人，凡三万人。"我军闻之，复色变。上曰："尔等毋忧，吾必不疲尔力，俾尔苦战，惟壁于险隘，诱之使来。若来，我兵迎击之。否则四面列阵，以步军徐进。彼部长甚多，兵皆乌合，势将观望不前。其争先督战者，必其贝勒。我以逸待劳，伤其贝勒一二人，彼众自溃；我兵虽少，奋力一战，固可必胜耳。"遂于旦日进兵。初，叶赫兵攻黑济格城，未下，是日又攻城。上至古勒山，对黑济格城据险结阵。令各旗贝勒大臣，整兵以待。遣巴图鲁额亦都率兵百人挑战，叶赫兵见之，罢攻城，引兵来战。我军迎击，败之。斩九人，敌稍却。叶赫贝勒布寨、金台石及蒙古科尔沁三贝勒，复并力合攻。布寨直前冲入，所乘马触木而踣，我兵名吴谈者，奔而前，踞其身，大刺杀之。敌兵遂乱。叶赫贝勒等见布寨被杀，皆恸哭。他贝勒俱胆落弃众奔溃。蒙古科尔沁贝勒明安，马被陷，遂弃鞍裸身乘骒马逃，仅身免。上纵兵掩击，积尸满沟壑，追奔至哈达国柴河寨之南渥黑运地。是夜结绳截路，邀杀败兵甚众。明日，一卒擒乌喇贝勒布占泰，见上曰："我获一人，将杀之，彼大呼勿杀，愿自赎。因缚之来。"踞上前，上问曰："尔何人也？"对曰："乌喇贝勒满太之弟布占泰也。恐见杀未敢明言，生死惟贝勒命。"遂叩首。上曰："汝等九部会兵侵害无辜，天厌汝等，昨已擒斩布寨，彼时获尔亦必杀矣。今既见汝，何忍杀。语曰：'生人之名，胜于杀人。与人之名，胜于取人。'"遂解其缚，赐猞猁狲裘，豢养之。是役也，斩级四千，获马三千匹，铠胄千副。以整以暇，而破九部三万之众。自此，军威大震，远迩慑服矣。

乙未夏六月壬寅朔，上率兵攻克辉发贝勒拜音达里所属之多壁城，斩城守克充格、苏猛格二人而还。

秋七月丙寅朔，先是阵获乌喇国布占泰，养之四年。至是遣归国，上命图尔坤黄占、博尔昆蕫扬古二人护送之。未至，其兄贝勒满太父子往所属苏瓦烟席拦地修筑边壕，父子淫村中二妇，其夫夜入，杀满太父子。及布占泰至，满太之叔贝勒兴尼牙争立，欲杀布占泰。因护送二大臣严为防护，不能害。于是兴尼牙奔叶赫，遂立布占泰为乌喇国主。既定，二人乃还。

冬十二月，癸亥朔，乌喇贝勒布占泰感上再生恩，事如父，以妹妻上弟贝勒舒尔哈齐，遂迎归，大宴成礼。

丁酉，春正月〔己亥年〕壬辰朔，叶赫、哈达、乌喇、辉发同遣使告上曰："吾等不道，兵败名辱，自今以后，愿复缔前好，重以婚媾。"叶赫贝勒布扬古愿以妹归上，金台石愿以女妻上次子代善。上许焉。具鞍马、铠胄为聘，更椎牛、刑白马祀天，设卮酒、块土及肉血骨各一器。四国相继誓曰："既盟以后，若弃婚姻背盟好，其如此土，如此骨，如此血，永坠厥命。若始终不渝，饮此酒，食此肉，福禄永昌。"誓毕，上亦誓曰："尔等践盟则已，有渝盟者，待三年不悛，吾乃征之。"后因蒙古获罪于上，穆哈连引阵获蒙古马四十匹来归。时纳林布禄背盟，夺其马，执送穆哈连于蒙古。又以金台石所许之女妻蒙古喀尔喀部落贝勒介赛。而乌喇贝勒布占泰将满太妻都都祜所珍铜锤，使人送叶赫贝勒纳林布禄，又将我国所属瓦尔喀部之安褚拉库、内河二路，众所推服者罗屯、噶石屯、汪吉努三人送叶赫，引其使招诱安褚拉库、内河二路。

戊戌，春正月丁亥朔，上命长子台吉褚英，幼弟台吉巴雅喇，与扎尔固齐噶盖、费英东，统兵一千，征安褚拉库路。星驰而往，取屯寨二十余，所属人民，尽招徕之。于是褚英赐号洪巴图鲁，巴雅喇赐号卓礼克图。是年哈达贝勒孟格布禄所居城北，溪中流血。

冬十二月，壬子朔，乌喇贝勒布占泰感上再生恩，率从者三百人来谒。上妻以弟贝勒舒尔哈齐之女，赐甲胄五十副，敕书十道，礼遣之。

卷　三

秋九月丁未朔，先是，哈达贝勒孟格布禄与叶赫贝勒纳林布禄构兵，孟格布禄力不能敌，以三子质于上乞援。上命扎尔固齐费英东、噶盖统兵二千助哈达驻防其地。纳林布禄闻之，构明开元通事，代为赍书，诱哈达曰："尔若执满洲来援二将，赎所质三子，尽歼其兵二千人，我妻汝以所求之女，修前好焉。"孟格布禄惑其言，约于开原城。令其妻二人往议。上闻之，遂率兵征哈达。贝勒舒尔哈齐请为先锋自试。上许焉，命统兵一千为前队。既抵哈达，哈达兵出，舒尔哈齐按兵不战，告上曰："彼兵出矣。"上曰："岂谓此城无兵而来耶。"遂督兵进击。时舒尔哈齐兵填拥于前，上麾之使开，路塞不能入，乃沿城而行，城上发矢，军士多被伤者。上督兵攻其城。癸丑，克之。大将杨古利生擒贝勒孟格布禄，驰告。上命勿杀。召之至，匍匐进谒。上赐以所御貂帽、豹裘，豢养之。尽服哈达属城。器械财物无所取，室家子女完聚如故。悉编入户籍，迁之以归。初哈达国万汗，姓纳喇，其国原名扈伦。后建国于哈达地，因名哈达。乃乌喇贝勒始祖纳齐卜禄七代孙也。其祖克习讷都督，为族人巴代达尔汉所害，万奔席北部相近之绥哈城居焉。其叔旺住外兰，奔哈达，主其部落。后哈达人叛，旺住外兰被杀，其子博尔坤舍进杀其人以报父仇，至绥哈城，迎兄万，为部主。万于是攻取附近诸部，远者又招来之，其势乃盛，遂称为汗，国号哈达。其时，叶赫、乌喇、辉发及满洲之浑河部，俱属之。万为人残暴，黩货无厌，凡以事赴诉者，赂金币，辄以曲为直，否则以直为曲。群下效尤，每使人诸部，皆骄纵无忌，索货贿鹰犬之属，下及鸡豚，悉被扰害。又以好恶为毁誉，万不察其实，惟群下言是听，自戕其国，以故所创基业，即自败之。其民多叛投叶赫，并先附诸部皆叛。万汗卒，子扈尔干继之，立八月，卒，弟康古鲁继之。康古鲁卒，弟孟格布禄继之，至是乃灭。其后上欲释孟格布禄归国，适孟格布禄与我国大臣噶盖谋逆，事泄，俱伏诛。

辛丑春正月庚子朔，上以女妻孟格布禄之子吴尔古代。明万历帝忌我国势隆盛，使人来告曰："尔何故伐哈达而取其国耶，其复吴尔古代国。"上从其言，命吴尔古代同公主率所部人民以归。后叶赫贝勒纳林布禄纠蒙古兵数侵掠哈达，上遣兵告明万历帝曰："吾因汝言，令吴尔古代还国，今叶赫屡侵哈达，奈何以吾所获之国为叶赫所据耶。"明万历帝不听。时哈达饥，国人乏食，至明开原城乞粮不与，各鬻妻子，奴仆，马牛，易粟食之。上恻然曰："此吾所抚之赤子也，何忍听彼流离。"遂乃收哈达国人鞠养之。

冬十一月乙未朔，乌喇贝勒布占泰，以其兄贝勒满太之女来归，迎宴如礼。

癸卯，春正月戊午朔，初乌喇贝勒布占泰，先聘叶赫贝勒布寨女，又聘蒙古科尔沁贝勒明安女，以铠胄、貂裘、猞猁狲裘、金银、橐驼、鞍马为聘，明安受其聘，不予女。布占泰遣使再求婚与上曰："我昔被擒，待以不死，俾主乌喇，以公主妻我，恩甚深，我辜恩，曾聘叶赫及蒙古女未敢告于上，今蒙古受聘悔婚，我甚耻之，但我既蒙恩养，乞宥罪再降以女，当每岁偕两公主来朝。"上允其请，又以弟贝勒舒尔哈齐女妻之，遣大臣以礼往送为婚。

秋九月，甲寅朔。孝慈皇后疾笃，思见母，上遣使至叶赫迎之。后兄贝勒纳林布禄不许，止令仆人南太来视。上谕曰："汝叶赫诸舅无故掠我户布察寨，又率九姓之国，合兵攻我，汝叶赫、哈达、乌喇、辉发四国，因起兵开衅，自服厥辜，刑马歃血，祭天盟誓，愿联姻通好。汝叶赫背盟，将许我国之女悉嫁蒙古。今我国妃病笃，欲与母诀，又不许，是终绝我好也。汝如此，两国已复相仇，我将问罪汝邦，城汝地，不汝讳也。"遂遣之还。

庚辰，孝慈皇后崩。后姓纳喇氏，叶赫国贝勒杨吉砮女也。年十四归上。仪范端淑，器度宽和，庄敬聪慧，不予外事，词气婉顺，誉之不喜，纵闻恶言，而愉悦之色，弗渝其常。不好谄谀，不信谗佞，耳无妄听，口无妄言，殚诚毕虑，以奉事上，始终尽善。及崩，上悼甚，丧殓祭享，仪物悉加礼，不饮酒茹荤者逾月。越三载，始葬尼雅满山冈。

甲辰，春正月壬子朔。己未，上以后病革时，欲见母未能，怒叶赫贝勒，率兵征之。壬戌，克二城，曰张，曰阿气兰，取其七寨，俘二千余人而还。

丁未，春正月，乙丑朔，东海瓦尔喀部蜚悠城长策穆特黑来朝，告上曰："吾等因地方遥阻，附乌喇。乌喇贝勒布占泰，遇吾等虐甚，乞移家来附。"上命弟贝勒舒尔哈齐、长子洪巴图鲁贝勒褚英、次子贝勒代善、一等大臣费英东、侍卫扈尔汉，率兵三千，至蜚悠城徙之。时夜阴晦，军中大纛之上有光，众以为异，扪视无有，复树之，光如初。贝勒舒尔哈齐曰："吾自幼从上征讨，所历之地多矣，未见此异，其非吉兆耶？"欲还兵。贝勒褚英、代善曰："或吉或凶，兆已定，吾等何所见而遽还，且何以报皇父命耶？"遂决意前进，至蜚悠城，尽收环城屯寨，凡五百户。令扈尔汉率兵三百护之先行。时乌喇贝勒布占泰发兵万人邀诸部，扈尔汉见之，令五百户结寨山巅，以兵百人卫之，使人驰告后队众贝勒。是夕乌喇兵万人，我国扈尔汉兵仅二百人，各据山一面，结营相持。翌日，乌喇以万人，攻我兵二百人。我国大将杨古利迎击，争先奋力，斩乌喇兵七人。我兵止伤一人。乌喇兵退，渡河登山，畏惧不敢前。两军相向驻营。至未时，我国后队三贝勒兵悉至，见乌喇兵众，贝勒褚英、代善策马而前，谕众曰：“皇父每有征伐，无不摧坚陷敌，今虽未亲履行间，而我等奉命来此，尔众何忧。昔布占泰来侵我国，我国擒而缚之，皇父宥其死，复豢养之，俾归主其国。为时未久，人犹是人，曾从吾手而释，非有天幸得脱也，今岂不能再缚之耶。彼兵虽多，我国荷天眷，仗天威，皇父威名夙著，破敌兵必也。”众军士皆奋，愿效死，遂渡河。贝勒褚英、代善各率兵五百，分二路，缘山奋击，乌喇兵大败。代善追及乌喇统兵贝勒博克多，从马上，左手攫其胄而斩之。时天气晴明，忽阴晦，大雪寒冽，被伤敌兵，弃甲逃者，僵仆甚众。是役也，阵斩博克多父子，生擒贝勒常住父子及贝勒胡里布，斩三千级，获马五千匹，甲三千副云。初我军与乌喇接战时，贝勒舒尔哈齐率五百人止山下，及二贝勒破敌追击，始驱兵前进。适有大山间之，绕山行，未能多所斩获。追班师，上赐弟贝勒舒尔哈齐号达尔汉巴图鲁，以长子洪巴图鲁褚英遇大敌率先击败其众，赐号阿尔哈图土门，以次子代善阵斩博克多又与兄并进克敌，赐号古英巴图鲁。上初命大臣常书、侍卫纳齐布护从两贝勒。常书等不随两贝勒前进，反率兵百人，与舒尔哈齐同止山下，无所斩获，遂论死。舒尔哈齐请曰：“诛二臣与我死无异。”上乃宥其死，罚常书金，夺纳齐布所属之人。秋九月，辛卯朔。丙申，彗星见于东方，指辉发国，入夜方灭。先是，彗出西方逾月。其时，辉发贝勒拜音达里族众，叛附叶赫贝勒纳林布禄，其部下又欲叛，拜音达里闻之，以其臣七人之子来质。乞援兵，上许焉，发兵千人助之，叶赫纳林布禄构拜音达里曰：“尔若归尔质子，吾即反尔叛族。”拜音达里信其言，乃曰：“吾其中立于满洲、叶赫二国之间乎？”遂取回所质七臣之子，以己子与纳林布禄为质。而纳林布禄竟不归其叛族，拜音达里遣其臣告上曰：“吾前者误为纳林布禄所诳，今欲依赖上恩，乞以女赐我为婚。”上允之。后拜音达里背约不娶。上遣使谓曰：“汝昔助叶赫二次来侵，我宥尔罪，复许尔婚，今背约不娶，何也？”拜音达里绐曰：“俟吾叶赫质子归，乃娶尔女，与尔合谋。”因筑城自固，凡三层。及所质叶赫之子既归，上复遣使谓曰：“尔质子归，今将何如？”拜音达里以坚城足恃，遂负约。上即于是月己亥，率兵征之。甲辰，围其城，克之。诛拜音达里父子，歼其兵，招抚其民，乃班师。初，辉发国本姓益克得里，黑龙江岸尼马察部人也。始祖昂古里星古力，自黑龙江载木主，迁于渣鲁居焉，有扈伦国人噶扬噶、图墨土，姓纳喇氏，居于张，因附其姓。宰七牛祭天，改姓纳喇。星古力生子二，长留臣，次备臣。备臣生纳领噶、耐宽，纳领噶生拉哈都督，拉哈都督生噶哈禅都督，噶哈禅都督生齐纳根达尔汉。齐纳根达尔汉生王机砮。王机砮招服辉发诸部，于辉发河边扈尔奇山，筑城居之，因名辉发国。是时蒙古察哈尔国扎萨克图土门汗自将围其城，不克而还。王机砮卒，孙拜音达里杀其叔七人，自为辉发国贝勒，至是乃灭。

戊申春三月戊子朔，上命长子阿尔哈图土门贝勒褚英，侄台吉阿敏，率兵五千，征乌拉国，围其宜罕阿麟城，克之，斩千人，获甲三百，俘其众以归。时乌拉贝勒布占泰与蒙古科尔沁贝勒瓮阿代，合兵出乌拉城二十里，驻兵遥望，知非我军之敌，遂相约而还。

秋九月，乙酉朔，乌拉贝勒布占泰因失宜罕阿麟城，大惧，始遣使往来，复通前好，乃执叶赫贝勒纳林布禄属下五十人，送我使臣杀之。又遣其臣来请曰："吾数背盟誓，获罪君父，诚为汗颜，若再以亲生之女妻我，抚我如子，吾乃永赖以生矣。"上复以亲女妻之，遣大臣以礼往送焉。

八月戊辰朔。丙戌，东海虎尔哈部内扎库塔地居人来附，上赐甲三十副，其人以所赐甲送渥集部之萨哈连地居人，被于树，射之。又受乌拉贝勒布占泰招抚，得其布匹。

卷 四

秋九月，壬辰朔。时乌拉贝勒布占泰复背盟侵上所属渥集部之虎尔哈部者再，复欲娶上所聘叶赫贝勒布寨女，又以鸣镝射所娶上女。上闻之，大怒。癸丑，率大兵征之。庚申，至乌拉国，上张黄盖，鸣钲鼓，沿乌拉河而行。布占泰率兵迎战，至河滨，见我军甲胄鲜明，士马精强，军势甚盛，乌拉兵人人惴恐，无斗志。上遂沿河岸而下，克其临河五城，又取金州城驻营，其城在布占泰所居大城河岸之西，距城西门二里许云。

冬十月辛酉朔，上以太牢告天祭纛，遂出营，见东方有青白二气指乌拉城北。我兵屯其地三日，尽焚所积糗粮。布占泰昼则率兵出城，相持河岸，夜则入城休息，上二子贝勒莽古尔泰、贝勒皇太极请渡河击之。

上谕曰："汝等毋作此浮面取水之议，当为探源之论耳。譬伐大木，岂能遽摧，必以斧斤断而小之，然后可折。今以势均力敌之大国，欲一举而取之，能尽灭乎。我且削其所属外城，独留所居大城。外城尽下，则无仆何以为主，无民何以为君乎。"遂率师毁其六城，尽焚其庐舍糗粮，移驻于伏尔哈河渡口。布占泰令吴巴海乘舟来，立而呼曰："上乘怒兴兵至此，今上怒已息，乞留一言而归。"使人来告者三。布占泰亲率其臣六人，乘舟，止河中，跽而乞曰："乌拉国，即父皇之国也，幸勿尽焚糗粮。"叩首哀呼不已。上擐甲乘马率贝勒大臣，出众军前立马河中，水及马腹，呼布占泰责之曰："我昔擒汝于阵，贷汝死，豢养汝，俾主乌拉国，以三女妻汝，许汝盟誓者七，汝藐忽天地，屡背誓言，再侵吾所属虎尔哈部，欲夺吾所聘叶赫女，又以鸣镝射吾女，吾以女归汝异国，义当尊为国妃，何得陵暴至此。我爱新觉罗氏由上天降生，事事顺天命循天理，数世以来，远近钦服，从不被辱于人，汝即不知百世以前事，岂十世以来之事，亦不知耶？若我女有过，汝宜告我，无故被辱，他国且不受，况我国乎。古人云：'宁损其骨，无损其名。'吾非乐有此举，乃汝负恩悖乱，是以声罪致讨耳。"布占泰对曰："此必有人离间，俾吾父子不睦，吾今身在河中，若果射上女，又欲娶上所聘女，皇天在上，下及河神，其共鉴之。此等语皆讹传也。"布占泰之臣拉布太，从旁率尔进言曰："上既因此而怒，何不遣使来问。"上责拉布太曰："我部下岂少汝辈人耶？汝尚谓辱吾女为诬，夺吾所聘女为妄言乎？凡事未实则须问，既实矣，又何问焉。此河无不冰之日，吾兵无不再来之理，汝口虽利，能齿吾刃乎。"布占泰大惧，止拉布太勿言。布占泰弟贝勒喀尔喀玛请曰："乞上宽宥赐一言而行。"上曰："汝果无此事，以汝子及大臣子为质，始鉴汝诚，不然吾不信也。"遂回营，驻乌拉国五日，还兵至乌拉河边俄尔红童之邑麻虎山巅，以木为城，留兵千人守之，乃班师。

冬十二月，庚寅朔。是月，有气起自乌拉国，经上宫殿之南直抵虎拦哈达山。

癸丑，春正月，己未朔。先是，上以布占泰悔罪求和，当守约弗渝，及一年，闻布占泰以其女萨哈帘、子绰启鼐及十七臣之子，送叶赫为质，娶上所聘女，又幽上二女，上遂亲率大兵，往征之。时布占泰期以是月丙子送其子质叶赫，而我师先一日至，攻取乌拉孙扎泰城，督兵进克郭多、俄漠二城，驻营。翌日，布占泰率兵三万越伏尔哈城而军，时统军贝勒大臣皆欲战，上止之曰："征伐大国，岂能使之遽无孑遗乎。"仍以前言申谕之。上子贝勒代善、侄贝勒阿敏，大臣扎尔固齐费英东、额驸何和里、达尔汉侍卫扈尔汉、巴图鲁额亦都、硕翁科罗巴图鲁安费扬古五人，及众贝勒皆奋然曰："我士饱马腾，利在速战，所虑者布占泰不出耳。今彼兵既出平原广野，可一鼓擒也，舍此不战，厉兵秣马将何为耶。倘布占泰竟娶叶赫女，辱何如之，后虽征讨，夫复何益。"上曰："我仰荷天眷，自幼用兵以来，虽遇劲敌无不单骑突阵，斩将搴旗，今日之役，我何难率尔等身先搏战，但恐贝勒诸大臣，或致一二被伤，实深惜之，故欲计出万全，非有所惧，而故缓也。尔众志既孚，即可决战。"因命取铠胄被之。诸贝勒大臣及军士，闻上言，皆踊跃欢声雷动，三军尽甲。上遂定策，谕军士曰："倘蒙天眷佑，破敌众，即乘势夺门，克其城，毋使复入。"乃进兵。布占泰率兵三万，经伏尔哈城而来，令军士步行列阵以待，两军距百步许，我兵亦下马步战，矢交发如雨，呼声动天。上奋然挺身而入，诸贝勒大臣率军士鼓勇纵击，大败乌拉兵，十损其六七，余皆弃兵甲逃窜。遂乘势夺门，克其城。上登陴坐西门楼，悉树我军旗帜，布占泰率败兵不满百人，急还城下，见我军旗帜，大惊而奔，复遇贝勒代善率精兵邀击之，布占泰势不能敌，遂遁，又损兵过半，余皆溃走。布占泰仅以身免，投叶赫国而去。我军获马匹、甲胄、器械无算，尽收抚其所属城邑，驻军十日，大赉有功将士，乌拉败兵来归者，悉还其妻子仆从，编户万家，其余俘获，分给众军，乃班师。初，乌拉国本名扈伦，姓纳拉，后因建国乌拉河岸，故名乌拉国。其始祖名纳齐卜禄，生商坚朵尔和齐，商坚朵尔和齐生加麻喀硕朱古，加麻喀硕朱古生绥屯，绥屯生都尔机，都尔机生子二，长克习讷都督，次古对朱颜，克习讷都督生辙辙木，辙辙木生万，古对朱颜生太兰，太兰生布颜。布颜尽服乌拉诸部，筑城于乌拉河岸洪尼地，自称为贝勒，生子二，长布干，次博克多。布颜卒，子布干继之，布干卒，子满太继之，至满太弟布占泰国乃灭。上谕众贝勒大臣曰："为国之道，存心贵乎公，谋事贵乎诚，立法布令则贵乎严。若心不能公，弃良谋慢法令之人，乃国之蠹也，治道其何赖焉。凡吾所言，安能尽当，如未当，汝等勿面从，予一人智虑有限，岂诸贝勒大臣众论皆无足取乎，汝等各有所见，其尽言毋讳。"

秋九月，丙辰朔。先是上遣使谕叶赫贝勒曰："昔我阵擒布占泰，赦其死而豢养之，又妻以三女。布占泰负恩悖乱，吾是以问罪往征，削平其国，今投汝，汝其执之以献。"使者凡三往，叶赫贝勒金台石、布扬古，拒命不从。辛酉，上率兵四万征之，时有逃卒至叶赫泄军期，叶赫遂收张、吉当阿二部居民，其兀苏城以痘疫未收。上率兵围兀苏城，谕城中人降，不降且进攻。城中人曰："大国之兵，如林之众，如泉之涌，甲胄光芒，耀如冰雪，岂我等所能御，苟抚我，我曷为不降。"其城长名山谈、扈石木者，遂开门降，匍匐谒上。上饮以金卮，以所戴东珠金佛冠，并衣赐之。其所属张城、吉当阿城、兀苏城、呀哈城、黑儿苏城、何敦城、喀布齐赉城、俄吉岱城，大小寨凡十九处尽焚其庐舍粮储，收兀苏城降众三百户而还。是时叶赫国贝勒金台石、布扬古，使其臣潜上于明曰："哈达、辉发、乌拉三国，满洲已尽取之，今复侵我叶赫。其意欲削平诸国，即侵明，取辽东以建国都，而开原、铁岭为牧马之场矣。"明信其言，遣使谓上曰："自今以后，勿侵叶赫，若从吾言，是推吾之爱而罢兵也。若不从吾言而侵之，势将及我矣。"遂遣游击马时楠、周大岐，率练习火器者千人，守卫叶赫二城。上闻之，欲致书于明，遂躬诣抚顺所城。庚辰，卯刻，行自古勒城之野，日之两傍有青赤二色祥光，对照如门随上行，上见之，率众拜，其光乃止。翼日，至抚顺所，游击李永芳出城三里外，迎上，以礼接见，导入教场。上以书与永芳。其辞曰："昔叶赫、哈达、乌拉、辉发、蒙古、席北、卦尔察等九姓之国，于癸巳岁，合兵侵我，我是以兴师御之。无厌其辜，我师大捷，斩叶赫布寨，获乌拉布占泰以归。迨丁酉岁，刑马歃血，以相寻盟，通婚媾，无忘旧好，讵意叶赫渝弃前盟，将已字之女，悔而不予，至乌拉国布占泰，吾所恩育者也，反以德为仇，故伐之，而歼其兵，取其国。今布占泰孑然一身，奔于叶赫，叶赫又留之，不吾与，此吾所以征叶赫也。我与汝国，何嫌何怨，欲相侵耶？"上既以书与永芳，遂还。

甲寅，夏四月，癸未朔，明遣备御萧伯芝来，伪称大臣，乘八人舆作威福，强令以礼接，述书中古来兴废之故，语多不逊。上曰："虚言恫喝，何以礼为？"时上遇明之使臣，其言善，以婉言应之。言不善，即以正言折之。竟不视其书，遣之还。

丁酉，命贝勒皇太极行亲迎礼至辉扈尔奇山城，大宴成婚。

六月，丙子朔，叶赫国欲以上所聘贝勒布扬古之妹，适蒙古喀尔喀部落贝勒巴哈达尔汉之子莽古尔代。我国诸贝勒大臣闻之，皆愤怒请于上曰："叶赫女既为上所聘，又将以适蒙古，无礼莫甚焉。我等既闻其事，安能坐视耶。宜乘其许而未行，急发兵，往攻其城而取之。"上谕曰："征讨，国之大事。若以负婚之故，怒而兴师，则未可也。盖此女之生，衅所由启，实非偶然。哈达、辉发、乌拉三国皆因此女兴兵构怨，相继灭之。是此女召衅亡国，已有明验。今明又助叶赫，不以此女与我，而与蒙古，天殆欲亡叶赫，以激怒我而启大衅也，若奋力征之，纵得此女，徒致不祥，即归他人，亦必不永年。吾知此女，流祸已尽，死期将至矣。"诸贝勒大臣，仍欲兴师，坚请。上曰："使吾因此发怒兴师征讨，汝等犹当谏止，吾早已洞彻事机，释然于中，置诸度外，以息兵劝汝，汝等何反坚请不已耶。吾无憾，汝何憾焉。吾断不以汝等言劳师动众也。"遂令将调集马匹遣还。寻叶赫以此女嫁蒙古，未一年果亡。诸贝勒大臣又请曰："此女年已三十有三，受我国之聘垂二十年，因明国遣兵卫助叶赫，叶赫金台石、布扬古恃其势，遂与蒙古，今往征明国宜也。"上又不允，曰："明以兵越境而卫叶赫，天鉴不远，我姑俟之。盖叶赫与我，自为满洲之国，明既称为君临各国，即为天下共主，自应辨别是非，审量而后助之，乃恃势横行，抗天意，反以兵卫天谴之叶赫，试听彼助之，汝等又何急焉。使我今日仗义伐明，天必祐我，天祐我，可以克敌。但我国储积未充，纵得其人民畜产，何以养之，若养其人民畜产，恐我国之民，反致损耗。惟及是时，抚辑吾国，固疆圉、修边备、重农积谷为先务耳。"遂不发兵，谕各牛录下出十人，牛四头，于旷土屯田，积贮仓廪，复设官十六员，笔帖式八员，会计出入。

卷　五

明越境，以兵助叶赫，俾我已聘之女，改适蒙古，恨四也。昔哈达助叶赫，二次来侵，我自报之。天既授我哈达之人矣，明又党之，挟我以还其国。已而哈达之人，数被叶赫侵掠。夫列国之相征伐也，顺天心者胜而存，逆天意者败而亡，何能使死于兵者更生，得其人者更还乎。天建大国之君即为天下共主，何独构怨于我国也。初扈伦诸国，合兵侵我，故天厌扈伦启衅，惟我是眷。今明助天谴之叶赫，抗天意，倒置是非，妄为剖断，恨七也。欺陵实甚，情所难堪。因此七大恨之故，是以征之。

近日哈达国万汗，听事不辨别是非，富者虽非亦是，贫者虽是亦非，公断不行，惟尚货贿，故所创基业及身而败。乌拉贝勒布占泰，朕擒之于阵，厚加恩恤，纵令归国，乃不思报德，恃其才力，嗜酒妄行，遂被天谴，国以灭亡。

卷　六

天命四年，己未，春正月乙酉朔。丙戌，上征叶赫，命大贝勒代善率大臣十六人，兵五千，往守扎喀关，防御明兵。上亲率贝勒诸臣，统大军至叶赫。辛卯，深入其界，自克亦特城粘罕寨，略至叶赫城东十里。俘获其人民畜产，焚其十里以外庐舍。又取大小屯寨二十余，及蒙古游牧畜产，整兵而还。离叶赫城六十里驻营。当进兵之日，叶赫惧，遣使向明开原总兵马林告急，林率兵来助，与叶赫合。出城四十里，见我国兵势强盛，马林惧，不敢战而退。上亦班师。

八月，辛亥朔。己巳，上率贝勒诸臣，统大军复征叶赫国。叶赫贝勒金台石居东城，布扬古居西城。上与贝勒诸臣，定攻取叶赫策，命四大贝勒率护军围布扬古，上亲率八固山额真，督大兵，围金台石。既定议，我兵星夜进，叶赫侦者驰告西城布扬古及布尔杭古曰："满洲大军至矣。"叶赫之民闻之，皆惊忧，所属屯寨居民，近者避入城，远者匿山谷中。壬申，我军驰至，布扬古、布尔杭古率兵出城西门，立近城冈上，鸣角鼓噪，望见我军旌旗蔽山野，剑戟耀天日，带甲之士霜明雪灿，绵亘不绝，前后络绎，如潮涌川流而至，队伍明肃，钲鼓相闻，远近震动，布扬古等大惧，仓皇入城。四大贝勒，遂督护军围其城。

上率诸臣及众军至金台石所居东城围之。遂分兵堕其外城。军士布列梯楯，呼金台石出降，金台石不从。答曰："吾非明兵比，等丈夫也，肯束手归乎。与其降汝，宁战而死耳。"

上遂督兵攻城，持楯列梯以进，两军拒战，矢如雨雹，我军遂拥楯登山，傍城下掘地，欲堕其城，城上士卒发巨石滚木，掷以火器，我军冒矢石，穴其城，城摧，遂入城，城上兵复迎战，又败之，四面兵皆溃。上禁约众军士，毋得妄杀兵民，使人执帜诚谕之，又使人持上黄盖传谕城中降者免死，于是城中兵民俱降。金台石携妻及幼子登所居高台，我兵围之，呼曰："汝降速下，否则进攻。"金台石曰："吾战不能胜，城破，困于家，纵再战，岂能胜乎。汝皇子四贝勒，吾妹所生也，得相见，闻其盟言，吾乃下。"时四贝勒攻西城，上召之至，命之曰："尔舅有言，待汝至，乃下，汝往，彼下则已，不下，以兵毁其台。"四贝勒衔命往，既至，金台石曰："吾与甥四贝勒，未识面也，真伪乌能辨。"大臣扎尔固齐费英东、额驸达尔哈曰："汝视常人中，有如我四贝勒魁梧奇伟者乎？汝国使者，必尝语汝，何难识别耶。若仍不信，曩者我国议和之时，曾以媼往，媼乳汝子德尔格勒台吉，今尚存，盍令媪视之。"金台石曰："何用媪为也，观此子辞色，似未承父命，令善遇我也，特诱吾下台而见杀耳。吾石城铁门既失，困守此台，纵战亦不能胜，但吾祖父世居斯土，我生于斯，长于斯，则死于斯而已。"四贝勒曰："天设此险，俾汝筑城，疲劳百姓至于数年，所筑重城，今皆摧破，独据此台，欲何为也？汝方欲诱人至此，与汝并命，孰肯如汝之意，俾我名臣，亲身攻汝耶，汝如何曰？得吾活汝盟言，汝方下也，岂吾之战，不能擒汝，而与汝盟钦。吾已在此，汝下，引汝往见父皇，生杀惟父皇命，且汝当日之意，将欲翦灭亲戚，食其肉饮其血耶。我屡欲和好，遣使汝国，凡二三十往，汝轻视我，谓我惧而求和，杀吾使臣，或羁留焉，致有今日倾覆之祸。若父皇念汝

297

恶，则戮汝，傥不念汝恶，以我之故贷汝，汝生矣。"凡劝谕者再。金台石仍执前言不下，四贝勒曰："舅有言，吾来此即下，吾乃来，若下，速下，引见父皇，否则吾往矣。"金台石曰："姑勿往，吾先令亲臣阿尔塔石往见上，察言观色而回，吾乃下。"遂令阿尔塔石往见上。上怒，以鸣镝射之数次，责之曰："离间诸舅与我为难，致明人举兵四十万来，非汝也耶。念此，宜诛汝，事既往，不汝咎耳。汝偕贝勒来。"阿尔塔石回，劝金台石，又不从。曰："闻吾子德尔格勒被创在家，召之来，吾与相见，乃下。"四贝勒召德尔格勒至，与之见，德尔格勒谓其父曰："吾等战既不胜，城又破，今居此台，欲何为，盍下台生死惟命。"劝谏再四，金台石终不从。四贝勒执德尔格勒，欲缚而杀之。德尔格勒曰："吾年三十六，乃于今日死耶。杀之可也，何缚焉。"于是四贝勒留之于家，悉以其言奏闻。

上曰："子招父降而不从，父之罪也，父当诛，勿杀其子。"四贝勒引德尔格勒见上。上以所食赐四贝勒，令与德尔格勒同食。曰："此尔之兄也，善遇之。"金台石妻，因其夫不下，携幼子趋下。金台石引弓，从者复擐甲待。我兵持斧斤毁其台。金台石纵火焚屋宇，尽毁，我诸将谓金台石已死，令毁台之兵退还。火燎金台石身，自下，为我兵所执，缢杀之。时四大贝勒围西城，招之降，不从。会东城已破，布扬古、布尔杭古大惧，使人来告，愿降，以怀疑不敢出，大贝勒曰："我始令汝等降，汝等不从，吾大兵至此，岂舍汝去乎。布扬古、布尔杭古，吾外兄弟也，爱而欲生之，故令汝等降。汝战，则汝等之身尽死吾小卒手，降则生矣。汝果愿降，恐兄弟偕来，或因男子之故见杀，盍令汝母先来，汝母吾外姑也，吾岂执妇人而杀之乎。"布扬古、布尔杭古复使人来曰："吾等降，汝盍留盟言，与吾等约，汝归，吾仍居此城。"大贝勒怒曰："汝勿复为此言也。既破汝东城，岂力不能拔此，听汝仍居此而去乎。汝速降则已，否则父皇至必攻克尔城，克城之后，汝等骈首戮矣。"布扬古、布尔杭古果令其母来，大贝勒以礼接见，其母曰："汝无盟言，故吾二子怀疑而惧耳。"大贝勒乃以刀划酒誓曰："今汝等降，我若杀之，殃及我，汝俾我誓，饮誓酒而仍不降，惟汝等殃，汝等不降，破汝城，必杀无赦。"乃执酒饮其半，分其半送布扬古、布尔杭古，饮之，遂开门降。大贝勒欲引布扬古见上，布扬古不应，复勒马立，大贝勒挽其辔曰："尔殆非丈夫耶，言既定，又立此踌躇何为也。"乃偕往见上。布扬古跪不恭，仅屈一膝，不拜而起。上亲以金卮赐之酒，不恭如初，屈一膝，偏向，酒不竟饮，沾唇而已，又不拜而起。上谓大贝勒曰："引尔妇兄去，回彼西城。"是日，上深念久之，谓："吾既不念旧恶，留而豢养之。贷其死，予以生全，未见有喜色，仍仇怨，且跪拜不少屈，此人可豢养耶？"是夜，命缢杀之，其弟布尔杭古，以大贝勒故，宥其罪，待以不死焉。叶赫所属各城俱降，时明游击马时楠，以兵一千人，助守叶赫二城，至是尽杀之。其叶赫诸臣军民皆弗罪，父子、兄弟、夫妇、亲戚，不令离散，财务毫无所取，俱徙其人而还，给以田庐、廪给器用，无马者千余人，并给以马。按：叶赫国始祖，系蒙古国人，姓土默特。初灭扈伦国所居张地之纳喇姓部，遂据其地，因姓纳喇。后迁于叶赫河岸建国，故名叶赫国。其始祖星根达尔汉生席尔克明噶图，席尔克明噶图生齐尔噶尼，齐尔噶尼生褚孔格，褚孔格生太杵，太杵生子二，长清佳砮，次杨吉砮。兄弟绥服叶赫诸部，各居一城，哈达国人多归之。清佳砮、杨吉砮遂皆称贝勒。明万历十有二年，甲申，宁远伯李成梁，受哈达国所赂金及玄狐黑貂，听其谗构，以赐敕赏赉为名，诱清佳砮、杨吉砮二贝勒至开原，击汉寿亭侯庙中，并从兵三百，皆杀之。清佳砮子布寨，杨吉砮子纳林布禄，各继其父为贝勒。李成梁随率兵征之，取其杜喀、尼牙罕二寨。攻战之时，士卒被伤者甚众，李成梁收兵还。万历十有六年，戊子，李成梁又率兵，围攻纳林布禄所居东城，大伤兵卒，不克而归。后遂与明和好焉。及纳林布禄弟金台石，布寨子布扬古嗣为贝勒，叶赫乃亡。

上自是开拓疆土，东自海，西至明辽东界，北自蒙古科尔沁之嫩乌喇江，南暨朝鲜国境。凡语音相同之国，俱征讨徕服而统一之。

〔李澍田、高俭秋　点校整理〕

《东华录》（选录）

按：蒋氏《东华录》凡三十二卷。记事自开国至雍正，蒋良骐辑录。
兹剪取太祖征扈伦四部片段史料，供研究。

据中华书局标点本选录。

癸巳年（1593）九月，叶赫、哈达、乌喇、辉发，北嫩河蒙古科尔沁、席北部、挂尔察部及满洲长白山所属朱舍里、讷殷九姓之国，合兵三路来侵，凡三万人。太祖御之于古勒山，对黑济格城结阵。及战，叶赫贝勒布寨直前冲入，乘马触木而踣，我兵吴谈刺杀之，敌兵遂乱。诸贝勒胆落，弃众奔溃，擒乌拉贝勒布占泰，斩级四千，获马三千匹、甲千副，自此远近慑服。

戊戌年（1598），哈达贝勒孟格布（绿）〔禄〕所居城北溪中流血。

己亥年（1599）九月，征哈达，擒其贝勒孟格布禄，灭之，尽服其属城。

丁未年（1607）九月丙申，彗见东方，八夜方灭，指辉发国。时辉发叛，是月率兵征之，克其城，诛其贝勒拜音达里父子，遂灭辉发。

壬子年（1612），乌喇国背盟，太祖亲征之，克其临河六城，毁之。

癸丑年（1613）正月，复亲征乌喇，战于伏尔哈城，大败之，乘势克其城，贝勒布占泰遁窜叶赫，收抚其属邑，乌喇遂亡。

天命四年（1619）正月，征叶赫，取大小屯寨二十余及蒙古游牧畜产。

八月，征叶赫，其贝勒金台吉居东城，上亲围之，布扬古居西城，命四贝勒率兵围之。未几，东西城俱破，执金台吉、布扬古缢杀之，属城尽降，尽杀明兵之助守叶赫者。自是，开拓疆土，东至海，西至明辽东界，北自蒙古科尔沁之嫩乌喇江，南暨朝鲜国境，凡语言相同之国，俱征讨徕服而统一之。

扈伦四部始末

哈达国，万汗，姓纳喇。其国原名扈伦，后建国于哈达地，因名哈达，乃乌喇贝勒始祖纳齐卜禄七代孙也。其祖克习纳都督为族人巴代达尔汉所害，万奔习北部相近之绥哈城居焉。其叔王住外兰奔哈达，主其部落，后为叛者所杀，其子博尔坤舍进杀其人以报父仇，迎兄万于绥哈城为部主。万于是攻取附近诸部，远者又招徕之，其势乃盛，遂称（汉）〔汗〕，国号哈达。其时叶赫、乌喇、辉发及满洲之浑河部俱属之。万为人残暴，黩货无厌，群下效尤，扰害诸部，以故，所创基业即自败，其民多叛投叶赫，先附诸国皆叛。万卒，子扈尔干立，八月卒，弟康古鲁立，卒，弟孟格布禄继之，己亥年灭。

辉发国，本姓益克得里。原乌龙江岸（泥）〔尼〕马察部人，始祖昂古里星吉力自黑龙江载木主迁于渣鲁居焉。有扈伦国人噶扬噶、图墨土，姓纳喇氏，居于张地，因附其姓，宰七牛祭天，改姓纳喇。星吉力生子二：长留臣、次备臣。备臣生纳领噶、耐宽，纳领噶生拉哈都督，〔拉哈都督〕生噶哈禅都督，噶哈禅都督生齐纳根达尔汉，齐纳根达尔汉生王机砮。王机砮招服辉发诸部，于辉发河边扈尔奇山筑城居之，因名辉发。其时蒙古察哈尔札萨克图土门汗自将围其城，不克而还。王机砮贝勒卒，孙拜音达里杀其叔父七人，自为贝勒，丁未年灭。

乌喇国，本名扈伦，姓纳喇。后因建国乌喇河岸，故改名。始祖名纳齐卜禄，生商坚朵尔和齐，商坚朵尔和齐生加麻喀硕朱古，加麻喀硕朱古生绥屯，绥屯生都尔机，都尔机生子二：长克习纳都督、次古对朱颜。克习纳生辙辙木，辙辙木生万。古对朱颜生太兰，太兰生布颜，布颜尽服乌喇诸部，筑城于乌喇河岸洪尼地，自称贝勒，生子二：长布干、次博克多。布颜卒，子布干立，卒，子满太立，至满太弟布占泰，癸丑年灭。

叶赫，始祖蒙古人，姓土默特。初灭扈伦国所居张地之纳喇姓部，遂据其地，冒姓纳喇，后迁叶赫河岸，建国名。始祖星根达尔汉生席尔克明噶图，席尔克明噶图生齐生噶尼，齐生噶尼生楮孔格，楮孔格生太杵，太杵生子二：长青佳砮、次杨吉砮，兄弟绥服叶赫诸部，各居一城，哈达国人多归之。青佳磐、杨吉砮皆称贝勒。明万历十二年，宁远伯李成梁受哈达赂，诱青佳砮、杨吉砮至开原，杀之，青佳砮子布寨、杨吉砮子纳林布禄各继父为贝勒，成梁屡攻之不克。及纳林布禄弟金台吉、布寨子布扬古嗣为贝勒，天命四年己未俱亡。

〔刁书仁　选录〕

《大清一统志》（选录）

按：《大清一统志》从康熙朝开修，经雍正、乾隆、嘉庆三朝增订，以嘉庆二十五年成书的五六〇卷本最为完备。

本选记述扈伦四部都城的沿革兴亡，可为海西女真史研究之一助。

据《四部丛刊续编》史部嘉庆重修一统志选刊。

辉发城有三。一在吉林城南三百七十里吉林峰上。一在辉发峰西北，周四里，二门。一在辉发河边冈上。

谨按实录，辉发之先，本姓伊克得哩，黑龙江岸尼玛察部人。有星古礼者，自黑龙江迁于扎鲁居焉。因呼伦国之噶扬阿、图谟图二人，居于璋地，姓纳喇，欲附其姓，杀七牛祭天，改姓纳喇，是为辉发始祖。生子备臣。备臣生纳灵阿。纳灵阿生拉哈都督。拉哈都督生噶哈禅都督。噶哈禅都督生齐讷根达尔汉。齐讷根达尔汉生旺吉努。招服附近诸部，筑城于辉发河边呼尔奇山，号辉发国。时蒙古察哈尔国扎萨克图图们汗，自将围其城，不克而还。旺吉努卒，孙拜音达哩自为贝勒。

癸巳年，拜音达哩为叶赫贝勒布斋等所诱，四国合兵劫我瑚布察寨。寻又九国合兵来侵。太祖击败之古呼山。拜音达哩见布斋为我兵所杀，惊惧逃归。

乙未年，太祖率兵败其多璧城，斩城守克充额、苏蒙额二人而还。

丁酉年，遣使来乞盟。既而拜音达哩族众叛归叶赫。其部下又欲叛，拜音达哩闻之，以其臣七人之子来质，乞援兵。太祖发兵千人助之。叶赫贝勒纳林布禄构拜音达哩曰："尔若索还尔质子，吾即反尔叛族。"拜音达哩信之。乃曰："吾其中立于满洲、叶赫二国之间乎？"遂取回七臣之子，以己子与纳林布禄为质。而纳林布禄竟不归其叛族。拜音达哩遣其臣来告曰："吾前者误为纳林布禄所诳，今欲乞恩赐我婚。"太祖允之。后拜音达哩背约不娶。太祖遣使谓曰："汝昔助叶赫，二次来侵，我宥尔罪，复许尔婚，今背约不娶，何也？"拜音达哩绐曰："俟吾叶赫质子归乃娶耳。"旋筑城三层以自固。后太祖复遣使谓曰："尔质子既归，今将何如？"拜音达哩以坚城足恃，遂负约。

丁未年秋九月，太祖率兵围其城，克之，诛拜音达哩及其子，招降其众，乃班师。

叶赫城在吉林城西四百九十五里。周四里，东西二门。又有叶赫山城，在叶赫城西北三里。周四里，门二。内有子城，周二里。明时于其地置镇北关，为互市，亦曰北关。又有叶赫珊延府城，距叶赫城里许，相传皆叶赫筑。

谨按实录，叶赫之先，蒙古国人。姓土默特。灭呼伦国所居璋地之纳喇部，遂据其地，因姓纳喇。后迁于叶赫河岸，号叶赫国。其始祖星根达而罕，生锡尔克明安图。锡尔克明安图生齐尔噶尼。齐尔噶尼生楚孔额。楚孔额生台楚。台楚生二子，长清嘉努、次扬吉努，兄弟各居一城，绥服附近诸部，哈达国人多归之，遂皆称贝勒。太祖初如叶赫，其贝勒扬吉努识为非常人。曰：“我有幼女，俟其长当奉侍。”太祖因以礼聘焉。甲申年，明宁远伯李成梁，听哈达国谗构，诱清嘉努、扬吉努两贝勒至开原，并从兵三百皆杀之。清嘉努子布斋，扬吉努子纳林布禄，各继其父为贝勒。李成梁率兵围攻纳林布禄所居东城，不克而归，乃与和好焉。戊子年，纳林布禄送妹来归，是为孝慈皇后。辛卯年，纳林布禄遣使伊勒当阿、拜斯翰来告曰：“尔国人众，我国人寡，可将额勒敏、扎库穆二地，以一与我。”太祖谕曰：“我为满洲，尔乃呼伦，尔国虽大，我岂肯取？我国既广，尔岂得分？且土地非牛马比，岂可割裂分给与尔。尔等皆执政之臣，不能各谏尔主，奈何觍颜来告耶。”既而叶赫、哈达、辉发三国贝勒，复各遣使来。太祖宴之。叶赫使者图尔德起请曰：“我主有言，欲相告，恐触怒见责，奈何？”太祖曰：“尔不过述尔主之言耳，所言善，吾听之。出恶言，吾亦遣人以恶言报之。吾岂尔责乎。”图尔德曰：“我主云，欲分尔地，尔不与；欲令尔归附，又不从。倘两国兴兵，我能入尔境，尔安能蹈我地耶？太祖闻言大怒，引佩刀断案，谕曰：“尔叶赫诸舅，何尝亲临阵前，马首相交，破胄裂甲，经一大战耶。昔哈达国蒙格布禄，与其兄之子岱善，自相扰乱。故尔等得以掩袭之，何视我若彼之易也。况尔地岂尽设关隘，吾视蹈尔地，如入无人之境。昼即未至，夜亦可来，尔其奈何。昔吾以先人之故，问罪于明，明归我丧，岁输金币。汝父见杀于明，曾未得收其骸骨，徒肆大言于我，何为也？”遂作书。命巴克什阿林察持往，布斋使人迎见。阿林察出书诵之。布斋曰：“吾既见书，不必会吾弟也。”阿林察曰：“我主有命，此书不令俱见，勿归。”布斋曰：“吾弟言辞不逊，汝主怒之，良是。但吾弟见书，又恐有伤于汝耳。”阿林察乃还。未几，长白山珠舍哩部长裕楞额，讷殷部长蒐恩色克什，同引叶赫兵劫我东界洞寨。群臣入告。太祖曰：“任彼劫之可也。此不过我同国之人，远附叶赫，劫掠我寨耳。水岂能越山而流，火岂能逾河而燃乎？盖水必下流，火必上燃，珠舍哩、讷殷二部，终当为我有也。"

癸巳年，夏六月，布斋、纳林布禄，与哈达、乌拉、辉发合兵劫我瑚布察寨。太祖率兵击之而遁。秋九月，布斋、纳林布禄，复纠哈达、乌拉、辉发、科尔沁、锡伯、卦勒察、珠舍哩、讷殷诸部兵，分三路来侵。太祖命乌哩堪，由东路往侦，乌哩堪行百里许，度岭，群鸦竞噪，若阻其行者。欲还，鸦乃散。再行，鸦复噪，飞鸣扑面。几不能前。乌里堪异之，驰归以告。太祖命由扎喀部向浑河部侦之。乌里堪复驰往。见敌兵营浑河北岸，方夜炊，火密如星，欲俟饭毕，乘夜度沙济岭而来。乌哩堪侦实奔告。时夜已过半。太祖曰："日者闻叶赫兵来，今果然，我军昏夜出，恐惊国人。"传语诸将，期旦日启行，遂就寝。甚酣。妃富察氏呼上觉，谓曰："九国兵来攻，何反酣寝耶，岂方寸乱耶？抑惧之甚耶？"太祖曰："人有所惧，虽寝不成寐。吾果惧，安能酣寝。前闻叶赫引兵三路来侵，因无期，时以为念。既至，吾心定矣。吾若有负于叶赫，天必厌之。安得不惧！今我顺天命，守疆土，彼不我悦，纠九国之兵，以戕害无咎之人，知天必不佑也。"安寝如故。及旦，太祖率诸贝勒大臣，诣堂子再拜，祝曰："皇天后土，上下神祇，某与叶赫，本无衅端，守境安居，彼来构怨，纠合兵众，侵陵无辜，天其鉴之。"又拜祝曰："愿敌人垂首，我军奋扬，人不遗鞭，马无颠踬，惟祈默佑，助我戎行。"遂引兵至托克索渡口，诫军士曰："解尔蔽手，去尔护项，或项臂伤，亦惟天命。不然身先拘絷，难以奋击。我兵轻便，破敌必矣。"众皆如上命。行至扎喀之野，扎喀城城守鼐护、缴坦二人来告曰："敌兵辰时已至，攻城不克，退攻赫济格城。敌兵甚众，奈何？"众闻之色变，有郎塔哩者，后至。呼曰："上安在？我兵几何？"言讫，遂登山望之。还告曰："若以敌兵为多，我兵亦岂少耶？我国之人，骁勇敢战，必破敌兵。如不胜，我甘军法。"众心乃定。太祖使人往侦，谕曰："敌若还军，乘夜击之。否则，旦日接战。"时敌兵运粮刍，立营垒，侦者以告。太祖遂驻军。是夕，叶赫营有一人来降者，言："叶赫兵万人，哈达、乌拉兵万人，蒙古科尔沁及锡伯、卦勒察兵万人。"我兵闻之，复变色。太祖曰："尔等无忧，吾必不疲尔力，俾尔苦战。惟壁于险隘，诱之使来，若来，我兵迎击之。否则四面列阵，以步军徐进。彼部长甚多，兵皆乌合，势将观望不前，其争先督战者必其贝勒，我以逸待劳，伤其贝勒一二人，彼众自溃。我兵虽少，奋力一战，固可必胜耳。"遂于旦日进兵。初，叶赫兵攻赫济格城，不克，及是复攻。太祖至古哷山，对赫济格城，据险结阵。命大臣额亦都，率兵百人挑战，叶赫兵见之，罢攻城，引兵来战。我兵迎击，败之，斩九人，敌稍却。叶赫贝勒布斋、锦台什及科尔沁贝勒翁阿岱、莽古斯、明安，复并力合战。布斋先众突前，所乘马触木而踣。我兵名乌坦者，趋前踞其身，刺杀之，敌兵遂乱。哈达贝勒蒙古布禄、辉发贝勒拜音达哩等，皆胆落溃奔。科尔沁贝勒明安，马被陷，遂弃鞍裸身，骑骒马走。太祖纵兵掩击，积尸满沟壑。追奔至哈达国柴河寨之南。时已暮，结绳截路，邀杀败兵甚众。是役也，斩级四千，获马三千匹，铠胄千副，以整以暇，而破九部三万之众。军威大震，远迩慑服。冬十月，太祖遣兵征珠舍哩部。获其部长裕楞额。闰十一月，命大臣额亦都、安费扬古、噶盖率兵千人征讷殷部，攻克佛多和山寨，斩其部长蒐恩色克什。明年，科尔沁贝勒明安，遣使通好。自是蒙古诸部长通使不绝。

丁酉年，纳林布禄、锦台什及布斋之子布扬古遣使来告曰："吾等兵败名辱，自今以后，愿复缔前好，重以婚媾。"布扬古请纳妹以和。锦台什自复请以女归贝勒代善。太祖许焉，遂请盟。太祖谕曰："尔等践盟则已，有渝盟者，待三年不悛，吾乃征之。"未几，纳林布禄背盟。有穆哈连者，引阵获蒙古马四十匹来归我国，纳林布禄夺其马，执送穆哈连于蒙古。又以锦台什所许我国贝勒代善之女，适蒙古喀尔喀部贝勒斋赛。癸卯年，秋九月，孝慈皇后疾笃，思见母。太祖遣使至叶赫迎之。纳林布禄不许，止令仆人南泰来视。太祖曰："汝叶赫诸舅，无故掠我瑚布察寨，又率九国之兵侵我。自悔起兵开衅之罪，刑马歃血，祭天盟誓，愿联姻通好，旋即背盟，以既许归我之女，改适蒙古。今我国妃病笃，欲与母诀，又不许，是终绝我好也。既如此，两国当复相仇，我将问罪汝邦，筑城汝地矣。"

甲辰年，春正月，太祖率兵征叶赫。攻克璋城及阿齐兰城，取其七寨，俘二千余人而还。癸丑年，春正月，太祖灭乌拉国。布占泰逃奔叶赫，时纳林布禄已卒，太祖遣使谕锦台什、布扬古曰："昔我阵擒布占泰，赦其死罪而赡养之。又妻以三女，辄敢以恩为仇，是以问罪往征，削平其国。今投汝，汝其执之以献。"使者凡三往，锦台什、布扬古不从。秋九月，太祖率兵四万征之。有逃卒至叶赫，泄军期，叶赫遂尽收散处居民。其乌苏城以痘疾未收。我兵围之。太祖谕城中人曰："降则赡养之，不降则进攻。"城中人曰："大国兵众，岂我等所能御，苟抚我，我曷为不降。"其城长瑚什穆、缴坦，遂开门降。太祖酌金卮饮之。各赐冠服。叶赫所属璋城、吉当阿城、雅哈城、克尔索城、和敦城、喀布齐赉城、鄂吉岱城及屯寨凡十九处，尽焚之。收乌苏城降众三百户而还。锦台什、布扬古使人诉于明曰："哈达、辉发、乌拉三国，满洲已尽取之。今复侵我叶赫。其意欲削平诸国，即取辽东以建国都，将使开原、铁岭为牧马之场矣。"明人乃遣游击马时楠、周大岐，率练习火器者千人，守卫叶赫东西二城。太祖闻之，欲致书于明，遂躬诣抚顺所城。游击李永芳出城三里外迎，太祖以礼接之。永芳迎入教场，太祖以书与永芳曰："昔叶赫、哈达、乌拉、辉发、蒙古、锡伯、卦勒察、珠舍哩、讷殷九国，于癸巳岁合兵侵我。我是以兴师击之。天厌其辜，我师大捷，斩叶赫贝勒布斋，生擒乌拉贝勒布占泰以归。逮丁酉岁，刑马歃血以盟，通婚媾，无忘旧好。讵意叶赫渝弃前盟，将已字之女，悔而不与。至布占泰，我所恩养者也，反以德为仇，故伐之，而歼其兵，取其国。布占泰孑然一身，奔于叶赫。我索取之，又不我与，此我所以征讨叶赫也。我与汝国，何嫌何怨，欲相侵耶。"太祖既与书永芳，遂还。

乙卯年，贝勒大臣等，闻叶赫欲以布扬古所许我国之妹，适喀尔喀部贝勒巴哈达尔罕之子莽果勒岱，皆愤怒。请曰："叶赫女既为上所聘，又将以适蒙古，无礼莫甚焉。宜乘其许而未行，急发兵攻其城而取之。"太祖谕曰："征讨，国之大事。若以负婚之故，怒而兴师，则未为可也。盖此女之生，衅所由起，实非偶然。哈达、辉发、乌拉三国皆因此女兴兵构怨，相继灭亡。是此女之召衅亡国，已有明验。今明又助叶赫，天殆欲亡叶赫，以激怒我而启大衅也。若奋力征之，纵得其女，徒至不祥。即归他人，亦不永年。吾知此女流祸已尽，死期将至矣。"诸贝勒大臣，仍欲兴师，坚请。太祖曰："使吾因此发怒，兴师征讨，汝等犹当谏止。吾早已洞彻事机，释然于中，置诸度外，汝等何反坚请不已耶？吾无憾，汝等何憾焉？吾断不以汝等言劳师动众也。"寻叶赫以此女嫁蒙古，未一年果亡。诸贝勒大臣请兴师征明。曰："此女年已三十有三，受我国之聘，垂二十年。因明国兴兵卫助叶赫，锦台什、布扬古恃其势，遂与蒙古，今征明宜也。"太祖曰："明恃势横行，抗违天意，使今日仗义伐明，天必佑之。天佑我，可以克敌，但我国储积未充，纵得其人民，其何以养之，恐我国人民，反致损耗。惟及是时，抚辑我国，固疆圉，修边备，重农积谷，为先务耳。"天命四年春正月，太祖命大贝勒代善，率大臣十六人，兵五千，往守扎喀关以防明兵。亲统军征叶赫，深入其界，自克伊特城尼雅罕寨，距叶赫城东十里，克大小屯寨二十余。其逃入城者，尽追擒之。又取叶赫所属蒙古游牧畜产，整兵而还。离叶赫城六十里驻营，翼日班师。先是锦台什、布扬古，闻我兵往征，遣使向明开原总兵马林告急。马林率兵出叶赫城四十里，见我国兵势强盛，不敢战而退。三月，明兵四路来侵。锦台什、布扬古欲助明，引兵至开原中固城，闻明兵大败，乃还。秋八月，太祖统军征之。时太祖已取明开原、铁岭。叶赫贝勒锦台什居东城，布扬古居西城。我军先驰向西城，布扬古偕其弟布尔杭古率兵出城西门，陟冈鸣角鼓噪。望见我军旌旗剑戟如林，队伍整肃，前后络绎，自度弗能御，仓皇入城。诸贝勒遂督兵围之。太祖统兵围东城。先破其郭，军士堕城，布列梯楯，呼锦台什出降。锦台什不从。答曰："我非明兵比，等丈夫也，肯束手归乎，与其降汝，宁战而死耳。"太祖遂督兵攻城。两军拒战，矢如雨雹，城上发火器，掷巨石滚木，我军冒矢石穴其城，城堕，遂入城。敌众皆败溃。太祖遣人执帜，约禁军士，毋得妄杀。又使人持上黄盖，传谕城中，降者免死。于是城中兵民俱降。锦台什携妻及幼子登高台，我兵围之。呼曰："汝降速下，否则进攻。"锦台什曰："吾战不能胜，城破困于家。纵再战，岂能胜乎。汝皇子四贝勒，吾妹所生也，得相见，闻其盟言，吾乃下。"时四贝勒攻西城。太祖召之至。命曰："尔舅有言，待汝至乃下。汝往，彼下则已。不下，以兵毁其台。"四贝勒既至，锦台什曰："吾与甥未识面，真伪乌能辨。"我国大臣费英东、额驸达尔汉曰："汝视常人中，有如我四贝勒魁梧奇伟者乎。汝国使者必尝语汝，何难识别耶，若仍不信，曩者我国议和之时，曾以媪往，媪乳汝子德勒格尔，今尚在，盍令视之。"锦台什曰："何用媪为也。观此子辞色，似未承父命善遇我也，特诱我下台而见杀耳。吾石城铁门既失，困守此台，纵战不能胜，但我祖父世居斯土，我生于斯，长于斯，则死于斯而已。"四贝勒曰："汝疲劳百姓，至于数年，所筑重城，今皆摧破，独据此台何为也？汝欲诱人至此，与汝并命，孰肯如汝之意耶？汝如何曰得我活汝盟言，汝方下也。岂战不能擒汝而与汝盟欤！吾已在此，汝下，引汝往见父皇。生杀惟父皇命。且汝当日之意，将欲剪灭亲戚。我屡欲和好，遣二三十人至汝国，汝轻视我国，谓惧而求和，杀我使臣或羁留焉。致有今日倾覆之祸。若父皇念汝恶，则戮汝。倘不念汝恶，以吾之故贷汝，汝生矣。"凡劝谕者再三。锦台什仍执前言不下。四贝勒曰："舅言吾来即下，吾乃来。若下速下，引见父皇。否则吾往矣。"锦台什曰："姑勿往。吾先令亲臣阿尔塔什，往见上，察言观色而回，吾乃下。"遂令阿尔塔什来见。太祖谕责之曰："虽闻诸舅与我为难，致明人举兵四十万来，非汝耶？念此宜诛汝。事既往，不汝咎耳。汝还，语贝勒与偕来。"阿尔塔什还劝。锦台什不从曰："闻吾子德勒格尔被创在家。召之来，吾与相见。乃下。"四贝勒召德勒格尔至。与之见。德勒格尔谓其父曰："我等战既不胜，城又破，今居此台欲何为？盍下台，生死听之。"劝谏再四，锦台什终不从。四贝勒欲缚德勒格尔。德勒格尔曰："吾年三十六，乃于今日死耶，杀之可也，何缚焉。"四贝勒以其言奏。太祖曰："子劝父降而不从，父之罪也。父当诛，勿杀其子。"引德勒格尔见。太祖以所食赐四贝勒与同食。谕曰："此尔之兄也，善遇之。"锦台什妻因其夫不下，携幼子趋下。锦台什引弓，从者复擐甲以待。我兵持斧毁其台。锦台什纵火焚，屋宇尽毁。我诸将谓锦台什已死，令毁台之兵退还。火燎中锦台什身，自下，为我兵所执，缢死之。时诸贝勒围西城，招降不从。会东城已破，布扬古、布尔杭古大惧。使人来告愿降。以怀疑不敢出，大贝勒曰："始令汝降，汝不从。大兵至此，岂舍汝去乎。吾以汝为外兄弟，爱而欲生之，故令汝降。若战，则汝等尽死于我之小卒手。降则生矣。果愿降，恐兄弟偕来或被杀，盍令汝母先来，汝母吾外姑也，岂执妇人而杀之乎？"布扬古、布尔杭古复使人约盟，且欲仍居此城。大贝勒怒曰："何复为此言也。既破东城，岂力不能拔西城，听汝等居此而去乎？速降则已，否则父皇至，必攻克尔城。克城之后，汝等骈首戮矣。"布扬古、布尔杭古乃令其母来。大贝勒以礼接见。其母曰："汝无盟言，故吾二子怀疑而惧耳。"大贝勒乃以刀划酒誓曰："若汝等降而我杀之，殃及我。若既誓而汝仍不降，殃及汝等。汝等不降，破汝城，必杀无赦。"乃执酒饮其半，分其半送布扬古、布尔杭古饮之。遂开门降。大贝勒引布扬古见上。布扬古复勒马立。大贝勒挽其辔曰："尔殆非丈夫耶，言既定，又立此踌躇何为也。"乃来见。布扬古跪不恭，仅屈一膝，不拜而起。太祖亲以金卮赐之酒，不恭如初，屈一膝偏向，酒不竟饮，沾唇而已，又不拜而起。太祖谕大贝勒曰："引而妇兄去，回彼西城。"是日太祖深念久之。谓："吾既不念旧恶，欲留而豢养之，贷其死，予以生全，未见有喜色，仍仇怨，且拜跪亦不少屈，此人可豢养耶？"是夜命缢死之。其弟布尔杭古，以大贝勒故，宥其死。助叶赫防守之明游击马时楠，及兵一千，尽杀之。叶赫所属各城俱降。

哈达城在城西南五百三十里伊彻峰上。相近又有哈达石城。初哈达贝勒自旧城迁居于此，称新城。其旧城在开原县东六十五里，明置广顺关于此，为市易处，亦曰南关。谨按实录，哈达之先本呼伦国，姓纳喇。其始祖名纳齐布禄，生尚延多尔和齐。尚延多尔和齐生嘉玛喀硕珠古。嘉玛喀硕珠古生绥屯。绥屯生都勒喜。都勒喜生克什讷都督。克什讷都督生子二，长彻彻穆，次旺济外兰。克什讷都督为族人巴岱达尔罕所害。彻彻穆之子万，奔锡伯部相近之绥哈城。旺济外兰奔哈达，主其部。后被害。其子博勒宽沙津杀父仇，至绥哈城，迎兄万至哈达为部主。万攻取附近诸部，远者又招徕之，其势乃盛。叶赫、乌拉、辉发及浑河部俱属之，遂称为汗。既而黩货无厌，民不堪命，多叛投叶赫。先附诸部亦皆携贰。万汗卒，子瑚尔罕继之。甫八月卒，弟康古噜继之。寻亦卒，弟蒙格布禄继之。

癸巳年夏六月，蒙格布禄为叶赫贝勒布斋等所诱，合兵劫我瑚布察寨，太祖率兵追之。设伏于途，少引兵，亦略哈达国富勒嘉齐寨。其兵来战，太祖欲引敌至伏兵处，令我兵前行，独殿后诱之。俄而敌兵三人，联骑挥刀追逼，又一人挥刀迎击于前，太祖念兵刃自后至，犹可避，自前至，恐伤面目及手，遂引弓射前至者。其人在右，发矢未便，因回身从马项上射之，中马腹，遂逸去。其三人乘发矢时，掩至，太祖乘马惊跃几坠，赖右足据鞍得复乘，遂射蒙格布禄马，仆地。其从者易马以乘之，遁归。太祖率骑兵三人，步卒二十人，追击。斩十二人，获甲六副，马十八匹，乃还。秋九月，蒙格布禄复为布斋等所诱，九国合兵来侵。太祖击败之古呼山。蒙格布禄见布斋为我兵所杀，惊惧逃归。丁酉年，遣使来乞盟，愿复修前好。

己亥年，蒙格布禄与叶赫构兵，力不能敌，以三子来质，乞援。太祖命大臣费英东、噶盖，率兵二千助哈达，驻防其地。叶赫贝勒纳林布禄闻之，构明开原通事代为赍书，诱蒙格布禄曰："尔若执满洲来援二将，索还所质三子，尽杀其兵二千，我妻汝以所求之女，修前好焉。"蒙格布禄惑其言，约于开原城定议。太祖闻之，遂率兵征哈达。贝勒舒尔哈齐，请为先锋自试，太祖命统兵一千为前队。既至，敌兵出拒，舒尔哈齐按兵不动，告曰："彼兵出矣。"太祖曰："岂谓此城无兵而来耶。"遂督兵进击。时舒尔哈齐兵填拥于前，太祖麾之使开，路塞不能入，乃沿城而行。城上矢石雨下，军士多被伤者。太祖督兵攻克其城。大将扬古利生擒贝勒蒙格布禄驰告。太祖命勿杀。赐以所御貂帽及豹裘赡养之。尽招服哈达属城。器械财物无所取，室家子女完聚如故。悉编入户籍，迁之以归。

辛丑年春正月，太祖以女妻蒙格布禄之子乌尔古岱。明国遣使来言："尔何故伐哈达而取其国耶？其复乌尔古岱国。"太祖从其言，命乌尔古岱同公主率所部人民以归。后叶赫贝勒纳林布禄，纠蒙古兵数侵掠哈达。太祖遣使告于明曰："吾令乌尔古岱还国，今叶赫屡侵之，奈何以吾所得之国，为叶赫所据耶？"明人置弗答。时哈达饥，国人乏食，至明开原城乞粮，不与。各鬻妻子、奴仆、牛马，易粟食之。太祖恻然曰："此吾所抚之赤子也，何忍听彼流离。"遂仍收哈达国人赡养之，分隶八旗。

打牲乌拉城在吉林城北七十里混同江东。东至团山子二十三里，西至恩沛口二十四里，南至三家村四十里，北至康家屯六十八里。辽时宁江州故址。其先乌拉布占泰贝勒居此城。周十五里，门四。内有小城，周二里，东西二门。有土台高八尺，周一百步。本朝康熙四十二年，因旧城有水患，于哈思呼贝勒城东，移建新城。周八里，门四。设协领等官驻防。有居民九百余户。谨按实录，乌拉之先，以呼伦为国号，姓纳喇。其始祖名纳齐布禄。四传至都勒喜。生子二，长克什讷都督，次古对珠颜。古对珠颜生泰兰。泰兰生布延。

布延收服附近诸部，筑城于乌拉河岸洪尼地，国号乌拉，众称为贝勒。生子二，长布罕，次博克多。布延卒，子布罕继之。布罕卒，子满泰继之。癸巳年夏六月，满泰为叶赫贝勒所诱，合兵劫我瑚布察寨。太祖率兵击之，遂遁去。秋九月，满泰之弟布占泰，随叶赫、哈达贝勒等九国合兵来侵。太祖击之于古呼山下，九国兵皆败遁。叶赫贝勒布斋为我兵所杀。明日，有卒擒一人至，告曰：“吾获一人，将杀之，彼大呼勿杀，愿自赎，因缚之来见。”太祖问曰：“尔何人也。”对曰：“乌拉贝勒满泰之弟布占泰也。恐见杀，未敢明言，生死惟命耳。”遂叩首。太祖曰：“汝等九部会兵，侵害无辜，天厌汝等，昨已擒斩布斋。彼时获尔，亦必杀矣。今既见汝，何忍杀。语曰：生人之名，胜于杀人。与人之名，胜于取人。”遂解其缚，赐猞猁狲裘，赡养之。

丙申年秋七月，太祖遣大臣图勒坤黄占、博勒宽斐扬古送之归。时乌拉贝勒满泰与其子往所属苏斡延锡兰地，并以淫部民妻被杀。及布占泰至，满泰之叔兴尼雅欲杀之。因我国卫送二大臣严为防护，不能害。兴尼雅奔叶赫。图勒坤黄占等立布占泰为乌拉国主，乃还。布占泰遣使乞盟，感我太祖再生恩，事如父。未几布占泰背盟，以我国所属瓦尔喀部之安楚拉库、讷河二部，众所推服之三人，送叶赫贝勒纳林布禄。并引其使招诱安楚拉库、讷河二部。

戊戌年春正月，太祖命贝勒褚英、巴雅喇、大臣费英东、噶盖率兵一千征安楚拉库部，取屯寨二十余，尽招徕其人民而还。太祖赐褚英号洪巴图鲁，巴雅喇号卓哩克图。丁未年春正月，瓦尔喀部斐优城长策穆特赫来朝。告曰：“吾等因地方遥阻，遂附乌拉。不得已也。今乌拉贝勒布占泰，遇吾等虐甚，乞移家来附。”太祖命贝勒舒尔哈齐、褚英、代善、大臣费英东、侍卫扈尔汉，率兵三千，至斐优城徙之。时夜阴晦，军中大纛之上有光，众以为异。扪视无有。复树之，光如初。舒尔哈齐曰：“吾自幼从上征讨，所历之地多矣，未见此异。其非吉兆耶。”欲还兵。褚英、代善曰：“或吉或凶，兆已先定，吾等何所见而遽还，将何以还报上命耶。”遂决意前进。至斐优城，尽收环城屯寨，凡五百户，令扈尔汉率兵三百，护之先行。布占泰发兵万人邀诸路。扈尔汉见之，令五百户结寨山巅，以兵百人卫之。使人驰告后队诸贝勒。是夕乌拉兵万人，而我国扈尔汉兵仅二百人，各据山一面，结营相持。翼日，乌拉以万人攻我二百兵。我国大将扬古利驰至，先众奋击，斩乌拉兵七人，我兵止伤一人，乌拉兵退，渡河登山，畏惧不敢前。两军相向驻营。日过午，我国后队诸贝勒兵悉至。见乌拉兵众，褚英、代善策马而前，谕众曰：“皇父每有征伐，无不摧坚陷敌，今日虽未亲履行间，而我等奉上命来此，尔众何忧。昔布占泰来侵我国，我国擒而缚之。皇父宥其死，复豢养之，归主其国。为时未久，人犹是人，曾从吾手释，非有天幸得脱也，今岂不能再缚之耶。彼兵虽多，我国荷天眷，仗天威，皇父威名夙著，破敌兵必也。"众军士皆曰："愿效力。"遂渡河。褚英、代善各率兵五百，分二路，缘山奋击，乌拉兵大败。代善追及乌拉统兵贝勒博克多，从马上左手攫其胄而斩之。时天气晴明，忽阴晦，大雪寒冽，被伤敌兵，弃甲逃者，僵仆甚众。是役阵斩博克多及其子，生擒贝勒常住与贝勒瑚哩布，斩三千级，获马五千匹，甲三千副。师还，太祖赐舒尔哈齐号达尔汉巴图鲁，以褚英遇大敌率先败其众，特赐号阿尔哈图图们，以代善阵斩博克多，又与兄并进克敌，特赐号古英巴图鲁。戊申年春三月，太祖命贝勒褚英、阿敏率兵五千，征乌拉国。围其伊罕山城，克之。斩千人，获甲三百，俘其众以归。时乌拉贝勒布占泰与科尔沁贝勒翁阿岱合兵出乌拉城二十里，遥望我军，知不可敌，遂相约而还。布占泰因失伊罕山城，大惧。始遣使修好乞盟。执叶赫贝勒纳林布禄属下五十人送我使臣杀之。寻又背盟，侵我国所属窝集部之瑚尔哈部者再。

壬子年秋九月癸丑，太祖率兵征之。庚申，师至乌拉。太祖张黄盖，鸣钲鼓，沿乌拉河而行。布占泰率兵迎战，至河滨见我兵甲胄鲜明，士马精强，军势甚盛。乌拉兵人人惴恐，无斗志，太祖遂沿河岸而下，克其临河五城。又取金州城驻师焉。其城在布占泰所居大城河岸之西，距距西门二里许。冬十月辛酉朔，太祖以太牢告天祭纛。驻兵三日，布占泰昼则率兵出城，相持河岸，夜则入城休息。诸贝勒请渡河击之。太祖曰："毋作此浮面取水议也，当为探原之论耳。譬伐大木，岂能遽摧，必以斧斤斫而小之，然后可折。今以势均力敌之大国，欲一举而取之，能尽如吾愿乎。我且削其所属外城，独留所居大城，外城尽下，则无仆何以为主，无民何以为君乎。"遂率师毁其六城，焚其庐舍、糗粮，移驻于富勒哈河渡口。布占泰使人来告曰："上乘怒兴兵至此，今上怒已息，乞留一言而归。"又亲率其臣六人，乘舟至河中，跽而乞曰："乌拉国即上之国也。幸勿尽焚糗粮。"叩首哀吁不已。太祖擐甲乘马率贝勒大臣出众军前，立马河中，水及马腹，乃谕责布占泰曰："我昔擒汝于阵，贷汝死，赡养汝俾主乌拉国。以三女妻汝，许汝盟誓者七。汝藐忽天地，屡背誓言，再侵吾所属瑚尔哈部，欲夺吾所聘叶赫女，又以鸣镝射吾女。吾以女归汝异国，义当尊为国妃，何得陵暴至此？我爱新觉罗氏，由上天降生，事事顺天命，循天理，数世以来，远近钦服，从不被辱于人。汝即不知百世以前事，岂十世以来之事亦不知耶？若我女有过，汝宜告我，无故被辱，他国且不受，况我国乎！古人云：'宁损其骨，无损其名。'我非乐有此举，乃汝负恩悖乱，是以声罪致讨耳。"布占泰对曰："此必有人离间，吾与上恩同父子，今之不睦，其语皆为传布者误也。"布占泰之臣拉布泰，从旁率尔进言曰："上既因此而怒，何不遣使来问。"太祖责拉布泰曰："我部下岂少汝辈人耶？尚谓辱吾女为诬，夺吾所聘女为妄言乎。凡事未实则须问，既实矣，又何问焉？此河无不冰之日，吾兵无不再来之理，汝口虽利，能齿吾刃乎？"布占泰大惧，止拉布泰勿言。布占泰弟贝勒喀尔喀玛请曰："乞上宽宥赐一言而行。"太祖曰："汝果无此事，以汝子及大臣子为质，始鉴汝诚。不然，吾不信也。"遂回营。驻乌拉国五日。还兵至乌拉河边伊玛呼山冈，以木为城，留兵千人守之。

癸丑年春正月，太祖闻布占泰以其子绰启鼐及十七臣之子，送叶赫为质。知其终不知悛改。太祖乃亲率大兵往征之。时布占泰期于正月丙子，送其子质叶赫，而我兵先一日至，攻取乌拉之逊扎塔克城。督兵进克郭多、鄂谟二城。时布占泰率兵三万越富勒哈城列营。我统兵贝勒大臣皆欲战，太祖止之曰："征伐大国，岂能使之遽无孑遗乎。"仍以前言敕谕诸贝勒大臣。时贝勒代善、阿敏，大臣费英东、额亦都、安费扬古、扬古利、何和里，侍卫扈尔汉，及诸将皆奋然曰："我士饱马腾，利在速战，所虑者布占泰不出耳。今彼兵既出，平原旷野，可一鼓擒也。"太祖曰："我仰荷天眷，自用兵以来，虽遇劲敌，无不单骑突阵，斩将搴旗。今日之役，何难率尔等身先搏战，但恐贝勒诸大臣，或有一二被伤，实深惜之。故欲计出万全，非有所惧而缓之也。尔众志既乎，即可决战。"因命取铠胄被之，贝勒大臣及诸将，闻太祖言，皆踊跃。传令军士尽甲，太祖遂定策，谕军士曰："倘蒙天眷佑，破敌众，即乘势夺门，克其城，毋使复入。"于是我军前进，布占泰率兵三万，由富勒哈城而来，令军士步行，列阵以待。两军距百步许，我兵亦下马步战，矢交发如雨，呼声动天。太祖奋然挺身而入，诸贝勒大臣率军士鼓勇纵击，大败乌拉兵，十损其六七，余皆弃甲逃窜。遂乘势夺其门。太祖登城西门楼坐。城上悉树我军旗帜。布占泰率败兵不满百人，急还城下，见我军旗帜，大惊而奔。

〔李澍田、张云樵　点校整理〕

312

《柳边纪略》（选录）

按：是书为清代康熙年间杨宾亲历东北的纪实作，涉及扈伦四部若干珍闻。

据辽海丛书本选录。

卷 三

明末，东北边部落，为大清所并者三十有六。海西则有扈伦国之吴喇。（一作乌腊，又作兀喇。在混同江东，尼失哈站北六十里。昔名扈伦国姓纳喇，有纳齐布禄者，生子曰商坚朵尔和齐。商坚朵尔和齐子曰加麻喀硕朱古。加麻喀硕朱古子曰绥屯。绥屯子曰都尔机。都尔机生二子，长曰克习纳，次曰古对朱颜。古对朱颜子曰太兰。太兰子曰布颜，始服吴喇诸部。筑城吴喇河岸洪尼地，自称贝勒。传至其孙布占泰，与大清构兵。万历四十一年为太祖所灭。）

哈达（一作哈塔。在开原东北边外四十里，即所谓南关也。与吴喇同祖先，是扈伦国都尔机长子曰克习纳，为族人巴代达尔汉所害。有孙万，一名王台。奔席北之绥哈城，其诸父王住外兰奔哈达为部主。后其下叛杀王住外兰，其子博尔坤舍进杀其人，以报父仇。遂迎万为部主，万于是称汗，国号哈达。最忠于明，授塔山前卫左都督。传至其子孟格布禄等，于万历二十七年为大清所灭。）

辉发（一作灰扒。本姓孟克得里，始祖曰昂古里星吉力，黑龙江岸尼马察部人也。自黑龙江载木主迁居渣鲁，有扈伦国人噶扬噶、图墨土，姓纳喇氏，居于张，因改姓纳喇。星吉力二子，长曰留臣，次曰备臣。备臣子曰纳领噶耐宽。纳领噶耐宽子曰拉哈都督。拉哈子曰噶哈禅都督。噶哈禅子曰齐纳根达尔汉。齐纳根子曰王机砮，于辉发河边扈尔奇山筑城以居，因号辉发国。时有蒙古察哈尔国扎萨克图土门汗围其城，不克而还，遂益强盛。王机砮卒，有子七人，其孙拜音达里尽杀之而自立。万历三十五年为大清所灭。《居易录》：辉发部落未灭之前一载，每至日晡，辄有小儿千百为群，连臂入城嬲人，或入酋长之居，或散在人家。提而掷之，散若轻尘，旋复聚为小儿。驱逐祈禳，皆不能禁。国人夜不得眠，日出始倦而就寝。如是者年余，太祖兵至，已入城，人无觉者。自此妖亦不见。）

也赫（一作也合，又作叶赫，又作野黑。在开原威远堡边门东北九十里，即所谓北关也。明正统间，置塔山前卫，设指挥等职。始祖本蒙人，姓土默特，名星根达尔汉。初灭扈伦国所居张地之纳喇部，遂据其地，改姓纳喇。后迁野赫河岸，故以野赫为国号。星根达尔汉子曰席尔克明噶图。席尔克明噶图子曰齐尔噶尼。齐尔噶尼子曰褚孔革，授塔鲁木卫都督金事。褚孔革子曰太杵。太杵二子，长曰逞家奴，次曰仰家奴。皆依哈达王台为边患。而兄弟不相下，乃更筑新城于山坡，而号故城曰老城。老城在西，逞家奴居之；新城在东，仰家奴居之。万历十二年，宁远伯李成梁以赐敕赏赍为名，诱二奴至开原杀之。逞家奴子曰布寨。布寨子曰布扬古、布尔杭古。仰家奴子曰纳林布禄、曰金台吉，俱忠顺，为明卫边。万历四十七年，为大清所灭。）

卷　五

叶赫行

　　柳条边外九十里，叶赫河头道如砥。荒荒草没两空城，一在山腰一近水。同行塞上翁，回鞭指故宫。自云叶赫王家子，不与寻常六角同。地广兵强称大国，老城本在河东北。前代羁縻三百年，累朝赐出黄金勒。中叶参商兄弟争，操戈没羽伤同室。土地人民自此分，新城更筑南山侧。臂鹰走马刷烟冈，酒醉征歌瓦子堂。可怜国事由宫禁，亡却新城旧亦亡。太祖恩深分左右，一门子姓皆奔走。予父犹能架海青，姓名曾著鹰坊首。鹰坊本未入鹓班，只在长杨五柞间。天潢一派从龙者，谁识王孙旧日颜？五六年来行虎脊，经过每见渐渐麦。老死风尘亦有情，能无对此飞魂魄？吾闻此语独停鞭，相呼搔首问青天。青天青天胡不言？昔之沧海今桑田！

〔刘贵君　点校整理〕

《吉林通志》（选录）

按：是书系清季吉林省大型志书，一百二十二卷。书首圣训志和大事志中载扈伦四部的兴亡迭变，取材于《清实录》。

据长白丛书收《吉林通志》一九八六年点校本选录。

卷一 圣训志

太祖高皇帝癸巳九月，上闻叶赫、哈达、乌喇、辉发、科尔沁、席北、卦尔察、朱舍里、讷殷九姓之国，合兵来侵。以我军夜出，恐惊国人，传语诸将，旦日启行，遂安寝。明日，出兵至拖克索地。上诫军士曰："尽解尔蔽手，去尔护项。或项臂伤，亦惟天命。不然，身先拘执，难以奋击。我兵轻便，破敌必矣。"众如命。时敌兵甚多，众闻之色变。上曰："尔等毋优，吾必不疲尔力，俾尔苦战。惟壁于阴隘，诱之使来。若来，我兵迎击之，否则四面列阵，以步军徐进。彼部长甚多，兵皆乌合，势将观望不前。其争先督战者，必其贝勒。我以逸待劳，伤其贝勒一二人，彼众自溃。我兵虽少，奋力一战，固可必胜耳。"及接战，大破敌众，均如上谕。

上既破九国之兵，生擒乌喇贝勒布占泰，谕之曰："汝等九部会兵，侵害无辜，天厌汝等。昨已擒斩布寨，彼时获尔，亦必杀矣。今既见汝，何忍杀。语曰：生人之名，胜于杀人，与人之名，胜于取人。"遂解其缚，赐猞狸狲裘，豢养之。

壬子十月，上征乌喇国。既克其六城，两军相持河岸。众贝勒请渡河，攻其所居大城。上谕曰："汝等毋作此浮面取水之议，当为探原之论耳。譬伐大木，岂能遽摧，必以斧斤斫而小之，然后可折。今以势均力敌之大国，欲一举取之，能尽灭乎。我且削其所属外城，独留所居大城。外城尽下，则无仆何以为主，无民何以为君乎。"遂率师毁其六城而还。

癸丑正月己未，上以乌喇国背盟，亲率大兵往征之。时乌喇贝勒布占泰率兵三万，越富尔哈城而军。我统军诸贝勒大臣皆欲战，上谕曰："我仰荷天眷，自幼用兵以来，虽遇劲敌，无不单骑突阵，斩将搴旗。今日之役，我何难率尔等身先搏战，但恐贝勒诸大臣或致一二被伤，实深惜之。故欲计出万全，非有所惧而故缓也。尔众志既孚，即可决战。"因命取铠胄被之。复谕将士曰："倘蒙天眷佑破敌，众即乘势夺门，克其城，毋使复入。"乃进兵指挥将士。比接战，亲驰冲入，大败乌喇兵，遂灭其国。

卷七　大事志

癸巳年（明万历二十一年）夏六月，御叶赫、哈达、乌拉、辉发四部兵，败之。先是，辛卯年，叶赫贝勒纳林布禄（贝勒扬吉努之子）遣使伊尔当、阿拜斯翰来告曰："乌拉、哈达、叶赫、辉发、满洲，言语相通，势同一国，岂有五主分建之理。今所有国土，尔多我寡，盍将额勒敏、扎库穆二地，以一与我。"太祖叱之曰："我乃满洲，尔乃呼伦。尔国虽大，我岂肯取，我国即广，尔岂得分。且土地非牛马比，岂可割裂分给。尔等皆执政之臣，不能各谏尔主，奈何靦颜来告耶。"既而，叶赫、哈达、辉发三国贝勒复各遣使来，宴之。叶赫使人图尔德起，请曰："我主有言欲相告，恐触怒见责，奈何？"太祖曰："尔不过述尔主之言耳。所言善，吾听之，如出恶言，吾亦遣人以恶言报之。吾岂尔责乎。"图尔德曰："我主云，欲分尔地，尔不与，欲令尔归附，尔又不从。倘两国兴兵，我能入尔境，尔安能蹈我地耶。"太祖闻言大怒，引佩刀断案曰："尔主弟兄，何尝亲临阵前，马首相交，破胄裂甲，经一大战耶。昔哈达国蒙格布禄、岱善，如二童掷骨为戏，以致斗争，叔侄自相扰乱，故尔等得掩袭之。何视我若彼之易也。尔地岂尽设关隘，吾视蹈尔地，如入无人境。昼即不来，夜亦可至，尔其奈我何。昔吾以先人之故，问罪于明，明归我丧，遗我敕书、马匹，寻又授我左都督敕书，已而赏龙虎将军敕书，岁输金币。汝父见杀于明（事在甲申年，详后天命四年），曾未得收其骸骨。徒肆大言于我，何为也。"遂作书遣巴克什阿林察持往。谕之曰："尔持此书，至叶赫两贝勒前诵之。若惧而不诵，即居彼，勿复来见我。"阿林察遂行。叶赫贝勒布斋闻之，使人迎至家，索视书，阿林察出书诵之。布斋曰："我既见书，不必令吾弟纳林布禄见也。"阿林察曰："我主有命，此书不令俱见，勿复回。"布斋曰："吾弟言辞不逊，汝主怒之，良是。但吾弟见书，又恐有伤于汝耳。"阿林察乃还。未几，长白山所属珠舍哩、讷殷二部同引叶赫兵劫我东界洞寨。群臣入告。太祖曰："任彼劫之，可也。此不过我同国之人，远附叶赫，劫掠我寨耳。水岂能越山而流，火岂能逾河而燃乎。盖水必下流，火必上燃。珠舍哩、讷殷二部，终当为我有也。"至是，叶赫贝勒布斋、纳林布禄纠哈达贝勒蒙格布禄、乌拉贝勒满泰、辉发贝勒拜音达哩，四国合兵，劫我瑚布察寨。太祖率兵追之，设伏于途，少引兵，亦略哈达国富勒佳齐寨。秋九月，击败叶赫、哈达九部兵。叶赫、哈达、乌拉、辉发、科尔沁、锡伯、卦勒察、珠舍哩、讷殷九部合兵，分三路来侵。太祖率诸贝勒大臣诣堂子，再拜祝曰："皇天后土，上下神祇，某与叶赫本无衅端，守境安居。彼来构怨，纠合兵众，侵陵无辜，天其鉴之。"又拜，祝曰："愿敌人垂首，我军奋扬，人不遗鞭，马无颠踬。惟祈默佑，助我戎行。"祝毕，遂引兵至托克索地。立渡处，诫军士曰："尽解尔蔽手，去尔护项。或项臂伤，亦惟天命。不然，身先拘絷，难以奋击。我兵轻便，破敌必矣。"是夕，叶赫营有一人来降者，言叶赫贝勒布斋、纳林布禄兵万人，哈达贝勒蒙格布禄、乌拉贝勒满泰、辉发贝勒拜音达哩兵万人，蒙古科尔沁贝勒翁阿岱、莽古斯、明安及锡伯部、卦勒察部兵万人，凡三万人。我兵闻之色变。太祖曰："尔等无忧。吾必不疲尔力，俾尔苦战。惟壁于险隘，诱之使来。若来，我兵迎击之。否则，四面列阵，以步军徐进。彼部长甚多，兵皆乌合，势将观望不前。其争先督战者，必其贝勒。我以逸待劳，伤其贝勒一二人，彼众自溃。我兵虽少，奋力一战，固可必胜耳。"遂于旦日进兵。初，叶赫兵攻赫济格城未下，是日又攻。太祖至古埒山，对赫济格城据险结阵，命额亦都率百人挑战。叶赫兵见之，罢攻城，引兵来战。我军迎击，败之，斩九人，敌稍却。叶赫贝勒布斋、锦台什及科尔沁三贝勒复并力合战。布斋突前，所乘马触木而踣，我兵名武谈者，趋而前，踞其身，刺杀之。敌遂乱。锦台什与纳林布禄见布斋被杀，皆恸哭，他贝勒并胆落溃奔。科尔沁贝勒明安马被陷，遂弃鞍裸身乘骟马走。太祖纵兵掩击，积尸满沟壑，追奔至哈达国柴河寨之南。明日我兵擒一人至，告曰："我获此人，将杀之，彼大呼勿杀，愿自赎。因缚之来。"跪上前，太祖问曰："尔何人。"对曰："乌拉贝勒满泰之弟，布占泰也，恐见杀，未敢明言。生死惟上命。"言讫，叩首不已。太祖曰："汝等九部会兵，侵害无辜，天厌汝等。昨已擒斩布斋，彼时获尔，亦必杀矣。今既见汝，何忍杀。语曰：'生人之名，胜于杀人，与人之名，胜于取人。'"遂解其缚，赐猞猁狲裘，赡养之。是役也，斩级四千，获马三千匹，铠胄千副。以整以暇，而破九部三万之众，自此军威大振，远迩慑服矣。

冬十月，取珠舍哩部。珠舍哩部长裕楞额以兵助叶赫诸部兵来侵，遂遣兵征。克珠舍哩部，获裕楞额，宽释其罪，迁以归，赡养之。闰十一月，取讷殷部。讷殷部数稳色克什，前此亦以兵助叶赫诸部兵来侵。至是，聚七寨人，据佛多和山寨而居。乃命额亦都、安费扬古、噶盖率兵千人，攻围佛多和山寨。三月乃下，斩薮稳色克什。乙未年（明万历二十三年）夏六月，攻克辉发部多壁城。辉发贝勒拜音达哩前与叶赫诸部一再来侵。太祖率兵攻克其所属之多壁城，斩城守克充额、苏蒙额二人而还。丙申年（明万历二十四年）秋七月，遣还乌拉布占泰归国，命大臣图尔坤煌占、博尔宽斐扬古护送之。未至，其兄贝勒满泰父子，往所属苏翰延锡兰地修筑边壕，父子淫村中二妇，其夫夜入，皆杀之。及布占泰至，满泰之叔兴尼雅争立，欲杀布占泰。因护送二大臣严为防护，不能害。兴尼雅奔叶赫，遂立布占泰为乌拉国主。丁酉年（明万历二十五年）春正月，叶赫、哈达等部遣使乞盟。叶赫、哈达、乌拉、辉发同遣使来告曰："吾等不道，兵败名辱。自今以后，愿复缔前好，重以婚媾。"叶赫贝勒布扬古愿以妹归太祖，贝勒锦台什愿以女妻贝勒代善。太祖许焉，具鞍马、铠胄为聘。更椎牛、刑白马祀天，设卮酒、块土及肉血骨各一器。四国相继誓曰："既盟以后，若弃婚姻，背盟好，其如此土，如此骨，如此血，永坠厥命。若始终不渝，饮此酒，食此肉，福禄永昌。"誓毕，太祖亦誓曰："尔等践盟则已，有渝盟者，待三年不悛，吾乃征之。"

戊戌年冬十二月，乌拉贝勒布占泰率三百人来谒，赐甲胄五十，敕书十道，礼遣之（《东华录·天命一》）。甲辰年（明万历三十二年），春正月己未，太祖以后病笃时欲见母未能，怒叶赫贝勒，率兵征之。壬戌，克二城，曰璋，曰阿奇兰，取其七寨，俘二千余人而还。（同上）

丁未年（明万历三十五年），先是，阵获乌拉布占泰，释归主其国。未几，布占泰以其兄满泰妻都都祜所珍铜锤送叶赫贝勒纳林布禄，又以我国所属瓦尔喀部之安楚拉库部、内河部众所推服之三人送叶赫，引其使人招诱安楚拉库、内河二部。适有东海瓦尔喀部斐优城长策穆特赫来朝，告曰："吾等因地方遥阻，久附乌拉国。今其国主布占泰遇我等虐甚，乞移家来附。"（《开国方略·三》）春正月，太祖命弟舒尔哈齐、长子褚英、次子代善、大臣费英东、扈尔汉率兵三千至斐优城徙之。时夜阴晦，军中大纛之上有光，众以为异，扪视无有，复树之，光如初。舒尔哈齐曰："吾自幼从上征讨，所见多矣，未有此异。其非吉兆耶。"欲还兵。褚英、代善曰："或吉或凶，兆已定。吾等遽还，将何以报命耶？"遂决意前进。至斐优城，尽收环城屯寨，凡五百户，令扈尔汉率兵三百护之先行。乌拉贝勒布占泰发兵万人邀诸路。扈尔汉见之，令五百户结寨山巅，以兵百人卫之，使人驰告后队。是夕，乌拉兵万人，扈尔汉兵仅二百人，各据山一面，结营相持。翼日，乌拉来攻，我大将扬古利争先奋击，斩乌拉兵七人，我兵止伤一人。乌拉兵退，渡河登山，畏惧不敢前。两军相向驻营。日过午，我后队兵齐至，见乌拉兵甚多，褚英、代善策马而前，谕军士曰："吾父每有征伐，无不摧坚陷敌，今虽未亲行，而我等奉命来此，尔众何忧。昔布占泰侵我国，我国擒而缚之，吾父宥其死，复豢养之，俾归主其国。为时未久，人犹是人，曾从吾手而释，非有天幸得脱也，今岂不能再缚之耶。彼兵虽多，我国荷天眷，仗天威，吾父威名夙著，破敌兵必也。"众军士皆曰："愿效力。"遂渡河。褚英、代善各率兵五百，分二路缘山奋击，乌拉兵大败。代善追及乌拉统兵贝勒博克多，从马上左手攫其胄而斩之。时天气晴明，忽阴晦，大雪寒冽。被伤敌兵弃甲逃者，僵仆甚众。是役也，阵斩博克多及其子，生擒贝勒常住及贝勒瑚哩布，斩三千级，获马五千匹，甲三千副（《东华录·天命一》）。夏五月，命贝勒巴雅喇、巴图鲁额亦都、扎尔固齐费英东、侍卫扈尔汉率兵千人，征窝集部。取赫席赫部、鄂谟和苏噜部、佛讷赫托克索部，俘二千人还。三部并附乌拉，招降不从，故征之。（同上）秋九月，平辉发国。先是，叶赫贝勒纳林布禄遣使来誓盟，未几背。太祖遣将穆哈连征蒙古，获马四十匹以还。纳林布禄邀于路，尽夺之，并执送穆哈连与蒙古。又以其弟锦台什所许我国贝勒代善之女，妻蒙古喀尔喀贝勒斋赛。癸卯年秋，孝慈皇后病笃，思见母，太祖遣使至叶赫迎之，纳布林禄不许。甲辰春，太祖率兵征叶赫，攻克璋城及阿奇兰城。时辉发贝勒拜音达哩族人多投附叶赫，其部众亦有叛谋。拜音达哩恐惧，以其臣七人之子来质乞援，许焉，发兵千人助之。纳林布禄绐拜音达哩曰："尔若归尔质子，吾即返尔叛族。"拜音达哩信其言，乃曰："吾其中立于满洲、叶赫之间乎。"遂取回所质七臣之子，以己子与纳林布禄为质。纳林布禄竟不归其叛族。拜音达哩遣其臣来告曰："吾前者误为纳林布禄所诳，今欲倚赖上恩，乞以女赐我为婚。"太祖许之。后拜音达哩背约不娶，太祖遣使谓曰："汝昔助叶赫二次来侵，我宥尔罪，复许尔婚。今背约不娶，何也。"拜音达哩绐曰："俟吾叶赫质子归，乃娶尔女，与尔合谋。"因筑城三层以自固。后所质叶赫之子既归，复遣问之，曰："尔质子归，今将何如。"拜音达哩以坚城足恃，遂负约。丁未年八月，彗星出西方，九月丙申见于东方，指辉发国，入夜方灭。太祖即于是月己亥率兵征之。甲辰围其城，克之，诛拜音达哩父子，招降其众，乃班师。辉发之先本姓伊克得哩，黑龙江岸尼玛察部人。有星古礼者，自黑龙江载木主迁于扎噜居焉。因呼伦国之噶扬阿、图漠图二人居于璋地，姓纳喇，欲附其姓，杀七牛祭天，改姓纳喇，是为辉发始祖。生子备臣。备臣生纳灵阿。纳灵阿生拉哈都督。拉哈都督生噶哈禅都督。噶哈禅都督生齐纳根达尔汉。齐纳根达尔汉生旺吉努，招服附近诸部，筑城于辉发河边呼尔奇山，号辉发国。是时，蒙古察哈尔国扎萨克图图们汗自将围其城，不克而还。旺吉努卒，孙拜音达哩杀其叔七人，自为贝勒，至是国亡（《开国方略》）。戊申年（明万历三十六年）春三月，命褚英同舒尔哈齐之长子阿敏，率兵五千征乌拉宜罕山城，克之。斩千人，获甲三百，俘其众以归。时乌拉贝勒布占泰与蒙古科尔沁贝勒翁阿岱合兵，出乌拉城二十里，遥望我军，知不可敌，遂相约而还。九月，布占泰因失宜罕山城，大惧，始遣使往来，复通前好，执叶赫贝勒纳林布禄属下五十人送我使臣杀之。（同上）

辛亥年冬十一月，攻克扎库塔城。先是，东海呼尔哈部扎库塔人来降，太祖赐之甲三十副。其人以所赐甲送黑龙江滨之窝集部人，被于树，以试射，又贪乌拉国布匹，受其贝勒布占泰招抚。至是，遣额亦都、何和哩、扈尔汉率兵二千往征扎库塔城。谕降，弗从。围三日，攻克其城，斩千人，俘二千人，并招降环近路长图勒伸、额勒伸，令率五百户来归。（同上）

壬子年（明万历四十年）冬十月，驻兵乌拉河边。先是，乌拉贝勒布占泰遣使修好，既而背盟，侵我国所属窝集部之呼尔哈部者再，复欲娶我国所聘叶赫贝勒布斋女，又以鸣镝射所娶我国公主。太祖闻之怒。秋九月癸丑，亲统师征之。庚申，张黄盖，鸣钲鼓，沿乌拉河而行。布占泰率兵迎战，至河滨，见我兵甲胄鲜明，士马精强，军势甚盛，乌拉兵人人惴恐无斗志。太祖遂沿河岸而下，克其临河五城，又取金州城，驻营。其城在布占泰所居大城河岸之西，距城西门二里许。冬十月辛酉朔，东方有青白二气，指乌拉城北。我军屯其地三日，布占泰昼则率兵出城，相持河岸，夜则入城休息。遂毁其六城，并焚其庐舍糗粮，移驻于富勒哈河渡口。布占泰亲率其臣六人，乘舟止河中，跪而乞曰："乌拉国即父皇之国也，幸勿尽焚糗粮。"叩首哀吁不已。遂回营，驻乌拉国五日。还兵至乌拉河边伊玛呼山岗，以木为城，留兵千人守之。十二月有白气起自乌拉国，经上宫殿之南，直抵呼兰哈达。

癸丑年（明万历四十一年春）正月，平乌拉国。先是，布占泰悔罪求和，乃班师。至是，闻布占泰以其子绰启骟及十七臣之子送叶赫为质，娶我国所聘女，又幽置所娶我国两公主，遂复亲统师征之。布占泰期以正月丙子送其子质叶赫，而我兵先一日至，攻取逊扎塔城，进克郭多、鄂谟二城。翼日，布占泰率兵三万，越富勒哈城列营，我贝勒大臣皆欲战。太祖止之曰："征伐大国，岂能使之遽无孑遗乎。"仍以前言申谕之。布占泰率兵三万，由富勒哈城而来，令军士步行列阵以待。两军距百步许，我兵亦下马步战，矢交发如雨，呼声动天。太祖奋然挺身而入，诸贝勒大臣率军士鼓勇纵击，大败乌拉兵，十损其六七，余皆弃兵甲逃窜，遂乘势夺门，克其城。太祖登陴坐西门楼，悉树我军旗帜。布占泰率败兵不满百人，急还城下，见我军旗帜，大惊而奔。复遇贝勒代善率精兵邀击之，布占泰势不能敌，逃遁，又损兵过半，余皆溃走。布占泰仅以身免，投叶赫国而去。我军获马匹、甲胄、器械无算，尽收抚其所属城邑。驻军十日，大赉有功将士。乌拉败兵来归者，悉还其妻子仆从，编户万家。其余俘获，分给众军，乃班师。乌拉之先以呼伦为国号，姓纳喇，与哈达国同以纳齐布禄为始祖。纳齐布禄四传都尔机。都尔机生子二，长克什纳都督，次古对珠延。古对珠延生泰万。泰万生布延。布延收服附近诸部，筑城于乌拉河岸洪尼地，国号乌拉，自称为贝勒。生子二，长布罕，次博克多。（即丁未年，贝勒代善阵斩乌拉统兵贝勒。）布延卒，子布罕继之。布罕卒，子满泰继之。至满泰弟布占泰，国乃亡（《开国方略·四》）。

秋九月，征叶赫，降乌苏城。先是，太祖遣使谕叶赫贝勒锦台什、布扬古曰："昔我阵擒布占泰，赦其死而赡养之，又妻以三女，辄敢以恩为仇，是以问罪往征，削平其国。今投汝，汝其执之以献。"使者凡三往，锦台什、布扬古不从。秋九月辛酉，太祖率兵四万征之。有逃卒至叶赫，泄军期，叶赫遂尽收散处居民。其乌苏城以痘疫未收，我兵围之，谕城中人降。其城长三坦、瑚什木遂开门降，匍匐谒见。太祖酌金卮饮之，各赐冠服。尽焚叶赫所属璋城、吉当阿城、雅哈城、赫尔苏城、和敦城、喀布齐赍城、鄂吉岱城及屯寨凡十九处庐舍、粮储。收乌苏城降众三百户而还。锦台什、布扬古使人诉于明曰："哈达、辉发、乌拉三国，满洲已尽取之。今复侵我叶赫，其意即欲侵明，取辽东以建国都，使开原、铁岭为牧马之场矣。"明乃遣使来言曰："自今以后，当与叶赫修好罢兵。若不从我言而侵之，势将及我矣。"遂遣游击马时楠、周大岐率练习火器者千人，为叶赫守卫东西二城。（同上五）

天命四年春正月丙戌，征叶赫。太祖命大贝勒代善率大臣十六人，兵五千，往守扎喀关，以防明兵。亲统军征叶赫。辛卯，深入其界。自克依特城尼雅罕寨距叶赫城东十里，克大小屯寨二十余。其逃奔入城者尽追擒之。又取叶赫所属蒙古游牧畜产，整兵而还，离叶赫城六十里驻营，翼日班师。初，叶赫贝勒锦台什、布扬古闻我兵往征，遣使向明开原总兵马林告急。马林率兵助叶赫，合兵出叶赫城四十里，见我兵势甚壮，不敢战而退。（《开国方略·六》）

三月，叶赫贝勒锦台什、布扬古欲助明，与潘宗颜合其兵。甫至开原中固城，闻明兵败，大惊而遁。

八月壬申，灭叶赫国。时叶赫贝勒锦台什居东城，布扬古居西城。太祖与贝勒大臣定攻取策，以诸贝勒率兵围西城，亲统八旗将士围东城，星夜进兵。

叶赫侦者驰告布扬古曰：“满洲兵至矣。”叶赫人民闻之，皆惊扰。所属屯寨居民，近者避入城，远者匿山谷。壬申，我军驰向西城。布扬古偕其弟布而杭古率兵出城西门，陟岗鸣角鼓噪。望见我军旌旗剑戟如林，队伍整肃，自度弗能御，仓皇入城。诸贝勒遂督兵围之。太祖统军围东城，破其郭，布列梯楯，呼锦台什出降。锦台什不从，答曰：“我非明兵比，等丈夫也，我肯束手归乎。与其降汝，宁战而死耳。”太祖遂督兵攻城。两军拒战，矢如雨雹。我兵拥楯登山，傍城下掘地，欲堕其城。城上发火器，掷巨石滚木，我军冒矢石穴其城，城堕，遂入城。城上敌众复迎战，又败之，四面兵皆溃。太祖遣人执帜，禁约军士，毋得妄杀，又使人持上黄盖传谕城中，降者免死。于是城中兵民俱降。锦台什携妻及幼子登所居高台，我兵围之，呼曰：“汝降，速下。否则，进攻。”锦台什曰：“我战不能胜，城破困于家，纵再战，岂能胜乎。汝皇子四贝勒，我妹所生也。得相见，闻其盟言，我乃下。”时四贝勒攻西城，太祖召之至，命曰：“尔舅有言，待汝至乃下。汝往，彼下则已，不下，以兵毁其台。”四贝勒既往，凡劝谕者再三。锦台什仍执前言不下，令亲臣阿而塔什来见。太祖谕责之曰：“离间诸舅与我难，致明人举兵四十万来，非汝也耶。念此，宜诛汝。事既往，不汝咎耳。汝还语贝勒与偕来。”阿尔塔什还，劝锦台什，不从，曰：“闻吾子德勒格尔被创在家。召之来，吾与相见，乃下。”四贝勒召德勒格尔至，与之见。德勒格尔谓其父曰：“我等战既不胜，城又破。今居此台，欲何为。盍下台，生死听之。”劝谏再四，锦台什终不从。四贝勒欲缚德勒格尔，德勒格尔曰：“我年三十六，乃于今日死耶。杀之可也，何缚焉。”四贝勒以其言奏。太祖曰：“子劝父降而不从，父之罪也。父当诛，勿杀其子。”遂引德勒格尔见。太祖以所食，赐四贝勒与同食。谕曰：“此尔之兄也，善遇之。”锦台什妻因其夫不下，携幼子趋下。锦台什引弓，从者复攦甲待。我兵持斧斤毁其台。锦台什纵火焚屋宇，尽毁。我诸将谓锦台什已死，令毁台之兵退还。火燎锦台什身，自下，为我兵所执，缢杀之。时诸贝勒围西城，招之降，不从。会东城已破，布扬古、布尔杭古大惧，使人来告愿降，以怀疑不敢出，乃令其母来。大贝勒以礼接见。其母曰：“汝无盟言，故我二子怀疑而惧耳。”大贝勒乃以刀划酒，誓曰：“若汝等降，而我杀之，殃及我，若我既誓，而汝仍不降，殃及汝等。汝等不降，破汝城，必杀无赦。”乃执酒饮其半，分其半送布扬古、布尔杭古饮之，遂开门降。大贝勒引布扬古见上，布扬古复勒马立。大贝勒挽其辔曰：“尔殆非丈夫耶，言既定，又立此踌躇，何为也。”乃来见。布扬古跪不恭，仅屈一膝，不拜而起。太祖亲以金卮赐之酒，不恭如初，屈一膝偏向，酒不竟饮，沾唇而已，又不拜而起。太祖谕大贝勒曰：“引尔妇兄去，回彼西城。”是日，太祖深念久之，谓：

"吾既不念旧恶，欲留而豢养之，贷其死，予以生全，未见有喜色，仍仇怨，且拜跪亦不少屈，此人可豢养耶？"是夜，命缢杀之。其弟布尔杭古以大贝勒故，宥其死。助叶赫防守之明游击马时楠及兵一千，尽杀之。叶赫所属各城俱降，其官员及军民皆弗罪。父子、兄弟、夫妇、亲戚不令离散，财物毫无所取。徙其人而还，悉予廪给并田庐，器用，无马者千人，并给以马。初，叶赫之先，蒙古国人，姓土默特。灭呼伦国所居璋地之纳喇部，遂据其地，因姓纳喇。后迁于叶赫河岸建国，故号叶赫国。其始祖星根达尔汉生锡而克明安图。锡而克明安图生齐尔噶尼。齐尔噶尼生楚孔格。楚孔格生台楚。台楚生二子：长青嘉努，次扬吉努。兄弟绥服叶赫诸部，各居一城，哈达国人多归之。青嘉努、扬吉努遂皆称贝勒。岁甲申，明宁远伯李成梁受哈达国所赂金及黑狐、紫貂，听谗构，以赐敕赏赍为名，诱青嘉努、扬吉努两贝勒至开原，并从兵三百，皆杀之。青嘉努子布斋，扬吉努子纳林布禄，各继其父为贝勒。李成梁率兵取其杜喀、尼雅罕二寨。戊子年，又率兵围攻纳林布禄所居东城，大伤兵卒，不克而归，乃与和好焉。纳林布禄弟锦台什，布斋子布扬古，嗣为贝勒，分居东西城。至是，叶赫遂灭（同上六）。九年五月甲寅朔，击败明兵于辉发地。明将毛文龙令游击三员，引兵侵我国所属之辉发地，沿鸭绿江越长白山而至。我守将苏尔栋安击败之，追逐三日，尽歼其众。（《开国方略·八》）

卷十二　沿革志

扈伦四部

辉发部（《开国方略》）：乙未年（明万历二十三年）夏六月，我大清攻克辉发部多壁城。丁未年（明万历二十五年）秋九月，平辉发国。谨案：辉发城有三：一在省城西南三百七十里吉林峰上（与奉天海龙厅接壤），一在辉发峰之西北，一在省城南三百余里（那尔轰之北）辉发河边。其国南境当与讷殷接（以两讷殷河在那尔轰之南知之），其西境当与叶赫接，其东与北，当与乌拉接，在扈伦四部中，最处东南边者。

乌拉部（《开国方略》）：戊申年（明万历三十六年）春三月，我大清克乌拉宜罕山城。癸丑年（明万历四十一年）春正月，平乌拉国。谨按：乌拉国城，即今打牲乌拉。其南界与辉发接，西南界至苏斡延以西与叶赫接。其北界无可考，其东界则在今张广才岭（以额穆赫索罗为窝集境知之）。然其盛时，东海三部且为所属，则直讫海滨矣。

叶赫部 （《开国方略》）：癸丑年，我大清征叶赫，降乌苏城，收服叶赫所属璋城、吉当阿城、雅哈城、赫尔苏城、和敦城、喀布齐赉城、鄂吉岱城，及屯寨凡十九处。天命四年八月，灭叶赫国。谨按：叶赫国城在今省城西四百九十五里叶赫站，其西北三面亦有土城一，盖即布扬古所居者也。其国南境多在奉天界，与哈达邻，其北境与科尔沁、郭尔罗斯邻，其西境当至威远堡边止，即明之北关也。

又案，扈伦四部在满洲之北，皆以所居之河得名。乌拉、辉发二河入松花江，叶赫、哈达二河入辽河，即明之海西卫，与建州卫、野人卫而三。海西亦谓之南关、北关。南关哈达，北关叶赫，逼处开原、铁岭，乃明边之外障。盖四部之地，其三部皆全在吉林，惟哈达国境在今奉天界内，而其北境亦有错入吉林省。以占地无多，故建置从略焉。

〔李澍田、夏寅生　点校〕

《圣武记》（选录）

按：清代魏源所撰《圣武记》十四卷，述及满洲征服四部，统一东北之史实。兹据中华书局一九八四年校点本，选录卷一开创篇的开国龙兴记部分。

圣武记

（万历十二年）是时诸国分裂。满洲国之部五：曰苏克素护河，曰浑河，曰完颜，曰栋鄂，曰哲陈。长白山国之部二：曰讷殷，曰鸭绿。东海国之部三：曰渥集（亦作窝集），曰瓦尔喀，曰库尔喀（库，一作虎）。扈伦国之部四（扈伦亦作呼伦）：曰叶赫，曰哈达，曰辉发，曰乌拉。皆金代部落之遗，城郭土著射猎之国，非蒙古行国比也。各主其方，争相雄长，强凌弱，众暴寡。而扈伦四部最强，在满洲之北，（惟乌拉在吉林，当满洲东北；其辉发、哈达、叶赫皆在兴京之北，今盛京将军所辖境内。）皆以所居之河得名。乌拉、辉发二河入松花江，哈达、叶赫二河入辽河。即明之海西卫与建州卫、野人卫而三。海西亦谓之南关、北关，南关哈达，北关叶赫，逼处开原、铁岭，乃明边之外障也。

万历十六年，复克完颜部。时满洲环境五豪部皆服，全有建州，遂与海西部为敌国。

万历二十有一年，叶赫、哈达、辉发、乌拉、（扈伦四部）科尔沁、锡伯、卦勒察、（蒙古三部）珠舍里、讷殷，（长白山二部）九国之师三万来侵，营浑河北岸，国人皆惧。太祖酣寝达旦，诘朝率诸贝勒拜堂子启行，至古〔呀〕山据险而阵，谕将士曰："乌合之众，其心不一；殪其前锋必反走，走而乘之必大克。"时敌方攻赫济格城，命额亦都以百骑挑之，敌罢攻来战，叶赫贝勒布斋、科尔沁贝勒明安身先督阵。布斋马触木而踣，我兵斩之，明安马陷淖，弃鞍跨骣马遁，众军遂溃。乘胜逐北，斩级四千，获马三千，铠胄千，并擒乌拉贝勒之弟布占泰，军威大震。万历二十五年，〔乌拉、〕叶赫、哈达、辉发四部遣使来乞盟缔姻，以其女弟归太祖，是为高皇后。

初，扈伦四部哈达万汗最强，且忠于明，为叶赫、辉发、乌拉三部盟主。传其子蒙格布禄，兄弟内阋，遂为叶赫所乘。哈达乞援于明，不许，请人捍边，又不许，于是质其三子来告急。太祖命费英东、噶盖以兵二千助之。哈达旋惑叶赫贝勒之谮，令执我将帅以索其三质子，而袭攻我军。于是太祖举兵克之，尽降其城寨。明使以灭邻来责，乃复其子武尔古岱归国。时万历二十七年也。既而叶赫兵数掠哈达，太祖使诘于明，明人不问。哈达饥，乞籴于开原城，明亦不与。哈达复降于我，于是明塞亡南关。是后，我国始绝明贡，惟互市。

万历三十五年，辉发贝勒以所部多叛归叶赫，遣子质我而树援焉。已，又信叶赫贝勒之谮，索还其子以质于叶赫，所约之婚亦背不来取，而筑重城以拒守。是年，彗星东指辉发国，太祖征之，辉发以亡。

万历四十一年，征乌拉。初，布占泰阵获于我，旋释归，使主其国，妻之以宗女，赐之以敕书、甲胄。三十五年，其所属之瓦尔喀部来归，太祖遣褚英、代善、费英东以兵四千迎之。布占泰以兵万人阻之，为我军所败，斩级、获甲各三千，师还。又遣褚英、阿敏以兵五千克其宜罕山城，布占泰惧，不敢战，执献叶赫之人以和，并求婚，上亲女许之。四十年，复背盟，再侵我渥集部属之虎尔哈路，欲娶我国所聘叶赫之女，又以鸣镝射公主。太祖亲临乌拉河，克其沿河五城，尽焚其庐舍糗峙，许盟而还。布占泰复以其子质叶赫，怒我师。师至，布占泰以兵三万逆战，太祖身陷阵，败其军。先伏兵夺其城门，尽树纛帜，布占泰收败卒不能入，遂奔叶赫，乌拉以亡。

是秋，遂以兵四万征叶赫。叶赫尽敛其乡民保城，使诉于明，曰："扈伦四国，满洲已灭其三，今复侵我，行必及明矣。"明使游击马时（相）〔楠〕率火器千助叶赫。太祖服其七城十九寨，旋师。叶赫恃明之援，遂以所许我国之女归蒙古。时我太祖天命之二年，明万历四十四年也。太祖既誓师仇明，戡抚顺，夷清河，遂以天命四年（万历四十六年）春，留兵六千守札喀关备明，而自将六师深入叶赫，克二十余寨。叶赫告急于明，于是明有四路之师。太祖覆其军二十万。是秋，克开原，克铁岭，捬叶赫之背。遂围其贝勒锦台什于东城，围其弟布扬古于西城。攻东城之军先破其郛，士皆拥盾冒矢石，穴城陷之。锦台什登台自燔死，布扬古以西城降，遂歼守叶赫之明兵千。于是明塞复亡北关。

三十六年，瓦尔喀部斐优城长以五百户越乌拉境来归。遣费英东等以兵三千往护之，中途败乌拉要截之兵。

盖东海诸部在吉林宁古塔以东，与我隔于乌拉，又贪乌拉布市之利，甘为其属，故自乌拉削平，而后威凌薄海表。今吉林将军治乌拉故城，（吉林城在盛京东北八百二十里，在宁古塔西六百三十里。或云吉林即古鸡林。）其所辖东西四千余里，南北二千里，即乌拉诸部故境。

附 考

《盛京通志》：叶赫城在吉林城西四百九十〔五〕里。又有叶赫山城，在叶赫城西北三里，内有子城，明于其地置镇，北开为互市，亦曰北关。哈达城在吉林城西南五百三十里伊彻峰上，相近又有哈达石城。初，哈达贝勒自旧城迁居于此，称新城。其旧城在开原县东六十五（处）〔里〕，明置广顺关于此，为市易处，亦曰南关。辉发城有三：一在吉林城南三百〔七十〕里吉林峰上，一在辉发峰西北，一在辉发河边冈上。

太祖高皇帝天命元年，受覆育列国英明尊号，国号满洲，时明万历四十有四年，太祖年五十有八矣。海西四国平其三，惟叶赫恃明之援，负嵎乎肘腋。而明亦倚叶赫为北关，不利我之吞并也，以火器兵助守叶赫，并屯重兵于开原，备犄角。太祖议我都城逼辽沈，将先图叶赫，则患明兵捣我之虚，非大挫明兵夺其气不可。按兵休士二载，广储峙，利器械，尽收诸部精锐，天人协应，迫时而动，遂以天命三年兴师伐明，以七大憾誓告天地堂子。步骑二万发兴京，围抚顺，降其游击李永芳及民千余户，夷其城而还，败其追兵万人，阵斩总兵张承荫。秋，复克清河城，斩副将邹储贤及其兵万，并克抚安堡、碱场堡，皆毁之。时我兵志在叶赫，故所得明城堡皆不守。

天命四年（万历四十七年）春，征叶赫，命大贝勒代善等以兵五千守札喀关防明兵。闻明师将大举来犯，引还。八月，遂灭叶赫。于是语言相同之国尽为我有，疆域西至辽，南至朝鲜，东至海，北抵黑龙江。

〔刁书仁 选录〕

《山中闻见录》（选录）

按：本书为清初管葛山人彭孙贻所撰。抄本十一卷，记明季关外兵事颇详。卷一至六记建州；卷七收李成梁等列传五；卷八为西人志；卷九至十一为东人志：一、女直。二、海西。三、建州。与《东夷考略》主文大同小异。两书可参照阅读。

据罗振玉家藏本选录。参核辽宁省图书馆影印清抄本。

卷一　建州

大清太祖讳奴儿哈赤，兴于开元塞下，用兵最强，所向无敌。以后渐并海西、建州诸部，遂成帝业。

初，太祖乃将弟速儿哈赤俱走之东方，有众千余，渐北侵张海、色失诸部，蚕食之。……河北部张海亦有怨于太祖，尽携家室，奔海西投都督歹商。太祖以为歹商何为匿我仇雠乎，遂大掠海西，边吏檄谕还所卤及献盗边者。太祖谓曩所卤人已杀死，不可复生，仅献牛二头，盗边实老鸦堡彝纳答赞，小色失、凡永住与佟绰乞偕来，今诚以佟绰乞属我，得严约束不复犯塞下。边吏知其诈也，不听。当是时，海西北关酋卜寨、那林孛罗连西人以儿邓攻歹商急。太祖怨歹商，因合那、卜二酋图歹商。李成梁发兵围那酋寨，二酋请降，为平海西二关贡敕以和，诸酋令歹商逐张海还建州，以弭其衅。已而，太祖求婚于歹商，遂罢兵。

万历十七年己丑，太祖自领祖父遗众，蚕食诸部以自强。今骤跻崇阶与南关埒，藉中朝名号耀东方，势愈强。……会歹商为那、卜二酋所杀，南关猛骨孛罗势益孤。建州日与北关二酋构讦讼中朝，称妻安明姐为那酋所抢，请发兵剿捕。概报罢，然太祖竟攻杀卜寨。万历二十三年乙未，上以太祖保塞功，加龙虎将军，秩视王台，潜谋吞海西矣。

万历二十七年己亥五月，那林孛罗窥南关势孤，急攻猛骨孛罗，猛酋不支，以子女质建州借兵，那林孛罗恐，则布飞语，谓猛酋且执建州所部，以激怒太祖，既心利兼并，怒执猛骨孛罗，羁寨中，掳其资。

万历二十八年庚子四月，太祖恶猛酋，射杀之。取其妾松代速代。边吏诘之，愿以其女结婚猛骨孛罗长子吾儿忽答。明年三月，授室送归寨，先归其次子革把库，还其敕书及所部百二十家。

万历二十九年辛丑七月，太祖于抚顺关外刑白马，誓抚吾儿忽答堡塞。八月及其女送归，那林孛罗亦归原掳敕书六十道与太祖，请并补双贡如故事。会礼部以海、建两贡驿骚，议照朵颜三卫量裁员数，定期减车两。太祖弟速儿哈赤亦讦边吏驿递刁勒，所赏袄袋滥恶，愿得折价。居久之，太祖仍羁吾儿忽答建州寨，阳以抚养为名，奏为那酋抢杀来奔。那林孛罗亦讦建州系王杲遗孽，计杀猛酋，又掳其子，乞输还忽答，守靖安关。廷议无所可否。自是王台子孙不绝者如线，南关墟莽矣。北关那林孛罗、白羊骨乃约婚西人宰赛以自托。太祖与海西忽剌温约婚，旁啗黑龙江上诸部，侵朝鲜，陷潼关堡，朝鲜来告急。建州新并南关，势张甚，益结西人吞并灰扒诸部。

万历三十四年丙午，太祖强予清河沿关人参，勒参价。已，复争入贡车价，语甚张。边吏仓皇请益兵，朝鲜亦报建州席卷江上，并吞及海夷，卜占台吉为所败。且假道劫回波部落。

万历三十六年戊申，海、建修贡。礼部议吾儿忽答羁建州，建州假敕冒赏，宜折其谋。寻太祖日治兵，声掠北关。

万历三十七年己酉五月，太祖遣其子莽骨大以万骑修南关旧寨。已，又勒七千骑围猎，入靖安堡。闻金台失有备去。已，又勒五千骑驻抚顺关，胁索蟒缎、牛、酒。已，又勾西人宰赛、暖兔等窥开原、辽阳。边吏日夜告急。御史熊廷弼按部辽阳。屡上章策，建州必反，请增募兵万人，及改三协充寺马，厉铠甲，急抚北关，收宰、煖以携其交。时那林孛罗殁，弟金台失新立，太祖益耽耽思吞噬。闻中国日治兵，太祖请遵谕减车价入贡，还张其哈剌佃子，即成梁所弃地也。巡按辽东御史熊廷弼疏奏："佃子地止一山沟，不可堡而守，旧鸦鹘关与横江地未归，敌以一峡了弃地之局，建州贪我市赏，本急于贡，我急之，彼益骄，辄坏竖碑，全勒车价，邀我年来，壮我军实。缓视贡而彼益急，此驭敌大机。为今计，宜合北关縻西人，因招致江上及南关灰扒诸夷来奔者，宠以名衔，置近地号召遗众，剪其羽翼，我又简戎搜伍，严为备，敌且在我握中矣。"科议请释建州为外惧，姑置弃地，先许贡以敉宁东方。诏下兵部议。

万历三十九年辛亥六月，部议如科臣言，覆奏神祖，乃许其入贡。已，太祖忌其弟速儿哈赤兵强，计杀之。复耀兵侵兀喇诸酋并图其婿。江彝卜占台吉急，因率部落千余走北关，金、白二酋匿之。遂藉口索逋婿，与金台失、白羊骨相仇杀。边吏请密谕北关行间，间建州所并灰扒、兀喇诸夷合从，以八攻一，倚中国为外援，乃可以逞。然竟不从，事遂已。

万历四十一年癸丑三月，太祖益垦南关旷土，纠西人宰赛、暖兔、卜儿亥、瓜儿兔二十四营，驰清河。辽东告急，檄征蓟兵五千赴援，并禁籴及貂、参、珠宝。太祖闻我师既集，巽词谢边吏，谓抚安等耕牧日久，请罢新垦地以（如约）求和。巡抚张涛信之，奏曰："北关以老女逋婚开衅于敌，宰赛以金酋杀其外母，藉口相攻，北关乃怨敌之贿结西人。我之潜盟金、白，私给火器，徒示张皇。建州遣使于骨里吁往耕牧，新添者尽撤，请以第七子巴卜海入抚顺关为质，或居广宁，或留京师，示无鲠中朝。译巴卜海建主姜真奇生，巴卜泰弟也。谨听朝议进止，其北关匿婿卜占台吉敕发完聚，当永纾辽患。"涛遣通官藉大（臣）〔成〕宣谕，建州随奉质子入关。涛方疏奏侈东方入质为旷古盛事。太祖度我征备，即严兵围烧金、白十九寨。总督薛三才、御史张五典连疏请救北关。我援师不时发，三才乃疏争往辽失策，弃南关不救，苟北关再入建州，东方忧滋大。……三才请先募各二千，令原任总兵麻承恩、参将曹文焕分统。合四千为一营，屯开原诸堡，备缓急。顷之，御史翟凤翀新按辽，疏称："建州意不在婿与女，特假此罪北关，似不必逢敌不注意之两事，强北关以必从。前遣通事官入建州，建州长谩语，以所部狐裘充赏，轻我已甚。长子洪把兔儿一语罢兵，随夺其兵因之狱。度北关势必不支，今日宜急救以完开原。请令麻承恩以兵二千七百驻沈阳，别遣他将以千人驻清河、抚顺，直逼敌巢以壮声援。"制曰可。太祖闻中朝兵渐集，乃始撤兵。十二月，以五百骑诣抚顺关，诉负婚，明无别意。巡抚张涛信之，疏称："金、白自召兵，遽挑开原，先发敌忿，兵自此始。建州意在老女逋婚，与北关仇构未已，北关图剿敌以收利江夷，开原祖北关趋利，边将妄报，未足信也。"北关初为西人所掠，刍粮既尽，苦荐饥，部落归东者众。东方以甘言抚诱之，给以牛种，金台失从兄亦往投焉。边吏以火器助守北关，给以锅六百，谷千石，始有固志。

万历四十二年甲寅，清太祖益勾西人，合兵庄南图北关，暖兔乘机挟老女，北关愿与暖兔子结婚。辽抚谕姑留老女系两酋心，发蓟西春防兵二千，屯开原、抚顺。令别将统兵千人，屯镇北堡，分防二塞。太祖狙深多智，阴阳翕忽，每发兵以围猎为名，不知所向。禁所部卖蜂蜜，备糗粮积至五六年。张涛终谓风闻多妄，疏奏曰："北关开原本觊东人参、貂、东珠之利，诱匿卜酋成骑虎势。建州富殖，辽人久为所有，我师未出，彼防已预，此未可以虚声喝。我奈何以极疲兵，极匮之饷，为北关守老女逋婚。且北酋为我守二十余里之边，东敌为我守九百余里之边，东敌心失，又增辽阳九百余里之边患，是谓亡策。"已，……太祖始遵谕，退地定界。始猛骨孛罗遗南关边外四堡，曰三岔、抚安、柴河、靖安。及建州争界，执三岔、抚安为旧种，止退柴河、靖安，予秋获。参议薛国用备核南关界土，王台存日，自威远至三岔河，猛酋时三岔入于建州，以抚安堡为界，猛酋死并归建州，敌结已属含糊。两关地素沃饶，而建州高下不等，苦旱涝薄收，（项）〔顷〕生齿日繁，计必垦南关以自给。我之制敌正在此，敌虽强而粮不继，势不得取给清、抚之余。我以清、抚制敌之命，而开原亦可安枕。今日疆界请无枝梧结局，因与铁岭游击梁汝贵等按地，将前四堡及白家冲、松子二堡，共立碑六。二堡临边，皆高山未垦故也。光复谓："白家冲非原题，抚安非奉旨驱逐地，且私立碑，无以服敌。"行道将撤碑。国用抗议："抚安要害，咫尺铁岭，断不宜失。"会御史翟凤翀巡清河，语敌使照界镌碑，姑给柴河，秋获，遂将六堡俱退，大书番字碑阴，自明年永不越种。七月，部夷盗暖阳，为建州即戮之碑下，示恭谨。是岁贡者减至十六人，盖其机变阴鸷也若此。光复奏请，将抚顺备御改游击，与清河游击分统兵各千人。建州一攻，北关即移会辽阳出捣，镇北堡去北关六十里，以清河游击移镇之。撤回废将罗拱极，以马时楠专驻本堡，练习火器。诏下兵部议，从之。

万历四十三年乙卯五月，白羊骨竟以老女许婚暖兔子蟒骨儿大，且执建州六人，开原谕止不听，七月遂成婚。太祖发兵三千屯南关。巡抚郭光复谓："曲在北关，我不能禁北关之嫁老女，又安能禁建州之攻北关？北关自恃力可抗衡，而又系援暖兔，吾且听三方穴中一斗，按甲以收刺虎之功。"

卷二　建州

万历四十四年丙辰，太祖自称建州国汗，建元天命。……太祖自吞南关，尽并乌龙江上诸部，独擅人参、松子、海珠、貂皮之利，日益富强，威制群雄。……太祖受赏于抚顺关，辽人士习狃气凌之，宴赍殊草率，且负参貂之直亡算，敌已生心。人参产东北，开原、清河有两市，敌贿边吏，改北关从间道，开原路梗，尽并入清河。北关生计贫落，开原牙侩与北关日为蜚语构建州。建州复以北关老女渝盟，改婚暖兔子，讼之开原。开原右北关不为理，建州恨刺骨，辽将吏皆言建州必反，又不设备。

万历四十六年戊午……九月，御史陈王廷按开原，遣指挥王世忠说北关。世忠王台后，金酋妇世忠姑也。建人既连陷内地，北关观望，图纾祸。世忠说以虎墩兔憨辈，旦夕剿敌蒙重赏，千金可立致也。十一月，金台失男得儿革台州，攻克建州一寨。

万历四十七年己未……六月，廷臣言开原被攻，北关先期密报，及寇至以二千人赴援，而开原已失，宜赐救抚慰。且北关新缔婚虎酋，可藉联属。建州奸细在两河甚夥，可即用为间。

万历四十七年八月……辛未（廿一），建州以轻兵阳给我师，合数万骑，直走金台失寨，鸡鸣围之，讫午而陷。随攻白羊骨寨，应时火发，北关尽没。

卷七　李成梁传

万历元年……十一月，成梁请移孤山，筑宽奠六堡，远傅朝鲜，以断诸夷。堡成，诸夷不得驻牧其中，请质子通市，不敢复犯塞。自是抚顺、开原而北，属海西王台制之。清河南抵鸭绿江，属建州兀堂制之，并有市。王台控弦万骑，建州酋王杲、兀堂，毛怜酋逞加奴、仰加奴皆隶焉。台纳二奴妹曰温姐。

乙亥春，王杲匿哈纳寨，谋犯边，副将曹簠围之，杲以蟒甲衣哈纳绐追者得脱走。抚顺市购杲急，不敢北走，于是归王台。开原兵备谕台，台捕杲槛致京，磔西市。加台龙虎将军，追二子都督佥事。

壬午……时王台、虎儿罕相继死，海西益弱。二奴及王杲子阿台日夜窥辽东，入孤山堡。

癸未……康古陆妻父妾温姐，与猛骨孛罗及虎儿罕子歹商三分海西。猛骨幼弱，阿台、二奴数犯海西，阿台诛，二奴侵益急，以二千骑叩关索救书，请得部把吉把太、猛骨、三马兔诸夷。守备霍九皋让之曰："若来就抚，甲骑数千胡为者？"二奴请以三百骑诣圈门。成梁设伏去开原四十里，约闻炮乃起。巡抚松坐南楼，将士伏四隅。曰：敌入圈听抚，按甲无动，否则鸣炮皆起，毋走二奴。二奴入，瞋目不驯，九皋让之急，巡抚奋髯抵儿，九皋曳二奴下马，白虎赤拔剑中九皋臂，九皋拔刀反击，一夷头坠地，皆大惊，杀伤数十人。炮鸣，诸军并起，斩二奴及白虎赤、仰酋子哈儿哈麻、逞酋子兀孙索罗，获首三百十。成梁麾兵击屯塞上敌，斩首千二百，夺马千匹。追至其巢，围之。诸夷叩头寨门，愿从约束。海西刑马钻刀为誓，尽属猛酋。

丁亥……逞、仰二奴子曰卜寨、那林孛罗，以父怨欲杀猛、歹二酋。知康古陆怨歹商，结温姐为内应。猛酋以母故助康古陆掠歹商妻子。卜、那二酋，袭南关，偕温姐纵兵开原。参政王缄以兵袭，执温姐，而囚康古陆，已而皆释之。令谕猛酋还歹商妻子，令康古陆保任歹商。居月余，康古陆病笃，语温姐曰："我死，教儿子毋负中国恩。"康古陆死，猛酋劫温姐徙北关，数月以乳疽死。御史许守恩劾王缄不剪二奴遗孽，使猛骨数反覆。乃革猛酋封赏，缇骑逮缄。缄上疏自理，言逞、仰之役，夷不过三百，多杀江夷之市参貂者，兵备任天祚冒上首功。乃逮天祚，缄对簿。

戊子，卜寨勾以儿邓攻猛、歹二酋，掠其人畜。总督张国彦谕卜、那二酋还所掠，贡市抚赏如初。卜寨如约，那林不听。

三月初，雨雪，至南关给歹商白布披肩为识，鸡鸣至北关部落罗寨，召落罗植一降旗，令十人守之，挟落罗与俱召二酋，卜寨入那林壁，与我兵夹道驰。我军敛兵，二酋麾甲冲我军，杀数人，乃纵兵，敌入壁拒守。石城内外环木城，凿濠三重，中为山，凿坂峻绝，上筑石城，而木城傅之，中筑楼，木石盛设。诸军毁栅夷城二重，中坚不可拔，士卒多伤。乃收兵立云梯，置大炮其上，击中城，铁弹如升，二酋丧魄出城顿首，请与南关分敕入贡。刑牲盟，均两关敕，南关五百，北关四百九十九，差一，示右南关也。

卷九 东人志

女直考

女直各部在混同江以东，东滨海，西接兀良哈，南邻朝鲜，北至奴儿干。略有三种：自汤站东抵开原居海西者，为海西女直；居建州、毛怜者，为建州女直；极东为野人女直。他种甚夥。居开原北，近松花江者，曰山夷，倚山为寨，即熟女直，完颜种也。又北抵黑龙江，曰江夷，有灰扒、兀剌等族，皆生女直也。并有室庐，或以桦皮为帷，止则张之。善射驰猎，耐饥渴，好盗，多步少骑，上下岩壁如飞。……海西则黑水裔也。建州于女直为最强。永乐元年，遣行人邢枢招谕奴儿干诸部，野人酋长来朝，因悉境附。九年春，遣中使治巨舰，勒水军江上，召集诸酋，縻以官赏，于是康旺、佟答剌哈、王肇州、琐胜哥四酋率众降。始设奴儿干都司。自开原东北至松花江以西，置建州、毛怜、塔山等卫一百八十四，兀者等所二十。官其酋为都指挥、指挥、千百户、镇抚，赐敕印，各统分部。复置站、地各七，寨一，不领于卫所。令岁以冬月，从开原入朝贡。唯野人女直僻远无常期。诸部愿内附者，开原设安乐州、辽阳设自在州处之。已，又为海西、建州立马市开原，岁时赐予甚厚，终帝世奉职谨，征发辄赴。

四年，海西、野人女直数寇掠，都督巫凯请讨之，不许。赐敕戒谕，令凯厚恤贡夷。……景泰中，都御史王翱谕归所掠，稍宁戢。海西诸夷死也先之乱，尽失赐敕，子孙不得袭，以舍人入贡，宴赏减曩时，不无失望。……

成化二年，左都御史李秉言："建州、毛怜诸部来贡，边臣按验，貂取纯黑，马取膘壮，否则拒之，非厚往薄来意。且貂产黑龙江迤北，非建州、毛怜所有，宜敕守臣验放，无过苛启衅。"下兵部议，如秉言。而董山来朝，语不逊，纠毛怜、海西频盗边。三年，命武靖伯赵辅充靖房将军，同左都御史秉督汉番京边官军五万往征之。

五年，礼部奏敕谕海西女真常贡，无进海东青、兔鹘。

十四年，海西兀者前卫都指挥散赤哈……率所部十余辈，由抚顺关入，守将以非故道却之。因藉忿，合建州夷大掠奉集堡。钺掩近边蕃户以捷闻，更请大发兵。

正德八年，海西夷加哈义、祝孔革等为乱，阻朝贡，旋就抚谕。嘉靖初，海西夷速黑忒强，以修贡谨，兀捕叛夷猛克，特晋左都督，赐金带、大帽。其后请乞渐烦，贡浮额。从兵部议，敕守臣严核如制。

二十七年，女直诸夷及兀良哈勾虏入辽，都御史李珏复罢去，辽东大困。已，复修贡不绝，嗣是而海西、建州代相雄长矣。

卷十　东人志

海　西

文皇帝既置塔山、塔鲁诸卫以备外藩，而海西诸夷皆在开原南北，所谓南关、北关是也。

永乐初，赐都督阿固郎名姓曰李献诚。于是，海西都督皆以李为姓。宣德四年，海西女直始入寇。

正德初，海西酋速长加数盗边，枭斩开原市。正德八年，速长加子祝孔革同海西酋加哈义为乱，阻朝贡。旋就抚，以祝孔革为都督。嘉靖初，海西酋速黑忒最强，以修贡谨及捕叛夷猛克特晋左都督，赐金带、大帽。亡何，以海西酋王忠侦房功，升都督金事。祝孔革阻兵数反覆，王忠执而戮之，夺其贡敕及季勒寨。王台者，忠之侄而速黑忒之孙也，能得众，兵益强，居开原东北。建州王杲、王兀堂、鹅头、忙子胜、李奴才，毛怜李碗刀及祝孔革子逞加奴、仰加奴诸酋尽服从台。台居静安堡外，有室庐耕植，与诸夷异矣，修款广顺关，地近南，称南关。逞加奴、仰加奴修款镇北关，地近北，称北关云。开原孤悬，扼辽肩背，东建州、西恍惚太，二夷常窥辽塞，台介东、西二夷间，扞蔽令不得合，最忠顺，因听袭祖速黑贰职，为东陲诸夷长者，凡三十年。台纳二奴妹温姐为妾，二奴以是寖益骄，数勾王杲盗边。开原兵备副使王之弼檄台，令杲还所掳掠者，台走建州寨，得徐成等七十二人，马一骑。杲亦献阎三等一百六十六人，马七骑。复诣抚顺关，请通市如故。始，王台兵强，其入贡，多夺北房马。已，委正与台通婚媾，而土蛮所部小黄台吉以五万骑诣仰加奴寨，为其子乞婚于台女。台惧而许之。于是奉台马、牛、羊、甲胄、貂豹、皮裘，筑坛刑白马为盟，约毋犯开原塞。居亡何，小黄台吉勾台犯塞下，台不可，乃归。明年，建州王杲叛，杀守备裴承祖，辽东巡抚张学颜檄台捕杲。台令海西酋加提哈亥，建州酋张三挑义先款塞，请市。游击丁仿语之曰：必得杲，而后市事可图也。台复率建州大疼克、三章忙子、索罗卜花、色失、木同哈、那纳米叩关，乞市甚哀。督抚以闻，诏许开大疼克等市。台遂献杲所掳掠苍头军八十四人及夷兀黑，以兀黑常杀汉官也。已而，台竟捕得杲，槛送之入都，伏法。上有诏，王台缚送首恶，忠顺可嘉，其加勋衔，迁二子都督佥事，赐金二十两、大红狮子纻丝衣一袭。兵部尚书谭纶请晋台右柱国，诏授龙虎将军视西人。当是时，台所辖东尽灰扒、兀刺，南尽清河、建州，北尽仰、逞二奴，延袤千里，内属保塞，甚盛。台春秋既高，始，二奴父祝孔革为台部所戮，尽夺贡敕及季勒等寨，及台以女婆仰加奴，卵翼之，仰加奴复结西人哈屯、恍惚太，势渐张，欺台老，日伺其隙。会台子虎儿罕赤残暴，部夷虎儿干、白虎赤先后叛归仰加奴，因尽夺季勒诸寨，构兀刺江上夷与虎儿罕赤相仇杀。于是仰加奴等十三寨，惟把吉把太五寨犹属罕，他如灰扒、兀刺及建州夷，皆云翔不受约束。南关势渐蹙。

万历十年七月，台以忧愤卒。二奴索北关故敕七百道。虎儿罕赤曰："吾父以二奴故卒，用忧愤死，今尚问敕书乎？"竟勿予。告哀于朝，上嘉台忠特赐祭，给彩币四表里。台有子五，长虎儿罕赤、次三马兔、次煖太、次纲实、次猛骨孛罗，至康古陆则台外子也。三马兔早殁。虎儿罕赤常与康古陆争父所遗业。虎儿罕赤怒曰："若阿父奸生子也，宁得争父业乎？不避我，我杀若。"因亡抵于逞加奴。逞加奴以女妻之。猛骨孛罗母温姐，二奴妹也。而故西房婿因与虎儿罕赤借兵，黄台吉复季勒诸寨。黄台吉阳助之，阴收白虎赤以自益。未几，虎儿罕赤殒，南关势益孤。台诸子皆早夭，猛骨孛罗得袭龙虎将军、左都督。猛古孛罗年十九，众心未附。康古陆乘虎儿罕赤殁，遂来归，妻其父妾温姐。虎儿罕赤有子曰歹商，与康古陆、猛古孛罗分海西遗业，鼎立而为三。康古陆以虎儿罕赤之怨仇歹商。猛骨孛罗亦以母温姐故助康古陆，攻歹商。先是建州酋阿台以父王杲故，深怨于王台，而二奴亦以父怨甘心王台也。

十一年七月，逞加奴、仰加奴与白虎赤益借西人暖兔、恍惚太可万骑，攻猛骨孛罗及歹商。总督侍郎周咏因念歹商弱，猛骨孛罗嗣立，众未附，请加敕部诸酋以重弹压。报可。十二月，二奴复勾瓮可大者儿忙吉万骑攻猛古孛罗，猛古孛罗与歹商以二千骑接战，不胜。杀三百人，掳盔甲一百五十。二奴益借猛骨太那木寨兵，尽焚猛骨孛罗室庐、田禾而去。分巡副使任天祚以督抚命赍袄缎、布、锅犒二奴，谕其罢兵。二奴言必得敕书尽部把吉把太、猛古孛罗等然后已。居亡何，二奴复焚猛古孛罗、三马兔各十庄，歹商一庄。猛乞台失随二奴而去者百余家。已，复借恍惚太二千骑，驰广顺关，攻克沙大亮寨，掳三百人。二奴挟请贡敕，构兵不已。巡抚李松与总兵李成梁谋诛之。成梁伏兵中固城，去开原可四十里，约闻炮则起。顷之，二奴挟恍惚太二千骑擐甲叩镇北关，索重赏。守备霍九皋遣使让之曰："若来就抚，甲骑数千胡为者？"二奴乃请三百骑诣圈门。李松乃令参将宿振武、李宁等夹城四隅伏，戒军中曰："虏入圈听抚则张帜，按甲勿起；不则鸣炮，若闻炮，皆鼓行而前，急击之，勿失。"李松、任天祚坐南楼，令霍九皋宣谕二奴。二奴则以精骑三千屯镇北关，而以三百骑入圈门。二奴请敕书得部勒猛骨等。九皋谯让，二奴急。二奴瞋目，语不驯。李松奋髯抵几叱之。九皋牵二奴下马，二奴怒，则目白虎赤。白虎赤拔剑击九皋，微中右臂。九皋反击，一虏堕马。虏群起，攒杀我兵十余人。军中鸣炮如雷，伏尽起。遂杀逞加奴、仰加奴、白虎赤及逞加奴子兀孙孛罗、仰加奴子哈儿哈麻，获首三百十有一。合兵驰赴关。成梁先已勒兵驰新寨，击破虏，斩首一千二百五十一，夺马一千七十有三骑。我兵合营追逐至二奴寨，围之。旦日，诸虏蒲伏出寨门叩头，愿从猛骨孛罗约束，即刑白马钻刀为誓。自是海西詟服者数年。逞加奴子曰卜寨，仰加奴子曰那林孛罗，收二奴余烬，日夜谋报怨于猛骨孛罗及歹商。连西虏以儿邓侵掠，歹商数入威远堡。那林孛罗尤狂悖，挟索贡敕如二奴时。

十五年四月，那林孛罗偕西虏恍惚太万骑急攻把太寨。我兵往援，围解。乃阴结温姐为内应。猛骨孛罗以母温姐故，助康古陆图歹商。

十六年，那林孛罗借恍惚太五千骑围歹商。猛骨孛罗尽携其家室从那林孛罗往北关居十八里寨。于是益图歹商，而康古陆诱歹商叛夷。阿台卜花反攻歹商，掳其资畜。那林孛罗掳歹商妻哈儿屯，奸收之。猛骨孛罗部夷百余人亡抵于歹商。边吏议罢猛骨孛罗市赏，以所部夷反，田产橐驼、马、牛、羊尽属歹商。猛古孛罗不听，复与卜寨、那林孛罗偕温姐入开原。开原兵备副使王缄檄参将李宗，召游击黄庭魁勒兵捣虏营，袭执温姐、康古陆以归。巡抚顾养谦谕猛骨孛罗亟和歹商，还所掳，否则断若母头矣。王缄以为戮温姐，则猛酋益携，不如释之而因康古陆以俟后命。温姐既脱遁归，猛骨孛罗竟从北关夹攻歹商。因自焚其巢，并劫温姐去。御史许守恩劾奏王缄不剿二奴遗孽致猛骨孛罗数反覆。诏遣缇骑逮缄。镇抚司即讯缄，自讼卜寨、那林孛罗未犯边不可议征。猛骨孛罗、歹商皆年少，欲杀康古陆以惧猛骨孛罗。温姐，猛酋之母也，戮温姐则仇歹商益深。释温姐以安猛酋，所以全歹商也。缄复言任天祚贪功要赏，逞、仰之役多杀江上耕夷与市貂皮者以为功。诏并逮天祚，对簿皆无验，乃夺缄职。

十六年二月，巡抚顾养谦决策讨二酋，总兵李成梁勒兵至海州。雪消人马淖中行，马足胶不可拔。成梁计汉兵击虏利月明。计日抵开原月渐沉，不如三月往。于是成梁壁海州，养谦壁辽阳。会河西大饥，斗米钱三千、菽斗二千，益发海州、辽阳谷以给军。歹商、猛骨孛罗告饥，各予粟百斛。月杪，成梁自海州乘传来曰："可发矣。"

三月十有三日，抵开原。以白布给歹商披肩为志，鸡鸣出威远堡，行三十里至北关部夷落罗寨。成梁使使召落罗，落罗大惊，叩头马前。以一旗树寨门，令材官十人守之，令军士秋毫无犯落罗寨。挟落罗与其骑三人俱驰三十里至二酋寨，俾谕降二酋。两寨相距可数里，卜寨弃其寨奔那林孛罗，并兵以守。其众与我兵夹道驰，我兵不敢杀一虏。二酋恃险，挥其骑突我兵，杀三人，成梁始纵兵击虏。游击将军吴希汉先驱，流矢中其面，创甚。其弟希周奋身救，斩虏骑之射希汉者，亦被创。我军堵墙进，虏退入壁。守寨以石为城，城内外叠障以木城，凿濠三重。城中有山，凿山坂，周遭陡绝，叠石城其上。又为木城而构八角楼，置妻子资财于其中。我师环攻者二日，破其外栅者二重。先登之士辄死于巨石中，坚不可拔。成梁乃令敛兵，以大炮击其城，城坏，穿楼板，断巨木，虏之洞胸死者亡算，斩其酋把当亥，获首五百五十四。城中皆号泣。我军车载云梯直立之，齐其中城，欲置大炮其上。二酋始大惧，即出城乞降，请与南关分敕入贡。成梁乃止兵，燔云梯，令军中勿发其窖粮，振旅以还。开原兵备副使成逊请并释康古陆，以安歹商和诸酋。总督侍郎顾养谦亦谓歹商弱而多疑，即歼诸酋立之不能有其众，不如释康古陆，使和歹商，诸酋畏而怀我，因重歹商。歹商以诸酋立，而王台子孙皆全矣。且歹商新与清太祖婚，内倚中国，外结建州，寝北关谋，实制东陲长策也。四月一日，遂释康古陆而谕曰："中国立歹商以王台，囚汝以助北关侵歹商也，汝亦王台子不忍杀，今释汝和诸酋修汝父业。歹商安危，汝则任之！"康古陆唯唯。因令歹商以叔父事康酋，以祖母事温姐，刑牲盟。且进卜寨、那林孛罗，使者谕之曰："往若效顺，开原、朝廷并有赏。江上远夷以貂参之属至，必藉尔通，若布、帛、米、盐、农器，仰给汉。耕田、围猎，坐收木耳、松子山泽之息，为利大矣。今贡市绝，而江夷道塞，部夷多怨，我第传檄部房，斩两酋头来立为长，可无烦兵诛也。今赉若不诛，若何以报？"遂为均两关敕。永乐初，给海西属夷敕。由都督至百户凡九百九十九道，按敕验马入贡，两关酋分领之。猛骨孛罗出歹商妻子哈儿哈五人，部夷三百二十三，夷妇子女五百四十二，马牛羊数百归歹商，康古陆偕温姐归故寨。康古陆少而色荒，始烝父妾温姐。王台死，虎儿罕赤逐之，亡奔逞加奴，妻其女。已，纳纲实妻孙姐。虎儿罕赤死，归妻温姐有宠，乃弃孙姐，奔歹商。歹商令三马兔之子兀把太妻之。康古陆复谋夺孙姐。兀把太以橐驼赎，乃报罢。既归故寨，居月余，康古陆以疹死，将瞑，属温姐、猛骨孛罗戒部曲毋盗边，以负国恩。居亡何，猛骨孛罗果图尽室徙北关，度温姐不从，微告卜寨、那林孛罗勒兵至，猛骨孛罗纵火焚穹庐趣行，温姐死不可，强扶持上马，郁郁不自得。七月，以乳创死。那、卜二酋益诱猛古孛罗，图歹商。兵备副使成逊因令卜寨、那林孛罗与猛骨孛罗、歹商两相结，释憾并入贡。而建州清太祖以姻歹商先入贡矣。是后猛骨孛罗修贡唯谨，然南关势孤日益弱，而建州清太祖日强，攻杀卜寨，阴图海西北关。那林孛罗纠房侵猛酋，焚掠猛酋寨，猛酋不支，急以子女质建州，清太祖借兵。那林孛罗恐，则布飞语，谓猛酋且执太祖部夷以激怒之。太祖怒，且规坐收其利，反执猛骨孛罗置寨中，尽虏其资，明年四月，诬其奸妾法赖，射杀之，因取其妾松代速代。朝使诘之，愿归猛骨孛罗次子革把库及部夷百二十家，其长子吾儿忽答请以女结婚。明年三月，受室送归寨，已竟如约。

二十九年七月，清太祖于抚顺关外刑白马，誓抚忽答保塞。那林孛罗亦归原掳敕六十道，请补双贡如故事。是时南关所遗惟貌孤。太祖虎视实图先并南关，以次及那林孛罗、白羊骨，尽有海西地。居顷之，清太祖遂羁吾儿忽答建州寨，声为那酋抢杀来奔。自是王台子孙不绝如线，而南关墟莽矣。北关那、白二酋乃婚西房宰赛为犄角。

三十六年，海、建修贡。清太祖混入南关敕三百六十三。部案验得状，檄责无私兼并。清太祖益鸱张，以万骑修南关故寨。逼开原，渐图吞北关。那林孛罗殁，金台失新立。

四十一年正月，清太祖图其婿江夷卜占台急，因率部落千余走北关。金、白二酋匿之，遂藉索逋相仇杀。清太祖益侵种南关界地，结西房宰赛、暖兔驰清河。廷议征蓟兵救北关。宰赛失利引去。清太祖乃以卑词谢边吏，乃罢兵。辽东巡抚张涛侦情形，上书曰："北关近开二衅：其一，东酋求婚北关老女，行阴并猛、卜计，北关坚拒之。东酋婿卜占台来奔，北关即许婚老女。卜酋逊谢为别婚。东酋乃忿争，以匿通婚也。其一，金台失有女，为兄那林孛罗抚养，嫁宰赛。反目，金台失故杀那酋妻。宰酋藉口外母乘隙，挟求老女以释忿。老女矢死守。宰酋治兵相攻北关，归怨太祖之贿结。请释二憾，无养痈于东建也。"时金、白自召兵，北关秃勒德九月亡入于东，谬称老女许嫁西虏。建人声欲前掠北关。遽挑开原先发，建之忿兵自此始。令还质子，关外示谯责，以东防为名，移师铁、沈。谕建人撤兵。建人意在老女通婚，而北关执之坚，以此仇构未已。总之，北关图剿建以觊利江夷，而开原袒北关以趋利，边报多无足信也。请调宣、大、延、浙兵，以麻承恩为征东副协而统之，与李效忠并力。先是西人掠北关，刍粮略尽，苦荐饥，部落归东甚众。东又甘言抚慰，给以牛种。金台失从兄亦往投于东。我以火器手三百，助守老寨，并贷以豆、谷千石，给锅六百，北关始有固志。

四十二年正月，清太祖益勾西人，合兵庄南，图北关。而暖兔乘机挟老女。北关愿与暖兔子缔婚。当事谕姑留老女，系两酋心。始发蓟西兵二千屯开原、抚顺，令废将马时楠、罗拱极统兵千人驻镇北堡，分防二寨。清太祖窥援兵大集，亦寝兵。

四十三年五月，白羊骨竟以老女许婚暖兔子蟒骨儿大，且执建州夷六人，开原将吏谕止之不听。七月遂成婚。清太祖以兵三千屯南关，御史王雅量疏言："向救北关，恐藩篱一撤，东方与暖兔合，而辽不支。今建、燨争婚，势不骤合。北关倚强援于暖兔，适为中国利。请设防辽阳以东，按甲不动，以观东方进止。东或不听宣谕，我督北关，阴约暖兔从南关入。大兵从清河、抚顺分道而东。东山之民，利其参貂，咸思甘心于东，顺呼响应。金、白角之朝鲜，我兵犄之。东之亡可翘足待矣。"已而，清太祖竟罢兵。

四十六年，清太祖突陷抚顺。已，又破清河堡。闻金台失潜袭乃止。清太祖既数陷内地，北关亦观望，图纾祸。经略侍郎杨镐遣守备刘源清宣谕，夹攻未决。而金台失妇，为指挥王世忠姑。九月，御史陈王庭按开原，遣世忠入北关。说以虎墩兔憨且旦夕以剿，助受赏，若千金可立致也。金台失子得儿革台州，遂攻克建州一寨。冬十月，来告捷。诏赐白金二千两，彩缎二十表里，风诸夷。

四十七年三月，我师四路进讨。都司窦永澄督北关协攻。师至后期，以二千众赴三岔北。则我师已覆，永澄死之。清太祖阴遣谍断辽船，图抢金台失。阳令部夷降，赍夷文，纠合金台失。金台失知其谋，不应。顷之，清太祖从开原入犯。北关为出兵二千来援，开原已陷。时北关新缔婚，虎墩兔憨藉为辅车。又顷之，清太祖复陷铁岭。开、铁既失，河东半为建人据，北关与辽隔绝数百里，不相属。乃遣夷使借屯开原内地。秋八月，经略侍郎熊廷弼新受事。金、白二酋，遣夷使，期复开原。廷弼亦以厚赏报之。期必复开、铁。清太祖忌北关，计先剪之。二十一日，声攻沈以缀我师。突引数万骑围金台失寨。各拥兕皮蔽矢石，力攻。自寅讫午，金台失力尽，自焚。乘胜围白羊骨寨。应时火发，请降被杀。煖、炒、兔墩诸酋并观望不救。经略急檄总兵李如桢从抚顺张疑兵以解其围，仅袭零级十余以归。北关尽没矣。神宗命给事中姚宗文阅辽，因访金、白部落。闻白羊骨有弟卜儿汉，金台失有子得力革，羁建人寨。而得力革二女长速不他嫁脑毛大孙桑河儿寨，次中根儿娶虎墩兔憨。会虎酋挟赏，乃命按察使袁应泰遣谍虏营并授画。副总兵姜弼传谕，脑毛大及虎酋给二女四千金，示优恤以縻其意。科臣请为金、白立庙。指挥王世忠即南关裔，时隶广宁，加衔游击将军，实授之以风示外夷。初，海西两关互仇构。越二十余年，而南关子孙几尽。南关尽，而北关孤，始归命中朝，兼婚诸酋以自保。又二十年，开、铁并陷，北关不支，以及于亡。

〔厉凤舞　点校整理〕

《女真馆来文》（选录）

按：现存女真来文辑录本较全者，要推罗福成编录的《女真译语二编》，共收七十九通。其中辑录柏林本二十通，东洋文库本十九通，内藤湖南本四十通，删除其重复者，可谓集诸本之大成。

今据其编，选录海西女真来文五十三通，谨供研究者参考。

海西兀者讨温千户所指挥佥事出加　谨奏：

比先奴婢父祖在时，边境上往来出气力，进贡马匹、貂鼠皮多年了，正德十三年正月二十二日得的职事。可怜见奴婢换与新敕书，奏得圣皇帝知道。

海西塔罕山卫都督佥事李加　谨奏：

奴婢父祖在时，进送人口有功，因此得了前职。今奴婢来进贡大马十匹、猞猁狲五个。可怜见讨一个大红缎子穿。奏得圣皇帝知道。

〔海西〕朵林山卫指挥使奴真哥男亦哈赤　谨奏：

比先奴婢父在时，边境上往来出气力多年了。嘉靖五年四月十八日得的职事。今来奏讨蟒龙、金带、纱帽。奏得圣皇帝知道。

〔海西〕札真卫野人头目宁加　谨奏：

奴婢原是小王的子孙，弘治十七年因黑龙江野人犯边，镇守官说是奴婢每连年不容来进贡，为此奏得圣皇帝知道。

海西爱河卫指挥同知阿卜兰孙矮失哈　谨奏：

奴婢祖在边出力多年了，天顺五年二月初八日得的职事，今可怜见奴婢孙矮失哈袭替前职，奏得圣皇帝知道。

〔海西〕兀者左卫都督察刺　谨奏：

奴婢父祖在时，边境地方出气力，因此升了前职。奴婢今来进贡方物，怎生怜悯，讨升都督同知职事，奏得圣皇帝知道。

海西法因河卫都指挥同知满答男罗罗合　谨奏：

奴婢祖在边方出力有年，正德十五年十月初十日得了职事。命奴婢男罗罗合袭职，奏得圣皇帝知道。

海西弗朵秃河卫都指挥佥事申克捏　谨奏：

奴婢成化十四年七月二十一日得的职事，至今进贡马匹、貂鼠皮不曾有违，可怜见奴婢讨新敕书，奏得圣皇帝知道。

海西只卜得卫指挥使不勒革买忽　谨奏：

奴婢父子每年叩头进贡马匹、貂鼠皮，成化十四年八月二十八日得的职事，至今多年了，可怜见讨升都指挥佥事，奏得圣皇帝知道。

海西亦里察河卫指挥使苦奴麻　谨奏：

奴婢天顺七年十二月初六日得的职事，今来叩头进贡，有旧敕书坏了，可怜见换与新敕书，奏得圣皇帝知道。

海西五屯河卫指挥使答笼哈　谨奏：

奴婢祖父在时，出气力有来。天顺七年十二月十二日得的职事，至今叩头进贡马匹、貂鼠皮不曾有违，可怜见奴婢讨升都指挥佥事，奏得圣皇帝知道。

海西亦迷河卫都督赛哈　谨奏：

奴婢每年叩头进贡马匹、貂鼠皮，至今多年了。可怜见讨蟒衣一套，玉带并大帽子与奴婢，每年往来出气力进贡不敢有违，奏得圣皇帝知道。

海西兀者卫都指挥使扯革　谨奏：

奴婢祖父在时，成化十年正月二十三日得的职事。正德八年石侍郎抚安奴婢进贡骗马一匹，盔一顶，甲一副，弓一张，送人一名，奴婢有这等功劳上，可怜见讨升都督佥事，奏得圣皇帝知道。

海西哈尔蛮卫指挥使阿力　谨奏：

比先奴婢祖父在时，每年进贡马匹、貂鼠皮，至今不曾有违。奴婢成化十四年得的职事，今可怜见讨升都指挥职事，奏得圣皇帝知道。

海西兀者卫都指挥金事剌卜答　谨奏：

比先奴婢祖父在时，边境上往来出气力，进贡马匹、貂鼠皮至今不曾有违。奴婢成化二十二年二月十八日得的职事，今多年了，有男歹都替奴婢职事，可怜见奏得圣皇帝知道。

海西哈儿分卫指挥使亦笼哈　谨奏：

比先奴婢祖父在时，边境上往来出气力，进贡马匹、貂鼠皮至今不曾有违。奴婢成化年间得的职事，可怜见奴婢讨升都指挥金事，奏得圣皇帝知道。

海西兀的罕河千户所都指挥同知额赤卜花　谨奏：

比先奴婢祖父在时，边境上往来出气力，进贡马匹、貂鼠皮至今不曾有违。奴婢景泰六年十二月二十五日得的职事，奴婢年老了，有男忒木鲁替奴婢职事，可怜见奏得圣皇帝知道。

海西桑古卫都〔督〕指挥金事皇家奴　谨奏：

奴婢嘉靖九年二月二十七日得〔的〕职事，至嘉靖十九年十月二十三日，在开原地方，将原领敕书失落了。今可怜见奴婢肯再给与新敕书，好管人民，奏得圣皇帝知道。

海西弗山卫指挥使都吉　谨奏：

比先奴婢父祖在边境上，往来出气力多年了，今年酩孩子王五进贡大马十匹，青鼠皮一百张，可怜见讨升都指挥金事，奏得圣皇帝知道。

〔海西〕朵林山卫指挥金事朵儿必　谨奏：

奴婢比先父祖在时老实出气力，进贡马匹、貂鼠皮不敢有违，至今不曾升，可怜见奴婢讨升指挥同知，奏得圣皇帝知道。

兀者左卫正千户李哥　谨奏：

奴婢每年在边效劳出力四十多年了，今差儿子李同进送人口五十名，望朝廷收了，可怜见奴婢讨升指挥金事，奏得圣皇帝知道。

〔海西〕吉滩河卫指挥使阿哈　谨奏：

奴婢父祖在时出气力，奴婢成化十五年二月二十日得的职事。今来进贡马匹、貂鼠皮，可怜见讨升一级职事，奏得圣皇帝知道。

海西兀鲁罕河卫都指挥佥事管秃　谨奏：

奴婢祖父比先年间，在边上往来出气力多年了，嘉靖九年二月二十五日得的职事，可怜见讨升一级职事，奏得圣皇帝知道。

亦迷河卫指挥使教化　谨奏：

奴婢成化十四年得的职事，每年进贡马匹、貂鼠皮叩头出气力多年了，可怜见讨升都指挥佥事，奏得圣皇帝知道。

海西建州乣卫都指挥使哈出哈男琐奴　谨奏：

奴婢祖父在边境出力多年了，天顺二年五月十三日得的职事，今可怜见奴婢孩子琐奴要替前职，奏得圣皇帝知道。

亦失卫都指挥歹速　谨奏：

奴婢在边境地面多年了，今来叩头，进贡马匹、貂鼠皮，可怜见讨升都督佥事职事，奏得圣皇帝知道。

海西女真都指挥甲忽赤　谨奏：

奴婢比先祖父在时边外出气力多年了，今来进贡大马五十匹，人参一百斤，可怜见奴婢讨升都督佥事，奏得圣皇帝知道。

亦迷河卫指挥李卜赤　谨奏：

奴婢父祖在时，边境地面出气力，每年进贡马匹、貂鼠皮，奴婢天顺七年十二月初六日得的职事。今奴婢要替父前职，奏得圣皇帝知道。

〔海西〕兀者卫指挥使歹素　谨奏：

奴婢自弘治五年二月初九日得的职事，今来京进贡马匹、貂鼠皮，可怜见讨升一级，又有阿伦卫指挥使巴儿哈来京进贡，奏得圣皇帝知道。

〔海西〕吉滩河卫指挥使阿申哈　谨奏：

奴婢父祖在时，边境地面出气力，成化十五年正月二十日得的职事。今来进贡马匹、貂鼠皮，可怜见讨升一级。又有克木河卫指挥佥事管秃，天顺十年十月二十一日得的职事，今来京讨升职事，奏得圣皇帝知道。

〔海西〕朵林山卫都指挥使朵儿必　谨奏：

天皇帝前：我奴婢祖父自成化五年三月二十一日得的职事，替袭二十年了。今来进贡马匹、貂鼠皮，望天皇帝可怜见讨升一级，奏得圣皇帝知道。

海西兀鲁罕河卫〔都〕指挥佥事老哈远来上奏：

天皇帝，奴婢祖父在边出气力有年，升了前职，奴婢替袭以来，时常纳贡。今来进贡大马二十匹，望天皇帝升一级，奏得圣旨知道。

〔海西〕札真卫都督佥事因因嘉　谨奏：

奴婢父祖在时，边上出气力，因此升赏职事。奴婢替了，嘉靖十年二月二十五日来京进贡马匹，升奴婢都督佥事职事。今奴婢远来朝贡好猞猁狲等物，望天皇帝怎生可怜见。

海西阿古河卫指挥使木哈男六十　谨奏：

奴婢父嘉靖九年二月二十五日得的职事，至今在边出力，进送人口有功，可怜见奴婢男六十讨升都指挥佥事，奏得圣皇帝知道。

海西亦失卫指挥同知琐奴　谨奏：

比先父祖在时正直出气力，因此太祖设立卫城，给予印信，至今每年往来朝贡，不曾违了一遭。奴婢成化四年三月初五日得的职事，今来进贡方物，讨升一级，奏得圣皇帝知道。

海西忽鲁木卫都指挥佥事卜罗　谨奏：

奴婢成化十四年一月二十九日得的职事，至嘉靖间，在开原地方将原领敕书失落了，今可怜见奴婢再给予敕书，奏得圣皇帝知道。

海西撒剌儿卫都指挥佥事都鲁花　谨奏：

比先奴婢祖父在时边境上往来出气力，至今不曾有违多年了，可怜见奴婢每一百四十八人奏讨赏赐便宜，奏得圣皇帝知道。

海西木剌河卫指挥使车住　谨奏：

比先奴婢祖父在时，边境上往来出气力，进贡马匹、貂鼠皮，至今不曾有违，成化十年正月十七日得的职事多年了，可怜见奴婢讨升都指挥佥事，奏得圣皇帝知道。

海西渚泠河卫指挥使松吉答　谨奏：

奴婢祖父在时出气力有功，成化十五年三月内得的职事。每年老实出气力，叩头进贡马匹、貂鼠皮多年了，怎生可怜见讨升都指挥佥事，奏得圣皇帝知道。

海西卜秃奴河卫都指挥同知沙当哈男厄列塞捏　谨奏：

比先奴婢在时边境上往来出气力，进贡马匹、貂鼠皮多年了。成化十五年正月二十日得的职事，可怜见奴婢讨升一级职事，奏得圣皇帝知道。

海西塔木鲁等卫都指挥佥事祝孔革等一百一十六名　谨奏：

奴婢们今来叩头，进贡马匹、貂鼠皮至今多年了。比先赏赐表里段匹多得。近年段匹减少，怎生可怜见赏赐银两，奴婢们买卖便益，这等呵，奴婢们都喜欢舍身出气力，每年进贡不敢有违，奏得圣皇帝知道。

海西木里吉卫教里　谨奏：

奴婢正德八年有朝士上奴婢与塔纳等件，升奴婢职事，今职事不升，塔纳珍珠甲又不与，怎生可怜见奏得圣皇帝知道。

海西别儿真站所镇抚失普你、充哥洛、总甲牙庆加、小甲别伏加、可你赤、奴特哥、你真哥　谨奏：

奴婢祖父在时，每年进贡马匹、貂鼠皮，至今不曾有违。奴婢每永乐十二年〔元〕〔九〕月十五日除授职事的敕书多年了，奴婢今来各要换新敕书，可怜见奏得圣皇帝知道。

海西察剌秃山卫指挥使的力吉　谨奏：

奴婢比先我祖父在时，边境上往来出气力，至今进贡马匹、貂鼠皮，一遭不曾违了。奴婢天顺七年十一月初三日得的职事，可怜见讨升都指挥佥事，奏得圣皇帝知道。

海西塔麻剌卫指挥使失郎哈　谨奏：

奴婢比先我祖父在时，边境上往来出气力，至今领本部百姓进贡马匹、貂鼠皮不曾违了，成化二十一年十二月二十九日得的职事，可怜见讨升都指挥佥事，奏得圣皇帝知道。

海西吉滩卫都指挥札里吉　谨奏：

奴婢成化十五年十二月九日得的职事，今年老了，有男出羊哈来袭奴婢得的职事，奏得圣皇帝知道。

海西脱伦卫指挥使失龙哈　谨奏：

奴婢比先我祖父在时，进贡马匹、貂鼠皮，至今一遭不曾违了。奴婢成化十五年正月二十日得的职事，可怜见讨升都指挥佥事，奏得圣皇帝知道。

海西纳剌吉河卫指挥佥事沙笼哈男赤奴　谨奏：

奴婢正统十年二月初三日得的职事，讨升指挥同知，奏得圣皇帝知道。

海西失里木卫指挥使凡察　谨奏：

奴婢祖父在时，老实出气力有功，成化十三年二月十二日得的职事，每年叩头进贡马匹、貂鼠皮多年了，怎生可怜见讨升都指挥佥事，奏得圣皇帝知道。

海西察剌秃山卫指挥使的力吉　谨奏：

奴婢祖父在时，出气力有功，天顺七年十一月初三日得了前职，每年老实叩头进贡马匹、貂鼠皮多年了，怎生可怜见讨升都指挥佥事，奏得圣皇帝知道。

海西爱河卫指挥使罕失　谨奏：

奴婢祖父在时，出气力有功，成化十五年得的职事。每年老实叩头进贡马匹、貂鼠皮多年了，怎生可怜见讨升都指挥佥事，奏得圣皇帝知道。

海西弗朵秃河卫指挥同知阿龙哥男因只纳　谨奏：

奴婢祖父天顺六年三月初八日得的职事，至今多年了。可怜见奴婢替父前职，奏得圣皇帝知道。

海西弗朵秃河等卫都指挥佥事都失等　谨奏：

奴婢们正德八年四月内来进贡时，到石山岭河边车上失落了奴婢六人的敕书。今来进贡马匹、貂鼠皮，可怜见再给与新敕书，往来进贡不敢有违，奏得圣皇帝知道。

〔穆鸿利　点校摘编〕

朝鲜《李朝实录》（选录）

按：《李朝实录》共一八九三卷，是一部用汉文书写的朝鲜重要史籍。是书涉及女真族在我国东北活动的大量史料，对海西女真史研究大有裨益。

兹据日本东洋文化研究所影印复制本选录，并参照《明代满蒙史料　李朝实录抄》及吴晗所辑《朝鲜李朝实录中的中国史料》，供同道参证。

太宗恭定大王实录

辛卯十一年（明成祖永乐九年，1411）二月丙申，东北面都巡问使申报："猛哥帖木儿之弟沙介来云：'胡刺温兀狄哈将与他野人来侵。'"

世宗庄宪大王实录

丁未九年（明宣宗宣德二年，1427）四月甲子，咸吉道都节制使河敬复驰报："杨木答兀弟千户杨满皮进告：我受圣旨刷还开阳人物，若由忽刺温地面入朝，则恐为彼人所掳。欲由贵国之境入归，请将此意转闻施行。"

壬子十四年（明宣宗宣德七年，1432）十二月丙午，平安道都节制使驰报："蒲州江住李满住管下兀良哈千户刘乙哈等二人，赍汝屯指挥文牒，率被房男妇七名到闾延郡，言满住承圣旨入深远处捕土豹，空家之时，忽刺温兀狄哈领兵百余到闾延江界作乱，掠男妇六十四名以还。满住率六百余兵把截山谷要路，尽夺而留养之，宜遣人率还。"

癸丑十五年（明宣宗宣德八年，1433）正月壬戌，平安道都节制使驰报："建州卫指挥李满住送还被掳人曰：'于宣德七年十一月二十九日，有暖秃指挥吒纳奴差人来报忽刺温野人将领一百五十余人马抢房，经过暖秃地面。满住听此，将领本卫人马三百余名星夜前去，遇天使张、都督猛哥帖木儿追至守定山口围住，尽行夺下男妇大小六十四口，差官送去本处江界交付。'"

己巳，上曰："咸吉道报童猛哥帖木儿从张天使赴京，忽遇忽刺温兀狄哈寇间延，掠人马而归。猛哥帖木儿告天使，欲尽杀之。天使曰：'不可，若尽杀，则朝廷使臣往来奴儿干之时，不无含恨生变之虞。只令还其被掳人物可矣。'乃取男妇六十四名还送。"

二月己亥，上将讨婆猪江野人，欲试大臣，密令政府六曹、三军都镇抚等各陈接待之方，声罪之辞，攻伐之策。领议政黄喜曰："若声罪，则当言忽剌温兀狄哈于本国不曾相通，未知道路向背，山川通塞，安能越二十余日之程深入作贼？且与汝等宿有仇怨，不侵汝辈越入我边备，敢肆侵掠，此不近事情之言也。汝等尝以交好诱我边将，乘其懈怠窃发作贼，杀掠无辜，谋匿己罪，诈称兀狄哈，情迹甚明。倘令兀狄哈作贼，汝等邀夺被掳人口，则牛马家财何独不夺？是可疑也。汝辈若内省不疚，则押送被掳者，夸功求赏常事也。遇本国路人急遽交付，自惑逃遁，情实不直。被掳回还者亦言，汝辈阳围兀狄哈而实与和好，或合胸相把，或相食酒肉，则汝等引而犯边无疑矣。以此声罪，勒令尽还被掳人畜。"右议政权轸曰："兀狄哈于二十余日之程，岂无指示之人而深入抄掠哉？是必婆猪江兀良哈为之向导也。使人谕以悉还人畜。彼若犯边，则预整军马应变追捕可矣。"

三月乙亥，金乙玄捧敕回自京师。敕曰："比闻本国后门被忽剌温地面野人头目木答兀、南不花、阿鲁兀等抢去头匹，经过建州左卫地方，为都指挥佥事李满住等夺下男女六十四名，拘留在卫，不曾发回。已敕李满住等夺下前头人口送回本国。及敕忽剌温地面野人头目木答兀等，如抢去人口头畜见在，亦皆送回。仍戒木答兀等自今务要敬顺天道，恪遵朕命，各守方面毋相侵犯。如或不悛，王宜相机处置，勿为小人所侮。仍遵依洪武、永乐年间敕谕事理提防，庶几有备无患。"

四月乙酉，遣上护军金乙玄捧奏本如京师。其奏曰："前奉敕谕，除钦遵外，臣窃详：斡木河、婆猪江等处地面，散处野人等类，与叛人杨木答兀结为群党，掳掠辽东、开元等处军民，买妇及本国边民为奴使唤。前头被掳人口等不胜艰苦。自永乐二十一年以后，连续逃来本国，共计五百八十名口，审问根脚，委系上国军民，节次差官解送五百六十六名口，内有本国人口，仍令安业。因此野人等积年含愤，侵扰本国边境，为害不少。今来婆猪江住野人等稔恶不悛，纠合同类野人四百余骑，于各人面上墨画刺形，例做忽剌温野人貌样，突入边郡江界、闾延等处，杀害军民男妇，劫掠人口、牛马、财产，孤人之子，寡人之妻，其为酷害尤甚。不但轻蔑本国，乃敢为欺罔朝廷，诈称忽剌温地面野人等抢去人口头匹，夺下拘留在卫。臣窃谓忽剌温地面与本国相去夐远，本无仇嫌，乃缘婆猪江等处野人等诱引前来，托为贼首，本非忽剌温野人造意作耗。"

六月戊戌，奏闻使金乙玄、先使通事全义以书启曰："赴京呈奏本，令礼部及兵部同问臣，与婆猪江、忽剌温野人等言各不同。命遣猛担可采、崔真等于本国及野人地面，刷房掠人马，各还本处。"

八月甲午，平安道监司报："野人二名，赍李满住书到江界府江北，言曰：'崔、孟两天使往忽剌温推刷朝鲜人物，历李满住处，从满浦出来。已令各官措置支对诸事，将满住书以进，其书曰：'以太宗皇帝圣旨来居婆猪江。宣德七年北方兀狄哈一百四十人到朝鲜境抢去人民，吾与彼战，夺其六十四口。朝鲜遣人来饷，又兴兵来讨，杀掳人口而去。具辞奏达，天使捧圣旨而出，乞须毋防，尽还所房妻孥牛马财物。'〔命答曰〕：'初，汝辈引忽剌温房掠边境，故往问其由。汝辈抗拒不服，故自取败亡。专是汝辈不顺之过，何故尚称忽剌温而欲自脱也？汝辈妻孥初欲送还，故已还四人，汝辈若诚心归顺，则岂待敕书而还送？'"

闰八月庚申，指挥孟捏哥来、百户崔真等奉敕来，敕曰："所奏具悉。既而婆猪江野人毛怜卫土官都督金事撒满答失里及建州卫都督李满住，差指挥阿剌答等来亦奏：'去年忽剌温野人杨木答兀等往弗得山打围，被王边民偷去马二十余匹，因此抢掳男妇六十余人。行至中途，遇见朝廷所差内官张童儿等省喻，已尽将所抢男妇送还王国。王已差上将把公等三次将酒礼往谢。至宣德八年四月十九日，忽有王国四路军马前来抢劫，将李满住射伤，妻小杀死，又抢去及杀死部下人民数多，并夺去敕谕诰命等件。'朕以此事虚实未明。其往者杨木答兀房去辽东、开元人口，已遣人追取，如不送还，别有处置。兹特遣指挥金事孟捏哥来、百户崔真赍敕谕王，并谕忽剌温地面野人木答兀、毛怜卫都督金事撒满答失里、建州卫都督猛哥帖木儿、指挥使凡察、建州卫都督指挥金事李满住等，令各将所抢去人口、马牛头匹尽行给还。王亦须以所得建州等卫敕谕诰命并人口头畜等物还之。而自今各顺天道，谨固边备，辑和邻境，戒敕下人，勿相侵犯，庶几共享太平之福于无穷。"壬申，两使臣率头目十五名，发向婆猪江、忽剌温等处。咸吉道都观察使驰报："朝廷使臣裴俊、千户赫连等，本月十五日被野人围射，死军人二名。仅得脱走，率军二十名自斡木河奔来庆源。"乙亥，遣上护军许之惠赍奏本如京师。奏曰："奉敕除钦遵外，臣窃详：本国军人并无夺取敕谕诰命前来。见有捕获到婆猪江人口共一百七十五名，内身病故二十一名，曾被房去本国军丁男妇六名，就令给亲完聚外，其余男妇大小共一百四十八名口，到本国新产小儿三名，并马三十七匹，牛一百一十八头，军人拾得银带一腰及瓶盏等一十事，奇零不计数家财等物，并行送还本处去讫。所有不得山不知在何地方，本国边民绝无往还，何缘经过婆猪江野人窟穴，盗取忽剌温人打围马匹？今来婆猪江野人等怀挟积年之恨，要掩自作之罪，增饰虚捏，欺罔朝廷。今钦见奉，竟惶罔措，理宜辨明。"

九月庚子，平安道监司李叔畤传写两王使臣赍来敕书以送，其辞曰："皇帝敕谕野人头目木答兀、沙笼加、得隆哥、南卜哥、阿鲁古、秃鲁多、额勒肯革等：'尔等能敬顺天道，归心朝廷，在于边境居住，谨守法度，朕心嘉悦。比闻尔等去年抢了朝鲜人口头畜。敕至，尔等即根寻追取原抢人口头畜，交付百户王钦、舍人王武，同指挥金事孟捏哥来、百户崔真等领去，给还朝鲜国王，尤见尔等敬顺朝廷之美意'。"

十一月乙巳，差司译判官金仲渚护送钦差指挥裴俊等移咨辽东曰："议政府状启，咸吉道观察使呈该，近有斡木河地面公干出来钦差辽东都指挥裴俊，""将领军官一百六十员名往斡木河等处招取杨木答兀下漫散人口，""闰八月十四日为见草枯马瘦，众议移营于人家附近田地处所驻扎养马。十五日卯时分驮载赏赐衣服等件到于中途，忽被杨木答兀同古州野人阿答兀等约有三百余人马前来抢杀。当于对敌间，都指挥凡察、指挥阿谷等八名协同对敌，杀死野人阿答兀等二名，阵亡旗军七名，被伤都指挥凡察、指挥阿谷、官军四名，将驮载赏赐等件、马二十八匹抢去。都督猛哥帖木儿等收拾人马，仍与当职官军追至河北对敌。野人说称，侯指挥、刘指挥比先杀了我每的爷娘，如今来报仇，务要杀了招谕官军。"上闻崔真等欲掩李满住等之罪，命安崇善条列作谋之状言于崔真。一、兀狄哈金卜同哈通书于其子古乙都哈曰："去年冬偕张大人赴京时，到婆猪江适见忽剌温抢去朝鲜人物。吾与张大人夺取留置建州卫。此贼乃加乙仇大、加乙乃兄弟及哈剌、末乙巾等诱引忽剌温入寇也。从此观之，卜同哈与贼一体，且目见之事也。若未知情实，则何缘而知此通书乎？其同谋作贼也无疑矣。二、被掳婆猪江住林哈剌亲妹斜吾姐供说："哈剌请忽剌温作贼之由不记日月，去年冬哈剌出猎，撞见忽剌温、兀狄哈之类，构党作贼。"童阿车妻姐姐供说："林哈剌称云：'逃奴本国人金小八容留不还，因此含愤请忽剌温作贼。'"自作贼以来，李满住等议欲绑缚哈剌送于朝鲜。非徒此二人也，被掳人人所说皆同，明白无疑。彼人等至今讳之，不直甚矣。三、猛哥帖木儿与上护军池舍言曰："林哈剌、末乙巾等诱引忽剌温作贼。"又今撒满答失里传言曰："忽剌温等入寇间延，专听哈剌指挥耳。"

十二月乙卯，遣上护军郑发……仍奏曰："又于本年十一月初十日，钦差百户王钦、舍人王武等到国说称：近奉敕谕，取要野人掳掠本国未还人口十四名，交付孟捏可来等官送回本国。除钦遵前往忽剌温地面，有野人等称说：无开到花名。不肯发还。"

甲寅十六年（明宣宗宣德九年，1434）五月癸巳，通事艾俭回自北京，启曰："孟捏哥来与王钦、王武等三使臣到辽东，见臣等曰：'今我等赍擎敕书往忽剌温地面来，七月间当到尔国。年前尔国所房野人、财产、头匹，悉令推刷以待吾行。'"

八月癸亥，通事张俊回自辽东，启曰："猛捏可来、王武等两使臣曰：'我与王钦等往忽剌温地面，本国被房人十四名内刷得四名，身死二名，其余八名未尽推刷。故钦率其处兀狄哈赴京。待钦回来，九月十日时发向汝国"。

十月乙卯，使臣赍敕至，敕曰："得奏忽剌温野人地面房去本国人口十四名，称无开到花名，不肯发还。今原差指挥孟捏哥来等言，除病故二名外，其余二十名见在。兹复遣指挥孟捏哥来、百户王钦、舍人王武等，赍敕往谕肥河等五卫都指挥佥事剌令哈等，令其著落忽剌温地面野人沙隆哈等各名下，追取送还本国。如已送至，王可收领给聚。"

乙卯十七年（明宣宗宣德十年，1435）正月丁亥，建州卫都指挥李满住遣使来报："忽剌温千余骑欲侵犯朝鲜，已启行矣。"

六月癸丑，婆猪江野人投来者言："去正月李满住与忽剌温侵闾延之境，杀男二名，房男妇七名、马六匹、牛五头以归。"都节制使即使推核，果如野人所言。

八月庚申，咸吉道监司都节制使启："忽剌温兀狄哈连报，嫌真兀狄哈将寇会宁。"

九月己丑，遣同知中枢院事李思俭贺正，仍奏边警。其奏曰："李满住等连连使人讨索盐酱米粮等物，悉令给付。多方抚恤间，不期前项野人稔恶不悛，今年正月诱引忽剌温结聚群党，前来本国闾延地面，围城劫掠。又于七月初十日成群潜入本郡城外屯种寨里，杀害男女并三口。本月十八日，本贼九十余人到来，杀死人三名，抢掳人口、头畜、财产去讫。如此连续作耗，系干边警，理宜奏达。"

十二月癸卯，建州卫李满住遣指挥金纳奴等十人献土宜。其书曰："年前二次关赏米粮，今差官谢恩朝贡。又于今年春、夏、冬间，有忽剌温野人沙笼哈等，将带人马，常川往来偷抢不节，以此情由，差官报之，并不干李满住。人马偷抢，天理不容，万死万生，系是共享一国之人，同受朝廷爵禄，邻近住坐，恐生非为，干当重罪。又于今年春间，有本卫百姓男妇大小二十口，前往江界养口，住经日久，不见回卫。今差指挥金纳奴具奏，请旨定

353

夺。”礼曹奉教谕纳奴曰：“果如所云，则忽剌温必当经由尔等所居门前而来，岂不假道，亦岂不陈其事由？且数千人徒步偷窃者，岂忽剌温远来之人乎？此未知其何许人也。今后忽剌温如又出来，则禁遏毋令经过，即驰报江界。”

丙辰十八年（明英宗正统元年，1436）二月癸丑，正朝使李思俭赍敕回自京师。敕曰：“所奏建州卫都指挥使李满住等稔恶不悛，屡诱忽剌温野人前来本国边境劫杀等事，具悉。盖此寇禽兽之性，非可以德化者，须震之以威。敕至，王可严敕兵备，如其再犯，即剿灭之，庶几边民获安。”

五月甲午，命都承旨辛引孙往议政府议事。其一曰，平安道监司朴安臣驰报曰：“兀良哈童豆里不花到满蒲口子曰：‘所居地面岁被忽剌温兀狄哈侵掠，欲将妻孥而来，愿留侍卫。’”

六月辛丑，命兵曹判书崔士康，招进李满住使送金纳奴于礼曹，开谕曰：“尔等以寇我边鄙，指为忽剌温所为。果若所言，则忽剌温所居与我国相距隔远，且无他往还之路，必经由尔等所居，尔岂不知？又其草窃者皆徒步数十人，岂忽剌温累日程途冒险跋涉之人乎？尔等托彼为恶，反复诡诈，昭昭可知。边将攘臂奋拳，请率精骑数十万穷探窟穴，问其暴乱欺罔之罪。我国家优容尔罪，不令深入穷追。尔若终无改心，罪盈恶积，自取灭亡，则悔不可追。”

七月辛亥，传旨咸吉道监司郑钦之：“近来野人连岁寇边，或云满住请兵于忽剌温共来侵掠。满住则云，忽剌温侵突边境，而我则不与焉。我婆猪江人亦被虏掠。予未知寇边者为谁欤。其道住居吾良哈、斡朵里、兀狄哈等与忽剌温相通者应多，故令都节制使金宗瑞因便问之，欲得其实。今宗瑞启云：‘斡朵里太守兀良哈、卜儿罕等言：忽剌温兀狄哈沙弄哈、乃伊巨、毛都好等，于五月率军马五百名出婆猪江。沙弄哈则侵闾延，乃伊巨、毛都好则掠满住居处。两人之言异口同辞，宜若可信。’然此界野人与满住及其管下或连亲戚，或结婚媾，善恶同之，其言未可信也。”

九月己亥，忽剌温、兀狄哈、加隐豆等八名，八月二十五日至会宁掳男妇共九名、马一匹而去。会宁节制使李澄玉令副司直孙孝恩率军十二名追之，凡察管下人十三名亦从焉。至无乙溪，执加隐豆弟加汤其、愁古等二名，其所虏人马并皆还夺。

十月乙丑，咸吉道都节制使驰报曰：“九月二十六日，兀狄哈三千余兵来围庆源。”

丁巳十九年（明英宗正统二年，1437）二月甲申，贺正使李蓁回自京师，启曰：“道遇指挥巨儿帖哈于夏店站，云：‘黑龙江深处兀狄哈千五百，侵汝国新城，围三日，兀狄哈死者四人，汝国被杀掳者三百余人。'"

八月丁亥，忽剌温兀狄哈呕罕卫指挥乃要昆及肥河卫指挥伐儿哥等，各遣人奉书投化。呕罕卫书曰："大明帝皇封忽剌温一方兀狄哈乃要昆，设立呕罕卫，世袭都督，住坐本土，管辖百姓。今欲于朝鲜国殿下受命效力，往来交通。差送指挥亏将介等六人，自今受命效顺，永不寇边。我等地面所贵金银及马匹鞍子等物赐给，仍授高爵遣还。则乃要昆等益改前心。殿下所贵之物，我等亦连续进献，永永归顺。"肥河卫兀狄哈伐儿介书亦同。

九月戊戌，御勤政殿受朝。伐引住兀良哈都督指挥佥事都儿温等五人来朝。忽剌温都督乃要昆所遣指挥亏将介等六人，都督伐儿哥所遣都指挥吾宁应哈等六人，亦随班。癸卯，御勤政殿受朝，忽剌温兀狄哈毛多吾哈来朝。毛多吾哈自其祖速时应哥时管军，族属强盛。戊申，忽剌温都督罗邑大遣指挥莫只等五人，指挥松其罗遣指挥苦荣哥等六人，指挥家音间遣指挥厚时等，来献土宜及马。莫只曰："我先酋长速时应哥，敬事皇帝，无有罪愆。前来毛多吾哈，速时应哥第七子之子也。我酋长罗邑太，速时应哥长子之子也。"苦荣哥曰："我酋长松其罗，居忽剌温深远海儿地面，闻诸酋长归顺，遣我献马，以表诚心。"十月丁巳，东良北住兀狄哈都指挥刘甫儿看，率其子苏应哥及管下十人，来献土宜。忽剌温兀狄哈指挥加音闲，遣沙罗哈来献土宜。丁丑，御勤政殿受朝，忽剌温指挥厚伊等九人，斡朵里千户童所古等献土宜。

戊午二十年（明英宗正统三年，1438）正月丙申，忽剌温野人指挥于郎哈等十一人来献土宜。辛亥，御勤政殿受朝，忽剌温甫堂哈遣子安充哈等十二人，月下遣阿下大等五人，来献土宜。

二月乙卯朔，上御勤政殿受朝。忽剌温兀狄哈加堂哈遣指挥厚时波等五人来献土宜。丁卯，忽剌温指挥月下、都督塔失、千户番止、都督所音巾、指挥甫堂哈、通吐、加堂哥、兀狄哈大愁、都甫老等赐物有差。

三月庚子，御勤政殿受朝。忽剌温亏乙加茂、无应巨等二人来献土宜。乙巳，忽剌温亏狄哈、亏乙加茂等二人，斡朵里千户马大愁等二人辞，并赐物有差。

七月戊子，忽剌温吾鲁河卫指挥佥事双管奴等二人，剌郎吉卫指挥舍笼哈所送指挥佥事多不落等三人，亦马何卫指挥杀杀所送付羊古等二人，各献土宜。

十月丁巳，忽剌温兀狄哈家音间遣指挥沙罗哈来献土宜。

十一月丙申，御勤政殿受朝。忽剌温兀狄哈毛多吾等五人及斡朵里大也吾罗等七人来朝。大也吾罗则权豆妻也。辛丑，御勤殿受朝。忽剌温指挥监守等九人来献土宜。丙午，忽剌温指挥所郎巨等二十二人来献土宜。

己未二十一年（明英宗正统四年，1439）正月庚辰朔，忽剌温指挥都里也、老奴好，随班献土物。己丑，北平馆报礼曹曰："忽剌温亏知哈兀者卫指挥佥事都儿也言：'本卫管下人三百六十余户，军数一千余名，迤东三日程，有色割儿大山，迤北平衍无人，迤西不知里数，有达么阿德处卫、朵忽论等卫，西南间十日程，有开原卫，东南间三十日程，乃是朝鲜国会宁府。大抵本土所产獐鹿居多，熊虎次之，土豹、貂鼠又次之，牛马则四时常放草野。惟所骑马饲以乌豆。若乏乌豆，切獐鹿肉与水鱼饲之。其婚礼：女生十岁前，男家约婚，后递年三次筵宴，二次赠牛马各一，待年十七八乃成婚礼。父死娶其妾，兄亡娶其妻。亏知哈则父母死编其发，其末系二铃，以为孝服。置其尸于大树，就其下宰马而食其肉，张皮鬃尾脚挂之，兼置生时所佩弓箭。不忌肉食，但百日之内不食禽兽。头目女真则火葬。皮冠顶上缀白粗布，前蔽面目，后垂于肩，仍穿直身衣。每遇七七日，杀牛或马煮肉以祭，彻而食之。'"

四月癸卯，忽剌温兀狄哈斡朵轮卫指挥同知都隐土所遣指挥甫也大速，塔儿何卫指挥阿罗孙所遣指挥阿下，兀里奚山卫指挥同知吾知其所遣指挥同知沙伊间，指挥佥事阿下可等，随班献土物。甲辰，礼曹启："忽剌温野人实非诚心归顺。希望恩赐，诈称卫名，赍无印信书契而来者络绎。不分真伪，接待未便。且供亿之弊不资。请自今有印信书契者，则依旧上送。若赍无印信书契者，则咸吉道都节制使勿令上送，特加厚待，仍给土物遣还。虽无印信，不得已接对者，则量宜上送。"从之。

五月戊午，忽剌温兀狄哈阿亏河卫都事阿知罗所遣指挥同知所乙非等二人，夫都好卫指挥同知也时他所遣指挥佥事也吾乃，家下卫指挥沙充哥所遣指挥朱赤等二人，随班献土物。仍请鞍子、麻布、绵布等物。

六月壬午，忽剌温忽石门卫指挥油龙可所遣指挥衣成可，撒剌儿卫指挥甘多所遣指挥忘乃，马剌卫指挥无札所遣指挥蒙古道，塔麻速卫指挥好心波所遣指毛伊乃，乃木兴河指挥速申哈所遣指挥指朴时，兀里奚山卫指挥兀升哈所遣指挥伊沙应可等六人随班辞。丁亥，忽剌温指挥同知多罗可所遣指挥大阳可等二人，指挥八儿速不花所遣指挥军有等二人来献土物。壬辰，忽剌温兀鲁罕河卫指挥加多孙所遣指挥也时乃，卜鲁兀卫指挥沙多吾所遣指挥昌守，亦迷河卫指挥时罗毛所遣指挥伊弄哈，和卜罗卫指挥狂只老所遣指挥阿罗孙，朵儿必河卫指挥于乙巨所遣指挥也叱大等随班。癸巳，传旨咸吉道都节制使金宗瑞曰："今来兀者左卫都督罗邑大使送么气言：'我酋长对卑役言："我闻打笼哈马忽等领一百七八十名将寇朝鲜，汝可先去报知。"听此倍日出来。'亦迷河卫都指挥耶吾时言：'闻苏河江原疏也川边住刺刺土、打笼哈马忽、断儿笼哈等领五百余名，四月初十日欲寇闾延。划便追至呵土川地面，见本人等多方开说。刺刺土、断儿笼哈等将三百余名退去。惟打笼哈马忽等不听吾言，率一百五十余名向闾延、甲山等处出来。'听此间去五月二十四五日时贼兵一百五十余名江界高山里口子江外仇郎介洞见形，么气、耶吾时之言果验。"丁酉，忽罗温都督那要看所遣指挥金事亏将可，指挥澄的奴所遣指挥金事也令哈等五人，指挥金事者当哈等二人，指挥金事牙失答所遣指挥牙当吉等三人，指挥金事刺哈所遣指挥兀长加等二人，指挥金事忽失答所遣指挥十八等来献土物。壬寅，御勤政殿受朝。忽刺温木里河卫指挥多罗可所遣指挥大阳可，兀里奚山卫欢出哈所遣指挥大愁忽，忽八河卫指挥阿当哈所遣指挥军有，把河卫指挥八儿速不花所遣指挥所亏多等随班拜辞。

七月丁未朔，御勤政殿受朝。忽刺温葛林卫指挥澄的奴所遣指挥金事也令哈，兀者卫指挥金事忽失苦所遣指挥金事十八等随班辞。壬申，御勤政殿受朝。野人塔河卫指挥同知者里所遣指挥金事朵令哈，阿刺山卫指挥同知咬纳所遣指挥金事把郎哈，把河卫指挥金事考兀所遣指挥金事刺打，兀的河已指挥金事忽失帖木所遣指挥金事亦令哈，古里河卫指挥金事鬼迷所遣指挥金事奴儿非，葛林卫指挥同知伐里哥所遣指挥金事把打随班献土物。

八月辛巳，御勤政殿受朝。兀里奚山卫指挥斡的其所遣阿应哥随班辞。

辛丑，御勤政殿受朝。亦马忽山卫指挥金事罗因加茂所遣指挥阿堂可，刺麻刺卫指挥法甫西所遣子实蒙巨，古鲁浑山卫指挥波沙罗所遣指挥太者滩，兀川卫指挥毛都好所遣弟舍人达里，水万卫指挥波叱大子加时仇，加河卫指挥所同可所遣指挥古赤，兀此河卫指挥必栾所遣指挥义实哈，兀也吾卫指挥孙保所遣指挥时方巨，兀他河卫指挥亏云甫所遣指挥斜隐致等，并随班献土物。

九月丙辰，御勤政殿受朝。忽刺温阮里河卫指挥其方可所遣子指挥亏里应可，伊乙汉河卫指挥所同可所遣指挥仇乙好，土列门河卫指挥沙隆阿所遣指挥大甫下，右城卫指挥失弄可所遣指挥阿罗孙，虚和河卫指挥者和所遣千户阿古里，兀者右卫指挥波乙愁所遣指挥蒙古，兀列河卫指挥官音奴所遣多时应可，弗朵兀河卫指挥阿古察所遣指挥班车献土物。丙寅，忽刺温亏知介指挥于时应巨所遣指挥君土等八人来献土物。辛未，忽刺温亏知介都指挥卓时所遣指挥罗下取等四人来献土物。壬申，咸吉道都节制使金宗瑞奉书于承政院曰："今九月十五日，吾弄草住吾都里毛多赤来告曰：'忽刺温亏知介愁乙同巨等二人，因买卖到愁州。'我往见，仍问声息，答云：'吾部落人前赴京师，闻凡察等奏请移居婆猪江。帝览奏大怒，令考其前此开阳等处虏掠事迹，叱之。遂不准所奏。'闻此而还。"

十月辛巳，御勤政殿受朝。忽剌温亏知介所遣指挥佥事所乙古等二人随班献土物。把河卫都指挥加罗所遣指挥雄时老，木东河卫指挥者音波所遣指挥月乙下亦随班辞。癸未，传旨咸吉道都节制使金宗瑞曰："去岁忽剌温来附之初，以谓前此不通遐方异类之人，自然投化归顺，诚可嘉尚。兹用不问人数多少，书契印信有无，随到随纳，悉送京中，以礼馆待。凡所需索，靡不听从。其后撒力卫都指挥沙乙工介书契及木忽剌卫指挥毛当介书契借著克默而河印信，湖宁卫指挥于时应巨、加弄巨、阿吾等著元朝蒙古印信。如此奸诈之类颇多，难以一一枚举。意彼无状之徒本无统摄，各自为长，闻风相引，假做书契络绎而至，若不设法禁约，其势必至深远散处之人竭作而来。"

十一月乙巳朔，御勤政殿受朝。忽剌温亏知介都事愁下斜弄可所遣亲弟指挥都都甫老等十一人随班献土物。壬子冬至，上行望阙礼讫，御勤政殿受群臣朝贺。忽剌温指挥多非罗等二人随班献土物。庚午御勤政殿受朝。忽剌温指挥下澄介等十一人，随班献土物。

十二月庚辰，御勤政殿受朝。忽剌温亏知介指挥巨里等十六人随班献土物。忽剌温兀者卫都事王忙乃、阿下歹等辞。庚寅，御勤政殿受朝，忽剌温指挥于里巨等十六人，吾都里指挥童丰只等十一人并随班献土物。乙未，御勤政殿受朝。忽剌温纳木河卫指挥伐乙加豆所遣指挥松古老，薛列河卫指挥加乙多茂所遣指挥加乙愁等随班献土物。

庚申二十二年（明英宗正统五年，1440）二月甲戌，忽剌温碧河卫都事伊昆所遣指挥于乙赤，都事代乙介所遣指挥忘家阿里等来献土物。己亥，御勤政殿受朝。忽剌温兀狄哈察河卫指挥可里甫下所遣指挥赤乙多，古城卫指挥豆乙古所遣指挥古乙么，嘉吉河卫都事汝乙豆所遣多时么，吉河卫指挥卧里大所遣指挥多里应可等随班献土物。六月丁亥，咸吉道都观察使驰报兵曹，兀狄哈因豆来言：去四月忽剌温兀狄哈愁下斜弄可、甘守及真也吾守、李万之等四人领兵二百八十余人寇闾延，射杀农民一人，虏掠妇女二人。李满之等三人中箭，二人即死，一人溺水而死，生擒甘守之弟。又云：斜弄可将欲入寇，召聚军马，请须预防。

十月庚寅，御勤政殿受朝，忽剌温指挥者里随班献土物。

十一月乙丑，遣通事全义等移咨辽东曰："议政府状启，据兵曹呈该：'正统五年十一月二十三日，贺正朝使李名晨、谢恩使郑麟趾等关文，路遇在逃童者音波，言李满住定议，今次贺正朝使臣回还时，请忽剌温前往东八站路上突出抢劫。'"

辛酉二十三年（明英宗正统六年，1441）正月丙午，遣中枢院副使金乙玄如京师谢恩，上表如仪。表曰："臣听得本人〔凡察〕等逃去时，忽剌温乃胯差送弗剌出等护带前去。今有同类野人马充波来告云，凡察欲与忽剌温头目乃胯结为婚姻，将欲来侵边境。又兀良哈者和老告边将云，凡察将前妻女子嫁与忽剌温乃胯。又兀狄哈包堂介使送人都伊之等三名亦告云，凡察、满住与忽剌温乃胯同谋，欲于朝鲜国边界不拣那个地方作贼，定约部落，各处传箭请兵。我的使长包堂介处亦送箭来。又兀狄哈朴多算介等五名亦告云，忽剌温乃胯、哈音看、察音同哈、那音歹、松古歹、把儿哈、伊儿当哈等与满住、凡察同谋，要于本国边郡闾延、江界地面作贼定计，如此告说。其凡察、满住连结忽剌温谋欲来侵，谲谋奸状今已发现远播。"

四月乙酉，谢恩使金乙玄赍敕还自京师，敕曰："朕已遣敕严戒之，及戒李满住、乃胯等皆不许作过。犹虑兽心未可必也，故亦有敕谕王备之。自今王惟加谨边防；其还与否，不必计也。"

壬戌二十四年（明英宗正统七年，1442）五月戊辰，奏闻使李边如京师，其奏本曰："议政府状启，据咸吉道都节制使李世衡备，本道会宁镇节制使洪师锡呈该：'正统七年四月十八日，木里安住人吾良哈所众哥告称："达达笃吐兀王等四名及忽剌温波伊叱间等十二名，于本月十六日前来阿赤郎尔地面说道：'蒙古皇帝即位，今已累年，俺每赍敕委来报知高丽。即日野人等军马聚会迎接后，使我来告本意。'听此，随差高岭把截权管裴崇礼，吾都里马古因八等，前去本人等下处，取问根脚。假如所众哥所告是实，你每对本人等说道：'天无二日，民无二王，如今大明皇帝统一天下，如何发此不道之言乎？必无待汝之理。'古因八等听此，与本人等盘问来历。笃吐兀王言：'我是海西西北朵颜卫达达人。'波伊叱间、伐于节等言：'俺每俱系忽剌温人。'仍言：'我蒙古皇帝见住照兀足所地面。前年时分，皇帝招谕忽剌温头目六人等敕书及谕高丽敕书授高吐照王出送忽剌温地面。缘未知高丽道路，回还。俺每随同本人，去年十二月内进见皇帝于帐幕里，设宴赐马，至今年二月初五日封笃吐兀为王，授波伊叱间豆麻豆，授伐于节达鲁花赤，仍令赍敕不分星夜出送来了。'古因八等依卑职上项指示词因，举议开说，本人等答曰：'古因八亦是胡种，如此蔑见，于理未便。后日授汝蒙古职事，宣命赍来，则汝擅自不受钦？'古因八答说：'我受朝廷指挥职事，带金已足。'本人等听此，开示蒙古字敕书，古因八略记回说：'太祖成吉思皇帝统御八方。祖薛禅皇帝即位时分，天下莫不顺命。内中高丽国交好倍于他国，亲若兄弟。世衰遭乱，弃城依北已累年矣。今我承祖宗之运，即位今已十年，若不使人交通，是忘祖宗之信意也。今后若送海青及贺表，则朕厚赏厚待。'季后年号则未得理会，年月日则十年二月初五日，纸则黄色薄纸，印信则不足大印，其方周尺五分许。我默识，阳言俺本不识蒙古字样。"本人等答言："将俺每不许入境，大不可也。用人力筑城即位大明皇帝则归顺，天赐王印蒙古皇帝则蔑见，如后日玉印敕书一送大都，一送高丽，万数成群出来时，汝亦阻挡乎？虽大雪如山，大风拔树，你边将毋动待候。又我皇帝于忽剌温地面出来建都一定，倘若出来，道路尤为不远。俺每今赍蒙古皇帝敕书出来，既不使亲诣王国又不受边将明文回去，诚恐谴责。"含泪回还去了。'得此具启，臣据此参详，上项不道之言，虽不足信，干系非轻。臣心惊骇，备开奏达。"己丑，命皇甫仁、金宗瑞馈忽剌温加笼介所遣亲子忘家，伴人仇赤罗，毛都好所遣子波下多、伴人也时等于礼曹。向化李满住管下护军浪得里卜密告礼曹曰：忘家不是加笼介之子，乃尝入寇本国边境忽剌温沙笼介第二子多笼介也。今变名来朝矣。十二月癸巳，忽剌温亏知介加笼介复遣仇赤罗赍书契来，其书曰："曾遣第二子亡家与仇赤罗进献土物。国家听人虚言指为沙笼介子而拘留。小人姓名与卫名各异，极为闷闷。与诸亏知介及伊亲卫指挥毛都吾，于虚卫指挥罗伊昆，渭水边居住甫堂介等会议修送书契。且伊时卫也时并见留，其妻子亦为至闷。今回来波下多得病深重，未得还送。以指挥多车吾代送，愿加护持。"

癸亥二十五年（明英宗正统八年，1443）正月壬戌，御勤政殿受朝。忽剌温指挥色重哥等七人随班献土物。

二月甲午，管押官知承文院事卞孝敬赍捧敕谕，带忽剌温虏去本国女松加伊回自辽东。壬寅，忽剌温指挥吾嘎可遣子海僧哥等六人，忽剌温改达苏遣弟大平等四人，斡朵里者里可等五人来献土物。

六月甲申朔，忽剌温昌哥老遣弟长家等七人来献土物。丁未，忽剌温罗吾乃等及吾都里加罗等来献土物。

乙丑二十七年（明英宗正统十年，1445）十一月壬申，议政府据礼曹呈启："诸种野人每年往来频数，驿路凋弊。若禁其来朝，有乖抚绥之义。自今定每岁来朝之数，兀良哈十行，骨看及吾都里七行……且忽剌温地壤隔绝，真亏直介亲朝者罕有之。"

丙寅二十八年（明英宗正统十一年，1446）五月己丑，平安道监司启："百户张乙敬追茂昌入寇野人，至罗里乃洞，得野人柏皮书，使人译之，其文曰：'重治海子领兵将军卫斯河处，重治上文书。前者随皇帝归顺效力，二家为一家。忽剌温亏知介毛同古等掳掠之故，吾百姓尽了，是以报复而来。'译者曰：'重治，李满住领兵中轴也。卫斯何处，乃满住时居秋子河城也。海子未详。'"

九月庚辰，唐人押解官金有礼，在辽东遣人驰启曰："王都御史、曹总兵官奉圣旨，已于海西野人处刷出茂昌被掳人口，将送还。"

己巳三十一年（明英宗正统十四年，1449）二月壬申，遣通事崔伦押王田保如辽东，奏曰："况兼满住违背累降敕旨，不曾辑和。诱引忽剌温侵轶边陲，杀虏人畜，或暗行觊觎，未逞而还，非止一二次。今来王田保亦系满住所管，以此将本人解来，付该司羁管闻。"

六月丙辰，咸吉道都节制使报："女真司直金毛多好、指挥朴猛哥豆来告：'今年三月自上国回至李满住所居。满往曰："皇帝降圣旨，令我归顺朝鲜居生。且前日入寇茂昌者非我，实忽剌温兀狄哈所为。今欲归顺，移书都节制使探候可否，而后亲朝。"仍以书授之。吾等持以来。'今将满住移书封缄上送。"

文宗恭顺大王实录

庚午三十二年（明景帝景泰元年，1450）八月甲戌，使臣太监尹凤、奉御郑善等捧诏敕来。敕曰："近得镇守辽东总兵等官奏报：'四月二十六日以来，开原、沈阳等处各报达贼入境抢掠人畜，及攻围抚顺千户所城池。审得各贼系是建州海西野人女直头目李满住、凡察、董山、剌塔，为北虏逼胁，领一万五千余人马，前来为寇。当被守备官军追赶出境。'又称再添人马，前来攻劫等因。除已遣敕辽东总兵等官整搠军马，固守城池，设法擒剿。朕详前贼李满住等素与国王有仇，至今怀恨不已，恐其乘机前往王国地方，哄吓为寇，不可不预为之备。敕至，王宜作急戒饬边将，严整军马，谨慎烽堠，设法防备。倘或前项贼寇那移家小头畜往东潜遁，就便相机截杀，以除边患。将士人等有功，一体重加赏赉。王其图之慎之。故敕。"

辛未元年（明景帝景泰二年，1451）正月壬戌，通事金辛在辽东驰启："臣到辽东谒王大人曰：'闻脱脱围辽东，欲向朝鲜。又闻脱脱兵已向东，故殿下使臣听探声息而来'。大人曰：'脱脱兵三万于腊月二十三四日间到海西，执不剌吹杀之，其部落降者不杀，不顺者皆杀之，指挥剌塔以下一二百逃奔黑龙江松林等处。建州卫李满住闻脱脱王杀掠海西人，奔窜山林。脱脱不穷追，还于海西。今海西建州等处一空，未闻向朝鲜也。所谓向东者是建州卫也。'"

八月甲戌，召廷臣议李满住使送人等接待节次及江边各堡人民入保等事。下谕书于平安道右道都节制使曰："今来左道都节制使启本节该：'李满住管下金纳鲁等六名，到江界地面满浦，问其来由，则曰："脱脱兵马击海西卫，杀虏人物，因此满住不得宁居，今年三月还居兀剌山城瓮村。凡察子甫下吐则移居瓮村迤北十五里吾毛水之地。充尚则移居瓮村。上项满住管下一千七百余户。充尚、甫下吐管下共六百余户。自桑木仇非至于沈者罗老林加罗古家基址，则海西卫指挥李满住率管下一千余人来止。因今年大水，禾谷不实，吾等为请口粮，受满住印信文引而来。满住亦欲于九、十月间，遣其子古郎巨来献土物。"右金纳老常往来江界等处，道路远近，备尝知之，托以乞粮，窥觇虚实，实为可疑。然因饥乞食而来，不可拘留，馈以酒食、粟米十二斗、黄豆六斗，盐、酱各六斗以遣之。'予亦以为满住、充尚、海西野人等密迩境上，连兵作贼，诚为难测。防御诸事，日加谨慎。今去事目，看详曲尽施行。"

端宗大王实录（鲁山君日记）

甲戌二年（明景帝景泰五年，1454）二月辛亥，咸吉道都节制使金文起启："高岭城底住斡朵里都万户李贵也进告，阿赤郎贵往兀良哈指挥毛多大到家言曰：'罗短伐住火剌温兀狄哈虚伊所语吾：鞑靼去正月二十日间，奉圣旨到火剌温地面屯兵而成。'又伐引住兀良哈愁隐豆进告，毛里罕住从弟尚充语吾曰：'鞑靼军马到火剌温地面可下城，其军数多少不可知也。'"

乙亥三年（明景帝景泰六年，1455）三月己巳，咸吉道都体察使李思哲因谕书与都节制使同议，第其野人部落族类强弱以启曰："火剌温、愁滨江、具州等处兀狄哈则居于深远之地，未尝归顺，故其部落强弱及麾下名数不可得知。"

世祖惠庄大王实录

丁丑三年（明景帝景泰八年，1457）七月己丑谕咸吉道都节制使郭连城曰："一、黑龙江速平江兀狄哈火剌温，建州卫兀良哈李满住、童仓等深处野人，及三卫达子，扣关请朝，则约其从人，厚待上送；二、如野人，无所加礼。其余从人，馆待优厚。"

戊寅四年（明英宗天顺二年，1458）八月丙辰，命召廷臣议野人接待事。御书事目曰："若李满住、童仓及其子其弟，凡察子弟，火剌温掌印酋长亲来，则约其从者入送。"

己卯五年（明英宗天顺三年，1459）十一月甲辰，建州卫李满住遣人驰报："浪孛儿罕亲党火剌温可昌哈率千余兵，欲犯边。"

庚辰六年（明英宗天顺四年，1460）二月癸丑，正朝使咸禹治驰启："建州卫都指挥童火你赤，毛怜卫都指挥尚冬哈等，遣广失塔等奏称：'朝鲜诱杀孛儿罕等十六人，今欲聚速平江、喜乐温、斡木河、西海等卫人马六千，往朝鲜报仇。'敕令勿擅动兵马，自取身家之祸。"十一月庚寅，火剌温指挥间都等五人来献土物。壬辰，火剌温兀狄哈指挥军有等六人来献土物。丙申，以火剌温指挥间都为上将军，阿充介、罗称介、军有、者伊、里时可护军。赐阿充介、罗称介绵布各五匹，以潼关之战报变也。

辛巳七年（明英宗天顺五年，1461）二月乙酉，平安道都观察使曹孝门驰启："野人李豆里、古纳哈等到满浦言：'火剌温兀狄哈加昌可率三百余兵，屯于他郎哈川边，将寇朝鲜。'古纳哈止之曰：'曩者毛同果作耗，朝鲜因此加兵于我。汝等今若作耗，则必来攻伐。加昌可等引去。'且言：'吾等厚蒙上恩，常欲如京陈谢，须将此意启达。'"丙戌，曹孝门驰启："野人伊澄哥等五人来言：'火剌温兀狄哈等将于东八站邀截朝鲜赴京回还使臣。'"辛丑，咸吉道都体察使具致宽驰启曰："庆兴住女真万户屡沙哈，庆源住指挥何伊歹、兀弥乃等来言：'赴京回还时要索口粮，到李满住所居地面。火剌温约三百余名，群聚谓满住曰："将寇朝鲜。"满住曰："汝等径由我地作耗，我必受害。朝鲜惠恤我等，我当报变。况汝等兵少，必尽为擒杀。"火剌温等闻满住言乃还。'"五月丁巳，平安道都节制使黄石生驰启："野人李满住管下巨右等四人到满浦，言曰：'兄火剌温亡古与我言曰："加昌哈将欲起兵入寇。"'"

十月己卯，平安道都观察使金硕、节制使金继孙等驰启："野人中枢李豆里到满浦言：'闻加昌介请兵于火剌温，拟于十月入寇。父满住闻赵三波等多掠义州人畜而来，将尽心刷还，上京肃拜。'"十一月壬寅，右副承旨金谦光、平安道节制使金继孙驰启："兀良哈其山老、沙车等到满浦，臣等问委来事。答曰：'不记名火剌温来语赵三波等曰："加昌哈等千余兵欲侵盗白头山以西。"李满住管下阿下适往于坡地，闻而告满住。满住将送亲子报变，适广宁总兵遣裴百户奉圣旨将往赵三波所居地，刷还义州被掳人畜，往浦州。满住率其子及管下人随去，令我报变，故出来。'"

壬午八年（明英宗天顺六年，1462）正月癸丑，咸吉道都观察使康孝文〔等驰启〕："愁州住兀良哈都万户柳于麟哈来言：'吾闻于常家下住甫罗大、不记名火剌温兀狄哈五名，于本月初三日到阿赤郎贵住宣头家，言曰：同类火剌温都督伐儿哥多哈、依应加、下甫堂哈等各率管下一千名，蒲州住斡朵里、童仓、李满住子等各率管下五百名，约曰平安道兵弱，防御疏虞，再度入寇，不一枝梧。当于解冰前往攻，抢掠人畜。'"

三月癸丑，咸吉道都观察使康孝文据钟城节制使申兴智呈驰启："阿赤郎耳住兀良哈吾同古到钟城告曰：女真毛尼可到吾家言曰：'吾等及同里住火剌温兀狄哈都督尼应可大、汝罗豆等率兵五十，将入寇平安道，去二月到李满住家议之。满住曰：江水解冰。且前年秋入寇，以此平安人皆入保城内，势难攻城。又汝等马瘦，待草长农民布野，入寇为可。遂还，养马练兵。'"四月丁丑，咸吉道都观察使康孝文据钟城节制使申兴智呈驰启："得报火剌温兀狄哈都督另可歹、甫堂介、汝罗豆、介下等言曰，我等曾与李满住、充尚等连兵入寇平安道。还时，更议四、五月间草长马肥，则复寇甲山及平安道。满住已整兵五百，火剌温等亦聚一千余兵，当如约入寇。"

十二月辛酉，正朝使柳守刚等先送事目于承政院以启："有建州右等卫女直都指挥、指挥卜花秃等，各自分投海西、毛怜等卫，勾引都督宁哈答等起五百人马，毛怜等卫女直都指挥尚冬加等人马五百，卜花秃、赵乃剌等五百人等，共千五百人马会同，十二月十八日都到东北干阿地面取齐，二十四日从婆猪江进去，抢朝鲜国人马牛畜，大杀一场出来。到辽阳抚顺所东北草河口入口，到辽阳界上，抢辽东人马牛畜，就去朝鲜国爱州江上抢截人马，回还分用。"丁亥，都体察使韩明浍据满浦节制使赵继宗呈驰启："满住书则无解野人文字者，监对上送。"命通事译之。其书契曰："永乐二十年太宗皇帝谕父于许乙主曰：'达达侵扰，汝是皇亲，若被掳则名誉不美。汝可移居蒲州地，朕当谕朝鲜国王。'永乐二十二年移住。宣德七年火剌温兀狄哈毛都古入寇大国。宣德八年四月十九日，大国发兵七道入攻，尽杀父子兄弟妻子，掳八十四口，后乃遣还。"

癸未九年（明英宗天顺七年，1463）正月乙卯，咸吉道都节制使康纯驰启："蒲州住甫下土、童仓等使人于火剌温尼加大，约以解冰前入寇平安道。又蒲州野人等欲寇甲山、江界间。"八月甲午，上命领议政申叔舟草谕古纳哈事目："一、问火剌温、海西、野人等动静。命世子弼善吴凝赍事目往平安道。"

十一月戊午，康纯驰启："林大阿下等三百余人会伐引、阿赤郎贵、毛里安等处，声言朝见，谋寇辽东及甲山、义州等处，将以本月初十日发兵。东良北汝巨子厚乙仇豆等三百余人屯于朴加别罗。又蒲州人与火温剌相应发兵。"

十二月丁酉，咸吉道都节制使康纯驰启："臣闻上、中东良及朴加别罗等处兀良哈光应时大等百余人十月十六日发程；无儿界兀良哈好心波等十四人十一月初发程；毛里安则汝罗头、林大阿下，伐引则愁灵大，甫伊下则时时哈等，率其徒三百余名，十月初十日发程。又各里兀良哈三百余名及火剌温兀狄哈四百名归辽东，辽东并送北京。蒲州野人壮者并归中朝。兀良哈等每年十月、十二月间往中朝，翌年二月二十日间回到辽东，三月晦时各还其家。"

甲申十年（明英宗天顺八年，1464）正月乙卯，韩明浍遣从事官李文焕启："通事闵尚德随李豆里到建州，还告云：'初到豆里家，其妻及母子皆自山中来言："自迷惑之徒侵犯上国，吾辈不能安业。"乃具酒肴馈之。俄而李满住管下张多阳可来语豆里曰：'火剌温兀狄哈麟加大、泥邑之、伐郎巨等欲寇平安道，来屯于侯罗，骑兵三十四人，自称浪孛儿罕种族。满住、童仓等欲止之。'言未既，豆里止之。谓我曰："麟加大等退兵，则使人驰报；不退则吾当亲告。'"

十月辛丑，火剌温兀狄哈护军多伊舍为海子非等处万户。十二月壬寅，平安道观察使金谦光驰启："野人李满住管下副万户金纳老等到满浦镇告曰：'满住言，去壬子年间，火剌温毛都古等寇慈城，抢掳人口六十四名，我领兵五百，遮路还夺，送到朝鲜。其时再遣朴好文通事李和尚等宴慰以赏功。吾等保无他心。乃于癸丑、丁巳年举兵来攻，杀吾妻子。然至今专仰大国，故吾子豆里欲居皇城平，拒而不纳。以此观之，则恐于贼人赵三波、甫下土等同被攻伐如癸丑年也。'"

乙酉十一年（明宪宗成化元年，1465）二月甲申，咸吉道都观察使康孝文据钟城镇节制使裴孟达呈驰启："火剌温兀狄哈沙乙古多、甫郎哈等言曰：'我辈闻鞑靼军马之来，乃与加下等筑城于海儿，率壮士待变。有一鞑靼呼于城外曰："鞑靼皇帝即位，欲释旧仇，遣九万余兵屯于巨和。"我辈答云："如欲解怨，汝可入城。"久之，鞑靼七人果入城，我辈从而杀之。其后，鞑靼陆续来呼曰："何为杀我行人？不得不与汝战矣。"因是加下等使我辈来告焉。'沙乙古多等仍欲上京肃拜。"

六月丁丑，命申叔舟、韩明浍等，招称波右问之，其言曰："李满住旧居南距今居三日程，李满住麾下百余家至今居住。火剌温地面南距李满住家三四日程。"十月丙戌，礼曹条录野人卖土所言以启："一、建州人与火剌温自来相通，其道路相距不过十五日程，路多险窄，人马不能并行。"

丙戌十二年（明宪宗成化二年，1466）正月己巳，以沙运江住火剌温兀狄哈护军时伊可时为本处万户，毛伊乃本处副万户。

三月庚戌，谢恩使书状官金碟进闻见事目曰："海西野人都指挥锄良哈等，于抚宁卫路上见通事黄中曰：'我等饱闻圣上在位，抚恤遐迩，举境仰慕，欲将土物往献。至建州卫，建州卫人等云我与朝鲜曾有仇嫌，不肯指路。故又往吴音会，其处人亦云朝鲜边将神术不测，不宜前往。海西人举皆为闷。今幸得知路人。我等回还后，明年间将往肃拜。须将此意以启。'"上命承政院驰书于咸吉道观察使、节度使曰："海西野人有欲来朝者，依例馆待上送。"

丁亥十三年（明宪宗成化三年，1467）三月戊子，平安道观察使吴伯昌驰启："进鹰使成允文迎来军，带领义州军官林贵枝来言：'本月十八日行军至通远堡，唐人李海家北遇贼，结阵以待。贼前锋一人抽矢而射，我等亦发一矢并神机火箭。贼却立，曰："汝是高丽人。我是李豆里麾下浪思和。非敢战也，只要相见耳。"因索酒与饮。曰："海西卫千余兵屯于白塔，毛怜卫千余兵屯于连山，建州卫五百余兵屯于通远堡。道途甚梗，请勿入归。"'"

九月甲子，满浦节制使李克均驰报于兵曹判书李克培曰："今八月二十四日，于坡住指挥沈汝弄巨、延车、伊澄巨，千户老用，蒙古亡应家等来；翌日，古纳哈使送指挥伊时应巨，千户斜王，阿乙豆、伊卧子等又来，并馆待问委来事。汝弄巨曰：'以谒见新节制使来。本人等虽是李满住管下，别居远处。'故以赍来事目开谕之。汝弄巨曰：'犯边乃火剌温所为，我辈不干。天日照临，不敢仰诬。'又开谕曰：'汝勿诈饰，速还所掳人畜，然后庶可安业也矣。'伊时应巨曰：'前者都督承节制使所教，欲刷还人物，即往火剌温地面，不得刷还，深自惶惧。先使我等持书乞粮，仍告此意。'且曾报发兵邀赴京使臣事，以甫乙下土弟罗下止之，故不发兵。"

戊子十四年（明宪宗成化四年，1468）。三月壬戌，奏闻使高台弼驰书启曰："辽东镇抚王镇传参将王斌之言曰：'海西指挥你拖哈，言李满住子娶妻居海西卫者，请本卫及毛怜卫兵，要往朝鲜报复。此意回启殿下备御。我等闻寇汝国，当整齐军马夹攻之。'"又辽东押解官张思发启闻见事目："辽东参将韩斌曰：'海西鞑子打乞处被掳汉女逃回，说野人等于三四月间草长，要抢江上高丽。一被掳逃回辽东唐女李氏供招，海西女真打乞处听得，青草长一尺高时，要抢江上高丽。'"

睿宗襄悼大王实录

即位年（明宪宗成化四年，1468）九月丙戌，咸吉北道节度使金崤驰启：

"今九月十五日，训春住野人大护军多尚介来，言欲报复南讪兀狄哈，请兵于野人者邑同介家。闻深处靺鞨与三卫靺鞨战，三卫靺鞨败北，移来火刺温地面。火刺温亦欲移朝鲜地面野人所居。且建州卫充尚弟充也等二百余人朝见于大明，大明以前日作耗，并杀之。毛怜卫野人亦欲朝大明，路闻充也等被杀，乃还。"

十一月癸亥，被掳逃来义州人刘得吉来。命承政院问其往来本末，得吉条对曰："一、每作贼时，与火刺温兀狄哈甫乙可土、甫乙可大及建州卫罗夏、李古赤等连兵。二、他麻赤家东距李满住部落三日程，北距火刺温兀狄哈地面五日程，南距义州十日程，西南距辽东六日程。"

己丑元年（明宪宗成化五年，1469）十月甲子，谕平安、咸镜道节度使曰："今圣节使尹岑闻见事目云：'辽东总兵官、御史等议，海西女真等报云，建州野人等收拾兵马千余人，往高丽地面报复。'严备防御，诸事交相驰报，毋轻毋忽。"

成宗康靖大王实录

庚寅元年（明宪宗成化六年，1470）三月丁未，永安北道节度使鱼有沼驰启曰："臣到钟城府，李巨乙加介弟阿多哈来谒，言其兄被杀，哀痛哭泣。臣谕以巨乙加介罪状及前降谕书之旨。答云：'我其时适到火刺温兀狄哈家，闻兄死，不知见杀事由，及闻中枢权豆、朱章哈之言乃知之。意谓新节度使不可不谒，故来尔。今闻节度使之言，我兄固自取也。'仍叩头不已。"

十一月壬辰，谕平安道节度使李从生曰："永安北道节度使鱼有沼驰启，兀良哈甫乙哈进告云：'蒲州李满住子甫乙加大以贵国杀其父，征聚管下人，且请兵于火刺温兀狄哈，待冰合，将寇于闾延、江界等处。'防御诸事，卿其措置毋忽。"癸巳，咸镜北道节度使金峤驰启："富宁镇报，唐女弄今云：'父张万守不记职衔，母老乃居辽东嫁李昌守随居。前四年间被掳于东良北兀良哈多良哈嫁居。多良哈往兀狄哈处，乘间逃来。'多良哈云：'我买弄今于火刺温兀狄哈，累年作妻率居，今乃逃来。'"乙未，火刺温兀狄哈中枢府同知事阿充介等六人，兀良哈上护军松土等四人来献土物。

辛卯二年（明宪宗成化七年，1471）十一月丁卯，火刺温兀狄哈中枢阿充介等四人，骨看中枢金麻尚哈等六人来献土宜。

甲午五年（明宪宗成化十年，1474）二月戊寅，先是平安道平壤人金自募为野人所虏，至是还来，言曰："去丁亥年四月，以赴防甲士屯戍于义州黔同岛，建州、海西等卫野人七百余人来劫之，虏自募及管军崔晋等十一名而去。"

乙未六年（明宪宗成化十一年，1475）二月丁亥，遣左议政韩明浍、同知中枢府事李克均奉表如京师，谢恩。移咨礼部曰："成化十年十二月二十二日建州卫野人约三千余骑，突至本国平安道理山镇，抢掠野处人畜。十一年正月二十三日又寇昌城镇管内昌洲口子。本月二十五日又寇碧潼镇管内碧团口子。此贼世扰本国边境。又自成化三年本国奉敕攻斩李满住父子等后，满住党类谋欲报复，窥觑间隙。今者啸聚同恶，诳诱火剌温、毛怜卫诸种，众至数千，恣行凶犷，非徒凌蔑本国，亦是不敬朝廷。窃计此贼为谋既久，鸠合亦广，势不便止。烦为闻奏，明降戒饬本贼戢兵守分，刷还所抢人畜。倘或不悛，似前寇盗，当职欲要着令边将，相机乘势，出兵追讨，直捣巢穴，以惩奸猾。"

六月丁未，韩明浍请复设仇宁万户，金碔启曰："李满住季子因其母娶妻于火剌温，欲报父仇，招集部落，积有年纪。秋高马肥，安知不为寇抄之计？理山之战，火剌温部众亦多见杀。彼虏顽愚，不知自省，必反仇我国。仇宁万户，须速设立。"七月癸丑，领事洪允成启曰："今冬平安道防戍不可缓也。建州贼寇边屡矣，而兵至二千，未有如今日也。李满住三妻，一则斡朵里，一则兀良哈，一则火剌温。其子酋长甫加大者，火剌温娶所出也。建州卫虽卷地而来，不可得三千余人，其请火剌温兵明矣。虏俗请兵于他部，失一人则赎以十人，失马则赎以五马。去年冬再寇未得利而还，势必复寇。请速遣将备御。"

丙申七年（明宪宗成化十二年，1476）四月己卯，命以永安北道节度使吕义辅所启声息移咨辽东。咨曰："朝鲜国王为声息事，议政府状启，据永安道节度使吕义辅呈该：'本道钟城镇金节制使李琪呈："成化十二年三月二十日，本镇城外住居兀哈良厚应古、弓时老等告说：'我于成化十一年十二月二十九日，为因买卖前往十九日程松加老住居火剌温兀狄哈阿充哈家留住间，阿充哈言说，俺家相距约三日程住居火剌温兀狄哈等说称，上国自去年以来，只许七百名定额进贡，余悉阻当，缘此怀愤。麻豆尼等四十名，曾向开原地面抢掳烟墩官军回还本土间，一名在途逃走，余各分占拿来。又要聚集军马，欲于今年四、五月时分前往开原等处再行打劫。'"得此备呈。'得此具启。据此参详，上项所告未委虚实，缘系上国边境声息，理宜驰报。"七月丙午，理山人金略安你曾为海西女直撒哈连抢虏，至是逃至辽东，都司给与衣服靴帽，顺付谢恩使送还。

八月丙申，辽东都指挥使司移咨曰："成化十二年四月二十七日兵部尚书项等钦奉圣旨，准朝鲜国王咨报，海西女直要聚集军马，欲于今年四五月时前往开原等处抢劫一节，虽是夷人告报之辞，未可凭信，但海西女直素与朵颜三卫达贼结亲，交通买卖，而三卫达子近被北虏枪杀，备极艰窘，诚恐彼此结构，同为边患。"

十一月戊午，吕义辅驰启："本卫鞑靼招谕都乙温鞑靼，都乙温不从，构衅相战。都乙温酋长一人中箭死。本卫鞑靼使人语曰：'何不服从？'都乙温杀其使者。惧见侵，欲徒居稳城越边火剌温兀狄哈所居处。"

丁酉八年（明宪宗成化十三年，1477）十二月丁巳，韩明浍启曰："臣闻海西达子寇辽东地面，出入横突，掳二千余人。屯兵不散，莫敢谁何，虏必谓中原无人矣。且辽东兵食不足，挽粟而移之，一路骚然。自古升平无百年，平安道距辽城不远，变故难测。诚宜预备军储，警戒无虞。臣愿黄海道今年田租勿使上纳，以充军粮。"上命户曹议咨。

庚子十一年（明宪宗成化十六年，1480）八月乙丑，下书平安道观察使金嶠、节度使沈瀚曰："谢恩使韩致亨回自京师云：'太师达子十万余兵，屯于广宁、开原地面，侵三卫达子。三卫达子将妻子头畜来附开元卫，请入长城内，遂结建州野人。今已三战而胜否未决。又建州野人六百骑，请海西达子一千五百余兵，距抚顺所六十里许屯兵，议于八月间入寇于辽东。参将崔升领兵三千，往抚顺所备之。'"

辛丑十二年（明宪宗成化十七年，1481）三月乙酉，正朝使孙舜孝赍敕回自京师。……且教曰："建州野人不花、秃剌哈等因婚居海西，伏当加亦往留焉。汝往率右人等往建州，朝鲜被掳人马无遗刷来，亦令朝贡，然后放还拘留人。'"

壬寅十三年（明宪宗成化十八年，1482）十月辛卯，先是平安道节度使李克均驰启："今十月初九日彼人干黑能到满蒲镇，言本月初火剌温兀狄哈之将忘可，请鞑靼兵围辽东北面巨阳、蒲川两间小堡，抢虏而去，辽东兵追击之。"

乙巳十六年（明宪宗成化二十一年，1485）十二月丁亥，上接见中卫使送李柳时哈、沙乙豆等。柳时哈叩头曰："臣，李满住之少子；沙乙豆，达罕之子也。达罕使臣等输款耳。"传曰："达罕都督可得来乎？"柳时哈启曰："火剌温兀狄哈等逼居我境，日来侵轶，为此疑惧，不敢弃所管人民决然上来尔。往年臣之兄蒙赐鞍马，感戴而还。今亦依此恩赐，深切望焉。"

丁未十八年（明宪宗成化二十三年，1487）二月丙子，火剌温兀狄哈金知所弄巨等四人来朝。

戊申十九年（明孝宗弘治元年，1488）二月丁巳，火剌温兀狄哈上护军洪多伊舍等五人来献土宜。

己酉二十年（明孝宗弘治二年，1489）十二月辛亥，火剌温兀狄哈中枢沙乙古大等十人来朝。

庚戌二十一年（明孝宗弘治三年，1490）二月辛卯，火剌温兀狄哈护军吉堂可等六人来献土宜。

辛亥二十二年（明孝宗弘治四年，1491）八月己巳，圣节使朴崇质回到辽东，驰启曰："臣本月十五日朝，遣通事金孟敬诣总兵官罗雄请护送军。雄问：'汝国边境有何事乎？'孟敬答云：'闻有声息，故今请护送军。'雄曰：'建州卫达子卜花秃等九、十、十一、（十）二月间欲犯汝国边境，汝国礼义之地，与中国似一家。总兵官使兵护送于八站，则虽达子何畏！'又云：'野人事报牒到此，明日更来抄去。'十六日朝，孟敬抄来，其文曰：'钦差分守开原等处右参将都指挥使崔胜，为传报夷情事。据开原备御都指挥使裴震呈，弘治四年七月初十日，据通事百户白洪呈："审得海西葛林卫女直指挥答罕出等五名到市报说：'今年六月二十八日，有黑龙江野人头儿主孔革，领着二三百人马，说称要来开原地方上偷抢，又怕你海西山场并松花江三寨的人先去开原报道，怕他人马赶杀不得抢时，我每说抢你三寨并山场的人回去。'又说：'七月初一日，我每都督都里吉马牛的百姓马忽等三十多人马，诈说辽河打鱼，要来汉人地上偷抢行间。'又有海西钦其河卫女直哈答亦报：'七月初三日有建州头儿都督卜花秃来我本寨雇马。他说我每先去高丽后门抢了两遭回来了，如今又来雇马，还要去抢高丽。又与我每说南朝的人马要到秋间征伐你海西一带的人。我每听得这话害怕，就来开原马法每上报得知道。'"据报备呈到来，会同钦差分守开原等处太监兰看得所报前情，除行属严谨提备外，合用手本烦请知会，须至手本者。弘治四年七月初十日右参将都指挥使崔胜。'钦差分守开原等处右参将都指挥使崔胜为传报事。据开原备御都指挥使裴震呈，据通事白洪呈："审得海西葛林卫女直指挥答罕出报说：'建州头儿卜花秃亲来租我海西头儿兀加的青马，有兀加不肯与他。歇了一夜，问他："你租马要做什么？"卜花秃回说："五、六月船上过江抢了高丽家三遭，如今租好马，多收拾人马，还要去抢。不知高丽后门不知汉人地方上去抢有这等事，我亲来见开原马法们报得知道。'弘治四年七月二十二日。"

十月壬戌，下书西北面都元帅李克均曰："观察使柳轾驰启：'唐人押解官韩通达本月初八日到辽东谒都司，都司言海西达子五十名曾到辽东，言曰："毛怜、建州卫兀狄哈一百五十名畋猎为朝鲜人杀害，妻子皆移郁罗山城，将发兵三千余名抢掠正朝使于中路"云。又海西达子五十名来寓西馆，言曰："建州卫野人卜花秃等三名云聚合人马一千，报仇朝鲜。"又曰"东八站路间欲抢掠正朝使"云。'宜加抄护送军，严加防备，俾无后悔。"

癸丑二十四年（明孝宗弘治六年，1493）十二月癸亥，千秋使安琛来复命，仍启曰："海西达子分五运朝京。臣等遇于连山驿，避，不入驿馆，投递运所。馆夫与达子言曰：'朝鲜人何以畏汝等不同入一馆乎？'达子答曰：'朝鲜近来杀我人甚多，何不畏我报复乎？若同入馆，则我等当杀一二人。'以此观之，前此海西达子与建州卫连兵作贼明矣。"

甲寅二十五年（明孝宗弘治七年，1494）二月甲子，火剌温兀狄哈中枢沙乙古大等九人来献土宜。庚午，火剌温兀狄哈金知伊时可等六人来献土宜。

十二月丙辰，千秋使许琛来复命，启曰："臣还到凤凰城，闻建州野人与海西达子连兵八百余骑，屯于叆阳、坚平两堡之间八日矣。臣问其由，指挥刘铎答曰：'建州野人阿唐哈，前此请兵作贼，朝廷恶之，因其入朝，远窜西极。其子怨之，谋欲报复，屯兵于此耳。'"

燕山君日记

丙辰二年（明孝宗弘治九年，1496）闰三月戊辰，永安北道节度使李朝阳驰启："〔兀良哈中枢〕阿令介答曰：'里中来居伊伊厚等二十七名，弓知落后、他堂介等五十七名及随后出来其巢哈等四十七名，以国令督还，则伊伊厚等言，还归本土必为尼个车所害，欲投火剌温部落。但今农时，远路起程于彼地亦不得农作，生利为难，欲于今居加讫罗西距一息许南京川边结幕而居，待秋入归云云。'"

十一月甲辰，三卫敬差官童清礼等诣承政院，启："达罕言曰：'又往年火剌温兀狄介李毛独好寇边，抢掠女人六十四口而还。吾祖李满住要夺三十四口，造于大国，大国嘉其功，特遣使臣赐宴需劳之。未几，大国举兵来围祖父之家。祖父自料身无所犯，不避，身被九创，然后登山仅避。祖母则死于锋刃。祖父由是含怒，痛入于骨。既而翻然改曰"必朝鲜讨罪火剌温而误及于吾"，即解怨自艾……翌日，山赤下则逃匿不现，其父率野人六名而来，此即与山赤下同犯渭原者也。达罕语右人等曰：'汝等于朝鲜有何世仇而作贼也？尔其历陈于使臣前。'贼人等良久不答。已而山赤下父曰：'大金时火剌温兀狄哈尝作贼于大国，大国误以谓吾祖上所为而致杀，此一仇也。庚辰年节度使杨汀召致我七寸叔浪甫乙看而杀之，此二仇也。以此山赤下尝含愤，偶因出猎作贼耳。'"

十二月庚辰，平安道观察使李克均启："童清礼之行，只建州卫酋长出迎，左右卫酋长则否者，建州卫初面，故先出奉迎，左右卫则各其地界遣麾下来迎。而适其时雪深，且彼方与火剌温构衅，故清礼亦不得进前而还。"

丁巳三年（明孝宗弘治十年，1497）十月乙亥，三卫宣谕官童清礼复命启："臣又行五里许而宿。同行野人语臣曰：'昔中原使臣来此，夜宿吹角。被虏者闻之，脱来。今使臣亦当吹之。且此地与火剌温兀狄哈为邻，故多盗窃，尤宜吹角以备之。'臣从其言。……初七日，臣留左卫，语酋长甫下土曰：'今日当往大人所居，以颁赐物，欲令部落知和亲之意。'甫下土曰：'本卫与火剌温兀狄哈构衅，故我今住他处。虽到其处，亦非本卫，愿于此处受赐。'臣不得已，乃赠之。"

庚午五年（明武宗正德五年，1510）八月丙申，平安道节度使李允俭因满浦金使高自谦牒呈状启曰："今八月初五日，温火卫彼人朴撒塔木、朴阿郎可等进告曰：'火剌温亏知介与我卫人及建州卫人等，欲作贼朝鲜。相与议曰："今年旱气太甚，江水至浅，可以骑马渡江。汝等详知朝鲜道路，其先往看审作贼便宜处还来。"故我卫人及建州卫人等，托称田猎采参，今八月初九日发行向古慈城近处。'"

壬午十七年（明世宗嘉靖元年，1522）三月甲寅，参赞官崔世节曰："建州卫与海西卫年年相哄，无连和之疑也。"

明宗大王实录

己未十四年（明世宗嘉靖三十八年，1559）三月丁亥，三公、领府事、备边司同议启曰："毛怜、海西、三卫达子，相为缔结，累犯上国，恣行寇掠。建州卫达子，则暖阳堡、汤站、江沿台地方作贼之时，必由方山镇鸭江西边往来。故江沿台守堡官欲令义州牧使邀遮贼路，内外夹攻，至于恳辞移文。——其略曰：'尔来毛怜、海西与夫三卫人恃其凶虐，屡肆猖狂，寇掠边□，戕杀民畜，不宜坐视悖逆而不为之剿捕也。倘令所属兵马在于方山邀遮，内外夹攻，非惟尽以小事大之节，泄人神共愤之情'云。"

宣祖昭敬大王实录

甲午二十七年（明神宗万历二十二年，1594）七月乙卯，咸镜北道兵马节度使郑见龙驰启曰："永建堡鹅岩部落移居叛酋伊罗大腹心巨酋易水于其所居部落之北，石峰斗起，高可百丈，三面如削，一面仅得接足之地，高筑石城，为贼渊薮。虏中最强如忽刺温都叱洞尼舍隐等处，亏知介等虽以百倍之兵攻围累日，而不能陷入，每见败退。故据有此窟以来，益肆凶谋，自为雄长，不复归化者积有年纪。水上下生熟女真，莫不畏威承风，而水上巨魁尼汤介、栗甫里等前后诛死，孤立无援，不能肆于我境。而壬辰之变，乘时睥睨，拟逞含沙之计。各镇兵力，时尚堂堂，不敢凭陵犯入。自上年饥馑疾疫之后，叛贼余孽，投入煽乱，易水遂生匪茹之心，与伊罗大中外缔结，啸聚远近诸种，至于接连忽刺温之贼，潼关守护农民连续抢掠，永建、美钱相继围城。各境胡酋，无不相随而动。镇堡守将，皆以众寡不敌，未能放意耕获，近江民田，太半陈荒，而既熟之谷，亦多有未收入者，其为流毒殃民，前后罔有纪极。而藩酋之反侧者咸举此孽之名，恐喝边民。及永建围城之后，设机措捕之意，兼巡察使李希得处已为通文大概驰启矣。而兵马之强，城池之险，最于藩种，故未能亟加诛讨。庆源境巨酋多好里等部落荡灭之后，兵威稍振，士气百倍，密为分付诸将，所率军合一千三百二十五名，及降倭二十五名，俱会于钟城府境童巾穗下洞，休兵秣马，约束诸将，人含枚，马勒口，分道以进。易水上中下三部落，一时围抱，则易水自知罪犯，女胡与老弱，则预为移入石城，壮胡据穴待变，及闻军马之声，令角聚众，一时入城，坚壁拒守。迟明，我军等一边冲火窟穴，一边使降倭督入城下，我军随之。易水以胡语大喝曰：'请兵于忽刺温今既五日，任汝血战，吾当寓目。'凡所唱说，极口骂辱，竖旗于两门，发矢投石，莫敢谁何。"

丙申二十九年（明神宗万历二十四年，1596）正月丁酉，南部主簿申忠一书启："丙申正月初一日巳时，马臣、歪乃将奴酋言来请参宴，臣与罗世弘、河世国往参。奴酋门族及其兄弟姻亲与唐通事在东壁，蒙古、沙割者、忽可、果乙者、尼麻车、诸愁时在北壁，臣等及奴酋女族在西壁，奴酋兄弟妻及诸将妻皆立于南壁炕下，奴酋兄弟则南行东隅地上向西北坐黑漆椅子，诸将俱立于奴酋后。酒数巡，兀剌部落新降将夫者太起舞，奴酋便下椅子，自弹琵琶，耸动其身。舞罢，优人八名，各呈其才，才甚生疏。一、奴酋自其家南距大吉号里一日程，北距如许向路一日程，各设一堡；西距辽东向路一日程，设十堡。将则以酋长之在城中者定送，满一年相递。军则以各堡附近部落调送，十日相递云。二、马臣言'卫凡三十而投属者二十余卫'云。三、自老酋城至蒙古，蒙古王剌八所在处，东北距一月程，次将晚者部落十二日程，沙割者、忽可、果乙者、尼马车、诸愈时五部落北距十五日程，皆以今年投属云。剌温东北距二十日程，兀剌北距十八日程，白头山东距十日程云。四、如许酋长夫者、罗里兄弟患奴酋强盛，请蒙古王剌八、兀剌酋长夫者太等兵，癸巳九月来侵。奴酋率兵迎战于虚诸部落，如许兵大败，夫者战死，罗里逃还，夫者太投降，所获人畜甲胄不可胜计。奴酋选所获蒙古人二十，被锦衣骑战马，使还其巢穴。二十人归言奴酋威德，故剌八令次将晚者等二十余名率胡百余人，持战马百匹、驼十头来献。马六十匹、驼六头与奴酋，马四十匹、驼四头与小酋。其将领等奴酋皆厚待，给与锦衣云。自奴酋家北距虚诸三息云。夫者太投降后，其兄晚太以马匹欲赎其弟，而奴酋不许，晚太以此亦为投属云。夫者太在奴酋城中第三年，其家属上下并二十余名十二月望前始为率来云。自癸巳如许等兵大败后，远近诸部相继投降云。如许胡人多着白毡衣。诸胡中蒙古、如许、兀剌等最强云。"二月丙寅，咸镜道观察使洪汝谆驰启曰："今二月十三日永建堡境酋胡来言，忽剌温亏知介率骑兵一百名先导曼陀军五千名，明将出来云。而稳城境胡都非亦率千余缔结藩胡，丁宁作贼，故各堡防备，倍前检饬。雪消之后，南山堡防备，百计无策。藩胡进告之言，虽不足信，而意外之变，亦所当虑，自朝廷添兵运粮，非今日所可为，不得已如有紧急声息，则内地炮手量宜分防。"

丁酉三十年（明神宗万历二十五年，1597）四月壬戌，平安道兵使李庆濬书状："满浦金使林恂驰报内：'今月十一日受降亭候望越边唐候未辨步行三名来到江边呼通事。'使女真通事方应斗问其来由，则走回唐人云。即时严示军威渡江，率来被掳逃还，节次推问。招内：'前年十月间随主人老乙可赤城内五朔至留连。去二月十五日老少两酋各聚其兵，一日程许如许部落王致等处习阵还归。又于二十日间，外城外聚军兵点阅战骑，瘦瘠者决杖。后屠杀牛羊犒军。老酋面目，亲自目睹'云云。"

己亥三十二年（明神宗万历二十七年，1599）正月乙酉，上幸佟副总养正所馆行拜礼。上曰："大人驻辽阳，必知老胡声息，近复如何？"曰："老胡比岁效顺，贡献不绝，概闻其结婚于开元达子，开达欲引老胡犯辽阳云。而时无动静，俺家住距达子地方三百余里。明知其众不过一万，设或起发不大紧，然在我之备不可缓忽。咸镜一带另加防备。江界近处则山峻且险，胡虏以驰突为长技，无虞也。"上曰："始闻实状，多谢。"遂呈礼物而出。

癸卯三十六年（明万历三十一年，1603）三月甲申，平安道云头里权管朴乃成上疏曰："臣窃见老酋与罗里、裴隐达、夫阳古、甫郎吉等角力争衡，连兵结怨，弥久弥深。老酋务树党援而罗里辄肆剿除。老酋之未遑豕突亦可想矣。然而两胡势不并立，一为所并则其患必及于我，为祸必大。"

八月甲申朔，北兵使李用淳驰启曰："自钟城乌碣岭至金京沧滩之地，本月十四日贼骑亘满于二十余里驰突而来，戈甲眩曜，直抵城下。府使郑晔闭门登城，选炮射二十余名出城逆战，连续放炮，则贼骑渐退。藩胡来告曰：'此贼是忽刺温，而其将万都里向年见杀于我国，故欲为报仇，或侵轶府城，或杀掠村野云。'遂调探贼势，则焚荡藩胡，烟火涨天。又设艾幕，（妨）〔仿〕似久留，至十六日已皆发还，本府将士皆曰：驰骋战斗之状颇有纪律，有非昔年之比。且其领兵之将各建红旗，甲胄战马极其精健，后日之忧不可胜言。而府使郑晔身有重病，整顿军务亦甚可虑云。"上下教曰："钟城之贼不过自中之斗，急遣宣传官审问曲折。"北兵使又驰启曰："钟城接战将士皆言，曾与忽刺温相战已熟矣。今见此贼长甲大剑，奔驰铁骑，进退旗麾之状，似非忽刺温，疑是兀胡兵相杂而来。盖忽刺温之酋何叱耳乃浮者他子也，而小罗赤乃其女婿也。何叱耳之于兀胡有姻娅之亲，其兵必有相连之理。其铁甲至踝，定是兀胡之兵。老土亦与兀胡结婚，则未必非助恶而有此举也。兀胡素欲报怨藩胡，老土亦欲袭攻藩胡。我国防备不可不审云。"

八月丙午，北兵使李用淳状启："臣时留镜城矣，今十六日子时到付钟城府使郑晔驰报内：'近日贼胡声息，时无出来之事。今十四日辰时，贼胡不知其数，门岩、竹基洞、双洞三处出来越江，城外驰入，时入接战，事出不意。府使舆疾登城，或守或战，彼众我少，方为罔极事驰报矣。'臣亦领兵驰进。郑晔久在病废之中，军务诸事，未能整理，不意遭变，难保必全，极为闷虑。"启下备边司。九月朔甲寅，咸镜北道兵使李用淳驰启曰："钟城府使郑晔驰报内：'临战苍黄，贼势今始具由陈报矣。'今府使到任以后，绝无声息进告之事。八月十四日出时，能射军仅三十余名，中计除留镇军七滩守护军各三名，定送农民领出江上。辰时，守护军及烽军等告急曰：'竹基洞、门岩、双洞三处洞口贼骑不知其数，自乌碣岩至金京伦滩二十余里之地，弥满驰突，直渡江水。'府使久病之余，舆疾登城，则贼兵充满，戈甲眩耀，直至城下，而只有军官二三，疲残射军十余名，事势已急，未如之何。即闭城门，以判官差定率领将付军官及土兵六七名、炮手五名出战，则皆尽死力，连续放炮。贼遂渐退，还越彼边留屯，搜括城中老残男女及盲人列立城上。

仍窃思之，贼或更来万无支吾之势，若诱引渡江，急击先锋，少挫其势，则或生疑惧之心。妄料侥幸之计，乃使率领将及土出身前万户金嗣、朱朴应，参土兵四五名、炮手五名，直驰江边，上下诱引，则贼兵三十余骑先渡。方与接战，贼又无数继渡。城上城外一时放炮，则贼之先锋，渐为退却。即发传令收军入城。自此外村居民、品官及庆源军十五名、稳城军七名、虞侯率炮手九名，相继入城，而不成模样，所见寒心。十五日晓头，贼众上下江滩，试其浅深。走回藩胡等告曰：‘此是忽刺温，而其将万都里向年见杀于朝鲜，故欲为报仇。分兵三运，或犯府城，或掠外村’云。胡人之语，虽不足信，而探观贼势，则大设艾幕，似有久留之计，仍焚荡藩胡，烟火涨天。藩胡等依高峰设木栅，以为防御之计。贼乃作层楼，一时越栅，其击杀之声，惨不忍闻。详观其势，决无抵挡之理。与虞侯同议，欲乘夜渡江，为夜惊之策，而两日连雨，江水遂深，放炮亦难，方为闷虑。十六日未时，贼兵还向竹基洞，日后至亘连不绝。藩胡及候望军进告曰：‘洞中深处下马屯聚，夜深后山上隐伏。’胡人等连续进告曰：‘欲焚荡深处丰家向国胡于仇大部落。先运则昨夜雨中已为发归。留屯之贼，十六日未时尽为入归。’潼关驰报，则时方留住鹤双耳、遮日两部落，凶谋叵测，不知所向云。大概此贼形势，据其目见，参以此地将士之言，则其进退合战之状，颇有纪律，有非昔年杂胡之比。将帅二名各设红形名，号令之际，吹螺之声，远闻府城。甲胄、戈剑、战马极其精健，曾所未见。此存所在深处，则十五六日程道，而藩胡等亦未及知。先见杀戮贼者无几，此后声息，尤难闻知。万一卒发之变，每若今日之事，则防备之忧，不可胜言。炮手、精兵急急发送，善后之策亦为启闻，如何？再次接战时战士无一名死亡，炮手赵应礼及奴应祥等三名直前放炮，逢剑见伤，幸不至死。烽燧军吴井逢贼见害。农军则隐伏山谷，几尽入来云云驰报矣。此贼往来倏忽，虽曰退归，难保其不来，申敕待变。大概忽刺温与钟城、稳城、庆源等处藩胡结怨已久，绝不往来，故忽贼动止，藩胡漠然不闻。冲突抵城，然后始知贼来。后日之忧，有不可胜言云。”又驰启曰：“潼关金使权梦龙驰报内：八月十九日贼胡大军四面围抱。自镇中多放火炮，射矢如雨，贼不得逼。钟城继援将金嗣朱、稳城继援将权日春等领兵而来，与金使合力相战。永建前万户申悌业亦为驰援。贼马逢箭，不知其数，仍为退去。忽贼焚荡钟城三部落，男女牛马尽数掳去。藩胡等举皆投入我国，单弱之形，个个漏说，仍复前导，更犯潼关。今虽退去，还向丰界，将不久而复出诠次云。”乙卯，备边司启曰：“伏见北兵及巡察使状启，则贼胡虽小退，而留屯丰界，至造木栅为久驻之计，又犯于潼关接我而退，其势似为鸱张。前头边患之寝息，恐未易为期。帅臣既启请炮、射手，都监炮手一百名依前日启辞，速为治装发送。而南北道形势极为孤弱，防御使李箕宾亦令相继发送，使之驰赴变生处，随机应援。火药则前后所送已至六百斤，似支于目前之用。鸟铳既送七十柄，而分防列镇必为不足。鸟铳二十柄别样装架，胜字铳二十柄加下送，弓弦四百条并为下送。北兵使及边将军官等无遗到防，则其数亦多。而近来纪律解弛，受出草料，退卧其家，充军之后，亦图出初面官到付现纳而依旧退在，极为痛心。令兵曹刻期督促入送，俾无一名脱漏。其趁不赴防者依军律施行。添防军士亦欲多入彼中，粮饷在处不敷。若客兵坌集，而久未罢防，则继饷之策，急为可虑。岭东军饷，已令该曹输入，但海路辽远，必未趁时输运。而先为酌量六镇见在粮饷，可支军兵几名几朔之用，而其所继用之粮，则姑令南关各官所储仓谷为先输入，以岭东运来之谷，次次填补其数，似为宜当。且参商前后状启，则此贼为万都里复仇云，稳城、庆源之间又为可虑。详探贼情，连续驰启，申饬防备，少无磋跌之事，监兵使处发马行移何如？"传曰："允。"丙辰，备忘记曰："钟城围城之语事，前日传教于经筵矣。钟城之贼不过自中之斗，初无近城相战之事，敢以围城，至于书目张皇贼势，极为骇怪。北兵使推考。且潼关围城云者亦难保其虚实，围城何其歇后哉？大概边上事情不以实闻，朝廷不能详知，自古始，其所瞒者，或不免矣。速令宣传官之详明信实者驰往两处审问接战曲折，贼兵多少来启事，言于备边司。"备边司回启曰："钟城贼报，当初不为连续来到，且不明白，臣等亦未知贼势之如何。今以前后状启观之，则此贼必是焚荡藩胡，而虑我国出战，先为耀兵于钟城，而厮杀藩胡部落也。第忽刺温乃深处之虏，而其众盛多，经历累日程而出来，久屯于江边，则其计似不但已。急遣宣传官之解事者，驰往钟城、潼关等处，详问贼胡来犯形止及接战节次，贼众多少，贼兵去留，星火来报，以凭处置为当。敢启。"传曰："允。"咸镜北道兵使李用淳驰启曰："忽贼之围潼关也，接战将士等皆曰：'前与忽刺温相战已熟。今见此贼，则长甲大剑，铁骑奔驰，旗麾进退之状，大非忽刺温，似与具渑见杀之贼相类。疑是兀胡兵相杂而来。'臣仍而详问，则忽刺温酋长名曰何叱耳，乃浮者他子也，而小罗赤女婿也。何叱耳之于兀胡有姻娅之亲，则其兵必有相连之理。且其铁甲之色或黑或赤，其长过踝，其为兀胡之兵，恐或无疑。老土与王见右皆与兀胡结婚，则臣又恐老土等未必不纵臾而为此举也。臣之所以疑者有三焉：老土请兵兀胡报怨藩胡之说，屡出于会宁藩胡进告之辞。且项日老土子称只舍等受牌之时，兀胡将官郎主厚等多率麾下来到老土部落。无故淹留，其疑一也。老土属胡莫古里潜言于会宁族曰：'郎主厚近将攻击藩胡。'臣即令茂山通事责问，即郎主厚答称：'朝鲜疑我久留，吾当即还。'与老土、王见右俱去，未五日而贼发于钟城，其疑二也。老土又语于茂山通事曰：'山堡有贼则罪固在我，若水下贼发，则非吾所知。'无故而发此言，臣固疑之。臣今到钟城，问于遗存藩胡曰：'汝与忽剌温有何嫌？'皆曰：'忽剌温无少嫌，只与老土有怨，老土常欲来攻。'其疑三也。不可以疑虑定其真诈，大概忽温与兀胡相连，而老土之投属于兀胡则无疑。三贼相结于外，日以攻击藩胡为事，毕竟之谋，有所难测。我边防备，虚疏已甚，极为闷虑云。"北兵使李用淳驰启曰："今此胡贼兵分三卫而来，一卫兵留丰界部落。二卫兵先突钟城，焚荡藩胡，得牛马几五百头，掳男女千余口，大喜欲退。一卫兵曰：'我无所得，不可空退。'有酋胡诱之曰：'潼关军兵尽入钟城为守城军，今若直冲其虚，所获必多。'遂自前导，又围潼关。藩胡进告同然。大抵此贼得利之后，便即还归，似非有直犯我境之计，疑是为焚荡藩胡之计。而潼关之围，藩胡实导之。钟城以上藩胡一空，舐糠已尽，及米不远。北方之事，自朝廷各别轸念事。"备边司启曰："丰界部酋于仇大等受国厚恩，而乃与忽贼相往来。贼之来也，非但不为进告，反为献物济粮。其通谋同恶之状，似为无疑。于日巨大等所当次第问罪矣。但今秋宴享之时，必有自疑而不为来参者。更为详审事状，与巡察使同议启闻。而或举事，则当用炮手几名，精兵几名，而当于何时可以行师，军饷可支几百千石，所食与否及运粮便宜，同议驰启事，巡察使处并为密谕何如？"传曰："允。此胡之情态曲折，虽不详知，以臆见言之，安知不为大贼所胁，不能自致乎？若自前向国之胡，则一朝甘心叛国，岂其本情哉！至于大贼已到其部落，则责其献物济粮，岂不过哉。自古介于两国之间者，非理明义正，惟其势是趋，挺而走险，急何能择，况夷狄禽兽乎！藩胡，羁縻之禽兽也。设或真有通谋同恶之状，姑且畜之以禽兽，因以抚之，更观事势，徐图其便，亦不难矣。今不耐悻悻，锐于用兵，自撤其藩篱，仁不能以柔远，武不足以取威。今时何时也？大敌对南，深仇未复，风尘一警，社稷安危，决在呼吸；此而不足，更事北方，横挑虏患，必将为腹背受敌。恐非计之得也。吉凶悔吝皆生于动，故曰动惟厥时。今非用兵之时也。且师出有名，敌乃可服。不为进告，非可讨也。献物济粮，不足责也。潼关之引，未必不为所胁。然倘一致讨而远近慑服，边境永安，则诚不可不为。但予见如此，而未知其如何。或此意并问于巡察使，揣摩筹策施行何如？"

十二月己酉，北兵使李用淳驰启曰："今十月十四日到付稳城府使金宗得驰报内：贼胡犯境，先运则下去于美钱境中里部落。藩胡等走至美钱城底，美钱金使艰难保护，开门许入。后运则府境项浦部落屯聚，戌时末撤军水下下去。大概观其军马之数，自巳时至未时马尾相连，小不下五六千名矣。同日柔远金使传通，巳时贼胡驰突近城，金使与出身金彦贞发射。骑胡逢箭坠落，所骑马匹夺入城中。本府则犯境而不迴（向）城中，只到长城退去。疑若怯于柔远射中人马之故。贼犯之初，略示兵威，至为可嘉。其不敢迫近稳城，势或致然事。"启下备边司。又驰启曰："今月十五日未时成帖，庆源府使李光英驰报内：当日午时，忽贼五十余名追逐胡人，越江至长城门外。府使及兵使军官郑奇男、虞候军官朴应参一时开门出去，若将围抱。贼徒旋即越江，胡人四名田间隐伏被捉而去。县城门外屯结，而大军则夫汝只仍留事驰报矣。忽贼酋何叱耳自领大军攻击藩胡，所向无全。如庆源境夫汝只等七部落胡居弥满，未可猝犯，而一举焚荡，又复分兵旁行杀掠，至犯县城，越江追逐，迫至庆源府。其轻视我国，纵恣无忌，至于此极。此贼举措，似非自中相战之类事。"启下备边司。又驰启曰："今月十五日到付庆源府使李光英驰报内：当日戌时，府境中枢许乃、万浩、阿止阿等进告通事崔德春传语内：'忽贼无数出来，深处夫汝只、毛老部落、将之罗耳、时钱大、南罗耳、厚乙温、黄古罗耳等七部落，当日四更不意围抱，攻击冲火，杀掠人畜，不知其数。贼将则夫汝只、扬双阿部落留屯，待其徒属诸部作贼计料云。不无犯境之患事驰报。'忽酋自将出来，兵势甚盛。稳城部落尽数焚荡，转向庆源境，敢行攻击。如夫汝只、时钱大等部落乃来庭之胡，而杀掠无遗。虽不直犯我境，而前头之患，极为可虑事。"启下备边司。又驰启曰："今月十七日寅时成帖，稳城府使金宋得驰报内：'当日寅时到付美钱镇传通内：今月十六日申时，忽贼大军镇境中里部落等处弥满结阵。初昏围城，或进或退，接战放炮发射。次营裨将郑奇男、申悌业等领军驰来合力，时方相战，训戎前金使洪大邦以继援领军驰来，为贼所逐，不知去处。军士三名，逢剑重伤，脱身入城。贼众时方围立洪大邦去处，不得推寻。贼退后，哨探传通计料事驰报。'美钱为镇最残弊，守之犹恐不足。臣军官郑奇男犯围突入，时方相战，则庶几可保。忽贼藐视我镇堡，侵犯至此。今虽获全，后日之虞，有不可言事。"启下备边司。又驰启曰："今月十日成帖，训戎假将南彦祥手本内：'当日巳时为始，忽贼大军自夫汝只不知其数，镇境中岛出来，向江边水上镇越边八里许胡洞妓岩岘越去，直向美钱。胡骑分二运，二百余骑，长城门近处驰屯，挥剑横行发射。继援将与假将洪大邦所率三十余名开门追逐相战，放炮发射，或射中颇多。彼众我寡，不得追斩。申时末，大军毕行后，此贼等捍后而去。继援将郑奇男、右领将申悌业、虞候军官李开方、府使军官崔有庆等六人自本府闻变驰到，贼徒指向美钱地追击进去事驰报。'忽贼大军今方回还，虽欲经营截杀，而各镇堡军兵自守不足。臣营下入番军士可用者未满百名，没数抄发，虞候金去病及臣官郑奇男、承进申梯业等分领起送，而众寡悬殊，不敢抵挡。北方兵力，极为寒心事。"启下备边司。

辛亥，备边司启曰："臣等伏见北兵使李用淳前后状启，贼势鸱张，诚非细虑。北虏自中攻击，在前亦然。至于城底藩胡，则以其迫近我城，故有投鼠忌器之心，不能恣行杀掠。而自壬辰经乱之后，虏见六镇兵势孤弱，便生轻侮之意。老土首叛，阿堂介继起，会宁等藩胡抢掠无已。今年则秋再发，稳城、庆源两府之间，扬扬驰突，去来自如，观其意则必欲尽撤我藩篱。藩篱既亡，则六镇岂特止于齿寒而已。到此地头，虽有智者亦不能善其后。撤桑之计，宜及未雨。今欲调发南兵添防各镇堡以备不虞，则此方兵食在在缺乏，无以接济。欲船运岭东米豆以为馈饷，则明春南边亦甚可忧，不可专力于北方。以此言之，调兵转漕俱无善策，诚可寒心。秋间贼兵来犯钟城之时，已令本道抄发南官军兵分防镇堡，未知果否举行。今年六镇军饷措备之数，亦未知几许。贼兵今虽退去；明春恐有再来之虞。六镇粮饷，约支添兵几名几月之费。而虽无他道之兵，只以本道炮射手足以分防，而可保无忧等项曲折，及贼兵去留形止急急驰启，以凭处置事，宣传官发遣监兵使处下谕何如？"传曰："允。"

甲辰三十七年（明神宗万历三十二年，1604）八月丙戌巳时，上御别殿，引见领议政尹承勋、左议政柳永庆、右议政奇自献等。都承旨朴承宗、记事官李克信、朴颜贤、奇协入侍。承勋曰："北方之事，亦多可虞。忽刺温强盛，甚于诸胡。巢落虽在十余日程途之外，若欲出来，何惮于路远。北方兵力，势难支持，而监司徐渻曾已状启，且于私书力陈当击之状，每欲先攻件乙加退矣。"上曰："何以伐之，欲伐忽胡乎？"承勋曰："欲先攻件乙加退矣。钟城藩胡我伊唐介所居，己亥年间，高岭稳城胡人甚盛，故惧而入于忽温，为其婿矣。顷者钟城土兵李春之来也，臣问之，则曰：'渠见我伊唐介，我伊唐介自言：前日所居土地则膏饶，故能富实而居矣。入此以后，土地瘠薄，穷甚难堪，欲出来云。'北来之人，辞说各异，或言我伊唐介自来，或云送其麾下云。李璲以会宁府使新递上来，而亦未详知其为我伊唐介自来与否云耳。徐渻之言曰：'及其新出来，未成巢穴而击之云。'朝廷则以为此是枝叶，只攻灭件乙加退，非可施威于忽刺温，而只足惹起事端，伐之无益云。而徐渻之意，则以为卓豆为我伊唐介之婿，而不归于彼，欲以卓豆为媒，诱引忽贼于中路以击之。此意虽或有理，而我国兵力甚少，恐被全军覆没，必无可胜之理。幸令坚守，则犹或可也。野战则甚难，虽或诱引，彼军之多倘至二三千，则难当矣。此计甚是龃龉，故回启中既不许之，而彼中诸将之意，则皆以为击之便云。"上曰："虽不可击，今冬必当发送炮手添防，预先磨练，趁早入送可也。"承勋曰："京炮手则虽不可送，而南关炮手多有成才者，可以分番入送矣。"永庆曰："忽贼欲受职于我国云，其意难知。彼见老胡皆已受职于天朝，未知欲效此而为之耶？抑欲探我国虚实而云然乎？"癸巳，备忘记曰："观北兵使状启，则忽贼声息极为不靖。前因本司启辞，京炮手添防事势下书问之矣。千里往复，恐致失机，今宜量择京炮手先运发送，及期添防。继观本道回启后，随后善处，未为不可。"言于备边司。备边司回启曰："忽酋声势日以炽盛，前后进告，极其诪张。卓豆以终始不附之胡，一朝被其诱胁折伏，江外一带，藩篱尽撤，防秋之忧，有倍曩日。而兵势孤单，守御疏虞，前头之虞，果为不浅。本道南关炮手、射手及明吉州别军及期调发防御处分配，先运京炮手一百名，军火诸具急急入送，添防待变何如？"启依允。

乙巳三十八年（明神宗万历三十三年，1605）三月丙申，备边司启曰："伏见北兵使李用淳状启，潼关见陷，极为痛愕。以高敬民所报见之，此非接战力弱而败，托以降胡乘夜来乞开门，金使全伯玉酣醉不省，开门引入，因以见陷，尤为痛心。此贼方退阵于啸岩滩云，既得利于潼关，必再犯于钟城，前头之事，似不但已。潼关新金使以年少有胆人今日内差出，都监已装束炮手先为领率驰去赴援。而军官一员勿论时散朝官禁军，令兵曹抄择给马，一时带送为当。敢启。"传曰："允。孰非不择人之致也。常时守令边将有司循情不择，差遣庸人，坐致辱国之变，岂不痛哉。"丁酉，知中枢府事卢稷启："伏以臣伏见昨日下备边司之教，欲死无地。潼关金使全伯玉，臣曾于癸卯秋为兵曹判书时差送者也。其时亦有忽贼之变，而潼关乃其先受贼兵之地，金使适箇（递），欲择送而难其人。闻伯玉有弓马之技绝伦，曾为会宁判官，时非但居官甚谨，威名亦为胡人所畏服，且于试才时能射六两四十步，知真为壮健人，议于人而皆曰可授此任云，故十分难慎拟差。臣不曾一见其面，实无私意于其间。况北道边将，人皆厌避，而潼关孤危尤甚，其所守御之人，决不可以私意取舍也。岂料为人无状，至于此极，以致今日辱国之甚战。兵家胜败，固不可言，而大贼来逼之日，醉酒不省云，此人情之所不测，臣亦痛切于骨。其人已矣，法无可施之处。而败国事者臣也，亟加显诛，以肃军政。臣席藁待命，不胜战栗之至。"答曰："具悉。卿意安能预知，宜勿待罪如此。边上虚言亦有之，必待信言，或查核后可知矣。"庚子，备边司启曰："稳城府使得人与否，六镇成败系焉。臣等欲急择差送，而十分可合者未易得之。今此议荐人中，如成佑吉虽似谙练不足，而勇略出凡，威名已著于边上。申忠一、李止孝颇有计虑，曾所履历，具有显效，并为书启。"传曰："虞候谁为之，议启。"辛丑，备边司启曰："见此咸镜监司徐渻状启，潼关被陷曲折，高敬民前后所报与金宗得之报大相抵捂，虽未知某为真某为伪，而全伯玉尸身既在城中，至于敛葬行祭云，此则必非虚报。高敬民以主镇之官，近在十八里之地，生变之际，既不得登时驰援，贼退之后，又不能躬往收拾，只以传闻张皇驰报，其逗留退缩、游辞归报之状，似不可掩，极为骇愕。然远地之辞，必须详加查核，乃可得其实状。按问御史李廷馪方在道内，使之驰往本处，贼众多寡，攻城节次，全伯玉拒战虚实，高敬民观望情迹，及藩胡临急向背之状，一一查访，急急驰启，以凭议处。仍为吊死问生，优施恤典为当。且射毙贼将之说固不足信，而休兵再犯之言，不可诿以虚妄而不为之备。京炮手一百名则已为发送，令都监又以一百名装束，准启请之数，从速发送。降倭之在畿甸者，亦令金归顺抄择可用人炮手一时下送，而本道添兵运粮之举，亦宜极尽措置，分配防戍紧要处，善为策应，毋贻后悔之意。徐渻及李廷馪处遣宣传官下谕。本道奴婢身贡一半，亦令该曹量数加给宜当。"传曰："允。"

四月壬子，咸镜北道兵使金宗得启："稳城府则以判官金觉定将臣来住行营，使虞候成佑吉率领军马，往来潼、稳之间，兼察潼关守护之事，以壮江边声势。自潼关陷没之后，民情惶惑不定。藩胡又从以向背，件退余贼，出没难测。边鄙方耸，其敢望稬人成功乎？件退不除，则为贼渊薮，潼关之辱，无岁无之。臣方与巡察使徐渻之密报商议：塞草长成之月，秋谷布野之时，忽贼寇犯，指期可待。昔岁出来，犹尚纵横，况今得利，其势难遏。若不大集军马，示以国威，则将来之患，有不可形言。京来炮手分防镇堡，多生骄气，怠慢成习，决难于缓急之用。唯平壤炮手精艺勇健者颇多，极精四五百名，不分昼夜为先入送。六镇中兵马简其壮勇，则亦可为用。而所乏者甲胄也，镇堡上军器，有名无实，京军器甲胄及火药火具等物，优数下送。臣行到潼关看形止，供问脱逃土兵及免死降胡等，则俱曰：'三月十四日三更降胡一人奔告金使曰：忽贼大军已到丰界近处。金使与充军马应斗饮酒，即令军卒城头列立，又许降胡入城，相杂守埤。十五日昧爽，大军近城，北门将土兵梁忠祥逢箭仆地，守卒一时溃散。贼徒竖立长梯，蚁附齐登。金使与土兵知事不济，咸集西门一角，与贼博战。而东南两面，随以空虚，一时逾越，弥满城内。顷刻之间，败陷涂地。金使则额上逢箭，脐下逢刃，殒于西门之下。城内外枕尸相连，几至二百。首酋洪耳及所大等杂胡无数骈死，而逃死之数则合三十名。焚烧杀掠之后，余存者衙舍仓廒民家五户，仓谷则太半散失，军器则一镞不遗，城四门则尽数撞破。'臣在稳城时，府境深处，都酋卓斗、石乙将介来告曰：'顷者忽酋为久住件退之计，挟二爱妻出来。及潼关得利之后，彼亦有损，爱将于时太逢铁丸而死，次将四人逢箭亦死。故何叱耳领大军即向巢穴，只留骑步五百余名于件退。分付内吾当于四月旬前更来，则限秋谷之熟休兵留住，侵伐朝鲜地方及我军恃排（恃排，城子），期以荡灭云。'又告曰：'忽贼出来之时，卓斗使其子会叱斗尼叱介率二十余骑出外待变，掩其不意，射杀贼胡二名，取其甲胄，夺马四十余匹以来。敢乞会叱斗尼叱介受职进告。'卓斗等既与忽贼相绝，而今有此举，其心可嘉，不可无激劝之典。"甲寅，宪府启曰："潼关乃六镇咽喉之地，一道成败所系。顷日全城陷没，极其惨酷。钟城非但为主镇，相距才十八里，必无不及知之理。而身为主将者，恇怯退缩，无意赴援，使虏骑如入无人之境，以致关防重地，一朝丘墟，北鄙事势，将无以收拾，极为痛愤。全伯玉之事当待查核以知之。府使高敬民坐视不救之罪，昭著无疑，请命拿鞫，依律定罪。"丙辰，宣传官李瑞龙书启："臣驰往潼关看审陷没形止，则满城灰烬，惨不忍见。所存者衙舍仓廒及民家五户，而四门为贼打破，故兵使已令钟城府塞其东、西、北三门，只以南门为出入之路。稳城府方为建设城门，鸠聚材木始役矣。当初陷没曲折，无可凭问。取供脱逃土兵，则去三月十五日未明，忽贼几至八九千，一齐围城。平明时北门将土兵梁忠祥逢箭仆地，守卒瓦解，贼徒竖梯登上。金使及土兵咸聚西门与贼搏战，而城东南两面空虚，贼徒一时逾越，顷刻之间陷没云。金使则死于西门之下，城内外枕尸相连，胡酋洪耳及杂胡无数骈死。金使则敛葬于钟城城外。其他尸身则分男女一处埋置。军器则贼徒尽数载去，仓谷则太半散失。而逃脱免死之数，则土兵十二名，京炮手四名，本道炮手六名，降胡八名。而被掳之数，无从诘问，不得详知。大概潼关钟境巨镇，男女老弱并二百七十余名，而今无孑遗，极为惨恻。臣所目见，不敢不达。"传曰："知。"庚申，备边司启曰："所谓伊项牛虚部落，为贼爪牙，我国动静，无不通于忽酋，潼关之变，此贼为其向导云。金宗得征聚六镇及三邑之军先为掩杀，此必剪去羽翼，以为渐图件退之计矣。但自我境抵件退四息余程，其间部落叛附于忽贼者亦有四五处，必尽为除去，然后行师。动兵深入，似非其宜。都巡察使徐渻想已进到，相与十分商确，务在慎重毋贻后悔之意，急遣宣传官驰谕于监兵使处何如？"传曰："允。"宣传官罗德宪书启："臣三月二十六日奉标信赍有旨二度，九日到咸兴府巡察使徐渻处亲授。四月初四日又到行营节度使金宗得处，有旨亲授后，因问潼关陷没之状，则兵使已为推问。被掳逃还土兵金鸾寿等三人及降胡洪吉等招内：'去三月十四日三更，降胡一人往在欲洞耳部落，闻忽贼大军已到丰界，奔告于金使。则金使方与充军马应斗饮酒，闻变即令军卒列立城头，又许降胡等入城，相杂守坤。十五日昧爽，贼军迫城。北门将土兵梁忠祥逢箭仆地。守卒溃散。贼徒多坚长梯，蚁附登城。金使及土兵咸聚西门，与贼搏战。东西两面随而空虚，顷刻陷没。金使逢箭死于西门之内，城内外积尸相枕，胡酋洪耳及杂胡无数骈死，而贼军则已时退去。'云云。钟城府使高敬民推问被掳人孙应福等八名招内：'去三月十四日名不知藩胡进告内：忽贼大军十五日来犯云。而藩胡进告，视为寻常。同日三更，降胡等不知其数，聚到于西门，欲入城中，即开门许入。后忽贼大军未明围城，降胡等所主北门步兵逾越，以至陷败，金使则不知去处，厥妾被掳于城中。而忽贼大军已入巢穴，只三百余骑，留住于件退，将欲更犯'云云。臣初五日自行营驰到钟城，躬自取招，则应福等所供之辞，前后无异。臣与钟城府使高敬民同往潼关看审陷没形止，则当初贼虏行军出来处镇西长城门外豆满江厚地滩、他乃滩、中岛滩、望德滩四处，涉水长驱，兵马蹴踏之迹，涨满前野。而城四面又有环匝之状。自南门至东北门外田亩间数马场，许多有屯兵蹂躏之迹。城西沟垓子五处广一尺许，及东北边垓子二十八处广三四尺许，抹木拔去，有竖梯登城之迹。而城北门一处女墙一处半坏，别无颓城填堑之处。只城西门内一角上多有两军相搏之处，而赤血涂地，唯余战尸颓积之痕而已。死亡之人及金使尸身则已尽收瘗。潼关男女老弱尽于杀戮之中，而孑遗仅存者，只土兵十二名，京炮手四名，本道炮手六名，降胡八名矣。焚荡所余，官谷则皮杂谷并六百十二石三斗，府使高敬民已为搜括，报于巡察使处云云。官舍犹存者司仓、衙舍、官厅并四十八间。城东门则只有柱梁，而门板则尽为撞破。故兵使令钟城府塞其东、西、北门，但开南门，以通出入之路。闾阎草家五户及土幕四十四半焚半存。其余城中之物尽为灰烬，无凭可考，而所见惨侧矣。"

癸亥，咸镜巡察使徐渻启："前日兵使金宗得遣虞候成佑吉，叛胡伊项于虚部落焚荡事，先发后闻之意，贻书问臣。臣传令禁戒曰：'机会不可失，而藩臣之意，当待朝廷分付，决不可兴师越境。'臣到吉州，宗得又以曾闻胡贼再犯之奇，聚兵千余，因此袭灭于虚事驰启，即遣军官止之。未到之前，先已动兵，屈挫叛胡，庶几少伸前耻，极为喜幸。臣之愚见，则目今所当讨者件退。上年秋聚兵待变，胡中传言当讨件退。件退之贼登山走避者几二十余日，而我师终不出。胡中谓我怯弱，易之如儿。因我师之愤，乘彼贼之骄，凭仗国威，冀洒边羞。而今已兴师，机事已露，恐或戒备件退而再谋侵犯。臣闻自癸未以后，边上以首级赏功，故生发始燥之小儿，穿耳披白之老妪，亦在旗显之中。自古争战，虽极衰乱，未尝不执讯受降，生杀恩威，并行于锋刃扰攘之中。而我国诸将，不习战阵，争以多杀为夸，非但乖天地好生之德，而使敌殊死战，事甚乖宜。臣于前日请讨丰界之时，谕降不从而后加兵。乱兵既定，贼已投戈，则即为生擒受降。以活捉为头功，以献馘为次赏事约束。亦以其意启闻于朝，宜自朝廷商量定规，知委各边，使之遵奉施行。件退问罪之事，曾已累次陈启，而迄今未奉明旨，越趄中路，事甚狼狈。乞令备边司驰驿指挥使决去留。"乙丑，咸镜兵使金宗得启："潼关见辱之由，详细探问，备谙其状，则皆由于水上叛胡之媒孽诱引。而向导先锋者都是伊项、牛项等部落及庆源境数三部落。如此啸聚之徒，归仰忽贼，作为羽翼，我无问罪，益肆跳梁，隔江一带，将为贼垒。臣不得已，先事伊项，以威水上藩胡。而庆源境夫汝叱只部落曾与忽剌温相通，忽贼数三方留其处，厥谋难测，此不示威，恐生一敌于腹心也。且庆源之胡今与忽贼递结，信使往来，而见其潼关之败，又生觊觎之心。倘或忽贼连兵，一时俱起，则残镇小堡，难保其无事也。且藩胡之性可以威制。庚子夏薄伐老土，至今无梗，足为明验。臣休养精锐，待时以动，致讨庆源之胡，则水下藩落亦自畏缩，莫敢先动。而忽贼出来，庶无相煽，件退问罪，亦不可少缓。而道里相去，百里之外，渊薮盘据，忽兵留护，难可轻易举事，故先除羽翼以孤其势，可以得志。次第举事，时不可失。昧死以禀。"丁卯，咸镜北道兵使金宗得启："忽贼出来无声息，件退留贼或云三百，元居胡并将千余，而待其忽军相与作贼云。如此草长之节，夏月之时，待变等事，不可不戒严。臣精抄营下军士仍留行营。防御使郑沉率兵已到钟城北关，军兵征集，分防各处，以备不虞。"己巳，咸镜按问御史李廷馦驰启："会宁府使沈克明驰报：'今四月十五日，忽贼骑兵五百余名，府镜烟台近处住胡大伊部落，围抱相持。府判官率炮射追击次，贼将等由浅滩分卫突入，良久交战。乘白马前锋胡一名射杀落水，夺取白马。藩胡土屎乃等草间隐伏，乘其退北尾击。射杀五名，生擒二名，马八匹，甲胄并七部掠得领来。上项贼胡等笃所及伐伊大等部落几尽焚荡，牛马财畜无遗抢夺。越边相望之地，结阵不散，整齐军兵，时方戒严。'"钟城府使高敬民驰报："藩胡掳只舍言内：'卓斗勇军五十余名入送于件退，铁甲十部、马百余匹，前后偷来。忽贼骑军一百五十余名，今月初七日已到件退，时方造作长梯，同卓斗部落及朝鲜某处作贼。'计料忽贼狃于得利，不无再犯之患。"巡察使徐渚驰启："金宗得牒呈：柔远镇境深处胡人自忽剌温出来言：'件退曾留骑军三百余名，又骑军一百五十余名，今已到件退云。'当此农民布野之时，声息如此，冲东击西之患，极为可虑。会宁、稳城诸胡皆怀二心，稍稍撤去。水上、下三百余里当尽为添防。兵分势弱，粮亦垂竭，将来之忧，极为危急。"庚申，备边司启曰："伏见徐渚、金宗得等状启，件退之贼来犯会宁境内住胡伐伊大、笃所两部落，接战曲折，虽有详略之不同，大概得利潼关之后，留兵于件退，出没侵轶，使我疲于奔走，其为凶计深矣。必须添兵列镇，倍加堤备，庶可支撑。但六镇见粮匮竭，目前接济，极为无形。加以农民辍耕荷戈，无望秋成，前头继饷，尤极可虑。前日启下平安道炮手及黄海、江原、京畿武士等更为催督急急入送为当。此外虽或加抄精军，鳞次入送，而本道粮饷未及措置之前，数多添兵，恐非得宜。姑令兵曹更抄二百，预令装束，徐观事势，以为处置为当。督运御史已为差出，数日内当为发送。但自江原岭东北道里绝远，御史一员往来两道，动淹时月，时急之事，必至迟滞，加出一员何如？"壬申，咸镜监司徐渚启："卓斗虽未可专信，揆其情势，附贼则为其管下，皮币以为贡，兵马以从征，一违其令，从前归顺之功反为讨罪之媒；而若助我却贼，则自雄江外，控制数百里，统率数千兵，此是目前必然之理也。虽其为胁制，而犹持两端，若一向外待，使之专意于贼，则窃恐水下藩胡一时生变。以此姑示厚意，以结其心而已。岂谋及军期，透漏机事耶？江边诸将以金宗得为过信卓斗，而其心则亦非以为一心输诚；一扬一抑，以为操纵羁縻之耳。若得京炮手二百名帮助，又添黄海、京畿武士百五十名，则可以足用。而若件退忽兵未满三百，则其余皆是钟城藩胡之畏威投入者，而其数亦不多，本道兵力似可有为矣。粮虽未优，江边各镇现在之数，足支三千兵两三月之支，而洪原以北税粮方且督运，可以支用。战是危事，兵非得已，岂敢轻易妄举，以贻后悔，以自罹军律乎？进退机宜追为驰启计料。"癸酉，咸镜按问御史李廷馣驰启："臣祇承严命，多般推问参以本道公论，则潼关陷城前一日，金使全伯玉与钟城军官马应斗射帿饮酒。三更，藩〔胡〕进告忽贼大军出来，金使即出坐西门，使城中之人，列立城栅。次藩胡等全家来到，愿入城中避乱为言。金使即令开门以入，一同城丁军列立待变。贼胡无数渡江，自昧爽围城，相战逾时，贼矢雨下，城上人不能抵挡。贼乱着长梯，从东西逾城以入。土兵等皆聚西门金使所在处，搏战良久。金使额下逢箭，脐下逢刃，殒于西门之下。贼尽杀控弦拒战之人，僵尸枕藉，流血满地。藩胡酋洪耳及所大等杂胡骈首横死于乱尸中。其金使力战之状，降胡向背之形，据此可知。若降胡引入，则岂有死于锋刃之理乎？贼退之后，点视横尸，则几至二百余矣。钟城府使高敬民当初闻贼势浩大，逗留畏缩，不能赴援，而遂为陷城。身为主镇之官，欲免己罪，专欲归罪于伯玉，多费辞说，张皇瞒报，极为痛愤。臣周视潼关城中，则间阎烧尽，土人余存老迷弱并仅十余人。西门城砖及城下近处，战血淋漓，丑气著人，所见极为惨痛。全伯玉等血战之状，尤为明白无疑。全伯玉处令本官略备祭物，以慰其冤。城中乱尸，男女分葬二处，依厉祭例设二坛致祭。城中余存及被掳逃还之人，其无赖之状，惨不忍见，亦令本宫蠲除杂役，优给食物。臣赍来木绵衣资次亦为分给，以谕朝廷优恤之意。"

戊子巳时，上御别殿，上曰："忽贼、老可赤前所未有之贼，于予身当之，不幸莫甚，若西北有警，则若之何？"奇自献曰："见平安道状启，若似禀老酋之事矣。"柳永庆曰："两胡杀害之事，似指万斗里矣。"上曰："此事予不知。"永庆曰："辛丑年间，胡十名出来执之，故云耳。"上曰："渠来而何执之乎？"自献曰："形迹荒唐，故执之耳。"永庆曰："李应獬为稳城时围城，厥后似为侦探而来，故执之耳。其时只有判官，捕得万斗里于浦口烟台，执而杀之。不但此也，边将皆杀十胡，似犹灭口矣。其时申碟状启拿推边将矣。大概自其时构祸，厥后每欲出来，而有灾变，万斗里又死，故不来云耳。"自献曰："李时言以为此事以万斗里构祸，若开谕则好矣。"永庆曰："六镇之事极难，必须别样处置，可以保全。"承宗曰："边上贼情，臣虽不知，非如藩胡之比，必是大贼，虽不知终如何，难保其无虞。大概有民然后可以保全，而六镇无民云，奈何！虽或实边而必除役，然后民可安生，而守令得人为上策矣。在我之道若尽，则大贼亦不足患矣。"上曰："件退四息程云乎？"永庆曰："百二十里云矣。"上曰："然则一日之内不可回来矣。"永庆曰："不可回来矣。且今草树茂密，五日未时行军，六日昧爽将到云矣。"上曰："部落多乎？"永庆曰："部落则不多。而忽兵相替，以为留驻之所云矣。"上曰："军兵出来时留驻乎？"永庆曰："件退去忽贼七日程，故以此为留驻之所矣。且忽贼送书欲要实职云矣。"自献曰："忽贼之书有夸言矣。"永庆曰："殊常殊常，忽贼通书，前所未有。"永庆曰："老可赤以何叱耳见之虽不可畏，西方亦不可不虑。臣闻西方人民多流亡，理山尤为弃邑云矣。以此本道启请差遣文官，而文官则似不可遣，武官极择可矣。"壬辰，咸镜监司徐渻启："本月初四日自行营出师，约会诸将军兵于柳亭，藩胡卓斗领骑三百余驰来会。臣招卓斗、石乙将介等两酋给蓝布各二匹，则皆拜伏以谢，愿为国家效死讨贼。五日雨不克涉，初六日一齐渡江，初七日还师，八日班师，散遣诸将，还到行营，料理添防守御事宜。臣问诸将，参以各人所言，则当初约束由丰界进兵。过丰界后岭，有地名芦洞，水草颇好，亦宜藏兵。黄昏到此，人点饭，马饲料，住近歇足，四更头起马，昧爽攻栅，而先用我军紧围三面，开其向北走路。令卓斗等截住以待。贼若不战而走，则合兵鏖杀，领兵入堡，用铳筒火箭攻拔事申明。及到中路，用向导人指说，不由前约丰界路，而迤从迂路以进。盖欲直出贼巢，使贼不及设备，且以丘陵互蔽，不见人马之形故也。道路之远，几至五息，马驰人走，平明始至。望见时排似无出兵拒战之状。边兵、藩兵贪其掳获，争先趋附，骈入胡庐，抢掠人畜之际，贼以百余骑自柳林中疾驰直冲我军。我军既已疲劳，而又出不意，阵动少却。贼插弓于箙，挥剑俯斫，驰突出入，军势将乱。金宗得手斩一人，督率诸将，冒锋进战，散而复合。列成阵势，隔水交战，射矢放炮，或中贼落马，或中马仆地，贼气摧沮。虞候成佑吉与手下突骑数十大呼陷阵，贼遂溃走，追至数里许，斩首数十级。而我军人马饥困，皆不堪战，日且晌午，遂徐徐引退，不能更谋进取。先遣步卒由丰界路缘山退师。成佑吉与诸将各率精骑殿后而来，正到丰界，贼骑追及，士卒惫尽失措。佑吉驱炮手十余，使之齐放，适中裹甲。尚以红毡骑白马一胡已拨马先退，行未数步，堕马而死。佑吉因乘势拔剑，骤马连斫杀四贼，贼披靡，追过二岭而回，贼不更迫云。一军之人，皆云在丰界我军数千弥满山谷，贼追骑不过四五十，而饥渴已甚，手不能举，足不能运，自分为鱼肉而得免为胡地之鬼者，皆虞候成佑吉之力也。若又得如虞候者一人，则贼可以匹马不还云。我军入其巢穴，斫杀人畜，再度交锋，挫锐逐北，完师以还。始者人持五日粮。既薄扫贼窟之后，仍为留宿，分讨倍同耳由巨里等部。欲件退间里之内，更无庐舍，而行军违路，不能如意，极为愤郁。由丰界路则距钟城只八九十里，道路非有险也，而以十倍之卒攻无援孤垒，未张一炬烧尽，行兵不遗，虽名胜敌，实为示弱。贼之精锐杀过半，未知留兵屯住与否，将来防守当倍往日。道内兵众单弱，调发难继，极为闷虑。"癸巳，备边司启曰："伏见徐湝、金宗得状启，件退之役，虽有所斩获，而我军亦多折伤，且不能焚其巢穴，所谓虽名胜敌，实为示弱者固是实状也。设使今番快胜，犹有后忧，况如是为之乎？臣等前日所以过虑而难慎者，正在于此也。苟非成佑吉奋身独当，则几乎败没。卓斗初不料其如此，而乃能为国效力至于此极，极为可嘉。今宜增其爵，官其子，多给绵布，优施赏典，以厚结其心。率下胡人战亡者亦施恤典，访问其妻子，给予绵衣。石乙将介及卓斗率下有战功者，分等启闻，依我国人超等论赏例举行，亦当。我国战亡人，则令御史李廷馦详细查访恤典举行，军功人令该曹照例论赏亦当。自今列镇防备，固不可小缓，而秋高马肥，则必有举众来犯之患，添兵递戍，得谷继饷之策，汲汲同议措置。下谕监兵使御史处何如？"传曰："允。"史臣曰："当初件退之役，徐湝、金宗得实主张其事，而庙堂不力请禁止，首鼠两端。及其见败之后，乃曰：'臣等前日过虑而难慎者正在于此也。'呜呼，扫一道之兵力，兴师六月，深入敌境，见虏数百，一败涂地，得开他日无穷之边衅，则岂若是歇后之事乎？"甲午，备边司请送金疮相当药于北道虞候成佑吉处。（件退焚荡时，佑吉率精锐先登击贼，逢刃于头上，一身亦有伤处。）且具德令、闵阅道、柳斐、李芷、元守身俱有勇敢之称，此人等入送于北道，使之随宜调用为当。从之。乙未，咸镜道按问御史李廷馦启："臣于本月初四日，以土兵试才事驰到行营。路上逢着兵使，已领南北道炮射手三千余名，以件退焚荡事，约藩胡卓斗以去云。臣留行营，伫待捷音。初八日申时，忽闻营中哭声轰天，惊惶问之，则营军士自战所来言某某存殁之故。臣即问行军胜败之形，则初七日夕，我军自钟城带同卓斗军渡江，初八日早朝到件退贼窟。先锋才入恃排外胡家焚荡之际，贼胡已先准备，埋伏铁骑数百许，不意突出，挥剑乱击我军。我军不能抵挡，一时溃散，步军登山以走，马军由路奔北，各自逃生。虞候成佑吉忘身奋勇，率若干战士，且战且退，手斩贼胡数三，然后贼小退。若非佑吉尽力拒战，则我军几不能济云。钟城一路裹疮之军，或逢剑或中箭者，连络以还。问其焚荡形止，则如出一口。到处镇堡，孤儿寡妇之哭声，惨不忍闻。战亡人则奔进山谷之人，或过三四日后，亦有还来之人，时未详知其数。诸将中训戎金使任义逢剑重伤，会宁判官李祥龙逢箭重伤。卓胡之军二三亦为战死，藩胡石乙将介中箭，石乙将介之子亦逢剑。大概聚一道之精锐，不利于今次一掷。诸将斩馘虽曰五十余级，所获不能补其所亡。人心沮丧，有不战自溃之形，所见极为闷虑。兵使金宗得久在边上，备谙虏情，顷见潼关之陷，不胜奋激，思欲扬示国威，以讨贼为己任，其诚固为可嘉，而轻举大事，致损国威。朝廷以处置六镇之中，钟城尤甚逼近忽贼，荡败无形，军无半月之粮，土兵亦甚凋残，脱有小警，恐非我有。入防峙粮之策，朝廷亦当急急讲究。"己亥，备边司启曰："今此忽贼行军有纪律，为谋亦甚凶狡，殊昔日尼胡（乃癸未年构乱尼汤介也）之比。而北边物力削弱，又不及癸未之万一。区划策应，若或少缓，六镇恐非我有。况顷日之举，损威而示弱；过此数月，潦霁马肥之后，则再来侵轶，势所必至。思之至此，不胜寒心。虏之长技，在于驰骋，若以铁骑冲突，我之疲兵，决难抵挡。件退之役，以我数十倍之众，见败于数百骑之贼，此虽由于节制之失误，而强弱之势则然也。以此言之，今日御虏之策，无过于守城。而六镇城子阔大而低卑，壕堑抹木之龃龉有同儿戏。今宜相度各镇形势，或进筑，或筑子城，务令小而坚。城池器械，急尽措置。浚其壕堑，凿其品防，菱铁、拒马枪等物，无不备具。贼来则守御，贼去则追击，观势进退，以图万全为当。但守城之具莫如火器，各样大小铳筒及火箭、喷火筒、火药等物，令训练都监军器寺急急多数下送亦当。守备虽急措置，而军少则亦难分排以守。列镇堡中有无不甚紧关而最为孤弱者，如兵使前日启请永建、潼关、美钱、黄拓坡等堡之例，并为参酌量入。于各其邻近巨镇，亦宜添防之军，已依本道启请，准五百名将鳞次入送。而非但数少，且未知其果皆精勇与否。下三道武士中有勇力一当百者数百人，令兵曹极尽精择，别为入送，则可得力于缓急。曾闻权栗阵中从军者勇士百余人，今皆散落于诸处云。如此类者并为收拾以送为当。粮饷措置甚急，故督运御史二员启请差出，将分送于江原、咸镜两道，而因徐渚之言，一员不送事启下矣。到今见之，必兵连祸结，数年之内，北忧未弭，继饷之事，当如救焚拯溺，庶免临时窘急之患。吕裕吉发送于江原道，岭东依前启下事目举行。岭东之谷，元数不敷，不可只恃于此。岭南左道自宁海至于庆州等，如有得谷之路，并为往来勾管，拮据凑合。且岭南应上纳木绵，除出贸谷相继运送亦当。此意下谕于徐渚、金宗得处，何如？本道既经潼关之陷，又有件退之挫，军情沮丧，莫保朝夕，似当别遣重臣，使之经理机务，兼为抚绥。而荡败之地，贻弊可虑，武臣中有声望者，称以巡边使下送，使之策应防备，镇定民夷，似合机宜。本道事势已到八九分地头，不可寻常处之。臣等区区之意，不敢不达。"传曰："允。"

宪府启曰："臣等窃闻忽贼之势，自与藩胡不同。藩胡之向慕我国，其来已久，虽或间有桀骜者，乘时叛乱，苟能声其罪而致讨焉，示之恩而抚绥焉，则彼必畏威慕义，不敢肆毒。今者欲以待藩胡者待忽贼，不亦谬乎？贼谋深浅，固不可知，其用兵形势已非寻常叛胡。为边将者日行间谍，得其动静，远斥堠，坚营壁以待之，犹患其难保，况不先严备而望其能守乎？项日潼关之败，城守节次，全然无闻，而金使乃于前夕饮醉，则其不知贼情明矣。及其藩胡来告之后，始自苍黄登埤，谓之死战则可矣，谓之善守则不可。潼关素称巨镇，且当贼路，而布置防守，有同戏剧。北方之事，良可寒心。身守藩阃者不思自强，忩然驰书，先讲举事便否，殊不知意见之所在也。欲以不知己之兵，乘忿而动，可谓师出万全者乎？将能不御，古之朝廷虽不敢遥制其进退，其难慎持重之意，不啻丁宁反复。徐渚等状启示欲待秋举事，而及其行事，先发后闻，是何谋议之首尾衡溃也。夷狄畏服大种，若不以时扫定，则藩胡将折而入于贼，徐渚所谓除件退以示国威，则此等将反为我用者，亦必有见乎此也。但帝王之师，以全取胜，岂宜乘危冒险，徼幸其万一乎？徐渚则曰人心同仇，金宗得则曰藩兵齐奋。或欲将计取计，或欲以狄攻狄。远引班超调发藩兵，暗拟陈汤立功康居，是亦奇计。但今此举事，不治我国兵力，欲藉藩胡乌合之力，荡扫强虏。设令全胜，不是扬我之武，况见败而还，示我之弱，而增彼之侮乎？其为奇计，反未免龃龉矣。且其行师之日，贼已遮其丰界之路，则军声漏通，已可知矣。徐浯所谓迤从迂路，使贼不及备，宗得所谓贼不及备我收全利者，无乃近于投铃而掩耳乎？大概以我十倍之卒，攻无援之垒，虽不能全胜，何至败北而还。以监司御史状启见之，则其无谋而动，师不以律，盖可知矣。先锋才到，将排贼故已先埋伏云，则贼胡之备我可知，不能抵挡，一时溃散云，则我军之无律可知。哭声轰天，裹疮满路云，则徐浯所谓再度交锋完师以还者，似非实也。至于边将亦见刷还，其不能全军亦明矣。北鄙空虚，以（已）极可忧；孑遗之民，又尽丧败；将何以收拾补缀，以备防秋之计？他日之忧，有不可言。自古夷狄难以力胜，李牧守边，充国制羌，何尝以轻进为先务哉。兵使论功之状，欲掩自己之败，监司示弱之计，已自知其罪矣。假曰胜败兵家常数，其谋不先定，败不实报，丧师辱国之罪，不可不惩。请北兵使金宗得拿鞫定罪，咸镜监司徐浯罢职。老胡之子阿老叛其父而来降，天下之恶同也，在我岂有容受之理。设令阿胡投入忽贼，有何大段难处之事，不禀朝廷，乃敢接置于城中。使阿贼知我虚实，使老贼有所恐吓，开衅生事，莫此为甚。其时会宁府使请命先罢后推。"
答两司曰："兵家之事非一端，弱或反胜，强或见败，其变不穷，谈何容易。今兹件退之役，虽不能快胜，斩贼五十余级，岂至如谏院之所论，有若全军覆没者然哉。监司之言不必尽出于欺罔，御史之言不尽出于的确，古人十战九败，终能成功。设使果为覆败，犹不足以过惧。廷黼乃为不职自溃之语，妄动素轻之人心，其轻率可知。我国虽不能耐久，既令查核，徐究而处之未晚。沈克明事当议于备边司。"备边司启曰："伏见徐浯、金宗得状启，忽贼又为来犯卓斗部落，此必先撤藩胡，深图我边之计也。但宗得则盛称卓斗一心向国、始终不挠之状。而以徐浯状启见之，则卓斗前日偷来忽剌温马百匹以遏攀出给云云。此两说不同，其间之事，有不可知。卓胡果能诚心拒贼，终不背我，则是固我之北障，不可忍视而不为之救。但件退之役既有两端之说，今此所报亦有异同，其心诚伪，未易测度。与徐浯反复商议：卓胡保无他意，则当其急难，或抄略突骑，耀兵于相望之地，以示相救之意而已。不谅强弱之势，道路之远，徒守区区之信，又为轻动大兵，替受其锋，甚非长算。大概军机重事，监兵使相议可否，归一启闻可也。而近者监兵使同在一处，而驰启之事率多异同，有若不相通议者然，委实未稳。此意下谕何如？"
传曰："允。"壬寅巳时，上御别殿，引见领议政柳永庆、左议政奇自献、右议政沈喜寿、左承旨柳寅吉、记事官李惕、记事官吴翊、记事官李好信入侍。上曰："咸镜监兵使事如何？"永庆曰："件退之事，虽善始必有后尾，今则不善为之。臣在备局见状启，人多有伤。此时监兵使递易甚难，欲待查核后处置，而今则台论已发矣。"上曰："处置何以为之，大败果如台谏所启乎？"永庆曰："骑者走，步者伏，以此得脱，而败则有矣。"自献曰："无水可饮，士卒口渴，成佑吉至于再度溲溺饮之云。"喜寿曰："达夜行百四十里之地，军人饥渴并至，或饮泥泞之土云。"自献曰："人持十日粮而尽弃，以此饥困云。"永庆曰："人马气力俱尽，岂能力战乎？此乃动非其时，而失计之致。大概此贼乃难当贼，而今乃示弱；若道路已干，则八九月间必极难，不可寻常处之。"喜寿曰："台谏所谓丧师辱国则然矣。"永庆曰："其间士兵死者岂止一二乎？时方刷还而多失云。"喜寿曰："南关军士或死或掳者亦多云。"领相曰："金宗得过信卓斗，今虽不可拒绝，大概善处可也。监兵使必不自安，故欲速送巡边使矣。兵使专为误事，而监司业已被论，行公似难。六七月几何其经过乎，过数月事必难矣。"上曰："然则监兵使谁可代为者？"永庆曰："金宗得虽有罪，不如仍授以羁卓斗。若不羁縻而使卓斗入于彼，则尤难矣。或以为宗得过信卓斗，不如择送他人云矣。"上曰："兵难遥度，予虽不知卓斗事，而李廷馣以为以卓斗之故见败云。若然，则忽贼何以围抱卓斗乎？此廷馣轻率之言，岂可以此疑之。"喜寿曰："先出逃军例言其败，如是状启，而廷馣亦言二说纷纭，未能的知云云。卓头之军亦有死亡者，而石乙将介父子亦中箭中剑云，似是不实之言矣。"上曰："设使战胜，岂能全然不伤，查核后可知。各官有军簿查考，则可知矣。"永庆曰："各官有成册矣。"上曰："战时形止，高敬民方囚禁府，若推问则可知。推问如何？"永庆曰："王狱被囚罪人，推问战时形止，似为未稳。"上曰："监兵使可递，则莫如速递。"永庆曰："备边司之意欲待查核后处置，而未得其代耳。"上曰："我国之人凡事不能耐久，虽一政一事亦不能耐久。东方人心，大概如此。人谓倭甚轻率，而倭实不轻。以平行长事言之，倭于平壤大败而不为摇动，委任责成之意也。天使李宗诚之逃还也，亦不摇动，凡事贵于专责而不摇矣。"喜寿曰："中原则不轻为易将矣。"上曰："渠等欲讨贼而反挫威，虽曰不幸，而乃国事耳。我国之人不为国事而安坐，遇个满于身则安，而专不为国事。俗谈所谓力于国事，官灾之本，正指此也。"喜寿曰："此后之人，虽欲为国事，必不为矣。"上曰："若可递，则其代可举于予前。"永庆曰："因此时曾欲请对，近缘霾热，且恐玉候未宁，趑趄未果。而今适入对，当相议以启。"上曰："可否相济，量处为当。金宗得予虽不知如何人，而宗得岂不料边上事情乎？"永庆曰："边情以为此贼不讨，则诸藩皆入于彼，而不归于我故耳。然此贼事势与藩胡殊异。藩胡则小丑也。若焚荡而一失巢穴，则难于苏复。今此件退乃忽贼分兵设阵处，今虽胜之，于忽贼无大段所损矣。"

喜寿曰："件退留兵数少之言，则似善为侦探。而如此草树茂密之时，妄兴师旅，贼兵埋伏在旁，岂能知之。军机虽缜密亦不无漏泄。藩兵数千亦皆知会云。虽得卓、石等（卓斗、石乙将介也）死力，麾下之胡，岂无相通之理乎？且因雨退行，此必败之道也。况卓斗以谒攀给马百匹云，此亦可疑。"上曰："谒攀事不足怪。卓斗虽为我国有诚心，危亡将迫，则岂以百匹马为关重乎！所谓谒攀何谓耶？"永庆曰："谚所谓膳物耳。"上曰："卓斗虽有向我之诚，我势孤弱，则他日万无不附忽贼之理矣。附于彼则在我尤难矣。"永庆曰："卓斗岂是为我国守节之人乎？"喜寿曰："我势强则不附于彼矣。"上曰："忽贼是鞑子耶？"自献曰："何叱耳自言本是高丽人，先世因讨胡而来此，遂为此地之人。所居地方如辽东广野，弥满千里万里，多贮匹段三升云。何叱耳乃忽刺温倅，城外使藩胡及我国人环居云。"永庆曰："国初有忽刺温，其来已久。大概西方老土，北方忽刺温，皆非寻常之比。渠之生时，虽不作乱，渠之后世，不无其患，有子三四人云。"上曰："忽贼之年几何？"自献曰："五十余云。"自献曰："何叱耳自言'若得朝鲜官爵而为之，何幸'云。"喜寿曰："我国虽歼尽件退之贼，而忽贼更为置兵，灭与不灭，不至大段，而今日误事如此矣！"自献曰："忽贼自言藩胡皆其管下，若入六镇，则皆可刷还云。"永庆曰："职帖之言，亦非渠欲自得也。欲分给藩胡，以为笼络诸藩之计耳。"自献曰："得牒则必欲依平时求禄矣。"上曰："老乙可赤最难当之贼。予自前多闻，何叱耳则不为朝贡于中国，老乙可赤则得龙虎将军之名，朝贡于中朝。我国被掳人物，尽为刷还，以礼送之。且授学于国中，使其军机不泄，似有深意。且祭天。此乃极凶之贼，非寻常之比也。"永庆曰："中原若乱，则必作乱矣。"上曰："予曾见平安道之地，冬月连陆处，自前朝贼若长驱，则难御之地。北道多厄塞处，犹可防之，平安道极难矣。"永庆曰："北道则大贼难入之处，关西则龟城、昌城乃贼之大路云。"上曰："北道头胡老土、何叱耳等连结党类，一朝有难，则必相连矣。"自献曰："见平安监司状启，则相为通关云。"上曰："昌城距贼三日程，至近之地也。"永庆曰："坦坦大路矣。山堡之胡皆入笼络之中，与老土结婚，亦嫁女与阿老。"上曰："平安道守令择差可也。常时若不择，则生事之后，虽治厩无补于失马矣。"永庆曰："北方之事，非一朝一夕之故，极为可虑。"上曰："虚实予未知之。大概与老乙可赤相连之贼，我国杀而横逢其厄，则必有后尾，恐不可也。"

上曰："忽刺温是胡之别种耶？无乃金、元遗种耶？"时发曰："人言以为鞡鞨，或金、元遗种，或女真，未能的知矣。祖宗朝亦有忽剌温之名，而金之先祖，古书云乃我国平山僧人之子云。"上曰："予亦见此说矣。"时发曰："小臣亦不详知，而大概始虽微细，终为剧贼矣。忽贼今者学书学炮云，国之大忧也。"乙卯，咸镜按问御史李廷馦状启："接战时奔败曲折。件退贼巢距钟城仅三息，无高山峻岭之险。距踓二息，有丰界部落。若往件退则必由丰界之路，我国之人只知有此大路，而不知有他路。行军之时，卓军及我军左右长蛇以行，钟城藩胡数人及卓胡之军向导而去。向导之胡，以为丰界则常有伏兵，不得过行，由山路以行则路尽处即贼巢，由山路行军可也。我军不知远近，只听这言以去。其路极迂远，可五息有余，而无川水可饮之处。一夜之间，士卒行五息余地，狂奔驰去，未及巢穴，气力已尽，饥渴已极。或有溲溺而饮者；或有泥泞之地，马践之迹，微有水气，以舌啖食之者；其饥渴困顿之状，不可形言。而才及贼窟，已先准备，以铁骑蹙之，饥困不教之卒，安有抵挡之理乎？炮手未及放火，射手未及发矢，弃甲抛兵，各自溃散。贼追奔二息余地，诸将及军卒无不逢剑逢槌逢箭。虞候成佑吉出死中求生之计，带同战士炮手数十人，且战且退。若非佑吉奋勇逆战，则兵使亦不免陷没之患矣。初七日夕兵使奔还渡江之时，士卒大半未渡，先锋脱走之人慌忙驰入钟城，告于巡察使曰：'追兵将至。'巡察使与都事洪命元亲自拔剑，督令城中老弱登埤，其苍黄之状可想。翌日逃散者稍稍来集，帅臣状启中完师以归云者，未知何据也。且卓斗向背情形，则虽不可之知，而亦难知也。卓胡虽曰诚心向国，而其心岂可信乎？娶忽贼之女为妻，结为姻亲，又其族类虽曰争雄，有相害之心，其言亦岂可信乎？今此件退之役，其瞒诬之状，虽三尺童亦可知之，而独金宗得信之不疑。一道之人，莫不笑其迷惑，哀其被瞒。当初远期之时，亦可知其变诈，而一从卓斗之去就进退日期而行师。且行军彼地，夜间屯驻之时，卓斗尽去所给藩字章标，与贼相混。我军不辨某为忽军，某为卓军。此亦可知其情状，而宗得则不疑，亦可怪也。我军虽未能尽知卓军之面，而卓斗、突将介等则多有识其面目者。或云：'卓斗、突将介亲击我军之状，我目见之。'其为痛惋孰甚焉。此言虽亦不可尽信，揆其情迹，似不虚矣。大概卓斗初与我军同心共灭伊贼，则同往同来，同其祸败，则夫岂疑之哉。我军则奔败以还，渠则迤从渠之巢穴而归，不救我军，不攻忽贼，此何心耶？获任义等数十人刷还之事，不过后日地计矣。稳城藩胡等皆卓斗麾下也，其后逐日进告曰：'忽贼焚荡卓斗所管部落。'或云'围抱卓斗持排'，或云'使卓斗伏降，卓斗大骂不从'，或云'要食酒饭，卓斗拒而不馈'。此等说话，皆愚弄哄我使之不疑者也，其心尤为凶狡矣。使卓斗其时虽未能尽力相救，若或有贰于忽贼，则忽贼必恐卓胡之议后，而不能悉众追我明矣。以此揆之，卓斗之向背可知也。败还之后，臣见金宗得问之曰：'其日败北之时，卓斗未知何处去乎？何不相救乎？'宗得曰：'望见卓军过件退巢穴，迁从山下结阵。若我军有胜势，则必来相助，而我军退北，彼贼方锐，观望不救，势固然也。然先锋初入之时，卓军数人致死，石乙将介中箭，石乙将介之子亦逢剑，其不倒戈明矣'云云。盖宗得前为稳城时既与卓斗深结以恩，信之不疑。此心胶固不解，欲掩卓斗形迹，无所不用其极，道内之人多有不满，主将之心诚非细虑。且训戎金使任义面上逢剑重伤，且败走偷生为藩胡所获以还，而仍授本镇，事体亦似未安。朝廷以处置。"

七月丁丑，咸镜监司李时发驰启："北兵使金宗得驰报内'贼将者乙古舍因屯于距稳城境五十里许家洪之部，只送一价胡及李夫己等。（夫己即潼关役时被掳通事也。）托以求职不许，则留屯以待八月间忽酋之自来'云。久留近境，肆意横行，略无忌惮。

备边司启曰："忽贼又为分兵侵掠于稳城之境，声言八月何叱耳自将出来。恐动凌侮，无所不至。此无非件退损威示弱之致。今又轻为动兵，万一蹉跌，后日之悔，有甚于前日者。时发申饬列镇各图坚守，诚为得计。"

己卯，北兵使金宗得启："稳城府使转报永建万户驰报：'贼将者乙古舍出来件退、稳城境，将为焚荡藩落。'稳城府使驰报：'据卓使其家胡甫乙之进告曰：不得已传忽酋消息也。忽酋使其将者乙古舍挟潼关被掳通事李夫己持私书一封来时排，使之转达稳城官，故令甫乙之偕李夫己入送。'忽酋之言大概求职帖之事，夫己所言亦不出此。倘或若干刷纳后恳求职帖，许与不许，何以处之？或多数刷纳，欲授以麾胡等职，则亦何以处之？"戊子，平安兵使成允文驰启："满浦金使洪有义驰报：'据使事知译官归顺胡人处善辞探问，则建州卫胡人或知或不知。而北边藩胡被掳于老酋来者曰：'忽剌温酋名夫者卓古，或称夫者汉古，或单称卓古、汉古，（卓、汉二音，胡人传语，或有不相似而然。）年可四十，体中面晳傅，悍勇无双。与老少酋、罗里等寻常通使讲好，而以二女妻之。然而卓古与罗里所居地方稍近，两酋原为四寸兄弟，最为亲厚。今次潼关之捷，即为来报于老酋，老酋使其手下可信人往问接战形止，俘获多寡，而时未回程。"程金使于癸未年间始闻钟城有忽贼之变，自是入寇，殆无宁岁。金使欲知忽温、如许、建州卫三酋连和与否，访问于胡人，颇得其详。今之所闻又如此，则夫者卓古之为忽剌温酋，似为分明。大概前日所闻，如许酋罗里、忽剌温酋卓古等，往在癸巳年间相与谋曰：'老可赤本以无名常胡之子崛起为酋长，合并诸部，其势渐至强大。我辈世积威名，羞与为伍．'不意合兵来攻老酋，期于荡灭之际，老酋得谍大惊，先使精兵埋伏道旁，又于岭崖多设机械以待。而沿江狭路阻隘，故敌兵不得成列，首尾如长蛇而至。老酋之兵所在放石。兵马填江而死者不知其数，后军惊溃，先锋悉为老酋所获。于是罗里兄夫者战死，忽酋卓古亦被擒而来。老酋解缚优待，拘留城中作为少酋女婿。老酋欲为远交近攻之计，始乃遣还卓古。卓古虽以不杀为感，而其惭愤之心久而犹存，今之通信实为外亲内忌。罗里痛其兄夫者之死，锐意报复，至今兵连祸结。三酋虽有鼎立之势，而其中老酋似为孤危。今者卓古为小酋之婿，相通缔结，不无其事。在我防备，不可小忽。"

八月丙午，上御别殿讲《周易》，柳永庆曰："李时彦去时，以城子修筑事言送矣。"上曰："京炮手黄彦被掳而还，胡地形势及兵机必知之，令备边司问启。"永庆曰："如许部落去清河堡三日程云云矣。"上曰："贼酋之名，人各言之，何如是其多耶？"永庆曰："夏古为小酋所掳，因为婿云。"上曰："自祖宗朝重西北方者，意有在矣。而祖宗朝则未有如此之强虏也。"上曰："此贼最难当者是所谓反迟而祸大。万一西北俱发，而我力分，则无可奈何？"永庆曰："老酋之猝发，未可知，夏古伊凶谋亦难测矣。此贼甚可虑也。"上曰："自备司移咨天朝衙门、开谕贼胡之策最良，其于义理亦不悖，胡人庶可畏戢矣。"柳根曰："胡人本无统领，今则合势，将有大患。移咨之策甚善矣。"

咸镜道巡边使李时言驰启曰："稳城府使郑沆牒呈内：'今七月二十一日，府境深处石乙将介送胡甫乙之土昨只来告内："卓斗乙前日忽贼等妻子尽数捉去。"贼情难测。前启请鸟铳及小小火器令该司急急下送事，启下备边司。壬子，平安兵使成允文启曰："满浦金使洪有义驰报内'本月二十八日越边有一彼人以我国言招呼曰：我是北道甫乙下人物，愿速过江。即送个商船载来，则自言：我本甫乙下城底生长胡人，名李莫同。问其年纪多少，掳去岁月，及投来限因，则答曰：我时年二十三。昔老酋兵直拊甫乙下镇，金使战死，藩胡尽被杀掳之日，我亦掳往老城，服役于老酋之妹夫家。近日以稷田刘获事，使送于湾遮部落。自不胜怀土之情，仍为逃走之计，昼则登山，夜则潜行，艰难到此。久在虏中，故虽通我言，语音涩而不明。使乡通事杂以胡语答，则但曰：老酋与忽刺温通信，今春忽刺温卖我国人物于老城甚多云。又曰：我若回还故土，目不知书，虽不能为都训导兵房，而陪牌足以为之'云。又说甫乙下近处列镇堡道里远近，无不明言。为人驱壳长大无双，真个壮丁，貌样虽殊，一接言语，无异于我国之民，其首丘之心，实为可矜。依前例拘留于江界府，以待朝廷处置耳。"启下备边司。辛酉，咸镜北道兵使李时言启曰："柔远金使边翼星驰报内'镇境包太酉阿乙都走马进告内：胡矣婿卓斗、子厚伊北及石乙将介、尼加大等以卓斗相见事，入归忽剌温。胡矣身饯送卓斗，则件退留贼等未知某处作贼而动兵出来，即时走马进告云矣'。追到稳城府使郑沆驰报内'府境旧加讫罗酋长双古里等驰告内：件退留贼等，府境交老部落来到水下诸部落指向计料事驰报矣'。追到同府使郑沆驰报内'忽贼去留侦探，则钟城境伊乙巨大部落，及有厚老部落围抱，尽数杀掠后，交老部落住胡礼汝巨夫妻及子息三甥妹掳略回还于件退'云矣。追到钟城府使柳斐驰报内'前日孙文孝一时出来，忽胡小弄耳件退处曾已入归，今始还来言内，件退留屯将胡者乙古舍今月初八日撤兵入归。商将介及好时段领军百余名仍留件退处。职帖下来间，待令其他胡带率六名来到江边事驰报矣'。卓斗投入忽胡为彼心腹，显然无疑。其子厚伊北及巨酋石乙将介等亦为入归。边上虏情，据此可知，极为可虑。件退留贼撤兵入归事，小弄耳等出来进告以为见诚之地，只以进告，难以准信，更为侦探得实后追启。计料小弄耳等令钟城府使江边馈酒给盐开谕入送事分付矣。"启下备边司。丁卯，左副承旨具义刚以备司意启曰："忽酉麾胡职牒百张成送事已为允下矣。忽酉既给金知职牒，其麾下似当以折冲官教填给。令兵曹即为成帖，宣传官下去时与孙文孝等一时授送宜当启。"传曰："允。"戊辰，左副承旨具义刚以备边司言启曰："伏见圣批，辞严而正，虑深而远，既合兵家制变之权，又得帝王待夷之道，臣等不敢赘一辞于其间。今此虏无故请职，其情叵测，轻许则固有日后之患，不许则必速目前之祸，处置斯二者皆无善策。然渠既以纳款受职为请，朝廷以何辞而拒之？依上教许与给牒，以为羁縻之饵，势不可已。既许之，则牒数多少似不必太拘。明看乃一事初头，遽以举名缚送为言，恐涉无端。今宜成送百帖，留置于边上。以边将之意使人往谕于忽酉曰：'朝廷闻尔前受职命，颇效恭顺，深以为嘉。尔之所请麾胡职牒百张已为下送。但官爵不可无功而滥授，尔当尽还前日掳去我国人物，藩胡之被抢者及前后投入者亦皆放送，使之各还本土。件退留兵亦为撤去。少无违越之事，益尽向国之诚，则所有百帖可以准给'云云。以试其意，渠能尽从我言云尔，则急急启闻，更奉朝廷指挥，另为申明约条而给之。设使此虏不能一如我之所言，而往复开谕之际，可以探得虏情，亦可因此迁延时月，以为缮完防备之计耳。非但本司之意，韩孝纯所见亦然。以此意急速遣宣传官下谕于监兵使处，何如？"传曰："允。"辛未，以备忘记传于右承旨柳梦寅曰："忽贼职牒，予之初意，虽可尽许，不欲一时许之。然金意如彼，百牒并许，亦或可矣。至于何叱耳之职，则已授堂上，使人才还，豆满之波未干于马足，而无端旋升嘉善。将卒之并为堂上，职秩无等，虽仍未稳，然此等之节，则在我不须致虑，必待彼更请，然后不得已勉许可也。大抵虽所当为之事，贵在得中。况御虏权变之道，一失其宜，戎狄无信，既不足以恩义结其心。若或肆然，便生骄心，不谓我恩德之深厚，而反以我为怵威听从之不暇，自以为吾之言一脱口，足以劫制朝鲜，坐收官职，威震远迩，飞扬跋扈之志，从此而生之，安保其必无。切须更议，酌量施行。"右承旨柳梦寅以备边司言启曰："臣等妄意，今此何叱耳及麾胡职牒，无非即时给与之意也。留置边上，使边将等措辞开谕，以刷还我国被掳人口，藩胡之被抢及投入者各还本处，件退留兵尽数撤去等事，一从我之所言，然后更为申禀，另议而给之。盖欲探试其意，以为延缓时月之计耳。我之所许者约，而所望于彼者广，彼岂肯听从哉。既准麾胡百牒之请，则将卒之职不宜同等。稍增忽酋之加以悦其心，而姑且笼络，未为不可。且藩胡之刷还人物者，计口而增秩，自是流来格例。今者忽酋前后刷还已过十余名，渠亦以此为功，虽增一秩，似不为无名，故昨日以嘉善加启请矣。今承圣教，更为商量，则才授堂上，旋升嘉善，似为未安。彼之因此益肆骄心，亦不可不虑。臣等不敢更容他议，伏候上裁。"传曰："依前启。"

九月甲午，己亥卯时，上引见体察使韩孝纯。上曰："予之斟酌如此而已。又有一计，小酋乃彼虏之妻父，若作一心，东西相应，侵轶于平安道江边一带，则我国兵力必分矣。平安道向化胡人一切禁断，使不得出入云，其意叵测。此亦卿所管地方之事，故言之耳。然胡俗自中相攻，必为杀牛祭天，而何叱耳亦如是为之，何也？"对曰："胡人进告之说，例为不实；虚言十常八九，不足信也。"上曰："予所问者，欲知胡俗果如是否也。其言之虚实，因不可知也。"对曰："臣未能许知也。忽剌温出来时，必请如许、蒙古合兵而来，其势似不强盛矣。"

十一月癸酉辰时，上御别殿。上曰："彼虏云欲为上京，此何意耶？"柳永庆曰："此跋扈之言也。且此胡乃王太之后孙云云。何叱耳者非胡本名也，乃左弓之谓也。其名卜章台也。其兄卜安台死后，厥子有之，每笑章台之不享富贵而兴兵云矣。卜安台女为老可赤妻，为一家矣。"丁亥，咸镜北道兵使李时言驰启曰："臣近观忽贼动静，变诈百出，反复难信。自件退贷事之后，谓朝鲜无能为耳。凡应酬之际，如不称意，则辄以兵势恐胁。其凌轹之状，不一而足。臣于前日钟城府宴享时，谕'我国法制，无功者不赏，有罪者必罚。汝当被掳人口及抢去藩胡无遗刷还，以输纳款之城，然后职帖百张准请许送事，举理开谕，非止一再。而狼子野心，岂能帖耳奔命乎？前者略送老职人口来要百张职帖，已谕边臣未能自断，不得已启禀朝廷，方可施行。汝等姑留件退，以待回下'之意。因此头胡等尚留件退。今若以边臣之意姑送军官讲定，则前后措语乖舛，问答之际，必逢彼怒。脱有意外之患，悔不可追。探其金光俊密告，前日孙文孝出来后，梁忠彦言于何胡云：此辈拘留，则职牒立至。何胡深悔失机云。今此举措，决难轻易处之。然朝廷分付如此，而头胡等适以职牒探听事自件退出来。故钟城府使柳斐招致辕门，前日既已不可自断之意谕之，今若以有旨内辞缘开谕，则前后有异。故拈出有旨内可谕之事谕之，余皆托以巡察使分付诿之曰：'昨到巡察文移如此。如此尔可归告尔酋。禄俸衣件，一依有功藩胡例减定。而朝鲜人及藩胡等毕刷还后受职事一一回报，则我国万无失信之理。'等项事情，委曲开谕，厚馈入送，试观其意事分付。当初孙文孝来言朝鲜人物绝勿转卖，金光俊密告人物刷还，初不举论绝勿转卖之言。问于金光俊，则何胡之言是也。初不举论之事问于孙文孝，则前兵使金宗得入送时开谕之辞，着印谚书内不为举论，故身亦不言刷还之事云。故同谚书监封上送矣。忽酋言孙文孝入来时人物刷还初不举论，而职牒入送，则被掳人口尽数刷还云者，乃我感国厚恩之诚云。胡人诡诈之言，自来常态。而此一款则渠之所执终始如此，非中变之辞，亦非做出之言。但上京与咸兴之事，前日开谕时推托天将已尽开谕以杜其意。若藩胡咸兴上去，则彼必执言亦欲上去。藩胡上送事未知如何？朝廷急速指挥事诠次善启。"启下备边司。前北兵使金宗得开谕谚书，何叱耳职帖给授，尽为礼貌后跪之，而开谕节目："一、尔职牒大欲之云，故堂上职及冠带、鞍子给之矣。如是后一依朝廷行之。二、尔职非止今番。尔能恭顺，贡亦优数为之，则尔职渐渐高矣。三、尔下人等尽欲授职云。尔先授职，作为官员，然后尔下人等随其功而职牒授给矣。尔持而分给，则国家体貌是而尔权亦重矣。万历三十三年七月日。"以谚文书谕。壬辰，咸镜道监司李时发驰启曰："钟城府使柳斐驰报内：'忽将北叱介等疑畏还走缘由，兵使以为详尽驰启。大概伊贼情形日渐叵测，不知前头事机将复如何。若或此贼挟大兵逼到近部，姑为不犯我境，而更以百张职帖、禄俸、彩衣、上京等事为胁请之计，则上京一事固当牢拒，而其余三件事，许与不许，所系甚重，何以为答？千里朝廷，往复启禀之间，事会百变，诚为可虑。朝廷预为商度指挥，李兰又为偕小弄耳入送'云。待其回来，贼中动静更为驰启计料。"启下备边司。

丙午三十九年（明神宗万历三十四年，1606）二月乙巳，承文院官员以都提调意启曰："前见北兵使状启'深处麂胡高会传言内，兀酋传令于诸酋曰：朝鲜职帖百余张，将给与忽剌温云。给与不给，详细驰通'云云。而今闻译官宋业男之言，则广宁总兵以为奴酋将忽剌温动静无小大皆通于此处云。以此见之，职帖赠给事，奴酋亦必驰报于总兵矣。今次奏本中似当略举其意，以为后日张本之地，故添此一款付标以入，敢启。"传曰："知。"五月丙子，备边司回启曰："今见李时发、李时言状启'郑忠信传给职牒则何胡及群胡等喜而厚待。前日约条中被掳人五十六名又为出送，以准百名之数。此外五人加出送。而禄俸讲定一事，何酋终不听顺，难以口舌争辩'云。以郑忠信闻见录见之，其所说话，虽甚烦多，而条约内事，不为明白讲定，疏漏莫甚。前日李兰自忽剌温回来言内'忽酋云：许多旧胡则似难尽还。而投入明看乃加叱同等当出送云云'。此一款全不语及，当初入送时，兵使不为分付耶？抑忠信闻之而阙却耶？殊为可怪。禄俸则酋自上年冬以为职牒百张中五十张则俸禄各四十匹以为自己之用，又五十张则俸禄各二十匹分给麾胡云。其时本司覆启，以旧胡之向国授职者皆是积年效劳者，而赏职等级，受禄高下，皆有定规，而乱后则以二十匹为准。今此忽胡禄俸，不可无功滥给，一依旧胡之例，皆以二十匹为定矣。今者郑忠信以为忽胡以禄俸准给与否为叛服之计，监兵使亦以为今于禄俸一向坚执，则不无因此扰边之患云。近观此贼所为，全是狼贪无厌之贼，岂可为二十匹之俸与之更为相较也哉。况四十匹之俸非创于今日，乃是平时旧胡禄俸旧规，故渠等亦执此为言。今依前日忽酋书送，忽酋所授五十张禄俸则各以四十匹，麾胡禄俸则各以二十匹为准。除已输送四十匹外，令该曹加备二十匹急急下送，待渠辈来献进上，然后给送为当。明看乃等如约出送之意，小弄耳处亦为分明申饬言送。且渠辈既受职牒，则等是我国旧胡，渠虽与沙乙者古、县城等胡结怨，不可动兵来侵于近境之胡。若强为来犯，则勿侵旧胡之约，果安在哉？今后一遵约束永为欢好之意，并为丁宁言送为当。此意监兵使处遣宣传官下谕何如？"传曰："允。"史官曰："忽贼阴怀凶计，猖然窥觊者有年，而今者乞帖，岂出于纳款之心乎？探我虚实，伺我强弱，欲售其窃发之心。而朝廷不务修攘之策，方以授职禄俸为羁縻之良算！吁，县城乃是我国之蕃胡，而动兵侵扰，其志必欲灭之而后已，凶计岂在于县城哉。唇亡之势，诚可虞矣。而恬嬉度日，若无忧者然，可胜痛哉！"

七月甲戌，北兵使李时言驰启曰："训戎金使元守身驰报内：'忽贼大军来围县城诸处藩部，横行焚荡，所见痛愤。'形势探知次以镇出身李辅仁定送还来言内：'庆源境此边居生鹤发阿部落处忽贼二十五名乘者彼船渡来，鸡犬谷物搜探还越去事驰报。'庆源府使赵孝南驰报内：'本月二十三日藩胡呵叱大等进告内：胡贼大军来围城，云雾四塞，闻声而目不见，故勇士抄出，上下场农民收入府，距十里许居生农民等依例出作。云雾中忽贼十余暗渡江滩，此边居生藩胡财畜掳掠时，不辨我国人物，雷同追逐。奴业终、奴所伊、奴梁云等弃牛隐匿。奴内隐生则牵牛入来之际，贼胡二名追来牛只驱去。'事驰报矣。大概忽贼侵掠藩胡，至于越江，我国牛畜抢去，极为痛惋。何胡处开谕禁戢之意，钟城府传令矣。何故（胡）纳条内受职后，军兵如有犯境者，这捕斩事，已为知委。且常时江边农作时，先出守护军马，往来巡逻，探审贼踪有无，然后始出农民格例。而府使赵孝南今次忽胡犯境既不得捕斩，又不谨守护，以致民畜掠伤，极为骇愕。上项赵孝南罪状朝廷处置事。"启下备边司。

七月戊寅，咸镜道观察使李时发驰启："忽贼来攻县城，翌日退归，大似无端。移文北兵使李时言处详细探访得实飞报矣。今据李时言回报辞缘，则兵使令训戎金使元守身定送出身李辅仁等入送县城，密探事情。则胡酋等皆言：'二十三日夜间不意来袭，酋胡小者老出外被掳。忽贼等送言城中曰：仇乙伊许给则不战自解云云。（所谓仇乙伊，胡语不战相和之意。）答曰：仇乙伊决不可许给，固为相战以决胜负云云。则忽贼曰：者老既为被捉，仇乙伊不给则不好云云。者老哀乞给牛刷还其身，故怜其者老之情，牛一只许给刷还而已。别无谓攀退兵之理。二十四日黎明，忽贼长梯七十余造作两处分配，一时登城之际，或射或击，尽心力战，故不胜退兵。相战时忽贼中箭者无不穿甲，而堕落致死者十一名。'大概忽贼既以件退为巢穴以对钟城，又据沙寨以掣稳城，必将取据县城以敌两庆，其连络形势以为雄置江外之计。"

丁未四十年（明神宗万历三十五年，1607）正月庚午，备边司启目粘连启下："伏见状启及别录辞缘，则忽贼之势渐至鸱张。水上下诸部藩胡并皆号令，县城必欲吞噬而后已。且论庆源训戎等地城池难易，显有欲犯之状云。其唇亡患，司虞之端，不一而足。近来虽以职帖姑行羁縻之计，而此因救一时目前之急，亦非经远可恃之策。而金浩、李彦时等又从而教造焰焇，其凶谋所在，实为叵测，而他日之患，有难胜言。金浩等以我赤子，不幸陷贼，非其罪也。至于教诱贼胡，煮造焰焇，贻我无穷之患，其穷凶极恶之状，诚为痛惋。实如状启内所陈，则按以王法，所当戮及其妻孥，以正其罪。更为详探，得其实状驰启为当。骆驼则虽曰远人献诚，却之不无其辞，不必捧纳。而今既受之，还给不便，留置边上，勿为上送亦当。"

二月己亥，北道兵使驰启："庆源府使驰报内：'老乙可赤差麾胡三名说称：我是蒙古遗种，专仰中国。兀良哈则向化于朝鲜。忽剌温则本以凶奴无属处作屯居生，而朝鲜归顺藩胡，杀掠无忌，至于流散，未知其由。当初作嫌根因详知后，忽酋以数罪攻击事，县城酋长一二人率去云。文书一道驰纳，故传书上使本文，则我国于胡中曾无文书相通之法，措辞还给。而藩胡等为忽酋所侵，无有纪极，到今尤甚，不胜其苦，相继涣散，投入老土处者颇多，故因渠辈之族类，转相诱引，稳城以上诸胡，多数移去。而县城之胡，毒被忽胡侵害之说，传播于远近，故诱引设计，至于差胡委送，欲为率去之计。且僭称王号，致书于我之边官，其凶谋极为叵测，实为可虑。县城胡则自古仰国胡人，不可听命于他处，举理措辞，而老酋文书监封上送矣。'"启下备边司。

〔修正实录〕建州卫胡酋老乙可赤与忽剌温大战于钟城乌碣岩，大破之。初老乙可赤设一部落于南略耳（胡地），诱纳山外水下诸胡，尽令来附。诸胡苦忽剌温之侵暴，多归之，兵势浸盛。至是举兵由南略耳路直抵县城（胡地），声言收取藩胡，留屯作农。且谓："忽贼杀掠藩胡，寇犯朝鲜，我实痛之。"以此行文于六镇列邑。仍进军于钟城乌碣岩，遇（与）忽剌温相遇。大战良久，忽剌温大败，尽弃器械牛马而走。老军又从庆源城外而还。老贼此举虽曰为我除患，而盛张兵马穿过我境，如入无人之地，藩胡之强盛始此。咸镜监司李时发驰启，以为朝廷他日之忧，实在于此。于是移咨于抚院总镇等衙门，使之转闻天朝。三月庚辰，咸镜道观察使李时发驰启曰："臣近观老酋所为，自去年以来，设置一部于南略耳，囊括山外，以为己有，其志实非寻常。今又诱胁水下藩落，欲使远近之胡尽附于己。江外诸胡积苦于忽胡之侵掠，无不乐附于老酋，故去冬以后，投入于山外者其数已多，而此后尤当望风争附。此胡举措，实非忽胡之比，前头大段之忧，实在于此。臣常忧闷。件退围抱实状，时未的知曲折。既与忽胡交锋，则未知前头事机果出于如何。且臣于昨日将变火五炬中绝缘由驰启矣，而今见诸处所报，则五炬进告自庆源始发，而以日期计之，则似在初八、九之间。老军来犯县城之故，误举五炬，而未知其后果有犯境交锋之事，臣当一边查核处置，更为启闻矣。"己丑，备忘记曰："千里敌境，悬军深入，兵家所忌。初闻老贼之兵，深入悬城，久驻不退，疑其与忽贼同谋，有所恃而然。恐有不测之变。此意大概前已言之矣。今见状启，则老军为忽贼邀击，方持蟭（鹬）蚌之势于钟城地，虽某贼胜否，而交战于我国境上，两贼之凌侮我国则极矣。孤单深入敌境，岂能无事还归，且见柳斐书状，则似有出兵掩击之意。似不过司马懿之欲为出战，不过姑为此大言以示武于其下耳。虽然，万一妄作，后必有悔。兵法曰'归师勿遏'，又曰'强而避之'。今者老军久驻悬城，正是思归之兵，况深入我境，诸贼同心致死之兵，以我残兵弱卒，岂可轻犯。一或蹉跌，所损非细，且必衅结。本司（备边司也）。宜加商量指挥，俾勿为侥幸之举。且前日启请移咨辽东之时，予有欲移咨兵部或上奏之意，惶悚不敢出口。今见观察使书状，则其意亦欲陈奏，是先获我心。况见茂山金使许完驰报，凶贼之谋，极为叵测，虽不可谓之必然，事势如此，速遣使臣奏闻，仍请特降严旨开谕。商议施行，言于备边司。"三月辛卯，北道兵使李时言驰启曰："即因侦探人得闻忽贼大败，尽弃器械兵马匹，奔忙逃遁，死伤不知其几许。老兵则仍留战场，散遣军马，收拾忽兵遗弃杂物。老贼收队后，去留形止从当驰启。而近日烽火俱是此贼，或犯境或迫近城底而举之矣。"备边司启曰："见此巡察使（观察使兼），北兵使状启，则老、忽两军大战于江边，忽兵不能抵敌，其北走之状，如天崩地裂云。以此见之，其实为相战则无疑矣。但自午时追逐至日暮不还云。以千里远来之军，虽曰乘胜，穷追不还，颇似可怪。更为详探，节续驰启为当。兵不厌诈，其行计挑战，固无不可，但措语之间，如奏闻天朝褒奖等语，殊未妥当。此后如有相接之事，十分慎重为当。"甲午，备边司启曰："以李时发前后状启见之，则军官赵公玠目见老、忽两军胜败之状而来。其言之适中，虽未可尽知，而忽胡之见败则明矣。但胡将战亡之数，多寡不同。阿堂介、卓斗、石乙将介等皆是背叛我国。投附忽酋之胡，其败死与否，更为查访得实驰启为当。"

四月丙申，北兵使李时言启："北鄙艰虞之事，倍蓰曩时，善后之策，所当汲汲讲究，以备不虞。虽曰忽贼败衄，老寇还巢，忽有忿愤移怒之迹，老有牧马再动之志。前有一忽，尚难提防，又添强寇，忧未歇也。前日添兵只在六镇，而今之防御山堡尤紧，堤备之难，分派之多，概可知矣。至如甫乙下、茂山、富宁、鱼游涧等处，不可不优数添兵。而镜城则六镇喉舌，而控制山堡当留重兵，以防不测。假令忽贼摧挫不振，老寇跳梁如是，则此除狼而值虎也。然则添防之举，不容少缓。而练士卒，修兵器，储峙粮饷，蓄力待时，当今之急务也。"判付曰："今日北道之势诚为危急，老酋兵势甚盛，以深入疲劳之兵，当忽贼新至之军，一麾败之，如摧枯拉朽，此必有不可当者存于其中。夷狄如猛兽，强则噬人，必至之势也。状启辞缘采施，极尽筹画，俾无后悔。但此贼巢穴在于鸭绿江外，常所忧者恒轸西鄙，而不料变出于六镇，又与忽贼相战，凡事诚难逆睹矣。平安道亦宜另加措置。朝鲜之事，必失马然后始乃改厩，切宜熟虑勿忽，下备边司。"甲辰，备边司回启曰："北道监兵使之意，皆欲以向化胡人分置诸道绝岛之中，以绝投入老、忽之患。而聚积胡种，作为藩落于水上、水下，常加抚摩，使之进告虏情者，其意深远。不幸近年以来，老、忽两贼，互相侵掠，其中强者叛附于贼中。余存藩胡，并皆不得安居，欲为内附，处处号诉，其情则果为可矜。但多聚杂种于域中，渐至滋蔓，必有后悔，往牒已东，明鉴昭昭，此岂可容易许之哉。其他镇藩胡，多般开谕，勿为轻许，而已许入城者姑为出置土城之内，以示抚恤之意，何如？"启依允。

闰六月辛巳，北兵使驰启："茂山驰报，据老贼令好通只屯军尽撤还巢。——忽胡坚守不降，老酋令好通只屯军还巢休兵，待秋冬更举云。"

九月癸卯，右承旨李馨郁启曰："咸镜道有旨赍去宣传官李复匡所受标信还入。"传曰："知，此宣传官处边情消息，有何所闻，问启。"李馨郁回启曰："边情消息问于宣传官李复匡，则尼个遮部落三百余户已到沙遮耳旧砦作家，二百余户则随后出来云。老酋亲领八十八将先攻回波部落，战胜仍向忽刺温云。而此乃藩胡传说，未能的知，方使人探候云。或称老兵，或称山外胡人，或称藩胡者，或二三十骑，或五六十骑，逐日来会于庆源、训戎等地，托称藩胡撤移，时方屯住，其数至六七百。而亦有纠合深处于之介之声息云。藩胡则自防垣以上，各处诸种几尽撤去，自钟城以下，各处部落，时未撤去云。添防军兵，虽曰二千四百余名，而以此分守各镇，则留防之数无一处满二百者，边镇极其孤危。今秋失稔，北道尤甚。塞上居民，将不免沟壑之患云矣。"传曰："言于备边司。"

丙午，备边司启曰："传曰：'所谓回波是部落名号耶？在于何处？而是忽酋所属之胡耶？欲知之，察而回启。'事（见下。）传教矣。回波是如许大酋罗里之所属部落名，在于忽刺温之南，老胡之北。回波之将名倍隐达伊，则罗里之〈之〉次将。而何叱耳与罗里结婚，则倍隐达伊与何叱耳必是同心相好之胡也。回波部落形势极险，距忽巢三日程，距老巢七八日程。老胡若攻忽巢，则必先除回波，然后可进兵云。敢启。"传曰："知。"

己酉，政院回启曰："问于宣传官金协，则渠本月初十日驰到行营。问于北兵使柳珩，则珩言老贼大军八月望间发自本巢，直到回波，大战而胜。所谓回波处于老、忽之间，而去老窟七八日程，去忽巢四五日程。而老军屯据回波砦，一边送人于何酋喻以来降，何酋欲从之云。此则出于老土之传也云。十三日还到居山驿，道逢监司张晚，则晚曰高岭驰报，即刻未到。老酋攻回波见败而归。此出于藩胡所言云矣。"传曰："知。"

十月庚辰，咸镜北道兵马节度使柳珩驰启曰："备边司关内，回波距我边甚远，彼贼动静，虽不能一一探访，老土部落汝包车、件退等胡处，设奇行牒，所在探问驰启事关矣。臣留心此事，多路探问，则自此距回波道路悬绝，山外诸胡之往来者亦无相通，而或者闻知者极秘不言，彼里真状，莫由得闻。而近日因藩胡暗暗探听，则当初老酋欲图回波，暗使精兵数十骑，扮作商人，身持货物，送于回波，留连作商。又送数十人依此行事。数十数十以至于百余人，详探彼中事机，以为内应。后猝发大兵奄至回波，内应者作乱开门，迎兵驱入，城中大乱，以至于失守。然回波兵以死应敌，极力大战，竟虽败没，老军亦多折损。将胡之战死者多至六人，而回波留将则三胡，而所带军兵亦仅数千余名。时方送人于忽酋，使之诱服云云。"事启下备边司。

光海君日记

己酉元年（明神宗万历三十七年，1609）三月辛卯，备边司启曰："忽剌温原系小酋，徒众本不满万，前日作耗我边，非一非再，而胜负相当，犹大不肆屠掠。至于门岩之败，一军涂地，僵尸相枕于我边境，本国边臣亲计其数，亦且二千六百余名。而舆尸远遁，老兵追奔逐北，深入而还，其死于胡地者，边人皆言五六千云。故至今传者，咸以为忽兵之败死不下七八千。今虽不知其的数，而在我国分明见知者，几于三千。则忽胡在今，可谓积败之余，而亦所以不得不归服于老酋也。其势如是，故摧沮消缩，不敢与诸酋有所抗衡，而唯知我国边军有甚衰不振之势，故虚喝于我，以自张大。其为情状，尤极痛骇。彼其所欲者财帛，所惮者兵力。来请禄俸，我既许之，或有因此姑止之势，或有如前作贼之患，凶计无常，今不可知也。去来时候，亦难的期。试以在我防备言之，则北道城池器械似为粗完，如得人和，此自足用。忽贼若来，而在我可守之势，则犹有十七八分。当今之策，唯当申饬边臣，缮完训练，积聚粮饷，以时添兵，待变无懈而已。至于老酋兵力比忽贼差盛，而一自门岩之捷，其势大盛，雄于诸部，故远近部落，几尽服属。而所未及吞并者，唯如许、海东、海西数贼而已。其在今日，则姑与我国日致款好，以示其意。而且其规画排置，又非忽贼之比。以此言之，在今日目前之急，似不当惴惴于忽贼。而远近民情，一闻抚院之咨，转相煽动，几于荷担，此则固为可愕，不足为言矣。在后日经远之虑，则所当专意于老贼。而老贼之来也，于北道则迂而且险，于西路则近而且坦。贼之来路，虽难预定，兵使柳珩尽心国事，勇往直前，作事可嘉，拜辞之日，已与臣等讲论此事。故到任之后，即将昌、朔两镇为先修筑之意，具由驰启，当于本月初一起役矣。"

四月壬申，别单："往在丁未间，奴酋分军二起，将沿江住胡，尽行抢掠。又攻时钱部落，又将江边胡人移置白头山底，使形势联络。上年春间，奴酋又将山外胡移置建州卫城中。有降胡言'奴酋无尽撤藩胡后侵犯朝鲜。又闻自年前日造兵器，购买战马，整备干粮，日日操练军马。或云要击如许部落，或云要犯朝鲜'云云。同年四月奴酋又遣将领兵五千往攻忽胡，进陷笼城塞后，忽胡与奴酋连和，奴酋送亲女于忽胡，相与解仇。先年忽胡来请军牒，故我国许之，以中其意，其后又请棉布。今年春初奴酋贻书我国边臣，为请忽胡绵布，忽胡亦差手下胡人来言赏布事，而时未支给矣。大概忽胡则借奴酋之势，要以胁持我国，奴酋则每诿于忽胡而事若不相干预者。凶谋所在，极为叵测，早晚恐有犯抢之事矣。"九月己亥，南兵使李云龙驰启曰："乾天岐酋胡高厚走来进告：'本月初五日，老酋陪牌胡称也等四名分遣于洪丹部落、土乙其部落、于伊留部落、同可毋部落、朴可部落等处马兵抄领，而时方来到。反为探闻，则与如许胡战，老酋生还，小酋逢箭生还，老酋次子他之贵、老酋异母同生也可赤等战败致死。其他所率军兵，居半败死，甲胄等物，几尽弃失。还巢之后，不分昼夜，打造甲胄，且抄发五部落兵马，来十月更战设计'云云。"十月辛酉，平安道观察使李时发驰启曰："满浦金使金应瑞牒呈云：'稳城藩胡加音巨称名胡等十一名自湾遮部落出来告曰：奴酋整顿军马，发向如许。旋闻天朝合势于蒙古、如许，即缓行军。咸聚壮丁，骑军则守城，步军则自其穴三十里许、暖阳、宽奠、抚顺所等三路要害处设筑长城，以防天兵出入之路。奴酋之婿吾乙古多乃故名胡王太之孙也。其父之兄，自少伶俐，见重于天朝，至受官爵，在天朝时仕者也。奴酋作婿时，先杀其父个应巨，故宿有不世之仇。而威力所劫，强为从行，名虽为婿，实为仇敌。阴怀报仇之心，潜结其所亲者通于如许、蒙古等处，又缘其受密书于天朝，为自当内应合击老营之计。其妻告变，其父奴酋大怒，即绑缚囚之。同谋头头胡七名，先为磔杀矣。老酋本性凶恶，聚财服人，皆以兵威胁之。人人欲食其肉，怨苦盈路，所待者天降其罚。今则兄弟之变、翁婿之违，连出于一年之内，天朝亦行问罪，其部下之人，无一人重者。曾所胁从诸酋亦内怀贰心，外示从顺。奴酋知机，反自疑恐，寝食不安，每言曰：'我父被死于天朝，我无小嫌，而天朝反为加兵击我，则我当尽力拒战'云。虚时间将欲驰报之际，翌日朝梨坡居世世顺胡童大乃又自老城往还回路进告之辞，与加音巨进之辞相同。大乃则渠自目见而来，明言曲折。'故驰启。"云云。

十二月丙寅，咸镜监司张勉驰启曰："臣接北兵使李守一弛报，则奴酋兵马方在水下，攻掠诸部云。此贼自得利门岩之后，威行迤东诸部。上年间尽撤藩胡，得精兵五六千作为腹心之军。今又孤军远来，悬入数千里之外，而忽剌温等胡不敢窥望其去留。兵锋所指，无敢谁何，而得志西北之间，概可想矣。前行远交近攻之术，只撤藩胡，海上诸部使一介缓颊，暂行羁縻。而及今劫以兵威，又为掠去。得军之数，必与藩胡同，又或过之。自其巢穴东至北海之滨，并为其所有。我西北之忧，自此尤大。臣窃念此贼之有意于南牧久矣，其发必有日矣。我国不练之卒，愁怨之民，拳石之筑城，龃龉之器械，恐不能当此贼。前头堤备之策，自朝廷预为料理指挥事。"传曰："观此书状，北道之虞，不可少忽。与都体察使同议，凡干防守之策，十分讲究，急急下谕。"备边司回启曰："状启辞缘，其处深虑远之端，不一而足。老贼近十余年间，并吞诸部，悉令服属。而今所与抗衡而未敢下手者，背有如许，傍有海东、海西等三大部落。若并今此三而服属，则必将凶心未已，又务于我。而必先执衅，多甚崎龁，以为生事之地。以此言之，则北地撤藩之说，特一少忧，而满浦金使金应瑞（后改名景瑞），己未深河之役，以副元帅投降于奴贼。所报，谓我与天朝将欲合势攻渠之说，其凶谋所在，有难测知。而初一见之，极可忧虑。在我堤备，不过筑城凿池，练兵积谷，磨砺以待之而已。唯其在我之势，一向削弱，不幸而今年西路大荒，加之以前头将有诏使之行。此贼之发，其早晚与去处，虽难预期，若速发而出于北，则犹或可支，迟发而出于西，则忧方大耳。故今日堤备，西为重而北路次之。而西边守御，比北方尤为龃龉，朝廷不可不知此意而预图之也。本道所请火药、火器、弓弦、鱼胶等物，令该司尽数入送，春初添防军催促入送何如？"启依允。

　　庚戌二年（明神宗万历三十八年，1610）二月庚申，咸镜监司张勉驰启曰："忽胡百将冠服之请，前日既将不可从之意，明白开谕入送。而今来又将陈请，其滋蔓之欲，有所不止。今日若不严辞峻责，以折其狼心，则日后所求，难以尽应。钟城府使李英招小弄耳等厉色责曰'何酋冠服之给亦出于规外，而看他敬心服事，累刷人口，以见向国至诚，故朝廷特给冠服以赏之，稍别于百将之列矣。前日何酋所言亦云百将则不敢望矣。汝是前日之小弄耳，何其前后异而言耶？汝家一年勤辛往来效顺纳款之意，一朝归虚。若此之后，虽欲日来纳贡受禄，安可得乎'云。大概此虏与老酋虽和而有外亲内疏之形，且为如许部中路截杀，市道俱绝，不过欲行买卖我边，故为百将冠服之语来探我意也。严辞峻绝，使不得生意。刷还赏格则照例给送。通市一事，既许职帖，难于拒绝，而若或滋蔓，则亦还有后患，请令庙堂商确指挥。"备边司回启曰："何酋既受我国职牒，与之羁縻，则所求通市之事，拒绝为难。此事边将若设法善处，则一以慰犬羊之心，使绝零贼之患，一以探听彼中消息，凭驿进告之地，俱无不可。若不能善处，而致令滋蔓，则遗患可虑。宜令兵使参量善处。"传曰："允。"十一月己未，张晚曰："老贼形势炽大，深可为忧。忽剌温则虽可忧，而但为边上忧，必无长驱之患矣。前日忽贼百将各率一百军几万名，而文岩大败之后，仅余六千，不暇自保，岂图他国乎？然若出没侵扰，则不得耕农，是可虑也。老贼军势虽盛，民丁皆移入深处，六镇已空，而道里甚远，为患于六镇，则未可知也。然军势已盛，他日为忧必大矣。"

辛亥三年（明神宗万历三十九年，1611）六月丁亥，咸镜北道兵使李时言驰启曰："老酋差胡奖军等三名，钟城城外住胡都斗舍等欲为捉去，来到城外。而都斗等欲为逃避，不得捉还。向水上、茂山越边居胡洪耳进告'老酋麾下勇壮百余名，四散逃走。老酋设伏于忽酋要路，使不得通路'云。"

癸丑五年（明神宗万历四十一年，1613）二月戊午，冬至使赵存性、李成吉等还自京师，赍到皇敕。王出迎于慕华馆。咸镜北道兵使李时言状启曰："胡人进告，奴酋率军兵进围忽剌温部城，以云梯陷之。忽酋脱身北走。忽剌温、老土皆豆满江外女真也。二部吞并诸部，为六镇大梗。及老酋起于建州，吞并二部，收其兵甲，始强大，有窥辽左之志矣。"

甲寅六年（明神宗万历四十二年，1614）六月丙午，王引见平安兵使李时言，王曰："卿久在北道，虏情如何云乎？"时言启曰："小臣受命下去，首尾三年余矣，闻虏情则老酋大胜忽贼后，深处胡人几尽掠去，故酋势日炽。于我西北，似不好矣。"

王曰："老酋何如是强盛乎？且其军数几何耶？"时言曰："老酋兵数臣未的知，而本部精兵几至万余，至计其所掠忽贼骑卒，则不下数万人矣。此贼自丁未年到处战胜，始得炽大。然渠大兴土木之役，故其军丁怨苦，皆思逃避云矣。"

戊午十年（明神宗万历四十六年，1618）闰四月甲戌，备边司以平安兵使状启曰："胡人进告不可尽信，而奴酋定将二万如许相战之说，适与抚院咨内计袭抚顺之说相符，或不无声言如许相战而侵犯天朝之理。往来胡人处着实探问，连续驰启事，行移何如？"启依允。五月丙辰，平安节度使金景瑞状启："满浦金使蒋浚琬驰报：'今五月十六日，骑胡十二名来到越边，呼通事。即令通事问之，则所持文书呈纳。而取见皮封，则题曰：朝鲜国王开拆，不胜寒心。令通事开谕曰：我国与汝将事体不同，自前文书相通之规，无直递朝廷之礼，捧纳极难。反复开谕。前后文书并为出给。则差胡曰：迷劣胡人持书出来而已，如此事体何以知之。势难驱迫还给，故姑令留置胡馆，严辞开谕，厚馈酒肉，以悦其心。后令女真训导房应斗、乡通事河世国等问虏中事情。则差胡答曰：我将方会军兵与天将相战，私相出入之人，不无漏通军机之弊，故一切禁断出入者。今此起兵事，则辽东杀我将祖父，又于如许城中送天将添兵守护，故我将结怨积年练兵。去四月十五日，我将领兵抚顺等四镇一时尽击后，一处聚兵，所得牛马、布物、弓箭及所擒唐人，点阅不知其数。抚顺镇将则乞降生擒，我将有末女许嫁，时在奴城。又在五月晦间，六月初生，欲向如许击破后，仍向辽东、广宁计料，而日炎霖雨，草树茂密，时未定夺。所擒唐人千余名，则即削其发，服其胡衣，以为先锋。朝鲜则与我朝有信之国。若辽东请兵于朝鲜，则会宁、三水、满浦等处，我将当以一支兵马，发送攻击。朝鲜与我将无嫌怨，谨守封疆，勿使动兵。'云云。"

己未十一年（明神宗万历四十七年，1619）正月庚戌，冬至使驰启，正月初七日奴贼动兵围金台实寨，经略出兵往救，贼兵退去，经略还辽东事。

十二月丁卯，平安兵使禹致绩驰启曰："如许攻掠时，奴酋亦安坐，使其子等领兵以送，不日攻取以来。"

〔王崇时　校补整理〕

海西卫疆域考

按：本文采自大连市图书馆，系"满铁"调查课昭和七年五月六日所编。作者待考。今应海西女真史研究之需，特此编译。

（一）海西卫的创置及其名称

明时海西卫的疆域（自永乐至嘉靖），知其为松花江一带之地。下面，就海西卫的创立情况及其名称沿革，做一概要说明。海西疆域的位置，事关重要，必须认真予以研究。

案《大明会典》东北夷条言："女真，古肃慎地，在混同江东，开原城北，东滨海，西接兀良哈，南邻朝鲜，为金余孽。永乐元年，野人头目来朝，其后悉境归附。九年始设奴儿干都司，建州、兀者等卫及千百户所，以其酋长为都督、都指挥、指挥、千百户、镇抚，赐敕印。"

据此，则永乐元年时，仅为野人头目等来朝，尚未言及卫所及千百户的设置。即或元年之后，有悉境归附之说，但绝无建置卫所之意。及至九年，方始建立奴儿干都司及建州以下诸卫所。然《大明一统志》女直部有："奴儿干都司（永乐七年置），建州卫、必里卫、兀者卫，兀者左卫、兀者右卫、兀者后卫、赤不罕卫、屯河卫、安河卫（以上俱永乐二年置）"。对奴儿干都司建置于永乐七年的谬误，将另文论证。但定建州及兀者等卫为永乐二年建置一说，虽与前述会典之记载相抵牾，然在否定此说的同时，似乎还有应予肯定之处。《皇明从信录》（卷十三）永乐二年十二月条言："分女直地，建置都司卫所，时海西女直野人头目来朝，设建州、毛怜、必里、兀者、赤不罕等卫，封其头目为都督、都指挥、千百户、镇抚等官，赐印及诰，俾仍旧俗，各统其属，以时朝贡。自后，东濒海，北至奴儿干北海，悉境皆来归附。自开原迤北，因其部族建置奴儿干都司一，为卫者三百八十四，为千户所者二十四，为站为地面者各七。"此文将海西等女直卫所的建置定为永乐二年，建州、毛怜、必里、兀者、赤不罕等亦与此同。只是该文同年条收录的奴儿干都司之下建置了三百八十四卫等，有欠明确之嫌，如果仔细阅读，前述之海西诸卫和奴儿干都司的建置，与所谓

"自后，东濒海，北至奴尔干北海，悉境皆来归附"之言，是有所区别的。考《明史》及《明史稿》所录之数为三百八十四卫，与此文数同，但《明一统志》（天顺年敕修）所收实不超过一百八十四卫。况其建置年月，如确系永乐迄于正统年间累设的合计，则《从信录》所记，便不能说均为永乐时建置的。此盖因《从信录》编于万历末年所致。与《明史》及《明史稿》有很大差距，系因于此。《全辽志》外志部，外国史考则记述如下："黑水靺鞨，居肃慎地。我朝永乐二年头目来朝，置海西卫，其设官给印与他卫同。"此"与他卫同"之他卫，并非指女直之别卫而言，乃指洪武二十三年设置的朵颜三卫。此文把明代海西卫的设置定为永乐二年，与《从信录》所言海西女直野人头目来朝设建州、毛怜、必里、兀者、赤不罕等相同（兀者系海西卫，其详待后），与《明一统志》所言建州以下八卫置于永乐二年相符。《大明会典》于永乐元年条仅言野人头目来朝并未涉及建置一事，系属从略，所录永乐九年条，一并书为奴儿干都司以下的建置，与《皇明从信录》的写法相同，难免有几分混淆。众所周知，此等错误系会典因袭他书的卫所建置年月所致。这里值得注意的是《满洲源流考》依从《皇明实录》的记载，把兀者卫记为永乐元年置。此文虽未见诸其他典籍，如与会典所记永乐元年野人头目来朝相符，则有作为一家之言而予保留的必要。特别是虑及此文出于实录，尤有一思之必要。总之，据此把海西卫的建置定为永乐二年是妥当的。继之，至三年、四年尤致力于招抚，比及九年设置奴儿干都司，由其卫所及千百户数目看出，几乎遍及松花、黑龙二江。

海西的疆域，如前所述，永乐初年即完全处于明的羁縻之下，然《明史》及《吾学编》等，尚未言及明朝羁縻如此广袤疆土奏功的缘由。如《东夷考略》则仅解说为有赖永乐初年招抚之力。所谓招抚，其含意是很不明确的。永乐九年，女直野人头目来觐时，皇帝曾加以指挥、千百户等官爵，赐以诰印、冠带、袭衣及钞币。是时帝谕胡广等曰："朕非欲并其土地，盖以此辈自昔扰边，至宋岁赂金币，卒为大患。今即来朝，从所欲授一官，量给赐赉，损小费以弭重患，亦不得不然。"（《皇明从信录》）皇帝所说的授官赐赉，确为招抚之一策。然不伴以实力的招抚，即不伴以武力的招抚，决不会收到羁縻的成果，甚或招致有损国威之患。由此推断，则知永乐初年海西、建州诸酋帖然接受明之羁縻一事，决非单凭永乐之中使以官爵为诱饵所能取得者，必是同时向此地加以兵威，或在此前使海西部族慑服于明之强大，此二者必居其一。然目下考诸明史，永乐初年至九年之间，如未见有对它的远征，则不求之于永乐招抚之前即洪武之时是得不到的。我对此时间的考证，归结为洪武二十一年征服纳哈出一事。纳哈出系元之余孽，洪武二年元顺帝北走应昌，当此中国的山河渐入明之版图时，纳哈出又至辽东，经略东北，《明史 · 傅友德列传》载"元太尉纳哈出拥众数十万，屯金山，累为辽东之边患"即是。金山位置在今怀德、农安两县界上，前在《金山考》中曾予略述。纳哈出初据辽阳，西犯北平，南胁高丽，其部众虽多，据辽东至鸭绿江地方，次第为明所逐，遂据金山而窥伺全辽。《皇明从信录》载：纳哈出之营帐在榆林深处，养鹅庄及龙安一秃河。龙安一秃河相当于今之农安伊通河。《从信录》又说：纳哈出之所部妻子将士凡十余万，居于松花河之北。松花河即今松花江，因知纳哈出的主力尽在松花江流域一带。洪武二十一年，冯胜、傅友德及蓝玉奉太祖命，统兵十余万，直向金山掩击。《从信录》记述此事曰："六月，胜等率师逾金山，至女直苦屯"。女直苦屯的位置虽不明确，无非在金山至伊通之间。《从信录》又说："纳哈出计穷，乃剌吾因劝之降，纳哈出乃遣使至大将军营，阳为纳款，而实觇兵势，胜遂遣蓝玉往一秃河受其降"。如是，则纳哈出纳降之地在一秃河，即伊通河。如依《明史·冯胜列传》则为："纳哈出将士妻子十余万屯于松花河，闻纳哈出伤惊溃。胜遣观童谕之，乃降，得所部二十余万人，牛羊马驼辎重百余里，还至亦迷河，复收其残卒二万余，车马五万。"此文之亦迷河，在《全辽志》山川部为"一迷河，城东四百里，源出艾河北山，北流入一秃河"，故相当于一迷河。《水道提纲》松花江条下言"义屯河既会衣儿门河，北流曲曲二百余里，入松花江"，衣儿门河即为此河。

《吉林通志》对此记叙最详，现将其摘抄于下："伊勒门即《金史》之额勒敏。温屯噶布拉思居长白山阿卜萨河，徙隆州额勒敏河是也。《明一统志》言一迷河在开原城北四百里，北流合一秃河入松花江，今土人呼其曰驿马河，一迷、驿马皆伊勒门一声之转，一秃河即伊通河也。"

可知冯胜之主力虽至女直苦屯当即停进，而其前哨却遥至松花之北收降，还军过衣儿门河时，又得降卒残部。若依此而察，则洪武二十一年之金山用兵，因其威力远及松花江一带，故可认为女直酋豪全于此时即慑服于明之声威之下。是故永乐初年招抚之所以能速奏肤功，其近因不外洪武用兵之结果。海西卫之创立问题，大抵有如前述。卫之疆域，系指松花江一带之地，称作海西。至于永乐创始说的是与否，过去史家对此均未明言，这完全系袭用前元的名称所致。其一证，见于前述洪武二十一年金山用兵之时。

《全辽志》（卷四）宦业志，徐玉条记述可为再证："徐玉，德平人。丁卯（洪武二十年），大军征纳哈出，玉为前锋，直抵金山，破营寨，俘斩尤众，进至一秃河，会纳哈出降，遂还。未几，又略地海西至松花江，招谕人口五千余，马牛车辆九百有奇，至一迷河，虏踵其后，玉自以精甲为殿，终莫敢逼。总兵嘉其勇，复令带游骑往旧信州逻戍，遇寇力战，中飞矢而卒。"

此文所说"略地海西至松花江"的海西，系指松花江一带而言。从而一迷河则相当于《冯胜列传》中之亦迷河，旧信州则为今之怀德附近。若尚未从"徐玉传"找出其他问题，如能理解本文上述事实，便可确认见于本文之海西，即指永乐二年创始的海西卫的同一疆域而言。若确系如此，即可得知永乐之前确有海西之名，因此说海西一名决非永乐时创始的。永乐之前，洪武时，便已见到海西之名，因而将这一名称说成是明初创始的臆想，是最经不起推敲的。何以言之？那是因为明朝的武力及于东北是始于前述之洪武丁卯，徐玉到达松花江之时，不能不说这是明人足迹到达此地的第一天，因此只好沿用所谓海西这一固有名称。是以武断说明人另行创始此名是办不到的。而且所说的松花历来写为宋瓦，乃同一名称，是为固有（元代）名称之一据。

今案《元史》，则海西之名多处可见。其一为："至元三十五年二月，省辽东海西道提刑按察使入北京"（《元史》卷十五）。

同书《仁宗本纪》："延佑二年夏五月庚午，立海西辽东鹰坊万户府，隶中政院"（同上卷二十五）。

同书《顺帝本纪》："至正十一年夏四月庚子，罢海西辽东道巡防捕盗所，立镇宁州"（同上卷四十二）。这些是见于辽东方面的海西名称，而辽东道则知其自为别道。所以说，明之海西卫显系沿用前元之遗称，至于元时海西道之疆域及其考证，将另行撰述，于此从略。

在此仅略述一、二附言，即海西卫的疆域，则如前所述，其初，位于松花江流域，因渐次迁徙，遂逼处开原东北广顺、镇北二关之地。察广顺关外之哈达部族，其先居于海西始据地的松花江，据称距开原约四百里。虽据说自嘉靖末、万历初哈达舍其本居，逼处邻近之开原结塞，却依然沿用旧称，称之为海西卫。此外，朵颜、福余、泰宁三卫，其初居于潢水之北，景泰以降，渐入潢南，遂自宣、大逼处辽塞，一如前述，仍沿用三卫旧称。此间关系，尤有甄别处置之必要。察明代对开原东北之地，采取所谓羁縻政策，故对部族之迁徙及兼并等利害攸关之事，竟至不能丝毫施以权威，只是一味热衷于赐印、敕书，而放弃其他一切措施。如是，在开原之东北部，不论部族的位置有如何剧烈的移动，明对之亦不能左右。前示之哈达的迁徙，即此类也。故不独海西卫，即便建州卫，抑或兀良哈三卫，如不事先考证其时代之先后，则终究难于判定卫之位置。后代史家，恐出于对此间事情之顾忌，遂致众说纷纭。如《满洲源流考》即为此事之一证。若再加以留意，则自永乐以后，所设卫所数已上升至三百有余之多，此等卫所决非自某地始至某地止设某卫或定为某所者，多数只不过为图羁縻之权宜，而赐给敕书、印绶而已。既如此，则此敕书或买卖，或攻夺，或冒替，或抢掠，终致印敕与地面成为无任何关联之状态。故明时，验放入关本为严格着力实行之事，然未几，竟连执行仅以敕印而不认其人其地之法也未做到。就边外女直野人等而言，历来紧握明之敕印，又居无定地，尽管其称海西都督、建州都指挥，或称某千户、百户，只不过贪图抚赏赐赉之多的虚衔而已。是故于一地有二敕印，迁徙后仍称旧名，被认为理所当然，因此它决定不了明代辽东边外之女直卫所，若不思及于此，终将致生大错。

（二）海西的疆域及南关北关

明代开原边外之女直，大体分为三大部族：曰建州女直，曰海西女直，曰野人女直。考其疆域，南抵佟家江畔，西北并松花江流域，东南抵豆满江，东北及黑龙江。

《大明会典》（卷一〇七）东北夷条叙其沿革曰："女直，古肃慎地，在混同江东，开原城北，东滨海，西接兀良哈，南邻朝鲜，为金余孽。永乐元年野人头目来朝，其后悉境附归。九年始设奴儿干都司，建州、兀者等卫及千百户所，以其酋长为都督、都指挥、指挥、千百户、镇抚，赐敕印。又置马市开原城，通贸易。盖女直三种，居海西等处为海西女直，居建州、毛怜等处者为建州女直。各卫所外，又有地面，有站，有寨，建官赐敕一如三卫之制。其极东野人女直，去中国远甚，朝贡不常，海西、建州岁一遣人朝贡。

海西·建州

建州卫、建州左卫、建州右卫、毛怜卫，每岁许一百人，建州寄留毛怜达子岁十三人，其余海西各卫并站所地面，每处岁不过五人，其都督来朝许另带有进贡达子十五人同来。来贡由辽东开原城。近年定海西每贡一千人，建州五百人，岁以十月初验放入关，十二月终止。如次年正月以后到边者，边臣奏请得旨，方准验放。

贡物：马、貂鼠皮、舍利孙皮、海青、兔鹘、黄鹰、阿胶、殊角（即海象牙）。"

就会典之所载而言，海西女直的贡道经自开原。此贡道，盖系明朝国初以来之祖制，不准女直人凭自己方便而恣意改变。其事见马文升《抚安东夷记》之一节："先是海西兀者前卫都指挥散赤哈上番书，散赤哈遂率所部十数余人欲由抚顺关进广宁。时参将周俊等守开原，恐散赤哈至则真情毕露，乃遣广宁守臣使诡之，言海西人素不由抚顺关，恐熟知此道启他日患。守臣不虞其诈也，即召其使速阻之。"（纪录汇编）

此文所示为开原之守将等对海西女直以贡道之成宪为口实，将其阻于抚顺关。贡道既然经由开原，而海西又在开原北方之边外。郑晓之《吾学编》

成书于明中叶，是最足凭信者。其《皇明四夷考》对海西之位置所云如下："永乐九年春，遣将将水军，驾巨舰，至江上，召集诸酋豪，饵以官赏，于是康旺、佟答剌哈、王肇州、琐胜哥四酋率众降，始设奴儿干都司。以四酋为都指挥，赐敕印，又置卫所三百八十二，官诸小酋为指挥、千百户、镇抚。又有地面站七，寨一，皆令三岁朝贡，官赏羁縻之。又置马市开原城，通交易，稍给盐米布赡。诸酋豪使保寨，不为边寇盗。各路有水陆城站，自汤站东抵开原曰建州、毛怜、海西、野人、兀者，皆有室庐，建州最强。开原北近松花江者曰山夷，又北抵黑龙江曰江夷，亦有室庐，江夷为强。建州、毛怜本渤海氏遗孽，喜耕种，善绩纺，饮食、衣服颇有华风。海西有山夷即熟女直，完颜遗种，亦务耕稼，妇女喜金珠，倚山作寨，亦名山寨夷。江夷居黑龙江即生女直，数与熟女直仇杀，百十战不休。"此文所见之海西女直，属所谓熟女直，其居处有山夷。山夷据远离松花江之处，于山林构室庐，既已如此明确，便不难推断海西的位置在今之松花江流域。然若探究其为完颜氏之余种，务耕稼，喜金珠等，势必于混同江流域探求不可。但此文中如未对海西之山川地理另有说明，则尚难立即作出即为此地的论断。

《大明一统志》（卷八十九）女直部，于叙述女直归附的沿革外，还列举了卫所站面等之名称。其中与海西有关并明确冠以其名者，只不过居海西地面中之一而已。在看过一统志辑录的卫所部分后，算得其数为一百八十四。但在上述数字中，属于建州女直的，建州左右三卫及毛怜等不过数十卫，其他一百余卫几乎都是海西的卫所。一统志对如此众多卫所冠名时，却只冠以海西之名，这不能不认为它是另有深意的。察其意，则为范围广阔，卫所数多，致以海西称呼，略去一般地名。其一证为，已知兀者卫及忽鲁哈卫同样省略了海西名称。《全边略记》辽东略部言："海西兀者前卫都督理吉子尚古……"

"永乐中海西野人都指挥恼纳、哈塔失叔侄争印，太宗皇帝令恼纳掌忽鲁哈卫，哈塔失掌弗提卫"。兀者前卫《满洲源流考》言其在宁古塔附近，《吉林通志》也持与此相同意见。假如这些意见没有大的谬误，则海西的地域，可说是及于牡丹江流域。关于忽鲁哈卫，源流考同样说成是在呼尔哈河流域，《吉林通志》又对此作了同样的说明。以上虽仅为一例，但由此可知海西疆域之广阔。

在《东夷考略》之女直通考中，对海西有如下叙述："女直各部在混同江以东，东滨海，西接兀良哈，南邻朝鲜，北至奴儿干，略有三种，自汤站东抵开原，居海西者为海西女直，居建州、毛怜者为建州女直，极东为野人女直。他种甚多，开原近松花江者曰山夷，又北抵黑龙江曰江夷，而江夷有灰扒、兀剌等族。建州、毛怜裔出渤海，事耕纴，居处室饮有华风。海西系黑水裔，其山夷倚山作寨，即熟女直，完颜余种"。

《名山藏·王享记》东北夷部说："其夷有三种，居海西等处者为海西女直，居建州、毛怜等处者为建州女直，极东为野人女直。"

《抚安东夷记》则谓："既又以开原东北至松花海西一带，今之野人女直分为二百七十余卫所。其性，则建州女直诡诈过海西，海西过于朵颜三卫。"

以上任何一例，只不过就永乐初年规模的大体而言，但《东夷考略》却书为：开原远松花江曰山夷，山夷之居处即海西之山寨。与前记《吾学编》之叙述相同，与《抚安东夷记》的于松花江、海西一带相符，至于其他如《殊域周咨录》《武备志》及《图书编》等记载，亦均未见与此有较大出入。总之，这些书把松花江流域一带定为海西地方之所属，而山夷即所谓依山寨构室庐者，至于其道里、山川，终究还需依此诸书以求更好地了解。

《全辽志》（嘉靖四十四年重修）外志部，外国史考，有如下之叙述："黑水靺鞨，居肃慎地，亦曰邑娄，元魏时曰勿吉。其后渤海盛，靺鞨皆役属之，渤海浸弱，为契丹所攻，黑水复擅其地，西北契丹与接壤，即金鼻祖部落也。阿骨打既灭辽，迁都于燕，改为会宁府。金末，其将蒲鲜万奴据辽东，元初出师伐之，生擒万奴，师至开原、恤品，东土悉平。开原之名，始见于此。我朝永乐二年头目来朝，置海西卫，其设官给印，与他卫同。每年十月内朝京，由山林至开原之东关口靖安堡一百三十里，至开原城一百八十里。"

案此文，永乐初年始建之海西卫疆域，系据金之会宁府故地并不断予以经营，乃毋庸置疑者。会宁府之故址在阿勒楚喀城南四里，即位于俗称白城之地。《东三省图说》对此说明最详："阿勒楚喀城，在吉林省城东北六百里，阿什河之上游。"但在此文之末却有由山林至开原之东关口靖安堡一百三十里一说。靖安堡即明之广顺关所在之地，位于开原城南六十里（详见《辽东西关隘考》）。若果如此，则知海西山寨在距此七十里之边外。如予详述，则永乐年代海西之位置，在松花江上，而于重修《全辽志》时，即嘉靖末年，海西部族南徙，至开原广顺关外六七十里之地逼处。本文之记述，盖无可置疑矣。见诸旁证，则《读史方舆》（山东八）为："亦赤哈达寨，在靖安堡外七十里"。据此即可了然，详说后叙。

《全辽志》山川·开原部，载有足以断定海西始建位置的记述，其文谓："松花江，城东南一千里，源出长白山湖中，北流经南京城与灰扒江合，至海西与混同江合，（南）〔东〕流入于海。"

混同江通例指松花江之本流，然《全辽志》却作城北一千五百里，流出北山，南流合松花江入于海，发源于距松花江五百里之遥的北山。此记事颇欠明白，所说之混同江无疑是指嫩江，若松花江与嫩江即与混同江合流之处，在伯都讷城北三江口地方，则至海西与混同江合之海西的位置，是指伯都讷城一带地方。与此相同，《全辽志》开原北陆路载有足以证明上文记述的驿站。

"开原北陆路：

贾道站、汉州站、归仁站、韩州站、信州城、斡木城、海西宾州站、龙安站、弗颜站。"

第四站之韩州，相当于今之奉化县内八面城，第五站信州当为怀德附近。然至第七站宾州开始冠以海西之名，这是颇有寓意的。宾州相当于农安对岸之地，第九站龙安站即今之农安，宾州以下二站，同为海西领域自不待言。

"海西西陆路：

肇州、龙头山、哈剌场、洮儿河、台州、尚山、扎里麻、寒寒寨、哈塔山、兀良河。"

第一站之肇州，系金之肇州，于伯都讷城之南，第四站之洮儿河，相当于今之洮儿河流域，兀良河《全辽志》谓城北三千三百余里，源出沙漠，南流河州与洮儿河、脑温江合，流入混同江。

"海西东水陆城站：

底失卜站、阿木河站、海胡站、上京城（金人故居）、扎剌奴城、鲁路吉站（下略）。"

第二站阿木河，相当于今之阿什河，第三站海胡相当于今之大小龙沟，第四站上京城，即白城之所在处。若综合以上三路，则如下述：

海西之南端始自宾州，即伊通河流域，西可通至洮儿河，且东沿混同江，有贯通金的白城之路。是故海西之地域，因已占有混同江之溪谷，今之吉林、伯都讷、双城堡、宾州、五常厅及宁古塔之西部，皆归入海西之疆域。

海西之地域，自永乐初年始，至宣德朝终为止，数十年间，已有颇大之变动。正统初，也先起自河套，其影响直接波及朵颜三卫，三卫的变迁也直接动摇海西。《抚安东夷记》叙述此时的变态说："正统十四年，也先犯京师，脱脱不花王犯辽东，阿乐出犯陕西，各边俱失利，而辽东被掳尤甚。以故朵颜三卫并海西建州夷人处处蜂起，辽东为之弗靖者数年。至景泰后始克宁谧。而海西野人女直之有名者，率死于也先之乱。朝廷所赐玺书尽为也先所取。其子孙以无授官玺书可征，不复承袭，虽岁遣使入贡，第名曰舍人，以是在道不得乘传置，赐宴不得予上席，赏赍视昔又薄，皆忿怨思乱，辽东人咸知之，而时未有以处之也。"

此亦海西之一大变故。察正统七年时，曾创建开原一带之边墙，构筑边墙的主要动机，在于从这方面防御朵颜三卫之来袭，即其一为防海西之南，亦知其一为防御北方。而且这时也明确显示出，海西的界址，是以与旧时相比其距离日渐缩短为基准的。

成化中叶时，海西之南下，最为显著，铁岭、凤集等之内地，均受其侵袭。幸赖马文升等名臣之力，防止了一时之糜烂。及至嘉靖中叶，海西之南牧日益加多，以至开原边外七十里之地，已筑城堡而备之。自嘉靖末年亘万历之间，其著名之哈达及叶赫二部，即因海西之南迁，而尚未复归故地者，其糜乱边地之实况，稍加想象即可了然。同时，从另一方面也证实了海西之南迁。但若以此二部之地方为海西初始之疆域，则为大谬。那些于明末即万历以后所成各书的记述是指叶赫及哈达的现状，若直接以它们来说明海西始建的位置，恰如试图以正统、景泰以后的朵颜三卫，直接说明洪武始制，则必将陷于同样的错误。现将其大要说明于下，以证本说之不妄。

哈达之一称为南关，居开原之东南六十里，与靖安堡之广顺关相近。叶赫一称北关，居开原之东北七十里，与镇北关相近。故将二者称为南北二关之海西女直，此系明人之惯用语。《皇明从信录》曰："按女直，于古为肃慎，后汉曰挹娄，元魏曰勿吉，隋唐曰靺鞨，今称女直。略有三种，其极东野人女直，去塞远，岁附海西，市开原，不入贡，亦不寇边。其一东方诸夷之为卫所甚众，而建州领其名，并毛怜曰建州女直，即今奴儿哈赤之属。其一曰海西女直，则开原南、北两关之夷，并故都督王台部也。永乐初挹娄来归，置塔山、塔鲁诸卫备外藩。宣德四年海西女直始入寇侵，勾连建州剽掠。正德间，祝孔革等为乱，阻朝贡，至嘉靖初，夷酋速黑忒捕叛夷猛克，修贡谨，赐金带、大帽。其后，王台益强，能得众，居开原东北，贡市在广顺关，地近南，称南关。其逞加奴、仰加奴居开原北，贡市在镇北关，地近北，称北关。开原孤悬扼辽，东建州，西恍惚太，二夷常谋中国，而台介东、西二夷间，扞蔽令不得合，最忠顺，因听袭祖速黑忒右都督，为之长，东陲晏然，耕牧二十年，台有力焉。"

如此文所示，南、北海西之区别，既明确系以与其居城之广顺关及镇北关相近而称者。广顺关据《全辽志》在开原城东六十里，《大清一统志》亦置于与此略同之地。镇北关据《全辽志》在开原城东北七十里，云夷入朝贡入市由此，一统志亦载有与此同一之记述。《东夷考略》曰："永乐初，挹娄夷来归，置塔山、塔鲁诸卫备外藩。宣德四年，海西女直入寇侵，勾连建州剽掠。正德间，祝孔革等为乱，阻朝贡。至嘉靖初，夷酋速黑忒捕杀叛夷猛克，修贡谨，赐金带大帽，其后王台益强，能得众，居开原北关，地近北称北关。"

此文同前述之《从信录》记述，即足以明确南北二关名称之起源。然此等南关、北关海西女直之名称，决非始自明初之旧称，最早也是万历以后的称呼。《全辽志》系嘉靖末年重修者，通篇未见有此文字。若海西同开原边墙间，尚有相距七十里之隙地，那一如其后所述，是不准哈达、叶赫二部逼处的。只在《东夷考略》叙述海西哈达酋长王台条中写为"其后王台益强，能得众，居开原东北"，这应看作对哈达南牧时代的暗示。若以此时为王台的初始，则最早也只能在自嘉靖末年到万历初年之间。对此，一言以蔽之，《皇明从信录》及其他各书，将南北二关女直称海西，如《大清一统志》直接以二关之地作为哈达、叶赫之故居，便不足为怪了。《一统志》吉林部有："哈达故城，在城西南五百里依车峰上，相近又有哈达石城，初哈达贝勒自旧城迁居于此，称新城。其旧城在开原县东六十五里，明置广顺关于此，为市易处，又曰南关。"

"叶赫故城有二，一在城西南四百九十五里，周四里，南北二门，内有小城，周二里，明时于其地置镇北关为互市，亦曰北关，西南去开原七十里。"

如从《一统志》之说，自吉林省城至威远堡门五百九十五里，于依车峰之东南，有哈达之新城。依车峰之位置，在吉林西南五百里，而其旧城则在开原东六十五里之广顺关。此说之根据只能出之于《清实录》。然而想象不到的是，南迁后新城在威远堡外百里之遥，而旧城的位置却紧逼边墙。经查，其所谓旧城，系属王台自松花江方面南迁时之山寨，而所谓新城，则系台之儿辈相继时移筑者。《吉林通志》依《一统志》之说，别无质疑，以致全非。

《一统志》叙述叶赫故城一节则较为正确。若依所述，则二城之一的叶赫旧城在吉林省城西北三里之山上，山上即为山寨。省城之西北三里，如系近松花江处，则无疑是海西故地。叶赫决非原始名称，案《开国方略》（卷六）灭叶赫国条，叙其系谱曰：

"叶赫之先，蒙古人，姓土默特，灭呼伦国所属璋地之纳喇部，遂据其地，因姓纳喇，后迁于叶赫河岸建国，故号叶赫。"

璋地之位置，虽不明确，但只能于吉林省城相近之地寻求，且移至叶赫河岸之年代不出嘉靖、万历之间。然《源流考》及《吉林通志》，以永乐四年授叶赫之祖祝孔额达喜穆鲁都督佥事一文为据，于叶赫河岸之塔鲁木寻求旧卫位置之说，则纯系谬误。

嘉靖初，夷酋速黑忒杀开原边外叛夷猛克一事，虽散见于各书，但速黑忒之属建州，远较属海西为长一事，在确定本卫位置时是一重要问题。因而，只要根据前述各书所述，其居处的位置是可以确定的。

《全边略记》辽东略述曰："嘉靖十年三月，女直左都督速黑忒自称有杀猛克功，乞蟒衣、玉带等物，诏赐狮子彩币一袭，金带、大帽各一。猛克者，开原城外山贼也，常邀各夷归路，夺其赏，速黑忒杀之。速黑忒居松花江，离开原四百余里，为迤北江上诸夷必由之路，人马强盛，诸部畏之。往年各夷疑阻，速黑忒独至，顷又有功，朝廷因而抚之，示特赉之意，云云。"

此文仅将速黑忒之居处述为离开原四百余里之松花江流域，同时只称夷酋而未示明何种女直。然此一缺陷，将于《东夷考略》中予以弥补。其文为："嘉靖始，海西夷酋速黑忒强，以贡谨及捕叛夷猛克，特进右部都督，赐金带大、帽。"

此文明确示知是海西的酋长。《东夷考略》又述："其后王台益强，能得众，居开原东北，云云。开原孤悬，扼辽肩背，东建州，西恍惚太，二夷常谋窥中国，而台介东、西二夷间，捍蔽令不得合。最忠顺，因听袭祖速黑忒右都督为之长，东陲晏然，耕牧二十年，台有力焉。"

此一文与前引《从信录》之记述完全相同。所述王台祖速黑忒一事，不容少许置疑，且此文还明确了王台乃南关之海西女直，曾为守护明之边境而效力。《开国方略》中称王台为万汗。今试以方略所载及见于明末各书的哈达系谱为据，考证速黑忒的地位于下：

哈达系谱（南关）

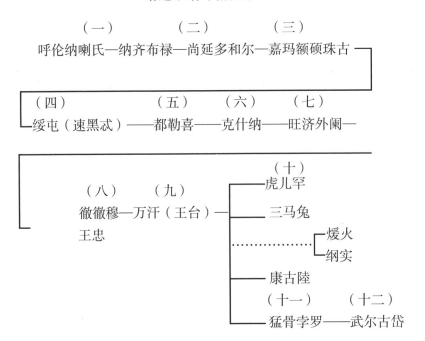

注：（四）绥屯系明朝记载之速黑忒，居于松花江上。

（九）万汗系明朝记载之王台，万汗之妾为温姐，北关叶赫之妹。

（十一）至猛骨孛罗败亡。

（十二）清太祖之婿。

如上表所示及明代诸书所记之速黑忒，显然相当于方略之绥屯。自始祖起，传至第四代，而后是王台，自绥屯即速黑忒，开始由第五代后裔接替。尽管速黑忒被赏为右都督一事，早已成为明显的事实，而《开国方略》竟至没有另行记述，却把应知其仅为同时袭爵之都勒喜、克什纳二人写为都督。何以如此？主要因为，哈达的祖先居于吉林附近的山寨。到第四代速黑忒时，以功被封赏为右都督，况其地当海西之要路，到第九代王台即万汗时，移居广顺关外。明对此以海西女直称之者，绝非广顺关外即为海西之地。王台之部落因自海西即松花江流域转徙此地，以遵其旧称而称海西女直。故明朝只认其敕印而不认其人地，于此可见一斑。姑且再以称海西兀者卫一事而论，于永乐之时及嘉靖、万历之交，称号与地面之显著差异亦于此可见。

叶赫，亦只能做此同样解释。叶赫始祖，居于吉林西南三里之山上，都督祝孔革（又祝巩颜）所居之山寨，恐亦为此地。祝孔革系正德年间之夷酋，以其阻朝贡，而为王台之叔王忠所杀。祝子为台楚，有二子称逞家奴、仰家奴。《开国方略》称此兄弟二人如能使叶赫部归服，确实能保持北关之地位，至于与南关的对立则属万历以后之事。然叶赫之称为海西，也绝非其地属海西，知其与哈达同系遵其旧称而称海西女直者。现将北关之系谱揭示于下：

叶赫系谱（北关）

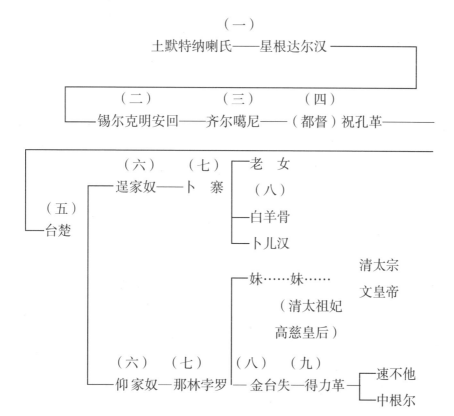

注：（四）祝孔革居于松花江吉林西北三里之山上。

（六）逞、仰二奴为宁远伯李成梁所杀。

（三）　扈伦四部与海西的疆域

关于叶赫、哈达两部族的位置以及海西卫始建故地等项，大体于前述各项中已作初步论断。海西一名，于明代诸书中出现最多，均将其作为泛指开原东北、松花江流域一带的总称。及至清朝兴起，废此名称，代以扈伦之名。扈伦原义，尚未考证。有谓以朝鲜史（北关志、北路纪要）上所说忽刺温，即为清所称之扈伦。扈伦共四部，对四部的境域、道里、方位进行查证，则断定恰为称海西之全境。《圣武记》开国龙兴记之一节中有：

"扈伦国之部四（扈伦亦作呼伦），曰叶赫，曰哈达，曰辉发，曰乌拉，皆前代部落之遗，城郭土著，射猎之国，非蒙古行国比也。各主其方，争相雄长，强凌弱，众暴寡，而扈伦四部最强，在满洲之北（惟乌拉在吉林，当满洲东北，其辉发、哈达、叶赫皆在兴京之北，今盛京将军所辖境内），皆以所居之河得名，乌拉、辉发二河入松花江，哈达、叶赫二河入辽河，即明之海西卫与建州、野人卫而三。"

此文之前半部，系引自《开国方略》（卷一）太祖甲申年春正月克兆嘉城获理岱之条，并以"时诸国纷乱"以下之文为据者，所叙四部名称则源自《八旗氏族通谱》。《吉林通志》（卷十二）扈伦四部条，又有如下所述："案扈伦四部，在满洲之北，皆以所居之河得名。乌拉、辉发二河入松花江，叶赫、哈达二河入辽河，即明之海西卫与建州卫、野人卫而三。海西亦谓之南关、北关，南关哈达，北关叶赫，逼处开原、铁岭，乃明边之外障。盖四部之地，其三部全在吉林，唯哈达国境在今奉天界内，而其北境亦错入吉林省，以占地多，故建置从略焉。"

此文几乎全部因袭《圣武记》的记述。然《吉林通志》对各部疆域情况，凡有所见，皆予收录，一如下述：

（1）辉发部

谨案辉发城有三：一在省城西南三百七十里吉林峰上（与奉天海龙厅接壤）；一在辉发峰之西北；一在省城南三百余里（即殷河，在那尔轰之南知之）辉发河边。其国南境当与讷殷接（以两讷殷河在那尔轰之南知之），其西境当与叶赫接，其东与北与乌拉接，在扈伦四部中最处东南边者。

（2）乌拉部

谨案乌拉国城，即今打牲乌拉，其南界与辉发接，西南界至苏斡延以西与叶赫接，其北界无可考，其东界则在今张广才岭许（以额穆赫索罗为窝集境知之）。然其盛时，东海三部且为所属，则直迄海滨矣。

（3）叶赫部

谨案叶赫国城，在今省城西四百九十五里叶赫站，其西北三里亦有土城一，盖即布扬古所居者也。其国南境多在奉天界，与哈达邻。其北境与科尔沁郭尔罗斯邻。其西境当至威远堡边止，即明之北关也。"

该通志叙述了以上三部之境域，而未叙哈达，想必以哈达之境在奉天海龙厅而未予搜录，故今以《吉林通志》之说为谬。

扈伦之疆域可视为，西与科尔沁、郭尔罗斯境相接，南及明之开原、铁岭边墙，东抵额木索，北至混同江。故前文据明代各书所推断之海西疆域，恰相当于清朝所称之扈伦四部，故知这一名称系满洲依明末之现状，将相当于海西之故地及南徙之新界，即开原边外之地域予以并称者。

因此可以说，海西卫的全境相当于扈伦四部，但清朝著录丝毫未予认定。若从其所述，则为扈伦能包容海西，而海西却决不能包容四部之地。其依据是：海西又云南关北关，南关哈达，北关叶赫，逼处开原，乃明边之外障云云。上述所引，本以《皇明从信录》及《东夷考略》等明末诸书之所述为根据，其间自是毋庸置疑的。但都不能据之以言海西卫仅限于南关哈达、北关叶赫之两地。此说之失当，本于此前即剖析指明。然招致谬误之缘由，尚有研究之必要。今试将其区分为甲、乙二种以断其是非。

（甲）扈伦四部中的海西女直人是否限于哈达、叶赫二部族？

此疑并非起自最初。就需解者而言，明之海西卫，系永乐初年创建，其地确在松花江流域。明因就海西之地设立熟女直之卫所，称其为海西女直是名实相符的。然万历以后，自其故地海西成为其他部族窃踞之所起，女直人南徙，入于明之瓯脱，即或对此称为海西，也绝不意味将其地视为海西，其实，只不过因其部族为海西女直人并因袭旧称而已。亦即至此时，海西女直一名，已变为女直人普遍名词，毫无成为海西疆域的含义。且如挹娄之某部族，曾移居于奉天东北之懿路，而将以其部族名为名的土地遗留下来一样。按照清朝的记载，把开原边墙一步以外之地，都指为海西卫，这是完全陷于此种误解所致。我认为，此说大半为错。南、北二关，本系只指叶赫、哈达二族，把它说海西故地之误，也早已论证过。况且所谓海西疆域之一部，已成他部族窃踞之所，对此也早已肯定。故而援引我在前面说过的：当正统年间，也先寇乱之际，海西各酋多在辽东之说（马文升撰《抚安东夷记》），此亦为海西之一大变故。案清朝实录，则如辉发之祖及叶赫之祖的窜入，即为此也。经查，两部祖先之窃踞海西，当于正统、景泰之间，海西之疆域于此时确有变动，而同时也看到女直势力被消灭的是较少的，如松花江之溪谷，即被视为海西之始据地的地域，可以说尚未完全为他部族所占据。如《开国方略》（卷四）平乌拉国之条有："乌拉之先，以呼伦为号，姓纳喇，与哈达同国云云"。

而且在《大清一统志》吉林部又有："打牲乌拉城，在城北七十里，混同江东，金时宁江州故址，其乌拉布占泰贝勒居此。城周十五里，门四，内有小城，周二里，东西二门，台高八尺，周一百步。"

由此可知，与哈达同部族的乌拉为扈伦四部之一，其居城在今吉林之北七十里通伯都讷之路上。由此可知，海西疆域依然在女直人之手。至于辉发部，一开始亦未能窃踞海西之疆域。《开国方略》（卷三）平辉发国之条有："辉发之先本姓伊克得哩，黑龙江岸尼玛察部人。有星古礼者自黑龙江载木主迁于扎鲁居焉。因呼伦国之噶扬阿、图谟图二人，居于璋地，姓纳喇，欲附其姓，杀七牛祭天，改姓纳喇，是为辉发始祖。"

而《大清一统志》吉林部则把辉发的居城置于今辉发江流域，与前述《吉林通志》之说相同。可见叶赫其始也与辉发窃踞同一地方，渐次南徙后，定居于伊通河以南之地，后终于逼处于镇北关边外之地。所以说，作为海西女直始据地的松花江的溪谷，并未因迁徙而成为其他部族占据之所。况且所谓彼等南徙的后果，即终于进入明之瓯脱一事，尚未见到力证。

作为本说的第二疑义，即海西女直人只限于叶赫、哈达二族的想象是完全谬误的。哈达始祖居于松花江一事，此前已作详述，且还突出指明由右都督速黑忒五代裔王台直至其前世皆如此。至于徙居哈达河上源一事也曾略为言及，而哈达始祖系海西卫女直则是不容怀疑的。而叶赫则全系与此不同之别种，据说此部族的首领出于蒙古杜默特。经查，叶赫始祖，以正统、景泰之间，起先自西方进入松花江流域，迨至正德年间祝孔革出后，其名始著，因而于此之时，尚未思及徙于叶赫河畔之事。祝孔革之子为台楚，台楚之子为仰家奴、逞家奴二儿。二儿剽悍，能绥部众。叶赫之建国盖于此时，时为万历初年。而明竟以此误认为海西女直，与南关哈达一起并称者，是因对其家系全然不知？抑或因叶赫向来把持所赐敕印，出于认其敕书不问其部的政策所致？二者必居其一。对此，一言以蔽之，叶赫之大部并非女直是确切的。故而所谓除南北二关外，举扈伦全境不是女直人，也是完全错误的。

（乙）哈达、叶赫皆因河而得名，是否海西始建之地只能在此间求得？

此疑问之大部，于前即已论述，然《圣武记》开国龙兴记一节却书为："扈伦国之部四，曰叶赫，曰哈达，曰辉发，曰乌拉，皆以所居之河得名。"《吉林通志》对此亦作了相同之解说，一如前述。此说出自《开国方略》，于哈达沿革条可见："迎见万于绥哈城，至哈达主其部，万于附近诸部以次攻取，远者又招徕之，其势日强，遂称为汗，国号哈达。"

同样，叶赫沿革之条（方略卷六）书有：土默特之蒙古人，灭扈伦之一部，其后移居叶赫河畔，始号叶赫（前已援引）。并且，乌拉因居于松阿哩兀喇，辉发因居于灰扒江，皆以此而得其名，初见似无何谬误，然试以明代所著诸书逐点检索时，则见于清代地理书所说之哈达河及叶赫河之名，并未曾载录。关于叶赫、哈达二河，《水道提纲》有如下叙述："哈达源出开原县东南柳边外，东北流入边，又东北经哈达城南。又有叶赫河，东北自叶赫城北南流而西南，会东南来之占河，南入柳边，又西南至开原县城东南，会哈达河，又西流会潢河。"

以此文于《全辽志》的山川志开原部检索，所谓叶赫河则相当于大清河。

"大清河，城东南十五里，源出分水岭名和河，西流一百八十五里至石嘴，别名大清河。"

同书开原之部有："小清河，城东门外，源出分水岭，城南与大清合。"

相当于哈达河。果然如此，则叶赫、哈达二国，以其据两河之发源地而得名之说，无论如何也是难于接受的。莫如说，自二部族定居于两河之发源地时，即改变了原来的河名，似觉理所当然。关于哈达之国号，尚另有一说。哈达见于《清文汇》书："石峰之峰，山峰之峰，山乃石愈高按起。"

收于《吾学编》之《皇明四夷考》女直部为："开原北近松花江者曰山夷，海西有三夷，即熟女直完颜余种，倚山作寨，亦名山寨夷。"

予于此前，曾以此为据进行解释：哈达之始祖系据松花江附近山寨之山夷。《大清一统志》叙述哈达故城之条可见之，其故址在依车峰之上（前已援引）。在检索上述问题时，还得见海西女直特殊的风习，如其所以称为哈达，是因脱胎于所谓哈达即山峰之意。《吾学编》中所称之山夷，实即为山寨夷，它表述了山寨夷之含义。果然如此，则所谓哈达既依山又得河，并以河而得名，是纯属虚妄。

叶赫之名的含义，在尚未得到确证时，就不能说以河得名是毫无道理的，尚需依次检索清朝诸书后再驳其误。

《满洲源流考》（卷十三）疆域部有："塔山卫，《明实录》永乐四年置，以部长达拉齐为指挥。考《盛京通志》，塔山在开原城东二十五里，明时北关所在。又布尔德库苏巴尔汉山上有塔山，皆叶赫国地。明时又尝以卫都督授哈达部主，盖哈达强时叶赫尝属之耳。"

此文乃《盛京通志》以开原东南二十五里之塔山与明时之北关穿凿附会而成者。明时之边墙，开原之东以威远堡为最近，其距足有三十清里，今考塔山之位置在城东二十五里。若塔山果系北关所在之处，则叶赫只能设于威远堡门以内五里之地，此外无他，其妄断亦莫此为甚！至于北关即意味着镇北关，此前即已详述。然于《全辽志》关梁部则为："镇北关，开原城东七十里，夷人朝贡入市由此。"

试看《源流考》对此文所述之距离及方位如何说明，此处尤为可疑。《源流考》还说："明时又尝以卫都督授哈达部主，盖哈达强时，叶赫尝属之尔。"

但暗地却把此地视为哈达即南关之故址，此仍为极大之偏差。于《全辽志》关梁部还可见："广顺关，开原城东六十里靖安堡。"

然哈达之位置与广顺关相近一事，已为诸书所认定。以此求证于光绪二十年奉天全省舆图，则述为在所谓哈达河的上游八棵树之对岸，有古城之地即为哈达古城。若以《源流考》所说城东二十五里予以对照，则此处又有三十五里之误差。总之，《源流考》之所以招被如此重大错误，是因为它对"永乐初，挹娄夷来归，置塔山、塔鲁诸卫备外藩（《从信录》）"牵强附会，利用所谓塔山即为开原之塔山巧言诡饰，终于造成无视边墙内外的奇观。《源流考》也对明之塔鲁木卫做过解说，其文为："达喜穆鲁卫，旧讹塔鲁木，今改正。《明实录》永乐四年置，为叶赫国地，部长祝孔额尝授达喜穆鲁卫都督金事，即明时所称北关也。太祖乙未年灭之。考叶赫相近唯达喜穆鲁山，南为占尼河，北为叶赫，传闻不审，误倒其音耳。"

与叶赫近接的达喜穆鲁山，即如此文所述。案叶赫之系谱，祝孔额当为逞家奴及仰家奴建叶赫国以前的第二代先祖，乃相当于明人所说的祝孔革，即为哈达之王忠所杀者，而其年代则认为是在正德年间。在嘉靖年间，开原边墙与山林（海西）间的距离为一百三十余里已是事实。对正德年间的塔鲁木卫，要在叶赫驿附近去求得，那是令人难以信服的。此说与此前对塔山卫的解说相同，都是徒然以其地名的类似，加上叶赫的现状而臆造出来的，无视前后史实的谬误。《盛京通志》及《大清一统志》等错误，不论为谁，均如出一辙，故而从略。

在明朝永乐之初，对海西实行羁縻一事，及万历以后操纵南北二关的政策，虽然都是最重大的问题，但它有待另行研究，故而将其排斥于本问题之外。

〔李正夫　译　　南昌龙　校〕

海西女真之发展

按：鸳渊一系战前日本研究中国东北史专家之一，撰此文时系广岛文理科大学教授。本文为鸳渊一与矢野仁一、园田一龟合著之《满洲之今昔》前篇（明代以前之满洲）第九章（明代之满洲）之第五节。本文与该人所撰《以建州、海西两女真为中心的满洲时代》中第五章（海西女真之推移）系姊妹篇，涉猎较广，故译此篇。因作者时代及立场之局限，客观上为日帝侵我东北提供了佐证，故仅作为史料而译，使用时请核对原书。文中有需注释者多处，于文后附注之。

前节主要以建州女真为中心，论述了它自明初迄于中期的变迁，还对边墙和通商作了简述。而海西女真虽亦同样活跃并与明廷保持了种种关系，但以其所在稍北，远于建州女真，又因尚缺乏作为满洲中心势力与明应有的亲密关系，而其实力之大小又未为明朝及朝鲜之史籍所认定，以致对之从来尚无专项记述。然因成化三年之征剿，建州女真遭重大打击，明又设边墙阻扼其袭扰，自此东面女真之活动遂暂停息，而居于北面之海西女真取代它公开活跃起来，显示出满洲族中心势力之局面。然自明成化三年于东方筑起边墙后，虽以马文升为新辽东镇抚，但一时以太监汪直之掣肘而无功。待汪直被贬革后，彼再任巡抚时对女真之羁縻，方取得显著之成功。后虽续保小康之局面，但至正德年间海西女真之侵扰渐剧，遂使明偷安之梦破灭。

首先，按记载，海西女真骚扰明边乃正德八年正月之事，其时海西酋老忽、乃留及都督加哈叉、祝孔革等屡次犯边。其祝孔革当为后叶赫部之祖祝孔革（褚孔格）。叶赫部之活动应视为始于此时。其次，及至嘉靖之初，同海西之酋速黑忒出，遂日益强盛，彼恭修贡谨，杀山贼猛克使赴明之朝贡路得以安全，尽忠于明，故以进左都督，赐金带、大帽。此人后为南关哈达之祖，一时间成为海西女真的代表人，于是海西女真始崭露头角，终至与明建立了公开紧密的往来关系。叶赫初在北，南下移吉林近傍，继之于开原东北之叶赫河畔构室而居，因准其自镇北关与明贡市又与哈达相对而称北关。此外速黑忒之部族称哈达（满洲语山峰之意）部，据说初始居于松花江畔距开原四百里之地，后移于开原东南之哈达河畔。以自广顺关贡市与前者相对，故俗称为南关。此外尚有称为乌拉与辉发之二部，海西女真就益形重要。我认为乌拉与哈达同族，系明初塔山卫之后身，后至吉林北方之乌喇街以为根据地。又辉发据说出自黑龙江畔之尼马察部，至王机砮时，移至松花江上游之辉发江畔，始有实力。我考虑此四部大体成立于嘉靖年间。总而言之，至此可以说海西女真之诸部诸卫已统一于四大部，从而称为扈伦四部。明末时势力大增，遂与明廷及出自南方建州女真中并振兴其势力之努尔哈赤一派，建立了复杂的多边关系，形成了明季满洲史的中心。

　　上述之扈伦四部中，嘉靖中叶强有力者为哈达及叶赫二部，哈达酋王忠忌叶赫祝孔革之崛起及对明廷之不逊而杀之，以功进都督佥事。继之其甥王台时势力大振，后父子一族亘数十年皆忠顺于明，励精忠勤，为明统御海西女真。与王台同时，在叶赫则有祝孔革之孙逞加奴、仰加奴兄弟，因异于其祖父而对明恭顺，始获自镇北关入贡之特权。如上所述，此时虽二部相伴与明亲近，然以明廷袒护恭顺之哈达使监视制御女真，以此个中情事，会理所当然地引起女真间之动乱。然而无论如何，此二部初期忠勤致事，于明乃极为可喜之事。况未几哈达即赍致一极大喜讯，此即抑制嘉靖末年出身于建州女真之王杲的活动，终捕之而献于明廷。王杲乃建州右卫凡察之后，自嘉靖三十六年时极为专恣，万历三年为明军所追得南关王台之许而投奔时，接受明廷谕旨之王台与明将李成梁共谋，将之捕献，始平其难。因此以其功赐王台龙虎将军之爵，任其二子为都督佥事，威望益隆。然而，及至王台晚年则威权日衰，女真再呈纷乱之状，斯乃前述之叶赫逞加奴兄弟，以王台叔王忠而失其祖父，遂仇视王台，此乃其企图复仇一事之因，故王台以其女与仰加奴，以期和解。然仰加奴却之，与蒙古通婚，企图藉蒙古势力以当哈达及明。加之王杲之子阿台亦以父恨与王台敌对，而王台之四子又起内讧甚至里通北关，自此哈达之统率力量俄然削弱。王台睹此形势，终于万历十年七月忧闷而死。此后因王台长子虎儿罕相继殁去，幼孙歹商坐守孤垒与诸部一族相争，昔日景象消失殆尽。因此，明万历十一年李成梁拟以诛建州阿台之余威处理南、北二关之关系，遂设计诱杀逞加奴兄弟于中固城，得救哈达一时之急。为时不久，以逞加奴之子卜寨与仰加奴之子那林孛罗共起兵复仇，乘哈达内讧来攻，李成梁再讨降之，相约以各守本分勿侵哈达及必须忠勤于明等事。尚有历来赐赠的玺书敕道，两下汇总此时已达九百九十九道①，为体现平等对待之意，遂将其均分为南关五百、北关四百九十九道，并约以相互扶助，明之目的暂时达到。然而未几歹商为部下所杀，北关叛明，明扶植哈达掣肘他部之企图破灭。初始，明末李成梁于辽东拥有众多家丁致其势达铁岭，明之经略辽东实因此人而就。

　　按说常备兵应于辽东都司指挥之下抵挡外敌，然其久已化为纸上之兵，势强之军将畜称家丁之私兵，朝廷亦听认承当国防。辽东李成梁，据云其祖系朝鲜人，其实是居于鸭绿江畔之女真人。其定居铁岭后方得势，于隆庆、万历时始出。此人巧于用兵，屡立战功。击杀前述之王杲，次屠阿台等，皆经略女真之辉煌成果。又彼曾以远兵经略迄于佟家江畔之地，使女真心胆俱寒。故以功于隆庆元年任副总兵，万历二年进左都督总兵官，六年封宁远伯。其子凡八人，皆升要职而显赫一时。故此人健在，则女真间之事多得妥善处理，此时明之压力得克奏全功。于阿台之难中杀努尔哈赤之父祖二人，恐李成梁出于虑彼后患而采取之策略，即隐密抚养努尔哈赤实为深谋远虑之举，如此彼则威震满洲并得高扬明威。然未几丰太阁朝鲜之役[2]起，彼长子李如松任明征东军之总大将，国人以欢呼而迎之，万历二十一年正月彼于碧蹄馆[3]一败，俄然使李氏之威望暴落，来自明军之压力失效。与此相反，建州女真等则崛起，恢复金朝女真之意识已如燎原，而且正值努尔哈赤在建州日益得势之时，局面自此俄顷转变。此时乌拉与辉发个个势强，满洲之形势纷乱已极。果然同年秋扈伦四部会同蒙古其他部族始攻努尔哈赤，努尔哈赤邀击此大军，杀北关之卜寨，捕乌拉之布占泰，使四部之计划成为泡影，只徒增努尔哈赤之声威而已。其后不久北关之那林孛罗以兵侵南关，女真间之形势完全陷于混乱。为时不久，万历二十七年，南关王台之子猛哥孛罗以子女为质向努尔哈赤借兵，然以那林孛罗散播流言，努尔哈赤捕之，南关之势尽失，明愕然，下令和解无效。此外北关吉林方面之领地已完全为乌拉占领，新形势显示出已由海西转为努尔哈赤为中心矣。

　　总而言之，海西女真初居北方拥有相当势力，西通蒙古、兀良哈并为其所诱，又对建州女真做出压迫之姿态。对此，明有如建州设卫授官以怀柔之，但未达到与建州相同之亲密关系。特别是因其一部南侵建州，从而建州之混乱将会导致满洲全境之混乱，故明筑边墙以防之，同时又大施怀柔。不久建州女真于成化三年遭一大难。自此海西女真代之以满洲民族之中心势力而出现。自是以后，海西女真内部肆行兼并之结果，统括为四大部。此所谓扈伦四部成为尔后事件之发动者。此四部中南关哈达对明最为忠勤，故明将其置于如往年建州卫之位置，成为女真之探题[4]，与铁岭之李成梁配合，对所有其他女真进行了有效的制御统率，然因北关叶赫之兴起使此企图覆灭，而南关之内讧更促进了形势之逆转，起死回生之策以无效而终。新出于建州女真之努尔哈赤的活动，使再次出现与明朝及海西之鼎立状态，其后在所谓李氏没落、明威衰退的新形势下，发生了种种新事件，表明已至下一时代展开之时，必须于此改章另述清朝之勃兴。

译者注

①《满洲之今昔》一三三页第五行错印为九百九十道，今据史籍及上下行文订正为九百九十九道。

②指一五九二年日本国关白丰臣秀吉（自称太阁）率军入侵朝鲜之役。李如松于一五九三年受明政府派遣率兵援朝，他与朝鲜军队共同打败了日军并收复了平壤与汉城。书中之说不确。

③碧蹄馆，朝鲜京畿道高阳郡高阳邑内之旧时馆邑。昔时为朝鲜通中国之交通要冲，李朝赴中国之使节于此休息、停留。壬辰倭乱时，明李如松军与倭军在此激战，遂著称于世。

④探题，系日本镰仓时代之官名。距镰仓较远之边远要地设此官以管辖其地。本文借用其意，指明之边官。

〔李正夫　译　　南龙昌　校〕

扈伦四部姓氏录

按：本录据《满洲八旗氏族通谱》及《满族姓氏录》编定，供考察满族耆老及四部后裔参证。

叶赫当今吉林省梨树县叶赫乡，哈达地当辽宁省开原东，辉发地当吉林省辉南县东，乌拉当今吉林市北乌拉街满族乡。

扈伦四部姓氏录

姓　　氏	世　居　地	所冠汉字姓
瓜　尔　佳	叶赫、哈达、乌拉、辉发、长白山、苏完、讷音	关、白、石、鲍、汪
纳　　喇	叶赫、乌拉、哈达、辉发	叶、南、那、白、姚
赫　舍　里	哈达、叶赫、辉发、伯都讷	高、康、赫、张、何、卢
伊尔根觉罗	叶赫	赵、佟
舒舒觉罗	叶赫、哈达	赵、舒
阿颜觉罗	叶赫	赵
呼伦觉罗	叶赫、辉发	
富　　察	叶赫、乌拉、长白山、斐优城、讷音	富、傅、李
乌　　雅	哈达、长白山、伯都讷	吴、穆、包、黄、邵
乌　札　拉	乌拉、哈达、辉发、叶赫、虎尔哈、黑龙江	吴、乌

姓　　氏	世　居　地	所冠汉字姓
颜　　札	哈达、珲春、叶赫、长白山	张
齐　　佳	叶赫	齐
哲　尔　齐	吉林乌拉	
索　绰　络	辉发、吉林、叶赫、讷音	曹、索
鄂　　卓	叶赫、辉发、黑龙江、雅克萨城、哈达、英额	赵
鄂　　济	叶赫、辉发、松花江、黑龙江、乌拉	敖
伊　拉　理	乌拉、叶赫、辉发、沈阳、英额、哈达、长白山	伊、苏
苏　　佳	叶赫、扎库木、黑龙江	苏
碧　　鲁	叶赫、哈达、黑龙江	
鲁　布　里	叶赫、乌喇、绥芬、长白山	
宜　特　墨	叶赫、哈达	
温　徹　亨	乌拉、叶赫	
喜　塔　喇	叶赫、辉发、长白山	图、赵、祝、文、齐
纽　祜　禄	辉发、佛阿拉、长白山	郎、纽

扈伦四部姓氏录

姓　氏	世　居　地	姓　氏	世　居　地
温　察	叶赫、辉发、乌拉	乌尔达	叶赫
乌　鲁	乌拉、叶赫、扎库木	聂格理	叶赫、辉发
满　扎	叶赫	武尔格济	叶赫
乌　色	叶赫、长白山、松花江、佛阿拉、吉林乌拉	图普书	叶赫
梅　勒	叶赫、哈达	多罗	叶赫
钮　颜	叶赫	瑚锡理	叶赫
蒙古尔济	叶赫	瓦色	叶赫、乌拉
拜　都	叶赫	叶赫	叶赫
布　赛	叶赫	广佳喇	叶赫、吉林乌拉
叩　德	叶赫	赫书	叶赫、吉林乌拉
叶　穆	叶赫	穆克图	叶赫
钟　吉	叶赫	齐达勒	叶赫
吉普褚	叶赫	锡尔弼	叶赫
倭彻库	叶赫	文达	叶赫
舒尔都	叶赫	奇德理	叶赫
墨克勒	叶赫	猷格理	叶赫

姓　　氏	世　居　地	姓　　氏	世　居　地
莽吉绰	叶赫	墨尔吉	叶赫
罗岳	叶赫	苏克察	叶赫
阿塔穆	叶赫	倭彻勒	叶赫
叶禄	叶赫	图萨喇	叶赫
布希	叶赫	瑚图	叶赫
姚佳	叶赫	乌勒理	叶赫
扎拉	叶赫、辉发	拜察	叶赫
叶墨勒	叶赫	瓦尔喀	吉林乌拉
石佳	叶赫	瑚尔哈苏	吉林乌拉
索齐勒	吉林乌拉	哈尔拉	吉林乌拉
都拉喇	吉林乌拉	富苏瑚	吉林乌拉
图克坦	吉林乌拉	喀尔拉哈	吉林乌拉
克叶勒	吉林乌拉	玉鲁	吉林乌拉
吉鲁	吉林乌拉	瑚佳	吉林乌拉
乌雅察	吉林乌拉	瑚尔佳	吉林乌拉
泰瑚特	吉林乌拉	墨呼理	吉林乌拉
亨奇勒	吉林乌拉	哈苏理	吉林乌拉
锡勒尔吉	吉林乌拉	呼裕噜	吉林乌拉
哈思琥	吉林乌拉	图们	乌拉

海西女真史料

姓　氏	世　居　地	姓　氏	世　居　地
赫尔苏	吉林乌拉	克尔德	乌拉
乌宇	吉林乌拉	墨尔齐	乌拉
哈尔塔喇	吉林乌拉	武佳	乌拉
高佳	吉林乌拉	蒙古楚	乌拉、蒙古
喀尔达苏	乌拉	瑚琥	乌拉、呼尔哈
尼奇理	乌拉	崇吉喇	乌拉
赫锡赫理	乌拉	瑚雅拉	乌拉
舒墨理	乌拉	敖拉	乌拉、黑龙江
珠格	乌拉	喀勒沁	乌拉、叶赫
索察	乌拉、哈达	吴察喇	乌拉、安拉楚库
精吉	乌拉	博尔卓尼	乌拉
珠雅拉	乌拉	阿喇	乌拉
阿尔布	乌拉	瑚德勒	乌拉
齐克腾	乌拉	瑚鲁	乌拉
贾佳	乌拉	汤务	哈达
翁尼理	乌拉	赫舒哩	哈达
喀尔库	乌拉	阿克占	哈达
莽果	乌拉	夸尔达	哈达
索彻理	乌拉	哲理	哈达

姓　　氏	世　居　地	姓　　氏	世　居　地
申　佳	乌拉	罗　佳	哈达
郭　罗	哈达、长白山	倭徹赫	哈达
萨尔都	哈达	恭　佳	哈达
哈尔吉	哈达	墨尔赫	哈达
杭　佳	哈达	扣　岱	哈达
伊尔穆	哈达	尼　珠	哈达
玉图墨	哈达	迟　佳	哈达
哈　巴	哈达	傅　佳	辉发
崔　佳	哈达	都　佳	辉发、索伦
尼音图	哈达	赫济理	辉发
钮　图	哈达	嘉普塔喇	辉发
农吉勒	哈达	胡　锡	辉发
瑚尔泰	辉发	屈　佳	辉发
沙达喇	辉发		
范　佳	辉发		
努　鲁	辉发		
嘉穆瑚	辉发		
边　佳	辉发		
马　佳	辉发、哈达		

〔王利英　辑录〕

乌拉哈萨虎贝勒后辈档册

按：一九八四年三月七日，张晓光同志在吉林省永吉县乌拉街满族镇弓通村发现甲辰年（1964）正月初九日抄本《乌拉哈萨虎①贝勒后十一辈花名档册》（以下简称《弓本》）一份；五月二日又在吉林省九台县莽卡满族乡锦州村发现甲辰年（1964）正月初三日重订《乌拉哈萨虎后辈档册》（以下简称《锦本》）一份、汉文谱图一幅、清末满文谱图一幅。现刊印《谱序》《谱原序》《乌拉哈萨虎贝勒世系表》及其校释，以飨同好。

谱　序

太祖大妈发②，倭罗孙③姓氏，名那其布禄，祖父母居住在锡伯。那其布禄少有勇力，善骑射，是（"是"字据《锦本》）保锡伯王，并娶锡伯王之（"之"字据《弓本》）女，为驸（"驸"字据《锦本》，《弓本》作"付"）马。后跟锡伯王回到绥远城，建立哈达国，为单于，历史上称曰胡，是明朝初期塞外一个部落式国家。

以后，那其布禄脱离锡伯王，占领定国军、牛头山、东京城等处，称王于吉外郎。锡伯兵十二年破其城，那其布禄在锡伯、德叶库二人保护下，带领二十名军士到哈达国境内一高山，锡伯王派人带领披甲百余人追到山下问道："你是何人？"答道："那哈拉。"那其布禄遂步射穿杨箭，追兵退去。那其布禄带二十余人奔回原籍乌拉弘弥罗城，设立乌拉国。王。传九世，至洪匡失国。

第九辈乌拉哈萨虎贝勒布占太出兵援叶赫，兵败被俘。满洲太祖努儿哈赤以长女招赘布占太为驸（"驸"字据《锦本》，《弓本》作"付"）马，生八子。

布占太系布干三子，布干二子满泰娶满洲太祖胞弟锁勒嘎齐之女底金为夫人，生子五人，全族移居宁古塔乌他海，爵袭贝子、贝勒。

布占太八子洪匡（又译洪括——原注）袭爵布他哈乌拉贝勒，由于两匹良马同满洲皇帝冲突，阴历正月十七日被哨口④渡江，洪匡战败后弃城北逃，涉水渡松花江至哈达砬子山⑤登高瞭望，见乌拉城中火起，因而自杀。

洪匡有二子，长子乌隆阿年方七岁，城破时被（"被"字据《锦本》，《弓本》作"按"）巴巴得利（满语：即是大恩人之意——原注）救出，后生十子，即现在十大支的始祖。洪匡次子乌拉布他哈由宫主带归沈阳，后改姓讷。

谱原序

始祖大妈发，倭罗孙姓氏。锡（"锡"字据《锦本》，《弓本》作"喜"，下同）伯起东夷，发祥莫勒根⑥，巴压⑦那拉氏那其布禄，伊父母祖居锡伯，后来锡伯将那其布禄招赘驸马，系锡伯之女宫主为那其布禄妻，所生一子一女由锡伯抱回绥远城（此句据《弓本》，《锦本》作"依锡伯王旋回绥远城"），为单（"单"字据《锦本》，《弓本》作"万"）于，说曰"胡"，称（"称"字据《锦本》，《弓本》作"承"）为一国，并王吉外郎，保护定国军、辉发、牛头山、东京城一带等处，十二年克获。那其布禄由锡伯并德叶库二人携带兵二十名，至哈达国高山步战，而锡伯王派××（原缺——《锦本》原注，《弓本》此处作"人"字）带领披甲百余人在山下问曰："你何人也？希爱哈拉⑧（此句据《锦本》，《弓本》作"希爵拉"）？"而那其布禄答曰："那哈拉。"那其布禄步射穿杨箭，答曰："不能回。"故前奔乌拉弘弥勒城原籍，设立乌拉国布伦⑨，以此（"此"字据《弓本》《锦本》作"后"）你崖为乌拉国王。后与大清姻亲，太祖之长女招赘布干三子布占泰，将皇女为福晋，承为布占太为妻，后所生八子，以洪匡失国。

又，太祖胞弟锁勒噶齐之女招赘布干二子满泰，将皇女底金承为满泰为妻。乌拉哈萨虎贝勒所生五子，移居宁古塔乌他海，爵袭贝子、贝勒。

附记：此原序估计是上次办谱（即甲寅年，1914年）时由满文译的，有些语言还不改满语的音韵，读来令人费解。这次办谱只能依着原序为底本重新修订，并附录原序以供参考。

撰稿人　　二十辈　　　　赵显章
　　　　　二十一辈　　　　赵忠升
公元一九六四年古历正月初三日办谱钞录

注释：
① 哈萨虎：满语 Hashu 的译音，汉译意为"左"。

②大妈发：满语 Da mafa 的译音，汉译意为"高祖"或"始祖"。

③倭罗孙：满语，同"扈伦""胡笼""虎伦""呼伦""忽剌温"，为 Fulahun 的译音。

④哨口：渡口名，在今吉林省永吉县乌拉街满族镇南三公里处。

⑤哈达砬子山：在今吉林省九台县胡家乡周家村附近。

⑥莫勒根：同"莫尔根"，古地名，在今黑龙江省嫩江县附近。

⑦巴压：满语 Baya 的译音，原有富贵人之意，此处作为尊称。

⑧希爱哈拉：满语 Si oci ai hala 的略称的译音，汉译意为"你是什么姓"。

⑨布伦：同"固伦"，满语 Gulun 的译音，汉译意为"国"或"国家"。

⑩汉文谱图及《弓本·世系表》中"太安"与"太兰"的位置被调换。今据满文谱图改正。

⑪汉文谱图及《弓本·世系表》中布丹的一子与满太的五子位置被调换。今据满文谱图改正。

〔张晓光　整理〕

附

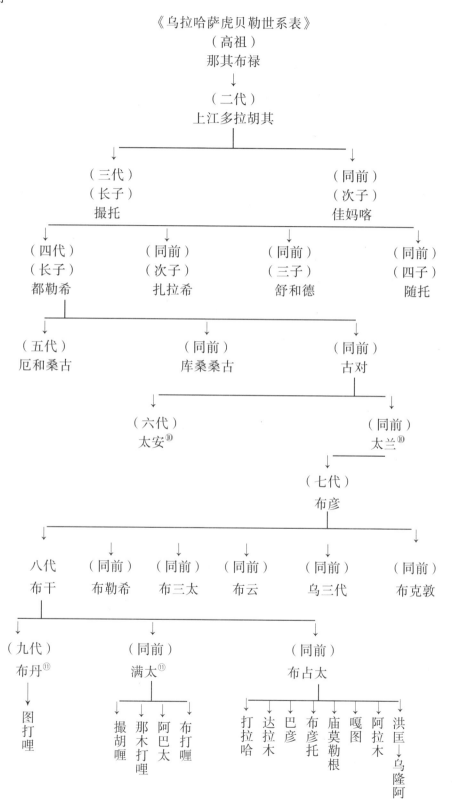

《乌拉哈萨虎贝勒世系表》
（高祖）
那其布禄
↓
（二代）
上江多拉胡其

（三代）（长子）撮托　　　（同前）（次子）佳妈喀

（四代）（长子）都勒希　（同前）（次子）扎拉希　（同前）（三子）舒和德　（同前）（四子）随托

（五代）厄和桑古　（同前）库桑桑古　（同前）古对

（六代）太安⑩　（同前）太兰⑩

（七代）布彦

八代布干　（同前）布勒希　（同前）布三太　（同前）布云　（同前）乌三代　（同前）布克敦

（九代）布丹⑪　（同前）满太⑪　（同前）布占太

图打哩

撮胡喱　阿巴太　那木打哩　布打哩

打拉哈　达拉木　巴彦　布彦托　庙莫勒根　嘎图　阿拉木　洪匡→乌隆阿

"长白文库"出版书目：